INTRODUCTION GÉNÉRALE AU DROIT

Pascale Deumier
Professeur à l'Université
Jean Moulin-Lyon 3 (Équipe de droit privé)

INTRODUCTION GÉNÉRALE AU DROIT

LGDJ
lextenso éditions

33, rue du Mail, 75081 Paris Cedex 02
ISBN 978-2-275-03859-9
ISSN 0990-3909

Sommaire

Bibliographie générale

* : ouvrages cités par le seul nom d'auteur

** : ouvrages cités par leur seul titre

D. ALLAND et S. RIALS, *Dictionnaire de la culture juridique*, PUF, 2003**

P. ANCEL, O. GOUT ET I. MARIA, *Travaux dirigés d'introduction au droit et au droit civil, méthodologie juridique appliquée*, LexisNexis, 3e éd., 2012

J.-L. AUBERT et E. SAVAUX, *Introduction au droit et thèmes fondamentaux du droit civil*, Sirey Universités, 14e éd., 2012*

B. BEIGNIER et C. BLÉRY, *Cours d'introduction au droit*, Montchrestien, LMD, 3e éd., 2011

R. CABRILLAC, *Introduction générale au droit*, Cours Dalloz, 10e éd., 2013

L. CADIET, *Dictionnaire de la justice*, PUF, 2004**

J. CARBONNIER, *Droit civil – Introduction,* PUF, 27e éd., 2002*

R. CHAPUS, *Droit administratif général,* Tome 1, Montchrestien, 15e éd., 2001*

G. CORNU, *Vocabulaire juridique*, Assoc. H. Capitant, 9e éd., 2011**

G. CORNU, *Droit civil – Introduction au droit*, Montchrestien, 2007*

R. DAVID et C. JAUFFRET-SPINOSI, *Les grands systèmes de droit contemporains*, Précis Dalloz, 11e éd., 2002*

M. FABRE-MAGNAN, *Introduction générale au droit*, PUF, 2e éd., 2011

R. ENCINAS DE MUNAGORRI, *Introduction générale au droit*, Flammarion, 3e éd., 2011

Ph. JESTAZ, *Le droit*, Dalloz, Connaissance du droit, 7e éd., 2012

Ph. JESTAZ, *Les sources du droit*, Dalloz, Connaissance du droit, 2005

Ch. LARROUMET, *Introduction à l'étude du droit privé*, Economica, 5e éd., 2006

Ph. MALAURIE et P. MORVAN, *Introduction générale*, Defrénois, 4e éd., 2012*

Ph. MALINVAUD, *Introduction à l'étude du droit*, Manuel Litec, 13e éd., 2011*

J.-E.-M. PORTALIS, *Discours préliminaire sur le projet de Code civil*, *in* FENET, *Recueil complet des travaux préparatoires du Code civil*, Tome 1. Le discours est accessible sur le site Les classiques des sciences sociales**

H. ROLAND et L. BOYER, *Introduction au droit*, Litec, 2003*

H. ROLAND et L. BOYER, *Adages du droit français*, Litec, 4e éd., 1999**

F. TERRÉ, *Introduction générale au droit*, Précis Dalloz, 9e éd., 2012*

E. ZOLLER, *Introduction au droit public*, Précis Dalloz, 2006

Lorsque des textes ou des décisions sont cités sans référence de publication, ils sont accessibles sur les sites officiels suivants :

- pour les textes d'origine interne et les décisions inédites : Legifrance
- pour les décisions du Conseil constitutionnel et les commentaires aux Cahiers : conseil-constitutionnel. fr
- pour les textes de l'Union européenne : Eur-Lex
- pour les arrêts de la CJUE : Curia (une interrogation par n° d'affaire est recommandée)
- pour les arrêts de la CEDH : Hudoc

Introduction

1. Introduction au droit : histoire. – Selon la définition du Petit Robert, l'introduction est « ce qui prépare quelqu'un à la connaissance, à la pratique d'une chose », en l'occurrence, à celle du droit. L'introduction au droit pourrait dès lors sembler évidente : elle serait une initiation à la discipline, basée sur sa présentation générale, son intérêt, sa définition, son origine (tous éléments classiques d'une introduction), afin d'aider l'apprenti juriste à faire ses premiers pas en commençant par l'enseignement de quelques éléments simples. Si ce n'est qu'il n'y a pas, à proprement parler, de premiers éléments en droit ; il n'y a pas de base qui puisse se concevoir sans l'édifice ; il n'y a pas de donnée fondamentale qui se conjugue avec une certaine simplicité. Il existe pourtant, malgré ces obstacles, une tradition d'enseignement de l'introduction au droit.

En droit français, l'introduction au droit est apparue tardivement (à l'échelle du droit), à la fin du XIXe siècle, et sous une forme particulière, celle d'une introduction au *droit civil*[1]. À l'époque, les traités suivaient l'ordre du Code civil ; ce code débutant par un titre préliminaire de 6 articles, consacrés à la loi, l'étude de cette source du droit se retrouvera en ouverture des traités de droit civil. Au milieu du XXe siècle, l'introduction au droit s'enrichira d'une autre dimension, pour assurer le lien entre la formation reçue au lycée et celle qui va être délivrée à la faculté : les aspects de philosophie et de théorie générale du droit, qui gravitent autour de la définition du droit, vont alors être valorisés[2]. Cette rapide généalogie marque encore assez fortement l'introduction au droit, qui demeure souvent à la fois une introduction au droit, dominée par la recherche de sa définition, et au droit civil, tel qu'il se révèle par ses sources et par les principales notions de la matière. L'explication du maintien de cette approche civiliste est parfois donnée : le droit civil, nous le verrons plus tard, est le socle de notre culture juridique et c'est de cette matrice que viennent toutes les notions fondamentales du droit. Le choix de la placer au coeur d'une introduction au droit n'est toutefois pas sans incidence : il aboutit très logiquement à intégrer l'enseignement de la preuve en droit civil, des classifications des droits subjectifs ou de la procédure civile[3]. L'approche civiliste de l'introduction au

1. Sur ces éléments historiques, J. CARBONNIER, n° 1.

2. J. Carbonnier cite à ce titre les introductions au droit de Brèthe de La Gressaye et Laborde-Lacoste (1947) ou de Julliot de la Morandière et a. (1951-1953), n° 1.

3. Sur les évolutions dans les contenus, qui restent profondément imprégnés de droit civil, E. RUBI-CAVAGNA, « Les ouvrages d'introduction au droit », intervention orale au séminaire du CERCRID de janvier 2004 ; sur l'évolution du contenu, plus orienté sur les sources et moins sur le droit civil, sans évolution de la manière de les aborder, v. P. ANCEL, « Les manuels français d'introduction

droit pourrait également imprégner la définition du droit enseignée. Selon certains auteurs, cette approche expliquerait l'attention prépondérante portée à la loi et à sa sanction, et ce quand bien même une telle définition serait moins habile à expliquer d'autres branches du droit[4].

2. Introduction « générale » au droit. – Pourtant, le système juridique comme les études de droit évoluent. Souvent (mais pas systématiquement), l'introduction au droit a été détachée du premier cours de droit civil, pour devenir un enseignement autonome. Cette séparation s'est traduite par une évolution de l'intitulé des enseignements, et des manuels, devenus « introduction générale au droit »[5], signe qu'ils n'introduisent plus au seul droit civil mais au droit en général. Dans le même temps, les thèmes non strictement civilistes de l'introduction (comme la définition du droit ou les sources du droit) sont devenus des objets de recherche à part entière, preuve en est la multiplication des thèses ou des colloques qui leur sont consacrés. Ces évolutions ne sont que la traduction universitaire des métamorphoses du droit lui-même : depuis la fin du XIXe siècle, la jurisprudence a fait irruption pour concurrencer la loi, des branches du droit se sont développées puis autonomisées, des ordres européens et international sont venus en surplomb de l'ordre national, le rôle de l'État s'est transformé. Introduire au droit, c'est donc désormais essayer de donner les clés de cette nouvelle complexité et de ce phénomène d'ensemble, dont les logiques puisent toujours à la matrice du droit civil – mais pas seulement. C'est dans cette perspective que le présent ouvrage a été élaboré : offrir une introduction « *générale* » au droit[6], qui puisse constituer un cadre global, un socle, une grille de lecture, une vision d'ensemble sur lesquels les autres enseignements pourront venir se greffer.

3. Choix. – Cependant, en gagnant en généralité, l'introduction au droit perd en délimitation du propos : droit privé, droit public, droit pénal ; droit interne, droit international, droit européen ; droit français, droit étranger ; droit d'hier et d'aujourd'hui ; droit des textes et droit vivant ; « droit », tout court : comment prétendre introduire à un tel ensemble ? À la réflexion, l'ambition est irréalisable ; elle demeurera un simple objectif et sa poursuite un travail sans cesse renouvelé. Cet objectif est un premier choix, un parti pris sur une certaine conception du droit, parmi d'autres, et non une donnée objective du droit.

Il faut ensuite articuler cette vaste masse, ce qui cette fois est définitivement illusoire. Le problème, avec le droit, et donc son introduction, est que tout est dans tout. Chaque point de départ souffrira alors de ne pas avoir été précédé des explications préalables nécessaires. Il faudra donc trancher, éliminer des

au droit, de Capitant à la période contemporaine », *in Histoire des manuels de droit*, A.-S. CHAMBOST (dir.), LGDJ, à paraître.

4. S. ROMANO, *L'ordre juridique*, Dalloz, 1975, § 2. L'importance accordée à la règle est également critiquée par un privatiste, Ch. MOULY, « Crise des introductions au droit », *Droits*, n° 4, 1986, p. 109.

5. V. ainsi le Précis Dalloz : d'abord *Droit civil – Introduction générale*, par A. WEILL, il est devenu en 1991 *Introduction générale au droit*, par F. TERRÉ.

6. Cette introduction n'introduisant pas au droit civil, elle sera utilement complétée pour les étudiants dont le programme couvrirait la matière par *Les grandes notions du droit privé*, de J. ROCHFELD, PUF, 2011.

questions, ordonner la présentation autour de découpages plus ou moins artificiels, accepter de faire plier la nuance ou la précision devant la pédagogie. Là encore, ce choix ne sera pas une décision plus ou moins anodine, uniquement liée à des contraintes matérielles ou des arguments objectifs : essentiellement, les choix ainsi faits sont subjectifs, ils portent une perception du droit, parmi d'autres.

Le choix ici retenu est que l'objet d'une introduction générale au droit pourrait, d'une part, être sa *définition*, passage obligé de toute « introduction à ». Or, en la matière, la difficulté est redoutable et elle l'est d'autant plus qu'elle s'adresse à des lecteurs n'ayant pas le bagage juridique permettant d'appuyer les démonstrations. Il faudra donc, à l'inverse, que la recherche de la définition du droit soit l'occasion de présenter les structures générales de notre droit, et de donner les éléments d'une culture juridique de base. D'autre part, l'objet d'une introduction au droit pourrait être l'apprentissage des outils élémentaires du droit : quelles sont les règles de droit, les normes reconnues comme telles en droit français ? Où les trouver ? Comment y accéder, les sélectionner, les articuler les unes avec les autres ? Contrairement à la définition du droit, les réponses ne se trouvent pas ici dans des pistes théoriques ou générales : il existe, dans chaque système, des règles de droit positif, qui expliquent le fonctionnement des normes. Ce *droit des normes* est commun à toutes les disciplines juridiques, qui présupposeront généralement que les réponses ont été acquises en introduction au droit. Les premiers commentateurs ne procédaient pas autrement en ouvrant leur enseignement par les 6 articles du Code civil portant sur la loi. Si ce n'est que ce droit des normes est devenu depuis 1804 assez foisonnant et d'une redoutable complexité. Son enseignement demeure pourtant indispensable aux débutants, qui seront ainsi rapidement confrontés à la technique juridique. Tels seront les deux balancements (le juriste débutant se familiarisera progressivement à la division binaire, prédilection des juristes[7]) de cette découverte du droit : définir le droit (Partie 1.), maîtriser le droit des normes (Partie 2.). Mais, avant de se lancer dans leur approfondissement, quelques avertissements préalables s'imposent.

4. Avertissements. – Il existe de nombreux écueils pour qui veut s'initier au droit – et donc pour qui veut l'enseigner. Le premier est *l'étanchéité* du découpage retenu. L'introduction au droit ne se laisse pas facilement enfermer dans des divisions et subdivisions : tout est dans tout, nous l'avons dit, aussi tout se retrouve un peu partout. Il ne faudra donc pas s'étonner de retrouver, par exemple, les rapports de la loi et du juge, la différence culturelle entre droit civil et *Common law* ou encore l'influence du droit européen à divers endroits : ils participent tant de la compréhension générale du phénomène juridique que du maniement particulier de ses règles de base. Les éléments sont donc récurrents ; seule change l'approche : la première est générale, elle tente de comprendre le phénomène juridique dans son ensemble et utilise à l'occasion le droit positif dans ses grands traits, comme illustrations ; la seconde est technique, elle

7. Sur ce découpage, ses qualités et ses défauts, M. VIVANT, « Le plan en deux parties, ou de l'arpentage considéré comme art », *in Mélanges P. Catala*, Litec, 2001, p. 969.

présente précisément les solutions du droit positif sur le fonctionnement des normes.

Une fois cette délimitation à peu près tracée et le plan sommairement construit, l'apprenti juriste devra encore se méfier des mots. Le droit est *langage* – voilà qui aurait pu constituer le début mais aussi le terme de cette introduction[8]. Son apprentissage est d'autant plus redoutable que les juristes sont intransigeants sur le maniement précis du vocabulaire juridique[9] : gardez-vous de confondre deuxième et second, résolution et résiliation, stipulation et disposition, Conseil de l'Europe et Conseil européen car la sanction pour de telles confusions sera sévère. Face à tant de rigidité, l'apprenti juriste pourrait imaginer trouver un peu de réconfort dans la précision du vocabulaire juridique, qu'il suffira donc d'apprendre. Si ce n'est que, loin de là, nombre de notions ont une définition disputée, quand elles n'ont pas plusieurs acceptions : c'est alors le contexte dans lequel le terme est employé qui permettra d'en comprendre le sens exact. Car, et c'est la dernière mise en garde qu'il faut adresser à qui veut s'initier au droit, il faut renoncer, immédiatement, à l'idée d'un droit tranchant, manichéen, distinguant précisément le vrai du faux, le légal de l'interdit pour désigner, face à une question, la seule réponse juridiquement correcte. Loin de là, le droit est balancement, mise en situation, argumentation et, profondément, *relativité*. Si le droit positif peut donner quelques repères, bases de la discussion, la définition du droit demeure dans une dimension floue, où rien n'est jamais certain. N'attendez donc pas de cette introduction qu'elle vous dise ce qu'est le droit ou qu'elle vous livre une mécanique précise du droit des normes. Espérez, au mieux, quelques pistes, beaucoup d'interrogations et un ensemble de repères et d'outils. Le reste relèvera du long apprentissage du droit, de l'accoutumance, à mesure des enseignements et des exercices, à ses logiques, ses zones d'ombre, ses subtilités, ses contradictions plus ou moins apparentes, ses implicites, tout ce qui en fait le charme – tout ce qui ne peut vous être délivré dans cet ouvrage.

---

8. J.-L. SOURIOUX, « Pour l'apprentissage du langage du droit », *RTD civ.* 1999. 343 ; G. CORNU, *Linguistique juridique*, Montchrestien, 3e éd., 2005.

9. Qui rend absolument indispensable de se procurer un dictionnaire. Les définitions juridiques utilisées ici puisent toutes au *Vocabulaire juridique*, G. CORNU (dir.), Assoc. H. Capitant, PUF, 9e, 2011.

Première partie
La définition du droit

5. Définir le droit ? – Qu'est-ce que le droit ? La question peut sembler facile mais il ne faut pas se fier aux apparences. Lorsque la Revue *Droits* a demandé à une quarantaine d'universitaires réputés de donner, en quelques pages, leur définition du droit[1], les réponses se sont sensiblement divisées entre ceux qui avouaient ne pas savoir ce qu'est le droit et ceux qui pouvaient le définir mais qui ont chacun donné une, voire des, définitions différentes : au fil des pages, le droit apparaît comme une technique de direction des conduites, un ordre, une institution, la justice, ce qu'approuvent les juges, une manière d'être des choses, une interprétation officielle de la réalité ou encore une pyramide[2].

Cette variété d'approche correspond à la variété du droit lui-même et témoigne que l'objectif de définir *tout le droit, mais rien que le droit*, est hors de portée. D'une part, une définition du droit devrait englober en son sein tout ce qui peut être reconnu comme « droit ». Or le droit se présente sous des facettes trop multiples et trop changeantes pour ne pas faire subir à chaque tentative de définition de cinglantes contre-épreuves. D'autre part, une définition du droit devrait permettre de tracer une frontière entre le droit et les phénomènes proches que sont la morale, la religion, les règles sociales, en définitive, tout ce qui prétend réguler les comportements sociaux. Or, là encore, les liens entre ces différentes sphères sont trop intriqués pour qu'une définition parvienne à les trancher. Autant, dès lors, prendre immédiatement acte du fait qu'il ne faudra pas attendre des développements qui suivent une définition du droit définitive car celle-ci n'existe pas ; en revanche, les raisons pour lesquelles le droit est rebelle à se laisser enfermer dans une formule sont aussi riches d'enseignements que les propositions de définition elles-mêmes. Il vaut mieux y voir un effort de questionnement et une présentation de quelques pistes, de leurs vertus mais aussi de leurs carences, qui permettront à chacun de nourrir sa propre réflexion.

6. Approche théorique et illustrations concrètes. – La question de la définition du droit occupe traditionnellement les réflexions de philosophie du droit[3]. Cette dimension théorique ne doit pas effrayer. Certes, il existe un nombre

---

1. N° 10, 1989 et n° 11, 1990. L'initiateur avait le projet de dresser une typologie des définitions mais, après s'être lancé dans l'exercice, il dut renoncer : S. RIALS, « Ouverture », *Droits*, n° 11, p. 3.
2. V. dans l'ordre, P. AMSELEK, n° 10, p. 7 ; J. CHEVALLIER, n° 10, p. 19 ; O. HÖFFE, n° 10, p. 35 et Ch. LEBEN, n° 11, p. 35 ; A. d'ORS, n° 10, p. 51 ; J. COMBACAU, n° 11, p. 11 ; Ch. GRZEGORCZYK, n° 11, p. 31 ; F. TERRÉ, n° 11, p. 63.
3. « Définir le droit n'est pas la tâche du juriste mais celle du philosophe », A. SÉRIAUX, « Jalons pour la récupération d'une conception métaphysique du droit », *Droits,* n° 10, 1989, p. 85.

incalculable de propositions théoriques, souvent opposées les unes aux autres. Pour autant, elles ne s'excluent pas forcément – outre les positions extrêmes, difficilement conciliables avec les autres, en droit comme ailleurs. Il y a parfois entre deux définitions essentiellement un changement de formulation qui, peu ou prou, tente de décrire en d'autres termes le même phénomène. Il y a parfois entre deux définitions un changement d'approche, la réflexion ne prenant pas la même hypothèse de départ : ici, la règle, là, le juge, là encore, le système juridique. Loin de s'exclure radicalement, ces différentes approches éclairent toutes un élément constitutif du droit et leur somme permet de donner une vision plus complète de l'ensemble. Pour autant, il ne sera pas possible ici d'évoquer tous les apports de ces innombrables théories : un manuel n'y suffirait pas. Les pistes de définition seront donc ici ramenées à leur expression la plus simple, dépouillées de leur terminologie spécifique et de leurs nuances, en forçant parfois le trait pour mieux transmettre l'idée et en les illustrant par des éléments très concrets du fonctionnement du droit : une définition qui décrirait un droit que l'on ne parviendrait pas à retrouver dans l'expérience quotidienne de la matière serait d'ailleurs d'une utilité toute relative[4]. Nous n'aurons donc aucun scrupule à profiter de cette recherche de la définition du droit pour donner aux étudiants des éléments de base du fonctionnement du droit. Il n'est en revanche pas question dans cette partie de leur enseigner de façon complète ces institutions juridiques : leur approfondissement relève des autres cours.

7. Définition traditionnelle et tendances contemporaines. – Pendant longtemps, une sorte de consensus semblait exister sur la définition du droit, au moins dans sa présentation pédagogique *traditionnelle*[5] : le droit se définirait comme un ensemble de règles de conduite assorties d'une sanction contraignante, dont l'incarnation la plus évidente se trouve dans la loi. La conception était alors relativement claire et très cohérente, autour d'une assimilation forte entre règle de droit, loi et État. Certes, les faiblesses de cette définition sont connues depuis longtemps mais, faute de mieux, elles n'ont jamais fait renoncer à une présentation du droit très appuyée sur le triptyque règle de droit, loi et État. Aujourd'hui, cette conception demeure centrale pour la compréhension de ce qu'est le droit. Cependant, elle est de plus en plus concurrencée par des théories voulant prendre en considération, aux côtés de l'approche traditionnelle, des mutations, tant de l'État que du droit, autour de trois axes principaux : *souplesse, réalisme, complexité*[6]. La souplesse va voir l'État qui imposait unilatéralement se transformer en État qui incite, consulte et négocie. Le réalisme va s'attaquer aux nombreuses fictions sur lesquelles repose la vision traditionnelle (celle de la loi pouvant tout prévoir à l'avance ou celle du juge cantonné à lire la loi), pour défendre des définitions plus proches du droit tel que l'expérience le révèle. La complexité, enfin, va privilégier la richesse des situations, des forces et des interactions, et leur agencement dans la grande mécanique présidant à la

4. Les questions les plus philosophiques gagnent toutes à être présentées sous l'angle de leur éclairage pratique : voir pour cet exercice la *Philosophie du droit* de B. OPPETIT, qui se divise entre théorie et pratique (Précis Dalloz, 1999).

5. Pour une présentation du droit très appuyée sur la définition traditionnelle, v. G. CORNU.

6. Sur cette complexité du droit, X. LAGARDE, « Pourquoi le droit est-il complexe ? », *Le Débat*, n° 127, 2003/5, p. 132.

production et à l'application du droit[7]. La règle de droit contraignante devient alors un phénomène juridique parmi d'autres, qui ne prend de sens véritable que dans son utilisation par le juge ou son immersion dans la mécanique plus générale du fonctionnement du système juridique. Cette mutation ne doit pas être ignorée : elle révèle la richesse du droit, son ingéniosité, sa capacité à activer les ressorts les plus différents pour remplir ses fonctions de direction des conduites humaines et de gestion des conflits. Cette mutation ne doit pas non plus être surévaluée et bombardée nouvelle physionomie du droit, sauf à noyer le lecteur sous un tombereau de nuances et d'incertitudes : elle est venue ajouter une dimension au droit traditionnel, unilatéral et contraignant, plus qu'elle n'est venue le remplacer.

La règle de droit reste donc au cœur de la matière juridique et en donne une définition à peu près satisfaisante, et surtout relativement didactique, ce qui est déjà beaucoup[8] et en fait un détour indispensable (Titre 1). C'est par ailleurs de la réflexion sur ses insuffisances que vont naître les propositions alternatives. En effet, la règle de droit laisse irrésolues ou mal résolues de nombreuses questions : trop raide pour décrire l'ensemble des manifestations normatives, elle est trop mal déterminée pour constituer une spécificité claire du droit. Il faut donc élargir la perspective à l'autre élément caractéristique du droit : le juge. Longtemps éclipsé par l'attention portée à la règle de droit dont il n'était que le gardien, la seconde moitié du XXe siècle a largement consommé son émancipation et mis en lumière son rôle primordial, et pourquoi pas premier, dans le droit (Titre 2). Cependant, encore une fois, la présentation ainsi faite du droit est loin de résoudre toutes les questions de la définition du droit, tout comme elle ne parvient pas à rendre compte de la richesse du phénomène juridique. Même émancipé, le juge ne tire-t-il pas ses pouvoirs de la loi ? N'est-il pas contraint, pour ses décisions, par des règles et procédures ? Peut-être alors est-ce la démarche qui pèche, en cherchant à définir le droit par l'un de ses éléments, considéré comme caractéristique, alors que l'essence même du droit serait tout au contraire dans le fonctionnement global de l'ensemble de ces éléments, dans le tout qu'ils constituent sous forme de système (Titre 3).

7. Sur cette transformation, v. F. OST et M. VAN DE KERCHOVE, *De la pyramide au réseau ? Pour une théorie dialectique du droit*, PUSL, 2002 ; v. également l'ouvrage limpide de J. CHEVALLIER, *L'État postmoderne*, LGDJ, 2e éd., 2004 ; pour une étude riche, à la lueur de la mondialisation, K. BENYEKHLEF, *Une possible histoire de la norme*, éd. Thémis, 2008.

8. Nombre de définitions contemporaines, plus précises pour la désignation du phénomène juridique, sont peu abordables pour un étudiant découvrant le droit.

Titre I
Le droit, une règle ?

8. « Règle » et « norme ». – La règle est l'instrument qui sert à tracer des lignes ; la *règle* de droit est l'instrument qui sert à aligner les comportements autour du modèle qu'elle fixe[1]. Le droit serait donc essentiellement cette science ou cet art de l'orientation des comportements et la règle de droit une technique de direction des conduites humaines[2]. Il ne faudra pas de longues explications pour deviner que cette première approche mène tout droit à la loi, et pour cause : la notion de règle de droit a largement été dégagée de sa contemplation. L'évocation du droit renvoie ainsi parfois à l'image d'un petit (mais costaud) code rouge (ou bleu)[3] ou de grands recueils de lois. Cette perception est révélatrice de la place centrale qu'occupe la règle de droit dans notre imaginaire du droit. Si ce n'est que la loi, pour être caractéristique du droit, n'en est pas pour autant la seule expression : l'assimilation de la règle de droit à la loi devient ainsi un « mauvais boulet »[4] dont il faut tenter de s'alléger. Mais l'amalgame entre règle de droit et loi est si ancré dans les esprits que la volonté d'élargir la « règle » à d'autres manifestations a fait le succès, au XXe siècle, d'un concept plus généreux, celui de « *norme* ». Le terme, un temps marqué par son appartenance à un registre théorique spécifique, le normativisme[5], s'est dernièrement banalisé[6], sans pour autant être entendu par tous dans le même sens. Reprenant la métaphore des instruments de mesure et de traçage, si la règle est l'instrument servant à tracer des lignes droites, la norme désigne étymologiquement l'équerre. Elle permet une appréhension plus souple du droit, par le modèle et par degrés[7]. La « norme » ne s'oppose pas à la « règle », elle n'est pas un autre outil du droit, posé à côté. Elle est plus large : elle englobe la règle de droit et y ajoute des

1. Sur la règle, v. J.-L. SOURIOUX, *Introduction au droit,* PUF, 1990, n° 24.
2. P. AMSELEK, « Le droit, technique de direction publique des conduites humaines », *Droits,* 1989, n° 10, p. 7.
3. Rappelons que la couleur n'a aucune valeur juridique mais est uniquement un choix de maison d'édition : Dalloz pour les codes rouges, Litec pour les codes bleus, tous deux d'égale qualité.
4. D. DE BÉCHILLON, *Qu'est-ce qu'une règle de droit ?*, éd. O. Jacob, 1997, p. 19.
5. Fondé par H. KELSEN, que nous retrouverons souvent. La norme y est (schématiquement) un commandement impersonnel et anonyme, qui prescrit ce qui doit être sous la contrainte et tire sa validité du système juridique, v. not. *Théorie générale des normes*, PUF, 1996 (l'édition originale est de 1945).
6. Déjà, en 1990, pour une introduction au droit français par le prisme de la norme, G. DE GEOUFFRE DE LA PRADELLE, *Essai d'introduction au droit français, I, Les Normes*, Erasme. L'auteur y définit très largement la norme comme « un modèle social destiné à être, suivant le cas, reproduit, évité ou simplement utilisé par certaines personnes », n° 5.
7. « La règle est droite, raide et impérative, la norme n'est qu'un modèle, susceptible de degrés », J. CARBONNIER, n° 4.

dimensions que la définition traditionnelle laissait à la marge, comme les normes individuelles ou les normes non contraignantes. Il existe donc deux outils similaires en droit, que nous évoquerons simultanément[8] : la « règle », qui conserve une connotation plus traditionnelle, et la « norme », qui autorise des élargissements.

Cette précision terminologique faite, il reste à tenter de définir la règle de droit. En effet, si le droit se caractérise par sa règle, définir la règle de droit reviendra à définir le droit et notre objectif sera atteint. Pour ce faire, il faut tenter d'isoler les éléments caractéristiques permettant de construire une définition de la règle de droit. Or, qu'on l'envisage sous l'angle traditionnel de la règle de droit ou sous celui plus accueillant des normes, les tentatives de définition ne restent qu'approximativement satisfaisantes (Chapitre 1). Manquant de caractères spécifiques, faute peut-être de manquer d'une fonction spécifique, la règle de droit pourrait peut-être alors puiser à un fondement propre : c'est son origine qui marquerait sa juridicité, non ses critères extérieurs (Chapitre 2).

8. Mais non aléatoirement : l'emploi de l'un ou l'autre terme est conforme à des habitudes de langage chez les juristes, selon le contexte et l'objet du discours.

Chapitre 1
La définition de la règle de droit

9. La fonction première du droit semble être de diriger les conduites humaines. Or, pour atteindre cet objectif, il faut proposer un modèle de comportement[1], prescrit ou défendu, afin que chacun puisse y calquer sa conduite (par ex., le vol est interdit) ; il faut encore assurer le respect de ce modèle en sanctionnant sa violation (jusqu'à trois ans d'emprisonnement et 45 000 € d'amende). Cependant, le droit n'est pas le seul à procéder de la sorte : la morale (ne pas voler, sous peine de mauvaise conscience), la religion (ne pas voler, sous peine de commettre un péché) ou les règles de convenance (ne pas voler, sous peine de réprobation) ont le même mode de fonctionnement. Il faut donc ausculter de plus près cette définition pour tenter d'y déceler (ou non) une spécificité de la règle de droit, si ce n'est en tant que « règle » (Section 1) au moins en tant que règle « de droit » (Section 2).

Section 1
Une « règle »

10. Les caractères de la « règle » (§ 1.) ne permettent en rien de distinguer la règle de droit des autres règles sociales : en revanche, ils permettent de mettre en lumière la spécificité de la règle de droit par rapport à d'autres normes juridiques (§ 2.).

§ 1. Les caractères de la règle

11. Qui dit règle dit généralité et impersonnalité, permanence et stabilité[2] : c'est à ces conditions que son contenu peut fournir un modèle de comportement fiable.

---

1. Pour une critique de la règle de droit comme modèle de conduite, A. JEAMMAUD, « La règle de droit comme modèle », *D.* 1990. chron. 199.

2. Les auteurs y ajoutent parfois d'autres caractères, par exemple celui de publicité, de clarté, de précision : v. C. LARROUMET, *Introduction à l'étude du droit privé*, Economica, 5e éd., 2006, n° 15 et s.

12. Générale et impersonnelle, mais pas universelle. – La règle est établie pour un nombre indéterminé d'actes ou de faits : elle s'adresse à tous, sans désigner quelqu'un en particulier[3]. Pour ce faire, elle sera formulée de façon abstraite, aveuglément, sans tenir compte des situations particulières qui tomberont sous son joug. L'interdiction de voler ne concerne pas un cas précis de vol mais toutes les situations qui entreront dans la formule abstraite de la « soustraction frauduleuse de la chose d'autrui »[4]. L'abstraction est ainsi gage d'égalité (tous ceux se trouvant dans la même situation étant régis par les mêmes règles[5]) et, par conséquent, garantie de l'absence d'arbitraire du législateur. La loi, c'est évident, répond quasi parfaitement à cette exigence de généralité, les exceptions restant marginales et atypiques[6].

La généralité de la règle ne veut pas dire qu'elle est universelle. La règle peut être formulée pour une *catégorie* seulement ; elle reste générale malgré tout puisque tous ceux entrant dans cette catégorie lui seront soumis[7]. Par exemple, les règles propres aux consommateurs ne s'appliquent pas à tous, seulement aux consommateurs ; en revanche, elles s'appliquent à tous les consommateurs. Mieux : une règle de la Constitution relative au président de la République n'est qu'apparemment individuelle : en réalité, elle s'adresse à toute personne se trouvant dans cette position et donc à tout président[8].

13. Permanente et stable, mais pas immuable. – Pour pouvoir aligner son comportement sur un modèle, encore faut-il que celui-ci présente une certaine permanence et stabilité permettant de s'y fier. Si la généralité est garante d'égalité, la permanence permet la prévision[9]. La permanence implique notamment que la règle reste en vigueur au-delà du changement de composition du Parlement l'ayant adoptée[10]. De même, elle assure que la règle ne s'épuise pas dans son application : elle restera applicable à chaque nouvelle situation entrant dans ses prévisions. En revanche, la permanence ne signifie pas que la règle est immuable ou éternelle : une règle peut toujours être modifiée, parfois même très rapidement[11]. En définitive, quoi qu'il advienne, que son auteur change, que la règle soit appliquée souvent ou rarement, qu'elle soit critiquée ou acceptée, la règle demeure jusqu'à sa modification officielle, par une autre règle de même rang ou de rang supérieur.

---

3. J.-L. AUBERT et E. SAVAUX, n° 8.
4. Art. 311-1 du Code pénal.
5. H. ROLAND et L. BOYER, n° 512.
6. Par ex., les lois de nationalisation, qui dressent la liste des établissements nationalisés, comme la loi du 13 février 1982. Elles sont plus nombreuses dans d'autres systèmes, par exemple dans la législation américaine : ex. citant une loi pour l'attribution d'une médaille à Tony Blair pour l'amitié dont il a fait preuve envers son allié américain, M. MAUGUIN HELGESON, « Observations sur la production législative du Congrès américain », *RDP* 2007. 145, sp. p. 157.
7. Sur ce phénomène, v. A. TUNC, « Le droit en miettes », *APD*, tome 22, 1977, p. 31.
8. Voir P. ROUBIER, *Théorie générale du droit*, Sirey, 1951, n° 4.
9. Sur l'importance de cette fonction et, en conséquence, de la généralité de la règle, M. WALINE, « Observations sur la gradation des normes juridiques établie par R. Carré de Malberg », *RDP* 1934. 521.
10. La Cour de cassation, ayant à se prononcer sur la validité des règles adoptées sous la monarchie, rappela en 1848 qu'« il est conforme au droit public de tous les temps que les lois restent en vigueur en cas de changement de gouvernement », cité par RIPERT, *Le déclin du droit*, LGDJ, 1949.
11. Ce qui fait l'objet de nombreuses critiques aujourd'hui, comme nous le verrons *infra*, n° 214.

Ainsi, que sa durée de vie soit plus ou moins longue, et qu'elle s'adresse à une catégorie plus ou moins universelle, la règle de droit s'appliquera à un nombre indéterminé de situations, pour lesquelles elle constituera, du fait de son abstraction et de sa permanence, un modèle de comportement. Ces caractères permettent de la distinguer d'autres outils du droit.

§2. La spécificité de la règle

14. Les caractères de la règle sont précieux car ils révèlent qu'il existe en droit d'autres normes, partageant des fonctions très proches mais à un autre degré de généralité. Ainsi, il existe des énoncés plus généraux que la règle, très généraux (trop généraux ?) et quasi immuables, les principes. À l'autre bout de l'échelle, il existe des normes particulières et instantanées, qui s'épuisent dans leur application à une situation, pour laquelle elles ont été créées, comme autant de normes individuelles.

A Les principes

15. Catégories de principes. – Il existe des figures inclassables dans le droit, parce qu'elles défient toutes les constructions et explications. Parmi elles, les principes ont réussi à se faire admettre, tant bien que mal, principalement par leur présence en toutes matières et de tout temps[12]. Le « principe » en droit ne désigne rien de bien précis[13]. Le seul point d'accord est finalement sur sa généralité : il ne saurait être question de « principe » pour qualifier une solution détaillée, proche d'une situation ou conjoncturelle. Autour de cette généralité commune et caractéristique, la catégorie « principe » se décline en diverses sous-catégories plus ou moins bien déterminées. Parfois, ils prennent la forme de « *principes fondamentaux* », dont l'utilité est essentiellement constitutionnelle[14], par exemple, le principe fondamental du respect des droits de la défense. Parfois encore, ils sont qualifiés de « *principes directeurs* » et dominent une

12. V. sur l'ensemble du sujet, S. CAUDAL (dir.), *Les principes en droit*, Economica, 2008 ; pour des études thématiques, J. BOULANGER, « Principes généraux du droit et droit positif », *in Mélanges G. Ripert*, LGDJ, 1950, tome 1, p. 51 ; D. BUREAU, « L'ambivalence des principes généraux du droit devant la Cour de cassation », *in La Cour de cassation et l'élaboration du droit*, N. Molfessis (dir.), Economica, 2004, p. 181 ; B. JEANNEAU, *Les principes généraux du droit dans la jurisprudence administrative*, Sirey, 1954 ; Ph. KAHN, « Les principes généraux du droit devant les arbitres du commerce international », *JDI* 1989. 305 ; G. MORANGE, « Une catégorie juridique ambigüe : les principes généraux du droit », *RDP* 1977. 761 ; B. OPPETIT, « Les principes généraux en droit international privé », *APD*, tome 32, 1987, p. 179 ; M. VIRALLY, « Le rôle des « principes » dans le développement du droit international », *in Mélanges P. Guggenheim*, Faculté de droit de l'Université de Genève, 1968, p. 531 ; A. JEAMMAUD, « Les principes dans le droit français du travail », *Dr. soc.* 1982. 618 ; pour leurs formes internationale et européenne, S. BESSON et P. PICHONNAZ (éd.), *Les principes en droit européen – Principles in European Law*, LGDJ Schulthess, 2011.

13. Sur l'évolution du terme, J.-M. TURLAN, « Principe. Jalons pour une histoire du mot », *in La responsabilité à travers les âges*, Economica, 1989, p. 115.

14. V. *infra*, n° 204 et n° 211, les principes fondamentaux reconnus par les lois de la République et la détermination du domaine de la loi.

matière en en fixant les grandes orientations : le Code de procédure civile ouvre ainsi sur un chapitre premier consacré aux « principes directeurs du procès »[15]. Plus souvent, ils se présentent sous la forme relativement sage des « *principes généraux du droit* », par exemple, en droit européen, le principe de protection de la confiance légitime. Ils sont alors dégagés par le juge par une généralisation des solutions convergentes portées par des règles particulières[16] et leur autorité est reconnue[17], même si elle ne peut dépasser celle de la loi[18]. Parfois, enfin, le principe exprime une tradition et prend la forme d'une vieille maxime, que le droit baptise « *adage* »[19] (par ex., « en mariage, trompe qui peut »[20]), souvent exprimé sous forme latine (par ex., « *fraus omni corrumpit* »[21]). Mais, au-delà de ces qualifications et des effets normatifs particuliers qu'elles emportent, il existe la catégorie à l'état pur de « *principe* ». L'expression n'est pas très précisément définie mais est immédiatement entendue par tous comme renvoyant à une grande généralité et à l'incarnation de certaines valeurs qui inspirent le droit[22].

16. Fonction des principes. – Marquant un idéal plus qu'un comportement à suivre, formulés en des termes trop généraux, presque vagues, les principes sont peu aptes à fournir directement un modèle de comportement précis, comme le fait la règle[23]. Cependant, cette très grande généralité va à l'inverse leur permettre de remplir des fonctions aussi nombreuses qu'indispensables au droit[24]. Les principes offrent avant tout une matrice dont il est possible de *déduire un nombre important de solutions* « applicables même en l'absence de texte »[25]. Ainsi, s'il est possible qu'il n'existe aucune règle sur une situation, il existera toujours un principe. Par exemple, de l'adage *Error communis facit jus* (litt., l'erreur commune fait le droit)[26], il est possible de déduire des règles plus précises, applicables aux actes passés par le propriétaire apparent, le mandataire

15. Le Code pénal a, pour sa part, préféré énoncer en tête des « principes généraux », signe supplémentaire des fluctuations terminologiques en la matière.

16. R. CHAPUS, n° 123.

17. Par ex., en droit international public, par l'art. 38 du Statut de la Cour internationale de Justice.

18. Le droit administratif, qui s'est largement construit sur ces outils, faute de lois, est probablement le plus abouti sur leur statut juridique. V. notamment, B. GENEVOIS, *Rep. Dalloz Contentieux administratif*, v. « Principes généraux du droit ».

19. Sur lesquels, *Adages du droit français.*

20. Que les étudiants ne s'emballent pas : ils auront l'occasion de découvrir en droit de la famille que l'adage n'est pas une autorisation de l'adultère mais, plus sobrement, la mise à l'écart du dol comme vice du consentement.

21. La fraude corrompt tout (et fait exception à toutes les règles). L'adage est fondamental pour éviter que les détournements des règles de droit, par des moyens légaux, ne soient efficaces. Sur la fraude, J. VIDAL, *Essai d'une théorie générale de la fraude en droit français. Le principe* « fraus omnia corrumpit », Dalloz, 1957.

22. A. JEAMMAUD, « De la polysémie du terme "principe" dans les langages du droit et des juristes », *in Les principes en droit*, Economica, 2008, p. 49.

23. Pour la généralité comme critère de distinction du principe et de la règle, D. BUREAU, *Les sources informelles du droit dans les relations privées internationales*, thèse Paris-II, 1992, n° 57 et s. ; J. BOULANGER, préc., sp. n° 6.

24. Sur la distinction entre principes axiologiques et rationalisateurs, PH. JESTAZ, « Principes généraux, adages et sources du droit en droit français », *in Autour du droit civil*, Dalloz, 2005, p. 221.

25. CE ass., 26 oct. 1945, *Avanne*, *D.* 1946. jurispr. 152, note G. MORANGE.

26. H. MAZEAUD, « La maxime "*Error communis facit jus*" », *RTD civ.* 1924. 929.

apparent, l'héritier apparent, le tuteur putatif ou encore les fonctionnaires de fait, toutes situations qui n'avaient pas été envisagées par les textes. Dans d'autres cas, il existera bien une règle mais un peu trop encombrante[27]. Les principes, parce qu'ils portent souvent des valeurs fondatrices, vont permettre de *corriger* une application trop abrupte de ces règles. Dworkin prend ainsi un exemple : les règles du droit des successions désignent les héritiers ; cependant, si un héritier ainsi désigné est l'assassin, le juge va recourir à un principe (nul ne peut tirer profit de ses propres méfaits) pour lui refuser cet héritage[28].

La généralité essentielle des principes les éloigne donc de la fonction de modèle de comportement mais leur permet de fournir des guides précieux pour l'interprète et de constituer le ciment du droit : ils comblent les lacunes nécessairement laissées par les règles de droit et assurent, par leur direction générale et leur formulation de valeurs, la cohérence et la justice de l'ensemble.

B Les normes individuelles

17. Présentation générale. – Le droit ne fonctionne pas qu'avec les seuls modèles généraux, potentiellement applicables à une infinité de situations. Il sait aussi, et c'est heureux, façonner des règles sur mesure, des commandements qui n'ordonnent que pour une situation particulière. C'est parfois le concept de « norme » qui est employé pour désigner ces règles plus particulières[29] – étant précisé qu'il ne s'agit que de l'un des sens du terme de norme. Règles générales et normes individuelles n'évoluent pas dans deux univers opposés : sur une même question, les règles posent des prévisions générales que des normes individuelles réalisent dans des situations concrètes, principalement en prenant la forme de décisions ou de contrats. Par exemple, si la loi dispose que les conventions doivent être exécutées, le contrat particulier fixera concrètement les obligations à exécuter (ex. qualité, quantité, prix) ; en cas d'inexécution, la décision judiciaire fixera, toujours pour ce cas, les conséquences de l'inexécution pour chaque partie (ex. exécution forcée, montant des dommages et intérêts). Le contrat comme la décision déterminent donc conduite, droits et obligations pour le cas particulier et concret et ces normes ne sont pas moins obligatoires que les règles : chacune à leur échelle, elles modifient l'ordonnancement du droit. Dans la pratique, elles sont aussi importantes : si le droit se raisonne à partir du plus général, il se pratique en partant du particulier.

---

27. Sur cette fonction *contra legem*, et plus généralement sur l'utilisation des principes par la Cour de cassation, v. P. MORVAN, *Le principe de droit privé*, éd. Panthéon-Assas, 1999.

28. *Prendre les droits au sérieux*, PUF, 1995 (l'ouvrage original est de 1977), p. 80-81. Précisons que, pour Dworkin, les principes ont un rôle central dans la fonction du juge. Ils ne procèdent pas, comme les règles, en lui donnant des solutions mais plutôt en lui proposant des raisons de pencher pour une solution. Précisons aussi que, en droit positif, il existe des *règles* empêchant l'assassin d'hériter de sa victime.

29. Comp., contestant l'assimilation dans une catégorie générale de « normes », des règles et des décisions, A. JEAMMAUD, « La règle de droit comme modèle », *D.* 1990, chron. 199, n° 3. Il est très rare, à l'inverse, de voir des normes individuelles qualifiées de « règles ». v. cep. D. DE BÉCHILLON, *Qu'est qu'une règle de droit ?*, préc., sp. p. 33 et s. Outre ces divergences épistémologiques, le rapport du général et du particulier est délicat : il existe des décisions générales et des contrats à vocation franchement réglementaire. L'inverse est vrai : il existe des lois d'amnistie ou de naturalisation qui sont individualisées. Le critère est donc ici surtout utilisé pour ses vertus pédagogiques.

Le changement de dimension implique plutôt un changement de perspective de la fonction du droit. La norme individuelle ne prétend pas guider le comportement en société mais plus modestement régler une situation en particulier et c'est probablement la raison pour laquelle la définition du droit met plus volontiers en avant la règle. Ce changement de fonction est loin d'être sans incidence : il va non seulement infléchir la définition de la norme, qui n'a pas le caractère général de la règle, mais aussi et surtout son régime, de ses conditions de validité à ses modalités d'exécution[30]. À cet égard, la comparaison, en droit administratif, du régime des décisions individuelles et de celui des décisions réglementaires est édifiante[31]. Règles et normes ne sont donc pas seulement un même phénomène juridique séparé par un degré de généralité : les logiques présidant à leur formation comme à leurs effets répondent à des techniques différentes. Aussi, si les normes individuelles seront ponctuellement évoquées pour la présentation générale du droit que constitue cette introduction, elles ne se verront pas accorder la même attention que les règles générales[32]. Signalons simplement ici rapidement les deux principales catégories de normes individuelles, les premières étant créées par un pouvoir individuel, les secondes par un accord de volonté.

18. La décision et le pouvoir. – La décision constitue la norme particulière qui exprime un pouvoir dans une situation concrète. Elle s'adresse à un destinataire identifiable et vaut à son égard « loi individuelle »[33]. Les décisions les plus courantes en droit sont celles de l'autorité publique. Il s'agit en premier lieu de toutes celles de l'*administration*, qui dispose d'un pouvoir général de prendre des décisions, pour l'intérêt général ou pour les prérogatives particulières qui lui sont attribuées. Ces décisions peuvent imposer une obligation ou délivrer une autorisation (par ex., l'octroi d'un permis de construire)[34]. Il s'agit en second lieu de toutes les décisions prises par les *juges* dans des litiges (par ex., le jugement condamnant une partie à verser à l'autre 1 000 € de dommages et intérêts), décisions si caractéristiques du droit que nous les retrouverons au cœur du titre suivant. Le pouvoir peut également exister dans des rapports entre particuliers, qu'il s'agisse des décisions de l'employeur pour les salariés ou de

30. Contestant les différences de régime entre contrat administratif et règle objective, D. DE BÉCHILLON, « Le contrat comme norme dans le droit public positif », *RFDA* 1992. 15. S'il est certain que les figures qui empruntent aussi bien à la forme réglementaire qu'à la forme contractuelle se multiplient aujourd'hui, il nous semble cependant qu'aux côtés des traits communs persistent des différences de statut.

31. La différence de généralité influe notamment sur la procédure d'élaboration, l'obligation de motivation, le régime d'entrée en vigueur, du retrait, de l'exception d'illégalité, de la compétence juridictionnelle, V. R. CHAPUS, n° 697 ; J.-M. RAINAUD, *La distinction de l'acte individuel et de l'acte réglementaire,* LGDJ, 1966.

32. Elles font par ailleurs l'objet d'enseignements qui leur sont spécifiquement dédiés : droit administratif, pour la décision administrative ; procédure civile ou droit judiciaire privé, pour la décision de justice ; droit des obligations, pour le droit commun des contrats.

33. R. VON JHERING, *L'évolution du droit*, Librairie A. Marescq, 1901, n° 152 ; normes et décisions ne fonctionnent cependant pas exactement de la même manière : sur la distinction entre normes abstraites et hypothétiques (les normes-règles) et normes concrètes et catégoriques (les normes-décisions), v. P. MAYER, *La distinction entre règles et décisions et le droit international privé*, Dalloz, 1973 et « Existe-t-il des normes individuelles ? », *in Mélanges M. Troper*, Economica, 2006, p. 679.

34. V. R. CHAPUS, n° 670.

celles du fournisseur pour les distributeurs. Ces dernières manifestations d'un pouvoir de décision s'inscrivent cependant dans le cadre plus général d'un contrat[35].

19. Le contrat et l'accord de volontés. – Le contrat[36] est un accord de volontés en vue de produire des effets juridiques. Ses formes les plus courantes sont bien connues, par exemple le contrat de vente ou le contrat de travail. Il se caractérise par la rencontre des volontés, dans un but particulier, produire des effets de droit. Ainsi, le fait d'accepter une invitation à dîner est un accord de volonté mais qui ne produit aucun effet juridique : il n'y a donc pas contrat.

La figure du contrat a été plus difficile à admettre au rang de norme que celle de décision car, fruit de la volonté des parties, elle semblait trop profondément subjective[37]. Si ce n'est qu'il avait déjà été remarqué que le contrat édicte bien une prescription, puisqu'il exige ce qui doit être ou ne pas être fait[38]. Confortant cette première piste, il a ensuite été démontré que, outre la création d'obligations, le contrat crée une nouvelle norme juridique qui, comme la règle, s'impose aux parties et sera sanctionnée par le juge[39]. Ce n'est donc pas seulement par une figure de style que le Code civil prévoit que le contrat « tient lieu de loi » aux parties[40]. Cette dimension normative est d'ailleurs frappante dans certaines formes de conventions, très pratiquées, derrière lesquelles il est difficile de discerner l'accord de volonté : c'est le cas notamment des contrats d'adhésion[41], dans lesquels une partie ne peut qu'accepter les normes entièrement édictées par la volonté de l'autre. Ainsi, lorsque vous acceptez l'une des formules d'abonnement proposées pour votre téléphone portable, vous n'êtes pas en mesure de discuter des clauses du contrat, votre choix se restreignant à accepter d'adhérer ou à refuser.

La règle se caractérise donc par sa généralité et sa permanence, qui lui permettent d'assurer une fonction de direction au niveau de la société entière. Elle est complétée par des principes évanescents et se concrétise par des normes individuelles. Cependant, une fois ainsi façonnée cette plus ou moins grande généralité, la quête de la définition du droit n'a pour ainsi dire pas progressé : les règles religieuses ou morales ne sont ni moins générales ni moins stables ; elles procèdent par règles autant que par principes et décisions. Ces premiers

---

35. Pour la reconnaissance de ces manifestations comme « décision » et la transposition du régime de contrôle des actes individuels administratifs, qui exigent une procédure et une motivation, P. LOKIEC, *Contrat et pouvoir*, LGDJ, 2004 ; « La décision et le droit privé », *D.* 2008. 2293 ; sur l'acte juridique unilatéral, R. ENCINAS DE MUNAGORRI, *L'acte unilatéral dans les rapports contractuels*, LGDJ, 1996.

36. Il faut se garder de penser que la définition du contrat est plus ferme que celle de la règle de droit. Pour sa difficulté, v. J. GHESTIN, « La notion de contrat », *D.* 1990. chron. 147.

37. De ce fait, une fois née, la norme reste sous la dépendance de la volonté d'agir ou de ne pas agir des contractants, v. J. HAUSER, *Objectivisme et subjectivisme dans l'acte juridique – Contribution à la théorie générale de l'acte juridique*, LGDJ, 1971.

38. H. KELSEN, *Théorie pure du droit*, Dalloz, 1962 (traduction de la 2e éd. ; l'ouvrage original est de 1934), p. 346 et s. ; « La théorie juridique de la convention », *APD* 1940. 33.

39. P. ANCEL, « Force obligatoire et contenu obligationnel du contrat », *RTD civ.* 1999.771.

40. Art. 1134 : « Les conventions légalement formées tiennent lieu de loi à ceux qui les ont faites ».

41. La figure demeure contractuelle en ce que l'effet juridique repose bien sur le consentement. Sur ces contrats, v. G. BERLIOZ, *Le contrat d'adhésion*, LGDJ, 1973 ; F.-X. TESTU, « Le juge et le contrat d'adhésion », *JCP* 1993. I. 3673.

caractères, parce qu'ils sont propres à toute règle, sont donc loin de caractériser le droit. Qu'est-ce qui distingue alors la règle « de droit » des autres règles ?

Section 2
Une règle « de droit »

20. Il existe une réponse traditionnelle à la définition du droit : ce qui caractérise ses règles, c'est une capacité toute particulière à recourir à la contrainte en cas de violation. Si le critère, une fois précisé, peut remplir d'utiles services, il est loin d'être suffisant à définir le droit (§ 1.). Finalement, la piste de la contrainte était peut-être une fausse piste. La spécificité de la règle de droit, faute d'avoir été trouvée dans ses moyens, ne logerait-elle pas plutôt dans ses fins (§ 2.) ?

§ 1. Une contrainte caractéristique ?

21. Bibliographie thématique. – Ph. JESTAZ, « La sanction ou l'inconnue du droit », *D.* 1986. chron. 197 ; J. RIVERO, « Sanction juridictionnelle et règle de droit », *in Mélanges L. Julliot de la Morandière,* Dalloz, 1964, p. 457 ; C. THIBIERGE, « Le droit souple », *RTD civ.* 2003. 599 ; C. MASCALA (dir.), *À propos de la sanction*, Presses de l'Université Toulouse 1, 2008.

22. Nous y voilà : le droit pourrait se définir par son outil de prédilection, la contrainte. La simple évocation de la sanction inspire la soumission à l'autorité, au commandement et à la force, toutes représentations qui gravitent dans l'imaginaire du droit. Si la règle de droit n'est pas comparable aux autres règles, c'est parce qu'elle est le produit de l'État et que ce dernier a le monopole de la violence légitime[42]. La règle de droit serait ainsi la règle obligatoire et sanctionnée et c'est bien ainsi qu'elle est traditionnellement présentée (A.). Mais ce serait faire offense à la richesse et à la complexité du droit que de prétendre la question de sa définition si facilement résolue : la règle de droit opère également par d'autres voies que l'intimidation et la punition (B.).

A La règle de droit, règle obligatoire et sanctionnée

23. La règle prescrit et impose. – Qui dit obligatoire dit impératif. La règle est un impératif, d'une part, au sens où elle n'est pas une simple description de ce qui est, contrairement aux règles des sciences dites dures, mais une prescription de ce qui doit être, le modèle qui doit être suivi. Portalis, père spirituel du

42. V. la définition de Max WEBER, *Le savant et le politique*, éd. La découverte, 2003, sp. 118. L'auteur voyant comme principaux instruments de ce monopole non le droit mais la police et l'armée. Le monopole de la contrainte par l'État disqualifie un autre modèle de comportement assorti de sanction, celui de la bande de voleurs, connu sous l'invective : « La bourse (le comportement prescrit) ou la vie (la sanction en cas de violation) ! ».

Code civil, déclinait ainsi ces prescriptions : la loi « permet ou elle défend ; elle ordonne, elle établit, elle corrige, elle punit ou elle récompense »[43].

La règle est un impératif, d'autre part, au sens où ce qu'elle prescrit s'impose. Les *règles impératives* sont les règles dont l'application ne peut être écartée. Le fondement de cette autorité toute particulière est que leur contenu poursuit un objectif d'ordre public (ex. la sécurité, la santé, l'ordre), qui l'emporte donc sur les intérêts particuliers. Selon l'article 6 du Code civil, « on ne peut déroger, par des conventions particulières, aux lois qui intéressent l'ordre public et les bonnes mœurs ». Les règles impératives dominent ainsi la matière pénale, publique, personnelle, familiale ou encore la dimension collective du droit du travail[44] : vous ne pouvez pas, dans ces matières, déroger aux règles posées, par exemple en décidant dans un contrat de travail d'un salaire inférieur au salaire minimum légal. La marque du droit a-t-elle dès lors été trouvée ? Loin de là, puisque la morale utilise également le registre de l'impératif. Il faut donc préciser encore la contrainte propre à la règle de droit.

24. La règle sanctionne et contraint. – Le propre d'une règle sociale est de pouvoir être violée – contrairement aux règles de la physique[45]. Le propre d'une règle « de droit » est d'assortir cette violation d'une sanction[46]. Cette définition est largement admise par les juristes[47]. La sanction présente l'avantage non négligeable de fournir un critère précis, reconnaissable, dépourvu de toute ambiguïté... en résumé, un critère utile. À moins que la sanction ne soit pas si précise qu'il n'y paraît.

En tant que telle, la sanction n'est pas vraiment spécifique à la règle de droit : elle existe également dans les autres ordres sociaux, en prenant des formes diverses allant du remords à l'excommunication en passant par la réprobation sociale, dont l'efficacité est loin d'être négligeable. Ainsi, dans le monde professionnel, l'atteinte à la réputation est une sanction parfois bien plus dissuasive que le paiement de dommages et intérêts. L'existence de sanctions sociales oblige donc à préciser les caractères de la sanction proprement juridique. Elle disposerait de ses propres « *tarifs* »[48], qui couvrent un large panel. Peine, réparation, récompense, tous les moyens sont connus. L'imaginaire du droit privilégie la sanction pénale de l'emprisonnement mais la réalité du droit est toute autre : l'annulation ou les dommages et intérêts sont, dans le panel, bien plus souvent

43. *Discours préliminaire.*

44. Bien que, dans toutes ces matières, un mouvement de contractualisation soit perceptible, v. M. DANTI-JUAN, « Le consentement et la sanction », *in Mélanges P. Couvrat*, PUF, 2001, p. 367 ; D. FENOUILLET et P. DE VAREILLES-SOMMIÈRES (dir.), *La contractualisation de la famille*, Economica, 2001 ; Conseil d'État, *Le contrat, mode d'action publique et de production de normes*, Rapport annuel 2008, La Documentation française ; S. CHASSAGNARD-PINET et D. HIEZ (dir.), *Approche critique de la contractualisation*, LGDJ, 2007.

45. D. DE BÉCHILLON, *Qu'est-ce qu'une règle de droit ?*, préc., p. 60.

46. Par ex. R. VON JHERING, préc., n° 141 et s., sp. n° 150 : « Le criterium de toutes les normes juridiques est leur réalisation par voie de contrainte exercée par l'autorité publique, dont c'est la mission ». J. DABIN, *La philosophie de l'ordre juridique positif*, Sirey, 1929, n° 3 et 4 : le droit positif « est bel et bien l'œuvre de l'État (senso latu) et la contrainte étatique est de son essence ».

47. Et au-delà : « le public l'a retenue » : M. VIRALLY, « Le phénomène juridique », *RDP* 1966. 5, sp. p. 19.

48. V. Ph. JESTAZ, « La sanction ou l'inconnue du droit », *D.* 1986. chron. 197.

ordonnés. La sanction fait dès lors l'objet de nombreuses classifications : sanctions civiles, administratives, pénales ou disciplinaires ; sanction privative de la vie[49], privative de liberté, privative de droits ; sanction pécuniaire ou patrimoniale ; sanction répressive, préventive ou réparatrice[50].

La nature de la sanction étant trop variable pour fournir une définition de la règle de droit, il est peut-être plus judicieux de se tourner vers son auteur : elle serait la seule qui soit assurée par le *juge* institué par l'État[51]. De ce fait, la règle de droit peut bénéficier de la contrainte, qui s'assimile à l'exécution forcée des sanctions prononcées par le juge : la sanction de la règle de droit serait ainsi celle qui est garantie par une possible réalisation par la force.

25. La sanction, critère de la règle de droit ? – La sanction aurait donc cette vertu de révéler la règle de droit et, par là, de permettre de l'identifier. Si ce n'est qu'aussitôt avancée, l'idée se révèle à double tranchant. Si la règle de droit est la règle sanctionnée, *quid* de ces règles qui, faute de violation, ne sont guère invoquées devant les juges ? Paradoxalement, dire que la règle de droit est la règle sanctionnée reviendrait-il à estimer que les règles les plus obéies, et donc les moins sanctionnées, ne sont pas des règles de droit[52] ? Ce premier reproche peut facilement être écarté par une simple (mais très importante) précision : c'est la *possibilité* d'obtenir une sanction par le juge qui caractérise la règle de droit et non sa sanction effective : le critère est alors celui de la « justiciabilité » de la règle de droit, de la possibilité de sa mise en question devant une juridiction[53]. Mais, arrivé à ce stade, le cercle vicieux de la définition du droit par sa sanction apparaît dans toute sa désespérante splendeur : les règles de droit sont celles qui sont susceptibles de sanction ; mais quelles sont les règles susceptibles de sanction ? ; ce sont les règles de droit. Autrement dit : la règle est-elle juridique parce qu'elle est sanctionnée ou sanctionnée parce qu'elle est juridique ? Si la sanction une fois prononcée permet donc de reconnaître une règle de droit, la possibilité de sanction ne permet pas de définir la règle de droit. Et ce n'est pas tout : une part conséquente du droit semble avoir délaissé le registre de l'obligatoire et du contraignant.

B Un droit non contraignant ?

26. Une règle de droit sans sanction serait « un feu qui ne brûle pas, un flambeau qui n'éclaire pas »[54], plus prosaïquement, « un plat de lentilles sans

49. Rappelons qu'en France, la peine de mort est abolie depuis la loi du 9 octobre 1981. V. R. BADINTER, *Contre la peine de mort – Écrits 1970-2006,* Le Livre de Poche, 2008. La sanction reste connue de nombreux systèmes juridiques, notamment de plusieurs États des États-Unis.

50. Sur ces différents types de distinction, et d'autres, F. OST et M. VAN DE KERCHOVE, *De la pyramide au réseau ? Pour une théorie dialectique du droit*, PUSL, 2002, sp. p. 235 et s.

51. J. RIVERO, « Sanction juridictionnelle et règle de droit », *in Mélanges L. Julliot de la Morandière,* Dalloz, 1964, p. 457.

52. V. M. GALANTER, « La justice ne se trouve pas seulement dans les décisions des tribunaux », *in Accès à la justice et État-Providence*, M. CAPPELLETTI (dir.), Economica, 1984, p. 151

53. Critère de la « justiciabilité » selon KANTOROWICZ, de la mise en question selon J. CARBONNIER, *Sociologie juridique*, PUF, 2004, p. 318 et s.

54. R. VON JHERING, préc., p. 216.

lentilles »[55]. Pourtant, la règle de droit sans sanction est une réalité, signe que le droit n'est pas là que pour brûler.

1. Les lois, non contraignantes par exception

27. Les lois qui n'imposent pas : les lois supplétives et optionnelles. – Les règles de droit se subdivisent en règles impératives et *règles supplétives* : les premières, nous l'avons vu, ne sont pas susceptibles de dérogations, elles s'imposent toujours ; les secondes, en revanche, peuvent être écartées par la volonté des parties. Ces règles supplétives sont privilégiées pour réguler les échanges contractuels[56]. Dans ces matières, les contractants ne peuvent tout prévoir et on ne peut tout leur imposer. Le droit se présente alors sous la forme d'une « solution-modèle »[57] que l'on se contente de proposer : libre aux parties de se forger elles-mêmes une solution sur mesure ; cependant, si elles n'en font rien, la solution prêt-à-porter de la loi leur sera appliquée. Ainsi, à défaut de prévision contraire, le délai de paiement d'une vente commerciale prévu par la loi est de trente jours après réception de la marchandise[58]. Les parties sont libres de prévoir dans le contrat un délai plus long[59] ou plus court ; dans leur silence, les trente jours s'appliqueront.

Face à ces lois soumises à la volonté des parties, de deux choses l'une : soit la règle de droit n'est pas forcément impérative[60] et la définition du droit devra se trouver un autre signe caractéristique ; soit les lois supplétives ne sont pas des règles de droit. Cette seconde voie a souvent été suivie, les auteurs préférant déprécier les règles supplétives[61] plutôt que de renoncer au critère de la force. Pourtant, il est heureux que le droit ne réserve sa force impérative qu'aux règles protégeant les valeurs les plus essentielles et laisse, dans les autres matières, les volontés individuelles choisir la solution leur semblant la plus adaptée. De nombreux auteurs vont donc préférer défendre les règles supplétives en justifiant leur caractère malgré tout obligatoire : seules les conditions d'application seraient modifiées, pour être laissées à l'appréciation de la volonté des parties : elles peuvent aussi bien choisir d'écarter la règle supplétive (*opt out*) que décider de choisir l'application d'une autre norme, en la construisant elles-mêmes par leur contrat ou en choisissant une loi offerte comme modèle (*opt in*)[62].

55. Ph. MALAURIE, détournant une image utilisée à un autre endroit par G. JÈZE, « Les sanctions en droit privé », *Defrénois* 2006. 38333.

56. Au point que leur nature de clause contractuelle a été défendue : R. CAPITANT, *L'illicite – tome 1 : L'impératif juridique*, Dalloz, 1928, p. 70-71.

57. G. CORNU, n° 334. Le fait de retenir telle solution comme solution modèle en fait par ailleurs la solution idéale aux yeux du législateur, ce qui appuie sa fonction directrice dans l'ordre juridique, v. C. PÉRÈS-DOURDOU, *La règle supplétive*, LGDJ, 2004, sp. p. 509 et s.

58. Art. L. 441-6, I, al. 4 C. com.

59. Mais sans pouvoir dépasser certaines limites impératives fixées par la loi : 45 jours fin de mois ou 60 jours réception de la facture, art. L. 441-6, I, al. 5 C. com.

60. « Le Code civil presque tout entier n'est donc pas une loi ? », L. DUGUIT, *Études de droit public, I, L'État, le droit objectif et la loi positive*, Bibliothèque de l'Histoire du Droit et des Institutions, 1901, p. 566 ; relativisant le caractère obligatoire, v. J.-L. AUBERT et E. SAVAUX, n° 20.

61. Sur ce discours répandu, v. la présentation puis la contestation de C. PÉRÈS-DOURDOU, sp. n° 125 et s.

62. Par exemple, il est possible aux parties de choisir de soumettre leur relation au statut du bail commercial (ce qui soulève la délicate question de la possibilité d'écarter les règles impératives du

Cependant, il s'agit alors surtout de justifier de l'application de la règle, la question du caractère obligatoire de celle-ci passant au second plan, pour ne pas être d'une grande utilité dans les matières dites « disponibles »[63]. Mais la question reste entière : qu'y a-t-il d'obligatoire dans une règle que l'on sait pouvoir écarter ou sous l'empire de laquelle on a choisi de se placer ?

28. Les lois qui ne sont pas sanctionnées : les lois imparfaites. – Existerait-il des lois dont la violation ne pourrait donner lieu à aucune sanction, démentant ainsi le lien traditionnellement noué entre la règle et sa possibilité de sanction ? Certaines règles de droit constitutionnel sont suspectées d'une telle situation[64] : par exemple, *quid* du président de la République refusant, comme la Constitution le prévoit, de signer une ordonnance[65] ? Plus généralement, comment classer le droit international public, dont la sanction et l'exécution restent mal assurées, faute de pouvoir contraindre un État[66] ? Il y a donc bien des règles sans sanctions. Mais cette anomalie pourrait être justifiée par un certain particularisme disciplinaire, le jeu normal de la loi étant parasité par la dimension politique de la matière constitutionnelle, qui ravale la Constitution au rang de « pauvrette »[67], et par la souveraineté des sujets du droit international, qui est « malade de ses normes »[68]. Cependant, il n'est pas certain que la tare ne contamine pas aussi certaines de nos bonnes vieilles règles de droit civil[69] ou administratif : le Code électoral interdit la distribution de tracts mais sans l'assortir de peine[70] ; la loi impose à l'administration de s'adresser à tous les citoyens par leur nom mais l'avis de redressement adressé à une femme sous son nom de

---

statut, v. Ass. plén., 17 mai 2002, *D.* 2003. 333, note S. BECQUÉ-ICKOWICZ ; *JCP* 2002. II. 10131, note J. MONÉGER ; *Defrénois* 2002. art. 37 607-62, obs. R. LIBCHABER ; *RDC* 2003. 127, obs. J.-B. SEUBE ; plus généralement, D. BUREAU, « L'extension conventionnelle d'un statut impératif. Contribution du droit international privé à la théorie du contrat », *in Mélanges Ph. Malaurie*, Defrénois, 2005, p. 125). À ce titre, les parties peuvent choisir un nombre impressionnant de modèles de règles : ex. lois, contrats-types, codifications doctrinales, ou même loi non entrée en vigueur, Cass. civ. 3e, 23 mars 1977, *D.* 1978. 163, note E. AGOSTINI. À propos de la proposition de règlement sur le droit commun européen de la vente, *RTD civ.* 2012. 493, obs. P. PUIG.

63. La distinction entre les droits disponibles et indisponibles est aussi fondamentale que floue. De façon un peu tautologique, les droits disponibles sont ceux dont on peut disposer, par exemple, céder. Ils dominent le droit des biens et des contrats. Les droits indisponibles échappent au pouvoir de la volonté individuelle et touchent essentiellement au statut personnel (état, capacité, personne, divorce, etc.).

64. À cela, certains ajoutent le droit administratif auquel il « manque l'extrême pointe de la contrainte : pas de voies d'exécution contre l'État ! » : Ph. JESTAZ, *Le droit*, Dalloz, 7e éd., 2012, p. 21.

65. Ce que fit le président Mitterrand en période de cohabitation, obligeant le gouvernement à faire adopter la privatisation par la voie Parlementaire. Sur l'important débat doctrinal suscité, v. M. TROPER, « La signature des ordonnances – Fonctions d'une controverse », *Pouvoirs*, n° 41, 1987, p. 75. Sur les ordonnances, v. *infra*, n° 219.

66. Sur cette difficulté, v. *infra*, n° 138.

67. J. GICQUEL et J.-E. GICQUEL, *Droit constitutionnel et institutions politiques*, Montchrestien, 26e éd., 2012, n° 24.

68. V. l'article incontournable de P. WEIL, « Vers une normativité relative en droit international ? », *RGD int. publ.* 1982. 5, qui critique le développement de ces normativités variables.

69. Sur ces règles, v. N. DESCOT, « Les règles de droit civil non sanctionnées », *RRJ* 2008. 1299.

70. V. J.-P. CAMBY, *LPA*, 10 avr. 2002, p. 13.

femme mariée sera valable[71] ; le Code civil exige que les parties à un divorce fournissent une déclaration sur l'honneur sur l'exactitude de leurs ressources[72], à défaut de quoi... il ne se passera rien de particulier[73]. De tout temps, de telles lois ont existé. Elles sont considérées comme de véritables lois mais imparfaites[74]. La sanction ne serait donc pas le critère de la règle de droit mais celui de sa perfection.

29. Les lois qui ne prescrivent pas : les lois non normatives. – Plus étonnantes encore, certaines lois ne sont tout simplement pas susceptibles de sanction, faute de porter la moindre prescription : elles n'engagent à rien et se contentent de constater une situation, d'énoncer une évidence ou de déclarer une belle intention un peu vide. Ainsi, on peut rester un peu dubitatif face au caractère obligatoire, impératif ou contraignant d'une loi selon laquelle « les activités physiques et sportives constituent un facteur important d'équilibre, de santé, d'épanouissement de chacun ; elles sont un élément fondamental de l'éducation, de la culture et de la vie sociale »[75]. Souvent critiquées, justement du fait de leur non-normativité, ces règles rappellent pourtant que la loi n'est pas qu'un outil du droit : elle est aussi un instrument politique. À ce titre, outre des prises de position symboliques, elle peut déterminer un objectif de politique publique, mettre en place un programme d'action, planifier les ambitions économiques. En toutes ces occurrences, la règle de droit présente tous les atours de la règle classique (puisqu'elle est posée par une loi) mais, par une sorte d'accident de la nature, elle ne pourra pas être sanctionnée, faute de réellement pouvoir être violée. Cependant, il y a mieux – ou pire – puisque se développe toute une catégorie de normes dont la nature même est d'être non contraignante.

2. La *soft law*, non contraignante par principe

30. Le droit non contraignant est connu sous la terminologie anglo-saxonne de *soft law*[76], dont les traductions sont variables, toutes essayant de souligner l'absence d'intervention tranchante : « droit mou », « droit faible »[77], « droit

71. V. G. LOISEAU, « Le respect de l'identité des femmes mariées ne s'impose plus aux fonctionnaires publics », *JCP* 2007. II. 10094. Précisons aux étudiants débutants que le nom de famille est celui de naissance, et lui seul.

72. Art. 272 C. civ.

73. Cass. civ. 1re, 11 janv. 2005, *RTD civ.* 2005. 375, obs. J. HAUSER ; Cass. civ. 1re, 8 juin 2003, *RTD civ.* 2003. 687, obs. J. HAUSER.

74. Ulpien qualifiait ainsi les lois prohibitives mais n'emportant pas la nullité des actes qu'elles interdisaient. Sur les catégories de lois imparfaites, v. Ph. MALAURIE, « Les sanctions en droit privé », préc.

75. Art. 1er loi n° 84-610 du 16 juillet 1984 AVICE.

76. L'expression serait de Lord Mc Nair, qui opposait à l'origine les principes abstraits aux cas concrets.

77. Ch. LEBEN, « Une nouvelle controverse sur le positivisme en droit international public », *Droits* 1987, p. 123.

vert », « droit à l'état gazeux »[78], « droit assourdi »[79], « droit souple »[80]. Quel que soit son nom, le phénomène témoigne d'une nouvelle conception du droit[81]. La *soft law* poursuit la même ambition d'orientation des conduites que la *hard law*. Seulement, là où la *hard law* impose, la *soft law* propose. Le droit souple veut utiliser le ressort de l'incitation et de l'adhésion, en vue d'obtenir les conduites par la douceur et non par la punition. Née par nécessité dans l'ordre international, la *soft law* a ensuite été promue par choix dans le droit étatique.

31. La *soft law*, pis-aller en droit international. – Longtemps, on imaginait mal, et finalement on n'imaginait pas, que le droit puisse atteindre ses objectifs en se contentant d'émettre des conseils ou des déclarations. Un démenti a dans un premier temps été apporté par l'ordre international des États. Les organisations internationales ne sont pas dans un rapport d'autorité avec les États. Ne pouvant leur imposer des exigences, elles vont chercher à les encourager, par des résolutions et des déclarations. Les prescriptions (« doit », « interdit », « exige ») sont remplacées par des intentions (« souhaite », « déclare », « promeut ») ; la sanction est, dans le meilleur des cas, remplacée par un contrôle du suivi[82]. Ces formes de normativité relative pouvaient être réservées à cet ordre imparfait qu'est l'ordre international, une sorte de pis-aller à son incapacité à agir par la contrainte. Si ce n'est que le pis-aller est devenu *must have* et qu'il est de bon ton aujourd'hui pour un État postmoderne[83] de recourir à son tour sans modération à des normes dépourvues de caractère contraignant.

32. La *soft law, must have* du droit étatique. – Le phénomène s'étend sans cesse et semble irréversible[84], malgré plusieurs appels à une certaine tempérance

78. Rapport du Conseil d'État 1991, *De la sécurité juridique*, La Documentation française, 1992, p. 15 et s.
79. G. ABI-SAAB, « Éloge du "droit assourdi" – Quelques réflexions sur le rôle de la *soft law* en droit international contemporain », *in Mélanges F. Rigaux*, Bruylant, 1993, p. 59.
80. V. C. THIBIERGE, « Le droit souple », *RTD civ.* 2003. 599. L'expression est générique et permet d'englober le droit flou (qui manque de précision), le droit doux (qui manque d'obligation) et le droit mou (qui manque de sanction). V. également Association H. Capitant, *Le droit souple*, Dalloz, 2009.
81. Cf. F. OSMAN, « Avis, directives, codes de bonne conduite, recommandations, déontologie, éthique, etc. : réflexion sur la dégradation des sources privées du droit », *RTD civ.* 1995. 509 ; sur sa part de réel, J.-M. JACQUET, « L'émergence du droit souple (ou le droit « réel » dépassé par son double) », *in Mélanges B. Oppetit*, Litec, 1999 ; en dernier lieu, v. les nombreuses contributions consacrées à la *soft law* dans I. HACHEZ et *alii*, *Les sources du droit revisitées*, éd. Anthémis et Université Saint Louis, 2013.
82. Pour le droit international, v. l'exemple du droit de l'environnement, S. MALJEAN-DUBOIS, *JurisClasseur Environnement*, fasc. 2000 : Sources du droit international de l'environnement ; C. IMPERIALI (dir.), *L'effectivité du droit international de l'environnement. Contrôle de la mise en œuvre des conventions internationales*, Economica, 1998 ; pour le droit européen des droits de l'homme, v. M. AILINCAI, *Le suivi du respect des droits de l'homme au sein du Conseil de l'Europe*, Pedone, 2012.
83. J. CHEVALLIER, ouvrage préc. et « Vers un droit postmoderne ? Les transformations de la régulation juridique », *RDP* 1998. 659.
84. V. Th. REVET (dir.), *L'inflation des avis en droit*, Economica, 1998, not. F. ZÉNATI et Ph. JESTAZ.

dans l'utilisation de ces méthodes[85]. Les substituts à la règle contraignante peuvent prendre des formes très diverses mais les plus connues sont *l'avis et la recommandation*. Ils sont émis par des autorités diverses, privées, publiques, ou hybrides, et interviennent dans tous les domaines. Traditionnellement, faute d'effet contraignant, cette *soft law* était rejetée du droit pour être cantonnée au rang de règle sociale ou de simple influence[86]. Mais l'acclimatation de la *soft law* au droit étatique va inciter la doctrine à lui faire une place dans ce dernier, pour tenir compte de sa capacité, malgré son absence de contrainte, à produire un effet juridique[87] et ainsi à exercer une véritable force normative[88]. Cette autorité peut se prévaloir de plusieurs arguments. Elle est favorisée par l'absence de contrainte : le respect est souhaitable avant d'être obligatoire et cette douceur rallie parfois plus aisément que la menace[89]. Elle est légitimée par l'autorité des émetteurs d'avis et de recommandations : professionnels de la profession (par exemple, les membres du Conseil supérieur de l'audiovisuel) ou sages (par exemple, les membres du Comité consultatif national d'éthique), leur opinion est entourée de l'aura de l'expérience et de la raison. Elle est réalisée par la forme d'expression de ces normes : ne portant pas un commandement lapidaire, elles privilégient l'argumentation et la motivation propres à emporter la conviction du destinataire. La *soft law* joue ainsi souvent le rôle de relais utile de la *hard law*, notamment lorsque celle-ci ne parvient pas par la seule menace à produire des effets juridiques. Prenons l'exemple de la discrimination à l'embauche : totalement interdite par la *hard law*, elle est pourtant peu sanctionnée, le plus souvent faute de preuve. Aussi, la HALDE avait mis en place un système de correspondance avec 250 des plus grandes entreprises françaises, basé sur l'envoi de questionnaires évaluant les engagements pris et les actions poursuivies, par exemple une meilleure formation et sensibilisation des recruteurs à ce sujet[90]. Si l'autorité se félicite des réponses massives des entreprises, il reste à évaluer la réalité des engagements, talon d'Achille de la *soft law*.

Les règles contraignantes ne sont donc pas le seul outil du droit, même si elles sont largement le plus important : elles s'accompagnent de normes non contraignantes. Toutes sont dotées d'une forme d'autorité normative mais sur des registres différents[91]. Entre les lois non contraignantes et les normes souples, l'évaluation de la contrainte réelle devient affaire d'appréciation au cas par cas, le contenant n'étant qu'un critère parmi d'autres. La sanction ne doit pas être accablée pour autant : elle incarne l'une des dimensions caractéristiques du droit ; cependant, elle ne résume pas à elle seule la richesse du droit, pas plus

85. V. Conseil d'État, *De la sécurité juridique*, préc., sp. p. 32-34, et les deux circulaires citées. Le Conseil d'État, face à l'importance croissante du phénomène, a annoncé consacrer son étude annuelle 2013 au thème du droit souple.

86. Sur cette conception et des réponses, v. L. GRYNBAUM (dir.), *La contrainte*, Economica, 2007.

87. Sur la *soft law* des autorités publiques, S. GERRY-VERNIÈRES, *Les « petites » sources du droit*, Economica, 2012.

88. V. C. THIBIERGE et *alii*, *La force normative – Naissance d'un concept*, LGDJ, 2009.

89. P. AMSELEK, « L'évolution générale de la technique juridique dans les sociétés occidentales », *RDP* 1982. 275, sp. 286.

90. V. HALDE, *Des pratiques pour l'égalité des chances – Que répondent les entreprises à la HALDE*, 2009. La HALDE a été remplacée en 2011 par le Défenseur des droits.

91. Sur la nécessité psychanalytique de distinguer le commandement de la recommandation, D. DE BÉCHILLON, *Qu'est-ce que la règle de droit ?*, p. 199 et s.

qu'elle n'explique sa force toute particulière et ne peut donc prétendre avoir résolu la question de la définition. Il faut donc poursuivre notre recherche de réponse.

§2. Une finalité spécifique ?

33. Le droit peut agir par des règles plus ou moins générales et dont la violation entraîne une réaction plus ou moins forte. Il ne s'agit de toutes les manières que d'outillage et il est heureux en définitive que le droit n'ait pas à sa disposition une forme unique d'action. Au contraire, il faut utiliser tous les registres pour se concentrer sur l'essentiel, la réalisation de certaines valeurs cardinales[92]. La définition du droit passe dès lors par la recherche de la fin du droit[93]. Tout était donc dit depuis l'Antiquité : le droit, c'est l'art du bien et du juste (*jus est ars boni et aequi*[94]). Pourquoi chercher ailleurs une définition si imparable ? Parce que cette définition soulève à son tour d'autres questions. D'une part, elle ne fait que déplacer la définition vers une définition tout aussi impossible : si le droit, c'est l'art du juste alors, qu'est-ce que le juste ? (A.) D'autre part, elle laisse intacte la question de la spécificité de son objet : si le droit c'est l'art du bien, qu'est-ce qui distingue la règle de droit de la règle morale ? (B.)

A La règle de droit, une règle juste ?

34. Une finalité évidente. – Parmi toutes, une finalité s'impose naturellement à l'esprit pour le droit : il est intimement lié à la recherche de justice. « La loi, c'est le discernement des choses justes et des injustes »[95]. La définition du droit n'a jamais été si proche : il serait un ensemble de règles, qui en sont les moyens, réalisant la Justice, qui en est la fin. La relation est confortée par le contre-exemple, étant difficile de prôner que le droit ne doit pas chercher à réaliser la justice. Autre chose est de savoir comment ce juste peut se réaliser dans une règle.

35. La difficile détermination du juste. – Qu'est-ce que la Justice[96] ? Très généralement, elle « est tout à la fois un sentiment, une vertu, un idéal, un bienfait (comme la paix), une valeur »[97]. Mais, pour que le droit puisse réaliser ce « sentiment-idéal-bienfait », il faudrait en préciser un peu le contenu. Une

92. Estimant que, s'il est possible de ne pas être en accord sur la source d'inspiration de ces valeurs, il faudrait s'accorder sur une définition du droit comme cherchant un ordre de valeurs idéales, G. CORNU, « Le visible et l'invisible », *Droits*, n° 10, 1989, p. 27, sp. 29 ; dans le même ouvrage, B. OPPETIT conclut que « le droit a pour seule fin la justice au service d'un ordre de valeurs mêlant la morale, l'équité, l'utilité sociale, l'efficacité matérielle », « Le droit hors la loi », p. 47, sp. 50.

93. M. VILLEY, *Philosophie du droit*, Dalloz, 2001 (l'ouvrage original est de 1975).

94. Définition du jurisconsulte Celte.

95. CICÉRON, *Traité des lois*, Livre II, V, 13.

96. Pour la recherche d'une réponse logique et le constat d'échec, Ch. PERELMAN, « De la Justice », *in Justice et Raison*, éd. de l'Université de Bruxelles, 1972, p. 26.

97. *Vocabulaire juridique*, V° « Justice ».

première forme de Justice, un peu *formelle* mais essentielle, exige que les mêmes situations soient traitées d'une même façon. Bien décevante pour qui rêvait d'un idéal plus absolu de Justice, cette exigence d'égalité devant le droit trace pourtant la frontière entre la justice et l'arbitraire, la démocratie et le totalitarisme[98]. Mais au-delà ? Peut-on définir les contours d'une justice qui ne serait plus formelle mais bien substantielle ?

Aristote en distinguait deux formes. D'une part, la justice *commutative*, une justice sous forme arithmétique, donnant à chacun la même chose, et qui domine notamment le droit des contrats[99]. D'autre part, la justice *distributive*, qui est une justice sous forme de proportion géométrique, donnant à chacun ce qui lui est dû : elle domine par exemple le droit pénal en cherchant une peine à la hauteur du méfait. Mais, encore une fois, la question est seulement déplacée : selon quel critère va-t-on attribuer à chacun ce qui lui est dû ? Les besoins ? Le mérite ? Les réalisations ? Le rang ? Impossible de s'accorder sur une réponse unique à cette question : le juste est finalement affaire de subjectivité et de relativité.

On le sait depuis Protagoras : l'homme est la mesure de toute chose, y compris celle de la justice. Tout d'abord, le juste d'un temps ne sera pas celui du suivant. Ainsi, Saint Thomas d'Aquin, pour illustrer qu'« une chose qui de soi répugne au droit naturel ne peut devenir juste par la volonté humaine », prenait l'exemple d'un décret permettant de « commettre l'adultère »[100]. L'exemple semble très loin de la situation contemporaine, la loi ayant dépénalisé l'adultère, et rendu facultatif le divorce pour cette cause, depuis bien longtemps[101]. Ensuite, le juste des uns ne sera pas le juste des autres. Dans le cas souvent débattu en France de l'accouchement sous X, le juste de l'enfant voulant connaître ses origines n'est pas le juste de la mère qui n'a accepté l'abandon que sous promesse d'anonymat. Enfin, le juste d'une situation ne sera pas celle d'une autre. Ainsi, s'il est juste de restituer le bien laissé en dépôt, faut-il rendre à un fou l'arme qu'il a confiée[102] ?

Finalement, la considération de ce qui est juste ou non relève essentiellement d'un jugement de valeur moral ou philosophique, le sentiment du juste de chacun tenant lieu de Justice. Cette profonde relativité du juste, globalement reconnue, doit être défendue, tant prétendre à des valeurs absolues en cette matière serait une menace pour tout ordre démocratique[103]. Stammler concluait que la seule règle permanente est la poursuite de l'idéal de justice, le contenu de

98. V. B. FRYDMAN et G. HAARSCHER, *Philosophie du droit*, Dalloz, Connaissance du droit, 1998, p. 13.

99. Pour une relecture de la théorie générale des contrats à la lumière des distinctions d'Aristote sur les commutations, v. F. CHÉNEDÉ, *Les commutations en droit privé*, LGDJ, Economica, 2008.

100. *Somme théologique*, II-II, q. 57. art. 2.

101. Ce dernier point a été adopté contre les vœux du père de la réforme : « « Tu ne commettras pas l'adultère » (ce commandement qui n'aurait pas été rayé du Code civil s'il n'avait tenu qu'à moi) », J. CARBONNIER, « La religion, fondement du droit ? », *APD*, tome 38, 1993, p. 17-18.

102. Exemple pris par Saint Thomas d'Aquin, préc.

103. Ch. LEBEN, « Droit : quelque chose qui n'est pas étranger à la justice », *Droits*, n° 11, 1990, p. 35, sp. 36.

celui-ci étant en revanche variable – se voyant *ipso facto* reprocher que cet idéal n'était « qu'une bouteille vide décorée d'une belle étiquette »[104].

36. Les conflits de valeurs. – La justice n'est pas seulement indéfinissable ; elle est aussi une fin du droit parmi d'autres[105], celui-ci devant également assurer la sécurité et le progrès de la société[106], l'ordre public, l'utilité, la sûreté, la santé publique, la paix[107] et tant d'autres considérations qui vont parfois entrer en conflit avec la justice. En faisant prévaloir l'une, la règle de droit prendra le risque de manquer aux autres. Ainsi, les règles de prescription, en empêchant d'agir en justice trop longtemps après les faits, garantissent la stabilité et la paix sociale mais font obstacle à ce que « justice soit faite ». Mais, face au pire des crimes, le crime contre l'humanité, les fins sont renversées : la justice l'emporte sur la stabilité et la règle devient celle de l'imprescriptibilité. Le pluralisme de fins est ainsi inévitable, ce qui aboutit parfois à vouloir les classer. Mais, dans ce classement, ce n'est pas nécessairement la réalisation du juste qui l'emporte, faute de susciter l'accord sur son contenu : c'est plus souvent sa face négative qui emporte l'adhésion, celle du refus de l'injustice.

37. L'injustice, plus aisément identifiable ? – Il semblerait évident d'estimer que, s'il est impossible de déterminer ce qui est juste, il l'est tout autant de reconnaître l'injuste. Or, l'évidence n'est évidemment pas plus partagée ici qu'ailleurs et les auteurs sont nombreux à estimer que l'injustice se manifeste plus franchement que la justice. Selon Paul Ricoeur, « c'est d'abord à l'injustice que nous sommes sensibles (...). Or, le sens de l'injustice n'est pas seulement plus poignant, mais plus perspicace que le sens de la justice ; car la justice est plus souvent ce qui manque et l'injustice ce qui règne »[108]. Si la justice est insaisissable, le sentiment d'injustice est l'un des plus violents qui soit. Ressenti dès l'enfance face à des punitions excessives, des partages inégaux ou « peut-être plus que tout, (des) promesses non tenues », ces situations typiques sensibilisent à celles avec lesquelles le droit va devoir composer pour assurer la justice[109]. Et de ce sentiment puissant pourrait alors se dégager l'essence même du droit : « le droit des droits, s'il en est un, est celui qui appelle à la révolte – émotion, émeute – contre l'injustice »[110].

Mais, là encore, rien n'est simple. Allant au bout de ce refus de l'injustice, faut-il reconnaître une loi injuste comme loi ? Faut-il lui obéir ? Ce dilemme est très classiquement mais très bien illustré par la figure d'Antigone, qui préfère

104. Cité par P. ROUBIER, *Théorie générale du droit*, Sirey, 1951, n° 10.

105. V. H. BATIFFOL, *Problèmes de base de philosophie du droit*, LGDJ, 1979, qui qualifie la justice de « but final le plus élevé » (p. 401).

106. P. ROUBIER, *Théorie générale du droit*, préc.

107. La paix est le but du droit et la lutte permanente le moyen de l'atteindre, R. VON JHERING, *La lutte pour le droit*, Dalloz, 2006 (l'ouvrage original est de 1872).

108. « Le juste entre le bon et le légal », *Lectures, 1, Autour du politique*, Seuil, 1991, p. 177 ; plus généralement, v. M.-A. FRISON-ROCHE et W. BARANÈS (dir.), *De l'injuste au juste*, Dalloz, 1997.

109. P. RICOEUR, *Le juste, 2*, éd. Esprit, 2001, p. 257.

110. J. CARBONNIER, « Il y a plus d'une définition dans la maison du droit », *Droits*, n° 11, 1990, p. 7, sp. p. 9 ; également, G. VEDEL, « Indéfinissable mais présent », même ouvrage, p. 67, sp. p. 70 : avouant son incapacité à réduire tous les aspects du droit à un critère unique, l'auteur conclut que le seul accord devant être fait est celui « que l'on admette qu'un honnête homme ne doit ni respecter ni appliquer une loi inique ».

suivre les lois des dieux, éternelles et immuables, au décret de Créon, refusant des funérailles à son frère : bravant l'interdiction, elle choisit la *désobéissance* à la loi injuste. Loin des mythes et près de nous, les mouvements de désobéissance civile[111] (par ex. les faucheurs OGM) se multiplient, pour tenter d'obtenir par la désobéissance la modification de la loi[112]. Pourtant, en faisant le choix de la désobéissance, ne met-on pas la société dans son ensemble au bord du chaos en admettant un « péril mortel pour le droit »[113] ? Doit-on préférer l'exemple d'Antigone ou celui de Socrate, injustement condamné mais se soumettant à la loi de sa cité ? « Mieux vaut une injustice qu'un désordre » (Goethe) ou un désordre qu'une injustice ? Dilemme impossible à résoudre pour le droit, dont on attend à la fois qu'il réalise la justice et assure l'ordre.

B La règle de droit est-elle distincte de la règle morale ?

38. Les tentatives de distinction. – Le recours à la finalité est souvent utilisé pour distinguer le droit de la morale (l'argumentation pourrait souvent être transposée à la religion ou aux règles sociales). La différence de valeur permettrait de distinguer, certes subtilement, les règles de droit, prescrivant le juste, des règles morales, indiquant le bien. La différence est ténue, évidemment. La morale se présente comme un juste subjectif, qui s'attache aux intentions et au perfectionnement de l'être humain, le droit comme un juste objectif, qui s'intéresse aux actes et à l'ordre. Le droit serait alors un « minimum éthique »[114], la morale une plus value. La distinction va alors se déplacer vers la source de l'impératif : selon Kant, la morale est autonome, puisqu'elle est la loi que l'on se donne à soi-même, sous la contrainte de sa conscience, quand le droit est hétéronome, puisque la loi y est extérieure, sous la contrainte des tribunaux. Cependant, ces différentes distinctions sont très artificielles : le droit s'intéresse très souvent aux intentions, particulièrement aux intentions de nuire, et la morale est loin d'être indifférente aux réalisations. De ce fait, juste et bien, droit et morale, se rejoignent souvent[115].

39. La morale et la règle de droit. – Il est courant de voir droit et morale s'épauler ou s'articuler pour unir leurs forces dans leur réponse à une même question. Outre l'inénarrable obligation d'honorer et respecter ses parents[116], droit et morale se rejoignent derrière de très nombreuses règles, y compris les plus techniques : nullité des conventions contraires aux bonnes mœurs[117],

111. Théorisée par H.-D. THOREAU en 1849, la désobéissance civile est définie par Rawls comme « un acte public, non violent, décidé en conscience, mais politique, contraire à la loi et accompli le plus souvent pour amener un changement dans la loi ou bien dans la politique du gouvernement », *Théorie de la justice*, Seuil, 1987, p. 405.

112. Sur ces mouvements contemporains, *RTD civ.* 2005. 73, obs. R. ENCINAS DE MUNAGORRI.

113. G. RIPERT, *Le déclin du droit*, LGDJ, 1949, p. 95.

114. Selon JELLINEK, cité par F. GÉNY, *Science et technique en droit privé positif*, tome 1, Sirey, 1914, § 16.

115. Sur les différents rapports d'inclusion ou d'exclusion en philosophie du droit, v. O. PFERSMANN, « Morale et droit », *in Dictionnaire de la culture juridique*, PUF, 2003.

116. Art. 371, C. civ.

117. Plus généralement, le droit est ainsi « vivifié par la sève morale », G. RIPERT, *La règle morale dans les obligations civiles*, LGDJ, 4e éd., 1949 (l'édition originale est de 1925).

inopposabilité de la fraude, interdiction de se prévaloir de sa propre turpitude, devoir de porter secours à personne en danger, indignité successorale, concurrence déloyale, loyauté contractuelle et, plus largement, droit pénal tiennent compte de la moralité du comportement pour le sanctionner. Cependant, le droit comme la morale évoluent, chacun à son rythme[118]. Le droit donnera parfois l'impression de suivre l'évolution des mœurs. Ainsi, les *Fleurs du Mal*, censurées en 1857, sont jugées dignes de la bibliothèque rose lors de la révision de cette censure en 1949[119]. Il laisse parfois l'impression inverse de la précéder. Ainsi, la jurisprudence a longtemps déclaré nulles car contraires aux bonnes mœurs les libéralités (donations, testaments) faites pour le maintien d'une relation adultère, avant de les autoriser, dans une affaire caractéristique, dans laquelle un homme de 95 ans, marié depuis 70 ans, avait modifié son testament un an avant son décès au profit de sa maîtresse de 64 ans sa cadette[120].

40. Morale traditionnelle et libéralisme. – Le dernier exemple rejoint une interrogation récurrente suspectant le droit d'abandonner sa fonction morale. Certes, certains grands préceptes demeurent largement partagés, tels que l'interdiction de tuer ou l'obligation de respecter sa parole. Ils recoupent également des commandements religieux : la morale traditionnelle a d'ailleurs longtemps constitué le système de transition entre le droit et la religion chrétienne[121]. Pourtant, avec le déclin de la métaphysique et le désenchantement des sociétés occidentales, le droit tend à s'éloigner de cette morale enracinée dans la religion chrétienne, dont les valeurs ne traduisent plus un consensus social. La morale traditionnelle fait alors place en droit à un mouvement de libéralisme. Là où antérieurement le droit faisait le choix moral à la place de l'individu, procédant ainsi à un « soulagement » ou à un « délestage » de cette charge[122], la tendance contemporaine est à consacrer la liberté, renvoyant à chacun la responsabilité de son choix moral : ainsi, lorsqu'il autorise l'interruption volontaire de grossesse, le divorce ou l'euthanasie passive, le droit s'en remet au choix moral de chacun d'y recourir ou de s'y refuser. Dans le même temps, de nouvelles exigences morales, coupées des valeurs traditionnelles, se développent : « il s'agit d'un « moralisme amoral », dans lequel un discours libéral sur la morale d'hier côtoie

118. Ce qui pousse la Cour européenne à la prudence lorsqu'il s'agit d'apprécier des règles étatiques adoptées au nom de la morale : « L'idée que les États se font des exigences de la morale varie dans le temps et l'espace » : CEDH, *Akdas c. Turquie*, 41056/04, 16 févr. 2010, § 27. En l'espèce, un éditeur turc fut condamné pour la publication de la traduction des *Onze mille verges* de Guillaume Apollinaire, notamment du fait de l'appartenance de l'œuvre au « patrimoine littéraire européen ».

119. Le conseiller Falco, en charge du rapport devant la Cour de cassation, eut « l'impression paradoxale de plaider pour un livre de la bibliothèque rose et de demander l'attribution d'un prix de vertu » V. Cass. crim., 31 mai 1949, *D.* 1949. 348 et J. HAMELIN, « La réhabilitation judiciaire de Baudelaire », *D.* 1949. 147.

120. Cass. Ass. plén., 29 oct. 2004, v. les Débats publiés à la *RDC* 2005. 1273 et s. sur « Que reste-t-il des bonnes mœurs en droit des contrats ? ». Plus récemment, considérant qu'un contrat de courtage matrimonial en vue d'un mariage conclu par une personne mariée n'est pas contraire à l'ordre public et aux bonnes mœurs, Cass. civ. 1re, 4 nov. 2011, *D.* 2012. 59, note R. LIBCHABER.

121. J. CARBONNIER, « La religion, fondement du droit ? », *APD*, tome 38, 1993, p. 18. Il relativise à cet égard la conception plus assimilatrice entre morale et religion chrétienne développée par G. RIPERT, *Les forces créatrices du droit*, LGDJ, 1955, sp. nº 58 et s.

122. J. HABERMAS, *Droit et démocratie, Entre faits et normes*, Gallimard, 1997, p. 132.

un grand rigorisme sur d'autres conduites tenues naguère pour innocentes », par exemple sur le tabagisme[123].

41. Les nouvelles morales : l'éthique. – Alors que la morale traditionnelle semble décliner dans l'ordre du droit, d'autres formes de morale émergent[124], qui se caractérisent par leur dimension collective et leur visée pratique. Elles sont portées par la recherche d'un mode de régulation moins tranchant que la règle de droit : la contrainte n'est pas extérieure mais en appelle à la responsabilité et au sens de l'éthique. Plus relative que la morale traditionnelle, l'éthique est la recherche de la bonne solution dans une situation donnée : le bien n'est plus absolu, il l'est dans certaines circonstances. L'éthique est particulièrement mobilisée pour accompagner le développement *scientifique*, en cherchant un équilibre entre ce que le progrès rend possible et ce qui peut être accepté dans une société. Le Conseil consultatif national de l'éthique peut ainsi émettre un avis sur les projets de lois bioéthiques ou sur une question nouvelle, de la procréation médicalement assistée à l'euthanasie, en passant par la recherche sur l'embryon humain.

Bien loin du biomédical, c'est également sous la bannière de l'éthique que se développe la « *responsabilité sociale des entreprises* » (RSE), qui tente de réintroduire sous couvert de morale et de responsabilisation le respect par les entreprises de minima sociaux et fondamentaux. La vogue pour ces engagements éthiques est née d'une incitation des pouvoirs publics, notamment des organisations internationales, dans les années 70 : le développement d'activités transnationales avait alors imposé le constat que les États étaient impuissants à imposer le respect de normes minimales (par ex. la lutte contre le travail des enfants) par les entreprises recourant à des fournisseurs établis sur le territoire d'États dépourvus de législations protectrices. Face à ces possibilités de produire dans des conditions indignes, il fut demandé aux entreprises de s'engager à un comportement responsable. Les entreprises ne répondirent à l'incitation que dans les années 90, lorsque des organisations non gouvernementales dénoncèrent auprès de l'opinion publique les comportements de certaines grandes entreprises, notamment le recours au travail des enfants dans le secteur du textile. Soucieuses de se racheter une image, les entreprises s'engagèrent à adopter un comportement éthique, à grands renforts de déclarations un peu grandiloquentes de lutte contre les conditions de travail indigne ou de souci de protection de la nature, rassemblées dans des « codes de conduite » ou « chartes éthiques »[125]. Souvent suspectées de n'être que des gadgets, ces démarches éthiques sont tout de même sous pression : celle des investisseurs, celle des États, celle des organisations non gouvernementales et, surtout, du fait de leur connotation morale, celle des consommateurs[126].

---

123. A. GARAPON et D. SALAS, *La justice et le mal,* éd. O. Jacob, 1997, p. 193.

124. Sur le double mouvement de déclin de la morale traditionnelle et d'appel à la morale pour justifier les réformes en d'autres matières, D. BUREAU, F. DRUMMOND et D. FENOUILLET, *Droit et morale*, Dalloz, Thèmes et commentaires, 2011.

125. Sur lesquels, v. *infra*, n° 424.

126. Parmi une abondante littérature, v. E. MAZUYER (dir.), *Regards croisés sur le phénomène de la responsabilité sociale des entreprises*, Doc. fr., 2010 ; A. SUPIOT, « Du nouveau au *self-service* normatif : la responsabilité sociale des entreprises », *in Mélanges J. Pélissier*, Dalloz, 2004, 541 ;

42. La morale et la science du droit. – Le droit est donc dans la morale et la morale dans le droit. Dès lors, toute appréciation portée sur le contenu d'une règle de droit implique nécessairement un jugement de valeur d'ordre moral. Or, une véritable science du droit ne saurait se forger sur de telles appréciations subjectives et devrait écarter les finalités du droit de ses préoccupations pour préférer se consacrer aux normes observables. Le développement d'une science du droit « pure », n'expliquant le droit que par le droit, et non par la conformité à la morale, a connu un immense succès à compter des années 30, dans le sillage d'Hans Kelsen, père du « normativisme ». Science certes, objecteront les détracteurs, mais dont « le Droit est froid, désespérément froid »[127]. Par son refus de jugement de valeur sur le contenu, la science du droit fut d'ailleurs accusée après la Seconde Guerre mondiale d'avoir été « porteuse de totalitarisme »[128] en « abrutissant les consciences » et « anesthésiant les juristes »[129] et en défendant une « obéissance aveugle »[130]. Si l'accusation est sévère[131], le normativisme ne se prononçant pas sur la posture à adopter hors de la science du droit, elle n'est pas restée sans effet, nombre de normativistes cherchant à réintroduire une dose de morale ou d'éthique dans le fonctionnement mécanique du droit[132].

Voilà donc la règle de droit : règle de conduite (le plus souvent), générale (mais pas toujours), sanctionnée (ou pas), à des fins de justice (du moins d'une de ses formes). Le nombre de critiques faites à la définition traditionnelle du droit est à la hauteur de son succès : si elle n'était pas, aujourd'hui encore, un moyen important de compréhension de ce qu'est le droit, elle n'aurait pas attiré tant de réflexions et de débats. Elle ne peut d'ailleurs fournir plus que ce qui lui est demandé : sommée de trouver la spécificité du droit, elle braque le projecteur sur ce qu'il y a de plus symptomatique dans le droit. Ce faisant, et nécessairement, elle occulte que le droit n'est pas que ce symptôme. Peut-être faut-il alors délaisser la recherche de prétendus caractères de la règle pour se concentrer sur son origine toute particulière.

I. DESBARATS, « La valeur juridique d'un engagement dit socialement responsable », *JCP* E 2006. 1214.

127. D. DE BÉCHILLON, *Qu'est-ce qu'une règle de droit ?*, préc., p. 9.

128. F. TERRÉ, n° 47.

129. G. RADBRUCH, *in Le positivisme juridique*, C. GRZEGORCZYK, M. TROPER et F. MICHAUT (dir.), LGDJ, 1992, p. 505.

130. G. TIMSIT, spécialement à l'encontre de KELSEN, *Thèmes et systèmes,* PUF, Coll. « Les Voies du droit », 1986, sp. p. 139. Plus nuancé, relevant que l'idéologie nazie avait elle-même critiqué le positivisme, mais reconnaissant que ce positivisme avait été l'argument utilisé lors des procès des criminels nazis, voir TOUMANOV, « État, fascisme et positivisme », *in Le positivisme juridique,* préc. p. 437.

131. V. X. MAGNON, « En quoi le positivisme – normativisme – est-il diabolique ? », *RTD civ.* 2009. 269.

132. V. F. MICHAUT, « Le positivisme comme idéologie », *in Le positivisme juridique*, préc., p. 402.

Chapitre 2
L'origine de la règle de droit

43. D'où vient la règle de droit ? De la vie en société (*ubi societas ibi jus*[1]) ? Il est en effet classique de dire que Robinson seul sur son île n'avait pas besoin de droit. Certes, mais une fois les hommes réunis en société, qu'est-ce qui explique cette forme spécifique qu'est le droit, en sus de la morale et des conventions sociales ? La question de l'origine de la règle de droit peut s'entendre doublement. Dans un premier sens, le plus fondamental, elle renvoie au fondement du droit, c'est-à-dire à l'origine de l'autorité de la règle de droit (Section 1) : pourquoi les hommes décident-ils de s'y soumettre ? puise-t-elle à une origine fondamentale qui lui confère cette force particulière ? La question du fondement du droit est probablement la plus insondable et la plus débattue qui soit. En l'abordant, il faut admettre l'impossibilité de parvenir à une quelconque vérité, qu'elle soit absolue ou relative. Tout revient, en dernière analyse, à une prise de position idéologique qui « ne peut être ni prouvée ni réfutée ; par suite, elle n'est ni vraie ni fausse, elle ne peut être qu'efficace ou inefficace, cohérente ou incohérente »[2]. Laissée, comme toute quête philosophique, sous forme de question vouée à rester sans réponse, la recherche du fondement de la règle de droit peut se tourner vers un ancrage plus concret. Dans un second sens, l'origine de la règle de droit cherche plus modestement à décrire les sources de création du droit, c'est-à-dire l'origine de l'existence d'une règle de droit (Section 2) : comment sont produites les règles ? quels procédés et quelles forces œuvrent à la fabrication de la règle de droit ? La définition serait alors toute proche : serait règle de droit la règle produite par une source de droit. Mais il ne faut pas trop rapidement se réjouir : outre que la définition implique que les sources du droit soient elles-mêmes clairement définies, leur fonction permet moins de définir ce qu'est le droit que d'identifier les règles de droit – ce qui est déjà beaucoup.

---

1. Pas de société sans droit. Sur cet adage, v. *Adages du droit français*, n° 454.
2. B. OPPETIT, « La notion de source du droit et le droit du commerce international », *APD*, tome XXVII, 1982, p. 43, sp. p. 45.

Section 1
Le fondement de l'autorité du droit

44. Bibliographie thématique. – B. FRYDMAN et G. HAARSCHER, *Philosophie du droit*, Dalloz, Connaissance du droit, 3e éd., 2010 ; M. TROPER, *La philosophie du droit*, PUF, « Que sais-je ? », 3e éd., 2011 ; M. VILLEY, *Philosophie du droit*, Dalloz, 2001 ; Ch. ATIAS, *Philosophie du droit*, PUF, 3e éd., 2012 ; R. SÈVE, *Philosophie et théorie du droit*, Dalloz, Cours, 2007 ; pour une présentation pédagogique des courants classiques, illustrés par le droit positif, B. OPPETIT, *Philosophie du droit*, Précis Dalloz, 1999.

45. Une question taraude depuis toujours les philosophes : quel est le fondement de l'autorité de la règle de droit ? Évidemment, on comprend immédiatement que la tâche n'est pas mince et que si les caractères de la règle de droit, relativement concrets, ont débouché sur des séries de doutes, la question, bien plus abstraite, du fondement de la règle risque fort de plonger dans des abîmes d'incertitude. Il n'est pas possible de raisonnablement promettre le contraire, tout au plus pourra-t-on s'engager à essayer de ne pas rendre plus complexe encore une question qui l'est suffisamment. Plus encore que les autres, ces réponses, fruit de siècles de réflexion, ne seront ici que sommairement évoquées. Parmi elles, certaines font remonter l'autorité du droit à une autorité supérieure (§ 1.), d'autres ancrent le droit dans l'Homme lui-même (§ 2.).

§ 1. Le droit, fondé sur une autorité supérieure ?

46. La règle de droit, entre droit naturel et droit positif. – Longtemps (d'Aristote au XVIe siècle, en passant par Saint Thomas d'Aquin, soit pendant quelque deux mille ans), l'origine du droit a répondu à une vision qualifiée de « droit naturel » ou *jusnaturaliste*. Les différents courants qui vont se succéder vont développer des explications variables mais qui partagent une conception commune articulée autour de deux propositions : il existe deux corps de lois, celui des lois positives[3] (les lois des hommes) et celui des lois naturelles et universelles ; les lois naturelles doivent prévaloir sur les lois positives et c'est la conformité des lois des hommes aux lois naturelles qui fonde leur autorité. Les lois ne seraient alors que la transcription de principes supérieurs et tireraient leur légitimité comme leur autorité de ces principes. Vision idéaliste du droit, elle a dominé la pensée juridique jusqu'au XIXe siècle, selon des modalités variables : la loi naturelle est un ordre des choses, un ordre du monde ou un ordre de Dieu ; elle est accessible par l'observation, la réminiscence, la révélation ou la Raison. Ces divergences devaient semer un certain trouble sur l'hypothèse même du droit naturel : comment peut-on à la fois prétendre à l'existence de règles éternelles et immuables et proposer en leur nom des règles variables d'un auteur à l'autre ? Si son contenu change, alors le droit naturel « ne se distingue plus du droit positif »[4].

3. On parle encore aujourd'hui de « droit positif » pour désigner le droit en vigueur.
4. G. RIPERT, *Les forces créatrices du droit*, LGDJ, 1955, n° 9.

Cependant, ce qui causera le déclin du droit naturel, sans jamais toutefois le faire disparaître[5], sera surtout la revendication d'un droit constitué en véritable science. Ainsi, pour David Hume[6], une science du droit ne peut prétendre dire ce qui doit être mais seulement décrire ce qui est. Plus tard, Auguste Comte va transposer la seule méthode véritablement scientifique, le *positivisme*[7], aux sciences sociales[8], en construisant ses explications sur l'observation du monde réel et non sur des déductions de principes philosophiques. Par opposition au jusnaturalisme, qui explique le droit par une déduction à partir de principes idéaux, le positivisme explique le droit par l'observation de ses manifestations. Encore faut-il, dans ce dernier cas, s'accorder sur ce qui doit être observé au titre de « droit » : le produit d'une volonté souveraine ? d'une autre norme ? de la société ? de la rationalité économique ?

47. La règle de droit, entre volonté souveraine et validité normative. – Le volontarisme place l'autorité du droit dans l'expression d'une *volonté souveraine* (Hobbes)[9]. L'autorité du droit semble dès lors fondée sur ce qu'il y a de plus tangible et de plus remarquable dans nos sociétés organisées en État : le pouvoir et la force sont légitimement détenus par la Nation ou par l'État, ce qui justifie l'autorité de sa volonté. Cette conception du droit a dominé le siècle dévoué à l'admiration du droit moderne naissant et est très liée à la dimension contraignante déjà rencontrée pour la définition de la règle de droit. Elle aboutit à lier intimement le fondement du droit à l'État[10] et la validité de la règle à la compétence de son auteur et au respect de sa procédure d'adoption. La conception va connaître une forme plus sophistiquée et scientifique lorsque les auteurs vont vouloir observer comme seul objet de la théorie du droit les normes seules (la volonté souveraine se prêtant relativement mal à l'observation). Pour le *normativisme*, chaque norme trouve son fondement dans une norme supérieure : ainsi, la loi est une norme valable parce qu'elle a été adoptée conformément à la norme supérieure qu'est la Constitution.

Pourtant, à partir du début du XXe siècle, des doutes commencèrent à s'exprimer. L'observation de la réalité sociale, autre forme de positivisme, semblait démentir l'image idéale d'une volonté puissante ou d'une mécanique normative froide. En effet, bien que fondées sur la volonté, ou dûment validées, nombre de lois devaient révéler qu'elles n'étaient pas ou guère appliquées : ainsi va « la vie

5. Sur les fonctions aujourd'hui encore du droit naturel, voir la belle et très claire présentation d'A. SÉRIAUX, « Droit naturel », *Dictionnaire de la culture juridique* ; sur « L'avenir du droit naturel ou le droit de seconde nature », s'appuyant sur l'humanité et sur un droit naturel de la technique juridique, v. Ph. JESTAZ, *RTD civ.* 1983. 233.

6. *Traité de la nature humaine*, 1739-1740. Pour autant, en France, le développement de cette approche méthodique du droit demeure liée au droit naturel, v. J.-L. SOURIOUX, « La science du droit durant la période classique française », *RTD civ.* 2008.387.

7. Le « positivisme » juridique est-il le même « positivisme » que cette démarche scientifique ? Le débat est ouvert et nous renvoyons pour son exposé et son élucidation à E. MAULIN, « Positivisme », *in Dictionnaire de la culture juridique*.

8. Développé par Auguste Comte pour la sociologie au milieu du XIXe siècle, il veut remplacer les explications d'abord théologiques puis métaphysiques par l'esprit scientifique (loi des trois états).

9. Avec Hobbes, l'homme cesse d'être naturellement politique. L'état de nature est au contraire celui d'une guerre perpétuelle, de laquelle les hommes sortent par le contrat social. Le droit se confond ensuite avec les lois posées par l'État pour instituer l'ordre social.

10. Ex. R. CARRÉ DE MALBERG, *La loi, expression de la volonté générale*, Sirey, 1931.

du droit », elle révèle « l'impuissance des lois »[11]. L'autorité, l'autorité véritable de la règle, celle qui implique une règle obéie et suivie dans les faits, participerait alors d'un autre fondement.

48. La règle de droit, entre fait social et rationalité économique. – L'observation du droit peut aussi être l'observation non d'une volonté ou d'une norme formelle mais de la vie sociale[12]. Il reste difficile de couper le lien avec l'expression d'une volonté : aussi, les premiers courants du droit transitaient-ils par une volonté sociale quelque peu fictive : Savigny plaçait le droit, produit de l'histoire et évoluant avec elle, dans l'Esprit du peuple, sorte de conscience collective ; Léon Duguit, père français du droit comme fait social, maintenait tout de même son origine dans « la masse des consciences individuelles »[13]. Or, sous l'influence de la sociologie du droit[14], ce résidu de volontarisme va s'effacer devant un nouveau dogme, celui de l'effectivité : la règle de droit véritable est la règle suivie dans les faits et elle tire son autorité de cette force spontanée[15]. En effet, rien ne sert à une règle d'être officiellement dotée de tous les symptômes de la validité si en réalité elle n'est qu'une coquille vide que personne ne suit : par exemple, le décret de 2004 sur l'étiquetage des bagages dans le train, bien que posé par une source officielle et connu de tous, pour être parfois suivi, n'est pas pour l'heure effectif[16]. Mieux à même d'expliquer de nombreux phénomènes juridiques non élucidés par les théories plus classiques, à l'instar de la coutume ou de l'application de la règle de droit, ces théories reposent sur une notion d'effectivité[17] qui n'est pas plus facile à manier que celles de lois de la nature ou de volonté[18]. En outre, comme toutes les théories, elles sombrent parfois dans l'excès, aboutissant à diluer le droit dans l'ensemble plus général des phénomènes sociaux[19].

Plus récemment, c'est l'efficacité économique de la règle et non plus son effectivité sociale qui a attiré l'attention, sous des formes différentes. D'une

11. Du titre du délectable ouvrage de J. CRUET, *La vie du droit ou l'impuissance des lois*, qui révélait ce phénomène général d'ineffectivité, le tout avec une plume inégalable, Flammarion, 1908.

12. Pour ce positivisme du fait social, v. L. DUGUIT, *Le droit social, le droit individuel et la transformation de l'État*, Alcan, 1908.

13. *Traité de droit constitutionnel*, tome 1, éd. E. de Boccard, 3e éd., 1927, p. 112 et s.

14. D'abord développée par des sociologues, notamment Emile Durkheim, la sociologie juridique séduira ensuite des juristes, v. G. GURVITCH, « Problèmes de sociologie du droit », *in Traité de sociologie*, tome 2, PUF, 1960, p. 173 ; H. LEVY-BRUHL, « Esquisse d'une théorie des sources du droit », *L'Année sociologique*, 3e série, 1951, p. 3. Elle est encore aujourd'hui importante, traversée par des courants variés, ex. J. CARBONNIER, *Sociologie juridique*, PUF, 2004 (l'ouvrage original date de 1972) ; E. SERVERIN, *Sociologie du droit*, éd. La Découverte, 2000 ; J. COMMAILLE, *L'esprit sociologique des lois*, PUF, 1994.

15. V. R. AGO, fondateur de l'École du droit spontané, « Droit positif et droit international », *AFDI* 1957. 14

16. V. C. THIBIERGE, « Le concept de « force normative » », *in La force normative – Naissance d'un concept*, LGDJ-Bruylant, p. 813, sp. 834.

17. J. CARBONNIER, « Effectivité et ineffectivité de la règle de droit », *in Flexible droit*, 10e éd., 2001, p. 136 ; P. LASCOUMES, « Effectivité », *Dictionnaire encyclopédique de théorie et de sociologie du droit*, A.-J. ARNAUD (dir.), LGDJ, 1993.

18. Sur les différentes utilisations de cette notion dans le discours doctrinal, v. Y. LEROY, « La notion d'effectivité du droit », *Droit et société*, n° 79, 2011/3, p. 715.

19. Par ex., défendant cette dissolution, J.-G. BELLEY, « Une méthaphore chimique pour le droit », *in Le droit soluble- Contributions québécoises à l'étude de l'internormativité*, LGDJ, 1996, p. 7.

part, il suffirait pour fonder une règle de droit de laisser les relations économiques créer leurs propres régulations sans entraver l'ordre spontané du marché : le marché délivre ses propres lois, plus efficaces, sous une forme coutumière, que l'intervention de l'État ne peut que dégrader[20]. D'autre part, toute règle, quelle que soit son origine, gagnerait en effectivité, légitimité et en autorité à répondre à une certaine efficacité économique, puisque les individus respecteront d'autant plus les lois qu'ils ont intérêt à le faire, efficacité pouvant être mesurée grâce aux outils de la science économique (ex. rapport coût/avantages)[21]. Le courant *Law and Economics*, très important dans la doctrine nord américaine, est de plus en plus connu en France, où il a notamment bénéficié de l'adhésion de l'ancien Premier président de la Cour de cassation[22], mais où il rencontre encore de fortes résistances[23]. Suspectée d'habiller un ultralibéralisme économique, l'analyse aboutit à des conclusions souvent contestées, notamment du fait des outils employés pour mesurer l'efficacité économique des règles[24]. Si le courant théorique comme schéma d'explication global demeure disputé, la prise en compte de l'efficacité de la norme comme élément de son fondement ou de sa légitimité est une préoccupation de plus en plus fréquente[25].

49. La règle de droit fondée sur une combinaison de critères. – Que penser de ce rapide panorama de quelques-uns des fondements avancés ? Qui a raison, qui a tort, où est le véritable fondement ? Nulle part et partout, évidemment, la question du fondement du droit étant plus importante que sa réponse. Chacun se forgera sa propre conception à la mesure de sa philosophie personnelle. Relevons simplement que chaque théorie est à même de mieux expliquer une facette particulière du droit : la volonté souveraine demeure fondatrice pour le droit étatique moderne ; le droit naturel demeure indispensable pour débattre de l'obéissance à la loi injuste ; la science du droit normativiste sera précieuse pour déterminer la règle applicable par le juge ; la sociologie juridique expliquera probablement mieux que tout autre les évolutions du droit et la force des pratiques ; l'analyse économique du droit éclaire particulièrement les méthodes nouvelles de régulation économique dans un cadre mondialisé. En définitive, chaque théorie permet d'éclairer l'une des raisons de l'autorité du droit ; c'est sa prétention à l'exclusivité qui la condamne à une certaine inaptitude. Il est ainsi aujourd'hui proposé de ne pas rechercher à réduire l'autorité du droit à un fondement unique mais plutôt de croiser ces différentes propositions,

20. F.-A. HAYEK, *Droit, législation et liberté*, PUF, 1995, t. 1, *Règles et ordre* (l'édition originale est de 1973).

21. Sur l'analyse économique du droit (*Law and Economics*), née à Chicago dans les années 70 et en fort développement, v. l'ouvrage très complet de E. MACKAAY et S. ROUSSEAU, *Analyse économique du droit*, Dalloz, Méthodes du droit, 2008.

22. Sur le président Canivet et l'analyse économique, v. R. ENCINAS DE MUNAGORRI, *RTD civ.* 2006. 505.

23. Pour les obstacles culturels mais la possibilité d'utilisation d'outils, H. MUIR-WATT, « Les forces de résistances à l'analyse économique du droit dans le droit civil », *in L'analyse économique du droit dans les pays de droit civil*, B. DEFFAINS (dir.), Cujas, 2002, p. 37.

24. A. BERNARD, « *Law and Economics,* une science idiote ? », *D.* 2008. 2806.

25. M. FATIN-ROUGE STÉFANINI, L. GAY, A. VIDAL-NAQUET (dir.), *L'efficacité de la norme juridique. Nouveau vecteur de légitimité ?*, Bruylant, 2012.

en combinant la légalité formelle, la légitimité des valeurs et l'effectivité de fait, dans une approche *tridimensionnelle* de la validité[26].

§ 2. Le droit, fondé sur l'homme ?

50. Dans les explications précédentes, l'individu est conçu comme soumis à un ordre, et à un droit, qui le dépasse. Mais c'est peut-être cette prémisse qui est erronée et qui, partant, empêche de trouver l'origine du droit. L'homme, et lui seul, n'est-il pas en définitive le fondement de tout droit[27] ? L'homme devient alors premier : il dépasse l'ordre du monde et fonde le pouvoir de l'État ; il détient les droits qui sont inhérents à sa qualité d'Homme (A.) et ceux que les règles lui reconnaissent (B.).

A Les droits inhérents à l'homme

51. Les droits naturels de l'homme, fondements de toute autorité. – Conséquence d'un renversement philosophique[28], un rôle de plus en plus déterminant devait être reconnu à la volonté individuelle, transformant le droit naturel classique que nous avons rencontré, en un « droit naturel moderne »[29], expression de la Raison humaine et inhérent à la nature humaine individuelle. Hobbes d'abord, les Lumières ensuite, vont, entre autres révolutions philosophiques, consommer le basculement d'un ordre naturel des choses en une multitude de droits naturels accordés aux individus. L'homme naît avec des droits naturels individuels, qui sont inhérents à la nature humaine et donc universels. Cependant, la vie en société implique, pour préserver les droits naturels de tous, de limiter ceux de chacun. Le contrat social, expression d'un pacte dérivant des volontés individuelles, est conclu pour permettre de garantir ces droits naturels. Cette conception va trouver sa forme solennelle dans la Déclaration des droits

26. Sur cette thèse, qui représente les trois critères sous forme de cercles sécants, F. OST et M. VAN DE KERCHOVE, *De la pyramide au réseau ?*, p. 324 et s. ; sur les différents pôles de la force normative, C. THIBIERGE, « Le concept de "force normative" », préc.

27. V. ex. A. AUER, « Les droits fondamentaux et leur protection », *Pouvoirs* 1987, n° 43, p. 87 : « ils sont « fondamentaux » (...) parce qu'ils se rapportent à l'homme qui est le fondement de tout droit ».

28. Développé notamment par Guillaume d'Occam à partir du XIVe siècle, le nominalisme fonde une philosophie selon laquelle les concepts ne sont pas des choses réelles mais des noms. On rompt donc avec l'idée éternelle qu'il existe une nature des choses qu'il faut pénétrer. Une personne déterminée est réelle ; mais le concept d'Homme n'est que le mot qui désigne le concept. Pour la démonstration de la racine du déclin du droit naturel dans ce basculement philosophique, et sa forte critique, v. M. VILLEY, *La formation de la pensée juridique moderne*, PUF, 2003 (l'édition originale est de 1968). Pour une critique, P.-F. MOREAU, « Michel Villey lecteur de Hobbes », *Droits* 1999, n° 29, p. 105. Plus franche est, en revanche, la centralisation de la connaissance autour du sujet opérée par Kant. La reconnaissance de la dignité et de l'universalité doit également beaucoup à l'Église et à la Réforme protestante, v. L. FAVOREU et *alii*, *Droits des libertés fondamentales*, Précis Dalloz, 6e éd., 2012, n° 5 et s.

29. D'où le nom d'« École du droit naturel moderne » pour un courant particulièrement important entre le XVIIe siècle et le XVIIIe siècle. Grotius et Pufendorf en sont des représentants principaux.

de l'homme et du citoyen[30], qui se présente elle-même comme une déclaration des « droits naturels, inaliénables et sacrés de l'Homme »[31]. Il ne faut pas croire que la simple invocation des Droits de l'Homme suffise à faire taire les critiques. Au contraire, certains y voient un basculement individualiste, qui nierait la loi de nature[32], en ce qu'il invente des droits soi-disant inhérents à la personne humaine là où le droit n'est que fait social[33].

52. L'évolution des droits reconnus : les générations de droits de l'homme[34]. – Les droits de l'homme déclarés en 1789 consistent essentiellement en des *libertés classiques* : il s'agit de possibilités d'agir généralement accordées à un sujet et garanties par l'État, tenu d'un devoir d'abstention en ces matières (ex. la liberté de religion ou d'aller et venir). En 1946, le Préambule de la Constitution de 1946 ajoutait aux premières proclamations celles de nouveaux droits, dits de deuxième génération, non plus civils et politiques mais *économiques et sociaux* (ex. le droit de grève ou le droit à la protection sociale). Il ne s'agit pas de droits-libertés ou de droits-abstention mais de droits-créances, selon lesquels l'individu se voit reconnaître un pouvoir d'exiger de l'État certaines prestations. La reconnaissance de cette possibilité va aboutir à une multiplication de revendications et, parfois, de reconnaissances, de « droits de » et de « droits à »[35]. Enfin, aux droits civils et politiques (première génération), aux droits collectifs et sociaux (deuxième génération), s'ajoutent au niveau international les droits de *solidarité* (troisième génération), ainsi appelés en ce qu'ils consacrent plus les droits de l'humanité que ceux d'un individu (ex., droit à la paix, droit à un environnement sain).

La multiplication des droits de l'homme pourrait être analysée comme la marque de leur triomphe ; paradoxalement, elle est en même temps suspectée de signer leur déclin. Pêle-mêle, on trouve au titre des reproches : les derniers droits reconnus ne bénéficient pas d'une portée juridique bien identifiée, puisqu'il n'est pas possible d'exiger de l'État leur réalisation et qu'il n'y pas de

30. Il existait des déclarations de droits anglo-saxonnes, par ex. le *Bill of Rights* anglais de 1689 ou l'*Habeas corpus act* de 1679 mais qui n'ont pas cette tournure de droits naturels. Sur la Déclaration, v. S. RIALS, *La Déclaration des droits de l'homme et du citoyen,* Hachette, 1988. En revanche, la déclaration américaine, qui fait immédiatement référence à Dieu, fonde les droits sur le droit naturel classique, v. B. BARRET-KRIEGEL, *Les droits de l'homme et le droit naturel*, PUF, 1989.

31. Préambule. Également, l'article 2 : « Le but de toute association politique est la conservation des droits naturels et imprescriptibles de l'Homme. Ces droits sont la liberté, la propriété, la sûreté, et la résistance à l'oppression ».

32. M. VILLEY, *Le droit et les droits de l'homme*, PUF, 2008, (l'édition originale est de 1983).

33. L'homme naturel n'étant qu'une « abstraction sans réalité », puisque, dans la réalité, l'homme naît dans une collectivité et est soumis à la solidarité sociale, v. L. DUGUIT, *Manuel de droit constitutionnel,* E. de Boccard, 4e éd., 1923, n° 4 et s.

34. La classification par génération, c'est-à-dire par vagues chronologiques, n'a pour elle que sa grande vertu pédagogique. D'autres classifications, fondées sur l'objet des droits ou sur leur hiérarchie sont plus pertinentes pour la compréhension de la matière : v. sur ces classifications, H. OBERDORFF, *Droits de l'homme et libertés fondamentales*, Manuel, LGDJ, 3e éd., 2011, n° 22 et s.

35. D. COHEN, « Le droit à... », *in Mélanges F. Terré*, 1999, p. 393 ; pour leur nature de droits subjectifs d'une autre forme car indéterminés, M. PICHARD, *Le droit à – Etude de législation française*, Economica, 2006.

véritable titulaire[36] ; le règne de l'individualisme qu'il encourage occulte la fonction directrice du droit[37] ; les risques de conflits de valeurs augmentent à mesure du nombre de droits et libertés reconnus[38], l'équilibre ne pouvant être trouvé qu'au cas par cas[39] ; enfin, en banalisant les droits fondamentaux, l'inflation risque d'entraîner leur dévaluation[40]. Signe de cette nouvelle défiance contre une multiplication illimitée des droits fondamentaux, la consécration annoncée de « nouveaux droits » lors de la dernière révision constitutionnelle a été finalement réduite à peu de chose[41].

53. L'évolution du degré de protection : droits de l'homme, libertés publiques et droits fondamentaux. – Lorsque les droits de l'homme ont été déclarés en France en 1789, il s'agissait d'une *déclaration politique* de droits naturels, dénuée de portée juridique. Ces libertés politiques vont devenir *libertés publiques* un siècle plus tard : quand les premières sont de droit naturel, les secondes sont de droit positif[42]. Le Parlement encadre dès lors leur protection contre d'éventuels excès de l'exécutif, en adoptant de grandes lois (ex. liberté de la presse en 1881 ou liberté d'association en 1901). En 1958, le Préambule de notre Constitution, en « proclamant son attachement » à la Déclaration des droits de l'Homme et au préambule de la Constitution de 1946 introduisait un changement du niveau de protection, en érigeant au rang *constitutionnel* les droits et libertés ainsi protégés[43]. Le changement de niveau n'est pas sans conséquence : les libertés garanties s'imposent désormais également au législateur et les juges deviennent les gardiens de ce respect. Dans cette même période de l'après Seconde Guerre mondiale, en réaction aux barbaries commises, les États s'unissaient pour proclamer à un niveau *international* le respect des droits de l'homme : la Déclaration universelle des droits de l'homme, dont la valeur n'est que symbolique, est adoptée par l'Assemblée générale des Nations Unies le 10 décembre 1948 ; la Convention européenne des droits de l'homme, dont la

36. Ils ne sont alors que des vœux, v. F. SUDRE, *Droit européen et international des droits de l'homme*, PUF, 11e éd., 2012, n° 60.

37. M. VILLEY, préc.

38. D. GUTMANN, « Les droits de l'homme sont-ils l'avenir du droit ? », *in Mélanges F. Terré*, 1999, p. 329.

39. Ces conflits sont pourtant la marque de l'une des qualités importantes des droits fondamentaux : à de rares exceptions près (ex. interdiction de la torture), ils ne sont pas absolus mais ne sont reconnus qu'accompagnés des possibilités de les limiter, v. E. DREYER, « Du caractère fondamental de certains droits », *RRJ* 2006. 551, n° 26.

40. J. RIVERO et H. MOUTOUH, *Libertés publiques*, tome 1, PUF, Thémis, 9e éd., 2003, sp. n° 151.

41. La révision du 23 juillet 2008 annonçait de « nouveaux droits ». Mais finalement le texte de la Constitution aura seulement été enrichi de la reconnaissance de la parité et du pluralisme des médias et des partis politiques, dans des termes ne modifiant guère ce qui était déjà acquis, v. A. ROBLOT-TROIZIER, « L'impact de la révision constitutionnelle sur les droits et libertés », *AJDA* 2008. 1866. Le Comité de réflexion chargé par la suite de déterminer les nouveaux droits méritant d'intégrer la Constitution n'a retenu aucun des avatars contemporains pour ne proposer que l'égale dignité de chacun, au motif notamment d'un arsenal constitutionnel déjà très dense du fait de la jurisprudence du Conseil et des protections supranationales (Rapport du Comité Veil, *Redécouvrir le Préambule de la Constitution*, La documentation française, déc. 2008). Sur ce rapport et sa méthodologie, v. S. HENNETTE-VAUCHEZ, « Redécouvrir le préambule de la Constitution, ou l'éthique minimale appliquée à l'expertise constitutionnelle », *RFDA* 2009. 397.

42. V. J. RIVERO et H. MOUTOUH, préc., n° 8

43. Sur le rôle du Conseil constitutionnel dans ce changement, v. *infra*, n° 205.

valeur est bien juridique, l'est le 4 novembre 1950 ; la Charte des droits fondamentaux de l'Union européenne viendra se surajouter à l'ensemble en 2000[44]. La matière des libertés publiques se voit dès lors de plus en plus dénommée « *droits fondamentaux* »[45] ou « droits et libertés fondamentaux », pour souligner cette nouvelle valeur, supérieure à la loi, prise par les libertés individuelles protégées constitutionnellement et internationalement[46] : aux libertés publiques, qui protégeaient la liberté par la loi, s'ajoutent les droits fondamentaux, qui protègent les libertés contre la loi[47]. Enfin, également à compter de la seconde moitié du XXe siècle, les droits fondamentaux vont révéler qu'ils ne jouent pas que dans un rapport vertical, d'individu à État, mais qu'ils présentent aussi un effet horizontal, dans les relations entre individus[48].

54. Droits fondamentaux et fondement du droit. – Il n'est dès lors guère étonnant que, de l'existence de « droits fondamentaux », on ait déduit le fondement du « droit »[49]. La démarche n'est généralement pas celle des auteurs normativistes, qui y voient une simple norme de valeur supérieure, notamment du fait des procédures spécifiques de leur révision. En revanche, les droits fondamentaux sont souvent liés au fondement de l'État de droit. Si, à l'origine, l'État de droit était perçu formellement, comme celui dont l'action s'exerce dans le respect de la hiérarchie des normes, il va également devenir un État de droit substantiel, respectant les valeurs et principes portés par les droits

44. Mais elle n'a de valeur juridiquement contraignante que depuis l'entrée en vigueur du Traité de Lisbonne le 1er décembre 2009. Sur ses effets, P. CASSIA et S. VON COESTER, « L'application de la Charte des droits fondamentaux de l'Union européenne par le juge national », *JCP G* 2012 doctr. 298.

45. L'expression est née après la Seconde Guerre mondiale. Elle est rapidement évoquée dans la Charte des Nations Unies. Elle se trouve dans la loi constitutionnelle allemande qui dresse une liste de droits fondamentaux, les place au-dessus des pouvoirs de l'État et interdit toute restriction à leur substance. V. M. FROMONT, « Les droits fondamentaux dans l'ordre juridique de la RFA », *in Mélanges Ch. Eisenmann*, Cujas, 1975, p. 49. Enfin, l'expression a été consacrée par la Charte des droits fondamentaux de l'Union européenne.

46. V. L. FAVOREU et *alii*, *Droit constitutionnel*, Précis Dalloz, 15e éd., 2013, n° 1217 et s. Pour un approfondissement théorique, L. FAVOREU et *alii*, *Droits des libertés fondamentales*, Précis Dalloz, 6e éd., 2012, n° 71 et s. Pour le rang supra législatif comme critère de distinction des droits fondamentaux par rapport aux libertés publiques, V. CHAMPEIL-DESPLATS, « La notion de droit fondamental et le droit constitutionnel français », *D.* 1995. chron. 324. Pour les difficultés soulevées par l'apparition de cette terminologie, E. PICARD, « Droits fondamentaux », *in Dictionnaire de la culture juridique*. Pour le débat sur le sens formel ou matériel de l'expression, V. CHAMPEIL-DESPLATS, « Les droits et libertés fondamentaux en France : genèse d'une qualification », *in Droits fondemantaux et droit social*, A. LYON-CAEN et P. LOKIEC (dir.), Dalloz, 2005, p. 11 ; dénonçant l'emploi du terme « fondamental » par le juge pour masquer son pouvoir créateur, E. DREYER, « La fonction des droits fondamentaux dans l'ordre juridique », *D.* 2006. 748.

47. V. J. RIVERO, « Rapport de synthèse », *La protection des droits fondamentaux par les juridictions constitutionnelles en Europe*, *RID comp.* 1981. 659.

48. V. J. RIVERO, « La protection des droits de l'homme dans les rapports entre personnes privées », *in Mélanges R. Cassin*, Tome 3, Pedone, 1971, p. 311.

49. Sur les développements suivants, v. Ch. GIRARD, *Des droits fondamentaux au fondement du droit – Réflexions sur les discours théoriques relatifs au fondement du droit*, Publications de la Sorbonne, 2010 ; déjà, pour les droits fondamentaux au fondement du droit du fait de leur substance fondamentale, E. PICARD, « L'émergence des droits fondamentaux en France », *AJDA* 1998, n° spécial, p. 6.

fondamentaux[50]. Au-delà de la seule question de l'État de droit, des discours d'essence naturaliste n'hésitent pas à voir dans les droits de l'homme le nouveau fondement du droit[51]. La version la plus célèbre est celle qui renoue avec les origines des droits de l'homme, à savoir leur nature fondamentalement politique[52]. Ronald Dworkin a ainsi marqué les esprits en lançant son appel à « prendre les droits au sérieux »[53], en reconnaissant aux hommes des droits moraux contre l'État, qui permettent de fonder l'égalité de respect et de réaliser le but d'une société libre et démocratique. Là encore, la nouvelle religion des droits de l'homme est source de nombreuses critiques : elle est taxée de tyrannie, et ce d'autant plus que, derrière ces énoncés vagues et généraux, se cacherait en fait le pouvoir des juges[54] ; politiquement, elle ferait progresser, sous couvert d'humanisme, des satisfactions de revendications individuelles qui, en définitive, accroissent chaque fois l'empire de l'État en réduisant l'autonomie du sujet[55].

B Les droits accordés au sujet : les droits subjectifs

55. Bibliographie thématique. – J. DABIN, *Le droit subjectif*, Dalloz, 2007 (édition originale de 1952) ; P. ROUBIER, *Droits subjectifs et situations juridiques*, Dalloz-Sirey, 2005 (édition originale de 1963) ; *Le droit subjectif en question*, *APD*, Tome 9, 1964 ; Ph. MALAURIE et P. MORVAN, n° 43 et s.

56. Droit objectif et droits subjectifs. – Les droits naturels individuels devaient ensuite quitter leur dimension transcendante pour, sous l'influence du positivisme, se rapprocher de l'ordre du droit positif. Au XIXe siècle, la notion de « *droit subjectif* » va alors prendre corps, pour désigner le droit appréhendé du point de vue du sujet. Cependant, il en est pour le droit subjectif comme pour le droit lui-même : « il existe sans doute autant de définitions du droit subjectif que d'auteurs pour s'intéresser à la question »[56]. Il est ainsi défini soit comme puissance de volonté accordée par l'ordre juridique (Savigny), soit comme intérêt juridiquement protégé (Jhering), soit comme faculté de mettre en œuvre à son profit l'effet juridique de la règle de droit (Motulsky). À chaque fois, il s'agit de prérogatives reconnues aux sujets de droit et dont l'atteinte pourra être sanctionnée en justice. Ce prisme de l'individu s'oppose alors au « *droit objectif* », qui est l'ensemble des règles de droit ou des normes. Mais

50. V. J. CHEVALLIER, *L'État de droit*, Montchrestien, 4e éd., 2003.

51. J.-B. DONNIER, « Les droits de l'homme, renouveau de la loi naturelle ? », *in Loi naturelle et loi civile*, J.-B. D'ONORIO (dir.), éd. P. Tequi, 2006, p. 143.

52. Soulignant que la question du fondement du droit est également une question essentiellement politique, Ch. GIRARD, préc.

53. PUF, 1995 (l'ouvrage original date de 1977).

54. V. par ex. B. EDELMAN, « La Cour européenne des droits de l'homme : une juridiction tyrannique ? », *D.* 2008. 1946 ; et la réponse S. HENNETTE-VAUCHEZ, « Droits de l'homme et tyrannie : de l'importance de la distinction entre esprit critique et esprit *de* critique », *D.* 2009. 238. Ronald Dworkin a également justifié ce rôle du juge dans la découverte des droits de l'homme, dans le contexte qu'il a en perspective, celui du système juridique américain.

55. M. GAUCHET, *La Démocratie contre elle-même*, Gallimard, 2002, qui dénonce que les droits de l'homme soient devenus une politique, diluant ainsi la puissance de gouverner.

56. D. GUTMANN, « Droit subjectif », *in Dictionnaire de la culture juridique*.

l'opposition est toute relative car il s'agit en réalité d'observer la même chose, mais sous un autre angle. Le droit objectif aborde les questions du point de vue, général et abstrait, de la règle (le grand Droit, selon Jean Carbonnier) ; les droits subjectifs abordent les mêmes questions du point dc vuc, particulier et concret, des individus et des situations (le petit droit). Comme l'exprime très clairement Carbonnier : « si le droit (objcctif) nous permet de faire quelque chose, nous avons le droit (subjectif) de le faire »[57]. Il est possible de donner un exemple de ce changement de prisme : l'article 9 du Code civil, règle de droit objectif, pose (généralement) le droit au respect de sa vie privée ; chacun dispose donc (individuellement) du droit subjectif de s'opposer à toute immixtion dans sa vie privée. Ce droit subjectif se compose d'un titulaire (vous), d'un objet (votre vie privée), d'une relation juridique – le plus souvent un pouvoir ou une liberté (votre droit sur le respect de votre vie privée), d'une protection juridique (la possibilité de faire sanctionner par un tribunal la publication d'un élément de votre vie privée).

Il est difficile de contester « la réalité des droits subjectifs : qui ne les a pas entendus crier pour peu qu'on leur ait marché sur les pieds ? »[58]. Cependant, la doctrine comme le droit connaissent des vagues entre droit objectif et droit subjectif : le XIXe siècle a été marqué par une forte reconnaissance de droits au profit de l'individu ; le début du XXe siècle par un retour de la règle de droit objectif, pour limiter les abus dans l'utilisation des droits subjectifs, en venant, notamment, imposer des lois protectrices (ex. du salarié, du locataire) mais aussi, plus généralement, interdire l'abus des droits[59], qui ne peuvent être égoïstement exercés sans limites : ainsi, si votre droit de propriété vous donne en principe le droit de jouir comme vous l'entendez de votre bien, vous abusez de ce droit lorsque vous faites construire une fausse cheminée sur le toit de votre maison dans le seul but de boucher la vue de votre voisin[60]. Depuis, des droits subjectifs « fondamentaux » ont été consacrés, comme nous l'avons vu, et ils peuvent faire obstacle à l'application d'une règle de droit objectif qui les limiterait sans motif d'intérêt général[61] ou de façon disproportionnée : droit objectif et droits subjectifs se limitent donc mutuellement. Cependant, contrairement aux droits naturels, les droits subjectifs ne sont pas inhérents à la nature humaine : ils ne sont qu'en tant qu'ils ont été consacrés par une règle de droit objectif (et qu'ils ne sont pas objet d'abus). À cet égard, les reconnaissances ne manquent pas et le pullulement des droits subjectifs s'attire les mêmes critiques que celui des droits fondamentaux. Mais attention : toutes les règles de droit objectif ne consacrent pas nécessairement des droits subjectifs, comme l'illustre particulièrement le droit au logement.

57. N° 104.

58. J. CARBONNIER, *Droit et passion du droit sous la Ve République*, Flammarion, Champs essais, 1996, p. 124.

59. V. not. L. JOSSERAND, *De l'esprit des droits et de leur relativité – Théorie dite de l'abus des droits*, Dalloz, 2006 (l'édition originale est de 1927), qui caractérise l'abus de droit par l'utilisation d'un droit subjectif dans un but autre que sa finalité sociale.

60. Colmar, 2 mai 1855, *DP* 1856. 2. 9.

61. L'intérêt général dépasse la somme des intérêts particuliers et guide l'action de l'État : sur le rôle de cette notion mais aussi la difficulté de sa détermination, v. le Rapport public du Conseil d'État 1999, *Réflexions sur l'intérêt général.*

57. L'exemple du droit au logement[62]. – Les premières affirmations, par la loi (par le droit objectif), du droit au logement ou du droit à l'habitat ont été unanimement perçues comme n'ayant aucune portée réelle, en ce qu'elles ne conféraient aucun droit subjectif : les sujets n'avaient aucune possibilité d'obtenir en justice la réalisation de leur droit au logement, par exemple pour tenter de justifier un squat (en droit, « une occupation sans titre d'un logement vide »)[63]. En 1995, le droit au logement fut reconnu par le Conseil constitutionnel, ce qui aurait pu lui permettre de tutoyer les droits fondamentaux, si les sages ne l'avaient pas cantonné au statut d'objectif à valeur constitutionnelle : se contentant de fixer des objectifs au législateur, il ne confère toujours aucun droit subjectif aux individus. La loi du 5 mars 2007 est venue à nouveau semer le trouble en instituant un « droit au logement opposable ». Or, justement, l'opposabilité ne signifie-t-elle pas la reconnaissance d'un droit subjectif, permettant aux personnes sans logement ou logées dans des conditions indignes d'obtenir un logement décent ? En principe, oui. Si ce n'est que la loi du 5 mars 2007 encadre elle-même l'« opposabilité » en question de sorte que « le droit au « logement opposable » est le droit à une procédure et un droit à un accès prioritaire au logement sans que soit garanti *in fine* pour le demandeur un droit subjectif à l'attribution effective d'un logement »[64].

58. Les catégories de droits subjectifs. – La présentation du Droit en droits subjectifs a longtemps été l'apanage des civilistes[65]. En effet, le développement de la notion est intimement lié à celles de personnalité juridique, de sujet de droit et de capacité juridique, qui sont à la base de la matière civile[66]. La notion permet de présenter le droit non plus comme un ordre d'État mais comme les droits que les sujets peuvent défendre en justice. La catégorie sert à présenter les différentes classifications des droits[67], droits réels (droits sur une chose) et droits personnels (droits à l'égard d'une autre personne), droits patrimoniaux (droits qui peuvent être évalués en argent) et extrapatrimoniaux[68], droits nés d'un acte juridique (manifestation de volonté en vue de produire des effets de droit) et d'un fait juridique. Pour être très didactique, la notion rend plus difficile encore la perspective d'une définition du droit : non seulement elle explique plus comment fonctionne le droit que ce qu'il est essentiellement, mais encore, en se

62. C. WOLMARK, « L'opposabilité du droit au logement », *D.* 2008. 104.

63. F. COHET-CORDEY, « Le droit au logement et le droit de propriété sont-ils inconciliables ? », *AJDI* 1998. 598.

64. Y. STRUILLOU, concl. sur CE, avis, 21 juill. 2009, *Mme Mariama Idjihadi*, *RFDA* 2010. 157 ; v. également B. MATHIEU et S. MONNIER, « Le droit au logement : un droit subjectif ? », *in Logement et famille : des droits en question*, M. BARRÉ-PÉPIN et C. COUTANT-LAPALUS (dir.), Dalloz, 2005, p. 19 ; J.-Ph. BROUANT, « Un droit au logement... variablement opposable », *AJDA* 2008. 506.

65. Pour leur irruption en droit public et leurs potentialités, v. N. FOULQUIER, *Les droits publics subjectifs des administrés*, Dalloz, 2003 ; AFDA (dir.), *Les droits publics subjectifs des administrés*, Litec, 2011.

66. Pour ces rapports et la démonstration que certaines notions n'auraient pas dû survivre au contexte de leur découverte, I. MARIA, *Les incapacités de jouissance – Étude critique d'une catégorie doctrinale*, Defrénois, 2010.

67. Sur ces classifications, v. J. ROCHFELD, *Les grandes notions du droit privé*, PUF, 2011.

68. Pour l'abandon de cette distinction au profit d'une classification selon le critère de la réalisation médiate ou immédiate, v. F. HAGE-CHAHINE, « Essai d'une nouvelle classification des droits privés », *RTD civ.* 1982. 705.

rapprochant ainsi du droit à l'échelle de l'individu, elle crée le risque d'une définition du droit « en miettes »[69]. Il reste pourtant possible de rechercher une définition plus générale du droit, en quittant l'origine de son autorité pour recherche l'origine de sa création.

Section 2
La source de la création de la règle de droit

59. Bibliographie thématique. – *Sources du droit*, *APD*, tome XXVII, Sirey, Paris, 1982 ; Ph. JESTAZ, *Les sources du droit*, Dalloz, Connaissance du droit, 2005 ; « Source délicieuse... », *RTD civ.* 1993. 73 ; P. DEUMIER et Th. REVET, « Sources du droit », *in Dictionnaire de la culture juridique* ; F. GÉNY, *Science et technique en droit privé positif*, tome 1, Sirey, 1914 ; pour l'histoire des sources du droit, J. GAUDEMET, *Les naissances du droit – Le temps, le pouvoir et la science au service du droit*, Domat public, 3e éd., 2001 ; Pour une somme récente regroupant des contributions sur toutes les sources du droit, dans une approche contemporaine très axée sur la distinction entre *soft* et *hard law*, I. HACHEZ et *alii*, *Les sources du droit revisitées*, 4 vol., éd. Anthemis et Université Saint Louis, 2013.

60. À la multitude des facettes du droit a donc répondu sans surprise une multitude des explications de son fondement. Au final, nous n'avons pour l'instant guère progressé depuis le début de notre quête d'une définition du droit. Le constat est franchement inquiétant : comment pourrait-on prétendre faire du droit sans savoir ce qu'est le droit et, donc, sans pouvoir l'identifier ? Il reste toutefois un espoir : faute de vraiment savoir le définir ou expliquer son autorité, les juristes pourraient s'accorder sur le fait que les règles de droit se reconnaissent parce qu'elles sont posées par des sources spécifiques. Ainsi, à la question : « qu'est-ce qu'une règle de droit ? », la réponse devient simplement : « la règle produite par une source de droit ». La différence entre l'interdiction de voler en droit, en religion, en morale, n'est-elle pas dans le constat que la première est posée par une loi votée par le Parlement ? L'assertion est relativement simple et d'autant plus séduisante. Il est ainsi traditionnel de présenter le droit ou d'introduire au droit par l'examen de ses sources – et nous n'échapperons pas à la tradition, la seconde partie de cette introduction y étant largement consacrée. Aussi ne s'agit-il ici que d'une vue générale, dans une perspective de définition du droit, et non de l'étude particulière du fonctionnement et de l'autorité de chaque source, qui fera l'objet de développements ultérieurs. Mais avant de se réjouir d'avoir trouvé une définition du droit, encore faut-il s'assurer que nous n'avons pas seulement déplacé la question vers une question aussi diabolique : « qu'est-ce qu'une source du droit ? ». L'expression n'est pas moins ambiguë que les autres notions par lesquelles nous avons jusqu'ici essayé de définir la règle de droit. Classiquement toutefois, elle désigne les procédés de création des règles de droit. Les principaux sont la loi, la jurisprudence et la coutume, qui sont reconnues en tant que tels, dans des proportions il est vrai

69. À propos des règles catégorielles, A. TUNC, « Le droit en miettes », *APD*, tome 22, 1977, p. 31.

variables, dans tous les systèmes juridiques[70]. Bardées d'autant de défauts que les notions précédentes de règle, sanction ou droits fondamentaux, ces sources du droit permettent globalement d'identifier les règles qui pourront être mobilisées devant le juge (§ 1.). Présentant un droit enfin mis en ordre autour de ces quelques pôles, ces sources formelles dissimulent que, pour parvenir au résultat fini de la règle, une masse informe d'acteurs et d'influences grouillent, se concilient, s'affrontent et s'équilibrent dans leur lutte pour la création du droit (§ 2.).

§ 1. Les sources productrices du droit

61. Les principales sources du droit. – Selon des modalités, avec une autorité, et dans des proportions variables d'un système à l'autre et d'une époque à l'autre, trois sources du droit sont généralement reconnues[71] : le législateur (au sens large[72]), le juge et la société, qui produiront respectivement la loi, la jurisprudence et la coutume. Il est possible de s'en tenir ici à la présentation qui en est traditionnellement faite en droit français – présentation qui pourra sur certains points être plus loin relativisée pour les autres systèmes[73].

La *loi* est la seule source de droit qui n'est jamais contestée à ce titre, et pour cause : d'une part, elle est la seule a avoir été instituée par la Constitution à ce seul effet de créer des règles de droit ; d'autre part, le fondement de son autorité pour ce faire ne souffre aucune contestation. La loi puise sa force dans la volonté du législateur, qu'il soit seul (le Prince) ou collectif (l'Assemblée, qu'elle soit nationale ou internationale). Outre cette position privilégiée pour la production du droit, la loi est souvent parée de toutes les vertus, du fait de son écriture sous une forme officielle et publiée : elle est claire, fixe, accessible, connue de tous, rationalisée, délibérée, bref, elle incarne la Raison faite droit.

La *coutume*, conduite adoptée par tous et depuis si longtemps que nul ne se souvient de son origine et que tous croient en sa nécessité, est assez généralement reconnue comme source de droit. Elle résiste à l'avalanche de critiques dont on l'accable depuis le développement de sources perçues comme plus

70. Pour nous en tenir à la conception la plus générale. Il aurait été possible d'y ajouter, par ex., les principes généraux du droit (sur lesquels, v. *supra*, n° 15 et s.) mais aussi le droit naturel, qui était reconnu comme source du droit français dans le projet de Code civil de l'an VIII. Ph. JESTAZ, *Les sources du droit*, ajoute aux sources traditionnelles le droit révélé et l'acte juridique. J. GAUDEMET, quant à lui, en unissant législateur et juge, réduit les naissances du droit à trois acteurs : « un pouvoir qui l'édicte, un Peuple qui l'accepte, une Science qui le formule », *Les naissances du droit*, p. 373.

71. Cette reconnaissance est parfois posée par les textes, loi ou Constitution, qui déclinent les sources du droit applicables par le juge. Elle peut aussi, comme en France, être implicite et découler de la pratique des juristes, et particulièrement de celle des juges. Sur cette conception, v. la norme de reconnaissance de HART, *Le concept de droit*, FUSL, 1976 (l'ouvrage original date de 1961) ; et l'analyse de Ph. GÉRARD, « L'idée de règle de reconnaissance : valeur, limites et incertitudes », *RIEJ*, vol. 65, 2010, p. 65

72. Celui qui est compétent pour l'édiction d'un texte, que celui-ci prenne la forme d'une loi, d'un règlement, d'une convention internationale, etc.

73. V. *infra*, n° 159 et s. La présentation générale des sources du droit par la doctrine est rare dans les systèmes de *common law*. V. toutefois C. K. ALLEN, *Law in the Making*, Oxford University Press, 7e éd., 1964 : l'auteur y présente la coutume, les précédents, l'équité et la législation.

raffinées[74]. Souvent définie par son caractère oral ou gestuel (la coutume, c'est le droit non-écrit), cet affront à la rationalité moderne lui vaut d'être décriée : impossible à connaître, conservatrice, archaïque, déraisonnable, dispersée, la coutume ne peut en définitive que produire des règles « pernicieuses, insensées (...) et nuisibles »[75]. Certains auteurs vont pourtant tenter de défendre cette absence de caractère formel comme le bien le plus précieux du droit : la coutume serait ainsi la seule à créer un droit en constante adaptation à la société[76]. La coutume, en réalité, se moque bien qu'on l'aime ou qu'on la dénigre : elle ne doit pas sa reconnaissance comme source du droit à un choix de l'admettre ou de la rejeter mais à un constat : elle est. Dans les sociétés au pouvoir peu organisé, la coutume, qui n'a besoin d'aucune structure pour s'épanouir, sera une source privilégiée (par exemple, longtemps, en droit international public) ; à l'inverse, dans une société au pouvoir d'édiction du droit organisé, la coutume se maintiendra de façon plus discrète, se fondant dans un jeu permanent d'interactions avec les autres sources.

Bien qu'il soit rare pour un juriste français de croiser une coutume, elle demeure admise comme source du droit ; à l'inverse, la *jurisprudence* (le droit produit par l'activité du juge), que l'expérience juridique mobilise quotidiennement, reste encore parfois (mais de plus en plus rarement) exclue de la très sélective catégorie des sources du droit. Pourtant, comme la coutume, la jurisprudence use et abuse de sa capacité à s'imposer. En effet, le drame de la loi est son incapacité à avoir pu anticiper l'infinité des situations concrètes : elle se révèle parfois inadaptée, manquante ou imprécise pour le cas. Le juge ne pouvant y voir un prétexte pour s'abstenir de juger, il la complétera d'une interprétation qui enrichira l'état du droit. Conséquence accidentelle mais inévitable de la fonction de juger, la jurisprudence est dotée d'une autorité bizarre, puisqu'elle n'est pas obligatoire en droit mais suivie de fait. Parfois taxée d'imprévisibilité et d'évolutions dangereuses, toujours suspectée de camoufler le pouvoir abusif du juge, la jurisprudence doit elle aussi sa qualité de source à son caractère inéluctable. Lorsque celui-ci lui est toutefois nié, elle est rangée au rang d'« autorité »[77], aux côtés de la doctrine. En effet, notons, pour clore cette présentation, que le catalogue des sources du droit accueille également souvent une quatrième source du droit, mais pour laquelle il est immédiatement précisé qu'elle n'en est pas vraiment une, la doctrine. Tout de même traitée à cet endroit en ce qu'elle « fait autorité », la doctrine, produit de l'activité de l'étude du droit, est au moins une force d'explication et de proposition des autres règles de droit, à défaut de les produire directement.

62. La loi et le pluralisme des sources du droit. – Ainsi très sommairement présentées, les sources du droit ne sont donc pas toutes reconnues d'égale qualité pour poser des règles de droit. Écartons la doctrine qui n'a pas cette

74. Dans les sociétés occidentales. Dans les sociétés traditionnelles, la coutume reste la première source de droit ou une source importante, v. *infra*, n° 191.

75. M. S. PINTOR, « Réflexions au sujet de la coutume en droit interne », *in Mélanges É. Lambert*, tome 1, LGDJ, 1938, p. 372, sp. n° 6.

76. F. GÉNY, *Méthode d'interprétation et sources du droit privé positif*, LGDJ, 2e éd., 1919 (l'ouvrage original est de 1899).

77. Et ce depuis GÉNY. V. J. CARBONNIER, n° 142 et s. ; G. CORNU, n° 73.

compétence. Seule la loi répond en tout point aux caractères et fonctions de la règle de droit traditionnelle : parce qu'elle est posée par une formule abstraite et impérative, elle est d'application générale et catégorique. Parce que le pouvoir qui l'édicte est reconnu comme ayant le monopole de la loi, sa violation est accompagnée d'une sanction. Par l'adoption d'une loi nouvelle, il est ainsi possible d'orienter les comportements vers la conduite désirée et de mettre en œuvre une réforme de la société. Les autres sources, elles, peinent à réussir aussi bien dans la fonction qui leur est attribuée de poser des règles de droit. La jurisprudence est doublement défavorisée : d'une part, elle naît fondamentalement d'un cas particulier et non d'une situation générale ; d'autre part, elle n'est pas obligatoire. Quant à la coutume, sa capacité à poser des règles de droit, bien que reconnue, reste un mystère : que le fait puisse se transformer en droit est pour le moins suspect. En définitive, il est patent que la loi répond mieux aux caractères de la règle de droit que les autres sources. Nulle surprise alors à ce que les juristes, particulièrement les juristes français, aient un temps été amoureux de la loi, au point d'être soupçonnés de virer au « fétichisme de la loi écrite »[78] ou à la « névrose juridique »[79]. Ne voulant plus se consacrer à rien d'autre qu'à l'étude et au commentaire de leur objet favori (le Code civil fraîchement promulgué), le courant est connu sous le nom de l'*Exégèse*[80]. L'amour véritable étant un amour exclusif, le culte[81] de la loi emportait un dénigrement consécutif des autres sources : si elles avaient pu imposer leur nécessité avant l'avènement de la loi, elles n'auraient plus lieu d'être dans un État doté d'un ensemble complet de lois. La loi et la règle de droit ne formaient plus qu'un.

C'est la réalité qui s'est chargée de démentir cette vision extrémiste des sources du droit : le code vieillissant, il révélait tous les jours un peu plus ses lacunes et voyait les autres sources du droit combler ces interstices. Dans la période contemporaine, la loi a sombré dans une crise dont nul ne voit l'issue. Désormais suspecte, la loi est mise sous contrôle du juge et des droits fondamentaux : il ne suffit plus à une règle de puiser à la loi pour être applicable : il lui faut également montrer patte blanche[82]. Dominée par l'ordre international et les ordres européens, la loi doit partager la compétence d'édiction des normes ; ses propres réalisations sont aujourd'hui souvent dictées par ses homologues supra nationales. Par effet de balancier, l'attention s'est reportée sur les autres sources. Le pluralisme des sources du droit est désormais l'objet d'un consensus mais la loi fait

---

78. F. GÉNY, *Méthode d'interprétation,* préc., n° 35.

79. C. GRZEGORCZYK, *in Le positivisme juridique*, préc., p. 39.

80. Le terme désigne l'étude approfondie et critique d'un texte. Lorsqu'est évoquée « l'École » de l'Exégèse, elle désigne la doctrine civiliste du XIXe siècle qui avait une foi aveugle dans la loi et son omniscience, v. BONNECASE, *L'École de l'Exégèse en droit civil,* éd. de Boccard, 2e éd., 1924, p. 9 ; contestant l'« École », Ph. RÉMY, « Éloge de l'Exégèse », *RRJ* 1982-2, p. 254.

81. Il porte également une forte connotation religieuse du fait de l'Exégèse des textes sacrés. Ce second sens est également applicable à la doctrine du XIXe siècle, dont on dit qu'elle a voué un véritable « culte » à la loi et dont certains représentants déclaraient « prêcher le Code civil », F. LAURENT, *Cours élémentaire de droit civil,* tome 1, 1878, sp. p. 12 ; v. également, le « Prince de l'Exégèse », DEMOLOMBE : « Ma devise, ma profession de foi est aussi : les textes avant tout ! », *Cours de Code Napoléon,* tome 1, A. DURAND et L. HACHETTE, Paris, 1860, sp. p. VII.

82. Traduction dans les sources du droit d'une modification plus profonde de la légitimité démocratique, v. P. ROSANVALLON, *La légitimité démocratique. Impartialité, réflexivité, proximité,* Seuil, 2008.

encore implicitement office de modèle. À ses côtés, les autres sources du droit apparaissent souvent comme un produit de second choix, cantonnées à un rôle complémentaire en cas de défaillance de la loi. Et pour cause : leurs qualités sont généralement évaluées à l'aune des critères forgés en contemplation de la seule loi : généralité, prévisibilité, uniformité, caractère obligatoire. Propres à la loi, ces caractères ne peuvent prétendre être retrouvés pour les autres sources du droit, qui n'en méritent pourtant pas moins d'être accueillies pour elles-mêmes, c'est-à-dire pour leurs caractères propres, qui ne manquent pas : pragmatisme, adaptabilité, effectivité. Ces qualités ne doivent pas non plus être reçues comme la panacée, sous peine de tomber dans les excès inverses, en remplaçant un monopole par un autre : ainsi des thèses prônant la coutume comme exprimant plus parfaitement la volonté collective que la loi[83] ou de celles réduisant le droit à ce que dira le juge en fonction de ce qu'il a mangé au petit-déjeuner[84]. Il est donc dans toutes les configurations peu utile de confronter une source aux canons forgés pour une autre : chaque source du droit présente ses qualités (et ses défauts), sa fonction (et ses excès), sa légitimité (et ses abus). Et c'est heureux car, pour répondre aux multiples formes que prennent les besoins juridiques, il n'est pas de trop de s'en remettre à de multiples modes de production du droit.

63. La crise des sources du droit. – Il ne faut pas croire que la notion de sources du droit soit plus à l'abri des débats et incertitudes que celle de règle de droit[85]. On lui reproche notamment de tout désigner à la fois : la source, le procédé, la règle, sa forme et son contenu[86]. Cette équivoque rend la notion non seulement inutile, véritable « auberge espagnole »[87], mais aussi, plus simplement, « dangereuse »[88]. Par ailleurs, l'approche traditionnelle tend à séparer les règles selon leur source, voire à opposer les différentes sources les unes aux autres, alors pourtant que la règle est plus souvent le produit de leur action conjointe[89] : le législateur qui l'édicte, le juge qui l'interprète, la pratique qui la suit. Enfin, la complexité de la société contemporaine est venue mettre en lumière le caractère très incomplet des sources traditionnelles, bien incapables de décrire à elles seules la multitude de forces créatrices du droit. Particulièrement, comment ranger dans la classification traditionnelle toutes les nouvelles formes de *soft law* qui, sans être contraignantes, produisent un effet juridique[90] ?

---

83. H. LÉVY-BRUHL, préc.
84. V. *infra*, n° 82.
85. P. AMSELEK, « Brèves réflexions sur la notion de « sources du droit » », *APD*, tome XXVII, 1982, p. 253.
86. Pour les différents sens de l'expression, Ph. JESTAZ, « Source délicieuse... », *RTD civ.* 1993. 73 ; C. THIBIERGE, « Sources du droit, sources de droit : une cartographie », *in Mélanges Ph. Jestaz*, Dalloz, 2006, p. 519.
87. J.-L. VULLIERME, « Les anastomoses du droit. (Spéculations sur les sources du droit) », *APD*, tome XXVII, 1982, p. 7.
88. P. AMSELEK, préc.
89. Pour une perspective interactive des sources v. F. OST, « Conclusions générales », *in Les sources du droit revisitées*, préc., vol. 4, p. 865.
90. V., par exemple, l'étude approfondie revisitant les sources du droit pour comprendre l'effet juridique des circulaires ou avis, pourtant non contraignants, S. GERRY-VERNIÈRES, *Les « petites » sources du droit*, Economica, 2012. Sur la confrontation des sources du droit à ces mutations, N. MARTIAL-BRAZ, J.-F. RIFFARD ET M. BEHAR-TOUCHAIS (dir.), *Les mutations de la norme – Le*

À la recherche de leur force, les auteurs se tournent généralement vers leur sélection par le juge pour découvrir leur statut réel : a-t-il reconnue opposable une circulaire administrative ? La voici rapatriée dans le statut de règle. A-t-il refusé toute autorité à une recommandation de la Commission des clauses abusives ? Elle est condamnée à rester un simple avis[91]. Ainsi, c'est le juge qui assure le passage du droit mou au droit dur, qui participe à sa densification normative et qui, ce faisant, sélectionne les sources du droit[92]. L'ensemble laisse un sentiment d'imprécision, étant parfois difficile de dire, hors les grandes sources du droit, si un modèle sera sanctionné par le juge ou non. Malgré toutes ces critiques, très récurrentes, les sources du droit demeurent l'outil le plus répandu pour identifier les règles de droit – et donc, en définitive, le droit lui-même[93] : finalement, nul n'a encore trouvé mieux.

§ 2. Les forces créatrices de la règle de droit

64. Georges Ripert, à qui l'expression de « forces créatrices du droit » est empruntée, désigne ainsi la recherche des causes réelles des lois, au-delà des procédures formelles[94]. Les sources du droit permettent en effet de repérer les normes qui seront susceptibles d'être invoquées devant le juge. Cependant, pour y parvenir, elles donnent l'image d'un droit clos sur lui-même, dans lequel le droit crée le droit. Pourtant, ces sources formelles se nourrissent elles-mêmes de toute la richesse de l'objet qu'elles viennent ordonner, celle du social. Ainsi, en amont des sources du droit, toutes les forces économiques, sociales et morales sont à l'œuvre pour tenter de peser sur le contenu de la règle (A.) ou de participer à son élaboration (B.).

A Les forces nourrissant le contenu

65. Sources formelles et sources matérielles. – Les sources du droit précédemment envisagées sont généralement considérées comme des sources « *formelles* » du droit : elles permettent de comprendre comment, par quelle procédure ou processus, se forment les règles de droit. Comme leur nom l'indique, les sources « *matérielles* », ou réelles, sont en revanche les sources du contenu de la loi : elles sont sources d'inspiration ou sources d'influence[95]. Elles n'accèdent à la vie juridique qu'en étant reprises par une source formelle. Très souvent

renouvellement des sources du droit, Economica, 2011. Pour leur inclusion dans la catégorie de « sources informelles du droit », I. HACHEZ, « Les sources du droit : de la pyramide au réseau et vice versa ? », *in Les sources du droit revisitées*, préc., vol. 4, p. 51 et s.

91. *RTD civ.* 1997. 791, obs. R. LIBCHABER.

92. Sur cette notion, v. l'ouvrage à paraître sous la direction de C. THIBIERGE.

93. Selon GURVITCH, on juge une théorie du droit à sa plus ou moins grande capacité à expliquer les sources du droit, *L'expérience juridique et la philosophie pluraliste du droit*, Pedone, 1935, p. 138.

94. *Les forces créatrices du droit*, LGDJ, 1955. Selon l'auteur, ces forces sont les forces conservatrices et réformatrices. Ce n'est pas sous cet angle que nous aborderons les forces créatrices, seule l'image étant reprise ici.

95. La distinction a été introduite dans la doctrine par F. GÉNY, préc.

contestée, là encore, notamment du fait de l'artificialité à prétendre ainsi isoler la source du contenu de la source de la forme, la distinction a pourtant le mérite de dépeindre une partition importante et les critiques aboutissent généralement à simplement changer les mots pour désigner cette même distinction[96].

Longtemps, les sources matérielles ont essentiellement servi de refuge aux sources du droit que la théorie n'arrivait pas à absorber : tour à tour, jurisprudence et coutume, que l'on rechignait à bombarder source de droit sans pouvoir complètement nier leur influence réelle sur les règles de droit, y ont trouvé abri. Aujourd'hui, le pluralisme des sources formelles est admis mais la catégorie des sources matérielles n'en sort pas vraiment appauvrie. Ainsi, elle héberge toutes les normes non contraignantes déjà rencontrées (avis, recommandations, codes de conduite) : si leur autorité directe est très variable, leur capacité à être consacrées par une source formelle est unanimement reconnue. S'il manque d'avis avisés sur une question, moult rapports officiels pourront être sollicités et rapports officieux produits. Les pratiques, toutes les pratiques, celles de l'administration, celles des professionnels du droit, celles des juristes, éprouvées par l'expérience, seront une heureuse source d'inspiration. Toujours au titre du bénéfice d'expérience, le droit comparé, un peu plus tous les jours, sera consulté et l'histoire du droit servira de remise en perspective. Les valeurs vont à leur tour faire leur entrée : valeurs philosophiques, morales, religieuses, incarnées par un discours ou habillées sous la forme d'un principe[97]. Enfin, toutes les données sociales, économiques, scientifiques (climatologiques, auraient ajouté certains[98]) seront convoquées. On s'en doute : selon sa sensibilité philosophique, on tiendra plus ou moins compte de ces sources extra-juridiques du contenu de la règle : les positivistes s'en tiendront le plus éloignés possible, les naturalistes valoriseront les sources spirituelles, les sociologues ramèneront l'ensemble aux données sociales. Chacun se forgera donc sa religion, tous gardant en tête (ce sera important pour défendre une interprétation de la règle de droit) que le contenu de la règle n'est pas sorti de nulle part : il ne relève pas de la pure science mais fait également appel à des sciences auxiliaires.

66. Sciences auxiliaires et technique juridique. – L'élaboration de la règle de droit implique deux actions : le choix d'une politique juridique ; la mise en œuvre d'une technique juridique[99]. Les sources matérielles vont être convoquées dans le premier temps, celui de la détermination de la politique juridique à suivre. Faut-il ouvrir le mariage aux couples homosexuels ? Les contrats d'assurance-vie doivent-ils être requalifiés en contrat d'épargne ? Le génome humain est-il brevetable ? Faut-il une nouvelle règle pour répondre à ces

96. Le choix a été fait, parmi toutes les formulations, de retenir la traditionnelle opposition des sources « formelles » et « matérielles », d'une part parce qu'elle demeure probablement la plus connue, d'autre part parce que les expressions sont suffisamment parlantes pour atteindre leur visée pédagogique.

97. Pour cette fonction du principe, source réelle constituée de principes moraux, N. MOLFESSIS, *RTD civ.* 2001. 699.

98. « Ce sont les différents besoins dans les différents climats qui ont formé les différentes manières de vivre ; et ces différentes manières de vivre ont formé les diverses sortes de lois », MONTESQUIEU, *L'Esprit des lois*, 3e partie, Livre XIV, chap. X.

99. Pour reprendre, sans en reprendre la richesse, la distinction de F. GÉNY, *Science et technique en droit privé positif*.

questions et si oui, laquelle ? Ces décisions ne se prennent pas à la seule aune du droit lui-même : elles doivent également tenir compte des données scientifiques, économiques et sociales, qu'il faut donc connaître. C'est alors qu'interviennent les *sciences auxiliaires du droit* : sciences distinctes du droit, elles lui rendent d'utiles services dans la compréhension du droit[100] et sont nécessaires pour l'élaboration d'une réforme[101]. Le plus souvent[102], sont convoquées à cet endroit, pour leur savoir ou pour leurs outils, histoire du droit, philosophie du droit, droit comparé[103], sociologie[104], économie[105], ethnologie, anthropologie, psychologie, philosophie, linguistique ou encore épistémologie.

Une fois la politique juridique déterminée, il faudra la mettre en forme en utilisant la *technique juridique*, l'exprimer par la langue du droit, la mouler dans les notions et concepts juridiques, s'assurer de sa conformité aux normes supérieures, la fondre dans l'ensemble des principes juridiques existants, la rendre opérationnelle par les méthodes adéquates, bref, il faudra y appliquer toute la technique du droit. La politique juridique manquera son but si sa formulation ne lui permet pas de produire les effets recherchés. Ainsi de l'interdiction de discrimination : son affirmation comme politique juridique reste sans effet si elle n'est pas accompagnée des techniques de preuve adaptées à l'impossibilité fréquente de prouver une discrimination[106]. La science du droit peut être résumée à cette seule mise en œuvre de la technique juridique. Mais il est également tout à fait raisonnable d'estimer que la science du droit est à la fois la maîtrise de la technique juridique et la connaissance des sciences auxiliaires[107]. Comment comprendre l'évolution du droit de la responsabilité au début du XXe siècle sans connaître les révolutions industrielles de l'époque ou présenter une réforme de droit de la famille sans se soucier de données sociologiques ? Là encore, chacun fera son choix, celui-ci n'étant pas forcément radical, chaque juriste s'arrêtant parfois sur les dimensions techniques, parfois sur les données environnantes.

100. G. CORNU, n° 229 ; J.-L. AUBERT et E. SAVAUX, n° 59 et s.

101. V. H. ROLAND et L. BOYER, n° 390 et s.

102. Pour une vision plus large, embrassant le folklore ou la géographie, v. G. MARTY et P. RAYNAUD, *Droit civil – Introduction générale à l'étude du droit*, Sirey, 2e éd., 1972, n° 55.

103. Il est assez étonnant que ces trois dernières disciplines, sciences juridiques s'il en est, soient ainsi rangées en sciences auxiliaires du droit. Une justification pertinente de ce classement distingue les sciences extérieures au droit et les sciences extérieures au droit positif, desquelles relèvent ces trois disciplines, H. ROLAND et L. BOYER, préc.

104. Par exemple, en faisant précéder les réformes d'enquêtes, afin d'identifier l'état et les besoins de l'opinion. Promue par Jean CARBONNIER, professeur, législateur et sociologue, la démarche avait été pratiquée par Colbert, selon G. CORNU, n° 271. L'enquête et les sondages ne sont pas les seuls outils sociologiques utiles aux juristes : pour les analyses empiriques de contentieux, v. les recherches développées au sein du Centre de Recherches Critiques sur le Droit (Université de Saint-Étienne).

105. Pour l'utilisation de l'argument économique dans le raisonnement juridique, T. SACHS, *La raison économique en droit du travail*, LGDJ, 2013.

106. V. *infra*, n° 91.

107. Pour une introduction au droit dans une approche interdisciplinaire, J. CAILLOSSE, *Introduire au droit*, Montchrestien, Clefs politiques, 3e éd., 1998 ; sur la nécessité de la doctrine de réinvestir l'interdisciplinarité, Ph. JESTAZ et C. JAMIN, *La doctrine*, Dalloz, 2004.

B Les participants à l'élaboration

67. La participation des destinataires à l'élaboration de la règle. – La loi, incarnation de la règle de droit, donne l'image d'un droit créé par le sommet, le pouvoir, et qui descend vers la base pour s'imposer à ses destinataires, les sujets. En réalité, et de plus en plus, les places des auteurs et des destinataires de la règle sont bien plus intriquées et la création du droit est moins celle d'un pouvoir souverain que le produit d'un rapport de forces permanent. La participation des pouvoirs privés à l'action des pouvoirs publics va prendre des formes diverses, allant de la force sourde et diffuse de la pratique, à l'expression structurée (en association, en entreprise, en fédérations) d'intérêts particuliers, orchestrée ou non par l'État. L'idée va progressivement se répandre que la règle édictée par les pouvoirs pourrait ainsi bénéficier de nouveaux atouts : d'une part, une règle plus adaptée, donnant la meilleure réponse à des besoins précisément cernés parce qu'éclairée par les meilleurs experts que sont les destinataires eux-mêmes ; d'autre part, une règle mieux acceptée, la participation des destinataires facilitant leur adhésion et garantissant une meilleure effectivité. Pouvoirs et destinataires de la règle vont donc en devenir les coauteurs, par des métissages assez variés. Les destinataires s'invitent parfois eux-mêmes, par des actions de *lobbying*. Connu pour être exercé par des groupes de pression venant défendre les intérêts de leur profession en cherchant à influencer les décisions du Gouvernement, du Parlement[108], des institutions européennes[109] ou du juge[110], il est également, et de plus en plus, le fait de la société civile. Mais la participation sera également souvent organisée par l'État, qui ne cherche plus à imposer unilatéralement sa volonté.

68. Gouvernance, consultation, négociation, régulation. – Les intéressés sont souvent invités à participer à l'élaboration de la règle[111]. La « *gouvernance* »[112] désigne ce mode ouvert de « gouvernement ». Elle substitue à la décision traditionnelle de l'État, unilatérale et impérative, un mode de décision participative[113] dont les mots clés se résument à « ouverture, participation, responsabilité, efficacité et cohérence » pour développer « une approche qui parte

---

108. V. J. LAPOUSTERLE, *L'influence des groupes de pression sur l'élaboration des normes*, Dalloz, 2009 ; M. MEKKI, « L'influence normative des groupes d'intérêt : force vive ou force subversive ? » *JCP* 2009. 370 et 392 ; P. DEUMIER, *RTD civ.* 2010. 62. Sur les clés de succès mais aussi les risques du lobbying, L. VALLÉE, « Élaboration de la norme et influence », *Justice & cassation*, 2012, p. 99.

109. V. pour la Commission, COM(2009) 612 final ; pour le Parlement européen, Résolution du 8 mai 2008, 2007/2115(INI).

110. Un ancien membre du Conseil constitutionnel, Georges VEDEL, parle de la « porte étroite » empruntée par les groupes de pression qui communiquent spontanément leur argumentaire, « Réflexions sur la singularité de la procédure devant le Conseil constitutionnel », *in Mélanges R. Perrot,* 1996. 549 ; pour leur encadrement, CC, Décision *Modification du règlement intérieur QPC 2011* du 21 juin 2011.

111. Cf. P. AMSELEK, « L'évolution générale de la technique juridique dans les sociétés occidentales », *RDP* 1982. 275 ; J. CHEVALLIER, « Vers un droit postmoderne ? Les transformations de la régulation juridique », *RDP* 1998. 659.

112. v. J. CHEVALLIER, *L'État postmoderne*, LGDJ, 3e éd., 2008 ; Ch.-A. MORAND, *Le droit néo-moderne des politiques publiques*, LGDJ, 1999.

113. Traduction juridique du développement d'une démocratie participative sur laquelle, L. BLONDIAUX, *Le nouvel esprit de la démocratie. Actualité de la démocratie participative*, Seuil, 2008.

davantage de la base que du sommet »[114]. Justifiée par les transformations de l'État, elle peut également se prévaloir d'une démocratie fondée sur l'éthique de la discussion : la définition du bien commun est recherchée à travers une égale information des intéressés et leur égal droit de parole[115]. L'État multiplie donc les demandes d'avis et de *consultation*, propres à recueillir les différentes expertises et à faire participer les intéressés à la recherche de la politique juridique la plus adéquate. Le législateur s'est toujours entouré d'avis mais ceux-ci ont été rendus plus visibles à partir des années 70 par leur procéduralisation : des commissions consultatives sont mises en place et le législateur est parfois obligé de solliciter leur avis[116]. Cependant, coûteuses, au fonctionnement lourd et à l'utilité parfois contestée[117], ces procédures font peser une contrainte importante sur la règle et un vaste mouvement de rationalisation (comprendre, d'élimination) a été ouvert[118]. La consultation s'épanouit désormais sous une forme plus souple et plus ouverte mais toutefois pensée autour de la « comitologie »[119] : aux Commissions avec procédures d'avis se substituent les vastes consultations de tous les intéressés, sous la forme de « Livres Verts »[120], d'origine anglo-saxonne, d'états généraux ou débats publics (les « Grenelle »), ou de consultation par Internet[121]. La consultation n'est d'ailleurs pas réservée au législateur et les juges peuvent s'adresser également à des experts ou à des sages, les amis de la Cour (*amicus curiae*)[122], pour être éclairés par leurs lumières.

Avec la *négociation*, les destinataires sont plus fortement impliqués dans la préparation de la règle, sur un mode inspiré de la formation de la norme

114. « Gouvernance européenne – Un Livre Blanc », COM(2001) 428 final, p. 12 et 4.

115. J. HABERMAS, *Droit et démocratie*, Gallimard, 1997.

116. *L'inflation des avis*, Th. REVET (dir.), Economica, 1998.

117. « Si Dieu avait chargé une commission de créer le monde, le chaos régnerait encore », J. BARTHÉLÉMY ET P. DUEZ, *Traité de droit constitutionnel*, éd. Panthéon-Assas, 2004 (rééd. de la 2e éd., publiée en 1933).

118. V. notamment la loi nº 2004-1343 du 9 décembre 2004, et son cortège de suppressions de comités ou de procédures d'avis ; sur la rationalisation, décret nº 2006-672 8 juin 2006 relatif à la création, à la composition et au fonctionnement de commissions administratives à caractère consultatif, *RTD civ.* 2009. 81, obs. P. DEUMIER ; H. BELRHALI-BERNARD, « Les procédures consultatives face à la simplification », *in Qu'en est-il de la simplification du droit ?*, F. RUEDA, J. POUSSON (dir.), LGDJ, 2010, p. 299 ; pour l'extension du mouvement, décret nº 2013-420 du 23 mai 2013 portant suppression de commissions administratives à caractère consultatif et modifiant le décret nº 2006-672 du 8 juin 2006.

119. H. KORTENBERG : « Comitologie : le retour », *RTDE* 1998. 317.

120. Sur ces Livres Verts et leur utilisation par la Cour, D. DERO-BUGNY, « "Le livre vert" de la Commission européenne », *RTDE* 2005. 71. Sur le caractère parfois artificiel de telles consultations, C. PÉRÈS, « Livre Vert de la Commission européenne : les sources contractuelles à l'heure de la démocratie participative », *RDC* 2011. 13.

121. V. loi nº 2011-525 du 17 mai 2011 de simplification et d'amélioration de la qualité du droit, art. 16. Pour le passage de l'administration consultative à l'administration délibérative, Conseil d'État, *Consulter autrement, participer effectivement*, Rapport 2011.

122. Sur son utilisation par la Cour de cassation, *RTD civ.* 2005. 88, obs. R. ENCINAS DE MUNAGORRI ; devant le Conseil d'État, la possibilité existe depuis le décret du 22 février 2010, v. la publication du premier avis de G. Guillaume publié à la *RFDA* 2012. 19 ; devant le Conseil constitutionnel, v. *l'amicus* publié dans la Revue *Constitutions* 2012. 390 ; plus généralement, particulièrement en droit international, S. MENÉTREY, *L'amicus curiae, vers un principe commun de droit procédural ?*, Dalloz, 2010.

contractuelle : la négociation est privilégiée, dans la recherche d'un accord entre les groupes intéressés sur la voie à suivre[123]. Pratiquée partout où les destinataires constituent des groupes forts, la négociation s'épanouit en droit du travail. La matière fut d'abord le lieu de naissance de la loi négociée, par laquelle la loi se contente d'entériner le fruit d'une négociation collective[124], avant d'imposer que tout projet de réforme fasse l'objet d'une concertation préalable[125].

Enfin, la *régulation* traduit le passage de la réglementation, dans laquelle l'État impose seul une législation contraignante, à la régulation, par laquelle le droit partage avec les autres acteurs du système la fabrication d'une intervention plus douce, confiant la mission de régulation directement aux secteurs privés eux-mêmes (l'autorégulation) ou par le relais d'autorités administratives indépendantes. Faisant bloc avec les logiques déjà rencontrées de recherche de l'adhésion et d'une meilleure effectivité, la régulation et l'autorégulation vont abondamment s'exprimer sous forme de *soft law*, avis, recommandations[126] et codes de conduite. Elle ne procède pas par le « commandement sans réplique » de la loi mais « par persuasion d'un modèle »[127].

La sincérité et la pérennité de ces transformations de l'État sont parfois contestées. Il est ainsi rappelé que, sous des dehors de convivialité, la décision reste en définitive fondamentalement celle d'un pouvoir unilatéral[128]. Il est aussi suggéré que l'engouement pour ce mouvement pourrait n'avoir qu'un temps : « les adultes savent bien qu'il n'est qu'un temps pour jouer ; bientôt reprennent les dures obligations inhérentes aux métiers du droit positif »[129]. À moins que ce ne soit le mouvement lui-même qui soit destiné à un reflux, certains annonçant un retour à l'autorité de l'État, qui a trop perdu en légitimité à force de négociation et de souplesse. Ne pouvant plus, comme le fit l'État Providence, s'imposer par l'économie, qu'il a lui-même déléguée et peine à recouvrer du fait de la mondialisation, il se tourne vers la marque la plus franche de son autorité, en multipliant les lois de droit pénal et de procédure pénale : c'est bien le retour à la règle, contraignante s'il en est[130].

La définition traditionnelle, raide et tout d'un bloc, celle de la règle de droit contraignante, avatar de l'État souverain et de la loi, s'est fissurée de toutes

123. Parmi l'abondante littérature sur la question, v. Ph. GÉRARD, F. OST et M. VAN DE KERCHOVE, *Droit négocié, droit imposé ?*, PUFSL, 1996.

124. J.-M. VERDIER et Ph. LANGLOIS, « Aux confins de la théorie des sources du droit : une relation nouvelle entre la loi et l'accord collectif », *D.* 1972. chron. 253 ; sur les conventions collectives, entre loi et contrat, P. DURAND, « Le dualisme de la convention collective de travail », *RTD civ.* 1939. 353.

125. Art. L. 1 du Code du travail. Pour un exemple d'« excès du droit négocié », P. LOKIEC, « Accord national interprofessionnel du 11 janvier 2013 : les excès du droit négocié », *D.* 2013. 579.

126. Pour la recommandation comme acte distinctif de la notion juridique de régulation, L. CALANDRI, *Recherche sur la notion de régulation en droit administratif français*, LGDJ, 2008.

127. J. CARBONNIER, *Sociologie juridique*, PUF, 2004, p. 146.

128. Sur l'absence de caractère réellement alternatif de la gouvernance, v. J. CHEVALLIER, « La gouvernance et le droit », *in Mélanges P. Amselek*, Bruylant, 2005, 189 ; sur la persistance des rapports de force derrière l'idéologie de la gouvernance, J. CHEVALLIER, « La gouvernance, un nouveau paradigme étatique ? », *RF adm. publ.* 2003. n° 105, 203, sp. 206 ; craignant par ces nouvelles conceptions de la loi et du contrat de nouvelles formes d'oppression, A. SUPIOT, « Un faux dilemme : la loi ou le contrat ? », *Dr. soc.* 2003. 59.

129. J. CARBONNIER, n° 11.

130. M. S. DE VRIES, « Les nouvelles fonctions des lois et leurs implications pour l'État et la gouvernance », *RISA*, vol. 68, déc. 2002, p. 683.

parts, laissant entrevoir au travers de ces failles le pluralisme à l'œuvre derrière la façade légaliste : pluralisme des normes, pluralisme des degrés d'obligatoire, pluralisme des fondements, pluralisme des droits, pluralisme des sources. Si la règle de droit reste cardinale pour la définition du droit, sa prétention à définir tout le droit doit être pondérée, sans toutefois être exclue : ouvrir la définition du droit aux tendances contemporaines n'implique pas de brûler les anciennes idoles. Derrière cette dissection de la règle de droit, un élément est revenu régulièrement : le juge, capable de créer des normes individuelles, garant de la sanction spécifique du droit, agent de l'effectivité de la règle, source de règles jurisprudentielles. Pendant que la règle de droit se défragmente en une myriade de normes, c'est bien une seule et même figure du juge qui semble toujours l'accompagner. Peut-être le juge est-il alors capable d'assurer la cohérence du droit derrière cette diversité ?

Titre II
Le droit, un juge ?

69. De la règle de droit au juge. – La règle entoure l'apprenti juriste bien avant son premier jour à l'Université : son nom, son prénom, ses liens de famille mais aussi ses trajets en bus ou la location de son premier appartement sont tous encadrés par le droit. S'il ne s'est pas aperçu de cet univers juridique omniprésent, c'est essentiellement parce que ce dernier n'a pas été conflictuel. Le droit s'écoule ainsi doucement, comme un long fleuve tranquille. Cependant, cette vision du droit n'est probablement pas celle du juriste professionnel que l'étudiant en droit aspire à devenir. Ce qui caractérise l'activité juridique, c'est le conflit, potentiel ou avéré, et la recherche de sa prévention ou de sa résolution. Pour résoudre ce conflit, la règle de droit, désincarnée, générale, flottant quasiment en apesanteur, ne se mobilise pas toute seule : il lui faut pour cela la transaction du juge. La représentation spontanée du droit n'est d'ailleurs pas toujours celles des vieux recueils de lois ou des petits codes : elle est au moins autant celle de la justice, de ses temples et de ses rituels – avec une fâcheuse tendance à se représenter la version américaine du procès, véhiculée par les séries et films policiers (à cet égard, l'étudiant en droit français peut immédiatement cesser de s'entraîner à de flamboyants « objection, votre Honneur ! » ou de s'aiguiser à des contre-interrogatoires serrés des témoins de la partie adverse, toutes préparations qui ne lui seront guère utiles).

Dans la conception traditionnelle, le droit a pour fonction essentielle de guider les conduites par la règle. Le procès est alors un accident dans son fonctionnement normal, qui est d'être spontanément obéi : il est le droit pathologique. Cependant, dans une conception plus réaliste, le droit a également pour fonction importante, voire première, de gérer les conflits. Cette approche du droit, dominante en *Common law*, se développe également dans notre tradition, du fait d'une judiciarisation plus générale de la société et d'une attention de plus en plus marquée pour le droit tel qu'il est dit par le juge. Tout au long du XXe siècle, à mesure que la règle, incarnée par la loi, était l'objet de critiques grandissantes, elle dut s'acclimater à une dangereuse concurrence, celle du juge, premier à venir corriger ses défauts. Ainsi, si le rôle du juge comme incarnation du droit n'est pas officiellement posé, et s'il suscite des réticences et des craintes du fait de sa moindre légitimité démocratique, l'expérience impose sa place déterminante dans le jeu quotidien du droit. Cette opposition entre l'approche traditionnelle et l'approche réaliste se retrouvera tout au long de ce titre, puisqu'elle domine les analyses de chacune des dimensions du juge.

Il serait possible de penser que le changement de perspective n'est pas si important : la règle est la même, qu'on la considère dans le texte de la loi ou dans la décision du juge. D'ailleurs, la définition de la règle que nous avons envisagée dans le titre précédent est loin d'être indifférente à son application par le juge, puisque sa sanction judiciaire est le critère le plus largement admis. Si ce n'est que le droit tel qu'il est appliqué au quotidien du contentieux semble parfois bien éloigné du beau droit des livres. La différence est d'abord celle des questions concernées. En effet, il y a loin entre l'enseignement des règles savantes sur la cause[1] et l'invocation quotidienne devant les juges de l'injonction de payer[2]. La différence est aussi celle du droit prononcé. Nous avons vu que la généralité de la règle est l'un de ses caractères les plus incontestés ; c'est aussi la source de son drame ontologique. Au contact des faits, à l'épreuve du particulier, la trop grande abstraction de la règle accusera souvent un décalage et verra sa prétention à l'omnipotence réduite à être le simple point de départ d'un raisonnement plus riche, par lequel le juge tentera de rendre une bonne justice. La règle générale ne s'applique donc pas d'elle-même et mécaniquement à l'infinie diversité des situations particulières : c'est le juge qui assure ce passage. L'essence même du droit, sa véritable caractéristique, qui nous préoccupe dans notre recherche de définition, pourrait alors se trouver là, dans l'office du juge, comparable à nul autre[3] : saisi pour trancher le litige (Section 1), il le fera en disant le droit (Section 2)[4].

1. Dont il est fréquent de dire : « Si vous avez compris la cause, c'est qu'on vous l'a mal expliquée », v. D. MAZEAUD, citant ROUAST, « La cause », *in Le Code civil, un présent, un passé, un avenir*, Dalloz, 2004, p. 451.
2. Plus de 600 000 demandes en 2008.
3. V. le colloque organisé au Sénat les 29 et 30 sept. 2006, *L'office du juge*, dir. G. DARCY, V. LABROT et M. DOAT, dont les actes sont consultables sur le site du Sénat ; pour une approche plus historique et théorique, O. CAYLA et M.-F. RENOUX-ZAGAMÉ, *L'office du juge : part de souveraineté ou puissance nulle ?*, LGDJ, 2002 ; pour une approche des fonctions du juge sur fond de pouvoir, v. D. D'AMBRA, *L'objet de la fonction juridictionnelle : dire le droit et trancher les litiges*, LGDJ, 1994.
4. V. art. 12, C. pr. civ. : « Le juge tranche le litige conformément aux règles de droit qui lui sont applicables ».

Chapitre 1
Trancher les litiges

70. Bibliographie thématique. – L. CADIET (dir.), *Dictionnaire de la justice*, PUF, 2004 ; pour une approche pluridisciplinaire du procès et de la justice, L. CADIET, J. NORMAND et S. AMRANI MEKKI, *Théorie générale du procès*, PUF, 2010 ; pour une approche comparative des procédures internes, internationales et étrangères, S. GUINCHARD, C. CHAINAIS, C. S. DELICOSTOPOULOS, I. S. DELICOSTOPOULOS, M. DOUCHY-OUDOT, F. FERRAND, X. LAGARDE, V. MAGNIER, H. RUIZ FABRI, L. SINOPOLI, J.-M. SOREL, *Droit processuel – Droits fondamentaux du procès*, Précis Dalloz, 7e éd., 2013 ; *Droits, La fonction de juger*, n° 9, 1989.

71. Conflit et litige[1]. – Le droit existerait-il sans conflit ? L'hypothèse est démentie par des millénaires d'expérience. La vie en société implique le *conflit* ; le besoin de droit naît de ce conflit[2]. C'est le cas à l'échelle générale de la société : le contrat social permet à l'homme de sortir de l'état de guerre permanente (Hobbes) ; le droit progresse par des luttes permanentes (Jhering) entre les forces conservatrices et réformatrices de la société (Ripert). Mais le besoin de droit est aussi besoin que justice soit rendue au cas particulier. Le conflit n'est plus alors général, il naît d'une situation déterminée : deux époux ne se supportent plus, un vendeur prétend ne pas avoir été payé, un vol a été commis, une infection a été contractée à l'hôpital. La première fonction du droit pourrait bien être de régler ces conflits et, ainsi, de rétablir la paix sociale. Il ne faut pas trop idéaliser cette fonction, au risque d'être déçu : elle reste à la mesure du juge. D'abord, parce que tous ces conflits ne lui seront pas soumis : imagine-t-on les autorités publiques s'immiscer dans le moindre de nos conflits quotidiens pour venir par la force rétablir l'harmonie ? Le droit ne va donc se voir confier que certains conflits, qui prennent la forme de *litiges* : le désaccord a alors été formulé en prétentions juridiques concurrentes, portées devant une juridiction. Mais, même dans ces cas, le droit n'a pas de vertu miraculeuse : il ne fera pas disparaître l'entier conflit (il ne pacifiera pas les relations entre ex-époux), il mettra seulement fin au litige (il prononcera leur divorce)[3] – ce qui est déjà beaucoup.

Trancher le litige, y mettre fin en ordonnant ce qui est dû à chacun, voilà donc une fonction essentielle, sans laquelle le droit ne peut être pensé. Pour accomplir cette mise en procès du droit, deux éléments sont indispensables.

---

1. Sur cette distinction et celle de différend, A. JEAMMAUD, « Conflit/litige », *in Dictionnaire de culture juridique* ; M.-C. RIVIER, « Conflit/litige », *in Dictionnaire de la justice*.
2. V. F. TERRÉ, « Au cœur du droit, le conflit », *in La justice – l'obligation impossible*, W. BARANÈS et M.-A. FRISON-ROCHE, éd. Autrement, 1994, p. 100.
3. A. JEAMMAUD, préc.

D'une part, il faut quelqu'un pour trancher le litige : c'est la figure du juge (Section 1). Mais il ne suffit pas qu'un soit juge institué : vous ne pouvez pas vous présenter directement devant lui pour lui raconter vos soucis. Il faut, d'autre part, une certaine mise en forme judiciaire du litige, garantissant notamment que les parties ont effectivement accès au juge et qu'elles ont été mises en situation lui de présenter loyalement leurs prétentions avant qu'il ne tranche : c'est le rôle du procès (Section 2).

Section 1
Le juge

72. Dès lors qu'un tiers se voit confier la résolution du litige, un juge est institué (§ 1.). Il a déjà été vu, par le prisme de la sanction de la règle de droit, en quoi la juridicité même de la règle était intimement liée à son rapport au juge. Dès lors, pourquoi passer par le truchement de la règle ? Pourquoi ne pas directement définir le droit par le juge ? (§ 2.).

§ 1. L'institution du juge

73. L'évocation du juge fait immédiatement penser à la figure du juge d'État. Pourtant, si celui-ci incarne effectivement la principale réalité judiciaire, les modèles de justice sont plus variés (A.), tout comme les qualités qui sont attendues des juges (B.).

A Les différentes formes de justice

74. De la vengeance privée à la justice publique. – Il existe différentes réactions possibles face au conflit. Il est possible de se faire *justice à soi-même* mais, attention, cette façon de résoudre ses conflits est tout sauf juridique – elle est même interdite par le droit. Certes, il existe, comme toujours en droit, des exceptions mais leur célébrité tient essentiellement à leur rareté. Pour illustrer ces rares cas, sachez que, si les racines des arbres de votre voisin avancent sur votre terrain, vous avez le droit de les couper vous-même (mais attention, l'autorisation ne vaut pas pour les branches du même arbre[4]). Dans un registre un peu différent, certaines sociétés, comme les sociétés primitives, sont marquées par la *vengeance privée* : celui qui se pense victime, ainsi que son groupe, se charge d'infliger au coupable un mal supérieur, sans passer par l'appréciation d'un tiers[5]. Mais, hors racines intrusives et vendetta, la réponse au conflit prendra généralement la forme de l'institution d'un tiers pour trancher

4. Art. 673, C. civ.
5. S. GUINCHARD et *alii*, préc., n° 15

les conflits. Pour certains, cette institution marque le passage du domaine des mœurs au royaume du droit[6].

75. Juge et juridiction. – L'institution du tiers renvoie à celle d'une personne, *le juge*. En *Common law*, la personnalisation du juge est très forte : la décision est rendue par une personne, individualisée, connue sous son nom et pour ses idées, parfois élue sous une étiquette politique[7]. En droit français, en revanche, la personnalité des juges est la plus effacée possible : leurs opinions individuelles sont diluées derrière la collégialité[8] et demeureront dans le secret du délibéré. La décision de justice n'est pas rendue par des hommes incarnés, les juges, mais par l'institution dans laquelle ils siègent, la *juridiction*[9] (litt., qui dit le droit). Celle-ci prendra souvent la forme connue de « tribunaux » ou de « cours » tranchant des contentieux. Mais la figure est parfois moins nette : qu'en est-il des autorités administratives qui tranchent des litiges ? Qu'en est-il des tribunaux qui interviennent hors de tout contentieux, sur des demandes « gracieuses »[10] ? Qu'en est-il de la nature des décisions sur la constitutionnalité d'une loi[11] ? Ces questions ne sont pas virtuelles et emportent des conséquences bien concrètes, à commencer par la détermination des organes devant respecter les exigences du procès équitable[12]. La doctrine a donc construit[13] une théorie

6. J. CARBONNIER, *Sociologie juridique*, p. 321. Cependant, sur la difficulté à déterminer le premier phénomène juridique, du même auteur, « Sur le caractère primitif de la règle de droit », *in Mélanges P. Roubier*, tome 1, Dalloz et Sirey, 1961, p. 109.

7. V. E. ZOLLER, « Américanisation », *in Dictionnaire de la Justice*.

8. Principe fondamental de notre procès, la collégialité implique qu'une formation de jugement est composée de plusieurs juges. Ainsi, si nous évoquerons généralement « le juge », en réalité, il s'agit plus souvent de la décision adoptée par trois juges (ou plus, voire bien plus, selon les formations). Restreignant les risques de partialité comme d'erreur, la règle répond à l'adage *juge unique, juge inique*. Malheureusement, des considérations de rationalisation poussent à multiplier les formations à juge unique.

9. Les systèmes de *common law* sont également articulés sur des juridictions peuplées de juge : c'est un changement de perception et non un changement de structure qui oppose nos systèmes : là où le juge, personne, est mis en avant dans le système anglo-saxon, il est effacé derrière l'institution dans notre tradition.

10. Il s'agit de matières dans lesquelles le juge est saisi indépendamment d'une contestation, pour contrôler la demande. Par exemple, lorsque deux époux souhaitent, d'un commun accord, changer de régime matrimonial, bien que n'étant pas en conflit, ils devront saisir un juge (art. 1301, C. pr. civ.). V. par ex. J.-L. BERGEL, « La juridiction gracieuse en droit français », *D.* 1983. chron. 153 et 165 ; M. BANDRAC, « De l'acte juridictionnel, et de ceux des actes du juge qui ne le sont pas », *in Mélanges P. Drai*, Dalloz, 2000, p. 171.

11. M. WALINE, « Éléments d'une théorie de la juridiction constitutionnelle en droit positif français », *RDP* 1928. 441 ; F. LUCHAIRE, « Le Conseil constitutionnel est-il une juridiction ? », *RDP* 1979. 27. Le débat ne divise plus guère, particulièrement depuis l'introduction de la QPC et la « juridictionnalisation » consécutive du Conseil.

12. Sur lequel, *infra*, n° 92. Les juridictions européennes ont développé leur conception du « tribunal » dans cette optique, v. R. KOVAR, « La notion de juridiction en droit européen », *in Mélanges M. Waline*, Dalloz, 2002, p. 607 ; R. KOERING-JOULIN, « La notion européenne de « tribunal indépendant et impartial » au sens de l'article 6§ 1 de la Convention européenne de sauvegarde des droits de l'homme », *RSC* 1990. 765.

13. Sur cette construction, et le constat que des conceptions semblables peuvent aboutir à des propositions opposées, v. I. BOUCOBZA, *La fonction juridictionnelle – Contribution à une analyse des débats doctrinaux en France et en Italie*, Dalloz, 2005.

de la juridiction[14], afin de tenter d'éclaircir ces différentes zones d'ombre. Au-delà des très nombreuses nuances, la juridiction peut se reconnaître, parmi d'autres critères, par les pouvoirs exercés[15], la *jurisdictio* (le pouvoir de dire le droit) et l'*imperium* (le pouvoir de commandement), qui se retrouvent tous deux dans les symboles de la justice.

76. Les symboles de la justice. – La Justice[16] est souvent représentée sous la forme d'une femme (*Iustitia*, déesse romaine ; *Thémis*, déesse grecque), tenant d'une main une balance et de l'autre un glaive. Elle a parfois un bandeau sur les yeux[17]. La *balance* incarne la recherche d'équilibre entre les prétentions des deux parties. Rendre la justice n'est pas, comme on l'imagine souvent, imposer une vérité juridique détenue par le seul juge ; rendre la justice est le fruit d'une savante pesée des prétentions. Selon Aristote, le juge maintient la balance égale entre les deux parties, en attribuant à chacun ce qui lui est dû[18]. Cette mise en balance se fait les *yeux bandés*. Mal comprise, l'image pourrait nourrir les accusations récurrentes d'une justice « aveugle ». Or, si la justice est aveugle, et doit l'être, c'est à l'égard de l'identité des parties : le bandeau symbolise ainsi la neutralité du juge vis-à-vis des parties.

Dans la symbolique de la justice, *le glaive* apparaît plus tard, à partir du XVIe siècle. À l'origine, il est l'instrument de l'application de peines corporelles (mutilation, décapitation[19]). Depuis, les peines corporelles ont heureusement changé de forme mais le glaive incarne toujours la force du droit. Le pouvoir de commandement vient donc compléter la *jurisdictio* du juge par son *imperium*, qui ordonne aux parties[20].

77. Les modes alternatifs. – La perception du recours à la Justice varie sensiblement d'une culture à l'autre : si, dans les cultures occidentales, le recours à un tiers impartial institué par l'État est considéré comme la voie ordinaire de résolution d'un conflit, d'autres cultures juridiques le restreignent aux cas où une solution amiable[21] ou un règlement à l'intérieur du groupe[22] n'ont pas suffi. Cette recherche de voies alternatives se développe également dans

14. *Théorie générale du procès*, n° 102 et s. ; M.-C. RIVIER, « Juridiction », *in Dictionnaire de la Justice* ; pour une réponse du point de vue administratif, v. R. CHAPUS, « Qu'est-ce qu'une juridiction ? La réponse de la jurisprudence administrative », *in Mélanges Ch. Eisenmann*, Cujas, 1975, p. 265.

15. Ou la fonction exercée, dit critère matériel, souvent utilisé avec un critère formel, qui tient au respect de la procédure. v. O. GOHIN, « Qu'est-ce qu'une juridiction pour le juge français ? », *Droits*, n° 9, 1989, p. 93. Sur l'autorité exercée par ces deux fonctions, les juges n'étant pas investis d'un pouvoir, C. ATIAS, « Une menace de perdition du judiciaire », *D.* 2013. 1232.

16. Nous avons déjà rencontré la Justice comme valeur. Mais le terme est polysémique et désigne également les institutions juridictionnelles ou, plus largement, le pouvoir de juger.

17. Ch.-N. ROBERT, « Bandeau, glaive et balance », *in Dictionnaire de la Justice.*

18. J.-L. SOURIOUX, *Introduction au droit*, PUF, 2e éd., 1990, n° 14.

19. J.-L. SOURIOUX, préc., n° 13.

20. Ce pouvoir a longtemps manqué au juge administratif, du fait de l'impossibilité d'ordonner à l'État. Mais, depuis la loi du 8 février 1995, « le glaive a sa place aux côtés de la balance », v. F. MODERNE, « Sur le nouveau pouvoir d'injonction du juge administratif », *RFDA* 1996. 43 ; v. également, D. BAILLEUL, « Les nouvelles méthodes du juge administratif », *AJDA* 2004. 1626.

21. Pour les traditions asiatiques, où le recours aux tribunaux est perçu avec défaveur, v. R. DAVID et C. JAUFFRET-SPINOSI, n° 436 et s.

22. E. LE ROY, « Anthropologie (de la justice) », *in Dictionnaire de la Justice.*

notre système mais pour des raisons différentes : ce n'est pas par réflexe naturel d'évitement de la voie judiciaire mais, au contraire, parce que cette voie, victime de son succès, est engorgée. L'État, après avoir consacré plusieurs siècles à faire dominer son modèle de justice[23], incite donc désormais à l'inverse à recourir à d'autres formes de justice, privilégiant une solution amiable. Ces formes alternatives peuvent se traduire par une convention entre les parties, par laquelle elles mettent fin à la contestation : il s'agit d'une *transaction*[24]. Elles peuvent également passer par l'intercession d'un tiers, qui a pour fonction d'encadrer les discussions et d'encourager la recherche d'une solution amiable et non de décider autoritairement : il s'agit alors de *conciliation* ou *médiation*. Pour les parties, elles permettent une résolution plus rapide et plus simple. En recherchant l'apaisement, elles tendent à éteindre le litige par la négociation et l'accord, à faire disparaître le conflit au lieu de le trancher par une application brutale de la règle : elles sont souvent présentées comme une justice douce. Ces différentes formes de justice ne se concurrencent pas et jouent souvent de façon cumulée. Un modèle de résolution des conflits se développe ainsi, qui passe dans un premier temps par une recherche de médiation ou de conciliation, pour ne recourir à un juge que dans un second temps, en cas d'échec[25].

78. Juge étatique et juge privé. – Faute de pouvoir faire disparaître le litige par une solution amiable, il faudra le trancher. Le tiers n'intervient plus alors seulement pour encadrer la discussion mais bien pour imposer la solution en disant le droit. Or, là encore, le juge étatique ne résume pas à lui seul la figure de la juridiction. Il est possible, dans les matières laissées à la disposition des parties, de lui préférer un juge privé, *l'arbitre*[26]. Institué par les parties, il reçoit de leur volonté le pouvoir de trancher leur litige, en respectant leurs choix, par exemple le choix de l'application du droit ou de l'appréciation en équité, appelée « amiable composition ». Le juge privé n'est pas un magistrat : il peut être notamment un avocat, un universitaire, un professionnel de la profession. Il détient la *jurisdictio* et tranche le litige par une sentence. En revanche, pour obtenir l'exécution forcée de cette sentence, l'arbitre ne disposant pas de l'*imperium*[27], il faut faire revêtir la décision du sceau de l'autorité étatique par une procédure d'*exequatur*. Plus rapide, plus souple, plus discret (la justice étatique étant rendue publiquement), l'arbitrage est tout sauf une curiosité plus ou moins anecdotique. Au contraire, il obtient toutes les faveurs des contrats

---

23. Sur ce double mouvement de l'histoire, L. DEPAMBOUR-TARRIDE, « Juge (longue durée) », *in Dictionnaire de la culture juridique*.

24. Art. 2044 et s. du Code civil. V. B. MALLET-BRICOUT et C. NOURISSAT (dir.), *La transaction dans toutes ses dimensions*, Dalloz, 2006.

25. Ces deux étapes sont obligatoires dans certaines procédures, par exemple en matière de divorce ou de conflit individuel de travail. Elles peuvent également être prévues par les parties sous la forme de clauses, par ex. « Med-arb » (médiation puis arbitrage). Plus généralement, sur les nombreuses formes d'interférences entre le conventionnel et le juridictionnel, P. ANCEL et M.-C. RIVIER (dir.), *Le conventionnel et le juridictionnel dans le règlement des différends*, Economica, 2001.

26. v. *L'arbitrage*, *APD*, tome 52, 2009 ; B. OPPETIT, *Théorie de l'arbitrage*, PUF, 1998 ; C. JARROSSON, *La notion d'arbitrage*, LGDJ, 1987 ; Th. CLAY, *L'arbitre*, Dalloz, 2001.

27. V. not. Ch. JARROSSON, « Arbitrage et juridiction », *Droits*, n° 9, 1989, p. 107 ; pour une relativisation de cette affirmation traditionnelle, D. CHEKROUN, « L'*imperium* de l'arbitre », *APD*, tome 52, 2009, p. 135.

commerciaux, pour lesquels il est la voie normale de résolution des litiges, particulièrement en matière internationale.

B Les qualités du juge

79. Le juge, arbitre prudent et impartial. – Il est, selon la formule de Diderot, « beaucoup plus important d'avoir de bons juges que de bonnes lois »[28]. Mais qu'est-ce qu'un bon juge ? Formulée par Aristote, la vertu de prudence demeure cardinale. Elle implique une aptitude à bien délibérer pour discerner les meilleurs moyens d'atteindre un bien. Pour ce faire, le juge devra développer des vertus de distance, de proximité, d'intégrité et de mesure[29]. Il est plus prosaïquement demandé au juge indépendance et impartialité, honnêteté et rigueur, probité et honneur, dans sa vie professionnelle comme personnelle, discrétion et responsabilité[30]. Si l'une de ces qualités devait se détacher, c'est peut-être celle d'*impartialité*. L'institution même d'un juge entend permettre de soumettre un différend entre deux parties à un tiers, neutre à leur égard et à celle de l'affaire. Ce qui crée la justice et la distingue de la vengeance, c'est cette distance « entre l'offenseur et sa victime, entre crime et châtiment. Un tiers comme garant de la juste distance entre deux actions et deux agents »[31]. Pour garder cette juste distance, le juge doit être indifférent, pour prendre sa décision, à la qualité des parties, à ses relations personnelles avec elles, à ses intérêts personnels dans le litige, à ses préjugés sur l'affaire, notamment s'il en a déjà eu connaissance dans une autre fonction. Si cette impartialité n'est pas assurée, il peut se déporter de lui-même ou être récusé par une partie.

80. La légitimité. – Pour apaiser, dans la mesure du possible, les conflits qui lui sont soumis, le juge doit être perçu comme légitime[32]. Il détient une première légitimité de sa nécessité même dans toute société[33]. Mais la légitimité doit également dériver de son institution. La justice est parfois rendue directement par le peuple lui-même, qui siège dans un jury. Particulièrement ancré dans les systèmes de *Common law*, le recours au jury est limité, dans la tradition française, aux affaires pénales les plus graves. Les autres litiges sont tranchés par un juge. Le juge puise sa légitimité à la souveraineté populaire lorsqu'il est élu, comme c'est le cas aux États-Unis et comme ce fut le cas en France sous la Révolution

28. « (...) Les meilleures lois sont vaines si le juge est mauvais et les plus mauvaises lois peuvent être rectifiées par de bons juges », dans ses *Observations sur le Nakaz*.

29. J. ALLARD, A. GARAPON, F. GROS, *Les vertus du juge*, Dalloz, 2008.

30. La question de la responsabilité des juges, souvent présentés à tort comme irresponsables, est délicate : il faut trouver l'équilibre entre cette responsabilité et la nécessité de ne pas livrer les juges à la pression des justiciables. Sur les régimes de responsabilité, v. S. PETIT, V° « Service public de la justice (responsabilité du) », *Rép. Dalloz de la responsabilité de la puissance publique* ; S. GUINCHARD, V° « Responsabilités encourues pour fonctionnement défectueux du service public de la justice », *Rép. Dalloz procédure civile*. Sur les obligations déontologiques, v. le *Recueil des obligations déontologiques des magistrats*, Conseil Supérieur de la Magistrature, Dalloz, 2010.

31. P. RICOEUR, *Le juste*, 2, éd. Esprit, 2001, p. 258.

32. G. CANIVET, « Légitimité du juge », *in Dictionnaire de la justice*.

33. G. WIEDERKEHR, « Qu'est-ce qu'un juge ? », *in Mélanges R. Perrot*, Dalloz, 1996, p. 575, qui conclura que le juge trouve sa légitimité dans l'exercice de sa fonction et le respect des conditions de celle-ci.

française. Mais, lorsqu'il est nommé, sa légitimité se fait plus indirecte : elle est, par ricochet, celle de son autorité de nomination. Elle est également celle de sa compétence, qui peut être garantie par plusieurs modèles : le type bureaucratique, comme en France, dans lequel la sélection se fait par concours et l'organisation de la justice est hiérarchisée[34] ; le type professionnel, comme en Angleterre, où le juge est choisi parmi les avocats les plus réputés[35]. À mi-chemin entre le juge élu et le juge professionnel, plusieurs juridictions françaises sont composées de juges élus par leurs pairs : ainsi, les juges des tribunaux de commerce sont des commerçants élus par les autres commerçants. La maîtrise technique est alors autant celle du droit que celle des contraintes des secteurs professionnels.

§2. Le droit, « ce que fait le juge » ?

81. Le droit dans les décisions du juge. – Dans la conception traditionnelle, le rôle du juge est essentiellement d'appliquer fidèlement la loi et de sanctionner sa violation. Soumis à l'ordre légal, il n'est qu'agent d'exécution de la volonté du législateur. Juger n'est pourtant pas une activité neutre et son importance va être progressivement valorisée au point que le droit se réduira pour certains à ce qu'approuvent les juges[36] – rien de moins mais rien de plus. Du monopole de la règle, on va passer au monopole inverse, celui du juge. Le courant dit « *réaliste* » va porter au plus haut point cette conception du droit. Il va naître au début du XXe siècle aux États-Unis, dans un système dominé par une Cour suprême dotée d'un puissant rôle social et politique[37]. Au-delà des positions individuelles, les auteurs se rejoignent pour contester la supériorité des lois comme outil du droit : dans un monde de changements rapides, une loi ne peut tout prévoir à l'avance par un énoncé général[38]. Au contraire, seules les décisions du juge donnent la réponse au cas et énoncent la norme réelle et effective[39]. Les lois ne sont plus alors que des « règles de papier » (Llewellyn) ou des « règles de discours » (Frank), dans l'attente de leur mobilisation par le juge dans les décisions, qui sont les « vraies » règles. La définition du droit est alors profondément relativisée : l'une de ses expressions les plus connues est celle du juge Holmes[40], selon lequel « les prophéties de ce que feront

34. Pour une légitimité indirecte par la nomination par un président de la République élu au suffrage universel direct, P. TRUCHE, *Juger, être jugé,* Fayard, 2001, p. 163-164.

35. D. SALAS, « Juge (aujourd'hui) », *in Dictionnaire de la culture juridique.*

36. A. D'ORS, « Le droit ? tout ce qu'approuvent les juges », *Droits* 1989, n° 10, p. 51.

37. La théorie réaliste a été précédée, à la fin du XIXe siècle, de celle de la *Sociological jurisprudence*, v. F. MICHAUT, « Le rôle créateur du juge selon l'École de la « sociological jurisprudence » et le mouvement réaliste américain. Le juge et la règle de droit », *RID comp.* 1987. 343.

38. Les auteurs critiqueront, pour le même motif, la règle du précédent qui, en *Common law*, oblige à suivre la solution rendue par une décision antérieure rendue sur une situation analogue.

39. A. ROSS, « La validité dépend de l'efficacité », *in Le positivisme juridique*, C. GRZEGORCZYK, M. TROPER et F. MICHAUT (dir.), LGDJ, 1992, p. 323 ; également, pour le réalisme scandinave, S. STROHOLM et H. VOGEL, *Le "réalisme scandinave" dans la philosophie du droit*, LGDJ, 1975.

40. Juge à la Cour suprême des États-Unis dans la première moitié du XXe siècle et l'un des fondateurs du mouvement de la *Sociological Jurisprudence*. v., outre l'art. préc., F. MICHAUT, *La recherche*

effectivement les cours et les tribunaux, et rien de plus prétentieux, voilà ce que j'entends par « droit » ». Allant plus loin, J. Brown reconnaît que le droit n'existe nulle part autrement qu'en devenir : il n'existe que dans une décision d'espèce mais s'achève avec cette décision, en attendant le cas suivant[41]. Le droit n'est plus alors une pyramide où la règle, au sommet, descend vers les faits mais un entonnoir, où une collection de décisions judiciaires permet de dégager une règle générale[42].

82. Critique. – La théorie réaliste se heurte toutefois au travers naturel de toute théorie du droit, celui de la prétention à l'absolutisme. Voulant comprendre l'entier phénomène juridique par une clé d'explication unique, elle s'expose à laisser hors de son champ d'analyse de nombreux aspects de la richesse de la mécanique du droit. Le projet d'un monopole du juge n'est en définitive pas plus tenable que celui d'un monopole de la règle. Les théories réalistes les plus poussées donnent ainsi l'impression de réduire les règles de droit à un simple jouet entre les mains du juge. Les prédictions sur ce qu'en fera le juge devraient tenir compte de ses idées politiques ou morales mais aussi de facteurs psychosociologiques. Le droit est finalement sous la dépendance de la personnalité du juge, de ses préjugés, de ses conceptions et, pourquoi pas, de son humeur du jour et de la qualité de ce qu'il a mangé au petit déjeuner[43]. Pourtant, le juge n'est pas laissé à son libre arbitre ou à son humeur, comme le laissent entendre ces conceptions : il est limité par les pouvoirs qui lui sont conférés par la loi ainsi que, pour certains, par des principes, inspirés de la justice et de l'équité[44]. Il est en outre tenu en permanence par les contraintes juridiques venant des autres acteurs du système[45]. Les lois ne sont donc pas des règles de papier mais la source de l'institution du juge, de son autorité, des droits dont il doit assurer la protection[46]. Elles forment le cadre général de sa décision – mais aussi de son action, en fixant les règles du procès.

Section 2
Le procès

83. Notion. – Étymologiquement, le « procès » est le développement, la marche. Le procès n'est en effet pas un instant ou une notion : c'est un processus dynamique, une succession d'étapes, menant l'action en justice jusqu'à la décision du juge. Pour être immédiatement intelligible dans le langage courant,

d'un nouveau paradigme de la décision judiciaire à travers un siècle de doctrine américaine, Paris, L'Harmattan, 2000.

41. F. OST et M. VAN DE KERCHOVE, *De la pyramide au réseau ?*, préc., p. 378.

42. F. OST, *Dire le droit, faire justice*, Bruylant, 2007, p. 40 et s.

43. Sur cette théorie et son caractère discutable, E. MILLARD, *Théorie générale du droit*, Dalloz, « Connaissance du droit », 2006, p. 56.

44. R. DWORKIN, *Prendre les droits au sérieux*, PUF, 1995 (l'ouvrage original est de 1977).

45. M. TROPER, V. CHAMPEIL-DESPLATS, CH. GRZEGORCZYK, *Théorie des contraintes juridiques*, LGDJ, 2005.

46. R. DWORKIN, préc.

le terme de « procès » n'est pourtant pas une notion très usitée ou clairement définie en droit[47]. Il est plutôt fait référence au litige, objet du procès, ou à la procédure, qui en rythme le déroulement[48]. Le procès est tout cela, et plus encore : il est le temps, le lieu et l'action où va se rendre la justice. Le procès n'est pas moins essentiel à une bonne justice que le juge et pourrait, au même titre que le juge (mais sans bénéficier de la même aura), prétendre à son tour incarner l'essence de ce qu'est le droit : « il n'y a de droit que là où il peut y avoir un procès »[49]. Pour comprendre en quoi le procès est un élément existentiel du droit, il faut connaître quelques éléments du « droit du procès » (§ 1.), qui sont le gage de la légitimité de la décision (§ 2.).

§ 1. Le droit du procès

84. Il n'est pas de notre propos d'approfondir les règles du procès, qui feront l'objet d'enseignements spécifiques[50], mais simplement de dessiner quelques grands traits du procès (A.). Parmi eux, la répartition du fait et du droit entre les parties et le juge est essentielle : « donne-moi le fait, je te donnerai le droit », nous dit l'adage[51]. Il signifie que les parties n'ont pas à apporter le droit dans le procès : le juge le connaît. En revanche, il leur appartient d'apporter les faits. Or, apporter les faits dans un procès, cela veut dire les prouver. Enjeu déterminant de l'issue du procès, « l'art de la procédure n'est essentiellement que l'art d'administrer la preuve »[52] (B.).

A Les grands traits du procès

85. Les étapes principales du procès. – Le procès est rythmé par la procédure, c'est-à-dire la « manière de procéder en justice »[53] : elle impose un enchaînement de conditions, d'actes, de délais, de formalités et de rituels[54], qui garantissent l'accès loyal à une décision impartiale. L'étude de la procédure souffre d'une mauvaise réputation : à tort perçue comme simplement technique, ou relevant d'une pratique s'apprenant sur le terrain[55], elle est pour certains la voie de sauvetage « des plaideurs mesquins »[56]. Elle met pourtant en jeu les questions les plus fondamentales et y apporte des réponses sophistiquées. Son étude ne

47. Jusqu'à la parution de la *Théorie générale du procès* citée en bibliographie thématique.
48. S. AMRANI-MEKKI, « Procès », *in Dictionnaire de la justice*.
49. *Théorie générale du procès*, p. 38.
50. Procédure civile, procédure pénale et contentieux administratif.
51. V. *Adages du droit français*, n° 74.
52. J. BENTHAM, *Traité des preuves judiciaires*, vol. 1, Bossange Frères, 1823, p. 3.
53. E. LITTRÉ, *Dictionnaire de la langue française*, V° « Procédure ».
54. A. GARAPON, *Bien juger – Essai sur le rituel judiciaire*, éd. O. Jacob, 1997.
55. Notamment avant sa codification, v. F. AIMERITO, « La procédure civile dans les manuels d'Institutioni di diritto civile du Royaume de Sardaigne, XVIIIe-XIXe siècles », *in Histoire des manuels de droit*, A.-S. CHAMBOST (dir.), LGDJ, à paraître.
56. S. GUINCHARD, C. CHAINAIS, F. FERRAND, *Procédure civile – Droit interne et droit de l'Union européenne*, Précis Dalloz, 31e éd., 2012, n° 2.

doit surtout pas être négligée par les étudiants – à défaut, ils n'en éprouveront que plus de difficultés à la sortie de la Faculté.

Ramené à une approche plus que schématique, le procès est composé de *l'action* (« le droit mis en mouvement » par une partie[57], qui porte sa prétention devant le juge compétent[58]), puis de *l'instance* (la suite d'étapes menant l'action jusqu'à la décision, que les parties devront suivre scrupuleusement), qui aboutira à la *décision*. Une phase préparatoire va permettre la *mise en état* du dossier, afin qu'il soit prêt à être jugé : cette préparation va notamment impliquer que les parties se communiquent les pièces du procès (leurs arguments comme leurs preuves), dans les délais fixés pour la procédure. Elle se fait sous la supervision d'un juge, juge de la mise en état au civil, juge rapporteur devant une juridiction administrative[59], juge d'*instruction* au pénal : ce dernier dispose de missions plus importantes puisqu'il lui appartient de rassembler et d'examiner les preuves de l'infraction. Quand le juge estime que cette préparation est terminée, il renvoie le dossier pour qu'il soit jugé. Après avoir entendu les parties lors de l'*audience*, le juge prendra le temps de *délibérer*[60] avant de rendre sa décision. Si l'action est *recevable*[61] et *bien fondée*[62], le juge accueillera la demande.

L'issue du procès sera un acte, par lequel le juge dit le droit, et donc un *acte juridictionnel*. Il prend des noms variables selon son auteur, le terme de « décision » faisant figure de catégorie générique[63] : il pourra être « jugement »[64], « arrêt »[65], « sentence »[66] ou encore « ordonnance »[67]. Il attribuera à chaque partie ce qui lui est dû : il prononcera le divorce, attribuera une pension alimentaire, une prestation compensatoire, fixera la résidence des enfants etc. Cette décision pourra être contestée par une voie de recours. En effet, le principe du double degré de juridiction garantit le droit à la partie insatisfaite de la décision d'exercer un *appel* pour que son affaire soit entièrement réexaminée par une nouvelle

57. Qui peut être un particulier mais aussi l'État, particulièrement lorsque le parquet, ou ministère public, exerce l'action publique qui met en mouvement un procès pénal.

58. Il existe des centaines de juridictions en France, une ou quelques-unes seulement seront compétentes pour votre litige : il faut pour cela saisir la juridiction compétente sur la matière (par exemple, pour les litiges entre commerçants, le Tribunal de commerce) et sur le territoire (en principe, la juridiction du domicile du défendeur). Ces règles sont étudiées dans les enseignements d'Institutions juridictionnelles.

59. Il ne s'agit pas de la seule fonction de ce juge qui, devant chaque juridiction, fait un travail préparatoire plus spécifique sur le litige, dans un rapport qu'il exposera aux autres membres de la formation.

60. Sur cette étape peu connue hors des juges car couverte par le secret du délibéré, v. P. DRAI, « Le délibéré et l'imagination du juge », *in Mélanges R. Perrot*, Dalloz, 1995, p. 107 ; J.-F. BURGELIN, « Les petits et grands secrets du délibéré », *D.* 2001. 2755 ; pour l'approfondissement de la notion, v. « La délibération », actes du Colloque du 22 octobre 2010 (Tours), *Procédures*, mars 2011, Dossier.

61. Les conditions de l'action sont réunies (intérêt à agir et qualité pour agir) et il n'existe aucune fin de non-recevoir (ex. action prescrite, action déjà jugée).

62. La demande est « justifiée en fait et en droit », *Vocabulaire juridique*.

63. Il est également le seul à employer pour les décisions du Conseil constitutionnel.

64. Pour les décisions rendues par les juridictions du premier degré, les tribunaux.

65. Pour les décisions rendues par les cours.

66. Pour les décisions rendues par les arbitres.

67. Pour les décisions rendues à juge unique, souvent au provisoire.

juridiction, hiérarchiquement supérieure[68]. Cette seconde décision pourra faire l'objet d'un autre recours, visant cette fois uniquement à vérifier, par la voie d'un pourvoi en *cassation*[69], la bonne application de la règle de droit. Une fois les recours épuisés ou les délais de recours expirés, la décision mettra fin définitivement au litige : il ne sera pas possible de recommencer un nouveau procès pour obtenir une autre décision sur le même litige. C'est *l'autorité de chose jugée*, qui tient pour vérité la décision du juge. La décision sera alors susceptible d'exécution forcée. En effet, les parties sont tenues d'obéir à la décision ainsi rendue. Le plus souvent, elles le feront spontanément. Cependant, si l'une des parties n'exécutait pas la décision, l'autre pourrait obtenir son *exécution par la force publique*, dont la forme la plus connue dans les représentations collectives est la saisie-vente des biens par huissier[70].

86. Les rapports du procès aux droits subjectifs et droit objectif. – Le procès permet d'assurer le respect du droit objectif : en faisant application de la loi, le juge réalise le droit de l'État. Mais il réalise plus encore le respect des droits subjectifs[71]. Les réflexions sur le droit subjectif sont nées, dans la doctrine allemande (Savigny), de l'observation du droit tel qu'il se présente dans le cadre d'une action, c'est-à-dire lésé, et non plus tel qu'il est statiquement posé par la règle. Le droit subjectif est ainsi « le droit sur le pied de guerre contre ceux qui veulent le méconnaître »[72]. Il ne faut dès lors pas s'étonner que, les droits subjectifs se multipliant, le recours à la justice soit exponentiel[73].

Il faut toutefois relativiser le lien logique entre action en justice et protection d'un droit subjectif. D'une part, notre droit connaît aussi un contentieux « objectif », qui est un contentieux de la légalité appelant une sanction de la violation de la règle de droit[74]. Cette opposition prend tout son sens dans le contentieux administratif, qui est construit sur une distinction fondamentale, héritée de Laferrière, entre le *contentieux de pleine juridiction*, dans lequel le juge tranche un litige entre deux parties, et le *contentieux de l'annulation*, dans lequel le juge annule un acte de l'administration. D'autre part, dans d'autres systèmes, le procès est conçu sans reconnaissance préalable de droits subjectifs. Connue du droit romain[75], la conception domine également le droit anglais, qui a été « sécrété dans les interstices de la procédure »[76]. L'existence

68. Cour d'appel ou cour administrative d'appel. Pour l'appel circulaire en matière criminelle, v. *infra*, n° 175.

69. Devant la Cour de cassation ou le Conseil d'État.

70. La matière est souvent l'objet d'un enseignement des « procédures d'exécution », pour laquelle v. P. JULIEN et G. TAORMINA, *Voies d'exécution et procédures de distribution*, Manuel, LGDJ, 2e éd., 2010.

71. V. H. MOTULSKY, « Le droit subjectif et l'action en justice », *APD* 1964, tome IX, p. 215, qui envisage également la question, toujours débattue aujourd'hui, du droit subjectif processuel.

72. P. ROUBIER, *Droits subjectifs et situations juridiques*, Dalloz, 2005 (l'édition originale est de 1963), p. 285.

73. Pour de nombreuses autres raisons, v. L. CADIET, « Le spectre de la société contentieuse », *in Mélanges G. Cornu*, PUF, 1994, p. 29.

74. La distinction remonte à de grands auteurs de droit public de la première moitié du XXe siècle, le Toulousain Maurice Hauriou et le Bordelais Léon Duguit. Nous étudierons plusieurs de ces contentieux dans la Partie 2, Titre 2.

75. P. ROUBIER, *Droits subjectifs et situations juridiques*, p. 283.

76. R. DAVID et C. JAUFFRET-SPINOSI, n° 226, citant Sir H. MAINE.

d'actions en justice suffit et le droit se définit par ces remèdes aux litiges plus que comme un catalogue de droits subjectifs : « *remedies precede rights* ».

87. Les grands modèles de procédure. – Le déroulement du procès n'est pas organisé selon les mêmes règles pour tous les litiges. À l'origine, des modèles assez typiques semblaient dominer : le modèle de *Common law* est le modèle du duel entre les plaideurs devant un jury assisté d'un arbitre, le juge, qui veille à maintenir l'égalité des chances durant le procès[77]. Cette conception se traduit par des institutions très caractéristiques des procès américains : la possibilité de témoigner pour sa propre cause ; la *cross-examination*, contre-interrogatoire musclé du témoin par les avocats après sa première audition (*direct-examination*) ; la *discovery*, obligation de produire tous les documents intéressant le litige, quand bien même ils ne vous seraient pas favorables[78]. Dans notre tradition[79], il n'existe pas une procédure mais trois : la procédure civile, la procédure pénale et la procédure administrative. Répondant à des objectifs différents, à des logiques différentes, mises en œuvre devant des juridictions différentes, ces grandes procédures sont aussi le fruit d'une histoire différente, qui va surtout construire les rôles respectifs des parties et du juge.

Le procès civil est la chose des parties : elles déclenchent l'action, délimitent l'objet de la demande, rythment les échanges, le juge demeurant neutre et passif. Cette procédure, appelée « *accusatoire* », car elle naît de l'accusation portée par une partie, est orale, publique et contradictoire. En revanche, le procès pénal, qui met en cause la société, ou le procès administratif, dans lequel les parties ne sont pas en situation d'égalité, sont dominés par l'*inquisitoire* : la procédure est la chose du juge, qui orchestre la procédure et doit lui-même rechercher la preuve, par une phase d'enquête. Cependant, le sens du temps est celui d'une distinction de plus en plus atténuée entre ces archétypes, au profit de procédures mixtes[80], tout étant question de recherche du meilleur équilibre entre le juge et les parties. C'est également c'est équilibre qui innerve le droit de la preuve.

B Le droit de la preuve

88. Bibliographie thématique. – X. LAGARDE, *Réflexion critique sur le droit de la preuve*, LGDJ, 1994 ; « Preuve », *in Dictionnaire de la justice* ; M. MEKKI, « Réflexions sur le risque de la preuve en droit des contrats », *RDC* 2008. 681 et 2009. 453 ; *Droits, La preuve*, n° 23, 1996 ; pour une approche complète et pratique, A. AYNÈS et X. VUITTON, *Droit de la preuve. Principes et mise en œuvre processuelle,* LexisNexis, 2013 ; pour une approche interdisciplinaire, *Le Temps des savoirs*, n° 5, *La preuve*, éd. O. Jacob, 2003 ; pour l'étude de la jurisprudence de droit privé en la matière, Cour de cassation, *Rapport*

77. E. ZOLLER, « Américanisation », *in Dictionnaire de la Justice.*

78. Sur la comparaison de la preuve entre droit français et droits de *Common law*, le premier marqué par sa culture hiérarchique et le second dominé par la culture participative, v. F. GIRARD, *Essai sur la preuve dans son environnement culturel*, PUAM, 2 tomes, 2013.

79. C. AMBROISE-CASTÉROT, « Procédure accusatoire/Procédure inquisitoire », *in Dictionnaire de la Justice.*

80. *Théorie générale du procès*, n° 100, qui rappelle les grands modèles, notamment pour leurs vertus pédagogiques, avant de relativiser la réalité de cette distinction.

annuel 2012 ; pour la preuve dans divers systèmes juridiques, Association H. Capitant, *La preuve*, Journées internationales 2013 (Pays-Bas et Belgique), à paraître.

89. Vérité et vérité judiciaire. – L'action la mieux fondée du monde, voulant rétablir l'injustice la plus intolérable qui soit, comme le prévoit sans la moindre ambiguïté le texte de la loi, n'aboutira nulle part si les faits allégués ne peuvent être établis. Pour le droit, « ne pas être ou ne pas être prouvé, c'est tout un »[81]. Cette recherche de la vérité dans le cadre d'un procès présente deux caractéristiques. D'une part, la Vérité étant hors de portée de l'homme, ce sera une autre vérité, la vérité judiciaire[82], qui en tiendra lieu. Dans le cadre d'un procès, le juge ne dit pas seulement le droit, il dit également les faits, en reconstruisant une réalité qui ne se constate que difficilement. Les parties sont parfois d'accord sur les faits de leur affaire, ce qui suffira à les considérer comme vérité. Mais, souvent, et c'est la raison du litige, les faits avancés par une partie sont contestés par l'autre[83]. Il existe alors deux versions de la réalité, que le juge va confronter pour rechercher la plus vraisemblable au regard des preuves apportées. En effet, d'autre part, la vérité judiciaire doit être établie au moyen de preuves. Ainsi, il ne suffit pas d'affirmer ses prétentions, il faut en faire la preuve. Dans le modèle de *Common law*, l'affrontement entre les parties porte essentiellement sur cette question. Si notre tradition accorde une plus grande importance à la règle, perpétuant parfois une forme de dédain à l'égard de la preuve[84], c'est pourtant souvent sur ce terrain que se jouera la victoire judiciaire.

90. Les moyens de preuve. – Le temps est loin où l'on s'en remettait à Dieu pour établir les faits, par exemple en faisant porter une barre de fer rougie sur une partie du corps et en déduisant l'innocence ou la culpabilité de la plus ou moins bonne cicatrisation. Aujourd'hui, ces ordalies ont été délaissées au profit du recours à la raison. Pour emporter la conviction, le principe le plus répandu est celui de la *liberté de la preuve* (ou système de preuve morale), qui autorise à recourir à tous les moyens de preuve : témoignage, aveu, indices ou écrit, sous quelque forme que ce soit[85]. À ces moyens traditionnels s'ajoutent les nouveaux moyens offerts par les progrès techniques : ainsi de l'expertise ADN en matière de filiation, qui permet d'établir une paternité avec une fiabilité supérieure à 99 %, quand il a longtemps fallu s'en remettre en la matière à des calculs approximatifs fondés sur la présomption selon laquelle la grossesse avait duré entre 180 et 300 jours[86] – restant au droit à délimiter la place qui doit être faite au sacre de la vérité biologique en matière de filiation[87]. Ne maîtrisant pas ces

---

81. Selon l'adage, *idem est non esse et non probari*, v. *Adages du droit français*, n° 161.

82. Pour une relecture du droit de la preuve, non en fonction de l'objectif de vérité mais en fonction de techniques de preuve qui renforcent la légitimité de la décision, X. LAGARDE, *Réflexion critique sur le droit de la preuve*, LGDJ, 1994.

83. Pas de besoin de preuve si les faits ne sont pas contestés. On parle alors de faits « constants ».

84. Ainsi des juristes de droit romain, qui y voyaient une pure affaire de rhétorique, J.-Ph. LÉVY et A. CASTALDO, *Histoire du droit civil*, Précis Dalloz, 2e éd., 2010, n° 579 et 589.

85. Sur les liens entre moyens de preuve et évolutions sociales, v. H. LÉVY-BRUHL, *La preuve judiciaire*, éd. M. Rivière, 1964.

86. Présomption légale de la durée de la grossesse, v. art. 311 du Code civil.

87. Ce qu'il fait en posant des conditions plus ou moins strictes de recevabilité, notamment de délais. Passé ces délais, peu importe que cette filiation soit contraire à la vérité biologique : vous n'aurez plus

nouvelles techniques, le juge devra souvent s'en remettre à des experts, nourrissant la crainte qu'il leur laisse exercer une part de son ministère[88].

La possibilité d'utiliser tous les moyens de preuve ne doit cependant pas être comprise comme l'autorisation de tout faire pour prouver. La matière reste dominée par certains principes. La preuve est d'abord soumise au principe de sa *licéité* : elle ne saurait par exemple porter atteinte au respect de la vie privée, au droit de propriété, à l'intégrité du corps humain, au secret des correspondances ou au secret professionnel. Cette exigence est aujourd'hui parfois mise en balance avec l'exigence non moins fondamentale de pouvoir exercer son « droit à la preuve »[89]. Le principe de *loyauté*[90] s'oppose en outre à ce que des preuves soient obtenues par n'importe quel moyen : ainsi, un enregistrement ne peut pas être opposé à une partie s'il a été réalisé à son insu[91]. Enfin, le principe de la *contradiction*, qui domine tout le procès, s'applique également en la matière pour exiger que chaque partie ait pu discuter tous les éléments de preuve[92].

Dans certaines matières, la liberté de la preuve est écartée au profit du système de *preuve légale* : seuls certains modes de preuve, prévus par la loi, sont admis. Le système, rigide, a laissé de mauvais souvenirs, pour avoir mené à de nombreux abus sous l'Ancien droit[93]. Il subsiste ponctuellement, pour ses vertus de prévisibilité et de sécurité juridique. Son illustration la plus importante est la preuve, en droit civil, d'un acte juridique supérieur à 1 500 €, pour laquelle la

accès à une décision du juge sur ce point. Le droit fait alors prévaloir la paix des familles et la stabilité de l'état.

88. Pour l'expertise dans différents domaines, v. M.-A. FRISON-ROCHE et D. MAZEAUD, *L'expertise*, Dalloz, 1997 ; pour l'étude des différents types de relation pouvant s'instaurer entre droit de la preuve et science, v. O. LECLERC, *Le juge et l'expert – Contribution à l'étude des rapports entre le droit et la science*, LGDJ, 2005 et E. TRUILHÉ-MARENGO (dir.), *Preuve scientifique, preuve juridique*, Larcier, 2011 ; J. MOURY, « Les limites de la quête en matière de preuve : expertise et *jurisdictio* », *RTD civ.* 2009. 665 ; pour l'expertise et les prises de décision plus généralement, R. ENCINAS DE MUNAGORRI, « Expert et expertise », *in Dictionnaire de la culture juridique.* Ces relations ne sont que l'une des facettes des rapports de coproduction du droit et de la science, v. S. JASANOFF (trad. O. LECLERC), *Le droit et la science en action*, Dalloz, 2013.

89. Cass. civ. 1re, 5 avr. 2012, *D.* 2012. 1596, note G. LARDEUX, pour une mise en balance avec le respect de la vie privée et le secret des correspondances. Pour une étude plus générale du droit à la preuve conçu comme un pouvoir d'exiger du juge qu'il accepte une offre de preuve, A. BERGEAUD, *Le droit à la preuve*, LGDJ, 2010.

90. V. A. LEBORGNE, « L'impact de la loyauté sur la manifestation de la vérité ou le double visage d'un grand principe », *RTD civ.* 1996, p. 535.

91. La solution n'est pas partagée par la jurisprudence pénale, lorsque la preuve est produite par une partie. Pour le caractère plus éthique que technique de ce principe, B. DE LAMY, « De la loyauté en procédure pénale. Brèves remarques sur l'application des règles de chevalerie à la procédure pénale », *in Mélanges J. Pradel,* Cujas, 2006, p. 97. Pour un ex. de preuve déloyale, en matière pénale, v. la sanction disciplinaire du juge d'instruction ayant piégé un complice par téléphone dans l'affaire des décorations, A. BATAILLE, *Causes criminelles et mondaines 1887-1888*, éd. Dentu, 1888. Plus souvent (heureusement), le principe de loyauté vient s'opposer à la recevabilité de preuves obtenues par provocation.

92. M.-A. FRISON-ROCHE, *Généralités sur le principe du contradictoire (Droit processuel)*, thèse, Paris 2, 1988 ; sur le caractère fondamental du principe, L. MINIATO, *Le principe du contradictoire en droit processuel*, LGDJ, 2008 ; sur ce principe en droit administratif, O. GOHIN, *La contradiction dans la procédure administrative contentieuse*, LGDJ, 1988 ; en international, H. RUIZ-FABRI et J.-M. SOREL (dir.), *Le principe du contradictoire devant les juridictions internationales*, Pedone, 2004.

93. V. *infra*, n° 98.

loi exige un écrit préconstitué[94], considéré dans la tradition française comme la reine des preuves. Cette prédilection pour l'écrit en la matière peut s'expliquer par différentes raisons : difficultés révélées par le recours aux témoignages sous l'Ancien droit ; moyen de prévenir de futurs contentieux ; capacité à être constaté ; responsabilisation des justiciables[95]. L'exigence d'un écrit vaut pour les parties, qui ne peuvent tenter d'apporter d'autres éléments de preuve, par exemple des témoignages. Elle vaut également pour le juge, qui aura l'obligation de considérer l'acte établi si une partie produit un écrit préconstitué.

91. La charge de la preuve. – À qui appartient-il d'apporter la preuve de ses prétentions ? Dans les procédures *inquisitoires*, c'est le juge qui doit rechercher la vérité : en droit pénal, le juge d'instruction recherche les preuves à charge et à décharge ; en droit administratif, la recherche de la preuve repose également sur le juge, qui peut demander la collaboration des parties[96]. Dans les procédures *accusatoires*, en revanche, comme la procédure civile, il appartient aux parties de prouver leurs allégations. Mais sur quelle partie, du demandeur ou du défendeur, pèse la charge de la preuve ? L'enjeu est important : si la partie sur laquelle pèse cette charge ne parvient pas à prouver les faits allégués, elle succombera – peu importe que la partie adverse n'ait pas de meilleure preuve. Le principe est que la charge de la preuve pèse sur le *demandeur*[97]. S'il parvient à apporter la preuve des faits qu'il allègue, il sera libéré de la charge de la preuve, qui passera à la partie adverse, si celle-ci conteste les faits. Sinon, il perdra (c'est le « risque de la preuve »[98]).

La répartition de la charge de la preuve va parfois être modifiée par le législateur pour mettre en œuvre une politique juridique en favorisant une partie. Reprenons l'exemple de la discrimination en droit du travail. Toute discrimination (en raison, notamment, de l'origine, du sexe, de l'âge ou de l'orientation sexuelle[99]), à l'embauche ou pour fonder un licenciement, est strictement prohibée. Cependant, il sera très difficile au salarié s'estimant victime d'une telle discrimination d'en rapporter la preuve. Le principe de la charge de la preuve pesant sur le demandeur oriente donc clairement l'issue du procès vers le rejet de sa demande. Il serait alors envisageable de renverser totalement la charge de la preuve et d'estimer que, si un salarié agit sur ce fondement, c'est à l'employeur de prouver la non-discrimination. Or, cette preuve sera tout aussi difficile à apporter que celle d'une discrimination. La loi a donc retenu un système cherchant l'équilibre : le salarié devra présenter des éléments de fait laissant supposer une discrimination ; en réponse à ces éléments, l'employeur devra

94. Qui pourra être un acte sous seing privé ou un acte authentique. V. art. 1341 et s., C. civ., pour l'exigence d'un tel écrit, les conditions qu'il doit remplir et les exceptions permettant de recourir à la preuve libre en cas d'absence d'écrit préconstitué.

95. J.-F. CÉSARO, « Avant-propos », *Rapport annuel de la Cour de cassation,* Étude, 2012.

96. H. DE GAUDEMAR, « La preuve devant le juge administratif », *Dr. Adm.* 2009, étude, 12. Pour une formulation des principes en la matière, CE, 26 nov. 2012, *Mme Cordière*, *AJDA* 2012. 2373, chron. X. DOMINO et A. BRETONNEAU.

97. La détermination est en réalité beaucoup plus complexe, v. *Rapport annuel de la Cour de cassation,* Étude, 2012. Également précisant que la charge de la preuve dépend des situations, CEDH, Grande Ch., 6 juill. 2005, *Natchova c. Bulgarie,* § 147.

98. V., en droit des contrats, M. MEKKI, préc.

99. Entre autres : pour l'étendue de la discrimination, v. art. L. 1132-1 du Code du travail.

alors prouver que sa décision était fondée sur des éléments objectifs étrangers à toute discrimination[100].

Il existe également certaines techniques qui libèrent une partie de la charge de la preuve, comme les *présomptions*[101]. Elles permettent de déduire d'un fait connu un fait inconnu, en s'appuyant sur une logique de probabilité. Certaines présomptions sont *de fait* ou « de l'homme » : il s'agit des déductions que va faire le juge[102]. Par exemple, des traces de freinage (fait connu) permettront de connaître la vitesse et la trajectoire du véhicule (faits inconnus). D'autres présomptions sont établies *par la loi* (ou par le juge) : ainsi, le mari de la mère d'un enfant est présumé par la loi être le père de cet enfant, sans qu'il ait à le prouver. C'est tout à l'inverse à celui qui contestera cette filiation de prouver la non-paternité. Parmi les présomptions fondatrices du système juridique, en droit pénal, la présomption d'innocence protège contre toute accusation qui ne serait pas prouvée : en cas de doute, l'innocence prévaut. On le voit avec ces deux exemples : les présomptions ne sont pas que des outils techniques de preuve : elles fondent également une politique juridique en privilégiant une situation[103]. Cette politique juridique va parfois, mais très rarement, aller jusqu'à interdire de tenter de contester une situation : dans ce cas, la présomption est dite *irréfragable*. Le meilleur exemple (et peut-être l'un des seuls restants aujourd'hui) est la présomption d'autorité de chose jugée attachée au jugement : elle interdit de tenter de contester ce qui devra désormais être considéré comme la vérité judiciaire. Les autres présomptions, comme dans nos deux exemples (paternité du mari, innocence) peuvent être renversées : on parle alors de présomption *simple*.

Les règles qui viennent d'être rapidement dessinées ne sont pas le signe du caractère tatillon du droit : la preuve, comme les autres règles du procès, remplissent un rôle fondamental pour le droit : elles garantissent que sera prise une décision non seulement régulière mais aussi légitime, signe d'une bonne justice.

§ 2. Le procès, fondement de la décision juste

92. Le droit à un procès équitable. – La comparaison des grands modèles de procédure, entamée dans les années 1960[104], a abouti au constat qu'ils se rejoignent en « un droit commun du procès », que partagent les procédures nationales, les systèmes étrangers et les exigences internationales : on désigne ces droits fondamentaux communs comme le « *droit processuel* »[105], par

100. V. art. L. 1134-1 du Code du travail.

101. Sur les différents types de présomption, mais qui se rejoignent dans un même mode de connaissance, A.-B. CAIRE, *Relecture du droit des présomptions à la lumière du droit européen des droits de l'homme*, éd. Pedone, 2012.

102. Pour les présomptions de fait comme moyens d'interprétation du fait par le juge à l'appui de règles d'expérience, S. EL BOUDOUHI, *L'élément factuel dans le contentieux international*, Bruylant, 2011, n° 397 et s.

103. F. GÉNY, *Science et technique en droit privé positif*, tome III, Sirey, 1921, n° 233.

104. H. MOLTUSKY, *Droit processuel*, tome 1, éd. Montchrestien, 1973.

105. Sur lequel v. le Précis Dalloz du même nom, S. GUINCHARD et *alii*, 7e éd., 2013. L'évolution de l'ouvrage est révélatrice de l'évolution de la matière : le droit processuel fut dans un premier temps

opposition à la « procédure ». Au cœur de ce socle commun, le droit à un procès équitable impose partout le souci d'un procès réalisant une œuvre de justice. Le *due process of law* est protégé par la Constitution américaine, aux Ve et XIVe amendements. Le droit anglais garantit le droit à un *fair trial.* Mais le modèle qui domine le droit français est celui de l'article 6 § 1 de la Convention européenne des droits de l'homme, qui garantit le droit à un procès équitable[106]. Le procès équitable est riche en ramifications, de l'impartialité du juge à la contradiction, en passant par le délai raisonnable d'un procès. Parmi toutes ces exigences, deux garanties sont l'essence du procès équitable : le droit d'accéder à un juge[107] et l'égalité des armes devant ce juge. Cette justice de la procédure est au cœur de la protection des droits fondamentaux[108] et la Cour européenne est saisie bien plus souvent par des requérants se plaignant d'une violation du droit au procès équitable que d'une violation du droit à la vie privée ou de la liberté d'expression[109]. Par ailleurs, la Cour européenne se montre très vigilante et a obligé la justice française à de nombreux aménagements à ce titre[110].

93. Le contradictoire et l'émergence du juste. – Plus encore qu'au niveau de la règle[111], la conscience que le juste échappe à la décision du juge est criante : le jugement sera invariablement perçu comme juste par la partie gagnante et injuste par son adversaire malheureux. Le droit du procès ne peut donc pas promettre une décision qui serait juste dans sa substance, qui assurerait la paix ou qui donnerait la vérité. En revanche, il garantit une décision juste formellement, par les conditions dans lesquelles elle a été rendue. C'est peut-être peu mais c'est probablement tout ce que le droit peut promettre sans se trahir. Contrairement au juste substantiel, ce juste formel n'est pas qu'un vœu pieux ou un idéal plus ou moins réalisable : il est une exigence car « si une procédure juste ne prémunit pas des sentences injustes, il y a peu de chances, en revanche, qu'une procédure injuste conduise à de justes sentences »[112]. Cette justice du procès s'appuie largement sur le respect du contradictoire, c'est-à-dire

---

présenté sous l'angle de la méthode, celle de la découverte d'un « droit commun et comparé du procès », avant de s'ancrer définitivement dans les règles communes dégagées par cette comparaison, « les droits fondamentaux du procès ».

106. Sur lequel, v. F. FERRAND, v. « Procès équitable », *in Dictionnaire de la Justice* ; H. RUIZ-FABRI (dir.), *Procès équitable et enchevêtrement des espaces normatifs*, SLC, 2003 ; *Les nouveaux développements du procès équitable*, Bruylant, 1996 ; Pour la comparaison, v. E. ZOLLER, « Procès équitable et *due process of law* », *D.* 2007. 517.

107. V. L. MILANO, *Le droit à un tribunal au sens de la Convention européenne des droits de l'homme*, Dalloz, 2006 ; sur sa protection au rang constitutionnel, v. N. MOLFESSIS, « La procédure civile et le droit constitutionnel », *in Le nouveau Code de procédure civile – Vingt ans après*, La documentation française, 1998, p. 245.

108. S. GUINCHARD, « Le procès équitable : droit fondamental ? », *AJDA*, n°spécial, 1998, p. 191 ; M. BANDRAC, « L'action en justice, droit fondamental », *in Mélanges R. Perrot,* Dalloz, 1996, p. 1.

109. Sur les 1 093 arrêts rendus en 2012, 211 portaient sur le procès équitable, auquel il faut ajouter les 227 arrêts mettant en question la durée de la procédure ou les 127 relatifs au droit à un recours effectif. Le droit à la liberté et la sûreté est également fréquemment invoqué (235 arrêts). En revanche, 87 arrêts portaient sur le droit à la vie privée et 33 sur la liberté d'expression.

110. Dont la transformation du commissaire du gouvernement, membre de la juridiction administrative qui donne, en toute indépendance, son opinion sur les requêtes, en « rapporteur public », v. B. PACTEAU, « Du commissaire au rapporteur, suite... et à suivre ! », *RFDA* 2009. 67.

111. V. *supra,* n° 34 et s.

112. *Théorie générale du procès*, n° 23.

sur la possibilité pour chaque partie de présenter ses arguments devant le juge et de débattre de tous les éléments du procès. Le principe garantit un véritable « droit de savoir et de discuter »[113]. Il organise l'échange loyal et contradictoire d'argumentations et c'est de cette confrontation qu'émergera la décision. Parce que le procès est débat de paroles, finalement tranché par une autre parole, celle du juge, il est ce « *lieu* de la société (...) où la parole l'emporte sur la violence »[114]. L'argumentation raisonnable devient ainsi le seul moyen de prétendre porter un jugement juste. La procédure doit mettre en place le cadre d'une communication éthique et transparente, seule à même de faire accepter la décision rendue comme une décision légitime[115]. La détermination du juste n'est plus dès lors une question de volonté compétente pour le dire ou une recherche de contenu idéal mais une question de processus[116].

Cette éthique de la discussion est commune à toutes les formes délibération. Celle du procès présente une spécificité : pour trancher entre les arguments ainsi débattus, le juge dira le droit.

113. *Théorie générale du procès*, n° 181.
114. P. RICOEUR, *Le Juste*, Esprits, 1995, p. 10.
115. V. Ch. PERELMAN, *Logique juridique – Nouvelle rhétorique*, Dalloz, 1999 (l'ouvrage original date de 1977).
116. Sur ces théories, pour une synthèse, v. B. FRYDMAN et G. HAARSHER, *Philosophie du droit*, Dalloz, 3e éd., 2010, sp. Chapitre 1.

Chapitre 2
Dire le droit

94. Nous avons donc un juge, et un procès organisé pour permettre un accès loyal et égal à ce juge. Une fois le litige porté devant lui, son issue semble simple : le juge dira le droit et, pour cela, il appliquera la règle de droit. Si ce n'est que rien n'est moins simple que d'appliquer la règle de droit, générale, abstraite, figée, formulée pour des situations types, à une situation de fait, particulière, nouvelle et qui ne correspond que plus ou moins bien à la situation type. La mission de dire le droit est délicate : est-elle une simple application mécanique de la loi, le juge assurant le passage du droit au fait avec une marge d'appréciation réduite au minimum ? Au contraire, est-elle une véritable adaptation, si ce n'est création, du droit pour réussir à le raccorder à la complexité des situations concrètes ? En définitive : en disant le droit, le juge dit-il seulement la loi ou dit-il autre chose que la loi ? Il est facile de comprendre en quoi la réponse à cette question n'est pas une simple affaire de technique juridique : c'est le pouvoir du juge qui est en jeu dans la marge qui lui sera reconnue au moment de dire le droit. On ne s'étonnera donc guère de retrouver face à ces interrogations l'opposition entre les tenants de la conception traditionnelle et ceux de la conception réaliste. Pour les premiers, la place première et fondamentale de la loi implique de réduire celle du juge à une puissance nulle, se contentant, en toute opération, d'appliquer strictement la loi, sans lui ajouter quoi que ce soit. La conception est illustrée par la formule de Montesquieu, selon laquelle les juges de la nation ne sont que « la bouche qui prononce les paroles de la loi ; des êtres inanimés qui n'en peuvent modérer ni la force ni la rigueur »[1]. Pour les seconds, l'impossibilité ou l'absurdité d'appliquer mécaniquement la prescription générale à une situation concrète oblige à reconnaître la part active du juge dans le passage de l'une à l'autre. Cette tension autour du pouvoir du juge va se retrouver avec une intensité différente selon qu'il dit le droit pour le cas, dans sa décision (Section 1), ou qu'il dit le droit au-delà du cas, dans son interprétation (Section 2).

1. MONTESQUIEU, *L'Esprit des lois*, livre XI, chap. 6, p. 197. Sur l'interprétation de ce texte, F. TERRÉ, « Un juge créateur de droit ? Non merci ! », *APD*, tome 59, 2006, p. 305.

Section 1
De la règle à la décision

95. La décision, une norme individuelle. – Chaque décision de justice est une norme à l'échelle individuelle[2]. Elle met un terme à un litige en fixant définitivement les droits et obligations des parties. Cette efficacité substantielle[3] est en outre dotée, par les effets qui y sont attachés, dont l'autorité de la chose jugée et la possibilité d'en demander l'exécution forcée, d'un effet obligatoire bien plus facilement constatable que pour la règle de droit. La décision prend la forme d'un commandement, formulé en fin de décision, dans le *dispositif* : le juge ordonne le paiement d'une indemnité, l'annulation d'un acte, la destruction d'une construction illégale, l'exercice d'un droit de visite, une peine d'emprisonnement, etc. Or, cet ordre ne tombe pas aveuglément. Il découle de l'application du droit au cas : cette application est exposée dans les *motifs* de la décision, dans lesquels le juge expose le raisonnement qui va l'amener à prendre sa décision. Le propre du droit serait-il alors ici, dans cette façon spécifique de raisonner pour mener la règle jusqu'à la décision ? Peut-être. Mais à la condition de ne pas voir dans ce raisonnement une opération mécanique et infaillible. Bien au contraire, « le droit est « l'art de la décision dans l'incertain » »[4]. Et c'est au juge d'exercer cet art, en usant de son pouvoir d'application de la règle (§ 1.), creuset des rapports entre le juge et la loi (§ 2.).

§ 1. Le pouvoir d'application de la règle

96. Le syllogisme. – Le raisonnement permettant de dire le droit pour le cas est généralement présenté sous la forme d'un « syllogisme »[5] : la majeure est la traditionnelle règle de droit (le vol sera puni de), la mineure les faits établis et qualifiés (Untel a volé), la conclusion est la décision (Untel sera puni de). Une telle présentation se vérifie dans la formulation des décisions de justice, qui reprennent, chacune dans leur tradition de rédaction, ces différentes étapes. Elle est par ailleurs rassurante et tend à prémunir d'un arbitraire du juge, qui serait contraint par ces étapes logiques : la doctrine a longtemps vu dans cette stricte déduction à partir de la loi le seul raisonnement compatible avec l'absence de tout pouvoir du juge[6]. Y a-t-il donc là le raisonnement caractéristique du droit ? La prétention est d'emblée heurtée par le raisonnement des juges de

2. V. les développements *supra*, n° 17 et 18.
3. C. BLÉRY, *L'efficacité substantielle des jugements civils*, LGDJ, 2000.
4. C. ATIAS, « Quelle positivité ? Quelle notion de droit ? », *APD*, tome XXVII, 1982, p. 209, sp. 226.
5. Pour la défense du syllogisme juridique, v. H. MOTULSKY, *Principes d'une réalisation méthodique du droit privé*, Sirey, 1948, n° 48 et s.
6. V., pour la présentation de cette thèse, qu'il conteste, G. TIMSIT, *Les figures du jugement*, PUF, 1993, sp. p. 21 et s. Dès le XVIIe siècle, la conception est défendue par Beccaria, il est vrai pour la loi pénale, qui est d'interprétation stricte. Elle sera ensuite reprise par Duguit, Laband, Barthélémy ou Michoud.

Common law, qui procèdent par comparaison de cas plus que par déduction de règles. Surtout, ce raisonnement sous forme de logique mécanique, s'il décrit le schéma de base du raisonnement dans notre tradition juridique, cache la complexité de l'opération intellectuelle d'application de la loi qui aura abouti à la décision. Loin d'une simple mécanique, l'appréhension des faits par le juge fera appel à son pouvoir d'appréciation (A.), l'application de la règle à ces faits révélera son pouvoir d'adaptation (B.).

A Le pouvoir d'appréciation des faits

97. La règle de droit fait produire certains effets juridiques (par exemple, la réparation du dommage) aux situations qu'elle vise (le dommage a été causé par une faute). Pour l'appliquer à un cas concret, il faut donc d'assurer que les faits présentés au juge correspondent bien à la situation visée par la règle. Le juge devra d'abord apprécier les éléments de preuve apportés dans le litige : parviennent-ils à le convaincre que les faits allégués sont établis (un client entre dans un bar, pousse une chaise pour pouvoir s'asseoir à une table ; or, cette chaise masquait une trappe ouverte, dans laquelle le client fait une chute de sept mètres) ? Le cas échéant, le juge devra se prononcer sur une autre question : ces faits peuvent-ils être qualifiés de « faute » au sens de la règle de droit (ici, l'article 1382 du Code civil) ? L'exemple pris ici, et tiré de la jurisprudence, a donné l'occasion à la Cour de cassation d'apporter une précision importante : si les juges du fond[7] sont souverains pour apprécier la preuve (la Cour de cassation ne reviendra pas sur les faits, chaise poussée et autres trappes ouvertes mais s'en tiendra aux faits établis par les juges du fond), elle contrôlera, en tant que juge du droit[8], la qualification retenue (le comportement du client, qualifié de « fautif » par la cour d'appel, du fait de son manque d'attention suffisante, ne peut être considéré comme « fautif » selon la Cour de cassation)[9]. La liberté des juges du fond trouvera toutefois sa limite dans l'hypothèse d'une *dénaturation*, c'est-à-dire d'une déformation du sens clair et précis d'un acte, qui pourra être contrôlé par le juge du droit.

98. Appréciation de la valeur probante. – Nous avons vu que les parties ou le juge, selon le contentieux, allaient apporter des éléments de preuve pour tenter d'établir les faits allégués. Dans le système de *preuve légale*, les choses sont simples : si vous produisez les preuves requises par la loi, le juge est tenu de considérer les faits comme prouvés. Cependant, le plus souvent, la preuve est

7. Les juges du fond vont se prononcer à la fois sur le droit et sur les faits : le litige en son entier est appelé le « fond » : il s'agit des tribunaux, au premier degré, et des cours d'appel, si l'affaire est jugée une seconde fois.

8. L'expression désigne les juges dont la mission est de vérifier la correcte application de la loi par les autres juges. Par opposition aux juges du fond, ils ne connaissent que du droit ; ils ne peuvent en revanche (en principe) connaître des faits. Les juges du droit français sont la Cour de cassation pour l'ordre judiciaire et le Conseil d'État pour l'ordre administratif.

9. Cass. civ. 2e, 16 juill. 1953, *JCP* 1953. II. 7792, note R. RODIÈRE. La solution (appréciation souveraine des faits, contrôle de la qualification) est partagée par le Conseil d'État : pour la qualification du caractère fautif, CE, 28 juill. 1993, *Consorts Dubouloz*, *RFDA* 1994. 35, concl. J.-Cl. BONICHOT ; dans le recours pour excès de pouvoir, CE, 14 janv. 1914, *Gomel*, *GAJA*, n° 28.

libre. Le juge devra alors apprécier les différents éléments de preuve produits par les parties, qui se contredisent plus ou moins. Loin de pouvoir être certain d'avoir trouvé la vérité entre ces versions divergentes, il retiendra la thèse la plus probable, « la plus solide ou moins vulnérable »[10]. Pour cela, il essaiera d'évaluer la valeur probante[11] de ces éléments. Elle dépendra du sérieux, de la crédibilité et du degré de vraisemblance de chaque preuve produite mais aussi de leur regroupement et recoupement en un *faisceau d'indices*.

L'appréciation de la preuve laisse donc une part importante au pouvoir du juge, puisqu'il s'agit essentiellement de forger sa conviction[12]. Selon Domat, « on appelle preuve ce qui persuade l'esprit d'une vérité » ; selon H. Levy-Bruhl, « prouver, c'est faire approuver »[13]. Ces définitions soulignent la part de persuasion et donc de jugement personnel inhérent à la preuve. Ce pouvoir d'appréciation est par ailleurs un pouvoir souverain, qu'il ne sera en principe pas possible de contester devant les juges du droit. Le large pouvoir d'appréciation de la valeur probatoire laissé au juge a suscité des craintes, au temps le plus fort de la défiance envers les juges[14]. Cependant, l'expérience historique s'est chargée de démontrer que le système voulant protéger de la conviction du juge en lui imposant des preuves légales conduisait à des travers bien pires encore, dont l'institution de la torture judiciaire est l'exemple le plus emblématique[15].

99. Contrôle de la qualification. – Mais il ne suffit pas d'établir les faits : encore faut-il qu'ils correspondent aux catégories du droit. Pour cela, ils devront être qualifiés, autre opération déterminante[16]. Les faits vont alors faire l'objet

10. H. BATIFFOL, « Observations sur la preuve des faits », *in La preuve en droit*, Ch. Perelman et P. Foriers (dir.), Bruylant, 1981, p. 305

11. Il est parfois aussi évoqué leur « force probante » mais l'expression désigne également les valeurs respectives des preuves libres et des preuves légales.

12. Parfois clairement affirmée par la loi : « hors les cas où la loi en dispose autrement, les infractions peuvent être établies par tout mode de preuve et le juge décide d'après son intime conviction », art. 427, C. pr. pén. ; ou par le juge : « Pour forger sa conviction, il lui est loisible de se fonder sur des données de toute sorte, (...) pour autant qu'elle les juge pertinentes », CEDH, 18 janv. 1978, *Irlande c. Royaume-Uni,* § 209 ; en plus précis, CEDH, Grande Ch., 6 juill. 2005, *Natchova c. Bulgarie,* § 147. également, devant le juge administratif, v. G. DARCY, « La preuve et le juge administratif », *in La preuve*, C. Puigelier (dir.), Economica, 2004, p. 99 ; P. PACTET, *Essai d'une théorie de la preuve devant la juridiction administrative*, Pédone, 1952.

13. *La preuve judiciaire*, éd. M. Rivière, 1964, p. 22.

14. Ainsi, selon Robespierre, « La procédure est une précaution ordonnée par la loi contre l'ignorance, la faiblesse ou la prévention du juge. Si les juges ne sont pas infaillibles, la loi ne doit pas leur dire : choisissez les moyens que vous voudrez ; ou alors la conviction des juges ignorants serait substituée aux preuves », cité par H. LECLERC, « L'intime conviction du juge : norme démocratique de la preuve », CURAPP, *Le for intérieur*, 1995, p. 206, sp. 209.

15. Au Moyen Âge, l'aveu était une preuve parfaite pour établir la culpabilité, ce qui entraîna l'institutionnalisation de la torture judiciaire. Pour une perspective historique sur la preuve (bien au-delà du seul exemple de l'aveu), v. *Recueil de la Société Jean Bodin, La preuve – 2, Moyen Âge et Temps modernes*, 1965.

16. Sur le thème, *Droits, La qualification,* n° 18, 1994 ; pour son statut dans le procès, H. CROZE, *Recherches sur la qualification en droit processuel*, thèse, Lyon 3, 1981 ; pour les méthodes de qualification utilisées par tous les juristes dans le raisonnement juridique, CH. VAUTROT-SCHWARZ, *La qualification juridique en droit administratif*, LGDJ, 2010.

d'une traduction dans le langage du droit[17] devant le juge et par le juge. Ce langage du droit procède par catégories, précisément nommées (d'où l'attachement rigide des juristes à un emploi très exact du vocabulaire juridique) mais pas toujours aussi précisément définies. À chaque catégorie, le droit attache un régime juridique, c'est-à-dire un ensemble de règles déterminant les effets juridiques[18]. Avec la qualification, une situation de fait (un bien a changé de mains) sera raccrochée à une notion juridique (échange, vente, prêt, donation, vol ?), dont on appliquera le régime. Parce qu'elle oriente largement la solution du litige, les parties essaieront chacune d'avancer la qualification qui leur est la plus avantageuse[19]. Parce qu'elle oriente largement la solution du litige, c'est au juge qu'il appartiendra de restituer leur exacte qualification aux faits. Dire le droit, c'est donc aussi dire la qualification des faits.

L'opération sera parfois difficile, quand la situation oscillera entre plusieurs qualifications : entre la faute et la négligence, la fourniture de services et celle de marchandises, le contrat administratif et celui de droit privé, la frontière n'est pas toujours franche. Il faudra alors interpréter la règle pour savoir si elle inclut le cas[20]. La nature de l'opération de qualification est donc ambiguë, puisqu'elle s'applique aux faits mais met essentiellement en jeu la règle de droit[21]. Cette ambiguïté va aboutir à un contrôle variable du juge du droit sur la qualification retenue par les juges du fond[22]. Cette ambiguïté va également parfois être la seule marge de manœuvre du juge, dont il use à l'évidence. Ainsi de cette forme de résistance de certains juges français sous Vichy, accueillant, avec la connivence des avocats, des qualifications bien éloignées des situations pour les faire échapper à la compétence des juridictions d'exception[23] ; ainsi encore des juges anglais, qui qualifiaient les vols de « moins de 39 shillings », quel que soit le montant réel, uniquement pour éviter la peine de mort alors prévue au-delà de cette somme[24] ; ainsi toujours, et de façon cette fois habituelle, du jeu sur la qualification des infractions pour « correctionnaliser » une affaire autrement passible de la cour d'assises. Mais la qualification est loin d'être le seul endroit permettant au juge d'adapter l'application de la règle au cas.

---

17. F. OST, *Le droit comme traduction*, PUL, 2010 ; Ph. JESTAZ, « La qualification en droit civil », *Droits*, n° 18, 1994, p. 45 ; M. CORNU et M. MOREAU, *Traduction du droit et droit de la traduction*, Dalloz, 2011.

18. J.-L. BERGEL, « Différence de nature (égale) différence de régime », *RTD civ.* 1984. 256.

19. v. F. TERRÉ, *L'influence de la volonté individuelle sur les qualifications*, LGDJ, 1956 ; « Retour sur la qualification », *in Mélanges J. Buffet*, Montchrestien, 2004, p. 419.

20. Sur l'interprétation des définitions impliquées par la qualification, v. G. MARTY, *La distinction du fait et du droit – Essai sur le pouvoir de contrôle de la Cour de cassation sur les juges du fait*, Sirey, 1982.

21. Sur ce thème, v. C. PERELMAN (dir.), *Le fait et le droit*, Bruylant, 1961.

22. Par exemple, il a été vu au n° 97 que la Cour de cassation contrôlait la qualification de « faute » en matière de responsabilité civile. En revanche, la qualification de « faute » est laissée au pouvoir souverain des juges du fond, et donc non contrôlée par le juge du droit, lorsqu'elle est cause de divorce ou de licenciement.

23. C. FILLON, *Le Barreau de Lyon dans la Tourmente (de l'Occupation à la Libération)*, Lyon, Aléas, 2003

24. V. Ch. PERELMAN, « Essai de synthèse », *in Les notions à contenu variable*, Bruylant, 1984, p. 463.

B Le pouvoir d'adaptation au cas

100. Le syllogisme régressif. – La conception traditionnelle a voulu présenter le syllogisme comme une application mécanique de la loi, et ce quand bien même celle-ci « conduit à des conséquences absurdes »[25]. *Dura lex, sed lex*[26]. Certes. Mais *summum jus summa injuria*[27]. Or, le juge ne vit pas dans un monde de formalisme et de règles abstraites : il est confronté à la réalité et à l'évidence que « le juge est un homme, non pas une machine à syllogisme »[28]. Contrairement à la logique du syllogisme officiel, qui va de l'abstrait au concret sur un mode logique et déductif, le penchant naturel du juge est « inductif et pragmatique »[29]. Le juge pratique alors souvent dans les faits un « syllogisme régressif »[30] ou « inversé », qui consiste à commencer par choisir la décision à laquelle il souhaite aboutir pour ensuite lui trouver l'habillage juridique correspondant. Il sera souvent facile de trouver cet habillage : contrairement à l'image traditionnelle d'un droit posant de façon rigide une frontière entre le légal et l'illégal, l'application d'une règle de droit à une situation est souvent susceptible de plusieurs appréhensions et argumentations, toutes également valables. Le juge (et avant lui les avocats des parties) utilisera donc sa maîtrise de l'art du droit pour exploiter la souplesse laissée tant par la qualification des faits[31] que par la détermination du sens de la règle[32] ou l'appel à un principe[33]. Les vertus de l'argumentation juridique permettront généralement de trouver le raisonnement approprié, sans faire de violence au droit mais, au contraire, en exploitant les nombreuses marges d'appréciation que lui laisse la règle, notamment en utilisant des notions à contenu variable.

101. Les notions à contenu variable. – Les notions à contenu variable[34], ou « notions cadres », sont, comme leur nom l'indique, largement indéterminées. Ainsi, quand la loi recourt à la notion de faute, de bonne foi, ou, en *Common law*, de raisonnable[35], elle renvoie à une notion générale, que chacun comprend mais dont le contenu exact n'est pas déterminé. Elle permet ainsi de réintroduire une part d'appréciation du juge, qui pourra alors tenir compte, pour apprécier ce

25. F. LAURENT, *Cours élémentaire de droit civil,* tome 1, éd. Bruylant et A. Marescq, 1881, p. 18 : « La loi fût-elle mille fois absurde, encore faudrait-il s'en tenir à la lettre, parce que le texte est clair et formel »
26. La loi est dure, mais c'est la loi.
27. Droit porté à l'extrême, extrême injustice, v., sur ces deux adages, *Adages du droit français*, n° 93 et 105.
28. J. CARBONNIER, n° 9 ; également, *Sociologie juridique*, sp. p. 185 et s.
29. F. OST, *Dire le droit, faire justice*, p. 104.
30. J. CARBONNIER, n° 9
31. C'est, selon G. CORNU, « le lieu des principales déviations », n° 197.
32. En ce sens, cf. P. ROUBIER, *Théorie générale du droit*, Sirey, 1951, n° 24.
33. R. DWORKIN, préc.
34. C. PERELMAN et R. VANDER ELST, *Les notions à contenu variable,* Bruylant, 1984 ; C. CASTETS-RENARD, *Notions à contenu variable et droit d'auteur*, L'Harmattan, 2003 ; sur la souplesse générale du langage juridique, J. BECQUART, *Les mots à sens multiples en droit civil français – Contribution au perfectionnement du vocabulaire juridique*, PUF, 1928 ; G. CORNU, *L'art du droit en quête de sagesse*, PUF, 1998.
35. V. FORTIER, « Le contrat du commerce international à l'aune du raisonnable », *JDI* 1996. 315.

qui est fautif ou raisonnable, des circonstances mais aussi des évolutions sociales, économiques, politiques et techniques.

À la logique linéaire du syllogisme s'ajoute ainsi une « logique floue », laissant une certaine liberté au juge[36]. Ce pouvoir du juge est moins décrié que les autres : laissant intact le pouvoir de la loi, il vient lui donner la souplesse nécessaire à son application pour réintroduire une certaine normalité[37], voire une certaine moralité. Mais en multipliant le recours à ces notions, de plus en plus larges, de plus en plus ouvertes, le législateur a tendance à investir le juge d'une mission plus importante d'arbitrage d'intérêts généraux. Ainsi de l'« intérêt de l'enfant » : son imprécision n'a d'égale que l'importance sociale de ses effets, puisque de son appréciation dépendra notamment l'autorisation d'une adoption par un parent homosexuel[38] ou la reconnaissance pour l'enfant du droit à la connaissance de ses origines.

102. Le pouvoir modérateur et correcteur. – Pour éviter que l'application de la loi n'aboutisse à une solution injuste, le juge utilisera aussi son (très officieux) pouvoir modérateur. L'expression doctrinale[39] désigne le pouvoir d'écarter l'application normale de la règle de droit quand elle produirait, dans un cas déterminé, des conséquences absurdes ou d'une extrême rigueur. Cette capacité est souvent rapprochée de l'*équité*, parce qu'elle introduit dans l'application mécanique du droit une appréciation de la justesse et de la justice des conséquences. Déjà, Aristote enseignait que « Telle est la nature de l'équitable : c'est d'être un correctif de la loi, là où la loi a manqué de statuer à cause de sa généralité »[40]. Or, le droit français est allergique à l'équité du juge, pour des raisons historiques[41]. Le pouvoir modérateur du juge a donc connu un certain déclin au temps du légalisme, préférant la loi, égale pour tous, au sens de la justice du juge, profondément subjectif et donc potentiellement arbitraire. Si le juge peut statuer en équité lorsque la loi[42] ou les parties[43] le lui autorisent, il serait trop dangereux de lui reconnaître un pouvoir modérateur plus général.

36. M. DELMAS-MARTY, *Le flou du droit*, PUF, 1986. Cette logique se retrouve particulièrement en matière de droits de l'homme.

37. Particulièrement avec le recours aux « standards » de comportement, v. S. RIALS, *Le juge administratif français et la technique du standard (Essai sur le traitement juridictionnel de l'idée de normalité)*, LGDJ, 1980.

38. Sur la constitutionnalité des textes en matière d'adoption sous la réserve que, dans chaque cas, le respect de l'intérêt de l'enfant soit vérifié, v. décision n° 2013-669 DC du 17 mai 2013, *Loi ouvrant le mariage aux couples de personnes de même sexe*, *AJ Famille* 2013. 332, note F. CHÉNEDÉ.

39. G. CORNU, n° 179. Approfondissant cette hypothèse, J. FISCHER, *Le pouvoir modérateur du juge en droit civil français*, PUAM, 2004.

40. Aristote, *Éthique à Nicomaque*, éd. Vrin, 1990, V, 15. Sur l'équité en droit positif, v. not. C. ALBIGES, *De l'équité en droit privé*, LGDJ, 2000 ; *Justices* 1998, n° 9 (L'équité du juge) ; Ph. JESTAZ, « Équité », *in Autour du droit civil*, Dalloz, 2005, p. 3.

41. V. *infra*, n° 170.

42. Ex., le très utilisé en pratique art. 700 C. pr. civ. qui permet au juge de condamner la partie perdante à payer une somme au titre des frais irrépétibles. La même disposition se retrouve dans le Code de procédure pénale, pour les différentes juridictions, et dans le Code de justice administrative (art. L. 761-1).

43. Art. 12, al. 4 C. pr. civ. : « Le litige né, les parties peuvent aussi, dans les mêmes matières et sous la même condition, conférer au juge mission de statuer comme amiable compositeur, sous réserve d'appel si elles n'y ont pas spécialement renoncé ».

Cependant, la période contemporaine étant à la fois plus suspicieuse à l'égard des vertus de la loi et moins prompte à voir dans toute appréciation du juge un signe de son arbitraire, un tel pouvoir est de plus en plus acceptable, tant qu'il reste cantonné dans une stricte fonction correctrice des excès de l'application de la loi. En revanche, n'étant pas officiel, il ne peut être affiché dans la décision[44]. Il s'exerce donc discrètement, le plus souvent sous couvert de décisions d'espèce, c'est-à-dire d'une correction limitée à la décision individuelle mais dans laquelle il ne faut pas voir un assouplissement plus général de la règle. Cependant, parfois, la récurrence de conséquences inadaptées de l'application de la loi conduira le juge à dégager plus généralement des mécanismes correcteurs de la loi : par exemple, l'abus de droit ou l'ordre public international permettent, sous certaines conditions, d'écarter le jeu normal des règles de droit pour éviter certaines conséquences indésirables[45].

§ 2. Les rapports du juge et de la loi

103. Le juge applique la loi. – Dans la conception traditionnelle, juge et loi sont reliés par un rapport unilatéral : la loi institue le juge pour assurer mécaniquement son application. Cette conception avait été assouplie pour reconnaître, en retour, le pouvoir exercé par le juge sur la loi au moment de son application[46]. Malgré tout, si l'on reconnaît l'existence du jeu de deux pouvoirs, celui de la loi et celui du juge, la supériorité du premier demeurait incontestable : la meilleure preuve en est la possibilité d'adopter une loi venant combattre le pouvoir du juge, en réduisant les marges de manœuvres initialement laissées par le texte.

104. Le juge choisit la loi applicable. – Une même qualification peut entrer dans les prévisions de plusieurs règles de droit : le juge devra alors désigner la règle applicable. Par exemple, si un contrat de vente est passé entre un professionnel américain et un consommateur français, faut-il lui appliquer la loi sur la vente ou celle plus spécifique au consommateur, la loi américaine ou la loi française ? Depuis plusieurs décennies déjà, le constat est fait que « l'art du juridique ne consiste plus dans l'application de règles générales aux cas particuliers. Il est tout entier dans la recherche du texte applicable »[47]. Longtemps, quelques principes simples (au moins dans leur expression mais pas nécessairement dans leur application) permettaient de savoir quelle loi appliquer : la loi postérieure l'emporte sur la loi antérieure, la loi spéciale sur la loi générale, l'exception sur le principe. Cependant, avec l'augmentation du nombre de règles et de leurs sources, la question de la désignation de la loi applicable est devenue une étape courante dans le contentieux et, pour y répondre au mieux, des règles d'une très haute sophistication ont été élaborées, que nous verrons

44. Pour un exemple de cassation au motif que « l'équité n'est pas une source de droit », Cass. soc., 4 déc. 1996, *RTD civ.* 1998. 221, obs. N. MOLFESSIS.

45. C. BOUIX, *Les mécanismes correcteurs d'origine prétorienne,* thèse, Saint-Etienne, 2012.

46. R. COLSON, *La fonction de juger – Étude historique et positive*, LGDJ, 2006.

47. G. RIPERT (qui critique cette tendance), *Le déclin du droit,* p. 92.

dans la seconde partie. Relevons simplement ici que le rôle du juge, dans cet aiguillage de la loi applicable, n'est plus exactement celui du simple agent de la loi. Mais c'est avec l'apparition de règles supérieures à la loi que les rapports du juge et de la loi vont s'inverser.

105. Le juge contrôle la loi. – À compter de la seconde moitié du XXe siècle[48], le juge va se voir reconnaître une autre fonction : celle de s'assurer que l'application de la loi ne se heurte pas à celle d'une règle supérieure, d'origine constitutionnelle, européenne ou *internationale.* Ainsi, le juge pourra décider de ne pas appliquer une loi du fait de son incompatibilité, par exemple avec la Convention européenne des droits de l'homme. Ce changement de rapports emporte d'autres évolutions. La première est qu'il n'est plus question ici de raisonnement sous la seule forme d'un syllogisme mais également de mettre en balance les intérêts et les valeurs en présence en s'assurant de leur juste proportionnalité. La seconde, plus fondamentale, jette un certain trouble sur le rapport du juge à la loi : qu'en est-il de la subordination du juge à une fonction d'application de la loi lorsqu'il peut, à l'inverse, écarter cette application ? Le pouvoir de contrôle de la norme aboutit alors au renversement complet du rapport entre la loi et le juge, la première semblant sous la dépendance du second. Pire (mieux ?), expression ultime de ce renversement, le juge *constitutionnel* pourra, s'il estime la loi contraire à la Constitution, prononcer sa censure : cette fois, la loi n'est pas seulement inappliquée, elle disparaît. Dans ces cas, le législateur n'a aucun moyen de combattre le pouvoir du juge en adoptant une nouvelle loi (sauf à la mettre en conformité avec les exigences posées par le juge ou à réviser la Constitution), puisque celle-ci serait à nouveau contrôlée par le juge[49].

Il est toujours possible de se raccrocher à la loi pour fonder ces différents pouvoirs du juge : c'est la loi qui lui interdit de refuser de se prononcer, serait-ce du fait d'une trop grande confusion des règles ; c'est la loi qui se multiplie à l'envie sans souci de cohérence ; c'est la loi qui donne les clés de la reconnaissance des sources et de leurs articulations ; c'est la loi (au sens large incluant la Constitution) qui a soumis la loi à des normes supérieures. Cependant, sauf à retomber dans le mythe de la loi omnisciente, il est peu probable que, en posant la supériorité des conventions internationales, le législateur ait anticipé que la mise à l'écart d'une loi au motif de son incompatibilité avec une règle internationale deviendrait un acte courant pour le juge. Cette fonction s'est surtout imposée avec la nouvelle complexité du droit : le juge est tenu d'ordonner cette complexité ou, au moins, de permettre qu'elle n'aboutisse pas à la paralysie[50], en décidant de la coordination de ce foisonnement de règles. Ces nouveaux pouvoirs, et particulièrement le plus puissant d'entre eux, celui du juge constitutionnel, suscitent la crainte du basculement dans un *gouvernement des juges*[51], avec une régularité qui a fait de cette crainte « le plat de

48. Pour la France.

49. E. ZOLLER, *Droit constitutionnel*, PUF, 2e, éd., 1999, § 82.

50. C'est la figure du juge Hermès, le juge assurant l'interface d'un droit fonctionnant en réseau, F. OST, *Dire le droit, faire justice*, sp. p. 105 et s.

51. L'expression a été introduite dans la doctrine au début du XXe siècle par Edouard Lambert, qui l'employait pour la Cour suprême américaine (*Le gouvernement des juges et la lutte contre la législation sociale aux États-Unis*, éd. Girard, 1921). Sur le sens originel de l'expression et la

résistance ou la tarte à la crème du constitutionnalisme classique »[52]. Sans tomber dans les excès, il reste impossible de nier la montée en puissance du juge, renouvelant la question de sa légitimité[53]. Celle-ci repose notamment sur l'une des qualités du juge, celle de son indépendance. Mais cela suffit-il : l'indépendance du juge et sa compétence technique lui permettent-elles de juger l'expression de la volonté nationale ? Si le juge s'assure que le législateur n'excède pas ses pouvoirs, qui pour s'assurer que le juge ne tombe pas dans les mêmes abus ? Pour l'heure, la meilleure (puisque la seule) garantie est celle que donnent les juges eux-mêmes, en exerçant leur pouvoir avec prudence et en s'autolimitant, sur le modèle américain du *judicial self-restraint*[54].

Section 2
De l'interprétation à la règle

106. Bibliographie thématique. – *L'interprétation dans le droit*, APD, T. 17, 1972 ; pour l'exposé à la fois clair et savant des différentes conceptions de l'acte d'interprétation dans son rapport au texte, J. CHEVALLIER, « L'Interprétation des lois », *in Le Titre préliminaire du Code civil,* G. FAURÉ et G. KOUBI (dir.), Economica, 2003, p. 125 ; pour une admirable étude, complète et approfondie, de l'histoire de l'interprétation, B. FRYDMAN, *Le Sens des lois*, Bruylant LGDJ, 2005 ; pour une approche transdisciplinaire et très théorique, P. AMSELEK (dir.), *Interprétation et Droit,* Bruylant PUAM, 1995 ; pour une comparaison avec la doctrine et la jurisprudence belge, F. OST et M. VAN DE KERCHOVE, *Entre la lettre et l'esprit. Les directives d'interprétation en droit,* Bruylant, 1989 ; pour un traité de l'interprétation des lois, à partir de décisions québécoises mais dont les analyses sont transposables au droit français, P.-A. CÔTÉ, S. BEAULAC et M. DEVINAT, *Interprétation des lois*, éd. Thémis, 4e éd., 2009.

107. L'interprétation, une norme générale ? – Pour appliquer la règle, le juge va souvent devoir établir son sens et sa portée, c'est-à-dire l'interpréter. Cette interprétation porte en elle une véritable puissance de création. N'a-t-il pas été dit du droit qu'il est « la plus puissante des écoles de l'imagination. Jamais poète n'a interprété la nature aussi librement qu'un juriste la réalité »[55] ? Car si la loi parvient, par la fiction, à transformer un lapin de garennes en immeuble[56], le juge, par l'interprétation, réussit à voir dans un crucifix un

démonstration que la Cour suprême n'est plus depuis longtemps un concurrent aux pouvoirs législatif et exécutif, E. ZOLLER, « Considérations sur les causes de la puissance de la Cour suprême des États-Unis et de sa retenue », *Les Nouveaux Cahiers du Conseil constitutionnel* 2011. 231. Pour une étude approfondie de cette figure à l'aune des juges français, S. BRONDEL, N. FOULQUIER, L. HEUSCHLING (dir.), *Gouvernement des juges et démocratie*, Publications de la Sorbonne, 2001.

52. L. FAVOREU, « De la démocratie à l'État de droit », *Le Débat*, n° 64, 1991, p. 158.

53. V. J. KRYNEN et J. RAIBAUT (dir.), *La légitimité du juge*, Presses de l'Université des Sciences Sociales de Toulouse, 2004.

54. Sur lequel v. L. PECH, « Le remède au gouvernement des juges : le *judicial self restraint* », *in Gouvernement des juges et démocratie*, préc., p. 63. C. BRAMI, *Des juges qui ne gouvernent pas. Retour sur les idées constitutionnelles de Roger Pinto*, L'Harmattan, 2005.

55. J. GIRAUDOUX, *La guerre de Troie n'aura pas lieu.*

56. Art. 524, C. civ.

symbole civil de valeurs laïques[57]. Or, cette part de réinvention porte des effets importants en droit. L'interprétation de la loi donnée par le juge sera, ce qui est bien normal, appliquée dans la décision pour laquelle elle a été dégagée. Elle sera, à ce titre, l'un des éléments fondant la décision, norme individuelle. Mais l'interprétation, contrairement aux autres éléments de la décision, va prétendre à un effet plus général : en énonçant le sens devant être retenu pour un texte, elle façonne la norme portée par ce texte. Par exemple, selon le Code général des collectivités territoriales, « la police municipale a pour objet d'assurer le bon ordre, la sûreté, la sécurité et la salubrité publiques »[58]. Les juges administratifs furent saisis de la légalité de la décision d'un maire ayant interdit un spectacle de lancer de nains devant se dérouler dans une discothèque de sa commune. Pour se prononcer, il leur fallut préciser le sens du texte, l'interpréter. C'est ce que le Conseil d'État va faire en décidant que « le respect de la dignité de la personne humaine est une des composantes de l'ordre public »[59]. On voit l'écart entre l'énoncé du texte et le contenu que lui donne le juge : cet écart est la part de l'interprétation. Sa formulation porte en elle la possibilité d'une application au-delà du cas, au-delà de la décision, pour se rapprocher d'une norme générale[60]. On ne s'étonnera donc pas que le pouvoir d'interprétation soulève de nombreuses questions (§ 1.). Son exercice au quotidien est heureusement plus serein et révèle tout l'art du droit, quand il jongle avec les différentes méthodes d'interprétation (§ 2.).

§ 1. Le pouvoir d'interprétation

108. Chacun s'accorde sur l'existence de l'interprétation de la loi par le juge. Elle est, de toutes les manières, une nécessité (A.). Les désaccords, pour employer un doux euphémisme, commencent en revanche dès qu'il s'agit de préciser le statut de l'interprétation (B.)

A La nécessité de l'interprétation

109. Clarté du texte et besoin d'interprétation. – Selon la doctrine classique, l'interprétation ne saurait en principe viser les *actes clairs*, puisque, par définition, la découverte de leur sens n'implique aucun effort. Pour cela, il faut que la situation soit précisément celle visée par le texte et que les conséquences qu'il en tire soient tout aussi précises : nul besoin, alors, d'une interprétation pour en discerner le sens. La théorie de l'acte clair ainsi sommairement présentée semble évidente ; elle est parfois inscrite en toutes lettres dans la loi, comme

57. Conseil d'État italien, 13 avr. 2006, cité par CEDH, Grande Chambre, *Lautsi c. Italie*, 30814/06, 18 mars 2011, § 16. Sur cet arrêt et le spectaculaire retournement de la Grande Chambre, *RTD civ.* 2011. 303, obs. J.-P. MARGUENAUD.

58. Art. L. 2212-2 ; anciennement art. L. 131-2 du Code des communes.

59. CE, Section, 27 oct. 1995, *Commune de Morsang-sur-Orge*, *GAJA*, n° 96.

60. Sur l'étude de la jurisprudence par une dichotomie entre les normes individuelles et les normes générales, v. L. BACH, V° « Jurisprudence », *Rep. Dalloz civ.*

pour le Code civil louisianais[61]. *A contrario*, lorsque le texte manque de clarté, le juge peut l'interpréter. Plus précisément, il *doit* l'interpréter, la loi lui interdisant de prendre prétexte de la défaillance du texte pour refuser de dire le droit : il y aurait là un déni de justice universellement condamné[62].

110. Texture ouverte et besoin d'interprétation. – En résumé, il existerait une partition : d'un côté, les textes clairs, qui ne peuvent être interprétés ; de l'autre, les textes obscurs, qui doivent être interprétés. Si ce n'est que la réalité est bien moins prompte à reconnaître qu'un texte est, assurément, « clair ». En pratique, dire qu'un texte est clair revient surtout à dire qu'il n'est pas discuté ; or, les parties s'appliqueront le plus souvent à faire l'inverse, en insistant sur le sens du texte le plus favorable à leurs prétentions. En théorie, la possibilité de l'acte clair est de plus en plus contestée, au motif que la loi a un contenu indécis car elle est porteuse de plusieurs sens : en définitive, elle est à *texture ouverte*[63] et son sens ne sera connu que lorsque le juge l'aura précisé. En contentieux, même les textes les plus apparemment clairs ne le sont finalement pas suffisamment pour faire barrage à une interprétation : la clarté cède alors à d'autres besoins d'interprétation : un texte peut-être clair mais vieilli[64] ; clair mais dépassé (ainsi du Conseil d'État fixant une nouvelle quote-part pour les enfants à charge, de 0,25 au lieu des « 0, 5 » du texte, pour tenir compte de l'évolution de la loi civile sur la résidence alternée[65]) ; clair mais contradictoire avec d'autres textes ; clair mais inadapté ; clair mais contraire à des motifs plus impérieux (ainsi de la Cour de cassation ouvrant une voie de recours *contra legem* pour éradiquer le vice d'excès de pouvoir ou garantir les droits de la défense[66]). En définitive, si l'application de la loi est essentiellement respect de la loi, son interprétation flirte avec « la forme intellectuelle de la désobéissance »[67].

111. Les effets de l'interprétation. – Si la décision n'est destinée qu'au litige particulier, l'interprétation prétend à un effet plus large car la cohérence de l'ordre juridique implique qu'elle soit suivie le plus uniformément possible par tous les juges. Pour garantir cette égalité de tous devant l'interprétation, certaines juridictions ont plus particulièrement la mission d'assurer une compréhension uniforme du droit par tous les juges : la Cour de cassation, pour les juridictions judiciaires, le Conseil d'État, pour les juridictions administratives, le Conseil constitutionnel, pour l'interprétation de la Constitution, la CJUE, pour le droit de l'Union européenne, la CEDH, pour la Conv. EDH. Pour produire cet effet unificateur, l'interprétation, devant les juges français, adoptera une tournure générale, la rapprochant de la règle. Ainsi, pour reprendre l'exemple du lancer de nains, le Conseil d'État, dans son dispositif, annule le jugement

61. Art. 9, qui interdit l'interprétation lorsque la loi est claire et qu'elle ne mène pas à des conséquences absurdes.

62. Pour le droit français, art. 4 du Code civil.

63. Tout comme le langage naturel, HART, *Le concept de droit*, p. 155 et s. ; P. AMSELEK, « La teneur indécise du droit », *RDP* 1991. 1199.

64. Le texte doit donc être interprété « à la lumière des conditions actuelles », comme le précise la CEDH (25 avr. 1978, *Tyrer c. Royaume-Uni*).

65. CE, avis, 14 juin 2002, *Mme Mouthe*, *Dr. Fiscal* 2002 comm. 702, concl. G. BACHELIER.

66. V. Cass., mixte, 21 janv. 2005, rapport Ch. CHARRUAULT et avis M. DOMINGO.

67. J. CARBONNIER, n° 158.

du tribunal administratif ayant annulé la décision du maire d'interdire le lancer de nains et, entre autres, condamne la société productrice à verser 10 000 francs à la commune. Les motifs donnent l'explication de cette décision. Ils commencent par formuler l'interprétation générale : « le respect de la dignité de la personne humaine est une des composantes de l'ordre public », avant de l'appliquer à l'espèce. La généralité de la tournure va lui conférer la vertu d'être applicable dans les cas analogues. Cette interprétation par voie générale n'est cependant pas une nécessité : certains juges, comme les juges européens et, de façon plus caractéristique, les juges de *Common law*, cantonnent leur interprétation la plus près possible du cas. L'effet n'est pas modifié : l'interprétation a tout autant vocation à s'appliquer à d'autres cas à l'avenir. Il va en revanche impliquer une autre démarche intellectuelle, raisonnant par la comparaison des cas et la transposition par analogie, plus que par la déduction à partir d'une formulation générale[68].

B Le statut de l'interprétation

112. Le statut de l'interprétation est l'objet de grands débats et de nombreuses théories. C'est ici que l'opposition entre conception traditionnelle et réaliste est la plus vive. Elles s'affrontent principalement autour de deux points : le rapport entre le texte et son sens ; le pouvoir du juge dans ce rapport. Toutes les combinaisons sont possibles entre ces deux axes. Selon certains, le juge fait en permanence montre d'un pouvoir discrétionnaire, même lorsque la règle est claire ; selon d'autres, il ne peut user de son pouvoir discrétionnaire qu'en l'absence de texte clair ; selon d'autres enfin, même en l'absence de texte clair, il n'existe pas de pouvoir discrétionnaire du juge, puisque celui-ci doit s'en remettre aux principes[69]. Au-delà de cette diversité, quelques grands courants doivent être connus.

113. Un acte de connaissance. – Sous l'influence de la philosophie canonique, les théories de l'interprétation vont longtemps sacraliser le texte. À son apogée, la doctrine légaliste de la seconde moitié du XIXe siècle, dite de l'*Exégèse*[70], va considérer que chaque texte n'a qu'un sens, que le juge n'a finalement qu'à discerner. L'interprétation est alors la découverte du sens que le législateur a entendu donner à son texte : elle n'est que déclarative, sans être constitutive ; le juge la révèle, il ne la crée pas[71]. S'il ne la trouve pas dans l'interprétation littérale du texte, il lui suffira de la découvrir dans l'intention du législateur. La démarche repose sur le double postulat qu'il est possible d'accéder à cette intention et qu'elle avait tout prévu à l'avance. Cette conception de l'interprétation est la plus compatible avec la vision traditionnelle du droit : il

68. Pour la tension entre sécurité juridique et particularités du cas dans le raisonnement de la CEDH, S. VAN DROOGHENBROECK, *La proportionnalité dans le droit de la Convention européenne de droits de l'homme, Prendre l'idée simple au sérieux*, PUFSL, 2001.

69. R. DWORKIN, « Le positivisme », *Droit et société* 1985/1, p. 35, sp. p. 51 et s.

70. v. *supra*, n° 62.

71. DEMOLOMBE, *Cours de Code Napoléon*, t. 1, 4e éd., 1869, n° 115 : « interpréter, c'est découvrir, c'est élucider le sens exact et véritable de la loi. Ce n'est pas changer, modifier, innover ; c'est déclarer, c'est reconnaître ».

appartient au seul législateur de faire la norme et donc de choisir son sens. Le juge, qui ne s'est pas vu confier le pouvoir de légiférer, ne saurait partager cette fonction. La conception d'un juge qui ne crée pas le droit est également partagée par la *Common law* anglaise mais dans des termes différents. La doctrine traditionnelle veut que la *Common law* préexiste à la décision du juge, qui ne fait que la révéler, comme un « oracle de la loi »[72].

La conception va pourtant se heurter à un décalage de plus en plus criant avec la réalité, exigeant des interprétations de plus en plus constructives des textes pour leur adaptation. Les auteurs parvinrent encore et toujours à presser la loi mais « un moment arrive, tôt ou tard, où ce procédé est impuissant parce que le texte résiste, qu'il est impossible de le plier, même de le tourner, et qu'il faut l'appliquer ou le briser »[73]. Quelle qu'importante ait été l'Exégèse en France, elle fut naturellement victime de ses excès.

114. Une libre interprétation. – Au début du XXe siècle, la possibilité pour le juge de rechercher l'interprétation de la loi autrement que par une divination de l'intention du législateur est défendue par une partie importante de la doctrine, en réaction à la période exégétique. Passé un certain seuil, il est fictif de prétendre trouver la réponse dans un texte ou dans la volonté d'un législateur qui n'avait probablement jamais envisagé la situation. C'est alors au juge d'élaborer une interprétation adaptée, en se détachant du texte mais en s'inspirant des besoins et des évolutions sociales. Le juge est ainsi libéré de la volonté du législateur, dans des proportions toutefois variables selon les auteurs. *Gény*[74] reste attaché au respect du texte, si celui-ci est clair, et de l'intention du législateur, si celle-ci est établie, la libre interprétation étant réservée aux hypothèses de lacunes du texte (« Par le Code civil, mais au-delà du Code civil »). Dans ce cas, le juge peut dégager l'interprétation, non pas arbitrairement mais méthodiquement, « scientifiquement » (d'où le nom de la méthode de « libre recherche scientifique »), en recourant à la logique, aux données sociales, morales, historiques et à l'examen attentif de la nature des choses. Son ami *Saleilles* admettait lui aussi une interprétation évolutive. En revanche, il faisait partir celle-ci du texte et s'appuyait fondamentalement, pour la recherche de son sens, sur son contexte historique (« Au-delà du Code civil, mais par le Code civil »)[75].

115. Un acte de volonté. – Ces premières théories sont largement nées de l'interprétation de la loi civile qui, dans notre système, se présente comme un corps assez volumineux de règles, que le juge judiciaire interprète dans l'unique but de son application. Les théories *réalistes* vont se développer sur un autre terreau, celui de l'interprétation de la Constitution : le texte condense souvent quelques grands principes et son gardien est un juge qui occupe une place un peu particulière puisque, comme nous l'avons vu, son interprétation se fera aux

72. V. M. DEVINAT, *La règle prétorienne en droit civil français et dans la* Common law *canadienne*, PUAM, 2005 ; également, pour la CIJ, avis du 8 juill. 1996, *Licéité de la menace ou de l'emploi d'armes nucléaires*, § 18, *Rec.* 1996. 237 : la Cour « dit le droit existant et ne légifère point ».

73. BATBIE, *Révision du Code Napoléon*, éd. Cotillon, Paris, 1866, sp. p. 1.

74. *Méthode d'interprétation et sources en droit privé positif*, LGDJ, 2e éd., 1919 (l'ouvrage original est de 1899). Sur son héritage, v. C. THOMASSET, J. VANDERLINDEN et Ph. JESTAZ, *François Gény, mythe et réalités*, Y. Blais, 2000.

75. Les formules sont de Saleilles, dans sa préface à *Méthode d'interprétation* de Gény.

fins de l'éventuelle annulation de la loi. Dans les théories précédentes, le postulat était que le texte ne peut avoir qu'un sens clair, qu'il s'agit de révéler, en découvrant l'intention du législateur ou en s'y substituant. Or, la thèse américaine du réalisme, déjà rencontrée au sujet plus général du juge, dénonce cette position comme fictive, voire hypocrite, et affirme tout à l'inverse que : « on ne trouve pas le droit, on le fait »[76]. Il ne peut en être autrement car un texte est en réalité porteur de plusieurs sens, tous valables. Interpréter, c'est donc essentiellement, par un acte de volonté, choisir l'une de ces interprétations et la consacrer comme le sens du texte. Pour exercer ce choix, le juge se comporte comme un ingénieur social, qui recherche en permanence la bonne décision du point de vue de ses effets sociaux. On avait jusqu'alors sous-estimé l'opération de « dire le droit » : il ne s'agit pas d'une lecture, mais d'une création.

Cette position aboutit à ne reconnaître d'autre norme que celle déterminée par le juge : avant la détermination de son sens, le texte, pour porter plusieurs normes, n'en contiendrait aucune. Du texte n'ayant qu'une seule signification, dans la théorie classique, le texte devient vide de toute signification, avant que le juge n'ait donné son interprétation discrétionnaire[77]. Or, « le postulat du « texte vide de sens » est en définitive aussi *a priori* et totalitaire que celui du texte porteur d'un seul sens, unique et vrai »[78].

116. Connaissance et volonté. – Il est possible de ne pas chercher à retenir de façon exclusive les conceptions traditionnelles, d'un juge révélant une interprétation déjà contenue dans le droit, ou les conceptions réalistes, d'un juge donnant une interprétation par sa volonté discrétionnaire[79]. De la doctrine de l'interprétation comme acte de volonté, il est possible de retenir que la véritable norme, celle qui reflète l'état du droit positif, est la règle telle qu'interprétée par le juge : le texte ne se présente plus alors avec sa multitude de sens virtuels, l'un d'entre eux a été choisi pour être appliqué. Cette norme telle qu'elle est interprétée est l'expression du droit non plus tel qu'il est figé dans les textes mais du droit vivant, tel qu'il est appliqué. Influencées par les interprétations évolutives décomplexées des cours européennes et le ralliement de plus en plus important de la doctrine à une position plus réaliste, les juridictions françaises devaient à leur tour tenter d'assumer leur pouvoir d'exprimer le droit vivant[80]. Pour autant,

76. Benjamin N. CARDOZO (juge à la Cour Suprême), cité par E. ZOLLER, « La Cour suprême des États-Unis entre création et destruction du droit », *APD*, tome 50, 2006, p. 276, sp. p. 281.

77. En France, v. M. TROPER, « Le problème de l'interprétation et la théorie de la supralégalité constitutionnelle », *in Mélanges Ch. Eisenmann*, Cujas 1975, p. 133 ; « Interprétation », *in Dictionnaire de la culture juridique*. V. la critique de O. PFERSMANN, « Contre le néo-réalisme juridique. Pour un débat sur l'interprétation », *RFDC* 2002. 279 et la réponse de M. TROPER, p. 335 ; R. GUASTINI, « Réalisme et anti-réalisme dans la théorie de l'interprétation », *in Mélanges P. Amselek*, Bruylant, 2005, p. 431. Également, pour une critique de la théorie réaliste française, X. MAGNON, *Théorie(s) du droit*, Ellipses, 2008, p. 147 et s.

78. G. STEINER, cité par F. OST et M. VAN DE KERCHOVE, *De la pyramide au réseau ?*, p. 403.

79. Pour le dialogisme entre le législateur-auteur et le juge-lecteur, G. TIMSIT, *L'archipel de la norme*, PUF, 1998 ; pour un approfondissement à la lumière de la jurisprudence de la Chambre sociale, F. GÉA, *Contribution à la théorie de l'interprétation jurisprudentielle*, Fondation Varenne LGDJ, 2009 ; pour une autre proposition de conciliation, G. DEDEURWAERDER, *Théorie de l'interprétation et droit fiscal*, Dalloz, 2010, n° 8 et s.

80. Pour une adhésion franche à la doctrine du droit vivant par le Conseil constitutionnel, qui ne contrôle pas la loi nue mais la loi telle qu'interprétée, décision n° 2010-39 QPC du 6 oct. 2010,

admettre que la loi telle qu'interprétée est la véritable norme ne va pas forcément de pair avec l'idée que cette interprétation a été choisie discrétionnairement par le juge, en fonction de ses préférences personnelles. De la doctrine de l'interprétation découverte, il faut donc retenir les nombreux éléments et méthodes recensés pour guider l'interprétation. Il faut en revanche se garder d'y voir une recette miracle, qu'il suffirait de suivre pour aboutir au seul et véritable sens de la loi[81] : elles ne sont que des outils à disposition du juriste. La part d'indéterminé, mais également la part de contrainte[82], qui guide les lois de cette argumentation expliquent qu'au droit comme science exacte[83], on préfère parfois la comparaison avec un art[84] ou un jeu[85].

§ 2. Comment interpréter

117. Liberté et méthodes d'interprétation. – L'interprétation n'est pas l'application du droit : elle n'est donc pas soumise au syllogisme reliant le droit aux faits car elle ne concerne que la détermination de la majeure, le sens de la règle, qui se dégage par une argumentation de type dialectique. Le principe est celui du *libre choix* de l'interprétation, du moins pour la Cour de cassation[86] : par exemple, le juge est libre de retenir l'interprétation stricte d'une exception au lieu d'une interprétation large découlant des travaux préparatoires. Aussi, si les méthodes d'interprétation permettent de recenser les différents sens pouvant être donnés à la norme, elles laissent au juge le soin de retenir l'un de ces sens. Le libre choix ne veut pas dire arbitraire, les juges recourant aux trésors de l'argumentation juridique pour révéler (dans une conception traditionnelle) ou choisir (dans une conception réaliste) l'interprétation de la loi. Sur certains points toutefois, la liberté d'interprétation va être restreinte, le juge étant tenu au contraire d'adopter le sens le plus littéral : il s'agit de l'interprétation *stricte*, qui domine surtout le droit pénal, au point d'être imposée expressément par le législateur[87]. Sur les autres points, la liberté de choix est encadrée par le recours aux arguments et méthodes du raisonnement juridique.

Mmes Isabelle D. et Isabelle B. (adoption par une personne seule) et les commentaires aux Cahiers. Plus largement sur son statut en droit positif, v. *infra*, n° 339 et s.

81. Pour la critique des « soi-disant méthodes d'interprétation », H. KELSEN, *Théorie pure du droit*, p. 458.

82. Ou à certaines contraintes, dans le cadre de la théorie réaliste de l'interprétation, M. TROPER, V. CHAMPEIL-DESPLATS et Ch. GRZEGORCZYK (dir.), *Théorie des contraintes juridiques*, Bruylant-LGDJ, 2005.

83. C'est au nom de cette science véritable que les néo-réalistes considèrent l'interprétation comme hors de la science du droit.

84. Ph. JESTAZ, « Le beau droit », *APD*, tome 40, 1995, p. 15.

85. F. OST et M. VAN DE KERCHOVE, *De la pyramide au réseau ?*, préc.

86. Bien qu'elle ait affirmé cette liberté pour les juges du fond dans un arrêt étonnant, une part non négligeable de son activité consiste au contraire à censurer des arrêts ayant retenu une autre méthode d'interprétation que la sienne, Cass. civ. 1re, 29 janv. 2002, *RTD civ.* 2003, 154, obs. N. MOLFESSIS ; *Dr. et patr.*, sept. 2002, 97, note Ph. BONFILS.

87. Art. 111-4, C. pén. ; en droit fiscal, G. DEDEURWEDER, thèse préc., sp. n° 126 et s. ; pour une obligation plus générale, M. LEBEAU, *De l'interprétation stricte des lois – Essai de méthodologie*, Defrénois, 2012.

Bien que les époques privilégient telle ou telle méthode[88], elles se croisent en réalité à l'occasion de la discussion, le contexte de la décision appelant naturellement la sélection des plus pertinentes.

Au lieu et place de longues dissections des différentes méthodes d'interprétation[89], nous les déclinerons autour d'un exemple tiré de la jurisprudence[90]. Les faits sont simples (contrairement à l'interprétation). Un mariage a été célébré à Bègles entre deux hommes le 5 juin 2004, bien avant l'adoption de la loi ouvrant le mariage aux couples de personnes de même sexe[91]. L'annulation de ce mariage a été demandée. Les juges devaient donc interpréter la loi pour savoir si elle interdisait ou autorisait un mariage entre personnes de même sexe. Le fait que le Code civil ne se prononçait pas alors sur une telle condition ne les autorisait pas à passer leur tour. Les arguments qui seront évoqués ici le sont régulièrement lorsqu'il s'agit de donner une interprétation de principe[92] ; leur application à la question du mariage entre personnes de même sexe est prise des arguments qu'avaient alors exploités les avocats ou les magistrats en préparant la discussion[93]. Les juges vont généralement commencer par rechercher dans l'état du droit positif les différentes interprétations autorisées – et non la seule interprétation exacte, qui n'existe pas[94]. Ensuite, une décision de politique juridique permettra de choisir entre ces différentes interprétations[95].

88. Pour l'évolution doctrinale, privilégiant la méthode littérale et subjectiviste au temps de l'Exégèse, la méthode objective et systématique au moment du centenaire du Code civil, et la méthode fonctionnaliste ou sociologique depuis la perte du caractère central du texte, F. OST et M. VAN DE KERCHOVE, *De la pyramide au réseau ?*, p. 413 et s.

89. Pour une présentation détaillée et illustrée des différentes méthodes d'interprétation, outre la bibliographie thématique *supra*, v. L. BACH, V° « Lois et décrets », *Rép. Dalloz civ.*, n° 331 et s. Les méthodes d'interprétation sont partagées par tous les juges, demeurant d'éventuelles prédilections pour l'une ou l'autre. Pour les méthodes d'interprétation constitutionnelle comparées, v. M.-C. PONTHOREAU, *Droit(s) constitutionnel(s) comparé(s)*, Economica, 2010, p. 395 et s. Pour les juridictions internationales, v. D. SIMON, *L'interprétation judiciaire des traités d'organisations internationales. Morphologie des conventions et fonction juridictionnelle*, Pedone, 1981 ; dossier « Les techniques interprétatives de la norme internationale », *RGDIP* 2011. 289 et s. Pour la méthode inter-textuelle, qui tient compte des autres textes et des autres jurisprudences internationales en matière de droits de l'homme, P. WACHSMANN, « Les méthodes d'interprétation des conventions internationales relatives à la protection des droits de l'homme », *in La protection des droits de l'homme et l'évolution du droit international*, SFDI, Pédone, 1998, p. 168.

90. Cass. civ. 1re, 13 mars 2007, *RTD civ.* 2007. 287, obs. J.-P. MARGUENAUD et 315. obs. J. HAUSER ; H. FULCHIRON, « Un homme, une femme : la Cour de cassation rejette le mariage homosexuel », *D.* 2007, 1375.

91. Loi n° 2013-404 du 17 mai 2013.

92. Pour une étude de ces arguments dans les travaux préparatoires des arrêts, v. P. DEUMIER (dir.), *Le raisonnement juridique. Recherche sur les travaux préparatoires des arrêts*, Dalloz, Coll. Méthodes du droit, 2013. Des arguments de même type peuvent être retrouvés pour les juridictions européennes, cette fois souvent dans le texte même de l'arrêt et non dans ses travaux préparatoires.

93. V. le rapport du conseiller-rapporteur Pluyette et l'avis de l'avocat général Domingo, publiés à *Gaz. Pal.* 22 mars 2007, n° 81, p. 10.

94. H. KELSEN, *Théorie pure du droit*, p. 458 ; comp. avec la théorie de la « bonne réponse » de DWORKIN, pour les cas simples, sur laquelle F. MICHAUT, « La « bonne réponse » n'est-elle qu'une illusion ? », *Droits* 1989, n° 9, 1989, p. 69.

95. H. Kelsen excluait cette part de politique juridique non de l'interprétation mais de son étude scientifique, pour ne retenir que les règles gouvernant l'interprétation scientifique, *Théorie pure*, p. 457 et s.

1. L'état du droit positif

118. La recherche du sens du texte. – L'Exégèse, qui voulait trouver toutes les réponses dans le texte, avait développé les différentes méthodes grammaticales permettant de faire parler un texte muet. Un texte peut donc être lu *littéralement* (ce qui interdit de l'étendre au-delà de ses strictes prévisions)[96] ou en y cherchant ses messages implicites, *a contrario*[97] ou *a fortiori*[98]. Une disposition peut également être lue dans son contexte, c'est-à-dire par rapport aux autres dispositions du même texte, méthode notamment prévue pour l'interprétation des conventions internationales[99].

En matière de mariage, avant la loi du 17 mai 2013, il était possible de tenter de trouver des indices dans d'autres textes. L'article 184 du Code civil listant les causes de nullité du mariage sans mentionner la condition de sexe, la loi aurait autorisé *a contrario* les mariages entre personnes de même sexe. Cependant, en prévoyant que les époux déclarent se prendre pour « mari et femme » (art. 75 C. civ.), elle reconnaissait bien implicitement que le mariage est l'union d'un homme et d'une femme. On le voit : ces différentes méthodes permettent seulement de lister les sens que l'on peut prêter aux textes sans les trahir ; elles ne permettent en revanche pas de savoir quel sens doit être retenu entre une lecture stricte et une lecture souple. La lettre du texte ne suffisant pas, il faut alors se tourner vers son esprit.

119. La recherche de l'intention du législateur. – Privilégiée par les doctrines traditionnelles, la recherche de l'intention du législateur reste la méthode cardinale de l'interprétation de la loi. L'intention du législateur sera parfois formalisée en tête de la loi, dans un « exposé des motifs ». Sinon, et de façon bien plus détaillée, les *travaux préparatoires* en sont le support privilégié. Il s'agit des débats ayant présidé à l'adoption du texte, particulièrement les rapports faits devant les Assemblées et Commissions[100]. Aussi critiqué qu'il ait pu l'être[101], le

---

96. Pour l'importance de l'interprétation littérale pour les actes administratifs individuels, v. B. BERTRAND, « L'interprétation des actes administratifs unilatéraux », *Dr. admin.* déc. 2012, étude 23.

97. Par exemple, la règle qui, à l'époque, interdisait de contester la paternité légitime établie par un acte de naissance et la possession d'état avait été interprétée *a contrario* comme autorisant (inversion de la prescription) la contestation en l'absence de possession d'état (inversion de la situation), Cass. civ. 1re, 27 févr. 1985, *D.* 1985. jurisp. 265, note G. CORNU ; pour la prudence avec laquelle cette méthode doit être utilisée, E. AGOSTINI, « L'argument "*a contrario*" », *D.* 1978. chron. 149 ; Ch. ATIAS, « Jurisprudence *a contrario* ? », *D.* 1997. chron. 297.

98. Par exemple, quand le code interdit de vendre un immeuble, en raison de la gravité de l'acte, il est *a fortiori* interdit de le donner, qui est un acte encore plus grave. Pour cet exemple anciennement applicable aux prodigues, v. F. TERRÉ, n° 28.

99. Art. 31 de la Convention de Vienne sur le droit des traités.

100. Cette règle se retrouve plus ou moins clairement exprimée devant les juridictions administratives (v. B. GENEVOIS, « Le Conseil d'État et l'interprétation de la loi », *RFDA* 2002. 877) ; la Cour de cassation (Civ., 4 juin 1889, *Bull.*, n° 219), la CJCE (26 févr. 1991, *Antonissen*, C-292/89) ont quant à elles rappelé qu'une opinion émise pendant la discussion de la loi mais ne trouvant pas d'expression dans le texte voté était sans valeur.

101. Voir l'attaque en règle de H. CAPITANT, « L'interprétation des lois d'après les travaux préparatoires », *DH* 1935. 78, cet ensemble d'opinions individuelles permettant de justifier tout et son contraire ; comp. la tentative de réhabilitation de M. COUDERC, « Les travaux préparatoires de la loi ou la remontée des enfers », *D.* 1975. chron. 249.

réflexe de rechercher la *ratio legis* dans les travaux préparatoires est assez répandu. Encore faut-il s'entendre sur ce que l'on y cherche. Pour l'Exégèse, il s'agissait d'y trouver le sens exact envisagé par le législateur, au moment de la discussion de la loi. Cette conception présente un double inconvénient : d'une part, elle présume que le législateur aurait tout envisagé, présomption bien irréaliste ; d'autre part, elle fixe le sens de la norme au moment de son adoption et s'oppose donc à toute évolution, pourtant rendue nécessaire par l'évolution de la société. Aussi, aujourd'hui, les travaux préparatoires sont surtout exploités pour rechercher l'objectif de la règle, sa finalité. Cet objectif sera ensuite transposé à l'interprétation pour lui servir de boussole : faute de réaliser une intention qu'aurait eu le législateur, le juge réalisera la politique juridique qu'il poursuivait. Cette méthode, dite *téléologique* (en fonction du but de la loi) est très couramment employée par les juridictions françaises et européennes.

Ainsi, au moment du mariage de Bègles, les textes du Code civil sur la formation du mariage remontaient à 1804 et étaient fortement imprégnés de l'esprit du droit canonique. Portalis, l'un des rédacteurs du Code, avait d'ailleurs clairement déclaré que « le mariage, c'est la société de l'homme et de la femme, qui s'unissent pour perpétuer leur espèce ». Pour autant, et particulièrement pour une intention vieille de deux siècles, il faut également s'intéresser à la volonté du législateur au moment où le juge se prononce (dans notre cas, en 2007). En créant le Pacte civil de solidarité, le législateur n'avait-il pas déjà témoigné ne plus être hostile aux unions entre personnes de même sexe ? Ou, à l'inverse, n'avait-il pas voulu instituer un statut parallèle justement du fait du refus de leur ouvrir le mariage ? Encore une fois, le législateur poursuivant plusieurs fins, en même temps ou successivement, il est souvent possible de conclure à plusieurs interprétations, toutes respectueuses de sa volonté.

120. La recherche de précédents. – Il est important de rechercher si une décision a déjà retenu le sens et la portée à donner au texte dans les mêmes circonstances. Si de tels précédents sont trouvés, ils sont analysés selon leur portée normative et selon la plus ou moins grande analogie des litiges : plus une décision aura été rendue dans une situation proche, plus elle aura prétention à servir de modèle. L'autorité des précédents ainsi recherchés varie selon les systèmes : dans les systèmes anglo-saxons, le précédent a force obligatoire, le juge est obligé de le suivre. En droit français, le précédent a une simple force persuasive : le juge est libre de retenir une autre interprétation[102]. Cependant, le souci de stabilité du droit et de cohérence de la jurisprudence va généralement le pousser à respecter le précédent. Dworkin utilise ainsi l'image de juges écrivant « un roman à la chaîne » : si chacun ajoute un chapitre, tous doivent respecter une certaine continuité de l'histoire[103].

Évidemment, la recherche n'est pas toujours déterminante : les précédents peuvent manquer, se réduisant à un vieil arrêt isolé (un arrêt du 6 avril 1903 sur le mariage homosexuel) ou concernant des situations proches mais pas analogues (la jurisprudence sur la délégation d'autorité parentale dans un couple homosexuel ne peut être transposée à la question du mariage) ; il peut exister

102. V. *infra*, sur tous ces éléments, n° 352 et s.
103. R. DWORKIN, « La chaîne du droit », *Droit et société*, 1985/1, p. 61.

des divergences de jurisprudence[104] ; les précédents peuvent avoir été objet d'importantes critiques. Dans tous ces cas, la recherche de précédents ne suffira pas à orienter de façon déterminante l'interprétation.

121. La recherche de l'interprétation conforme. – La loi n'est plus toute puissante : elle se doit d'être conforme à des règles supérieures, qui sont les règles constitutionnelles et internationales, y inclus les règles européennes. Aussi, entre deux interprétations, il faudra privilégier l'interprétation conforme aux exigences supérieures – ou au minimum s'assurer que les différentes interprétations ne sont pas incompatibles avec les exigences supérieures. Les Cours constitutionnelles, soucieuses de sauver, chaque fois que cela sera possible, la disposition législative, pourront ainsi la déclarer conforme sous réserve d'en retenir l'interprétation qu'elles délivrent, procédant ainsi à une véritable réécriture de la loi[105]. Les juges ordinaires s'assureront d'une interprétation conforme du règlement à la loi[106], de la loi au droit constitutionnel mais aussi au droit international et particulièrement au droit européen, à plus forte raison si une juridiction européenne s'est prononcée sur son interprétation[107].

En matière de mariage entre personnes du même sexe, c'est essentiellement la Cour européenne des droits de l'homme qui est susceptible de donner le ton, par les conditions dont elle entoure le respect du droit à la vie privée et familiale et l'interdiction de discrimination[108]. Or, en la matière, la jurisprudence en matière de transsexualisme n'étant pas transposable à l'homosexualité, elle laisse (encore) une large marge d'appréciation aux États, qui peuvent donc aussi bien autoriser qu'interdire l'union homosexuelle[109].

122. La recherche de l'autorité doctrinale. – Tous les arguments qui viennent d'être recensés le seront à l'aune de leur présentation doctrinale : le ou les sens recélés par les textes, l'intention du législateur, l'existence et la réception de précédents, les exigences des normes supérieures, la cohérence du système auront généralement été débattus par les auteurs. Au-delà, la doctrine aura développé les argumentations pour tenter d'emporter la conviction sur telle ou telle interprétation. Comme les textes et, dans une moindre mesure, comme les précédents, la doctrine révélera souvent autant d'interprétations qu'il y a d'auteurs s'étant exprimés sur la question. Une doctrine fortement majoritaire pèsera dès lors plus assurément. En définitive, après avoir ainsi dressé l'état du droit positif, le juge aura plusieurs interprétations à disposition (qui restent en nombre fini), toutes pouvant se revendiquer d'une certaine compréhension des textes, de l'existence de précédents et d'un soutien doctrinal. Il faudra donc choisir entre ces possibilités : à cet instant, ce n'est plus la technique juridique qui sert de boussole au juge.

---

104. v. P. ANCEL et M.-C. RIVIER (dir.), *Les divergences de la jurisprudence*, PUSE, 2003.
105. N. MOLFESSIS, « La réécriture de la loi relative au PACS par le Conseil constitutionnel », *JCP* 2000. I. 210.
106. Ex. Cass. civ. 1re, 20 mars 2007, *Bull. civ.*, I, n° 120.
107. Ex. CJCE, 13 nov. 1990, *Marleasing*, aff. C-106/89.
108. A. GOUTTENOIRE, « Orientation sexuelle », *in Dictionnaire des droits de l'homme.*
109. V. CEDH, Gde Ch., 19 févr. 2013, *X. c. Autriche*, § 106.

2. Le choix de politique juridique

123. Le souci de cohérence du droit. – L'une des principales boussoles du juge dans ce foisonnement d'arguments sera la cohérence du droit[110]. Elle va notamment fortement militer en deux sens : l'interprétation par analogie[111], c'est-à-dire le choix de l'extension d'une solution à une situation proche (par exemple, l'application à l'annulation d'un mariage de certains effets du divorce[112]) ; la prime à la stabilité de l'interprétation sur le souci d'adaptation du droit, l'ancienne interprétation ne pouvant être abandonnée « sans motifs valables »[113]. La cohérence du droit impliquera bien d'autres précautions de la part du juge : il privilégiera l'interprétation du texte compatible avec les règles comparables dans des situations proches ; il veillera aux conséquences de son interprétation par un effet de dominos sur les questions qui en découlent (ouvrir le mariage homosexuel a des répercussions en droit des personnes, de la filiation, fiscal, social, et plus largement sur tous les droits déclenchés par la qualité d'« époux ») ; il s'intéressera aux projets de réforme en la matière, aux circulaires, rapports officiels, avis de différentes instances, textes purement proclamatoires ; il vérifiera la position tenue par les autres Hautes juridictions de son ordre juridique ; il consultera la réponse donnée à la situation dans les législations voisines (le mariage entre personnes de même sexe est de plus en plus souvent reconnu dans les États voisins, notamment belge, néerlandais et espagnol).

124. L'opportunité. – Au moment du choix, les considérations d'opportunité entreront parfois en jeu[114]. Parmi elles, le juge s'en remettra à une politique juridique ou, plus souvent, tranchera entre deux *politiques juridiques*[115] : faut-il privilégier l'indemnisation de la victime ou la sanction de la faute ? la liberté d'entreprendre ou la protection des salariés ? le respect du contradictoire ou le désengorgement des juridictions ? Comme toute politique juridique, celle du juge se nourrira des enseignements historique, sociologique, philosophique, religieux, voire jusnaturaliste (ainsi des arguments autour de l'« essence même » du mariage). Le mariage renvoie ainsi souvent à une différence sexuelle[116] mais l'évolution des mœurs, la recherche d'égalité, la possibilité de procréation médicalement assistée bousculent cette conception classique, comme en témoignent les statistiques sur le succès du PACS. Pour apprécier

---

110. D. GUTMANN, « « Le juge doit respecter la cohérence du droit » : réflexions sur un imaginaire article 4 ½ du Code civil », *in Le titre préliminaire du Code civil*, G. FAURÉ et G. KOUBI (dir.), Economica, 2003, p. 109.

111. Sur la force et l'omniprésence de l'analogie, G. CORNU, « Le règne discret de l'analogie », *in Mélanges A. Colomer*, Litec, 1993, p. 129.

112. Cass. civ. 1re, 23 oct. 1990, *Bull. civ.* I, n° 221.

113. CEDH, 18 janv. 2001, *Chapman c. Royaume-Uni*, § 70.

114. E. RUBI-CAVAGNA, « Les arguments d'opportunité », *in Le raisonnement juridique. Recherche sur les travaux préparatoires des arrêts*, préc., p. 219.

115. V. N. MOLFESSIS et G. CANIVET, « La politique jurisprudentielle », *in Mélanges J. Boré*, LGDJ, 2007, p. 79 ; pour le rôle du Parquet dans la détermination de cette politique jurisprudentielle, v. J.-L. NADAL, « La jurisprudence de la Cour de Strasbourg : une chance pour le parquet général de la Cour de cassation », *D.* 2005. 800.

116. Le conseiller-rapporteur Pluyette recherche la conception du mariage dans l'histoire, remontant à Rome, en anthropologie et dans les différentes religions monothéistes.

l'opportunité d'une interprétation, le juge pourra également tenir compte de principes de justice ou *d'équité*[117]. En leur nom, il écartera les solutions inacceptables, absurdes, contraires à la morale ou donnant une prime à un comportement frauduleux. Les considérations d'opportunité porteront enfin parfois sur les possibilités du juge : ainsi, si les textes autorisaient alors, par leur silence, le mariage homosexuel, si les exemples étrangers montraient un mouvement en ce sens, si le législateur avait multiplié les avancées dans cette direction, appartenait-il au juge de consacrer définitivement une telle évolution de la société ? N'y a-t-il pas là un choix qui relève du seul législateur ? De tous les arguments allant dans le sens de la validité ou de la nullité du mariage entre personnes de même sexe, c'est en définitive ce dernier qui fut déterminant, les juges, judiciaires comme constitutionnels, estimant que de tels choix de société n'appartiennent qu'au Parlement[118].

125. Les conséquences économiques et sociales. – Parmi les considérations d'opportunité, les conséquences économiques et sociales de la décision sont importantes dans certaines matières. Si l'interprétation porte sur une question de principe, il est fort probable qu'elle sera suivie à l'avenir, devenant la véritable norme. Aussi, le juge doit tenir compte des conséquences plus générales de sa décision. Cette méthode de raisonnement conséquentialiste est clairement pratiquée par les juridictions anglo-saxonnes et européennes[119]. Elle est plus délicate pour les juridictions françaises, encore souvent tenues par la conception traditionnelle de la loi. Il reste possible d'en trouver des traces, là encore dans les travaux préparatoires des arrêts[120] : par exemple, prise en considération des conséquences économiques pour la requalification ou non d'un contrat d'assurance-vie en contrat d'épargne[121] ; prise en compte des données sociologiques ou religieuses pour l'adoption d'une position de principe sur le mariage homosexuel. Cette prise en compte d'intérêts collectifs traduit un phénomène de « politisation de la procédure », au sens de « délibération sur les intérêts communs de la cité »[122]. Elle est finalement le signe de l'acceptation par le juge de la dimension de politique juridique de son activité d'interprétation.

117. Il s'agit, selon Dworkin, pour les premiers standards d'opportunité d'une « politique » et pour ce dernier d'un « principe », v. « Le positivisme », *Droit et société*, 1985/1, p. 35.

118. La raison est révélée, pour la Cour de cassation, dans son *Rapport annuel* (p. 326-327) ; elle est expressément au soutien de la décision du Conseil constitutionnel, décision n° 2010-39 QPC du 6 oct. 2010, *Mmes Isabelle D. et Isabelle B. [adoption par une personne seule]*, *D.* 2010. 2744, note F. CHÉNEDÉ ; *JCP* 2010. 1145, note A. GOUTTENOIRE et Ch. RADÉ. Cette retenue des juges en ces matières est partagée par les autres juges constitutionnels, v. L. BURGOGUE-LARSEN, « La jurisprudence des cours constitutionnelles européennes en droit des personnes et de la famille », *Nouv. Cah. Cons. Constit.* n° 39, 2013, p. 229.

119. Pour les juridictions anglo-saxonnes, v. H. MUIR-WATT, *in Le revirement de jurisprudence*, N. MOLFESSIS (dir.), Litec, 2005, p. 70-71 ; C. JAUFFRET-SPINOSI, « Comment juge le juge anglais ? », *Droits*, n° 9, 1989, p. 57 ; pour la CEDH, S. VAN DROOGHENBROECK, *La proportionnalité dans le droit de la Convention européenne de droits de l'homme, Prendre l'idée simple au sérieux*, PUFSL, 2001.

120. E. RUBI-CAVAGNA, préc.

121. Cass. Ch. mixte, 27 nov. 2004, *RTD civ.* 2005. 88, obs. R. ENCINAS DE MUNAGORRI.

122. F. OST, *Dire le droit, faire justice*, p. 117. Également, D. SALAS, « La part "politique" de l'acte de juger », *Les cahiers de la justice* 2011/2, p. 113.

126. En définitive, le droit tel qu'il est prononcé par le juge incarne le droit vivant, le droit en action. A-t-on alors trouvé l'essence même de la définition du juridique ? La théorie réaliste est née dans le système américain, dominé par le pouvoir de son juge constitutionnel, sa forte légitimité politique et son importante personnalisation[123]. Sa transposition dans un système de droit codifié, marqué par le légicentrisme et une certaine défiance à l'égard des juges est forcément difficile[124]. Le réalisme aura aidé à reconnaître l'importance de l'activité du juge dans le droit mais le juge, son pouvoir et le droit qu'il dit, restent plus intimement liés à la règle dans notre système : la règle qui l'institue, la règle qui l'habilite, la règle qu'il applique, la règle qu'il développe. Aussi, concentrer l'entier phénomène juridique sur le seul juge pourrait être aussi réducteur que le concentrer sur la seule règle. Peut-être alors faut-il tenter de penser ces deux éléments caractéristiques du droit[125] comme fonctionnant simultanément dans un ensemble, sous forme de système.

123. Pour une contestation de la théorie réaliste dans la pratique contemporaine de la Cour suprême des États-Unis, v. E. ZOLLER, « La Cour suprême des États-Unis entre création et destruction du droit », *APD*, tome 50, 2006, p. 276.

124. Sur le lien substantiel entre une théorie de l'interprétation et le contexte de son apparition, v. G. JUST, *Interpréter les théories de l'interprétation*, L'Harmattan, 2005 ; sur la part du réalisme dans la jurisprudence constitutionnelle française, *Le réalisme en droit constitutionnel*, Cahiers du Conseil constitutionnel, n° 22, 2007.

125. Règle et juge sont les deux phénomènes primaires du droit selon J. CARBONNIER, n° 4 et s.

Titre III
Le droit, un système ?

127. Il n'est pas question ici de changer radicalement de sujet. On croisera à nouveau la règle et la norme, le juge, la sanction, les sources du droit ; il sera à nouveau question de prise en compte de la morale et de fondement du droit. Si ce n'est qu'ils ne seront plus ici considérés isolément, comme autant d'éléments, mais plutôt par le Tout qu'ils constituent. En effet, l'une des difficultés auxquelles s'est heurtée notre tentative de définition jusqu'à présent est son choix trop restrictif de l'aborder au travers de ce qui n'est que l'un des éléments de la grande machine du droit. Certes, la règle comme le juge sont des aspects très importants du droit, et souvent suffisants d'un point de vue pratique[1]. Qui plus est, l'approche traditionnelle n'a jamais eu en vue une règle ou un juge mais bien le droit comme ensemble de règles ou le juge comme figure des juridictions. Pour autant, il ne s'agit que d'éléments caractéristiques du droit et tenter de définir par leur seul prisme le droit en son entier revient à « prendre en considération l'arbre, et non la forêt »[2]. En effet, le droit est bien plus qu'une collection de règles ou de décisions de justice et sa réelle compréhension comme sa parfaite maîtrise impliquent de prendre conscience de cette globalité : le droit est un système, un ensemble organisé d'éléments, qui structure l'élaboration, l'application et la sanction du droit[3]. La norme n'est alors que l'un des éléments de ce tout, grâce auquel et pour lequel elle a été créée et elle est appliquée. Ce besoin d'élargissement du droit au-delà de la seule règle a été ressenti relativement tard à l'échelle de la théorie du droit (à la fin du XIXe siècle) mais a rapidement su imposer ses atouts, grâce à des constructions doctrinales impressionnantes. Si la présentation du droit en systèmes permet de comprendre certaines de ses dimensions que ne révèle pas sa présentation sous forme de règles ou de juges (Chapitre 1), il ne faut pourtant pas espérer y trouver une réponse définitive à la question de la définition du droit : système comme règle, le droit n'est finalement qu'un phénomène relatif (Chapitre 2).

---

1. S. ROMANO, § 2.
2. N. BOBBIO, cité par F. OST et M. VAN DE KERCHOVE, *Le système juridique entre ordre et désordre*, PUF, 1988, p. 20.
3. J CHEVALLIER, « Droit, ordre, institution », *Droits*, n° 10, 1989, p. 19 ; « L'ordre juridique », *in Le droit en procès*, CURAPP, PUF, 1984, p. 7 ; M. TROPER, « Système juridique et État », *APD*, tome 31, 1986, p. 29 ; plus spécifiquement sur l'ordre juridique comme ensemble de normes, X. MAGNON, *Théorie(s) du droit*, Ellipses, 2008.

Chapitre 1
La présentation du droit en systèmes

128. Bibliographie thématique. – Pour les pères fondateurs : SANTI ROMANO, *L'ordre juridique*, Dalloz, 2002 (l'ouvrage original date de 1917-1918) ; H. KELSEN, *Théorie pure du droit*, Dalloz, 1962 (traduction de la 2e éd. ; l'ouvrage original date de 1934) ; H. L. A. HART, *Le concept de droit*, Facultés universitaires de Saint Louis, 1976 (l'ouvrage original date de 1961) ; pour des prolongements contemporains et d'une très grande clarté, M. VAN DE KERCHOVE et F. OST, *Le système juridique entre ordre et désordre*, PUF, 1988 ; N. BOBBIO, *Essais de théorie du droit*, Bruylant LGDJ, 1998 ; J. CHEVALLIER, « L'ordre juridique », *in Le droit en procès*, CURAPP, PUF, 1984, p. 7 ; Ch. LEBEN, « Ordre juridique », *in Dictionnaire de culture juridique* ; *Droits, L'ordre juridique ?*, n° 33 (2001) et 35 (2002).

129. De la théorie à la pédagogie. – La présentation du droit en système est passée par un autre type de systèmes, les systèmes de pensée, tout étant dans tout et tout expliquant tout. Elle prend en général la forme de théories générales complètes et sophistiquées, dont il est difficile d'isoler une proposition ou de simplifier l'expression sans trahir le propos. Pour schématiser, une première tendance, dite *normativiste*, a été théorisée par Kelsen en 1934, qui appréhende l'ordre juridique essentiellement comme un ensemble de normes, identifié à l'ordre étatique, dont la validité prend une forme hiérarchique purement formelle. Hart, tout en s'inscrivant dans cette tendance normativiste, affine en 1961 les différents types de normes qui constituent l'ordre juridique puis admet, dans sa seconde édition, publiée en 1994, une ouverture de celui-ci sur la morale. La seconde tendance, *pluraliste*, fondée par Santi Romano, appréhende l'ordre juridique dans une démarche plus sociologique : il y est tout ordre social institutionnel, qui permet de reconnaître plus largement les différents ordres juridiques qui environnent chaque individu. Cependant, il n'est pas question ici de former à ces différentes théories. Il sera donc parfois nécessaire de les réduire outrageusement à une description un peu grossière et de mêler sans vergogne des thèses construites en opposition les unes aux autres. Qui plus est, au-delà de ces discussions théoriques, il s'agira souvent bien plus modestement de chercher dans la présentation du droit sous forme d'ordre juridique une compréhension du phénomène juridique et de son fonctionnement, dans une démarche pédagogique et parfois clairement descriptive des ordres juridiques contemporains.

130. « Droit », « ordre », « système », « normes » : terminologie. – Dans le langage courant, un « système » est un ensemble coordonné d'éléments. C'est en ce sens général que le droit est questionné dans ce titre. Cependant, lorsqu'un système est de nature juridique, il est courant dans la langue juridique de le désigner sous le terme d'« ordre juridique », pour souligner sa dimension d'ordonnancement[1]. Dans le cadre du présent ouvrage, les termes seront employés comme synonymes[2], tout en respectant là encore certaines conventions de langage des juristes selon le contexte : ainsi, il est plus généralement parlé d'« ordre » lorsque ceux-ci sont décrits isolément ; il est habituellement question de « systèmes » lorsqu'ils sont comparés à travers le continent[3] ; il existe des distinctions sophistiquées entre « ordre juridique » et « système juridique » lorsqu'il s'agit d'élucider la non moins sophistiquée question de leurs rapports[4]. Une même approche sera retenue pour les termes de « normes » et de « règles », déjà rencontrées : ils seront tenus pour proches, la « norme » étant toutefois plus généreuse que la « règle », qu'elle englobe et dépasse, en accueillant notamment les normes individuelles ou des manifestations parfois contestées en tant que règles, comme la jurisprudence. Notons simplement que le terme de « normes » reviendra plus fréquemment ici, du simple fait qu'il est lui-même souvent privilégié des théories de l'ordre juridique. Malgré ces difficultés terminologiques, qui ne doivent pas être surestimées, l'approche du droit comme une mécanique d'ensemble demeure un bon angle pour comprendre le phénomène juridique, tel qu'il se présente sous forme de différents systèmes (Section 1), et sa complexité, telle qu'elle se révèle lors de leur organisation (Section 2).

Section 1
La notion d'ordre juridique

131. Il est évidemment difficile de prétendre enfermer un tout quasi organique, composé d'éléments innombrables en perpétuel mouvement, dans une définition rigide. À cet égard, la définition de l'ordre juridique n'est certainement pas plus affermie que celle de la règle (§ 1). Malgré sa grande générosité, la notion permettra tout de même, grâce à ses éléments caractéristiques, d'identifier les principaux systèmes juridiques actuels, rendant à cette occasion une notion éminemment abstraite plus concrète (§ 2).

---

1. Expression préférée par L. Duguit.
2. Pour les distinctions faites, ou non, par les auteurs, et un choix également de l'interchangeabilité, M. VAN DE KERCHOVE et F. OST et, *Le système juridique entre ordre et désordre*, p. 22 et s.
3. L'étude est connue pour être celle des « grands systèmes juridiques contemporains », que nous traiterons dans le chapitre suivant.
4. En droit international privé, distinguant le « système », ensemble de normes, de l'« ordre », corps social, D. SINDRES, *La distinction des ordres et des systèmes juridiques dans les conflits de lois*, LGDJ, 2008 ; dans les rapports interne et international, distinguant selon le type de relation : fondée sur la hiérarchie pour les rapports entre ordres juridiques et sur la compétence pour les rapports de systèmes, B. BONNET, *Repenser les rapports entre ordres juridiques*, Forum, Lextenso éd., 2013, sp. p. 66 et s.

§ 1. Définition

132. L'ordre juridique est, comme tout système, un ensemble coordonné d'éléments. L'assertion ne dit pas grand-chose. Il faut donc l'affiner en précisant les éléments qui doivent être réunis pour constituer un ordre juridique et les caractères que doit présenter l'ensemble.

133. Les éléments constitutifs de l'ordre juridique. – Pour reconnaître un ordre juridique, il faut avant tout une communauté, un *groupe social* suffisamment conséquent pour passer de l'individualité à l'anonymat. Ce groupe est uni par sa stabilité (il ne s'agit donc pas du public d'un concert) et par un *intérêt commun*, par exemple, la paix, l'Union économique, la défense des intérêts. Pour que le groupe puisse réaliser cet intérêt commun, il lui faut une structure permettant d'assurer différentes fonctions caractéristiques d'un ordre juridique. Entre autres des nombreux éléments qui pourraient être identifiés à ce titre, il faut des structures de *production du droit*. Des sources du droit sont reconnues, elles sont organisées, identifiées et leurs pouvoirs attribués. Elles ont, outre la possibilité de créer une norme, celle de la faire évoluer ou de l'abroger. Pour garantir l'efficacité des normes ainsi produites, des organes sont institués pour l'*application du droit* et, le plus souvent, son interprétation. Il peut s'agir tant de l'organisation administrative que de l'organisation juridictionnelle. Il faut enfin que l'ordre soit doté d'une structure pour la *sanction du droit*. Pour cela, il faut des normes, procédures et institutions aptes à constater un manquement et prononcer sa sanction.

Produire le droit, l'appliquer, le sanctionner[5]. Les normes ne sont ainsi que des éléments pris dans une organisation plus générale, qui les gouverne de bout en bout. La question de la spécificité du droit trouve sa réponse : est norme juridique la norme insérée dans un ordre juridique. En outre, et c'est ce qui forme système, ces différents éléments doivent être unis.

134. Les caractéristiques de l'ordre juridique. – Il ne saurait y avoir système si les différents éléments étaient simplement alignés les uns aux côtés des autres en s'ignorant ou en fonctionnant chacun de leur côté. Il faut donc que les éléments présentent un caractère d'*unité*, qu'ils forment un tout et que ce tout soit autre chose que la simple addition des éléments. Il existe généralement un acte constitutif qui assure cette unité : par exemple, pour les États, la Constitution. Il faut également que ce tout soit un tout *cohérent*, c'est-à-dire qu'il n'existe pas (enfin, pas trop) de contradictions[6]. L'expérience révèle qu'en réalité des contradictions sont permanentes dans l'ordre juridique : la cohérence implique seulement que l'ordre juridique sache les résoudre, ce à quoi s'attelle notamment la science du droit, en tentant de respecter la logique souvent implicite de l'ordre juridique[7]. Enfin, et c'est une autre forme de cohérence, le tout constitué par un ordre juridique doit être *complet*. La complétude signifie qu'il existe une norme pour chaque cas susceptible de se poser. L'approche

5. M. VAN DE KERCHOVE et F. OST, préc., p. 47 et s.
6. V. Ch. PERELMAN (dir.), *Les antinomies en droit*, Bruylant, 1963.
7. V. J. CHEVALLIER, préc., p. 15.

traditionnelle butait sur le problème des lacunes[8] : en ne voulant reconnaître que la loi, elle s'obligeait à des supputations hasardeuses selon lesquelles le législateur aurait nécessairement tout prévu – ce dont on sait que c'est bien impossible. L'approche sous forme d'ordre juridique est à cet égard bien supérieure : si les textes, et les normes jurisprudentielles, sont lacunaires (nécessairement), l'ordre dans son ensemble ne l'est pas. La complétude est notamment assurée par l'existence du juge et par celle de principes, qui soutiennent les règles[9].

Équipés de cette définition, que peut-on rencontrer, dans l'environnement du juriste français contemporain, qui réunisse les éléments et caractères permettant de l'identifier comme ordre juridique ?

§ 2. Identification des ordres juridiques

135. Qu'est-ce qui est constitué d'un groupe social, uni par un intérêt commun, et doté d'une structure unitaire permettant, de façon cohérente et complète, de produire, appliquer et faire respecter le droit ? Un accord général existe aujourd'hui autour de plusieurs ordres juridiques (A.). Les avis sont plus partagés sur la qualification d'« ordre juridique » d'autres manifestations (B.).

A Les ordres juridiques reconnus

136. Bien qu'un peu descriptif et assez élémentaire pour qui possède déjà une certaine culture générale, le rappel sommaire des principaux systèmes et de leurs structures de base n'en est pas moins indispensable pour qui veut comprendre ce qu'est le droit. Il donne en outre l'occasion pédagogique d'avoir dès à présent une vision panoramique de l'actuel paysage juridique avant d'envisager de plus près son fonctionnement dans la seconde partie de l'introduction.

137. L'ordre juridique par excellence : l'État. – Il n'est pas besoin de longues discussions pour identifier l'État comme ordre juridique. Les premières théories de l'ordre juridique n'ont d'ailleurs jamais eu d'autre vocation que de décrire le droit étatique[10]. Ainsi, chaque État constitue un ordre juridique : les droits français, italien ou mexicain sont autant d'ordres juridiques.

L'État désigne une forme d'organisation politique et juridique d'un pays, dont la conception moderne a été théorisée par Machiavel et Jean Bodin. L'État naît d'un intérêt commun : sortir de l'état de nature pour garantir l'ordre social. Ses éléments recoupent pour part ceux de l'ordre juridique : une communauté d'hommes, fixée sur un territoire défini, et un ensemble d'institutions, qui détiennent le monopole du droit et de la force. L'un des attributs les plus importants de l'État est sa *souveraineté*, c'est-à-dire « la puissance absolue et perpétuelle » (J. Bodin). Cela ne signifie pas que l'État ne peut connaître aucune

8. Ch. PERELMAN (dir.), *Le problème des lacunes en droit*, Bruylant, 1968.
9. DWORKIN, préc.
10. Selon de nombreux auteurs, les deux ordres se confondent : c'est la conception de Kelsen, mais aussi celle de S. ROMANO, § 21 (cette confusion ne débouchant pas pour ce dernier sur un exclusivisme).

limite à son pouvoir mais qu'il ne peut être limité que par ce qu'il a accepté : l'État de droit est un État dont la puissance est limitée par les règles de droit[11]. Juridiquement, la souveraineté donne à l'État « la compétence des compétences », c'est-à-dire que l'État est seul compétent pour déterminer qui est compétent pour l'exercice de ses différents pouvoirs.

Par une *Constitution*[12], l'État se dote des structures l'organisant comme un ordre juridique. En France, la Constitution du 4 octobre 1958 fonde l'actuelle Ve République. L'adoption des *lois*, ou pouvoir législatif, est confiée au Parlement, c'est-à-dire à l'Assemblée nationale et au Sénat. Leur exécution est confiée au pouvoir exécutif (le Gouvernement et l'administration), qui peut adopter à son tour des actes réglementaires. La sanction et l'interprétation de toutes ces normes sont confiées à des juridictions, qui veillent en outre à ce qu'elles ne portent pas atteinte aux libertés individuelles[13]. Les juridictions sont organisées à leur tour sous forme d'ordres, les *ordres juridictionnels*. L'ordre judiciaire, qui tranche les litiges entre particuliers, est chapeauté par la Cour de cassation ; l'ordre administratif, qui tranche les litiges qui impliquent l'État, est chapeauté par le Conseil d'État. En outre, le Conseil constitutionnel veille au respect de la Constitution. L'ensemble constitue le droit interne mais il ne résume pas le droit français. En effet, celui-ci est également composé de l'ordre international et des ordres européens : ces droits sont peut-être « venus d'ailleurs »[14] mais, une fois arrivées, leurs normes sont des composantes du droit français.

138. L'ordre international. – L'ordre international est celui de la société des États, ce qui lui complique singulièrement la tâche. En effet, il n'est pas facile d'avoir pour sujets les États, qui sont des sujets souverains et à égalité[15]. L'ordre international tend à se structurer en institutions, depuis la Première et, plus encore, Seconde Guerre mondiale et la naissance consécutive des Nations Unies : ce droit de coexistence est devenu un droit de coopération[16]. Pour autant, il n'existe pas à proprement parler de relation hiérarchique et les États ne remettent pas entre les mains des organisations internationales leur souveraineté. Ils restent donc les principaux acteurs de l'élaboration et de l'application

11. C'est encore à Hans Kelsen que l'on doit la notion d'« État de droit », qui lie le concept à la hiérarchie des normes

12. Pour une vision absolutiste de la réduction de l'État à la Constitution, v. R. CARRÉ DE MALBERG, *Contribution à la théorie générale de l'État*, Dalloz, 2003 (l'ouvrage original date de 1920-1922).

13. Art. 66, al. 2. La Constitution de 1958 ne parle pas de « pouvoir » judiciaire mais d'autorité.

14. L'expression célèbre du Doyen Carbonnier pour désigner le droit européen porte en elle toute l'expression d'une forte hostilité au développement du droit européen et de ses effets, notamment sur l'autorité de la loi (pour une relation non sans humour de cette hostilité, v. J.-P. MARGUENAUD, « La convention européenne des droits de l'Homme et le droit français : approches par le droit privé », *in Mélanges J.-C. Gautron*, A. Pedone, 2004, 155).

15. Sur le débat sur l'existence d'une « communauté internationale », du fait des intérêts personnels des États et des conflits permanents, v. ce verbo, par R.-J. DUPUY, *Rép. internat. Dalloz,* L'ordre international a longtemps été perçu comme une simple coexistence d'États souverains, conception parfois dénommée « westphalienne » (en référence au Traité de paix de Westphalie).

16. W. FRIEDMANN, « Droit de coexistence et droit de coopération. Quelques observations sur la structure changeante du droit international », *RIBE* 1970. 1.

du droit international, dont ils sont en même temps les destinataires[17]. La production du droit dans l'ordre international prend alors la forme principale de traités ou *conventions internationales*, que les États concluent et s'engagent à respecter, engagement fondé sur la règle *Pacta sunt servanda*[18] – toute la question restant de trouver le fondement de cette règle : pour les uns, une règle de droit naturel (Grotius), pour les autres, la volonté de chaque État de s'autolimiter (Jellinek), pour d'autres encore, une volonté collective et supérieure des États (Triepel). Après avoir créé la règle de droit qui les lie, les États vont assurer eux-mêmes son interprétation. Enfin, en cas de violation alléguée de cet engagement, l'ordre international repose largement sur des méthodes de règlement pacifique des différends (négociation, médiation, recours à un organisme international, arbitrage etc.)[19]. Ce règlement pourra être soumis à une juridiction permanente, tel qu'il en existe depuis le début du XXe siècle, par exemple la *Cour Internationale de Justice*, principal organe judiciaire des Nations Unies[20]. Depuis la fin du XXe siècle, la société internationale a également mis en place des juridictions pénales internationales pour punir les crimes les plus graves (crimes contre l'humanité, génocide), d'abord *ad hoc*[21] puis permanente avec la *Cour pénale internationale*[22]. Souveraineté oblige, la Cour ne sera compétente que si les États parties ont reconnu et accepté cette compétence, dont ils fixent eux-mêmes les limites[23]. Qui plus est, si la violation est constatée, la responsabilité internationale de l'État sera reconnue mais l'ordre international reste fragile face à un État refusant de se soumettre spontanément à cette responsabilité car il est difficile de contraindre un État[24].

Ainsi sommairement présenté, l'ordre international, s'il présente bien communauté, production et application de règles de droit, souffre de *faiblesses* congénitales, notamment pour assurer le respect de ses règles, au point que sa capacité à être un véritable « droit » a parfois été contestée[25] ou, pour le moins,

17. Ainsi, si l'État respecte le droit international, c'est parce que « les règles de droit liant les États procèdent donc de la volonté de ceux-ci », CPJI, 7 sept. 1927, *Lotus*, série A, n° 10, p. 18.

18. Les conventions doivent être respectées. La règle est également connue pour les contrats. Il existe d'ailleurs des discussions récurrentes pour savoir si les traités sont plus proches d'une règle de droit ou d'un contrat.

19. Art. 33 Charte des Nations unies.

20. La juridiction existait déjà sous le nom de Cour Permanente de Justice Internationale dans le cadre de la SDN.

21. Pour juger des crimes commis pendant la Seconde Guerre mondiale, ex. Tribunal de Nuremberg ; plus près de nous pour l'ex-Yougoslavie et le Rwanda.

22. Traité de Rome du 17 juillet 1998.

23. Selon le Président du Tribunal pénal international pour l'ex-Yougoslavie, A. CASSESE, n'étant pas doté de forces de l'ordre, « notre tribunal est pareil à un géant qui n'aurait ni bras ni jambes », discours AG ONU, 52e séance plénière, 7 nov. 1995, A/50/PV52 p. 3.

24. G. DE GEOUFFRE DE LA PRADELLE, « La fonction des juridictions de l'ordre international », *JDI* 1998. 389, sp. p. 423. En l'absence d'exécution spontanée par l'État reconnu responsable, il arrive que l'État victime prenne des « contre-mesures », c'est-à-dire des mesures de représailles, sur lesquelles v. D. ALLAND, *Justice privée et ordre juridique international – Etude théorique des contre-mesures en droit international public*, A. Pedone, 1994. Pour un exemple de difficulté de respect de l'arrêt de la CIJ ayant condamné les États-Unis pour la violation des droits diplomatiques des ressortissants étrangers condamnés à la peine de mort (31 mars 2004, *Avena et a.*), v. P.-M. MARTIN, « Difficultés d'application du droit international dans un État fédéral », *D.* 2009. 250.

25. L'ordre international étant renvoyé dans le domaine de la force et de la morale : dans la pure lignée de Hobbes, A. Lasson, Lundstedt, R. Aron, J. Morgenthau, J. Austin, cités par NGUYEN

sa réelle autonomie relativisée[26]. Pourtant, des progrès importants ont été faits dans la juridicisation de l'ordre international, quand bien même elle prendrait, du fait de la souveraineté, des formes atypiques[27]. Son importance s'est d'autant plus accrue que les conventions internationales ne se contentent plus de prétendre régler les relations entre États : elles s'adressent aussi désormais à leurs citoyens, qui peuvent, sous certaines conditions que nous verrons, les invoquer. À cet égard, les organisations internationales créées à l'échelle régionale[28] ont d'ailleurs largement prouvé leur efficacité, comme c'est le cas en Europe. Celle-ci connaît non pas une mais deux organisations régionales, l'une, très étendue, née de la volonté de protéger les droits de l'Homme, l'autre, plus limitée, née d'une union économique.

139. L'Europe des droits de l'homme : le Conseil de l'Europe. – Les États européens, traumatisés par la Seconde Guerre mondiale, ont rapidement rêvé d'une alliance juridique comme barrière au retour des totalitarismes et de la barbarie. Le 5 mai 1949, 10 États[29] signent le Traité de Londres. Il institue une organisation, le Conseil de l'Europe, dans l'objectif de garantir la démocratie, la protection des droits de l'homme et la prééminence du droit. Après la chute du Mur, le Conseil de l'Europe s'est élargi aux États de l'ancien bloc soviétique et regroupe aujourd'hui 47 États membres, qui représentent 800 millions de citoyens : le continent européen est uni dans la protection des droits de l'homme, de la Turquie à la Russie, en passant par la Suisse, à l'exception principale de la Biélorussie[30]. Le siège du Conseil de l'Europe est à Strasbourg, ce qui permet de multiplier les périphrases autour de « l'Europe de Strasbourg » ou des « juges de Strasbourg ».

Pour atteindre ses objectifs, l'institution est composée du Comité des ministres, qui réunit les ministres des Affaires étrangères des États membres et détient le pouvoir décisionnel, notamment celui d'adopter les textes des conventions ou d'assurer le suivi de l'exécution des arrêts de la CEDH. A ses côtés siège l'Assemblée parlementaire, composée de 318 membres, désignés par les Parlements nationaux. Chaque État dispose d'un nombre de sièges fonction de sa démographie, de 2 (ex., Monaco) à 18 (ex., la France). Elle a essentiellement un pouvoir délibératif : discussion des questions d'actualité, desquelles peuvent émerger des recommandations, des avis ou des résolutions, purement consultatifs[31]. Comité et Assemblée donnent l'impulsion et proposent des conventions

QUOC DINH, P. DAILLIER, M. FORTEAU et A. PELLET, *Droit international public*, LGDJ, 8e éd., 2009, n° 43.

26. ex. Ch. DE VISSCHER, *Théories et réalités en droit international public*, A. Pedone, 4e éd., 1970.

27. Pour la démonstration que le droit international représente bien un ensemble organisé en système, J. COMBACAU, « Le droit international : bric-à-brac ou système ? », *APD*, tome 31, 1986, p. 85.

28. Pour d'autres ex., en Amérique du Sud, MERCOSUR ; en Amérique du Nord, ALENA ; en Afrique, OHADA (sur laquelle, v. *infra*, n° 192).

29. Belgique, Danemark, France, Irlande, Italie, Luxembourg, Pays-Bas, Norvège, Suède et Royaume-Uni.

30. Candidat depuis 1993, en vain faute d'avancées significatives en matière de droits de l'homme.

31. Comme il a été vu, le droit recommandatoire n'est pas sans effet (v. *supra*, n° 30 et s.). Les recommandations de l'Assemblées ont ainsi été invoquées par certaines cours constitutionnelles ou la Cour EDH.

internationales que peuvent signer les États. L'une d'elles est célébrissime : la *Convention de sauvegarde des Droits de l'Homme et des Libertés fondamentales* (généralement appelée Convention européenne des droits de l'homme, désignée dans ce manuel par « Conv. EDH ») signée à Rome le 4 novembre 1950. La France s'étant engagée au respect de cette convention, ses juridictions doivent veiller à son application. Cependant, pour s'assurer du respect par les États membres de leurs obligations et garantir une interprétation uniforme, la Cour européenne des droits de l'homme[32] peut être saisie. Juridiction particulièrement dynamique, elle a su se faire écouter des juridictions nationales. Pour autant, si la Conv. EDH exerce une influence importante, elle ne constitue pas un ordre juridique autonome, qui se serait détaché de l'ordre international : elle en est un instrument, spécialisé et régional[33].

140. L'ordre de l'Union européenne. – L'ordre de l'Union européenne constitue, en revanche, un ordre juridique nouveau[34] et intégré[35]. C'est à nouveau sur les décombres de la Seconde Guerre mondiale que l'Union européenne va se construire. L'objectif est de garantir une paix durable en réalisant une union économique[36] : six États créent en 1951 la Communauté européenne du charbon et de l'acier (CECA, appelée de ses vœux par le ministre français Robert Schuman) puis, en 1957, plus largement, la Communauté économique européenne[37]. Depuis ces fondations, les 6 États membres sont devenus 28. À mesure des différents traités institutionnels adoptés, l'Union européenne s'est substituée à la CEE. La substitution a emporté un important bouleversement terminologique, toutes les références aux « communautés » européennes devenant des références à l'« Union » européenne. Or, en droit, justement, la dimension *communautaire* était la plus importante. Jusqu'au 1er décembre 2009, il existait ainsi un « ordre communautaire » (devenu « ordre de l'Union européenne »), reposant sur et créant du « droit communautaire » (devenu « droit de l'Union européenne »), dont le respect était assuré par la Cour de Justice des Communautés Européennes (devenue « Cour de Justice de l'Union Européenne »). Il s'agit, sous ces deux terminologies, des mêmes objets, à deux périodes successives, et les étudiants ne doivent pas être perturbés en rencontrant dans leurs lectures leur emploi alternatif.

La dimension juridique est fondamentale dans le fonctionnement de l'Union européenne. En effet, il s'agit d'un ordre créé par le droit et essentiellement appuyé sur le droit : celui qui le fonde, qui lui donne ses compétences (le *droit primaire*, élaboré par les États membres, sous forme de traités institutionnels), et celui qu'il crée lui-même, sur la base de ces compétences (le *droit dérivé*, élaboré par les institutions européennes, sous forme de règlements, directives et

32. Pour une explication du fonctionnement de la CEDH à l'appui de l'expérience de son ancien Président : J.-P. COSTA, *Des juges pour la liberté*, Dalloz, Les sens du droit, 2013.

33. Sur le débat et cette prise de position, la Convention se fondant par ailleurs dans le droit européen, v. J.-S. BERGÉ et S. ROBIN-OLIVIER, *Droit européen*, 2e éd., 2011, n° 587-588. En faveur de la qualification d'ordre juridique, v. A. KISS, « La Convention européenne des droits de l'homme a-t-elle créé un ordre juridique autonome ? », *in Mélanges L.-E. Pettiti*, Bruylant, 1998, p. 493.

34. CJCE, 5 févr. 1963, *Van Gend en Loos*, 26/92.

35. CJCE, 15 juill. 1964, *Costa c /ENEL*, 6/64

36. Son action lui vaudra de recevoir le prix Nobel de la paix en 2012.

37. Euratom subsiste.

décisions). Trois institutions européennes vont participer, selon des procédures d'une redoutable complexité, à la production de ce droit dérivé. Tout d'abord, le *Conseil* européen, organe intergouvernemental qui réunit les chefs d'État et de Gouvernement, représente les États membres (à ne pas confondre avec le Conseil de l'Union européenne, ou Conseil des ministres, qui réunit les ministres de chaque État membre par spécialité). Ensuite, le *Parlement* européen, qui représente les peuples et réunit le nombre impressionnant de 785 élus. Il siège en principe à Strasbourg. Enfin, la très puissante *Commission* européenne, qui représente l'intérêt commun de l'Union européenne, de façon assez indépendante mais sous le contrôle politique du Parlement. La Commission siège principalement à Bruxelles. Le droit de l'Union élaboré par ces institutions est intégré au droit français et il doit être appliqué par tous les juges nationaux. Toutefois, pour assurer le respect du droit de l'Union par les États membres et par les institutions européennes, et pour en garantir l'interprétation uniforme, il existe la Cour de Justice de l'Union européenne, qui siège à Luxembourg (« le juge de Luxembourg »). Celle-ci se compose de la Cour de Justice (ou CJUE), du Tribunal et du Tribunal de la fonction publique.

Il existe un débat, que nous ne développerons pas ici, sur la question de savoir si le système qui vient d'être décrit est une organisation internationale comme une autre ou une organisation spécifique, qui tendrait à ressembler plus à un ordre étatique fédéraliste qu'à une organisation internationale régionale[38]. Quoi qu'il en soit, il peut être remarqué que cet ordre international-là est redoutablement efficace : contrairement à l'ordre international et au Conseil de l'Europe, il a su se doter de moyens de contrainte importants envers les États membres manquant à leurs obligations européennes Ainsi, la France gardera longtemps le goût amer des merluchons. Ces petits merlus, justement parce que trop petits, ne peuvent être pêchés selon la législation européenne : ils doivent donc être remis à l'eau pour préserver l'espèce en Méditerranée. Pour avoir manqué à cette réglementation de la pêche, avec une certaine obstination, la France fut condamnée à une sanction record : une amende de 20 000 000 €, assortie d'une astreinte de 57 761 250 € par six mois jusqu'à la réparation du manquement[39]. De quoi garantir une certaine efficacité à l'ordre de l'Union européenne.

141. Conseil de l'Europe et Union européenne : gare aux confusions[40]. – Les deux droits européens sont deux organisations juridiques bien distinctes. Il faut bien reconnaître que, pour un non initié, les sources de confusion ne manquent pas au sein du « droit européen », entre le « droit de l'Union européenne » (ex- « droit communautaire ») et le « droit de la protection européenne des droits de l'Homme ». Outre qu'il s'agit de deux droits européens, ils partagent le

38. V. D. SIMON, *Le système juridique communautaire*, PUF, 3e éd., 2001. Pour la CJCE elle-même, il n'y a guère de doutes : il s'agit d'un « ordre juridique propre intégré au système juridique des États membres », 15 juill. 1964, *Costa c /ENEL*, 6/64.

39. *Commission/France*, 12 juill. 2005, C-304/02. Précisons que le manquement avait été constaté dès 1991. Précisons également que, le 1er mars 2006, la France n'avait toujours pas assuré ses obligations et dut payer l'astreinte prévue. Le 23 novembre 2006, de nouveaux efforts ayant été constatés, la Commission a levé l'astreinte.

40. V. la page très didactique « Ne pas confondre » sur le site du Conseil de l'Europe.

même drapeau (bleu azur avec une couronne de 12 étoiles d'or) et le même hymne (*L'Ode à la joie* de Beethoven). Strasbourg est à la fois le siège du Conseil de l'Europe et celui du Parlement européen de l'Union. Il existe un Conseil de l'Europe mais aussi un Conseil européen (UE), un Comité des ministres (des affaires étrangères, Conseil de l'Europe) et... un Conseil des ministres (l'ancien Conseil européen de l'UE), une Assemblée parlementaire (Conseil de l'Europe) et un Parlement européen (UE). La CJUE fait application de la Convention EDH et référence à la jurisprudence de la CEDH et réciproquement. Pourtant... Pourtant les missions ne sont pas les mêmes, les institutions et les outils juridiques ne sont pas les mêmes, les politiques juridiques ne sont pas les mêmes, les modalités de fonctionnement, l'efficacité des décisions, l'impérativité des normes ne sont pas les mêmes, bref, il s'agit de deux institutions juridiques différentes et il faut prendre garde à ne pas confondre l'Europe des 28 (l'Union européenne) et l'Europe des 47 (le Conseil de l'Europe). Il est indispensable de faire l'effort d'avoir clairement à l'esprit cette distinction, malgré les recoupements éventuels, car il n'est pas rare de voir des juristes prêter une institution ou une norme du Conseil de l'Europe à l'Union européenne – et inversement – confusion dont la fréquence n'ôte strictement rien à l'énormité.

Le juriste français d'aujourd'hui va donc se situer dans ce vaste environnement, faisant application à la fois du droit d'origine interne, du droit de l'Union européenne, du droit du Conseil de l'Europe et du droit international. Qui plus est, à l'occasion de litiges particuliers, il pourra rencontrer d'autres ordres juridiques, plus atypiques.

B D'autres ordres juridiques ?

142. Le débat doctrinal. – L'État est parfois considéré comme la seule entité capable de répondre à la définition de l'ordre juridique[41]. L'ordre international et l'ordre européen ne sont alors eux-mêmes que des émanations des États qui y participent. Il existe pourtant du droit en dehors de tout État : l'histoire et l'anthropologie le prouvent amplement[42]. Mais, une fois l'État apparu, n'aurait-il pas une prétention au monopole de l'ordre juridique[43] ? Là encore, l'observation révèle bien la persistance d'autres ordres juridiques[44], non pas supérieurs à l'État mais au sein même de celui-ci, venant s'intercaler entre lui et l'individu. Santi Romano est le fondateur de cette conception pluraliste de

41. C'est la position de Kelsen, ou dans un autre genre, du français R. Carré de Malberg, préc.

42. V. F. OST et M. VAN DE KERCHOVE, *Le système juridique entre ordre et désordre*, sp. p. 190 et s. ; J. VANDERLINDEN, « Le pluralisme juridique – Essai de synthèse », *in Le pluralisme juridique*, J. GILISSEN (dir.), éd. Université de Bruxelles, 1972, p. 19 ; N. ROULAND, *Anthropologie juridique*, PUF, 1988 ; pour la dimension historique, ex. J. CARBONNIER, *Sociologie juridique*, A. Colin, Coll. U, 1972, sp. p. 357.

43. Voir, par exemple, J. DABIN, *Théorie générale du droit*, Dalloz, 1969 (l'ouvrage date de 1943) ; G. TIMSIT, *Thèmes et systèmes de droit*, PUF, 1986, p. 148.

44. V. J. GILISSEN (dir.), *Le pluralisme juridique*, préc.

l'ordre juridique[45], qui aborde comme tel tout ordre social ou « institution »[46]. Chaque individu peut dès lors appartenir à plusieurs ordres juridiques en même temps et, de ce fait, être soumis à plusieurs normes, voire être passible de plusieurs sanctions[47] : étatique, certes, mais aussi professionnel, local, religieux et, pourquoi pas, familial[48], le sentiment d'appartenance étant généralement plus fort pour les groupes les plus proches[49]. Toute la difficulté revient alors à savoir où arrêter la reconnaissance des ordres juridiques pour ne pas y voir « tout *truc* un peu composite et encore innommé auquel il faut trouver une qualification moins triviale »[50].

143. Un ordre transnational ? – La *lex mercatoria* est le nom donné par la doctrine[51] à l'ensemble des règles dégagées par et pour les opérateurs du commerce international. Pour échapper aux réglementations étatiques et interétatiques, les professionnels habitués du négoce international ont élaboré des règles plus souples, moins formelles, plus efficaces, en définitive plus adaptées aux exigences du commerce international. Si l'on admet l'existence d'une telle communauté internationale[52], il est possible de constater sa capacité à produire des règles de droit, sous la forme d'usages, de contrats-types et de principes généraux. À cette production spontanée de droit s'ajoutent des structures fédératives, organisations professionnelles et institutions d'arbitrage, qui vont beaucoup œuvrer à l'application, à la sanction mais aussi à la production de l'ordre transnational. Il est ainsi possible pour les parties de faire échapper leur contrat international aux ordres étatiques pour préférer les soumettre à cette justice transnationale. Cet ordre juridique transnational est relativement bien admis dans le commerce international, seule restant en débat la question de sa réelle

45. Eclipsant la doctrine, assez poétique, du toulousain Maurice HAURIOU (*Aux sources du droit – Le pouvoir, l'ordre et la liberté,* Cahiers de la Nouvelle Journée, 1928). Le constat du pluralisme n'est pas forcément fait pour l'encourager : dénonçant les dangers pouvant en découler pour l'unité de la nation, P. FRAISSEX, « De l'État-nation à l'État « groupusculaire » : chronique d'un dépérissement engagé », *D.* 2000. chron. 61.

46. Le terme est retenu par S. Romano comme par Hauriou. Il s'explique par l'origine de la théorie, qui généralise un concept jusqu'alors employé pour expliquer la personne morale, par exemple une corporation. Aujourd'hui encore, la théorie de l'institution est parfois évoquée par exemple pour expliquer les relations entre pouvoir de l'employeur et salariés au sein d'une entreprise.

47. Ainsi, si le droit étatique interdit d'être sanctionné deux fois pour le même fait, il accepte le cumul entre une sanction pénale (celle de l'ordre étatique) et une sanction disciplinaire (celle de l'ordre professionnel).

48. Ce qu'admet S. ROMANO. Il admet également que constituent des ordres juridiques des organisations illicites (§ 30). Il pourrait être ajouté, par exemple, les contrats collectifs, l'arbitrage (voir G. C. J. J. VAN DER BERGH, *in Le pluralisme juridique*, p. 105) ou la communauté scientifique (R. ENCINAS DE MUNAGORRI, « La communauté scientifique est-elle un ordre juridique ? », *RTD civ.* 1998. 247).

49. Cette multiplicité d'appartenance crée des conflits : v. *Les contentieux de l'appartenance*, CERC, L'Harmattan, Champs Libres, 2006 ; sur le sentiment d'identité et les possibilités de sa reconnaissance, D. GUTMANN, *Le sentiment d'identité*, LGDJ, 2000.

50. J. COMBACAU, « Le droit international : bric-à-brac ou système ? », *APD*, tome 31, 1986, p. 85.

51. B. GOLDMAN, « Frontières du droit et "lex mercatoria" », *APD*, tome 9, 1964, p. 177.

52. Selon certains, il n'y aurait pas communauté mais « îlots » d'opérateurs, v. P. LAGARDE, « Approche critique de la *lex mercatoria* », *in Mélanges B. Goldman*, Litec, 1982, p. 125.

autonomie[53]. Une forme particulière d'ordre transnational, particulièrement organisée et efficace, est celle constituée par la *lex sportiva*[54] : les contrats relatifs au sport s'insèrent dans la structure des fédérations nationales, elles-mêmes chapeautées par les fédérations internationales et le Comité olympique international, les contentieux en la matière n'échappant que rarement au très puissant Tribunal arbitral du sport de Genève.

144. Les ordres professionnels. – Accepter l'existence d'ordres juridiques professionnels commence par dépasser un mauvais souvenir, celui des corporations de l'Ancien droit. Nées dans les villes du Moyen Âge, elles furent reconnues par le pouvoir royal qui leur octroya pouvoir de police (ex., la sélection des nouveaux entrants), de réglementation (ex., celle du savoir faire) et de sanction mais, rapidement, ces monopoles devaient donner lieu à de nombreux abus de « corporatisme », c'est-à-dire de défense de leurs intérêts de corps au lieu de garantie de l'exercice dans les règles de l'art[55]. Supprimés par les révolutionnaires, les ordres professionnels allaient renaître à partir de 1940 et restent l'un des héritages de la législation du régime de Vichy. Contrairement aux anciennes corporations, il ne s'agit plus de corps d'artisans ou de commerçants mais d'organisations de professions libérales (ex. médecins, architectes, avocats)[56]. La nature particulière de l'activité libérale justifie que soit assuré le respect d'une certaine déontologie et d'une discipline, confiées à la profession elle-même[57]. Ces ordres sont reconnus compétents pour élaborer les normes de la profession, par des actes réglementaires ou des décisions individuelles, et ils comprennent leurs propres juridictions, les juridictions disciplinaires, qui peuvent prononcer des sanctions allant du blâme à la radiation[58].

145. Les ordres liés à certaines activités : les secteurs régulés. – Après la discipline de certaines professions, c'est celle de certains secteurs qui est venue s'interposer entre l'État et les particuliers[59]. Économiquement, elle signe le passage de certains anciens monopoles de l'État à l'économie de marché[60]. Pour autant, ces secteurs étant sensibles pour l'intérêt général, il n'est pas question de les laisser sans surveillance. La régulation économique va donc devoir trouver son pendant juridique : comment surveiller un secteur sans laisser

53. V. pour une présentation récente des grandes tendances doctrinales et des utilisations positives de la *lex mercatoria*, en France et à l'étranger, et leur appréciation critique, Ch. PAMBOUKIS, « La *lex mercatoria* reconsidérée », *Mélanges P. Lagarde*, Dalloz, 2005, p. 635.

54. Sur laquelle, F. BUY, J.-M. MARMAYOU, D. PORACCHIA et F. RIZZIO, *Droit du sport*, Manuel, LGDJ, 3e éd., 2012, n° 279 et s. ; F. LATTY, *La* lex sportiva – *Recherche sur le droit transnational*, éd. Martinus Nijhoff, 2007.

55. Pour un exemple de cette dérive, v. M.-H. RENAUT, « De la corporation d'apothicaires à la profession de pharmaciens », *RDSS* 1997. 737.

56. Pour leur analyse dans la théorie pluraliste, v. J. MORET-BAILLY, « La théorie pluraliste de Romano à l'épreuve des déontologies », *Droits*, n° 32, 2000, p. 171.

57. V. *RTD civ.* 1998. 218, obs. R. LIBCHABER ; 2007. 67, obs. R. ENCINAS DE MUNAGORRI.

58. V. P. ANCEL et J. MORET-BAILLY (dir.), *Vers un droit commun disciplinaire ?*, PUSE, 2007.

59. Pour les AAI sous l'angle du pluralisme, J. CHEVALLIER, « Réflexion sur l'institution des autorités administratives indépendantes », *JCP* 1986. I. 3254 ; B. FAURE, « La crise du pouvoir réglementaire : entre ordre juridique et pluralisme institutionnel », *AJDA* 1998. 547.

60. Pour la régulation comme interface entre le système juridique et le système économique, M.-A. FRISON-ROCHE, « Le droit de la régulation », *D.* 2001. 610.

l'impression que le retrait de l'État dans la gestion n'est qu'illusoire ? La réponse va venir d'une nouvelle forme d'organisation juridique, paradis des acronymes : les *autorités administratives indépendantes* (AAI[61]). Elles prolifèrent dans deux domaines : les anciens monopoles économiques (elles sont alors composées de représentants du secteur) et la protection des droits et libertés (elles sont alors composées de sages). Parmi les plus connues, il est possible de citer, l'Autorité des Marchés Financiers (AMF[62]), l'Autorité de la Concurrence, la Commission Nationale de l'Informatique et des Libertés (CNIL) ou le Défenseur des droits[63]. Les autorités sont dotées, par la loi qui les institue, de pouvoirs variés. Généralement, elles assurent la surveillance du secteur en exerçant une forme de police. Au plus fort, elles peuvent, ayant constaté des manquements, prononcer une sanction. Plus rares sont les autorités dotées du pouvoir réglementaire d'élaborer des règles de droit[64], notamment déontologiques[65]. En revanche, elles ont toujours le pouvoir d'émettre des avis ou recommandations.

146. Les collectivités territoriales ? – L'ordre étatique français est un ordre centralisé. Les prérogatives juridiques y sont donc exercées au seul niveau de l'État. Pourtant, la décentralisation entamée en 1982 aboutit à reconnaître des compétences de plus en plus nombreuses aux *communes, départements et régions*. Les missions confiées croissent inexorablement, au point de diagnostiquer une « maladie de la norme territoriale », les collectivités s'étant vues confier l'application de 400 000 normes techniques[66]. La Constitution garantit que les collectivités territoriales s'administrent librement, par leurs propres organes et l'exercice de leur pouvoir réglementaire[67]. Les organes comprennent une assemblée délibérante élue (le « Conseil » municipal, général ou régional) et un pouvoir exécutif (le maire, le président du Conseil général ou le président du Conseil Régional). Leurs compétences vont en s'élargissant et touchent tous les aspects de la vie collective (enseignement, urbanisme, santé, sanitaire et social). Elles produisent des normes, sous formes d'arrêtés ou de délibérations, qui peuvent désormais être adoptées par référendum local[68]. De façon

61. Pour une présentation, Conseil d'État, *Les autorités administratives indépendantes*, Rapport public, 2001, qui en décompte 25 à 35 et dénonce leur hétérogénéité.

62. Qui est dotée de la personnalité morale et d'un budget propre.

63. Qui se présente, du fait de son inscription dans la Constitution même, comme une autorité « constitutionnelle » indépendante. Il remplace d'anciennes AAI : le Médiateur de la République, le Défenseur des enfants la HALDE et la CNDS. V. F. AUMOND, « Le Défenseur des droits : une peinture en clair-obscur », *RFDA* 2011. 913.

64. Une telle délégation est admise par le Conseil constitutionnel. Elle ne porte pas atteinte au pouvoir réglementaire confié par la Constitution au Premier ministre tant que l'habilitation donnée aux AAI reste limitée. Par ex., pour l'Autorité de régulation des télécommunications, décision du 23 juill. 1996, n° 96-378 DC.

65. Pour leur étude, sous l'angle du pluralisme, H. AUBRY, « Réflexions sur l'évolution récente de la déontologie en droit des affaires », *D.* 2009. 1254.

66. C. BELOT, *Rapport d'information sur les normes applicables aux collectivités territoriales*, Sénat, n° 317, 16 févr. 2011. Pour des propositions de simplification, Rapport E. DOLIGÉ, *La simplification des normes applicables aux collectivités locales*, juin 2011.

67. Connu de la jurisprudence constitutionnelle, le principe de la libre administration des collectivités territoriales est inscrit depuis la révision du 23 juillet 2008 à l'article 72 de la Constitution.

68. Art. 72-1, al. 2 Const. depuis la révision de 2008.

plus originale, elles peuvent participer à l'*expérimentation locale*[69] d'une loi : comme son nom l'indique, il s'agit d'appliquer une nouvelle politique publique mais seulement dans les collectivités territoriales ayant souhaité faire l'essai[70]. Au terme de cette expérimentation, et au regard des résultats observés par les collectivités, le Parlement peut décider de généraliser la mesure, de prolonger l'essai ou d'abandonner la réforme. Le revenu de solidarité active (RSA) avait ainsi fait l'objet d'expérimentation avant son adoption générale. Malgré ces nombreuses compétences, les collectivités territoriales restent totalement intégrées dans l'ordre étatique lui-même, dont elles demeurent un mode de gestion décentralisé sur le territoire : il s'agit plus de l'ordre étatique sur le territoire que d'une myriade d'ordres juridiques locaux[71]. La situation pourrait être différente pour les collectivités outre-mer.

147. Le droit outre-mer. – Les régimes juridiques outre-mer sont d'une très grande variété et traduisent l'existence de collectivités plus ou moins intégrées, plus ou moins autonomes[72]. Ainsi, les départements outre-mer, soumis au principe d'assimilation législative[73], ne relèvent pas d'un ordre juridique particulier : le droit applicable par principe est le droit commun. En revanche, pour les collectivités outre-mer[74] ou les collectivités *sui generis*[75], et afin de respecter leurs spécificités, le principe de spécialité domine : les textes métropolitains ne sont donc pas applicables de plein droit.

Ce morcellement de l'ordre juridique français aboutit parfois à la production d'un droit infra-étatique original. Celui-ci peut prendre deux formes. D'une part, celle de *lois de pays*, forme de décalque à l'échelon territorial du mode de production du droit formel à l'échelon national[76]. D'autre part, celle de l'application des *statuts personnels*[77], c'est-à-dire, en droit civil, l'application des coutumes traditionnelles dans les îles Wallis-et-Futuna[78], de la coutume kanak en Nouvelle-Calédonie et du droit musulman à Mayotte. Le juge étatique, mal

69. F. CROUZATIER, « L'expérimentation locale (loi organique du 1er août 2003) », *RFDA* 2004. 21.

70. Déjà connue en pratique, la méthode est encouragée par le nouveau fondement donné par la révision constitutionnelle du 23 juillet 2008, art. 37-1 et 72 al. 4 de la Constitution.

71. Pour l'analyse de leurs rapports avec la conception de l'ordre juridique, B. FAURE, préc.

72. Pour les différentes évolutions statutaires jusqu'à la période contemporaine, v. V. PARISOT, *Les conflits internes de lois*, thèse, Paris I, 2009, n° 267 et s.

73. Art. 73 de la Constitution. Depuis la loi constitutionnelle du 28 mars 2003, des dérogations ou adaptations sont admises pour répondre aux « caractéristiques et contraintes particulières de ces collectivités », à titre expérimental ou sur habilitation du législateur organique.

74. Not. la Polynésie française, Wallis-et-Futuna. C'était également le statut de Mayotte avant sa départementalisation.

75. Ex. Nouvelle-Calédonie. Pour le transfert de compétence de l'État à la Nouvelle-Calédonie en matière civile, au 1er juillet 2013, v. loi de pays n° 2012-2 du 20 janvier 2012.

76. Tout en subtilité, l'ordre français a créé deux catégories : les lois du pays de Nouvelle-Calédonie sont soumises au contrôle du Conseil constitutionnel (v. R. FRAISSE, « La hiérarchie des normes applicables en Nouvelle-Calédonie », *RFDA* 2000. 77) ; les lois du pays de la Polynésie française sont des actes administratifs soumis au contrôle du Conseil d'État (v. O. GOHIN et M. JOYAU, « L'évolution institutionnelle de la Polynésie française », *AJDA* 2004. 1242).

77. Art. 75 de la Constitution.

78. Art. 3 loi n° 61-814 du 29 juillet 1961 conférant aux îles Wallis et Futuna le statut de territoire d'outre-mer. L'application de la coutume, comme l'organisation autour de trois royaumes, n'ont pas été modifiées par la transformation en collectivité d'outre-mer par la révision constitutionnelle de 2003.

placé pour connaître ces autres formes d'ordres juridiques, est dès lors assisté d'assesseurs coutumiers[79] ou de cadis[80]. Il y a bien ici reconnaissance d'une communauté et de son ordre juridique[81].

La description ainsi faite des ordres juridiques pourrait laisser croire à une certaine simplicité, au fond, du droit : un ensemble d'institutions, de structures et de mécanismes assez sagement ordonnés, qu'il suffit de contempler. Il n'en est (évidemment) rien et toute la difficulté, mais aussi toute la richesse de la compréhension du droit, se révèle lorsque l'on touche à l'organisation de ces différents systèmes.

Section 2
L'organisation des systèmes

148. Parce que les systèmes juridiques sont des ensembles complexes, il serait possible de multiplier l'examen des relations particulières se nouant entre leurs éléments : les relations entre les différents titulaires de compétences juridiques, les multiples formes que pourra prendre la sanction sécrétée, le rapport entre l'effectivité des normes et la structure générale, entre le groupe social et les institutions, entre les différentes structures, tout est envisageable. Ces questions sont d'une assez redoutable difficulté, même réduites à une expression simple. Il est pourtant important qu'un juriste, destiné à jongler en permanence entre différentes normes, originaires de différents systèmes, connaisse ces grands axes d'organisation. On se limitera donc ici à deux types de relations qui suscitent particulièrement l'attention des juristes. Le premier tente de préciser les relations existant entre les différentes normes d'un même système juridique (§ 1.). Le second débat des relations entre les différents ordres juridiques (§ 2.).

§ 1. L'organisation des normes à l'intérieur d'un système

149. Si l'approche de la définition du droit sous l'angle de l'ordre juridique est plus générale que son approche par la règle, il n'en demeure pas moins qu'une part conséquente de l'ensemble ainsi formé est composée de normes. Cependant, les normes ne sont pas ici intéressantes en tant que telles mais plutôt

79. Pour l'application de la coutume kanak, article 19 al. 2 de la loi organique du 19 mars 1999 ; Art. 5 loi n° 61-814 du 29 juillet 1961 conférant aux îles Wallis et Futuna le statut de territoire d'outre-mer.

80. Dans le cadre du processus de départementalisation de Mayotte, la compétence des cadis a été restreinte à la médiation et à la consultation par l'ordonnance 2010-593 du 3 juin 2010.

81. Il faut se garder d'images angéliques d'une organisation française admirative de diversité et de pluralisme : les communautés locales se sont parfois imposées plus qu'elles n'ont été spontanément protégées, particulièrement en Nouvelle-Calédonie. Il ne faut pas non plus perdre de vue la tension permanente entre politique assimilationniste et approche particulariste : N. ROULAND, « Les statuts personnels et les droits coutumiers dans le droit constitutionnel français », *in Droit constitutionnel local*, A.-M. LE POURHIET (dir.), PUAM-Economica, 1999, p. 145.

du point de vue de leur insertion dans l'ensemble et de leur organisation mutuelle.

150. Les règles substantielles et les règles structurelles. – Le système juridique est composé de différentes catégories de normes, qui ne remplissent pas la même fonction au sein de l'ordre juridique et, partant, la même place dans la réalisation du droit[82]. Les premières, traditionnellement, sont celles qui portent sur les *conduites*, telles que nous les avons déjà rencontrées lors de l'étude de la règle de droit[83]. Elles ne portent d'ailleurs pas nécessairement sur une conduite au sens strict : elles peuvent déterminer des droits ou des obligations ou donner des qualifications. Toutes ces règles sont des normes substantielles, elles disent aux sujets, sur des registres différents, ce qu'ils peuvent faire ou ne pas faire ; en tout état de cause, elles affectent les conduites humaines. Cependant, aux côtés de ces règles substantielles, qui donnent les solutions de fond aux situations, se trouvent dans l'ordre juridique un nombre important de règles de structure[84] : c'est le *droit des normes*. Ces règles-là ne vont pas porter sur les comportements directement mais indirectement : elles portent sur les autres règles, en organisant leur production, leur application, leur sanction. Certaines portent sur la production du droit : c'est le cas par exemple des règles de la Constitution qui fixent la procédure d'élaboration de la loi (art. 39 et s.) ou de celles du Titre préliminaire du Code civil qui déterminent la date d'entrée en vigueur de la loi (art. 1er) ou qui bornent le pouvoir normatif du juge (art. 4 et 5). Elles déterminent la compétence des institutions pour édicter le droit mais aussi pour l'identifier, l'appliquer ou contrôler sa validité. Certaines règles sont des règles sur la sanction[85] : outre les règles fixant le tarif encouru, ce droit sanctionnateur

82. Cette préoccupation est omniprésente dans les théories normativistes mais on la trouve en des termes différents dans d'autres théories : ex. la distinction de L. DUGUIT entre règles normatives, qui imposent une abstention ou une action, et règles constructives, qui assurent le respect et l'application des règles normatives (*L'État, le droit objectif et la loi positive*, éd. A. Fontemoing, 1901, p. 551 et s.) ; la distinction entre règles de but et règles de moyen de J. DABIN (*La philosophie de l'ordre juridique positif*, Sirey, 1929, n° 5). Pour le précurseur, v. J. AUSTIN, *La philosophie du droit positif*, Libr. nouvelle de droit et de jurisprudence A. ROUSSEAU, 1894.

83. Nous n'avons pas repris la terminologie généralement employée de « normes primaires » et « normes secondaires » dans un souci pédagogique. En outre, cette reformulation évite d'avoir à exposer les nuances entre les différents théoriciens : les normes « secondaires » selon Austin, H. L.A. Hart et N. Bobbio s'opposent aux normes portant un droit ou une obligation, qualifiées de « premières ». Chez Kelsen, les normes portant un devoir ou une obligation sont les normes « secondaires » et les normes les sanctionnant sont les normes « primaires ». Pour tous, les normes sur les normes sont les plus importantes dans le système. Sur ces conceptions, v. N. BOBBIO, « Nouvelles réflexions sur les normes primaires et secondaires », *in Essais de théorie du droit*, LGDJ, 1998, p. 159.

84. Elles portent selon Hart sur l'attribution des pouvoirs et se divisent en normes de reconnaissance, de modification et de jugement. V. égal. les normes d'identification du droit de Bobbio, divisées en trois types de normes : les normes sur les sources, les normes sur la validité des lois dans le temps et dans l'espace, les normes sur l'interprétation et l'application des normes. La norme d'habilitation peut être largement appréhendée comme regroupant acteur, procédure, champ d'application, champ de réglementation, G. TUSSEAU, *Les normes d'habilitation*, Dalloz, 2006.

85. On retrouve ainsi le rapport entre règles de conduite et règles de sanction déjà connu de la définition traditionnelle. Cependant, les normes de sanction sont ici considérées comme plus importantes, parce que c'est là que se découvrent les véritables structures d'un droit, alors que la conception traditionnelle montre une nette préférence pour la règle de conduite. Surtout, ce n'est pas la sanction d'une règle déterminée qui est ici envisagée (on a vu qu'elle était parfois manquante) mais celle de l'ordre juridique en général.

habilite le juge à prononcer la sanction et est constitué du droit du procès, en ce qu'il permet la réalisation judiciaire des normes de conduite[86]. Elles fixent aussi, par un corps abondant, complexe et incontournable, le droit d'accès au juge. D'autres normes enfin constituent le pan entier des règles de combinaison de normes dont l'unique objet est de désigner la norme applicable quand sont en concurrence, par exemple, une loi ancienne et une loi nouvelle (art. 2 du Code civil), une loi française et une loi étrangère (art. 3 du Code civil), une loi française et une convention internationale (art. 55 de la Constitution). Dans un système composé d'un nombre de plus en plus important de normes, d'origines de plus en plus diverses, ces règles de conflit sont indispensables pour assurer la cohérence de l'ordre juridique.

151. La division en branches[87]. – Ce droit des normes est généralement étudié dans le cadre de l'introduction au droit, comme nous le ferons dans la seconde partie. Ainsi, l'introduction au droit est l'apprentissage du droit des normes d'un ordre juridique, c'est-à-dire du droit qui fixe le cadre de la production, de l'application et de la sanction du droit. Une fois cette base acquise, le contenu du droit est par la suite enseigné, branche par branche, selon un découpage par objet[88]. Ainsi, le droit *privé*, droit des relations entre particuliers, se découpe notamment en droit civil, droit commercial, droit du travail, procédure civile. Le droit *public*[89], droit des relations dans lesquelles intervient l'État, regroupe, entre autres, le droit constitutionnel, le droit administratif ou le droit international public. Le droit *pénal* peine depuis toujours à entrer dans cette division droit privé/droit public[90]. Il a depuis été rejoint par d'autres branches transversales, le droit de l'homme et des libertés fondamentales et le droit européen.

152. L'agencement des normes : de la pyramide au réseau[91]. – La pyramide est probablement la figure la plus célèbre laissée par l'importante œuvre de Kelsen. Elle représente les normes d'un ordre juridique sous une forme *hiérarchique* : elles ne sont pas à égalité mais les unes au-dessus des autres, dans un rapport de normes supérieures à normes inférieures. Chaque norme est fondée sur une autre norme, supérieure, qui elle-même tire sa validité d'une norme supérieure, etc. La figure remonte en cascade pour dresser un agencement sous forme pyramidale. Dans un droit étatique, la Constitution[92] est au sommet ; elle

86. V. L. CADIET et E. JEULAND, *Droit judiciaire privé*, Manuel, Litec, 7e éd., 2011, n° 8 et 9.

87. F. GRUA, « Les divisions du droit », *RTD civ.* 1993. 59.

88. Les autres disciplines n'enseignent pas que le contenu, elles reprennent également les structures propres à leur matière. Certaines disciplines sont d'ailleurs plus largement composées de normes structurelles, comme le droit international privé, qui s'intéresse aux solutions de conflit de lois, ou le droit institutionnel de l'Union européenne, qui détaille la production et l'application de ce droit.

89. X. BIOY (dir.), *L'identité du droit public*, Presses Univ. Toulouse 1 Capitole-LGDJ, 2011.

90. Sur laquelle, B. BONNET et P. DEUMIER (dir.), *De l'intérêt de la* summa divisio *droit public droit privé ?*, Dalloz, 2010.

91. L'image est empruntée au titre de l'ouvrage, souvent cité, de F. OST et M. VAN DE KERCHOVE. Il est important de préciser que leur thèse est bien plus large qu'une simple modification de l'agencement des normes : elle désigne un changement de paradigme, du droit souverain, dur et tranchant, au droit souple, régulé et pluraliste.

92. Il s'agit ici du sommet des normes positives. Dans la théorie de Kelsen, la Constitution, norme suprême, trouve elle-même son fondement dans la Norme Fondamentale, une norme hypothétique, qui

valide les lois adoptées conformément à ses procédures ; les lois valident à leur tour les actes administratifs passés conformément à leurs exigences, etc. La figure n'est pas dénuée de pertinence, tant qu'elle ne veut décrire qu'un rapport de validité (et non d'application) entre textes (et non entre toutes les normes) d'un même ordre juridique (et non entre ordres juridiques). Au-delà, la figure hiérarchique est trop rigide pour décrire toute la complexité du fonctionnement de l'ordre juridique. Certains conflits ne peuvent se résoudre en termes de hiérarchie : ainsi des conflits, de plus en plus fréquents, entre normes protectrices de droits fondamentaux : étant difficile d'affirmer la primauté d'une valeur sur une autre, il faut privilégier à la supériorité la mise en balance des valeurs[93]. Aussi, depuis la fin du XXe siècle, il est souvent recouru à la forme plus souple du *réseau* pour décrire les relations entre les normes. Entre autres mérites, le réseau permet de faire fonctionner les différents ordres juridiques : en effet, un ordre juridique ne doit pas se préoccuper que de l'organisation des normes qu'il produit lui-même. Il doit aussi assurer les conditions de la réception des normes des autres systèmes.

§ 2. Les rapports entre systèmes

153. Pas plus que les normes, les ordres juridiques ne sont posés les uns à côté des autres dans la plus grande indifférence. Ajoutant à la difficulté technique une dimension politique liée aux questions de souveraineté, l'organisation est plus difficile encore. Parce que ces questions sont d'une immense complexité, on ne fera que les esquisser dans le cadre de cette définition du droit. La question sera reprise sous l'angle plus concret, mais non moins subtil, des réponses apportées par le droit positif aux litiges mettant en cause ce type d'articulations, dans la seconde partie de l'introduction.

154. Entre ordre étatique et autres ordres juridiques : monisme ou pluralisme ? – L'ordre étatique est le seul ordre exclusif et souverain. Dès lors, selon certains, qui sont qualifiés de *monistes*, l'ordre étatique est de fait le seul ordre juridique[94]. Si d'autres ordres existent, c'est uniquement du fait de la délégation de l'État : ils sont inclus dans l'ordre étatique dont ils ne sont que des dérivés, des morceaux – autant dire rien. Le droit international n'est agissant que parce que l'État accepte de s'y soumettre, le droit de l'Union s'applique aux États ayant adhéré à l'organisation, les droits locaux ou professionnels ne sont reconnus que tant que l'État le veut bien, etc. À l'extrême opposé, les plus farouches *pluralistes* défendront au contraire l'idée de l'autonomie des ordres juridiques non étatiques : par exemple, la *lex mercatoria* secréterait

assure la validité et l'unité de l'ensemble : *Théorie pure du droit,* p. 43, p. 257. Pour Hart, c'est une « norme de reconnaissance », c'est-à-dire une norme, pratique et souvent implicite, qui permet de reconnaître ce qu'un ordre juridique admet comme l'une de ses normes. Sur ce point, v. Ph. GÉRARD, « L'idée de règle de reconnaissance : valeur, limites et incertitudes », *RIEJ*, vol. 65, 2010, p. 65.

93. Pour une méthode de résolution de ces conflits, P. DUCOULOMBIER, *Les conflits de droits fondamentaux devant la Cour européenne des droits de l'Homme*, Bruylant, 2011.

94. Sur l'identité entre droit et État, H. KELSEN, p. 370 et s.

et sanctionnerait son propre droit, sans s'appuyer sur aucun ordre juridique étatique. Entre ces deux positions, il existe une voie moyenne, qui reconnaît la domination nécessaire de l'ordre étatique mais sans déduire de cette domination l'inexistence des autres ordres. En effet, le tout pluraliste est aussi peu tenable que le rien pluraliste : il est vain de vouloir nier le rôle de structuration et de pilotage de l'État, qui a institué les ordres professionnels, l'arbitrage international ou la reconnaissance de l'application du droit outre-mer ; il est irréaliste de prétendre que cette structuration réduit les autres ordres à des objets du bon vouloir de l'État ou de traiter de manière indifférenciée les normes produites en son sein et les normes reçues en son sein. Le débat semble aujourd'hui réduit à une toile de fond sur laquelle se noue l'essentiel de la question : la maîtrise du lien unissant les différents ordres.

Indépendance, complémentarité, reconnaissance, relevance[95], habilitation, lien organique, lien formel, lien matériel, les figures sont nombreuses et le degré d'indépendance très variable. Pour reprendre les exemples déjà rencontrés, les collectivités territoriales sont entièrement intégrées dans la structure administrative de l'État et produisent un droit qui est l'exécution du droit de l'État ; les ordres professionnels disposent d'un assez grand pouvoir de sanction, par leurs juridictions disciplinaires, mais leurs décisions peuvent faire l'objet d'un appel devant les juridictions étatiques ; les ordres professionnels élaborent par ailleurs des codes de déontologie mais ceux-ci sont édictés par la voie d'un règlement étatique et en prennent l'autorité ; les règles de la *lex mercatoria* sont produites et sanctionnées hors de l'État mais, si la sentence n'est pas spontanément exécutée, il faut se tourner vers les juridictions étatiques pour en obtenir l'exécution forcée. On comprend dès lors qu'il ne soit pas possible de réduire cette diversité de relations à une dichotomie absorption/autonomie. Certaines de ces relations complexes ont attiré une attention plus spécifique car elles sont au cœur de l'organisation juridique contemporaine.

155. Entre ordre interne et ordre international : monisme ou dualisme ? – Il existe une variante du débat propre aux rapports entre ordres étatiques et ordre international. Doctrine comme États se divisent en deux conceptions traditionnelles. D'une part, la conception dite dualiste (Triepel, Anzilotti[96]) : ordre étatique et ordre international sont deux ordres indépendants, qui coexistent. D'autre part, la conception dite moniste (Kelsen, G. Scelle[97]) : il n'existe qu'un seul ordre, commun au droit international et étatique. Le monisme se subdivise alors en deux configurations : soit cet ordre est celui de l'État, qui reconnaît le droit international (monisme avec primauté du droit interne) ; soit cet ordre est l'ordre juridique international, qui reconnaît les ordres juridiques étatiques (monisme avec primauté du droit international). La position affirmée par la Constitution française, depuis les ravages de la Seconde Guerre mondiale et la nécessité d'un ordre international prééminent, est souvent considérée

95. S. ROMANO, § 34 et s.

96. À la toute fin du XIXe siècle pour le premier et dans la première moitié du XXe siècle pour le second.

97. Le monisme de Georges Scelle, dans les années 30, part d'une vision de l'ordre juridique plus proche des conceptions de S. Romano que de celles de Kelsen, celle d'une communauté universelle.

(qualification tout aussi souvent contestée[98]) comme un droit moniste avec primauté du droit international[99]. Concrètement, cela signifie que le droit d'origine internationale ratifié par la France est applicable sans qu'il soit besoin qu'une loi le reprenne[100].

Si ces distinctions restent des clés importantes de compréhension des rapports des ordres étatiques et international, elles sont de plus en plus dépassées par l'imbrication croissante des systèmes[101]. Surtout, la tentative fréquente d'insérer l'ordre international dans la pyramide des normes, généralement en intercalant les traités entre l'étage Constitution et l'étage Lois, est de plus en plus souvent réfutée[102], le coup de grâce ayant été porté par l'ordre de l'Union européenne.

156. Entre ordre étatique et ordre de l'Union européenne : suprématie ou primauté ? – L'articulation aujourd'hui la plus douloureuse est probablement celle opposant les ordres étatiques et celui de l'Union européenne dans ce qu'ils ont de plus cher à leurs yeux : la Constitution et le droit primaire. Du point de vue de la CJUE, la position est on ne peut plus claire : il y a *primauté absolue* du droit de l'Union sur les droits étatiques : comment, sinon, réaliser l'objectif d'Union qui lui a été assigné par les États eux-mêmes ?[103] Mais du point de vue des États, la primauté absolue n'est pas si facilement admise, surtout lorsqu'elle prétend supplanter les Constitutions nationales : car, en définitive, les Constitutions n'ont-elles pas elles-mêmes donné compétence à l'Union européenne, affirmant ainsi leur caractère *suprême* ? En outre, ayant institué le juge national, comment pourraient-elles ne pas être sa référence ultime ? La question a des allures de cercle vicieux et on ne peut qu'admirer l'habile équilibre que les juges nationaux ont construit, comme nous le verrons dans la seconde partie, en rappelant la suprématie de la Constitution (qui seule leur donne les normes de structure) tout en ménageant la primauté du droit de l'Union (dont les normes substantielles sont appliquées prioritairement[104]).

157. Entre ordres étatiques : concurrence, coordination ou harmonisation ? – Bien qu'incontestablement souverains, les ordres étatiques sont loin de

98. Ex. A. PELLET, « "Vous avez dit monisme ?" Quelques banalités de bons sens sur l'impossibilité du prétendu monisme constitutionnel à la française », *in Mélanges M. Troper,* Economica, 2006, p. 827.

99. Particulièrement exprimée dans le Préambule de la Constitution de 1946, al. 14 (« La République française, fidèle à ses traditions, se conforme aux règles du droit public international ») et 15 (« Sous réserve de réciprocité, la France consent aux limitations de souveraineté nécessaires à l'organisation et à la défense de la paix »).

100. Sur la pratique de ce monisme, v. E. PICARD, v. « Droit international et contentieux administratif », *Rep. Dalloz Contentieux administratif.*

101. Ex., M. VIRALLY, « Sur un pont aux ânes : les rapports entre droit international et droits internes », *in Mélanges H. Rolin*, A. Pedone, 1964, p. 488.

102. Pour la nécessité de repenser l'approche hiérarchique entre ordres juridiques au profit d'une approche fondée sur le dialogue et la compétence, B. BONNET, *Repenser les rapports entre ordres juridiques*, Lextenso éd., 2013.

103. V., pour l'arrêt fondateur de la primauté, CJCE, 15 juill. 1964, *Costa c /ENEL*, aff. 6/64. Pour une présentation du principe en son ensemble, v ; R. Mehdi, *Jurisclasseur* Europe Traité, fasc. 196, « Ordre juridique communautaire – Primauté du droit communautaire ».

104. Sur cette application, v. CJCE, 9 mars 1978, *Simmenthal*, aff. 106/77.

s'ignorer, indépendamment même de la société internationale qu'ils constituent. En effet, il existe de (plus en plus) nombreuses situations privées qui concernent plusieurs ordres juridiques étatiques à la fois. Il est aujourd'hui très facile pour une entreprise ou une personne de se placer sous l'empire de l'ordre étatique de son choix, parfois même sans avoir à se déplacer[105]. Cette diversité est désormais un facteur de *concurrence* entre les systèmes, concurrence exacerbée par certaines initiatives, comme celle de la Banque mondiale, qui classe les différents droits étatiques selon leur efficacité économique, classement publié chaque année dans son rapport *Doing Business*[106]. Mais la concurrence ne permet pas de résoudre les questions concrètes de désignation de l'ordre étatique applicable dans une situation internationale. Pour cela, il existe plusieurs moyens de gérer la diversité : il est possible de les *coordonner*[107], c'est-à-dire de répartir les compétences entre ordres juridiques étatiques. Il est également possible de rechercher un *rapprochement* des différents systèmes, rendant l'enjeu de leur coordination moins sensible. Ce mouvement de rapprochement, qui prend la forme d'une harmonisation ou d'une uniformisation selon son intensité, est très net dans les dernières décennies : les normes ont tendance à se contaminer les unes les autres, les différents droits étatiques s'inspirent mutuellement ou se rapprochent du fait de leur pratique d'un même droit européen, les conventions internationales portent des réponses uniformes aux questions courantes des relations internationales, la doctrine travaille à l'élaboration d'un « droit commun » européen[108].

158. Entre ordre juridique et autres ordres : fermeture ou ouverture ? – Les théories de l'ordre juridique ont parfois pour prétention de construire un système complet, permettant de décrire le droit par le droit et donc de justifier la norme par la norme. C'est en ce sens que la théorie proposée par Kelsen est une théorie « pure » : elle est épurée de considérations morales ou philosophiques, bref, de non juridique. Le système juridique est alors un système fermé, *clos* sur lui-même et se prétendant imperméable aux autres ordres. Cette fermeture a cependant suscité de nombreuses critiques, déjà rencontrées, lui

105. Par exemple, les parties à un contrat franco-américain peuvent prévoir que leur contrat sera régi par la loi suisse.

106. Précisons que le droit français était classé au 79e rang par le premier rapport (2004) ; il est aujourd'hui 34e, du fait, certes, des réformes accomplies depuis mais aussi de la critique de la méthode employée. Sur la méthode, v. B. DU MARAIS (dir.), *Des indicateurs pour mesurer le droit ? Les limites méthodologiques des rapports* Doing Business, La Documentation française, 2006 ; Association H. Capitant, *Les droits de tradition civiliste en question, tome 1, À propos des Rapports Doing Business de la Banque Mondiale*, SLC, 2006. Sur la richesse malgré tout, des méthodes économiques utilisées, J.-F. GAUDREAULT-DESBIENS, « La critique économiste de la tradition romano-germanique », *RTD civ.* 2010. 683. Sur un exemple précis et particulièrement éclairant, M. HARAVON, « *Doing Business 2009* : mesurer l'efficacité des faillites ? », *D.* 2009. 244. Pour un point de vue de comparatiste, L. USUNIER, « Le rapport *Doing Business* 2012, la concurrence des systèmes juridiques et l'attractivité du droit français des contrats », *RDC* 2012. 575.

107. C'est l'objet du droit international privé : voir la théorie de P. MAYER, « Le phénomène de la coordination des ordres juridiques étatiques en droit privé », *RCADI*, tome 327 (2007), p. 13 et s.

108. v. M. DELMAS-MARTY, *Pour un droit commun*, Le Seuil, 1994. L'auteur cherche les principes de ce droit commun en partant des droits de l'homme. Sur la recherche d'un droit commun en général, v. *Variations autour d'un droit commun*, SLC, 2001 ; pour le droit des contrats en particulier, *Pensée juridique française et harmonisation européenne du droit*, SLC, 2003.

reprochant de faire du droit un monstre froid[109]. L'ordre juridique est depuis plus souvent conçu comme un ordre *ouvert* vers les autres ordres. L'ouverture se fait déjà en direction de l'ordre social avec lequel il est en interaction permanente, puisque le droit est fait d'« allers-retours incessants du droit au droit, et du droit au fait »[110]. Elle est également flagrante à l'égard de l'ordre économique, au point que l'on se demande parfois si ce n'est pas l'ordre du marché qui impose ses normes à l'ordre juridique[111]. La morale ou la justice réapparaissent également à cet endroit, Hart lui-même reconnaissant la nécessité d'un minimum de considérations morales pour le bon fonctionnement d'un système et pour son acceptation[112]. Au plus fort, le système juridique est ouvert sur tous les autres systèmes au point d'être soluble dans l'internormativité[113].

À cet égard, la question rejoint évidemment celle, déjà rencontrée pour la règle, du rapport entre droit et morale, si ce n'est qu'il est plus facile d'intégrer la prise en compte de données non juridiques dans un ensemble organique que de tenter de les isoler en contemplant la seule règle. Il reste que, quel que soit l'effort d'ordonnancement fait, l'ordre juridique doit nécessairement composer avec une part de « désordre » extérieur, dont il ne peut prétendre s'isoler[114].

Si le droit comme ordre juridique donne donc une vision plus complète de ce qu'est le droit, il ne délivre pas pour autant une définition absolue, dont les contours seraient incomparablement plus précis que ceux de la règle ou de la décision de justice. On notera d'abord la forte tautologie sur laquelle repose l'ordre juridique : est « juridique » l'ordre capable de faire fonctionner... le juridique. Les théories normativistes s'en dépêtrent en invoquant une norme hypothétique ou implicite[115]. Il serait tout aussi opportun de faire appel à nouveau aux réflexions traditionnelles sur les fins du droit. En tout état de cause, relevons que l'énigme de la définition du droit reste intacte, seule sa manifestation étant plus complètement élucidée et son fonctionnement plus précisément décrit[116]. Et encore cette manifestation est-elle très variable d'un système à un autre.

109. V. *supra*, n° 42.
110. J. CHEVALLIER, préc., p. 19 et s. qui précise que le système est à la fois fermé et ouvert : en effet, l'ouverture ne doit pas mener à la dissolution de la spécificité du droit dans son environnement.
111. J.-P. HENRY, « La fin du rêve prométhéen ? Le marché contre l'État », *RDP* 1991. 631.
112. HART, 2e éd., 1994, FUSL, 2005, p. 286 et s. (la position de Hart exprimée dans sa postface tient compte des critiques faites par Dworkin).
113. J.-G. BELLEY (dir.), *Le droit soluble – Contributions québécoises à l'étude de l'internormativité*, LGDJ, 1996.
114. F. OST et M. VAN DE KERCHOVE, *Le système juridique entre ordre et désordre* ; pour une partition ordre moral et ordre juridique réalisée par l'ordre juridique, v. ex. A. BERNARD, « La confusion des ordres », *D.* 1997. 274.
115. V. la norme fondamentale de Kelsen et la norme de reconnaissance de Hart, en note au n° 152.
116. Pour cette dimension, B. OPPETIT, *Philosophie du droit*, Précis Dalloz, 1999, n° 16.

Chapitre 2
La relativité des systèmes juridiques

159. La présentation qui vient d'être faite des différents ordres juridiques intéressants le juriste d'aujourd'hui doit immédiatement être relativisée. En effet, même réduite à cette prétention déjà bien modeste, la description des principaux ordres juridiques ne donne pas une vision de ce qu'est le droit mais, au mieux, de ce qu'est le droit français contemporain. Propres à l'histoire française, à sa culture, à sa Nation, à ses conceptions philosophico-politiques, les différents éléments décrits ne sont pas nécessairement valables pour les autres systèmes. La loi n'est pas forcément la source première – tout comme le droit n'est pas forcément le mode premier de régulation de la société. Les juges inspirent parfois confiance et prestige. Le droit français a pu fonctionner sur de simples coutumes, et ce pendant plusieurs siècles. La séparation de la loi et de la religion n'est pas une donnée du droit mais un choix d'un système. Les caractéristiques du droit varient sensiblement en fonction de la société dans laquelle il agit, rendant insensée la quête d'une définition absolue.

Connaître la diversité sous laquelle le droit peut se présenter permet de relativiser la définition du droit : il n'est que ce qui est reçu comme droit par une société donnée, à un moment donné. Mais l'exploration présente d'autres atouts. Les différentes figures qu'a présentées le droit français tout au long de sa construction permettent de comprendre pourquoi notre système juridique est ce qu'il est et comment il l'est devenu (Section 1). La comparaison du droit français aux autres modèles existants permet de prendre conscience de ce qui fait la spécificité de la tradition française et la particularité des réflexes des juristes français (Section 2). Évidemment, ces voyages dans le temps et dans l'espace obligeront à grossir certains traits, à dépasser la richesse des systèmes pour insister sur leurs représentations dominantes.

Section 1
La relativité du droit français dans le temps

160. Bibliographie thématique. – pour une histoire sous l'angle des sources du droit, J. GAUDEMET, *Les naissances du droit – Le temps, le pouvoir et la science au service du droit*, Montchrestien, 3e éd., 2001 ; F. OLIVIER-MARTIN, *Histoire du droit français des origines à la Révolution*, CNRS, 2005 ; depuis, v. J.-L. HALPÉRIN, *Histoire des droits en Europe de 1750 à nos jours*, Flammarion, 2004 ; pour une présentation synthétique, J.-M. CARBASSE, *Histoire du droit*, PUF, Que sais-je ?, 2e éd., 2010 ; J. BART, *Histoire du droit*, Dalloz, Connaissance du droit, 2e éd., 2002.

161. Importance de l'étude historique. – Nombre de nos institutions juridiques ne prennent sens qu'une fois replacées dans leur perspective historique. La part de l'enseignement de l'histoire du droit dans le cadre de cours dédiés ou au sein de chaque discipline demeure donc conséquente dans la formation des juristes. Les étudiants en droit ne sont pas toujours conscients de l'importance de ces développements, qui seuls pourtant peuvent leur permettre de pénétrer, au-delà de la maîtrise d'une technique, l'intelligence d'une mécanique[1]. Le droit qu'ils veulent pratiquer n'est pas nu, il porte avec lui une évolution et un contexte qui seuls permettent d'argumenter avec pertinence sur son application contemporaine. La remarque vaut tant pour la compréhension de chaque solution de droit positif que pour les caractères structurels du système.

Il est toujours difficile de prétendre résumer des siècles de construction historique, même en se limitant à l'histoire des structures du droit français. L'histoire de ce qui constitue aujourd'hui le droit positif peut cependant être morcelée en grandes périodes, séparées par des ruptures brutales. Schématiquement, notre droit aura connu le droit romain, dont il garde l'image d'une période juridique faste (§ 1.). Brutalement interrompu par les invasions barbares, au Ve siècle après JC, le faste juridique va laisser la place à un quasi-néant juridique, le droit français s'engageant sur ces décombres dans une lente et difficile reconstruction du Moyen Âge jusqu'à l'Ancien régime, qui cherchera sans y parvenir à restaurer un droit uniforme (§ 2.). C'est ce droit qui va être entièrement rejeté par la Révolution française. Porteuse d'idéaux de liberté et, surtout, d'égalité, la philosophie des Lumières, associée à la réaction plus générale contre l'Ancien régime, va entièrement façonner le nouveau droit français, dit moderne, autour d'une loi sacralisée (§ 3). Si l'ordre juridique français repose encore aujourd'hui sur les fondements alors mis en place, il a connu un dernier bouleversement majeur. En effet, depuis la barbarie de la Seconde Guerre mondiale, la loi, pilier du droit moderne, et la souveraineté étatique, *alpha* et *omega* de l'origine juridique, ont dû trouver une nouvelle place dans un environnement désormais dominé par les droits fondamentaux et surplombé par les ordres supra étatiques (§ 4).

§ 1. Le droit romain

162. La loi. – Si la Grèce antique devait fonder la philosophie et la politique, Rome allait être le berceau du droit. La première grande loi de notre tradition juridique fut la *loi des XII tables*, publiée en 450 avant JC, sous la République. Son nom ne doit pas tromper : il ne s'agit pas d'une poignée de préceptes gravés dans le marbre, comme on le croit parfois (pour mieux critiquer les dizaines de milliers de règles contemporaines) mais de 146 lois[2]. L'ensemble compile les actions procédurales existantes et certaines règles dans des

1. Au-delà de cette compréhension, l'histoire du droit est un outil scientifique pour les étudiants, v. F. CHERFOUH, « L'histoire dans les manuels d'introduction au droit », *in Histoire des manuels de droit*, A.-S. CHAMBOST (dir.), LGDJ, à paraître.
2. v. M. HUMBERT, « La loi des XII Tables », *in Dictionnaire de la culture juridique*.

domaines variés du droit civil, pénal ou encore des funérailles. Monument législatif par son ampleur, il l'est également par sa durée de vie : dix siècles[3]. La République devait continuer son activité législative, le Peuple réuni en Assemblée adoptant, sur proposition d'un magistrat, 800 lois, dont 26 seulement avaient trait au droit privé[4]. Cette forme de loi, œuvre de volonté collective, devait cependant céder avec l'avènement de l'Empire : à compter du IIe siècle après JC, la législation devient la volonté de l'empereur seul, qui édicte des *Constitutions*. Le terme ne doit pas être confondu, malgré l'homonymie, avec les constitutions modernes : il désigne de façon générique les actes[5] par lesquels l'empereur exprime sa volonté législative. Lois puis Constitutions forment, au sein du droit romain, le « droit civil » : celui-ci est appliqué et, surtout, complété par les préteurs.

163. Le développement du droit par les préteurs. – En droit romain, le procès est divisé en deux étapes. La première se déroule devant un magistrat de la cité, le préteur. Après avoir entendu les parties exposer leur litige, il organise le procès et octroie une formule d'action en justice, que le demandeur présentera au second juge (un citoyen choisi sur une liste), pour lui préciser sa mission dans le cadre du jugement qu'il est appelé à rendre. L'essentiel du procès se joue en réalité à la première étape. Il existe un nombre déterminé d'actions, compilées notamment par la loi des XII tables ou dégagées par la coutume. Si aucune ne correspond à la demande, il est possible pour le juge d'en créer une, en adoptant par un édit une action prétorienne[6]. Le préteur a ainsi joué un rôle essentiel dans la construction du droit romain. Le droit français n'en aura rien retenu d'autre que le terme de « prétorien », pour désigner une jurisprudence particulièrement novatrice. En revanche, il reste aujourd'hui encore profondément marqué par le droit proposé par les jurisconsultes.

164. L'invention du droit civil par les jurisconsultes. – Lorsque le préteur se trouvait face à un cas, il pouvait consulter, pour être éclairé, un jurisconsulte. Souvent considérés comme les ancêtres de ce qui constitue aujourd'hui la doctrine[7], les jurisconsultes[8] de droit romain sont entourés d'une aura certaine. La mémoire collective les représente en aristocrates, issus de l'élite romaine, qui se consacraient sans en tirer profit[9] à la réflexion sur le droit et à la « science du juste et de l'injuste » – oubliant donc qu'ils devaient ensuite devenir, particulièrement les plus grands d'entre eux, des « fonctionnaires au service du prince législateur »[10]. Ces véritables penseurs du droit (quel qu'ait été leur statut) exprimaient leurs opinions à l'occasion de *consultations* sollicitées pour la

3. J. GAUDEMET, *Les naissances du droit*, qui relativise toutefois cette survie en rappelant que ces règles n'étaient plus guère applicables.
4. J. GAUDEMET, *Les naissances du droit*, p. 88
5. Édits, rescrits, décrets, etc.
6. Sur l'analyse de ces édits comme actes unilatéraux d'une autorité administrative, Ph. JESTAZ, *Les sources du droit*, p. 49-50.
7. Mais nommés « jurisprudence » à l'époque.
8. J.-P. CORIAT, « Jurisconsultes romains », *in Dictionnaire de la culture juridique* ; pour de plus amples développements, J. GAUDEMET, *Les naissances du droit*, p. 268 et s.
9. Sur cette image mythique, J. GAUDEMET, *Les naissances du droit*, p. 295.
10. v. J.-P. CORIAT, préc.

résolution de cas[11]. Leur sagesse inspirait à ce point le respect que la « loi des Citations »[12] reconnut l'autorité des opinions des plus grands d'entre eux : Gaius, Papinien, Paul, Ulpien et Modestin. Au fil des consultations savantes délivrées, les jurisconsultes ont construit un corps de notions fondamentales et de solutions juridiques pour l'ensemble des questions pouvant survenir en pratique, y compris le droit financier ou municipal. Cependant, il ne reste de trace écrite de leur œuvre que le Digeste, qui a porté jusqu'à nous essentiellement leur science en matière civile[13].

165. La codification du droit romain : le *Corpus Juris Civilis*. – Justinien était un empereur de l'Empire romain d'Orient, au VIe siècle après JC. Alors que l'Empire d'Occident est en train de s'effondrer, Justinien décide de compiler le droit romain dans un ensemble relativement cohérent. Le *Corpus Juris Civilis*[14] ou « Code Justinien » est divisé en quatre parties, selon la nature des documents rassemblés (au sein de chaque partie, le droit est présenté par matière). La première partie, le *Code*, est une compilation des Constitutions impériales[15] ; la deuxième partie, le *Digeste* (Pandectes en grec) est une vaste compilation des consultations des jurisconsultes (9 142 fragments, dont plus de 6 000 d'Ulpien) ; la troisième partie, les *Institutes*, est un court manuel d'enseignement du Code, destiné à « une jeunesse avide de droit »[16], qui s'inspire du manuel de Gaius, déjà bien reçu par les praticiens ; la dernière partie, les *Novelles*, compile les Constitutions postérieures à l'élaboration du Code. Cette œuvre monumentale de droit romain était promise à un avenir radieux mais qui ne s'ouvrit à elle que plusieurs siècles après son édiction. Dans l'intervalle, ce qui fut l'Empire romain d'Occident devait sombrer dans les siècles juridiquement sombres du Haut Moyen Âge.

§ 2. L'Ancien droit

166. Venues du Nord, des tribus de barbares envahirent le territoire de l'Europe pour consommer, en 476 après JC, la chute en cours de l'Empire romain d'Occident. Le droit romain, complet, sophistiqué, rationalisé, disparaîtra dans la tourmente : ne subsistent que quelques vestiges[17], qui se perpétuent sous une forme mâtinée de coutume. Va alors s'ouvrir une très longue période, couvrant le Moyen Âge et l'Ancien Régime pour terminer avec la Révolution, au cours de laquelle le droit français va connaître une lente, lente, lente reconstruction : partant des résidus juridiques coutumiers, le droit français n'aura de cesse, particulièrement à partir du XIe siècle, de poursuivre un idéal d'uniformisation du

11. Sur le retour en droit moderne de ce droit consultatif, v. F. ZÉNATI, « L'évolution des sources du droit dans les pays de droit civil », *D.* 2002. 15.
12. Constitution édictée en 426.
13. Sur cette perte, v. J. GAUDEMET, *Les naissances du droit*, p. 275.
14. V. J. GAUDEMET, sous ce verbo, *in Dictionnaire de la culture juridique*.
15. Une compilation avait antérieurement été réalisée par le Code de Théodose.
16. Selon la Constitution qui a publié les Institutes, v. J. GAUDEMET, v. *Corpus iuris civilis*, *in Dictionnaire de la culture juridique*.
17. V. Ph. MALAURIE et P. MORVAN, n° 72.

droit. Si, au terme de cette conjugaison de facteurs, la France de l'Ancien régime est peu ou proue dotée d'une structure juridique, l'Ancien droit, celui-ci aura surtout marqué la culture juridique française par le rejet qu'il va inspirer.

167. Les coutumes. – Les Grandes invasions commencent au IIIe siècle. De nombreuses tribus germaniques (les Francs, les Wisigoths, etc.) envahissent et pillent l'Empire romain d'Occident. Chaque tribu portait avec elle sa propre coutume. À l'origine, ces coutumes germaniques étaient d'application *personnelle* (la coutume burgonde s'appliquait aux burgondes, où qu'ils se trouvent). À ce titre, le droit romain restait applicable aux Gallo-Romains. Cependant, à compter du IXe siècle, les coutumes s'étaient ancrées dans des territoires délimités et les populations s'étaient mêlées, rendant bien difficile de savoir qui était Burgonde et qui était Franc : de personnelle, l'application des coutumes devient *territoriale* (la coutume de Normandie s'applique sur tout le territoire de Normandie). Cet ancrage dans le territoire eut pour effet de diviser la France en une multitude de terres juridiques, aux frontières imprécises et souvent sécantes. Les coutumes d'application assez générale (par ex. de Bretagne, de Normandie, de Paris) se superposaient aux coutumes locales, propres à une ville ou à un village, rendant difficile la prévision et la connaissance du droit. Malgré tous leurs défauts, les coutumes possédaient un atout inégalable : elles formaient un droit en l'absence de toute organisation susceptible d'en édicter sous une autre forme, ce qui était le cas dans cette société laissée « à la violence et au désordre », au moins jusqu'au Xe siècle[18]. Grâce aux coutumes, première source de droit pendant ces siècles juridiquement obscurs, le droit français disposait de règles, principalement pour les régimes matrimoniaux, le droit des biens et le droit pénal.

De cette diversité initiale va naître un lent mouvement de recherche d'uniformisation du droit. L'uniformisation est d'abord recherchée au sein des coutumes elles-mêmes, par différentes opérations. Tout d'abord, la rédaction : pour faciliter leur connaissance, les coutumes furent consignées, d'abord dans des *coutumiers*, œuvres privées de praticiens du droit, puis sur ordre du Roi de procéder à leur rédaction générale à partir du XVe siècle. Ensuite, la comparaison : une fois les coutumes connues, il est possible de les étudier et de les confronter pour y chercher des dénominateurs communs qui permettent de rêver à un véritable droit commun coutumier. C'est cette fois essentiellement la doctrine qui va s'atteler à ce travail d'étude de la coutume et de son application (Charles Dumoulin ; Bertrand d'Argentré ; Guy Coquille). Enfin, la sélection : il ne faut pas s'y tromper, la rédaction ordonnée par le Roi avait pour objectif peu dissimulé d'opérer un tri entre les bonnes et les mauvaises coutumes[19] puis d'être en mesure de procéder à leur réformation[20]. Malgré tous ces efforts, le droit

18. J. GAUDEMET, *Les naissances du droit*, p. 105.

19. M. RADIN, « La Censure des Coutumes », *in Mélanges F. Gény*, tome 1, p. 89. Exemple de censure, la coutume qui permettait à un mari de dissiper la dot de sa femme.

20. La rédaction des coutumes fut ordonnée par Charles VII par l'Ordonnance de Montils-les-Tours de 1453 ; elle fut reprise sous Louis XI (v. R. GANDILHON, « L'unification des coutumes sous Louis XI », *Revue historique*, tome 194, 1944, p. 317), puis François Ier, sous lequel la rédaction devint « réformation ». V. F. OLIVIER-MARTIN, *Les lois du Roi*, LGDJ, 1997, sp. p. 44 et s. ; J. GILISSEN

coutumier forme essentiellement des poches de droit sur tout le territoire. Il faudra chercher les ferments de l'uniformisation ailleurs.

168. L'influence du droit de l'Église catholique. – Dans les premiers siècles du Moyen Âge, l'Église chrétienne constituera peut-être l'élément de droit le plus stable et le plus cohérent. Le *droit canonique* (droit de l'Église catholique) est à cet égard rapidement plus unifié et plus avancé que le droit séculier : doté notamment de modes de preuves et de procédures perfectionnés, il sera une source d'inspiration pour les juridictions[21]. Régulièrement développé par des décrets pontificaux et lors de conciles, il sera compilé au XIIe siècle dans un document connu sous le nom de « décret de Gratien » (bien qu'il ne s'agisse pas d'un texte ayant valeur de décret)[22]. Le droit canonique s'appliquera directement dans les matières que l'Église a alors en charge (mariages, sépultures, tenue des registres), forme de « statut public des « citoyens » de l'Église »[23]. Cette attribution laissera d'ailleurs des marques sur le contenu du droit moderne des personnes et de la famille. Enfin, empreint de droit romain, le droit canonique aura également participé à la diffusion de ce dernier jusqu'à sa redécouverte.

169. La redécouverte du droit romain par les Universités. – Le XIIe siècle va marquer le début de la reconstruction d'un droit français uniforme et plus cohérent. La période correspond à la création des premières universités (Bologne en 1088 ; Paris à la fin du XIIe siècle ; Toulouse en 1229). Celles-ci vont alors bénéficier de la redécouverte, à la même époque (également en Italie), du *Corpus Juris Civilis* de Justinien. Après des siècles dominés par un droit relativement sommaire et très dispersé, la somme ainsi constituée répond à l'appétit des juristes de l'époque de retrouver un droit commun. Les universités vont donc se replonger dans l'étude du droit romain, par sa lecture (les glossateurs[24]), puis sa relecture (les post-glossateurs), puis sa seconde renaissance (l'École historique ou romaniste[25]). La redécouverte du droit romain devait relancer son application dans le Sud de la France, dont les coutumes étaient restées très proches. Le mouvement devait aboutir à scinder la France, à partir du XIIIe siècle, en deux territoires juridiques, environ d'égales moitiés : au Nord, les pays de coutume ; au Sud, les pays de droit romain ou de droit écrit[26]. L'imprégnation dans notre tradition juridique du droit romain ainsi redécouvert est très forte, tant pour ses solutions que pour sa science du droit. Il n'est pas rare, aujourd'hui encore, que l'enseignement d'une institution de droit civil positif commence par le rappel que ses racines remontent au Digeste,

(dir.), *La rédaction des coutumes dans le passé et dans le présent*, éd. de l'Université de Bruxelles, 1962.

21. G. CORNU, n° 269.

22. J. GAUDEMET, *Les sources du droit canonique – VIIIe-XXe siècle*, Cerf, 1993.

23. A. SÉRIAUX, *Le Droit. Une introduction*, Ellipses, 1997, n° 303.

24. F. X. TESTU, « Les glossateurs – Regards d'un civiliste », *RTD civ.* 1993. 279.

25. À la Renaissance, représenté notamment par Cujas, ce courant tente de revenir à un droit romain épuré des ajouts des interprètes précédents.

26. Il ne faut pas voir dans cette frontière un partage mathématique : les coutumes étaient également bien présentes au Sud et le Nord était loin d'ignorer le droit romain. V. J. HILAIRE, *La vie du droit – Coutumes et droit écrit*, PUF, 1994.

que ce soit pour la classification des obligations, la définition du dol, la *traditio* dans la vente ou encore la libre révocabilité du testament[27].

170. Du jugement de Dieu à l'équité des Parlements. – La justice va connaître également une lente évolution l'amenant d'une forme très éclatée et peu perfectionnée à quelques juridictions puissantes. Durant le Haut Moyen Âge, elle était exercée par chaque seigneur, sur son territoire. Les litiges étaient tranchés au terme de procédures marquées par le recours aux *ordalies*, c'est-à-dire au jugement de Dieu : par exemple, plonger une sorcière dans l'eau glacée permettait d'établir sa culpabilité (le corps flotte) ou son innocence (le corps coule). Condamnées à plusieurs reprises par l'Église, notamment lors du Concile de Latran de 1215, ces pratiques furent interdites par un édit de 1258, qui devait leur substituer la preuve par témoignage ou serment[28].

À compter du XIIe siècle, l'émergence des premières juridictions auprès des ducs et des comtes ne devait pas installer le pouvoir des juges mais accroître la méfiance à leur égard. La justice était rendue par des notables sans qu'il soit réellement possible de savoir quel droit était appliqué : les décisions évoluaient dans la clandestinité que leur conférait l'absence de motivation et de diffusion. Cependant, l'essentiel de la justice a rapidement été concentré dans les mains du *Parlement* du Roi, institué aux côtés du Roi (et par le Roi) au XIIIe siècle. Le nom de « Parlement » ne doit pas créer de confusion avec sa forme actuelle : il désigne alors le conseil du Roi pour les affaires de justice. À partir du XVe siècle, ce Parlement se double de Parlements en province, pour aboutir, au XVIIIe siècle, à 13 Parlements. Ils viennent s'ajouter aux juridictions seigneuriales et canoniques, aboutissant à une justice aussi éclatée que le droit l'était.

Les Parlements ont à leur tour contribué à l'unification du droit, à l'échelle de leur ressort : unification régionale des coutumes au Nord – ce qui, dans certains pays coutumiers, était déjà beaucoup –, diffusion du droit romain au Sud. Cependant, ce que l'histoire retiendra d'eux, ce sont les *abus* commis dans l'exercice de leurs importants pouvoirs[29]. Dans leur fonction judiciaire, ils ont le pouvoir de se prononcer en équité : conçu pour leur permettre de trancher un litige selon la morale, en l'absence de loi ou de coutume, ils y trouvèrent le moyen d'écarter une loi ou coutume[30]. Perçues comme arbitraires, de telles décisions ont rendu célèbre la formule « Dieu nous garde de l'équité des parlements »[31]. Juridictions souveraines, les Parlements se sont également vus confier des pouvoirs de nature réglementaire, leur permettant de prendre des

27. V. également la chronique d'actualité tenue par Pierre-Yves Gautier à la *RTD civ.*, les questions de droit pouvant aujourd'hui encore être souvent éclairées par le Digeste.

28. Une forme de preuve devait subsister longtemps, sous une forme désacralisée, celle du duel, v. A. BERBOUCHE, « Le duel : la preuve et la réparation par les armes », *Rev. hist. droit* 2009. 571.

29. P. OURLIAC, « La puissance de juger : le poids de l'Histoire », *Droits*, n° 9, 1989, p. 29.

30. P. C. TIMBAL, A. CASTALDO et Y. MAUSEN, *Histoire des institutions publiques et des faits sociaux*, Précis Dalloz, 12e éd., 2009, n° 363. Le pouvoir de statuer en équité fut supprimé par l'ordonnance royale de 1667. Relativisant cette critique, l'équité permettant au contraire aux juges de tempérer la rigueur du droit, J.-L. GAZZANIGA et Ph. SÉGUR, « La dimension historique des libertés et droits fondamentaux », *in Libertés et droits fondamentaux*, R. CABRILLAC, M.-A. FRISON-ROCHE et Th. REVET, Dalloz, 2010, n° 27.

31. Sur lequel v. *Adages du droit français*, n° 93.

arrêts de règlement[32]. Loin de trancher un litige, ces arrêts consacraient des précédents sous forme de règles générales et obligatoires, lors de cérémonies solennelles pendant lesquelles les juges revêtaient leur robe rouge (qui reste la marque des formations solennelles des juridictions contemporaines). Les arrêts ainsi rendus étaient également appelés arrêts généraux, solennels ou en rouge. Ils intervenaient principalement en matière d'ordre public, de police économique[33], de procédure, exceptionnellement en matière civile. Devenus le symbole des abus des anciens Parlements, les arrêts de règlement font encore aujourd'hui office d'épouvantail lorsqu'il s'agit de dénoncer un exercice estimé trop créateur de la fonction de juger. Enfin, le Roi leur avait imprudemment donné le pouvoir *d'enregistrer* les ordonnances royales, pour en garder la mémoire : cette formalité fut utilisée à partir du XVIIe siècle pour exercer un véritable contrôle sur la législation, contrôle pouvant aboutir à adresser des remontrances au Roi ou à refuser l'enregistrement, ce qui équivalait à empêcher l'application de la loi[34]. En réaction, l'édit de Saint-Germain de 1674 devait instituer la *cassation* des arrêts, permettant au Roi de « venger les ordonnances », et le référé, rendant le Roi seul compétent pour interpréter le droit. Ces mesures devaient rester assez inefficaces et les Parlements demeurèrent donc un obstacle (entre autres travers) aux tentatives royales d'unification du droit[35].

171. Le développement des ordonnances royales. – Le droit français n'a pas toujours été le parangon de législation qu'il incarne aujourd'hui. La législation royale, longtemps absente, n'apparaît, timidement, qu'avec la réaffirmation d'un pouvoir d'État, au XIe siècle. Toutefois, ce pouvoir, encore empêtré dans des conflits politiques et militaires, ne se préoccupera réellement de législation qu'à compter du XVe siècle. Les premières ordonnances sont des ordonnances de *réformation*[36], au sens de réformation de l'État et des institutions, justice, finance, domaine : il est possible de piocher, dans les mesures alors adoptées dans de vastes fourre-tout, l'organisation du Parlement de Paris (Blois, 1499), la rédaction des coutumes (Montils-lès-Tours, 1453), l'obligation de rédiger tous les actes officiels, dont les jugements, en langue française (ordonnance de Villers-Cotterêts, 1539) ou encore la police générale du royaume (ordonnance de Blois, 1579). Sous Louis XIV puis Louis XV, à la faveur d'un pouvoir royal devenu absolu et de chanceliers particulièrement entreprenants, le droit français se dote de véritables ordonnances de

32. B. BEIGNIER, « Les arrêts de règlement », *Droits*, n° 9, 1989, p. 45 et s. ; Y. GAUDEMET, « La prohibition de l'arrêt de règlement s'adresse-t-elle au juge administratif ? Les leçons de l'histoire », *RDP* 2010. 1617. Pour l'utilité de cette fonction de police générale et son mode d'élaboration, Ph. PAYEN, *Les arrêts de règlement du parlement de Paris au XVIIIe siècle. Dimension et doctrine*, PUF, 1997, et *La physiologie de l'arrêt de règlement du parlement de Paris au XVIIIe siècle*, PUF, 1999.

33. F. ZÉNATI, *La jurisprudence*, Dalloz, 1991, p. 38.

34. Ainsi, les Parlements du Midi refusèrent d'enregistrer l'édit de 1606, qui supprimait l'incapacité pour la femme mariée de s'engager pour son mari, et continuèrent donc, sur cette partie du territoire, à appliquer cette incapacité, J. GAUDEMET, *Les naissances du droit*, p. 163.

35. E. CAILLEMER, « Des résistances que les Parlements opposèrent, à la fin du XVIe siècle, à quelques essais d'unification du droit civil », *in Le Code civil, Livre du centenaire*, tome 2, p. 1077.

36. Sur la distinction ordonnances de réformation/de codification, J.-L. HAROUEL, « Ordonnances (grandes) de l'Ancien régime », *in Dictionnaire de la culture juridique*.

codification. Colbert a le premier la volonté de substituer aux anciennes ordonnances fourre-tout des législations claires et intelligibles : procédure civile (1667, dont le Code de procédure civile de 1806 est l'héritier direct), procédure criminelle (1670), commerce (1673), marine (1681, dont certaines dispositions sont encore en vigueur). Le chancelier d'Aguesseau poursuivit par des ordonnances régissant les donations (1731), les testaments (1735) et les substitutions (1747). Ces dernières ordonnances, contrairement à celles de Colbert, intervenaient sur des matières dans lesquelles les coutumes étaient fortes. Elles n'avaient pas la prétention de les remplacer intégralement, les laissant subsister sur de nombreux points. Encore une fois, la volonté d'uniformisation ne parvint donc pas à réaliser l'unité du droit français.

172. L'Ancien droit, un droit mal aimé. – En dépit du développement d'un droit de nature législative et des efforts de la doctrine pour dégager un *jus commune*[37], l'Ancien droit né de ces multiples évolutions est essentiellement un droit morcelé. Les coutumes comme les Parlements d'Ancien régime aboutissaient à traiter différemment un litige selon la portion du territoire. L'application territoriale n'obéissait pas à des champs clairement compartimentés et il était courant de trouver sur un même territoire un mélange inextricable d'influences coutumières, romaniste, canonique et d'ordonnances royales. Malgré les efforts faits, à la veille de la Révolution, le droit français se divisait entre 300 et 700 coutumes locales, valant à Voltaire cette exclamation célèbre : « en traversant la France, on changeait de loi plus souvent que de cheval ».

Sur le fond[38], ce morcellement se double d'un droit inégalitaire et communautaire. Du fait des *privilèges*, les règles applicables ne sont pas les mêmes pour tous les sujets de droit. Par exemple, il existait des règles de succession propres aux familles nobles. L'individu s'effaçait largement derrière la communauté, familiale (sous le pouvoir absolu du *pater familias*) ou professionnelle (sous le pouvoir tout aussi absolu des corporations). Le droit moderne va se construire en réaction directe à ce souvenir d'abus de pouvoir, de justice inégalitaire et de morcellement du droit. Aujourd'hui encore, de nombreuses caractéristiques de notre tradition juridique ne prennent sens qu'en réaction aux abus de l'ancien droit.

§ 3. Le droit moderne

173. La Révolution va marquer une nouvelle rupture dans l'histoire du droit français. Après avoir renversé l'Ancien droit, les Révolutionnaires puis Bonaparte vont donner à l'État français les fondements et structures juridiques du droit moderne. La période de mise en place, période ramassée mais

37. V. not. J.-L. HALPERIN, « L'approche historique et la problématique du *jus commune* », *RID comp.* 2000. 717.

38. Pour l'étude des solutions en droit privé, du Haut Moyen Âge au Code civil, v. J. BART, *Histoire du droit privé de la chute de l'Empire romain au XIXe siècle*, Montchrestien, 2e éd., 2009 ; du droit romain jusqu'à nos jours, J.-Ph. LÉVY et A. CASTALDO, *Histoire du droit civil*, Précis Dalloz, 2e éd., 2010.

juridiquement intense, qui s'étale de la Révolution française au Code civil, est connue sous le nom de droit *intermédiaire*, entre l'Ancien droit et le droit moderne.

174. La philosophie des Lumières et la Révolution. – Si la Révolution française est probablement l'événement le plus marquant de l'Histoire de France, elle est tout aussi incontestablement le moment charnière de l'histoire du droit français. L'Ancien droit est emporté avec l'Ancien Régime. L'ordre nouveau mis en place va largement prendre appui sur le droit. La Révolution incarne ainsi « l'avènement de la Loi, la résurrection du Droit, la réaction de la Justice »[39]. D'abord, la philosophie des Lumières, portée par les révolutionnaires, va être inscrite dans la *Déclaration des Droits de l'Homme et du Citoyen*, qui va placer le « principe de toute souveraineté » dans « la Nation » (art. 3). De Montesquieu, elle retiendra une nouvelle séparation des pouvoirs, obstacle aux abus : seul le pouvoir pouvant arrêter le pouvoir, il doit être divisé en pouvoirs indépendants. De Rousseau, elle reprendra le principe politique selon lequel cette souveraineté est dotée d'une volonté générale, nécessairement bonne. Son incarnation est « la loi, expression de la volonté générale ». Plus fondamentalement, le rapport de l'Homme à l'État et au droit est totalement renversé, les droits naturels de l'homme étant placés, comme nous l'avons vu[40], au fondement de toute puissance. Ensuite, la France se dote de Constitutions et de régimes parlementaires, d'abord sous forme de monarchie constitutionnelle, puis sous celle de République. Après le Roi, le peuple devient donc le nouveau législateur. Enfin, les idéaux révolutionnaires vont prendre corps dans une activité législative intense. En effet, outre l'idéal démocratique qu'elle porte, la *loi* est également l'instrument le plus efficace pour réformer rapidement et en profondeur les institutions anciennes : l'ancien droit inégalitaire et communautaire est remplacé par l'affirmation des principes de liberté, d'égalité et de respect de la propriété privée (par ex., introduction du divorce, égalité des enfants légitimes et naturels, égalité des héritiers). Parmi l'abondante législation d'alors, certaines lois portent des normes structurelles.

175. Les lois de 1790 et l'organisation judiciaire en France. – S'il est possible de laisser le corps complet de lois nouvelles se constituer petit à petit, il n'est guère possible pour un système juridique de se maintenir et de fonctionner sans juridiction instituée. Or, le décret du 4 août 1789, en abolissant les privilèges, avait fait disparaître les juridictions seigneuriales[41] – ne laissant subsister de l'Ancien droit que les tribunaux de commerce[42]. Rapidement, une nouvelle organisation juridictionnelle fut mise en place par la loi des 16 et 24 août 1790. Certaines innovations d'alors ne survivront pas à la période, comme

39. MICHELET, *Histoire de la Révolution française*, t. 1, 1847, Introduction.
40. V. *supra*, n° 51.
41. Décret du 11 août 1789 relatif à l'abolition des privilèges : « Art. 4. Toutes les justices seigneuriales sont supprimées sans aucune indemnité, et néanmoins les officiers de ces justices continueront leurs fonctions jusqu'à ce qu'il ait été pourvu par l'Assemblée nationale à l'établissement d'un nouvel ordre judiciaire. »
42. Les Parlements cessèrent leurs fonctions après un décret du 3 novembre 1789.

l'élection des juges par les citoyens ou le mécanisme d'appel circulaire[43]. D'autres principes sont toujours structurants de la justice en France : la gratuité de la justice ou encore la justice rendue « au nom du Peuple français » en sont quelques exemples. Cependant, la disposition la plus célèbre est incontestablement l'article 13, qui fait défense aux juges de connaître des litiges impliquant l'administration et d'empiéter sur les prérogatives du législateur. Cette *séparation* marque la naissance en France de la dualité des contentieux judiciaire et administratif. Si ce dernier fut à l'époque confié à l'administration elle-même (loi des 6-7-11 septembre 1790), de véritables juridictions administratives vont émerger au fil des temps[44]. Enfin, il restait aux révolutionnaires à s'assurer que les juges ainsi mis en place n'allaient pas, à l'instar de leurs aînés, abuser du pouvoir qui leur avait été confié. Ils furent donc placés sous la surveillance d'un Tribunal de *cassation*, reprenant le système créé pour venger les ordonnances et érigeant une « sentinelle des lois »[45] (lois des 27 novembre et 1er décembre 1790[46]), elle-même sous l'autorité du Corps législatif, afin de s'assurer que les juges restent la « bouche de la loi » dépeinte par Montesquieu[47].

176. Les lois de 1800 et 1801 et les bases de l'administration française. – En 1800, une loi est adoptée « concernant la division du territoire de la République et l'administration » (28 pluviôse an VIII). Après avoir mis en place la structure judiciaire, les révolutionnaires vont donc s'atteler à l'organisation administrative. Les provinces d'Ancien droit sont supprimées et, à leur place, sont créés les départements, arrondissements, cantons et communes ; la gestion des départements est confiée à un préfet et un conseil général ; celle des communes à un maire. Le statut des départements sera fixé par la loi du 10 août 1871. L'organisation territoriale française était ainsi, là encore, fixée pour durer. En revanche, sa logique ne doit pas être confondue avec celle qui domine en France depuis les années 1980 : si les circonscriptions sont les mêmes, les pouvoirs qui leur sont attribués sont bien différents. L'État mis en place par la Révolution était un État très centralisé, en réaction là encore aux mauvais souvenirs laissés par les anciens pouvoirs locaux. Cependant, « on peut gouverner de loin mais on n'administre bien que de près »[48]. Les divisions administratives devaient permettre cette gestion plus proche des territoires, par une simple délégation à des services déconcentrés de l'Administration de l'État : c'est la *déconcentration*. Cette vision de l'Administration va céder à partir de 1982 à une logique de *décentralisation*, par laquelle le pouvoir central transfère ses pouvoirs aux collectivités territoriales reconnues indépendantes. La tradition centralisatrice française reste pourtant forte[49].

---

43. L'affaire peut être jugée une seconde fois, mais par une juridiction de même nature et non par une juridiction hiérarchiquement supérieure (comme nos actuelles cours d'appel). À noter que, supprimé dès 1810, l'appel circulaire sera ressuscité en 2000 pour les Cours d'assises.

44. V. *infra* n° 178.

45. Sur ces conceptions dominantes dans l'esprit révolutionnaire et les travaux préparatoires, F. ZÉNATI, « La Nature juridique de la Cour de cassation », *BICC*, n° 575, 15 avr. 2003.

46. Qui ne fut abrogée que par la loi de simplification du droit du 20 décembre 2007, art. 27. Depuis longtemps pourtant le Tribunal de cassation avait été remplacé par la Cour de cassation (1804).

47. V. *supra*, n° 94.

48. Décret du 25 mars 1852 sur la décentralisation administrative.

49. V. *supra*, n° 146.

177. Le Code civil des Français. – Demande récurrente des Cahiers des États Généraux, l'élaboration d'un Code civil pour tous les Français fait écho aux vues des Lumières. Si la loi est déjà parée de nombreuses vertus, le Code démultiplie ces qualités d'accessibilité, d'unité et de rationalité. Les révolutionnaires ne vont avoir de cesse de réaliser cette unification du droit français, le projet étant d'ailleurs inscrit dans la Constitution de 1791. Les premiers projets, présentés par Cambacérès entre 1793 et 1796, assez proches des législations révolutionnaires, ne parvinrent jamais à être adoptés. La période était, il est vrai, politiquement très instable[50]. Or, pour réussir un Code civil, il faut un pouvoir fort, ou au moins stable. Celui-ci advint avec Napoléon Bonaparte. Dès 1800, il mit en place une Commission chargée de rédiger un projet et composée de quatre juristes, habilement choisis parmi les praticiens du droit pour représenter les différentes tendances juridiques de la France d'alors[51] : Bigot de Préameneu (avocat du pays de coutume de Bretagne), Maleville (avocat au Parlement de Bordeaux, pays de droit romain), Portalis (avocat à Aix, pays de droit romain) et Tronchet (avocat au Parlement de Paris, pays de coutume). Des quatre, *Portalis* devait entrer dans l'histoire juridique en présentant le « Discours préliminaire » du Code civil, véritable exposé des motifs et de la *ratio legis* du droit civil français, vénéré aujourd'hui encore par tous les juristes et dont la lecture s'impose avant toute entreprise d'étude du droit[52]. Le projet rédigé par la Commission fut envoyé au Tribunal de cassation et aux tribunaux d'appel pour observations puis discuté en Conseil d'État. Voté (tant bien que mal) par l'Assemblée, le « Code civil des Français »[53] est promulgué par Napoléon Bonaparte le 21 mars 1804 (loi du 30 ventôse an XII). L'évocation de ce monument juridique porte avec elle une charge symbolique très importante, qui ne peut que rapidement être évoquée.

Sur le *fond*, le Code est une transaction entre les tendances de l'Ancien droit, déjà synthétisées par l'œuvre de Domat[54], et la philosophie révolutionnaire, très présente dans les projets de Cambacérès. Le droit des régimes matrimoniaux puise largement à la coutume de Paris ; les donations et testaments sont restés proches des ordonnances royales ; la théorie générale du contrat et des obligations est romaine mais le principe du consensualisme est d'inspiration canonique et la place centrale accordée à la volonté individuelle doit aux Lumières ; la laïcisation de l'état civil et du mariage est fondamentalement révolutionnaire mais les nouvelles règles, civiles, du mariage s'inspirent encore du droit canonique.

Sur la *forme*, le Code est alors fort de 2 281 articles. Les 6 premiers forment un court Titre préliminaire sur l'application de la loi. S'ensuivent « Des

50. Sur le contexte politique et son effet sur la promotion du droit privé, v. X. MARTIN, « Fondements politiques du Code Napoléon », *RTD civ.* 2003. 247 ; « Le droit privé révolutionnaire : essai de synthèse », *RTD civ.* 2006. 239.

51. Tous étaient avocats et, souvent, membres du Tribunal de cassation ou du Conseil d'État et/ou représentants de la Nation.

52. Le texte peut notamment être consulté sur le site *Les classiques des sciences sociales*.

53. Transformé en « Code Napoléon » en 1807, nom encore fréquemment employé en droit comparé, il est aujourd'hui le « Code civil ».

54. *Les lois civiles dans leur ordre naturel*, 1777 ; les traités de Pothier ont également exercé une grande influence. V. A.-J. ARNAUD, *Les origines doctrinales du Code civil français*, LGDJ, 1969.

personnes », « Des biens et des différentes modifications de la propriété », « Des différentes manières dont on acquiert la propriété ». En ouvrant sur la personne, le Code civil place en son centre l'individu et fait du droit un instrument mis à son service. Il se veut un ensemble de solutions pratiques plus qu'une œuvre de théorie. En déclinant, certes sans suivre une logique éblouissante, le droit civil par matières, il rend son accès plus simple, simplicité accentuée par le style[55]. Le Code est écrit dans une langue claire, sobre et accessible à tous. La loi y est énoncée sous forme de principes ramassés mais précis. Stendhal écrivait à Balzac : « en composant la Chartreuse, pour prendre le ton, je lisais chaque matin deux ou trois pages du Code civil ». On se plaît depuis à suggérer au législateur de relire Stendhal avant de prendre la plume[56].

Pour toutes ces raisons, le Code civil est un *symbole*[57]. Il est, surtout, le symbole de l'unité nationale enfin réalisée. Le Code civil des Français marque, après l'éclatement de l'Ancien droit, que tous les Français sont désormais soumis à une même loi et aux mêmes obligations. Napoléon était convaincu que « Ma vraie gloire, ce n'est pas d'avoir gagné quarante batailles (...). Ce que rien n'effacera, ce qui vivra éternellement, c'est mon Code civil ». Il aura évidemment largement contribué à cette postérité en imposant l'application du Code à mesure de ses conquêtes. Cependant, la facilité d'utilisation du Code civil français, conjuguée aux valeurs d'unité, de liberté et d'égalité qu'il porte, et plus largement à l'aura de la Révolution française qui l'entoure, vont également contribuer à en faire le modèle juridique le plus répandu dans le monde et, sans hésitation, la marque de fabrique du système juridique français[58].

§ 4. Le droit moderne depuis la Seconde Guerre mondiale

178. Petites et grandes évolutions jusqu'à la Seconde Guerre mondiale. – Depuis sa fondation post-révolutionnaire, le droit moderne a connu de nombreuses, et importantes, évolutions, qu'il est impossible de résumer ici. Le droit positif reposant directement sur ces évolutions, elles sont généralement intégrées à l'apprentissage de chaque matière et quelques-unes seront seulement mentionnées ici. L'une des plus importantes évolutions est l'émergence d'une véritable juridiction administrative à la fin du XIXe siècle : le *Conseil d'État*, institué, comme son nom l'indique, pour conseiller le Consul[59], devait, dans les faits, devenir progressivement le juge de l'Administration, fonction ensuite institutionnalisée. Les règles du Code civil, jugées inadaptées à la puissance

55. Sur le Code civil du point de vue de la légistique, B. SAINTOURENS (dir.), *Le Code civil. Une leçon de légistique ?*, Economica, 2006. Sur la préoccupation d'accessibilité, perçue comme une condition de la citoyenneté, A. DESRAYAUD, « De la sûreté à la citoyenneté : l'accessibilité du Code civil de 1804 », *RTD civ.* 2012. 677.

56. J. CRUET, *La vie du droit ou l'impuissance des lois*, Flammarion, 1908, p. 267.

57. Ce qui lui vaut d'occuper toute l'attention, éclipsant les autres codes rapidement élaborés à sa suite : Code de procédure civile (1806), de commerce (1807), d'instruction criminelle (1808), pénal (1810).

58. Pour les modèles clés du Code civil et son influence, v. Th. REVET (dir.), *Code civil et modèles – Des modèles du Code au Code comme modèle*, LGDJ, 2005.

59. Art. 52 de la Constitution du 22 frimaire an VIII.

publique, allaient appeler le développement de règles spécifiques[60]. Les « grands arrêts de la jurisprudence administrative » sont la marque de cette construction du droit administratif[61]. L'augmentation de ce contentieux administratif aboutit ensuite à l'institution de tribunaux administratifs (1953) puis de cours administratives d'appel (1987), un nouvel ordre juridictionnel, l'ordre administratif, venant ainsi prendre place aux côtés de l'ordre judiciaire.

Quant au *Code civil*, demeuré relativement stable tout du long du XIXe siècle, son droit vieillissant devait accuser un décalage avec l'évolution de la société et rendre indispensable son adaptation, par le législateur comme par le juge. Progressivement, l'égalité, entre époux et entre enfants, devait substantiellement modifier certaines idéologies portées par le Code Napoléon[62]. La révolution industrielle devait également appeler de nouvelles réponses juridiques. Certaines vinrent de la jurisprudence, qui quitta à cette occasion le rôle assigné de simple bouche de la loi pour développer un régime de la responsabilité civile adapté aux nouvelles formes d'accidents. D'autres furent l'œuvre du législateur, qui devait progressivement élaborer un droit du travail et plus largement une législation sociale. Entre les deux guerres, l'État devenu Providence devait accélérer cette tendance, entraînant un important développement de législation, à visée protectrice, dans le domaine social et économique.

Politiquement, loin d'une stabilité institutionnelle, les Constitutions se succèdent à mesure des changements de régime. L'équilibre entre les pouvoirs est difficile à atteindre, dans les textes et plus encore dans la pratique. Après l'affaire Dreyfus, la société française, civile et politique, de la fin du XIXe siècle est profondément divisée entre les républicains laïques et les défenseurs d'une France cléricale. Le conflit aboutira, par la loi du 9 décembre 1905, à la *séparation des Églises et de l'État*[63], mettant fin à des siècles d'union entre l'État français et l'Église catholique. Le divorce est un divorce institutionnel, la laïcité du droit ayant été consommée depuis la Révolution française. Il fonde la « laïcité à la française », une laïcité farouche par laquelle l'État ne soutient aucun culte mais les respecte tous.

Les évolutions sont donc aussi nombreuses qu'importantes. Pourtant, elles incarnent plus des changements de politique juridique, adaptés aux évolutions économiques et sociales de la France, que des changements de structure du système. C'est en revanche à un bouleversement de cette nature que devait mener la Seconde Guerre mondiale.

179. Après la Seconde Guerre mondiale : les germes d'une remise en cause. – Pour la seconde fois au XXe siècle, les États européens se sont engagés

60. Le droit administratif se développera à partir du célébrissime arrêt *Blanco* par lequel le Tribunal des conflits, le 8 février 1873, pose que la responsabilité administrative ne peut être régie par les principes que le Code civil établit pour les rapports de particulier à particulier.

61. V., à l'occasion du 50e anniversaire des *Grands arrêts de la jurisprudence administrative*, les contributions publiées à la *RFDA* 2007. 223 et s.

62. Pour ces évolutions, J.-L. HALPÉRIN, *Histoire du droit privé français depuis 1804*, PUF, 2e éd., 2012.

63. La meilleure présentation de cette loi reste probablement celle qu'en a faite son rapporteur, Aristide Briand, devant la Chambre des députés. Le rapport est facilement accessible sur le site de l'Assemblée nationale.

dans une guerre déchirant le continent – et au-delà. À la défaite des démocraties s'est ajoutée une barbarie qui a dépassé ce que pouvaient supporter les Nations européennes. Pour le droit, le coup est sévère : la loi, supposée ne pouvoir mal faire car exprimant une volonté générale nécessairement bonne, est devenue l'instrument d'une atteinte exceptionnelle à la dignité de la personne humaine ; l'État de droit est une figure fragile, pouvant à tout instant être renversée ; la souveraineté des États devient un obstacle à des unions garantes de paix. « Plus jamais ça ». Au nom de cette devise relativement simple, des bouleversements profonds vont venir modifier la place des droits nationaux modernes, dans ce qu'ils ont de plus symbolique. Nous avons vu que les droits de l'Homme, jusque-là proclamés avec une valeur toute symbolique et garantis par la loi sous forme de libertés publiques, devinrent une valeur supérieure que les États s'engagent à garantir au niveau international, universel ou européen. Avec cette transformation, c'est toute la conception du droit qui bascule sensiblement d'une approche de la règle générale en une focalisation sur les droits individuels. Dès la Constitution de 1946, la France s'engage au respect du droit international. En Europe, les États créent le Conseil de l'Europe pour protéger ce qui n'avait pu l'être, la démocratie et les droits de l'homme. Par une Union économique, certains d'entre eux veulent garantir la paix. L'idéal de la loi hérité des Lumières cède à la mise en place de procédures permettant de contrôler la loi avec la Constitution de 1958. C'est alors essentiellement une réponse politique aux difficultés de séparation des pouvoirs rencontrées par les républiques précédentes. Il n'était pas acquis que toutes ces modifications consécutives à la Seconde Guerre mondiale viendraient profondément modifier le système juridique français. Cette mutation n'aura lieu que plus tard, lorsque les juges et les institutions internationales se saisiront pleinement des possibilités offertes par ces nouvelles structures.

180. Depuis la Seconde Guerre mondiale : une nouvelle place pour la loi et l'État. – À compter des années 70, les germes de l'après-guerre vont développer toute leur puissance. Le contrôle de la loi, de possibilité ouverte dans une visée politique, va se transformer en outil juridique quotidien, après sa prise en main par *les juges*. Dans les années 1970, le Conseil constitutionnel va étendre le contrôle du respect des procédures d'élaboration de la loi au contrôle du respect des droits fondamentaux inscrits notamment dans la Déclaration des droits de l'homme. Il va ensuite renvoyer aux juges judiciaires et administratifs le soin de veiller à la conformité de la loi aux conventions internationales, et notamment à la Convention européenne des droits de l'homme. D'abord rares, les situations dans lesquelles la loi, votée par le Parlement, sera écartée ou censurée par les juges sont devenues banales. La loi est passée de la toute puissance à la préférence.

Les organisations européennes mises en place après la Seconde Guerre mondiale devaient également progressivement imposer la logique de leur nécessité à celle de la souveraineté étatique. Seules aptes à réaliser certains objectifs politiques que les États ne peuvent garantir à leur échelle, elles vont rechercher et souvent obtenir l'efficacité juridique à la hauteur de leurs ambitions. Avec l'*Union européenne*, les prérogatives juridiques ne sont désormais plus de la seule souveraineté étatique : elles s'inscrivent dans une logique de partage, partage plus clair à chaque révision des traités européens. L'un des pouvoirs souverains des États, jusque-là discret, va devenir le pivot des nouvelles organisations : sa capacité à accepter de déléguer certaines compétences[64]. Le *Conseil de l'Europe* connaîtra également un développement exponentiel mais sans aboutir à de tels transferts de compétence. Le recours individuel, accepté en France en 1981, va permettre à la Cour européenne d'occuper toute sa place. La condamnation des États méconnaissant la Convention européenne des droits de l'Homme, longtemps relativisée au nom de sa simple valeur morale et du désagrément d'être ainsi désigné comme un État bafouant les droits de l'homme, va progressivement prendre toute sa portée juridique. Les juridictions seront des acteurs importants de ce développement, Cour de cassation et Conseil d'État passant, des années 70 au début des années 2000, d'une attitude peu enthousiaste, voire hostile aux nouveaux juges européens, à une volonté de franche collaboration, traduite par la logique du *dialogue des juges*.

181. Le droit français aujourd'hui, entre tradition historique nationale et tradition nouvelle européenne. – Tel est aujourd'hui notre droit français. Il a conservé son esprit profondément rationnel, son hostilité à la diversité juridique, une méfiance latente pour le juge judiciaire, un attachement à la Révolution et à ses idéaux, un certain symbole de la loi. Le droit français n'est plus cependant le seul fruit de son évolution nationale : il est aussi celui de l'histoire de l'Europe, encore récente juridiquement, construite d'un mélange des traditions juridiques des différents États européens, assez profondément éloignée des tropismes français. Ces logiques européennes ont en partage une confiance dans le juge, qui s'est rapidement érigé, dans les deux ordres européens, comme la pièce fondamentale de la construction du système juridique. Le droit européen tente de réaliser un objectif d'uniformisation mais en respectant les diversités nationales : cet équilibre aboutit à mettre en valeur non des règles (uniformes) mais des méthodes de mises en balance des intérêts (variables). Le style de raisonnement rompt alors avec la logique rationnelle et déductive de la tradition française pour privilégier des approches concrètes et dialectiques. Le droit français contemporain est le système composé de ces deux traditions, qu'il reçoit et articule. Cette dernière mutation se réalise encore sous nos yeux, certaines questions de rapports entre les systèmes nationaux et supranationaux étant encore en évolution.

Section 2
La relativité des systèmes juridiques dans le monde

182. Bibliographie thématique. – R. DAVID et C. JAUFFRET-SPINOSI, *Les grands systèmes de droit contemporain*, Précis Dalloz, 11e éd., 2002 ; G. CUNIBERTI, *Grands systèmes de droit contemporains*, Manuel, LGDJ, 2e éd., 2011 ; K. ZWEIGERT et H. KÖTZ, *An*

64. Pour certains, l'État n'accepte que de transférer des compétences. Pour d'autres, ce faisant, il réduit sa propre souveraineté.

introduction to comparative law, Clarendon Press, 1998 ; P. GLENN, *Legal Traditions of the World*, Oxford University Press, 4e éd., 2010.

183. Nécessité de la connaissance des autres systèmes. – La fresque ainsi retracée aura révélé différents visages que peut prendre un seul ordre juridique à différentes étapes de sa construction : fruit du pouvoir du juge et de la sagesse des juristes, ensemble de coutumes disparates, lois rassemblées dans un Code, le droit français est passé par plusieurs phases qui toutes l'ont fait ce qu'il est aujourd'hui. Le risque est alors grand de penser que cette évolution est inscrite dans un certain ordre des choses et que toute société est vouée à passer d'un état coutumier à un état législatif, aboutissement inéluctable d'un État moderne. Ce serait oublier que l'histoire française n'est pas l'histoire du monde et que les différents États ont connu des évolutions et fait des choix bien différents. Il y a entre les droits des différents États autant de ressemblances mais aussi autant de dissemblances qu'entre les différentes cultures. Connaître cette diversité des systèmes juridiques permet d'éviter le risque du nombrilisme juridique (assez présent chez les juristes français), en gardant en permanence à l'esprit que l'ordre juridique que l'on maîtrise n'est qu'une façon, parmi d'autres, de faire du droit. Connaître cette diversité est par ailleurs indispensable dans le monde contemporain. Dire que les relations internationales se sont intensifiées au XXe siècle est une redoutable banalité mais n'en est pas moins parfaitement exact. Juridiquement, l'internationalisation oblige les juristes à ne pas borner leurs connaissances à ce qui est édicté dans les limites de leurs frontières. À cet égard, l'enseignement de cette diversité accuse un net déficit dans les facultés françaises, dont on ne peut qu'espérer qu'elles progressent aussi vite que progresse le recours au droit comparé pour l'élaboration du droit français[65]. Cette ouverture aux autres droits doit s'initier dès l'introduction au droit, qui ne peut pas oublier d'introduire aux principales traditions juridiques. Plus encore que pour le survol historique, il est nécessaire de grossir le trait, pour dépeindre plus une représentation des autres ordres juridiques que la nuance et la complexité de leur réalité. Qui plus est, il est impensable de décrire ici tous les systèmes étrangers : il faudra se contenter de présenter à très grands traits les grandes familles de droit. En effet, s'il y a autant d'ordres juridiques étatiques que d'États, des familles ont pu être identifiées[66]. La famille de droit civil incarne le droit rationnel, symbolisé par le Code civil (§ 1.) ; la famille de *Common law* incarne le droit pragmatique, symbolisé par le recours aux précédents (§ 2.) ; la famille de droit musulman incarne le droit révélé, symbolisé par la Charia source de droit (§ 3.) ; la famille de droit traditionnel incarne le droit ancestral, symbolisé par le respect des coutumes (§ 4). Cette classification ne doit pas être entendue de façon rigide : comme les cultures, les droits sont

65. À l'opposé de cet enseignement ancré dans un système national, des universités étrangères pratiquent l'enseignement transsystémique, qui forme le juriste en se plaçant hors d'un système national, v. P. ANCEL, « Dénationaliser l'enseignement du droit ? », *RTD civ.* 2011. 701.

66. V. à cet égard, pour tous les développements suivants, R. DAVID et C. JAUFFRET-SPINOSI, cités en bibliographie thématique. Cette classification, comme toute classification, est souvent critiquée et tous les ouvrages cités en bibliographie générale proposent une autre présentation des modèles ou traditions. Il est notamment possible de lui reprocher une approche par les sources du droit privé, peu pertinente pour le droit constitutionnel, qui compare surtout autour de modèles institutionnels, M.-C. PONTHOREAU, *Droit(s) constitutionnel(s) comparé(s)*, Economica, 2010, p. 53 et s.

souvent mélangés : par exemple, le Canada est un système mixte de droit civil et de *Common law* ou l'Île Maurice a des juridictions de *Common law* qui appliquent le Code Napoléon.

§ 1. La famille de droit civil

184. Présentation et origine. – C'est la famille à laquelle le droit français appartient – et plus encore, puisqu'il en constitue l'archétype et le modèle dominant, ce qui n'est pas la moindre des fiertés des juristes français, nonobstant les craintes d'un déclin du modèle[67]. Il sera dès lors possible de passer plus rapidement sur sa présentation, la découverte du droit français constituant une initiation de premier ordre aux caractéristiques de cette famille.

Son berceau est la vieille Europe continentale. La famille couvre aujourd'hui l'intégralité du continent européen, à l'exception du Royaume-Uni, mais aussi la quasi-intégralité de l'Amérique du Sud et de l'Amérique centrale. Elle influence également, mêlée de droit musulman ou de droit traditionnel, la majorité des États africains. Les États regroupés dans cette famille ont en partage une certaine *conception* du droit, qui a pour fonction essentielle de réguler la société, en posant des modèles de comportement permettant de guider les conduites. À cette fin, ils privilégient la règle générale et abstraite. La culture de droit civil croit en la possibilité d'un ensemble de lois complet, rationalisé et cohérent, apte à fournir la solution à toutes les questions juridiques. Les juristes de la famille partagent une même science du droit, acquise à l'université, qui procède rationnellement et méthodiquement par catégories[68], celles du droit romain.

Cette communauté de vue doit à une communauté d'histoire[69]. Les États fondateurs de la famille de droit civil ont tous reçu les conceptions de droit romain, telles que redécouvertes par les Universités et conciliées aux coutumes germaniques (la famille est également connue sous le nom de famille « *romano-germanique* »). Ils ont également tous adopté un Code civil, véritable marque de fabrique de la famille, symbole de l'unité nationale mais aussi réalisation de l'idéal d'un droit complet, formant un système ordonné, duquel il ne reste qu'à déduire les solutions juridiques. La loi y occupe une place prépondérante : point de départ du raisonnement juridique, elle seule peut réformer la société. Les autres sources ne sont envisagées que dans leur rapport à la loi, forcément complémentaire. Plusieurs législations de cette famille reconnaissent ainsi expressément que, à défaut de loi, le juge appliquera la jurisprudence ou la

67. Particulièrement ressenties lors de la célébration du bicentenaire du Code civil, v. entre autres, Conseil d'État, *L'influence internationale du droit français*, La documentation française, 2001 ; B. FAUVARQUE-COSSON et S. PATRIS-GODECHOT, *Le Code civil face à son destin*, La Documentation française, 2006.

68. Conseil d'État, préc., p. 18.

69. Sur cette communauté et les variations, v. J.-L. HALPÉRIN, *Histoire des droits en Europe – de 1750 à nos jours*, Flammarion, 2004.

coutume. En droit français, la reconnaissance n'est qu'implicite mais le rôle complémentaire est bien le même[70].

185. Diversité. – Derrière ces caractéristiques communes, chaque État a su développer ses propres structures, solutions et outils. Aucun système n'égale le droit français du point de vue de sa manie codificatrice comme de celui de son hostilité au pouvoir normatif du juge et de sa conception restrictive du contrôle de constitutionnalité de la loi[71]. Parmi les autres droits de la famille, le *droit allemand* s'est notablement distingué du modèle constitué par le droit français[72]. La doctrine allemande (les Pandectes) a poursuivi l'étude, le commentaire, l'approfondissement et l'adaptation du droit romain bien après et bien plus loin que la doctrine française. Alors que les États européens suivaient le mouvement d'adoption d'un Code civil inauguré par la France[73], la doctrine allemande n'avait pas de mots assez durs pour fustiger notre gloire nationale. Le Code civil des Français était accusé d'une double artificialité : pour l'avenir, il prétendait figer un droit qui devrait rester en constante évolution pour suivre la société ; pour le passé, il coupait le droit français de ses seules véritables racines, le droit romain[74]. Malgré cette forte dissension, l'Allemagne, une fois son unité retrouvée en 1871, ne résista pas à la codification mais elle le fit selon un modèle sensiblement éloigné du modèle français. Le Code civil allemand (*Bürgerliches Gesetzbuch* ou BGB), publié en 1896[75], est plus proche du droit romain. C'est un code savant, rationnel, abstrait et plus technique que le Code français. Si le Code Napoléon prétendait s'adresser à tous, le Code allemand ne cache pas n'être qu'à l'attention des spécialistes. Plus proche des divisions du Digeste, il comporte 5 livres, dont le premier constitue une importante partie générale, qui rassemble les définitions et principes généraux applicables pour l'interprétation de l'ensemble du Code (ex. la capacité juridique, les personnes physiques et morales, la déclaration de volonté). Les quatre livres suivants sont des parties spéciales par matière (rapports d'obligation, biens, famille, successions). Droit savant s'il en est, le droit allemand est parfois appelé le « droit des professeurs ».

70. Par exemple, l'article 1er du Code civil suisse de 1807, consacré à « l'application de la loi », articule ainsi les sources du droit : « 1. La loi régit toutes les matières auxquelles se rapportent la lettre ou l'esprit de l'une de ses dispositions. 2. À défaut d'une disposition légale applicable, le juge prononce selon le droit coutumier et, à défaut d'une coutume, selon les règles qu'il établirait s'il avait à faire acte de législateur. 3. Il s'inspire des solutions consacrées par la doctrine et la jurisprudence. », sur lequel Y. LEROY et M.-B. SCHOENENBERGER, « Lecture « stéréoscopique » de l'article 1er du titre préliminaire du Code civil suisse », *in Mélanges Ph. Jestaz*, Dalloz, 2006, p. 303.

71. Sur ces deux derniers points, le droit français a connu d'importantes et rapides évolutions en ce début du XXIe siècle (v. *infra*, n° 360 et 309) mais la tradition pèse encore parfois sur les analyses. Sur la codification, v. *infra*, n° 245.

72. F. FERRAND, *Droit privé allemand*, Précis Dalloz, 1997 ; O. JOUANJAN, « Science juridique et codification en Allemagne (1850-1900) », *Droits*, n° 27, 1998, p. 65.

73. Il existait des précédents mais le Code civil français est le premier à incarner l'idéal d'uniformisation.

74. Les accusations sont principalement venues de l'un des plus grands juristes européens, F.-C. VON SAVIGNY, *De la vocation de notre temps pour la législation et la science du droit*, PUF, 2006 (l'ouvrage original date de 1814).

75. Pour une présentation synthétique à l'occasion de son centenaire, M. PÉDAMON, *D.* 1997. 107.

§ 2. La famille de *Common law*

186. Présentation et origine. – Le berceau de la famille de *Common law* est l'Angleterre[76]. Elle est aujourd'hui essentiellement constituée des États du *Commonwealth*. Plus difficilement exportable que le modèle de droit civil, en raison de la difficulté à maîtriser les procédures complexes qui la composent, la *Common law* séduit toutefois par ses qualités de pragmatisme et d'adaptabilité. Son influence se retrouve dès lors dans un tiers des systèmes juridiques du monde.

L'histoire du droit anglais est une histoire qui remonte au XIe siècle et qui se poursuit aujourd'hui : la *Common law* n'a pas connu les ruptures brutales et tables rases des autres droits européens, ce qui constitue, à juste titre, un motif de fierté. En 1066, Guillaume le Conquérant monte sur le trône du Royaume. Tout en reconnaissant les anciennes coutumes et les juridictions locales, le Roi va mettre en place des juges itinérants, qui vont trancher des litiges à mesure de leurs déplacements sur le territoire. Les sujets du Roi pouvaient, moyennant finances, solliciter du Chancelier le privilège de soumettre leur litige à ces juridictions royales, plus efficaces et impartiales que les justices locales. Progressivement, les juges unifièrent le droit applicable sur tout le territoire et, au XIIIe siècle, les juridictions royales s'installèrent à Westminster. Par leur action, sans rien imposer aux sujets anglais et aux anciennes coutumes, les juges avaient unifié le droit sur tout le territoire anglais autour d'un droit commun. Ayant déjà réussi son unité, le droit anglais resta imperméable aux évolutions ultérieures de l'Europe : la redécouverte du droit romain comme la codification nationale n'y eurent aucun effet, faute d'avoir aucune utilité.

Ce droit s'est construit par la procédure, autour de formulaires d'action en justice, les *writs*, délivrés aux sujets anglais souhaitant voir leur litige tranché par les juridictions royales. Ces formules précisaient la procédure, généralement très longue et complexe, devant être suivie par les parties avant de parvenir devant un jury. Lorsque la demande ne correspondait à aucun formulaire, les justices locales restaient compétentes, sauf si les juridictions royales acceptaient, très exceptionnellement, de créer une nouvelle action. Cependant, l'ensemble restait très rigide : il existait 56 formulaires en 1227 et 76 seulement au moment de leur suppression au XIXe siècle. Par exemple, aucune action ne permettait d'obtenir l'exécution forcée d'un contrat inexécuté, la *Common law* prévoyant seulement des dommages et intérêts[77]. Les sujets anglais prirent alors l'habitude dès le XVe siècle de demander directement au Chancelier du Roi de se prononcer en équité, c'est-à-dire en conscience et en morale. Progressivement, un second corps de droit va se constituer sur une procédure plus souple, inspirée de droit canonique[78], celui de l'*equity*. Il peut être invoqué pour corriger la *Common law* lorsque celle-ci ne donne pas de solution au litige. Depuis, bien que les deux justices aient été réunies à la fin du XIXe siècle entre les

76. A. J. BULLIER, La *Common law*, Dalloz, Connaissance du droit, 3e éd., 2012 ; D. FAIRGRIEVE et H. MUIR-WATT, *Common Law et tradition civiliste : convergence ou concurrence ?*, PUF, 2006.
77. Pour le détail, très éclairant, du fonctionnement des *writs* et de leur articulation avec l'*equity* à travers l'exemple du droit des contrats, R. DAVID et C. JAUFFRET-SPINOSI, préc, n° 227.
78. Le Chancelier du Roi était un ecclésiastique, jusqu'à la nomination de Thomas More en 1529.

mains des mêmes juridictions, il existe toujours ces deux corps de droit en droit anglais.

187. Le droit et le cas. – L'importance des juridictions et de la procédure dans la naissance du droit anglais lui a donné une configuration toute particulière. Les juristes anglais ne croient pas au mythe d'un droit rationnel, complet et ordonné anticipant les solutions à toutes les questions, puisque le législateur (pas plus que quiconque) ne peut en réalité tout prévoir à l'avance. Le droit a donc plus concrètement pour fonction de donner une solution à un litige : il est l'instrument d'une bonne justice avant d'être celui d'une réforme politique de la société. Il est donc essentiellement construit autour des *actions en justice* ouvertes pour trouver ce remède et non, comme en droit civil, autour de la reconnaissance abstraite de droits subjectifs : « *remedies precede rights* ». Ainsi, si le discours du droit est en France celui du législateur et en Allemagne celui de la doctrine, il est en Angleterre celui du juge[79]. Dès lors, là où le droit continental est attaché à l'apprentissage des solutions de fond et à la formation au système de droit, le droit anglais est soucieux de maîtrise des procédures par un apprentissage par la pratique. Là où le juriste français, pour résoudre un cas, partira de la recherche de la règle, prioritairement dans la loi, puis tentera, par un raisonnement parfaitement logique, procédant étape par étape, d'en déduire la solution du cas, le juriste anglais s'attachera à la discussion des faits et au rapprochement de ces faits à ceux des précédents judiciaires pour en suggérer la transposition. Cela ne signifie en rien que le droit anglais ne connaît pas la loi, bien au contraire : il existe un important « *statute law* » aux côtés du « *case law* ». En outre, le juge anglais a la même obligation d'appliquer et de respecter la loi. Seulement, sa symbolique comme son poids dans le raisonnement sont sensiblement différents. Les précédents n'y sont pas relégués comme source simplement complémentaire mais bien comme argument déterminant. Cela ne signifie pas non plus que le droit anglais est un droit imprévisible, chaque cas étant réglé selon l'humeur du juge. Au contraire, la règle du *précédent obligatoire* lui confère une stabilité qui verserait dans l'immobilisme si les juridictions n'avaient pas su développer des méthodes propres à l'assouplir[80].

Le droit anglais a lui aussi été profondément bouleversé par le développement des droits européens. La possibilité pour les juridictions anglaises de tenir à l'écart une loi anglaise pour cause d'incompatibilité avec la Convention européenne des droits de l'homme (*Human Rights Act*, 1998) a introduit une nouvelle perception des droits subjectifs. L'organisation juridictionnelle a également dû s'adapter pour mieux répondre aux standards européens. En effet, depuis la fin du XIVe siècle, une même institution, la *Chambre des Lords*, était à la fois l'une des Chambres du Parlement et la plus Haute juridiction anglaise. Si les 12 Law Lords avaient un fonctionnement assez indépendant,

79. R. C. VAN CAENEGEM, cité par A. GARAPON, « Culture(s) judiciaire » s) », *in Dictionnaire de la Justice*.

80. V. H. MUIR-WATT, « La gestion de la rétroactivité des revirements de jurisprudence : systèmes de *Common law* », *in Les revirements de jurisprudence*, N. MOLFESSIS (dir.), Litec, 2005, p. 53. Sur le précédent obligatoire, v. *infra*, n° 353.

cette confusion apparente[81] a pris fin avec la création d'une Cour Suprême du Royaume-Uni par le *Constitutional Reform Act* de 2005[82].

188. Diversité. – Les États de la famille de *Common law* sont plus unis que ceux de la famille de droit civil. Le berceau anglais y occupe une place reconnue. Il n'est pas rare de trouver dans une décision canadienne une référence à un précédent anglais, dans une décision anglaise la mention d'un ouvrage de droit canadien : ces indications n'ont pas d'autorité de droit mais sont utilisées pour leur valeur persuasive ou d'exemplarité. Malgré cela, il est évident qu'il existe des différences importantes entre les systèmes de *Common law*. Le droit des *États-Unis*, par exemple, bien que né de l'importation de la *Common law* anglaise, en est très éloigné : « Si l'on met à part la langue et la terminologie, le droit anglais est aussi étranger au juriste américain que le droit français ou allemand »[83]. Outre les implications juridiques de son organisation fédérale, l'histoire américaine a été plus influencée par la tradition de droit civil, à la faveur notamment de la proximité des révolutionnaires français et américains. Le droit américain mêle ainsi règle du précédent et recours important à la loi[84] et aux codes[85]. Cependant, ce qui fait certainement la marque du droit américain, c'est la forte *constitutionnalisation* de son droit. Tous les juges américains sont compétents pour contrôler la conformité d'une loi américaine à la Constitution, et ce de longue date. Au sommet de l'ordre américain, la Cour Suprême Fédérale américaine exerce ce contrôle en dernier recours et, par cette voie, donne au droit américain et à la société américaine des impulsions fondamentales, à l'exemple de la conception sacro-sainte de la liberté d'expression.

§ 3. La famille de droit musulman

189. Présentation et origine. – Si l'Islam n'est pas la seule religion à imprégner un système juridique, elle est la seule à réunir un nombre si important de systèmes dans le monde, dans le Nord de l'Afrique, le Proche et Moyen Orient et une partie de l'Asie. La caractéristique fondamentale des systèmes de droit musulman est de ne pas dissocier la religion du droit : il s'agit d'un tout, celui constitué par l'Islam, qui englobe toutes les facettes de la vie sociale, dans un ensemble indivisible. Cette conception aboutit à ce qui fait le point commun de tous les États appartenant à cette famille : la *Charia* y est reconnue

81. On sait l'importance de l'apparence dans l'appréciation européenne du procès équitable, selon la célèbre formule : « *justice must not only be done ; it must also be seen to be done* ».

82. V. Y. LAURIN, « Création de la Cour suprême du Royaume-Uni », *JCP* 2006. act. 142. La Cour est installée depuis le 1er octobre 2009.

83. H. P. DE VRIES, « Universalisme et unification du droit aux États-Unis d'Amérique », *RID comp.* 1955. 542.

84. 498 lois adoptées par le Congrès entre janvier 2003 et décembre 2004 dont seulement 52 lois importantes (et 104 pour changer le nom d'un bureau de poste), v. M. MAUGUIN HELGESON, « Observations sur la production législative du Congrès américain », *RDP* 2007. 145, sp. p. 157.

85. Outre le Code civil dans l'État de Louisiane, de nombreux États ont codifié la procédure civile. Qui plus est, des codes d'origine privée sont élaborés pour permettre de comparer et de rapprocher les droits des différents États, comme le Code de commerce Uniforme.

comme source de droit, généralement dans la Constitution. La Charia comporte des dispositions très nombreuses mais elle régit surtout précisément le statut personnel, c'est-à-dire le droit des personnes et de la famille, dont le contenu est variable selon les États[86], malgré l'unicité de source.

La Charia est principalement composée du *Coran*. C'est le texte de la parole de Dieu révélée à Mahomet, son Prophète. C'est la source première, dont les autres sources ne sont que dérivées, c'est-à-dire qu'elles ne sont admises que parce qu'elles sont reconnues par le Coran. Tous les courants et Écoles qui traversent l'Islam reconnaissent la loi du Coran. Les autres sources de la Charia sont plus diversement reçues. La principale est la Sunna, l'exemple du Prophète. Elle est composée de hadiths, courts récits rapportant des paroles ou comportements du Prophète. Ils servent à confirmer ou à préciser le sens du Coran.

190. Diversité. – La diversité est évidemment d'abord celle des courants de l'Islam, nombreux et parfois très divergents, mais aussi celle, très importante, des coutumes et traditions qui façonnent chaque système de droit musulman. Juridiquement, la diversité est également de mise et il faut se garder des amalgames. Notamment, il ne faut pas prêter à la famille de droit musulman certaines pratiques de la Charia largement tombées en désuétudes[87]. Parmi les différences qui peuvent être faites entre les États de droit musulman, il est possible de distinguer les États qui reconnaissent la Charia comme seule source de droit applicable et ceux pour lesquels la Charia est une source de droit. Dans les premiers, les litiges sont intégralement tranchés sur le fondement de la Charia. Dans les seconds, la Charia coexiste sans difficultés avec l'élaboration de lois, de codes ou de précédents, dont il est seulement exigé la conformité à la Charia. La plupart des États de droit musulman peuvent ainsi également être classés dans la famille de *Common law*, dont ils ont adopté le fonctionnement par précédents (Inde, Pakistan, Malaisie), ou dans la famille de droit civil, dont ils portent la marque par leur Code civil (c'est le cas de la plupart des États francophones[88]).

86. Par exemple, le Code tunisien ne connaît ni la répudiation, ni la polygamie, ni même le mariage traditionnel.

87. Notamment les peines automatiques pour les crimes contre la loi de Dieu (ex. amputation pour vol, lapidation pour adultère) sont tombées en désuétude depuis le XIXe siècle – et les cas marginaux qui ont maintenu ou rétabli la pratique ne sauraient en aucun cas être assimilés à la famille elle-même.

88. Et au-delà, du fait de l'influence du Code civil égyptien, rédigé par Sanhoury et Lambert et largement repris dans le Moyen-Orient, v. S. JAHEL, « Le rayonnement de la culture juridique française dans les pays arabes du Moyen-Orient », *D.* 2013. 849. Plus généralement, H. AL-DABBAGH, « Le droit comparé comme instrument de modernisation : l'exemple des codifications civiles des États arabes du Moyen-Orient », *Revue de Droit de l'Université de Sherbrooke* 43 (2013).

§ 4. La famille de droits traditionnels

191. Présentation et origine. – Les États de droit « traditionnel » ou « coutumier » sont très nombreux, principalement sur les continents africain[89] et océanien. Il n'y a pas à proprement parler d'histoire des droits traditionnels puisque, justement, les traditions ancestrales continuent d'y régir la vie sociale et les rapports au sein du groupe. Selon J. Gilissen, c'est pour opposer le droit importé du colonisateur, à dominante législative, au droit des populations autochtones, qui avait conservé ses caractères propres, « qu'on a pris l'habitude de désigner par « droit coutumier » (en anglais : *customary law*) le droit des populations autochtones, alors que bien souvent ce droit a d'autres sources que la coutume, notamment les lois (quelle que soit leur appellation) des autorités indigènes et même dans certains cas une partie de la législation introduite par le pays colonisateur »[90]. La *coutume* dont il s'agit est plus ouverte que la « coutume » de droit français pour désigner plus largement le droit propre à un groupe social. La coutume y est également plus ouverte que le « droit » dans sa conception occidentale : il s'agit plus largement d'une vision du monde, ancrée dans un rapport fort à la terre, aux générations et au clan, une forme de sagesse ancestrale, dans une vision plus culturelle que juridique[91]. La notion même de règle n'y est guère comparable à celle de la famille de droit civil : « il faut plutôt la comprendre comme la morale d'un conte »[92]. Le développement de recherches en anthropologie juridique a permis de mieux connaître ces systèmes juridiques mais aussi la conception du droit qui y domine, ouvrant ainsi des perspectives transculturelles du droit[93].

192. Diversité. – La diversité est d'abord celle des coutumes elles-mêmes. Il n'est pas rare que les États de droit traditionnel aboutissent à reconnaître l'application de dizaines de coutumes différentes. Mais la diversité est également celle du droit national. En effet, les États de droits traditionnels ne sont pas exclusivement organisés autour de cette application des coutumes. Marqués par les vagues de colonisation, ils ont connu l'influence des modèles de droit civil et de *Common law* et s'en sont généralement inspirés pour élaborer le droit national après l'indépendance. Ce droit, dit « moderne », coexiste donc avec les droits traditionnels qui, le plus souvent, se limitent au statut personnel. Ainsi, il

89. Ch. NTAMPAKA, *Introduction aux systèmes juridiques africains*, PU Namur, 2005 ; J. VANDERLINDEN, *Les systèmes juridiques africains*, Que sais-je ?, 1983. Il ne faut pas réduire les systèmes juridiques africains à leur part coutumière, seule envisagée ici. Par ex., pour la dimension constitutionnelle, v. F. J. AÏVO, « La crise de normativité de la Constitution en Afrique », *RDP* 2012. 141.

90. J. GILISSEN, « Essai de synthèse », *in La rédaction des coutumes dans le passé et dans le présent*, Université Libre de Bruxelles, 1962, p. 15, sp. p. 17. Sur les travaux récents soulignant une « tradition inventée par le pouvoir colonial », v. J.-L. HALPERIN, « La détermination du champ juridique à la lumière de travaux récents d'histoire du droit », *Droit et société*, n° 81, 2012/2, p. 403.

91. V. l'approche de L. ASSIER-ANDRIEU, notamment dans « Coutume et usage », *Dictionnaire de la culture juridique*, PUF, 2003.

92. F. OST et M. VAN DE KERCHOVE, *Le système juridique entre ordre et désordre*, p. 209.

93. Ex. v. E. LE ROY (dir.), *Le jeu des lois – Une anthropologie « dynamique » du droit*, LGDJ, 2000.

n'est pas rare que le droit public et pénal soit uniformisé mais que le statut personnel (le droit des personnes et de la famille) relève de la coutume de chacun.

L'exemple du *Cameroun* est illustratif de ce mélange d'influences[94]. Après une première tutelle allemande, le pays fut placé en 1918 sous une double autorité, française et britannique. À son indépendance, le Cameroun devint un État fédéral puis unitaire mais qui reste divisé en deux territoires juridiques : les provinces francophones, à l'Est, sont de droit civil ; les provinces anglophones, à l'Ouest, sont de *Common law*. L'organisation judiciaire est unifiée autour d'une Cour suprême, composée de conseillers anglophones, qui se prononcent sur les pourvois des juridictions anglophones, et inversement pour les conseillers francophones. Le droit pénal a été unifié au niveau étatique mais le système reste traditionnel pour le statut personnel : la coutume des parties (il existerait près de 200 coutumes différentes) est appliquée par des tribunaux traditionnels, qui existent aux côtés des tribunaux de droit moderne. Conçue comme transitoire, la reconnaissance des droits traditionnels s'est finalement maintenue. Enfin, à ce mélange d'influence doit s'ajouter l'intégration du droit unifié de l'OHADA[95], pour le droit des affaires.

193. Conclusion sur la définition du droit. – La démarche même cherchant à définir le droit s'effrite avec ces derniers développements. Le droit ne semble pas être autre chose que ce qui est reçu comme tel par un groupe donné, à un moment donné[96]. Il semble condamné à osciller, sans point d'équilibre fixe, objectif ou absolu, entre forme et contenu, entre valeur et technique, entre norme et ordre, entre pouvoir et savoir, et à nouer entre tous ces pôles des équilibres ponctuels et subjectifs. Du fait de cette nature composite, si plusieurs tentatives de définition sont globalement recevables, aucune n'est à l'abri d'un contre-exemple. Comment prétendre unir sous une même définition la règle générale sanctionnée par les tribunaux, la confrontation du cas aux précédents et les nombreuses conceptions ne dissociant pas le droit de la religion ou d'une vision du monde ? La définition du droit pourrait bien être celle proposée par Flaubert dans son *Dictionnaire des idées reçues* : « on ne sait pas ce que c'est ». On songe aussi à Hart qui, après avoir recensé la multitude de définitions du droit et leur échec, concluait à l'impossibilité de définir le droit mais pas à l'impossibilité de l'identifier, par une allégorie étonnante : « Je puis reconnaître un éléphant quand j'en vois un, mais je ne puis le définir »[97]. Il est donc possible d'être juriste sans avoir une définition du droit prête à l'emploi. Il sera plus difficile d'être juriste sans être capable de maîtriser ses normes. Faute d'avoir pu donner une définition absolue du droit, il faut se résoudre à une

94. Sur la complexité de l'articulation de ces différentes traditions juridiques, B. DJUIDJE, *Pluralisme législatif camerounais et droit international privé*, L'Harmattan, 1999.

95. Créée par un Traité signé à Port Louis (Île Maurice) le 17 octobre 1993, l'Organisation pour l'Harmonisation en Afrique du Droit des Affaires regroupe 17 États. L'OHADA adopte des Actes uniformes et est dotée d'une juridiction garantissant l'application uniforme, la Cour Commune de Justice et d'Arbitrage.

96. Pour les différents paradigmes et formes du droit dans une approche anthropologique, v. D. DE BÉCHILLON, *Qu'est-ce qu'une règle de droit ?*, p. 109 et s.

97. *Le concept de droit,* p. 13 ; l'auteur donne également comme exemple une citation de Saint Augustin : « *Qu'est-ce que le temps ? Si personne ne me le demande, je le sais, si je souhaite l'expliquer à quelqu'un qui me le demande, je l'ignore* ».

démarche plus modeste, et pourtant déjà ambitieuse, celle de comprendre le fonctionnement d'un système juridique, celui du droit français contemporain.

Deuxième partie
Le droit des normes

194. Un droit sur le droit. – Tenter de définir le droit nous a donc amenés à découvrir ce phénomène aux contours flous et aux facettes changeantes, bien éloigné de l'image de raideur et de certitudes tranchantes qui accompagnent généralement sa représentation. L'étude du droit des normes promet une terre plus ferme, celle où les questions trouvent des réponses. Mais il ne faut pas surestimer la capacité des normes à se laisser ainsi apprivoiser. Qu'on en juge. Les normes en droit français, aujourd'hui, ce sont plus de 2 600 lois, 23 000 décrets, 7 000 conventions internationales, 2 000 règlements européens et autant de directives, le tout en mutation permanente ; ajoutez-y les 22 000 arrêts rendus par la Cour de cassation chaque année, les 9 000 arrêts du Conseil d'État, les 200 décisions du Conseil constitutionnel, les 360 arrêts de la CJUE et les 1 600 arrêts de la CEDH. Le soulagement aura donc été de courte durée. Comment un juriste parvient-il à s'orienter dans ce maquis de normes ? Par quel bout les prendre ? Lesquelles sont des règles de droit positif ? Où les trouver ? Comment les appliquer ?

Les réponses à ces différentes questions sont données par le droit lui-même : il existe un droit des règles de droit, un droit sur le droit, un droit des normes[1]. Tout comme il existe un régime juridique pour la vente, le mariage ou le vol, il existe un régime juridique pour les normes. En droit français, il se trouve notamment dans le *Titre préliminaire* du Code civil : « De la publication, des effets et de l'application des lois en général ». Le projet de Code civil proposait à ce titre des dispositions importantes, articulant droit positif et droit naturel, listant et définissant les différentes sources du droit, écrites ou non écrites, ou encore, entre autres trésors, guidant la façon de les appliquer et les interpréter. Cet esprit du Code a été rejeté par les tribunaux d'appel et le Conseil d'État, qui estimaient qu'un code devait faire œuvre de législation et non de doctrine[2]. Il faut donc se contenter des 6 articles maintenus en ouverture. Ils sont tous accompagnés d'une jurisprudence riche qui a, parfois sur la base d'un seul article, construit une matière entière (ainsi de l'article 3 et du droit international privé). À ce premier corpus s'ajoutent nombre de dispositions de la Constitution ou des traités institutionnels du droit de l'Union européenne, toutes sources dont l'objet est, notamment, d'instituer les pouvoirs de création et d'application du droit.

1. Sur son rôle dans le système, v. *supra,* n° 150.
2. W. WOLODKIEWICZ, « « Livre préliminaire » « titre préliminaire » dans le projet et dans le texte définitif du Code Napoléon », *RHD* 2005. 441 ; P.-Y. GAUTIER, « Pour le rétablissement du livre préliminaire du Code civil », *Droits*, n° 41, 2005, p. 37.

195. Des questions de définition aux réponses de droit positif. – Ce droit des normes est fondamental ou, dit plus modestement, élémentaire dans le fonctionnement du droit. Il rejoint à cet égard les grands éléments que nous avons rencontrés dans notre recherche de la définition du droit. Du droit comme règles, nous retrouverons la reconnaissance de différentes sources de droit, leurs caractères, leur importance et leur application en droit français. Du droit comme juges, outre la capacité de l'interprétation à constituer à son tour une source de droit, nous reprendrons le point de vue, celui d'un droit qui n'est pas considéré comme figé dans les livres mais tel qu'il est utilisé dans le procès, un droit qui n'est pas qu'une collection de définitions (par ailleurs absolument indispensables) mais aussi série d'applications. Du droit comme système, nous retrouverons la coexistence en droit français de divers ordres juridiques et les règles de structure des systèmes, ces règles dont la fonction est d'identifier les sources de droit, de s'assurer de la validité des normes, de leur caractère exécutoire, de leur applicabilité, notamment en cas de conflit. Laissées dans la première partie sous forme de questions ou de pistes de compréhension du phénomène juridique dans son ensemble, il est temps désormais d'étudier les réponses que donne, sur ces différents points, le droit positif.

196. Le « droit positif » des normes. – L'expression de « droit positif », passible de sens divers, désigne généralement « l'ensemble des règles de droit effectivement en vigueur par opposition à un Droit idéal ou naturel »[3]. Plus précisément, il s'agira ici des règles en vigueur en droit français, qu'elles soient d'origine interne, internationale ou européenne. Il faut garder à l'esprit que ces règles ne se retrouvent pas nécessairement dans les systèmes voisins : si, au degré de généralité qui était le nôtre dans la première partie, il était possible de raisonner sur des grandes catégories communes (la règle, la loi, le juge, l'interprétation), dans leur mise en œuvre concrète, chaque système façonne ses propres choix : par exemple, les rangs de la loi et du traité varieront, le précédent aura une autorité de droit ou de fait.

Ce droit des normes français est profondément marqué par la place, autrefois omniprésente, aujourd'hui centrale, accordée aux textes[4]. Outil par excellence de production de nouvelles règles, ils sont le point de départ de tout raisonnement juridique : ils seront dès lors également le point de départ de cette approche du droit des normes. La présentation pourrait sembler simple : il suffirait de connaître les différentes catégories de textes pour pouvoir se lancer dans le maniement du droit (Titre 1). Il n'en est rien car il ne suffit pas de savoir identifier les normes édictées, encore faut-il savoir les articuler. En effet, le nombre de règles croissant inexorablement, les cas se multiplient dans lesquels plusieurs textes sont potentiellement applicables à une même situation. Il faut aussi savoir résoudre ce conflit. Un droit, particulièrement sophistiqué, s'élabore presque quotidiennement pour apporter ces solutions, constituant le droit des conflits de normes (Titre 2). Après avoir, assez facilement, identifié les textes puis avoir, plus délicatement, déterminé lequel sera applicable, il ne faut pas penser en avoir terminé avec le jeu des normes. Ces textes ne se proposent pas dans le

3. *Vocabulaire juridique*.
4. V. *supra*, n° 62 et s., et *supra*, n° 184.

système comme dans un livre mais vivants, c'est-à-dire tels qu'ils sont interprétés et pratiqués, et c'est ainsi que le juriste doit les saisir (Titre 3).

Titre I
Le droit de l'édiction des textes

197. Les textes, outils de prédilection. – La part essentielle des textes s'explique à tous égards, puisqu'ils cumulent les qualités tant du point de vue technique que du point de vue politique. Techniquement, ils sont dotés d'une procédure d'édiction, d'un régime et d'une autorité balisés, répondant au plus près aux dogmes de prévisibilité et sécurité juridique. Politiquement, la loi, « expression de la volonté souveraine », est le corollaire de l'État de droit et de la démocratie. Elle est aussi l'outil de mise en œuvre des réformes politiques. Dans tous les systèmes, les textes jouent ainsi un rôle central, même si leur poids peut varier d'une matière à une autre : ainsi, les normes du droit pénal, du fait du principe de légalité[1], sont assez largement textuelles.

Face à une question, le réflexe premier doit donc être de se tourner vers la recherche du texte ou des textes existant en droit positif sur ce point. À cet égard, les textes peuvent provenir de différents auteurs et être adoptés selon des procédures variables, constituant différentes catégories (Chapitre 1). Une fois les différents textes repérés, il faudra vérifier qu'ils sont bien en vigueur, c'est-à-dire dotés de force obligatoire par leur ordre juridique (Chapitre 2). Ces premières étapes ne sont pas les plus complexes, même si le foisonnement contemporain des règles de sources textuelles peut effrayer.

1. *Nullum crimen, nulla poena sine lege* (pas de crime, pas de peine sans loi).

Chapitre 1
Les catégories de textes

198. Diversité des textes. – L'étude des différentes catégories fait l'objet d'enseignements dédiés, droit constitutionnel pour la Constitution et plusieurs dimensions de la loi, droit administratif pour le règlement, droit institutionnel de l'Union européenne pour les sources du même nom, droit international public pour les conventions internationales. Dans le cadre d'une introduction, une présentation plus rapide est donc suffisante. Outre le cadre juridique général des textes, quelques observations, nécessairement subjectives, pourront être ajoutées sur la pratique contemporaine du recours à ces sources. Il sera malgré cet effort difficile d'échapper, pour cette présentation, à un effet de catalogue. Celui-ci relève du B. A.-BA du juriste : confondre loi, décret et directive européenne relève de l'erreur fatale. L'enjeu n'est pas seulement celui de l'exactitude d'un savoir théorique : de la catégorie va découler l'autorité de la règle posée par le texte, ses conditions d'application et la résolution des conflits de normes. Produits de procédures prédéfinies et très encadrées, les catégories de textes échappent pour une large part aux incertitudes et à la relativité du droit, pour s'insérer au mieux dans une vision formelle et hiérarchique. Ces catégories sont essentiellement déterminées par les auteurs des textes, qui peuvent être regroupés selon l'ordre juridique les ayant habilités. Ainsi, en droit français, il existe deux grandes catégories de textes : les premiers, historiquement antérieurs, longtemps ultra-dominants et encore aujourd'hui privilégiés, sont les textes d'origine interne (Section 1) ; les seconds, d'abord anecdotiques, puis en développement et enfin envahissants, sont les textes d'origine supranationale (nous entendrons par là toutes les origines dépassant l'échelle nationale, ce qui regroupe l'ordre international et les deux droits européens) (Section 2).

Section 1
Les textes d'origine interne

199. La présentation du droit en son entier sous forme pyramidale[1] a vécu tant elle ne parvient pas à décrire nombre de mouvements aujourd'hui déterminants, comme les relations avec le droit européen ou l'intégration de la jurisprudence. En revanche, elle reste pertinente si on la réduit aux seuls textes, d'un seul ordre juridique. En droit français d'origine interne, la Constitution, œuvre

1. V. *supra*, n° 152 et *infra*, n° 298 et s.

de la Nation rassemblée en pouvoir constituant, chapeaute l'ensemble. Elle est la plus prestigieuse (§ 1.). Elle confère au Parlement le pouvoir d'adopter la loi. Cette dernière est la source première du droit pour le juriste (§ 2.). Elle-même sera mise en œuvre par le pouvoir exécutif, qui édicte des règlements. Ils sont les plus nombreux (§ 3.).

§ 1. La Constitution

200. Bibliographie thématique. – Ph. ARDANT et B. MATHIEU, *Institutions politiques et droit constitutionnel*, Manuel, LGDJ, 24e éd., 2012 ; D. CHAGNOLLAUD, *Droit constitutionnel contemporain*, Cours Dalloz, Tome 1, 7e éd., et Tome 2, 6e éd., 2013 ; J. GICQUEL et J.-E. GICQUEL, *Droit constitutionnel et institutions politiques*, Montchrestien, 26e éd., 2012 ; F. HAMON et M. TROPER, *Droit constitutionnel*, Manuel, LGDJ, 33e éd., 2012 ; L. FAVOREU, P. GAÏA, R. GHEVONTIAN, J.-P. MESTRE, O. PFERSMANN, A. ROUX et G. SCOFFONI, *Droit constitutionnel*, Précis Dalloz, 15e éd., 2013 ; M. VERPEAUX et F. CHALTIEL, *Manuel de droit constitutionnel*, PUF, 2010. Pour le droit constitutionnel comparé, M.-C. PONTHOREAU, *Droit(s) constitutionnel(s) comparé(s)*, Economica, 2010 ; pour une approche approfondie comparée, internationale et théorique, M. TROPER et D. CHAGNOLLAUD, *Traité international de droit constitutionnel*, 3 tomes, Dalloz, 2012.

A Présentation

201. Présentation générale. – Le terme de « Constitution » n'a pas toujours désigné la Charte fondamentale d'un État. Il ne doit notamment pas être confondu avec les premières constitutions des empereurs en droit romain[2]. C'est avec la philosophie des Lumières et les Révolutions, américaine puis française, que la Constitution va recouvrer son acception moderne, politique et juridique. Politiquement, elle est le pacte social entre une société et ses gouvernants, l'acte fondateur d'un État. Signe d'une civilisation moderne, qui s'est fédérée par un contrat social et qui a rationalisé l'exercice du pouvoir, elle est le fondement de notre organisation. Juridiquement, sommet du sommet, elle est la source suprême du droit français[3].

La première Constitution sous sa forme moderne est celle adoptée par les États-Unis d'Amérique en 1776. En France, la première Constitution écrite[4] est celle du 3 septembre 1791. Depuis, 15 Constitutions se sont succédées pour aboutir à l'actuelle *Constitution de la Ve République*, adoptée le 4 octobre 1958 et révisée depuis 24 fois[5]. Le *contexte*[6] de son adoption est celui de la

2. V. *supra*, n° 162.
3. Sur ces deux conceptions et la domination de la conception normativiste dans la doctrine française, O. BEAUD, « Constitution et droit constitutionnel », *Dictionnaire de la culture juridique*.
4. Il existait des règles d'organisation du pouvoir non écrites, les « lois fondamentales du Royaume », par exemple, celle voulant que le plus âgé des fils du roi devienne roi à son tour.
5. Sur l'impact de ces révisions sur la qualité de la norme constitutionnelle, P. DE MONTALIVET, « La dégradation de la qualité de la norme constitutionnelle sous la Ve République », *RDP* 2012. 925. Précisons que tout ne peut être révisé. Ainsi, l'article 89 al. 5 interdit de réviser la forme républicaine du gouvernement, par exemple pour revenir à la monarchie ou mettre en place un régime dictatorial.
6. V. Ph. ARDANT, n° 365 et s.

décolonisation et, plus particulièrement, de la guerre d'Algérie. Entraînant la chute du régime et le retour à la vie politique du général de Gaulle, ce dernier va poser un « préalable constitutionnel »[7] et confier sa mise en œuvre à Michel Debré, alors garde des Sceaux. De la forte personnalité du Général de Gaulle, la Ve République conserve un chef de l'État fort, rompant avec les régimes d'Assemblées précédents.

Sur la *forme*, la Constitution de la Ve République se présente, comme toutes les Constitutions[8], comme un texte relativement bref et très solennel. Cela n'implique en rien qu'elle va se laisser saisir facilement : comme tout le droit, et peut-être plus encore du fait du caractère ramassé de ses normes, elle est le jeu d'interprétations particulièrement importantes. Le texte de la Constitution se double alors d'une Constitution réelle[9], née de la pratique du pouvoir, et d'une Constitution vivante, née des interprétations du juge constitutionnel.

202. La Constitution, norme suprême. – *Formellement*, la Constitution désigne l'ensemble des règles juridiques élaborées et révisées selon une procédure supérieure à celle utilisée pour la loi ordinaire. Pour réviser la Constitution, outre l'accord du président de la République et le vote des deux Chambres, il faut celui des citoyens, par l'organisation d'un référendum, ou celui du Congrès, qui désigne la réunion des deux Chambres, à Versailles, se décidant à la majorité des 3/5e[10]. Mais la suprématie de la Constitution ne tient pas qu'à cette procédure.

Elle est unique (contrairement à la prolifération des lois), très difficile à modifier et donc très stable (idem) et hors d'atteinte des autres sources, qui lui sont inférieures. Aussi, pour l'ordre juridique français, elle est la *loi des lois*. Concurrencée par d'autres sources haut placées, le Conseil constitutionnel a pris soin de rappeler ces dernières années « sa place au sommet de l'ordre juridique interne »[11]. Tout procède d'elle : sur la forme, les seuls autres textes dotés de valeur obligatoire sont ceux qu'elle habilite (ou, en cascade, ceux qui sont habilités par un texte que la Constitution habilite) ; sur le fond, aucun texte n'est autorisé à porter une atteinte illégitime aux droits fondamentaux qu'elle consacre. Elle détermine les procédures par lesquelles les autres textes juridiques

7. V. J. GICQUEL, « Les visions des auteurs du texte », *in La Constitution de la Ve République*, O. DUHAMEL et J.-L. PARODI (dir.), Presses de la Fondation nationale des Sciences politiques, 1988, p. 55.

8. À l'exception notable du Royaume-Uni, qui ne connaît pas de Constitution écrite.

9. V. G. BURDEAU, « Une survivance : la notion de Constitution », *in Mélanges Mestre*, Sirey, 1956, p. 53, qui constate que le décalage entre Constitution écrite et Constitution réelle est aujourd'hui accepté comme un fait naturel.

10. Le référendum de l'article 11 a été utilisé en 1962 pour réviser la Constitution, sans accord préalable du Parlement. Légitimé par certains auteurs sur le fondement d'une coutume (G. VEDEL, « Le droit, le fait, la coutume... », *Le Monde*, 27 juill. 1968, p. 7 ; « Le droit par la coutume », *Le Monde*, 22-23 déc. 1968, p. 7), la méthode fut réutilisée en 1969 et devait aboutir au « non » entraînant la démission du président de Gaulle.

11. Pour l'absence d'incidence d'une « Constitution » européenne sur cette place, v. Décision n° 2004-505, 19 nov. 2004, *Traité établissant une Constitution pour l'Europe*, § 10 ; pour justifier le caractère prioritaire de la question de constitutionnalité sur le contrôle de conventionnalité, v. Décision n° 2009-595 DC du 3 déc. 2009, *Loi organique relative à l'application de l'article 61-1 de la Constitution*, § 14.

peuvent être adoptés, reconnaît la valeur de l'ordre international[12] et de l'ordre de l'Union[13], encadre l'indépendance de l'autorité judiciaire. *Matériellement*, elle institue et organise les institutions politiques et protège les droits et libertés des citoyens.

203. Les institutions politiques. – La Constitution détermine le fonctionnement des institutions politiques : le régime politique, la séparation des pouvoirs, le mode de désignation des gouvernants (au sens large des trois principaux pouvoirs) ainsi que leurs compétences. Ces règles d'organisation des pouvoirs occupent l'essentiel du texte de la Constitution du 4 octobre 1958. Elles sont précisées dans des lois organiques. Depuis, certaines *révisions* sont venues introduire des modifications majeures pour le fonctionnement de nos institutions : élection du président de la République au suffrage universel direct[14], ouverture de la saisine du Conseil constitutionnel à 60 députés ou sénateurs[15], puis aux citoyens dans le cadre d'un litige[16], passage du mandat présidentiel du septennat au quinquennat[17]. D'autres ont permis la ratification de Traités[18], souvent de traités institutionnels de l'Union européenne[19], parfois de traités internationaux importants symboliquement, comme le Traité créant la Cour pénale internationale[20]. Si la connaissance de ces règles est indispensable pour comprendre le fonctionnement des institutions, principales productrices de droit, le juriste, dans l'exercice de son art, sera plus rarement amené à les manipuler. En revanche, une autre série de règles constitutionnelles imprègne l'intégralité de la matière juridique et fait partie du quotidien du juriste.

204. Les droits et libertés garantis constitutionnellement. – La Constitution détermine également les droits ou libertés garantis aux gouvernés. Le texte de la Constitution de 1958 ne comporte aucun titre dédié à ces droits, quelques-uns apparaissant ponctuellement, par exemple la laïcité et l'égalité (art. 1er). En revanche, son court Préambule réaffirme l'« attachement » du peuple français à plusieurs sources de droits et libertés.

Sont d'abord visés les « droits de l'homme et (les) principes de la souveraineté nationale » de la *Déclaration des droits de l'homme et du citoyen* du 26 août 1789 (17 articles). Texte hautement symbolique pour la France, il

12. Al. 14 du Préambule de la Constitution de 1946 : « La République française, fidèle à ses traditions, se conforme aux règles du droit public international ».

13. Depuis 1992, un titre XV est consacré à l'Union européenne et commence par rappeler que « La République participe à l'Union européenne (...) » (art. 88-1).

14. Loi n° 62-1292 du 6 novembre 1962.

15. Loi constitutionnelle n° 74-904 du 29 octobre 1974.

16. Loi constitutionnelle n° 2008-724 du 23 juillet 2008 de modernisation des institutions de la Ve République.

17. Loi constitutionnelle n° 2000-964 du 2 octobre 2000.

18. Selon l'article 54 de la Constitution, si le Conseil constitutionnel a déclaré une convention internationale contraire à la Constitution, cette convention ne pourra être ratifiée qu'après une révision de la Constitution.

19. Pour le Traité de Maastricht, Loi constitutionnelle n° 92-554 du 25 juin 1992 ; pour le Traité d'Amsterdam, Loi constitutionnelle n° 99-49 du 25 janvier 1999 ; pour le Traité établissant une Constitution pour l'Europe, loi constitutionnelle n° 2005-204 du 1er mars 2005.

20. Loi constitutionnelle n° 99-568 du 8 juillet 1999.

proclame une liste de droits fondamentaux individuels et politiques, tels que l'égalité, la liberté d'opinion, la présomption d'innocence ou le droit de propriété.

Viennent ensuite les « principes politiques, économiques et sociaux particulièrement nécessaires à notre temps » proclamés par le *Préambule de la Constitution du 27 octobre 1946* (16 alinéas). Adaptant nos droits fondamentaux aux exigences de la société moderne, ces droits économiques et sociaux protègent, par exemple, le droit de grève, la liberté syndicale ou le droit à un revenu minimum.

Figure ensuite, désormais, la *Charte de l'environnement*. Fruit du travail de plusieurs années de la Commission Coppens, la Charte, bien que dite « Charte de l'environnement de 2004 » a été adoptée à l'occasion de la révision constitutionnelle du 1er mars 2005. Bref texte de dix articles, elle consacre notamment le droit à un environnement sain, la responsabilité écologique et le très célèbre « principe de précaution ». Malgré quelques incertitudes doctrinales sur la normativité de ce texte[21], le Conseil constitutionnel comme le Conseil d'État[22] n'ont pas hésité à lui reconnaître valeur constitutionnelle et, pour le premier, à fonder sur ses principes des censures spectaculaires comme celle de la taxe carbone[23].

Enfin, le Préambule de 1946 renvoie aux *principes fondamentaux reconnus par les lois de la République* (catégorie indéterminée)[24]. La formule avait été introduite en réponse au refus de l'Assemblée (à deux voix près) d'inscrire expressément dans le Préambule la liberté d'enseignement[25]. Elle désigne des principes exprimés par des lois de la République (qui sont des lois ordinaires), antérieures à 1946, conformes à la tradition républicaine et qui ne connaissent aucune exception. Si toutes ces conditions sont remplies, le principe lui-même (et non l'une des lois lui servant de support) sera reconnu par le Conseil constitutionnel[26] comme principe fondamental reconnu par les lois de la République. Deux principes se sont immédiatement imposés : la liberté d'association et celle de l'enseignement. Le dernier principe dégagé est celui de l'application du droit local d'Alsace-Moselle[27]. Entre-temps, à peine une dizaine de principes ont été

---

21. V. rappelant ces incertitudes, R. ENCINAS DE MUNAGORRI, *RTD civ.* 2005. 556.

22. Après des décisions plus timides, voir la consécration très franche de CE ass., 3 oct. 2008, *Commune d'Annecy*, *RFDA* 2008. 1147, concl. Y. AGUILA et note L. JANICOT.

23. Fruit du Grenelle de l'environnement, le texte, victime d'un lobbying parlementaire intense, avait progressivement été vidé de son impact en exonérant les entreprises les plus polluantes, Décision n° 2009-599 DC du 29 déc. 2009, *Loi de finances pour 2010*, cons. 82.

24. Critiquant leur caractère incertain, J. RIVERO, « Les « principes fondamentaux reconnus par les lois de la République » : une nouvelle catégorie constitutionnelle ? », *D.* 1972. chron. 265 ; B. GENEVOIS, « Une catégorie de principes de valeur constitutionnelle : les principes fondamentaux reconnus par les lois de la République », *RFDA* 1998. 477 ; M. VERPEAUX, « Les principes fondamentaux reconnus par les lois de la République ou les principes énoncés dans les lois des Républiques ? », *LPA,* 14 et 16 juill. 1993, n° 84, p. 9 et 85, p. 6.

25. L. FAVOREU et *alii.*, n° 169.

26. Le Conseil d'État s'est aventuré à dégager lui-même un tel principe, dans l'arrêt *Koné* (3 juill. 1996, v. B. MATHIEU et M. VERPEAUX, *D.* 1997. chron. 219), resté isolé depuis.

27. Décision n° 2011-157 QPC du 5 août 2011 (*Interdiction du travail le dimanche en Moselle*), *RFDA* 2012. 131, note J.-F. WOEHRLING.

érigés à ce rang, parmi lesquels les droits de la défense ou le principe d'indépendance des professeurs d'université.

205. Le bloc de constitutionnalité. – L'ensemble des droits et libertés qui viennent d'être référencés est souvent désigné comme formant le « bloc de constitutionnalité », dont le Conseil constitutionnel est le grand architecte : il l'a fait accéder à la vie juridique constitutionnelle et concilie ses différents éléments.

En effet, il a d'abord fallu déterminer la *valeur* à accorder aux renvois opérés par le Préambule de la Constitution. Ils furent un temps interprétés comme ne relevant que du symbole. Le Conseil d'État fut le premier, dans son arrêt *Société Eky* du 12 février 1960, à reconnaître à l'un de ces éléments une valeur positive (en l'occurrence, le principe de non-rétroactivité de la loi pénale plus sévère). Mais la date de naissance du bloc de constitutionnalité est incontestable le *16 juillet 1971*[28]. Ce jour-là, le Conseil constitutionnel est saisi d'une loi portant sur les contrats d'association. Précisant les textes à l'aune desquels la loi sera contrôlée, le Conseil va se fonder sur l'une des catégories du Préambule (et la plus incertaine), celle des principes fondamentaux reconnus par les lois de la République, en l'occurrence la liberté d'association. Ce faisant, le texte de la Constitution se trouvait enrichi de toutes les sources de droit et libertés citées par le Préambule et la protection des citoyens se renforçait à proportion. Contrôler la conformité de la loi à la Constitution implique donc le respect non seulement du texte de 1958 mais aussi de tous les éléments du « bloc ». Il faut en outre y ajouter les *principes* que le Conseil découvre, hors de tout fondement textuel, et donc prudemment, tels que celui de la continuité des services publics ou, en 1994, de la sauvegarde de la dignité de la personne humaine[29]. À l'inverse, il faut modérer la portée juridique de certains droits garantis : ainsi, la disposition par laquelle le Préambule de 1946 garantit à tous des loisirs ne doit pas être trop hâtivement interprétée comme vous permettant d'exiger des distractions. Certains droits seront ainsi reconnus au seul rang d'*objectif à valeur constitutionnelle*, qui consacre une sorte d'obligation de moyens pour le législateur, qui doit tout mettre en œuvre pour atteindre ce but.

L'ensemble ainsi constitué étant relativement important et procédant de philosophies historiquement datées et opposées (individualiste en 1789, sociale en 1946), il appartient donc ensuite au Conseil constitutionnel de *concilier* des droits et libertés en tension[30]. Les différents éléments du bloc n'étant pas hiérarchisés, il faudra pour cela mettre en balance des valeurs protégées et rechercher la proportionnalité entre l'atteinte portée par une loi à un droit garanti et l'importance de l'intérêt général protégé par cette loi. L'objectif à valeur constitutionnelle, s'il ne peut fonder une censure de la loi, peut ainsi intervenir dans cette mise en balance. Par exemple, l'objectif du droit au logement décent permet d'accepter des entorses au droit de propriété[31].

28. Décision n° 71-44 du 16 juill.1971, *Liberté d'association*, *GDCC*, n° 6.
29. Décision n° 94-343/344 DC du 27 juill. 1994, *Loi relative au respect du corps humain (dite loi bioéthique)*, *GDCC*, n° 24.
30. G. DRAGO, « La conciliation entre principes constitutionnels », *D.* 1991. chron. 265.
31. Décision n° 2000-436 DC du 7 déc. 2000, *Loi relative à la solidarité et au renouvellement urbains*.

B Importance

206. La constitutionnalisation du droit. – En France, souvent perçues comme la toile de fond de la vie des institutions politiques, les règles constitutionnelles sont parfois écartées de la présentation des sources du droit, qui débute directement avec la loi. Pourtant, si à l'origine la Constitution était conçue comme un outil essentiellement politique, elle irrigue désormais, par le biais du développement des droits fondamentaux et de leurs implications en toute matière, l'ensemble du droit, bien au-delà de la répartition des compétences. Loin de se contenter de fonder le droit civil[32], la conciliation des valeurs et objectifs traverse le *droit privé*[33], sans exception : si certaines matières sont plus régulièrement concernées, comme le droit pénal[34] ou le droit du travail[35], le droit civil n'est pas à l'abri, évidemment en ce qu'il touche aux personnes (ex., les lois bioéthiques sont-elles conformes à la dignité de la personne humaine ?)[36] et aux biens (ex., la nationalisation d'une entreprise est-elle conforme au droit de propriété ?)[37] mais aussi la famille (ex., la possibilité de rompre unilatéralement le PACS est-elle contraire à la dignité de la personne humaine ?)[38] et les contrats (ex., une loi nouvelle peut-elle s'appliquer aux contrats en cours ?)[39].

Le phénomène dit de « constitutionnalisation du droit » est connu à l'étranger. Parmi les emblèmes de ce mouvement, le droit américain procède très largement de la jurisprudence constitutionnelle de la Cour suprême des États-Unis. En France, en dépit d'un fort mouvement doctrinal en ce sens[40], la théorie de la constitutionnalisation du droit devait se heurter à un décalage important entre la présence théorique des règles constitutionnelles au sommet de toute matière et leur absence pratique des contentieux ordinaires. En effet, si les juges administratif et judiciaire appliquent tous deux les règles constitutionnelles, il était

32. F. LUCHAIRE, « Les fondements constitutionnels du droit civil », *RTD civ.* 1982. 245.
33. N. MOLFESSIS, *Le Conseil constitutionnel et le droit privé*, LGDJ, 1998 ; M. FRANGI, *Constitution et droit privé – Les droits individuels et les droits économiques*, Economica, 1992 ; « Sur les rapports entre le Conseil constitutionnel et les diverses branches du droit », *Les Cahiers du Conseil constitutionnel*, n° 16, 2004 ; « Le Conseil constitutionnel et le droit des biens et des obligations », *Les nouveaux Cahiers du Conseil constitutionnel*, n° 31, 2011.
34. V. « La Constitution et le droit pénal », *Cahiers du Conseil constitutionnel*, n° 26, 2009.
35. G. LYON-CAEN, « La jurisprudence du Conseil constitutionnel intéressant le droit du travail », *D.* 1989. chron. 289.
36. Par exemple, décision n° 94-343/344 DC du 27 juill. 1994, préc.
37. Décision n° 81-132 DC, 16 janv. 1982, *Loi de nationalisation, GDCC*, n° 14.
38. Les requérants comparaient cette rupture à l'institution de la répudiation en droit musulman. Ce déploiement d'artillerie lourde aura été vain, le Conseil constitutionnel relevant la possibilité de demander réparation du préjudice né de la rupture, Décision n° 99-419 DC du 9 nov. 1999, *Loi relative au PACS*, cons. 64 à 71.
39. P.-Y. GAHDOUN, *La liberté contractuelle dans la jurisprudence du Conseil constitutionnel*, Dalloz, 2008.
40. Ce mouvement a été largement mené par Louis Favoreu et, à sa suite, « l'École d'Aix ». Pour un article fondateur, v. L. FAVOREU, « Le droit constitutionnel, droit de la Constitution et constitution du droit », *RFDC* 1990. 71 ; « La constitutionnalisation du droit », *Mélanges R. Drago*, Economica, 1996, p. 25 ; pour les réactions suscitées par ce débat, S. RIALS, « Entre artificialisme et idolâtrie. Sur l'hésitation du constitutionnalisme », *Le Débat*, n° 64, 1991, p. 163 ; pour la confrontation des publicistes et des privatistes, G. DRAGO, B. FRANÇOIS et N. MOLFESSIS, *La légitimité du Conseil constitutionnel*, Economica, 1999.

impossible d'invoquer devant eux la contrariété d'une loi à la Constitution : dès lors d'une faible utilité, les normes constitutionnelles se retrouvaient souvent laissées hors du prétoire. Pire, le développement d'un autre contrôle, celui de conventionnalité de la loi, devait déplacer la défense contentieuse des droits fondamentaux en dehors de la sphère constitutionnelle pour la rapatrier sous la Convention EDH. La *question prioritaire de constitutionnalité*, en vigueur depuis le 1er mars 2010 pour permettre la contestation de la constitutionnalité de la loi à l'occasion de litiges, changera-t-elle cette donnée ? Les juristes, habitués à l'argumentation conventionnelle, la délaisseront-ils pour se placer sur le terrain moins maîtrisé de la Constitution ? S'il est un peu tôt pour conclure sur un très hypothétique délaissement de la Convention EDH[41], il est certain que la nouvelle procédure, obligeant les juristes avoir un « réflexe constitutionnel »[42] pour en faire l'enjeu du litige, instille un changement culturel et aide à la diffusion de la logique constitutionnelle en toutes matières[43].

§ 2. La loi

207. Bibliographie thématique. – pour la vision traditionnelle de la loi, R. CARRÉ DE MALBERG, *La loi, expression de la volonté générale*, Sirey, 1931 ; parmi les innombrables ouvrages contemporains, R. DRAGO (dir.), *La confection de la loi*, PUF, 2005 ; C. PUIGELIER (dir.), *La loi*, Economica, 2005 ; B. MATHIEU, *La loi*, Dalloz, Connaissance du droit, 3e éd., 2010 ; A. HAQUET, *La loi et le règlement*, LGDJ, Systèmes, 2007.

208. Les lois. – Le terme « loi » est à ranger parmi la pléiade de termes polysémiques du vocabulaire juridique. Comme à l'accoutumée, seul le contexte de son utilisation permettra d'en déterminer le sens exact. Au sens juridique le plus large, la « loi » peut être synonyme de « règle de droit ». Ainsi, la « loi » au sens de la Convention EDH peut être écrite ou non écrite et englobe la jurisprudence[44]. Dans un sens large, la « loi » désigne les textes, formulés par un organe étatique compétent, englobant ainsi tant les lois que les règlements. Dans un sens strict, la « loi » désigne, parmi ces textes, les seuls produits du pouvoir législatif. Mais même ainsi délimitée, la Constitution ne traite pas d'« une » loi mais bien « des » lois. À chacune correspondent un objet particulier et une procédure adaptée à cet objet. Ainsi, il existe des « lois

41. Selon le Premier président de la Cour de cassation, en matière civile, plus de la moitié des pourvois contenant une QPC comprennent également un moyen d'inconventionnalité, v. auditions par la Commission des lois de l'Assemblée nationale, 21 nov. 2012, p. 25.

42. Sur lequel v. X. MAGNON, X. BIOY, W. MASTOR et S. MOUTON (dir.), *Le réflexe constitutionnel – Question sur la question prioritaire de constitutionnalité*, Bruylant, 2013.

43. Et particulièrement la matière pénale et la matière fiscale, lieux de prédilection des QPC. Sur la constitutionnalisation du droit privé ou la privatisation du droit constitutionnel, v. les regards croisés de A. BOTTON, B. DE LAMY et X. MAGNON, « La QPC, révélateur des limites du droit constitutionnel ? », *D.* 2013. 2030.

44. En effet, la Cour EDH devait retenir une acception compatible tant avec les États de tradition de droit civil que de *common law* (CEDH, 24 avr. 1990, *Kruslin c /France*, *GACEDH*, n° 5). Dès lors, la qualification de « loi » ne dépend plus de l'origine ou de la procédure d'édiction mais des qualités de la norme, qui doit être « accessible » et « prévisible » (CEDH, 26 avr. 1979, *Sunday Times c. Royaume-Uni*), v. *infra*, n° 254.

constitutionnelles », des « lois organiques »[45] (et leurs deux sous-formes des « lois de finances »[46] et des « lois de financement de la sécurité sociale »[47]), des « lois de programmation »[48] et des « lois de pays »[49]. Hors de ces objets et procédures spécifiques, il existe la loi « ordinaire », qui seule nous intéressera dans les développements suivants. Le régime juridique de la loi révèle un décalage assez singulier entre l'idéologie française de la loi et la réalité de son utilisation (A.). Cette ambiguïté découle et nourrit une autre ambiguïté, celle du rapport des juristes français à la loi, rapport compliqué, contradictoire, enflammé, bref, un rapport passionnel (B.).

A Le régime de la loi

209. De la toute puissance à la limitation. – L'histoire française de la loi est l'histoire d'un déclin progressif, mais qui ne s'assimile jamais à une chute. Aux premiers temps du droit moderne, la loi est auréolée de la philosophie des Lumières. La Révolution signe « l'avènement de la loi »[50] et inscrit dans le marbre de la Déclaration des Droits de l'homme que « la loi est l'expression de la volonté générale ». Cet ancrage de la loi directement à la souveraineté du peuple va porter sa toute puissance : voix du peuple, qui s'exprime par l'intermédiaire de ses représentants, il n'est pas de force ou de légitimité qui puisse rivaliser. Cette toute puissance se caractérise par son régime juridique et notamment sa capacité à intervenir en toutes matières et l'impossibilité de prétendre la contrôler. Cette mythologie de la loi est encore profondément ancrée dans la culture juridique française, qui y voit la source de droit par excellence. Et si elle l'est assurément, elle a néanmoins perdu de sa toute puissance au fil des temps. Ce sont d'abord certains auteurs qui vont douter de la volonté souveraine, soupçonnée de ne représenter que la volonté de quelques-uns[51] et accusée d'être une idée fausse, un principe « indémontrable et indémontré », une « fiction d'utilité sociale »[52]. Aux doutes théoriques vont s'ajouter les déboires de l'expérience pratique. Ce fut d'abord l'expérience politique de la IIIe République, qui devait révéler l'incapacité du Parlement à répondre à tous les besoins de réforme, puis celle de la IVe, qui allait témoigner des risques de paralysie du Gouvernement par une Assemblée toute puissante. En réponse, la Constitution de 1958 devait remplacer la souveraineté parlementaire par un parlementarisme rationalisé,

45. Loi touchant au fonctionnement de nos institutions (par exemple, statut de la magistrature, régime de la question prioritaire de constitutionnalité). Le contrôle de constitutionnalité est systématique et une majorité plus forte est exigée (art. 46, al. 5, Constitution).
46. Art. 34, al. 4.
47. Art. 34, al. 5.
48. Art. 34, al. 6, elles « déterminent les objectifs de l'action de l'État » ; et une variante : « les orientations pluriannuelles des finances publiques sont définies par des lois de programmation ». Les lois de programmation sont obligatoirement soumises au Conseil Economique, Social et Environnemental pour avis (art. 70).
49. Outre-mer, v. *supra*, n° 147.
50. MICHELET, *Histoire de la Révolution française*, tome 1, 1847, Introduction.
51. G. RIPERT, *Le déclin du droit*, LGDJ, 1949, p. 26 et s. ; F. TERRÉ, « La "crise de la loi" », *APD*, tome 25, 1980, p. 17 ; B. OPPETIT, « L'hypothèse du déclin du droit », *Droits*, n° 4, 1986, p. 9.
52. J. CRUET, *La vie du droit ou l'impuissance des lois*, Flammarion, 1908, sp. p. 8.

régime dans lequel « les pouvoirs du Parlement ont été encadrés par des règles constitutionnelles »[53]. Ce fut enfin l'expérience historique de la Seconde Guerre mondiale, qui devait quant à elle contredire l'idéal d'une loi qui ne pouvait être mauvaise. La capacité des lois à se retrouver dans un conflit de pouvoirs législatif et exécutif et à nuire aux droits des citoyens, ainsi doublement démontrée, la loi de la Ve République devait perdre de sa toute puissante. La loi est toujours définie comme l'œuvre du Parlement (définition formelle) ; cependant, aujourd'hui, cette origine ne suffit plus à justifier une puissance absolue : la loi est également définie par son contenu (définition matérielle) qui, désormais, est limité et contrôlé.

210. L'auteur de la loi, les représentants de la volonté générale ? – Depuis l'avènement des premières Constitutions françaises, l'élaboration de la loi a été confiée aux Chambres, leur conférant un monopole à cet effet[54]. Aujourd'hui encore, la loi est l'œuvre du *Parlement*, composé de deux Chambres, l'Assemblée nationale et le Sénat, où siègent les représentants du peuple. Ils s'expriment à l'issue d'une délibération, c'est-à-dire après avoir pesé tous les éléments de la question. Cette *procédure* de discussion puis de vote est encadrée et peut-être schématisée. À l'origine, l'initiative peut prendre la forme d'un projet, s'il émane du Gouvernement, ou d'une proposition, si elle émane d'un parlementaire. Le texte est déposé devant une Chambre, transmis pour avis au Conseil d'État[55], discuté en Commission des lois puis discuté et adopté, dans les mêmes termes, par les deux Chambres. Chaque Chambre peut modifier le texte avant son vote par la voie d'amendements. Une fois votée par les deux Chambres dans les mêmes termes, la loi pourra faire l'objet d'un contrôle de constitutionnalité *a priori* par le Conseil constitutionnel. Si le Conseil n'est pas saisi, ou s'il déclare la loi conforme à la Constitution, elle devra ensuite être promulguée par le président de la République, qui ordonne ainsi son exécution sur tout le territoire français[56].

---

53. O. NAY (dir.), *Lexique de science politique*, Dalloz, 2e éd., 2011, v° Parlementarisme rationalisé. Sur les variantes dans le parlementarisme rationalisé, selon la culture parlementaire, autoritariste en France, consensualiste en Allemagne, majoritariste au Royaume-Uni, v. M. MAUGUIN HELGESON, *L'élaboration parlementaire de la loi. Étude comparative (Allemagne, France, Royaume-Uni)*, Dalloz, 2006.

54. Qui ne doit pas occulter les autres fonctions du Parlement : fonction électorale, fonction d'expression de l'opinion des citoyens, fonction d'éducation et d'information, liée à la publicité des débats, W. Bagehot, cité par V. BARBE, *Le rôle du Parlement dans la protection des droits fondamentaux. Étude comparative Allemagne, France, Royaume-Uni*, LGDJ, 2009. Sur la plus grande valorisation de ces fonctions dans d'autres systèmes, la culture française privilégiant la fonction législative, v. M. MAUGUIN HELGESON, préc.

55. L'avis, obligatoire pour les projets de loi, est une faculté ouverte pour les propositions de lois depuis la révision constitutionnelle du 23 juillet 2008. La première proposition a avoir suivi cette procédure est celle de la loi n° 2011-525 du 17 mai 2011 de simplification du droit ; l'avis du Conseil d'État a permis d'intégrer rapidement de nombreuses modifications en termes de respect des compétences, de hiérarchie des normes ou de cohérence du droit (pour un ex., v. *RTD civ.* 2010. 55, obs. P. DEUMIER)

56. La promulgation « atteste que la loi a été régulièrement délibérée et votée » (CC, décision n° 85-197 DC du 23 août 1985, *Nouvelle-Calédonie, Rec.* 70), elle « atteste l'existence de la loi et donne l'ordre aux autorités publiques d'observer et de faire observer cette loi » (CE ass., 8 févr.1974, *Commune de Montory, Rec.* 93).

Cette présentation très formelle ne doit pas occulter la réalité politique de l'adoption de la loi. Certes, toute loi est l'œuvre du Parlement en ce que lui seul vote le texte[57]. Cependant, le *Gouvernement* et les cabinets ministériels[58] jouent un rôle majeur dans sa préparation, la plupart des lois adoptées étant issues de projets de lois[59], élaborés « dans le secret de l'Administration » bien plus qu'ils ne sortent « des profondeurs de la Nation »[60]. D'expression de la volonté générale, la loi est devenue « l'expression de la volonté gouvernementale approuvée par une majorité solidaire »[61]. L'un des objectifs de la révision constitutionnelle de 2008 a été de renforcer les pouvoirs du Parlement dans l'élaboration de la loi, en leur confiant notamment une meilleure maîtrise de l'ordre du jour et en valorisant le travail en commission parlementaire[62].

Mais d'autres institutions vont également peser sur l'élaboration de la loi. La fonction consultative du *Conseil d'État* va marquer le travail de préparation, non sur le choix de politique juridique mais sur sa possible mise en musique normative, au point qu'il a pu être affirmé qu'« il y a en France deux assemblées chargées de faire la loi : le Conseil d'État et le Conseil constitutionnel »[63]. À ces acteurs internes s'ajoute de plus en plus le poids des institutions *externes* : un nombre croissant de lois n'a d'autre raison d'être que d'autoriser l'approbation d'un accord international (38 des 92 lois adoptées en 2009), transposer une directive européenne[64] (environ un tiers des lois[65]) ou de mettre en conformité le droit français après une condamnation par la CEDH[66].

Enfin, les différents groupes intéressés par les réformes vont chercher à influer la décision des parlementaires en s'organisant en groupes de pression et en confiant leur défense à des représentants, les *lobbyistes*. Le phénomène

57. Pour une défense du rôle du Parlement, de la majorité parlementaire et des commissions, P. AVRIL, « Qui fait la loi ? », *Pouvoirs*, n° 114, sept. 2005, p. 89.

58. Sur le poids de la bureaucratie dans l'élaboration de la norme, J. CHEVALLIER, « La place de l'administration dans la production de normes », *Droit et société*, n° 79, 2011/3, p. 623.

59. De 1997 à 2002, 351 projets étaient à l'origine des 432 lois adoptées V. P. AVRIL, « Qui fait la loi ? », *Pouvoirs*, n° 114, 2005, p. 89, sp. p. 90. Sur la faiblesse généralisée de l'initiative parlementaire, dans une vingtaine de systèmes juridiques, v. J.-C. COLLIARD, *Les régimes parlementaires contemporains*, Presses de la Fondation nationales des sciences politiques, 1978, p. 244 et s.

60. J. CARBONNIER, n° 107

61. E. ZOLLER, *Droit constitutionnel*, PUF, 2e éd., 1999, § 26. Sur la fusion des pouvoirs, découlant des armes données au gouvernement, fusion plus ou moins bien perçue selon les systèmes juridiques européens, v. C. VINTZEL, *Les armes du gouvernement dans la procédure législative*, Dalloz, 2011 ; A. LE DIVELLEC, *Le Gouvernement parlementaire en Allemagne. Contribution à une théorie générale*, LGDJ, 2004.

62. B. MATHIEU, D. ROUSSEAU, J. GICQUEL et A. LEVADE (dir.), *Un Parlement renforcé ?*, Dalloz, 2012.

63. Propos de Jean Foyer cités par P. Avril, préc. Sur les modalités de cette participation, v. J.-H. STAHL, « Rôles du Conseil d'État et du Secrétariat général du gouvernement sur l'élaboration de la norme », *Justice & cassation*, 2012, p. 89.

64. Ex., suppression de l'interdiction du travail de nuit des femmes par la loi du 9 mai 2001, après plusieurs condamnations par la CJCE sur le fondement de la directive du 9 février 1976, ex. 13 mars 1997, *Comm. c. France*, C-197/96, *JCP* 1997. II. 22939, note J.-L. CLERGERIE.

65. Sur la période 2000-2004, v. le Rapport du Conseil d'État, *Sécurité juridique et complexité du droit*, 2006, p. 264.

66. Par ex., suppression du statut restrictif de l'enfant adultérin par la loi du 3 décembre 2001, après la condamnation par CEDH, 1er févr. 2000, *Mazurek*, *JCP* 2000. II. 10286, note A. GOUTTENOIRE-CORNUT et F. SUDRE ; *RTD civ.* 2000. 311, obs. J. HAUSER.

est peu connu et plutôt mal vu en France, pour heurter trop radicalement la conception française[67]. La conception américaine qui, *ab initio*, voit dans la loi une transaction entre intérêts particuliers, absorbe plus facilement ce jeu des groupes de pression. Cependant, acclimatées au lobbying exercé ouvertement devant les institutions européennes, les Assemblées françaises[68] ont fait le choix de la transparence, en ouvrant des registres de lobbyistes permettant de mieux connaître les intérêts représentés et d'exiger le respect d'une déontologie minimale[69].

211. Le domaine de la loi, une répartition des pouvoirs ? – Traditionnellement omnipotente, la loi voit désormais son domaine défini à l'article 34 de la Constitution, qui liste les matières réservées au législateur. Cette énumération distingue deux types de matières législatives. D'une part, celles dans lesquelles le législateur fixe les *règles*, ce qui doit se comprendre comme un monopole de la loi pour régir toute la matière. Il s'agit des matières les plus importantes, dans lesquelles le citoyen doit être protégé d'un risque d'abus de l'Administration et dont la détermination des prescriptions ne peut relever que de la volonté générale : c'est le cas pour certaines grandes catégories classiques de la souveraineté (les impôts, les crimes et délits ou la nationalité) mais aussi de domaines qui n'ont révélé leur importance pour la démocratie que plus récemment (la liberté, le pluralisme et l'indépendance des médias, ajoutés par la révision du 23 juillet 2008). D'autre part, celles dans lesquelles le législateur fixe les *principes fondamentaux*. Il s'agit alors d'une partition entre le pouvoir législatif, qui fixera les grands traits, et le pouvoir exécutif, auquel est renvoyée la réglementation du détail : par exemple, l'enseignement, les obligations civiles et commerciales ou le droit du travail. Toutes les matières ne figurant pas dans l'énumération de l'article 34 tombent *ipso facto* dans la compétence du règlement[70].

L'équilibre entre loi et règlement[71] ainsi affiché n'est pas un équilibre rigoureux – et les constituants n'ont pas souhaité l'établir tel. Une certaine suprématie de la loi et un certain réalisme du contrôle autorisent des empiétements dans le domaine du règlement ; la Constitution a en revanche voulu donner au pouvoir réglementaire ainsi envahi les moyens de s'en défendre, créant une petite révolution dans les rapports entre Gouvernement et Parlement[72]. La répartition des domaines est donc non une logique d'équilibre des sources mais bien plus une logique d'équilibre des pouvoirs.

67. Sur la question, v. J. LAPOUSTERLE, *L'influence des groupes de pression sur l'élaboration des normes*, Dalloz, 2009 ; M. MEKKI, « L'influence normative des groupes d'intérêt : force vive ou force subversive ? » *JCP* 2009. 370 et 392 ; G. HOUILLON, *Le lobbying en droit public*, Bruylant, 2012.

68. Art. 26, III-B de l'Instruction générale du Bureau de l'Assemblée nationale, 2 juillet 2009 ; chapitre XXII *bis* de l'Instruction générale du Bureau du Sénat, 7 octobre 2009.

69. *RTD civ.* 2010. 62, obs. P. DEUMIER.

70. V. *infra*, n° 217.

71. Sur la question, v. L. FAVOREU (dir.), *Le domaine de la loi et du règlement*, PUAM, Economica, 2ᵉ éd., 1981.

72. R. JANOT, « L'origine des articles 34 et 37 », *in Le domaine de la loi et du règlement*, préc., p. 61 ; pour des défenses doctrinales antérieures, J.-L. MESTRE, « De l'ancien sur l'article 37, alinéa 2, de la Constitution », *RFDA* 2001. 301. Sur ces moyens de défense, v. *infra*, n° 217.

212. L'autorité de la loi, la suprématie de la volonté générale ? – Parce qu'elle exprime la volonté générale, la loi a longtemps été toute puissante en France. Dans la plus pure tradition rousseauiste, un contrôle juridictionnel de la loi n'était pas envisageable, puisqu'il reviendrait à un contrôle de la volonté générale et, au-delà, à une remise en cause du mythe de l'infaillibilité de la loi. Cette interdiction de tout contrôle de la loi a vécu. L'entame s'est faite progressivement. Ce fut d'abord le *Conseil constitutionnel* : institué pour veiller au respect des règles de pouvoir posées par la Constitution, il a profondément modifié son rôle en acceptant de contrôler la conformité de la loi aux droits et libertés[73] : de gardien de la séparation des pouvoirs, il devenait également gardien des droits et libertés. La loi aussi marquait alors un changement de statut : si elle demeure l'expression de la volonté générale, elle ne l'est plus « que dans le respect de la Constitution »[74]. Cependant, l'atteinte restait supportable, le Conseil ne pouvant être saisi que pour un contrôle *a priori*, dans des conditions très restrictives[75]. Mais la loi devait rapidement être confrontée à un autre contrôle, celui de sa conformité aux normes *supranationales*, contrôle qui implique parfois que le juge évalue les motifs économiques ou politiques de la législation et, donc, la politique juridique poursuivie par le Parlement[76]. Le mouvement s'est achevé avec l'ouverture plus large du contrôle de constitutionnalité par la voie de la question prioritaire de constitutionnalité. Désormais, la loi peut donc être remise en cause à tout moment à l'occasion d'un litige dans lequel elle est applicable, que ce soit au nom de son incompatibilité avec une norme internationale et ou de son absence de conformité à la Constitution. Mais attention, la possibilité de contestation des lois ne signifie pas leur condamnation généralisée : beaucoup d'entre elles ne donnent lieu à aucune demande de contrôle et, pour celles qui sont soumises à l'un ou plusieurs de ces contrôles, il est très souvent conclu à l'absence d'atteinte à une norme fondamentale.

Œuvre de bureaucratie, compromis entre groupes de pression, domaine partagé, contrôles tous azimuts, concurrence européenne, délégation du secteur économique à des autorités de régulation[77] : la loi se transforme sensiblement en outil contingent. Sa fonction structurante et essentielle demeure pourtant et se révèle notamment lorsqu'il s'agit de mettre en place des structures administratives, de déterminer les normes budgétaires ou de trancher les « questions de société », qui pour beaucoup touchent au droit pénal, des personnes et de la famille. Les critiques pour dénoncer ce déclin ne manquent pas – mais elles sont de celles que suscite un amour déçu.

73. Décision n° 71-44 du 16 juill. 1971, *Liberté d'association*, *GDCC*, n° 6.

74. Décision n° 85-197 DC du 23 août 1985, *Loi sur l'évolution de la Nouvelle-Calédonie*, § 27.

75. V. *infra*, n° 308.

76. Ex. CEDH, 14 févr. 2006, *Le Carpentier c /France*, *JCP E* 2006. 2062, note J. RAYNAUD, § 43 et 44 : « En particulier, la décision d'adopter des lois portant privation de propriété implique d'ordinaire l'examen de questions politiques, économiques et sociales ».

77. V. *supra*, n° 145.

B La passion de la loi : une histoire française

213. En évoquant la « passion du droit », Jean Carbonnier diagnostiquait surtout la multiplication tous azimuts de nouvelles normes, sous l'effet d'une Haute administration rampante[78]. La passion française du droit peut être comprise autrement, comme cette relation sur un mode « je t'aime/je te déteste » nourrie par les Français à l'égard de leur loi (et d'elle seule, les textes constitutionnels ou européens, par exemple, ne suscitant pas exactement la même ferveur). Ainsi, un manuel entier ne suffirait pas à dresser la liste des critiques faites à la loi ; et pourtant, tous, juristes et profanes, réclament une loi face à chaque besoin, réel ou supposé, social, politique ou économique.

214. Trop et mal[79]. – La crise est d'abord *quantitative*. Il fut un temps où il ne fallait toucher aux lois que « d'une main tremblante »[80] car elles ne devaient « point être changées, modifiées ou abrogées sans de grandes considérations »[81], tous appels à la modération qui font aujourd'hui figure au mieux de vœu pieux, au pire d'anecdote historique. L'avalanche de lois et, surtout[82], leur instabilité chronique, aboutit à un ensemble boursouflé. La caractéristique du système juridique français consistant à « procéder par empilement historique des textes »[83], il serait plus gravement miné par le phénomène de prolifération textuelle, qui touche pourtant aussi les législations voisines[84]. Au 1er juillet 2007, en droit français, 2 619 lois étaient en vigueur, représentant 22 334 articles[85]. La matière pénale, devenue politiquement un lieu important d'affirmation de l'État, est la première victime (avec d'autres matières, plus inattendues, à l'instar des marchés publics) du phénomène de réforme permanente, du fait notamment de son impact médiatique : « tout sujet d'un « vingt heures » est virtuellement une loi »[86]. À cette dérive contemporaine s'ajoutent de nouveaux domaines de législations complexes (ex. biotechnologies, environnement), appelant des réglementations techniques et vite périmées. Ailleurs, la simple nécessité de mise à jour du stock, impose toujours plus – sinon autant – de lois et imprime sur certaines matières un mouvement perpétuel, les transformant en « stroboscopes » législatifs[87], comme en droit fiscal et en droit social.

Et ce n'est pas tout : à la frénésie s'ajoute la *malfaçon*. Le législateur est, là encore, accablé de toutes parts : les lois sont mal faites, mal rédigées, trop

78. Particulièrement depuis que la haute administration de l'État est largement issue de l'ENA, v. *Droit et passion du droit sous la Ve République*, Champs essais, 1996, sp. p. 19.

79. Dans une bibliographie abondante, v. les Rapports publics du Conseil d'État 1991 (*De la sécurité juridique*) et 2006 (*Sécurité juridique et complexité du droit*).

80. Pour asseoir son autorité en montrant aux citoyens « que les lois sont bien saintes, puisqu'il faut tant de formalités pour les abroger », MONTESQUIEU, *Lettres persanes,* Lettre 79.

81. Projet de Code civil, Livre préliminaire, Titre VI, art. 1er.

82. Car l'approche purement quantitative peut être relativisée, v. E. GRASS, « L'inflation législative a-t-elle un sens ? », *RDP* 2003. 139.

83. OCDE, *La capacité du gouvernement à produire des réglementations de grande qualité (France)*, oct. 2004.

84. V. G. HISPALIS, « Pourquoi tant de loi(s) ? », *Pouvoirs*, n° 114, 2005, p. 101, sp. 104 et s.

85. Source site Legifrance, rubrique « Évolution du volume des textes ».

86. G. CARCASSONNE, « Penser la loi », *Pouvoirs*, n° 114, 2005, p. 39, sp. p. 40.

87. Conseil d'État, *Sécurité juridique et complexité du droit*, 2006, p. 257. Il faut lire les pages 254 et s. de ce rapport, pour l'analyse des causes sociologiques et politiques du recours à la loi.

longues, incompréhensibles, contradictoires, elles portent des détails inutiles et contraires à sa noblesse, elles interviennent pour le symbole, sans rien prescrire. La critique est dure et la loi n'a que peu de chances de satisfaire, coincée entre « la peste des normes trop détaillées et le choléra de principes directeurs excessivement vagues »[88], entre études d'impact *ex ante*[89] et évaluations *ex post* des effets[90]. Au terme de cet abominable tableau, il serait facile de penser que la loi est plus raillée qu'admirée, plus nuisible que porteuse de bienfaits. Loin s'en faut.

215. L'attachement maintenu. – En dépit des critiques récurrentes, en dépit du développement fulgurant de sources concurrentes, la loi demeure l'outil premier du droit. C'est justement sa force toujours *symbolique* qui explique ce recours maniaque à la loi, dont on sait pourtant qu'elle ne devrait être consommée qu'avec modération. En effet, la culture française reste profondément attachée à la loi. Si la dévotion de l'Exégèse[91] est aujourd'hui retombée, la loi représente plus qu'un outil contingent : elle fait figure d'action politique, vient apaiser les tensions, satisfaire les revendications, incarner les symboles, en bref, elle se voit dotée de supers pouvoirs de bienfaits sociaux. Bien qu'objet de critiques parfois féroces, le réflexe de l'appel à la loi reste très vivace, aussi bien du côté des gouvernants, qui pratiquent la législation « émotionnelle »[92], que du côté des gouvernés, qui en appellent à la loi à la moindre difficulté. Les lois ont ainsi un effet d'apaisement, et ce quand bien même elles ne porteraient rien, ou rien d'utile. Malheureusement, cet amour immodéré de la loi aboutit à nuire à la loi elle-même, puisqu'il nourrit son inflation, la plongeant dans une situation de crise – crise toute relative puisqu'en aucun cas elle n'aboutit à dissuader les uns comme les autres de s'en remettre à la loi. La crise de la loi risque ainsi de durer aussi longtemps que l'affichage du vote d'une loi sera symboliquement plus important que les effets réels de son application. Telle est la passion de la loi : « on la célèbre au singulier majuscule mais on la critique dans ses manifestations plurielles »[93].

§ 3. Les règlements

216. Définition. – Les règlements sont les textes adoptés par le pouvoir *exécutif*. Les « règlements » désignent la catégorie générique, regroupant différents actes dont la dénomination précise varie selon l'auteur. Si l'article 21 donne compétence au Premier ministre pour exercer le pouvoir réglementaire, il est

88. Ch.-A. MORAND, *Le droit néo-moderne des politiques publiques*, LGDJ, 1999, p. 86.
89. V. en dernier lieu, M. PHILIP-GAY (dir.), *Les études d'impact accompagnant les projets de loi*, LGDJ, 2012.
90. V. Le comité d'évaluation et de contrôle des politiques publiques, qui s'est substitué en 2009 aux anciens Offices parlementaires d'évaluation de la législation.
91. V. *supra*, n° 62.
92. V. Conseil d'État, *Sécurité juridique et complexité du droit*, 2006, p. 254 et s.
93. M. COUDERC, « Les fonctions de la loi sous le regard du commandeur », *Pouvoirs*, n° 114, 2005, p. 21.

reconnu de longue date l'habilitation des ministres[94] et des autorités décentralisées pour édicter des actes réglementaires. Les « décrets » désignent les règlements pris par le président de la République ou le Premier ministre, les « arrêtés » émanent d'une autorité inférieure (ex. ministre, préfet). L'ensemble aboutit à une vaste déclinaison : ordonnance de l'article 38, décret du président de la République pris en Conseil des ministres, décret autonome du Premier ministre (art. 37), décret d'application pris par le Premier ministre (art. 21), arrêté interministériel ou ministériel, arrêté préfectoral, arrêté municipal. Signalons qu'à ces habilitations officielles s'ajoute une autre catégorie de règlements (les circulaires), à l'origine officieuse mais dont la force pratique se traduit par une reconnaissance de plus en plus officielle, que nous rencontrerons ultérieurement[95]. En outre, les décrets peuvent être *simples ou pris en Conseil d'État* : cette dernière modalité garantit un contrôle préventif (et simplement consultatif) de l'absence d'atteinte à un droit ou une liberté ou à la hiérarchie des normes. Elle introduit en revanche une rigidité supplémentaire, puisque le décret pris en Conseil d'État (et/ou en Conseil des ministres) ne pourra ensuite être modifié que par un décret pris en Conseil d'État (et/ou en Conseil des ministres). Au 1er juillet 2008, 23 883 décrets étaient en vigueur, représentant 137 219 articles[96]. Décriée par de nombreux auteurs en ce qu'elle incarne un droit bureaucratique, technocratique, préparé dans le secret des bureaux et bouffi de précisions techniques, cette réglementation n'en demeure pas moins un outil privilégié des pouvoirs publics car efficace et rapide.

L'importance des règlements se comprend essentiellement au regard de la loi. *Historiquement*, le pouvoir exécutif n'avait d'autre compétence normative que celle d'assurer l'exécution des lois. Cependant, l'expérience des Républiques précédentes devait révéler l'activité normative du Gouvernement, sous la forme de décrets-lois, en résistance au Parlement ou sur sa délégation. La Constitution de la Ve République tire les leçons de ces expériences[97] : elle a ainsi créé un pouvoir normatif autonome (dans les espaces laissés vacants par la loi), maintenu la fonction traditionnelle d'application de la loi (pour garantir son exécution) et consacré la pratique des règlements législatifs (intervenant dans le domaine de la loi).

217. Les règlements autonomes. – Il s'agit des règlements intervenant dans le domaine propre au pouvoir exécutif. Selon l'*article 37* de la Constitution, ce domaine recouvre toutes les matières non réservées au législateur par

94. C. WIENER, *Recherches sur le pouvoir réglementaire des ministres*, LGDJ, 1970 ; J.-C. DOUENCE, *Recherches sur le pouvoir réglementaire de l'administration*, LGDJ, 1968 ; Conseil d'État, *Décentralisation et ordre juridique*, Rapport public, 1993 ; B. FAURE, « La crise du pouvoir réglementaire : entre ordre juridique et pluralisme institutionnel », *AJDA* 1998. 547 ; J.-M. AUBY, « Décentralisation et sources du droit », *AJDA* 1992. 30.

95. V. *infra*, n° 394 et s.

96. Source site Legifrance, rubrique « Évolution du volume des textes ».

97. Parmi les premiers commentaires : L. HAMON, « Les domaines de la loi et du règlement à la recherche d'une frontière », *D.* 1960. chron. 253 ; J. DE SOTO, « La loi et le règlement dans la Constitution du 4 octobre 1958 », *RDP* 1959. 240 ; M. WALINE, « Les rapports entre la loi et le règlement avant et après la Constitution du 4 octobre 1958 », *RDP* 1959. 699 ; pour une étude globale, après « Vingt ans d'application de la Constitution de 1958 » : *Le domaine de la loi et du règlement*, L. FAVOREU (dir.), PUAM, Economica, 2e éd., 1981.

l'article 34[98] : par exemple, le Code de procédure civile est largement issu du décret du 5 décembre 1975 et ses dispositions peuvent être modifiées par décret. La compétence ainsi nouvellement dévolue au règlement est à la fois large, car de principe, et minime, car limitée aux matières estimées de moindre importance[99].

La répartition ainsi fixée doit ensuite être respectée. Lorsque le pouvoir réglementaire empiète sur le domaine de l'article 34, le contrôle, rigoureux, est exercé par le Conseil d'État et peut assez facilement aboutir à l'annulation pour excès de pouvoir de la disposition. En revanche, *l'empiètement* inverse, celui de la loi intervenant sur des questions normalement réservées au règlement, est plus largement toléré. Il répond à diverses considérations plus (meilleure qualité de la réforme qui pense en même temps et en cohérence l'ensemble des mesures) ou moins (évitement de l'avis du Conseil d'État ou de négociations avec les syndicats) louables[100]. Par exemple, une loi du 15 juillet 1994 était venue fixer les dates de clôture de la chasse aux oiseaux migrateurs, fuligule milouin, vanneau huppé et autre chevalier gambette[101], mesure réglementaire s'il en est. On imagine sans peine que le poids des lobbyings et la volonté de soustraire l'arbitrage politique au contrôle du Conseil d'État ont aidé à propulser un tel objet, directement contraire au droit de l'Union européenne, dans une enveloppe législative[102].

Si la Constitution et le Conseil constitutionnel[103] n'interdisent pas ces empiétements, ils ont donné au Gouvernement les armes pour se défendre d'une captation de pouvoir. Pendant la discussion de la loi, le Gouvernement peut exercer une « police » des *amendements* en opposant l'irrecevabilité d'un texte empiétant dans son domaine[104]. Une fois la loi votée, la procédure de *délégalisation* (ou déclassement) offre au Gouvernement la possibilité de demander la déclaration du caractère réglementaire d'une loi intervenue hors du domaine de l'article 34 (il s'agit des décisions « L » du Conseil constitutionnel). Une fois la loi officiellement déclassée, le Gouvernement peut la réformer par décret. Cette fonction était conçue en 1958 comme la fonction essentielle du Conseil constitutionnel ; or, la réalité de la pratique constitutionnelle va au contraire en faire une activité plus que résiduelle[105], même si la délégalisation a connu son

98. L. FAVOREU, « Les règlements autonomes n'existent pas », *RFDA* 1987. 871.

99. Sur l'originalité du système français en la matière, de telles compétences reposant plus souvent sur des habilitations législatives, C. VINTZEL, *Les armes du gouvernement dans la procédure législative*, Dalloz, 2011.

100. Sur ces motivations, v. L. FAVOREU et *alli*, *Droit constitutionnel*, n° 1151.

101. CE, Sect., 3 déc. 1999, *Association ornithologique et mammalogique de Saône et Loire, GAJA*, n° 103 ; *RFDA* 2000. 59, concl. F. LAMY ; 409, note L. DUBOUIS ; M. GUYOMAR et P. COLLIN, *AJDA* 2000. 120 ; *RTD civ.* 2000. 194, obs. R. LIBCHABER.

102. M. GUYOMAR et P. COLLIN, préc.

103. Décision n° 82-143 DC du 30 juill. 1982, *Blocage des prix et des revenus*, *GDCC*, n° 16 « il apparaît ainsi que, par les articles 34 et 37, al. 1er, la Constitution n'a pas entendu frapper d'inconstitutionnalité une disposition de nature réglementaire contenue dans une loi (...) ». Plus récemment, Décision n° 433-2000 DC du 27 juill. 2000, *Liberté de communication*.

104. Art. 41. En cas de contestation de cet empiétement par le président de Chambre, le Conseil constitutionnel se prononce.

105. Dans sa 11e éd., en 2001, *Les grandes décisions du Conseil constitutionnel*, n° 33.11, citaient ainsi seulement 11 décisions en 42 ans pour la procédure de l'article 41, représentant 0,2 % des

moment de médiatisation lorsqu'elle fut utilisée pour débloquer la situation politiquement sensible sur l'enseignement de la colonisation[106].

218. Les règlements d'application. – Il s'agit de la fonction traditionnelle du règlement : assurer l'exécution de la loi. Portalis le rappelait : « C'est aux lois à poser dans chaque matière, les règles fondamentales et à déterminer les formes essentielles. Les détails d'exécution, les précautions provisoires ou accidentelles, les objets instantanés ou variables ; en un mot, toutes les choses qui sollicitent bien plus la surveillance d'autorité qui administre que l'intervention de la puissance qui institue ou qui crée, sont du ressort des règlements »[107]. Par exemple, la loi a reconnu la valeur de la preuve électronique[108] ; il est ensuite revenu aux décrets de détailler les modalités techniques de la signature électronique[109]. Souvent, la loi indique expressément que telle ou telle de ses règles devra être complétée d'un décret d'application. Parfois, rien n'est indiqué mais le besoin d'un décret se déduit de l'imprécision du texte législatif, qui le rend inapplicable directement.

Ce pouvoir normalement subordonné au pouvoir législatif aboutit parfois à une forme de dérive. En effet, en l'absence de décret d'application, la loi peut rester lettre morte, faute de pouvoir être mise en œuvre. Les sanctions d'une telle inertie de l'exécutif existent devant le juge administratif[110] mais elles restent ponctuelles face à un phénomène qui se chiffre par dizaines : en 2010[111], parmi les 234 lois en attente, la plus patiente était tenue à l'écart depuis 1984[112]. Après plusieurs mesures restées relativement sans effet[113], les dispositions législatives suspectées de *paralysie* ont été passées en revue et la loi de simplification du droit de 2011 a simplement abrogé tous les articles de lois voués à l'inapplication[114]. Portée par des considérations de lisibilité du droit, la démarche en dit cependant long sur le poids des rapports de force politique

dispositions législatives. Et encore le déclassement ne porte-t-il souvent que sur un groupe de mots : ex. Décision 2005-199 L du 24 mars 2005, *LPA*, 11 mai 2005, n° 93, p. 11, note J.-E. SCHOETTL.

106. Art. 4, al. 2 de la loi du 23 févr. 2005 : « Les programmes scolaires reconnaissent en particulier le rôle positif de la présence française outre-mer » (v. la critique de Th. LE BARS, « La méthode législative et l'histoire de la décolonisation », *D.* 2005. 788). La majorité étant divisée sur le souhait présidentiel de voir le texte modifié, il fut recouru à la procédure de déclassement, Décision n° 2006-203 L. du 31 janv. 2006.

107. *Discours préliminaire*.

108. Loi n° 2000-230 du 13 mars 2000 portant adaptation du droit de la preuve aux technologies de l'information et relative à la signature électronique.

109. Décret n° 2001-272 du 30 mars 2001 pris pour l'application de l'article 1316-4 du Code civil et relatif à la signature électronique.

110. Pour l'appréciation du caractère justifié du retard, CE, 3 oct. 1997, *Association nationale d'assistance aux frontières, RTD civ.* 1998. 788, obs. R. LIBCHABER ; pour l'annulation d'un refus, CE, 3 juill. 1962, *Kevers-Pascalis, D.* 1963. jurisp. 606, note J.-M. AUBY ; pouvant engager la responsabilité de l'État, CE, 10 mars 1967, *Soc. Les Ardoisières d'Angers, AJDA* 1967. 399, chron. J. MASSOT et J.-L. DEWOST ; avec injonction et sous astreinte, CE, Sect., 26 juill. 1996, *A. L.P. L., RFDA* 1996. 768, concl. C. MAUGÜÉ.

111. Sénat, Rapport annuel sur le contrôle de l'application des lois 2009. Ce suivi existe depuis 1971.

112. Loi du 26 janvier 1984 sur l'enseignement supérieur.

113. Principalement, des procédures diverses de suivi de l'application des lois, v. Rapport WARSMANN, *Simplifions nos lois pour guérir un mal français*, La Documentation française, 2009, p. 47 et s.

114. Loi n° 2011-525 du 17 mai 2011 de simplification et d'amélioration de la qualité du droit, Chapitre 4.

dans l'élaboration du droit, poids inversement proportionnel à la vision juridique des rapports entre loi et règlement.

219. Les règlements législatifs : les ordonnances. – La IVe République avait témoigné du besoin du Parlement de déléguer au Gouvernement certaines réformes, qui pouvaient dès lors être adoptées par la voie de décrets-lois. La pratique a été consacrée par la Ve République sous le nom d'« ordonnance »[115]. . Deux formes existent, l'une pour l'outre-mer, l'autre de droit commun, dite « ordonnance de l'article 38 ». Il s'agit d'actes hybrides entre loi et règlement : le texte est adopté par le Gouvernement, sous la forme d'un règlement, mais dans le domaine de la loi, et avec l'autorisation du Parlement. À l'origine de l'édiction d'une ordonnance, le Parlement vote une loi d'habilitation, qui auto rise le Gouvernement à intervenir dans le domaine de la loi, en lui assignant[116] un objet (ex. « réformer le droit des sûretés »), un objectif (« pour moderniser l'hypothèque ») et un délai (9 mois)[117]. Une fois ainsi habilité, le Gouvernement peut réformer la question par la voie d'un règlement, adopté en Conseil des ministres[118] après avis du Conseil d'État, qui prend la forme d'une ordonnance[119]. Son autorité est alors celle d'un règlement. Pour l'élever au rang de loi, il faut, à l'issue de ce dialogue entre pouvoirs, une loi dite de ratification[120].

La procédure peut sembler lourde ; elle est en réalité bien plus légère à mettre en œuvre qu'une procédure législative. Qui plus est, pour les tâches ingrates, demandant un long examen mais peu de débat de fond (comme les opérations de simplification du droit ou de transposition des directives), le travail de cabinet peut sembler plus efficace que la discussion parlementaire. Cette adaptation de l'outil à certaines considérations modernes a entraîné un succès croissant de l'instrument. Les chiffres sont éloquents : de 1960 à 1990, 25 lois d'habilitation ont permis l'adoption de 158 ordonnances, soit environ autant que pour les seules années 2000-2004 – avec une pointe pour l'année 2004, plus de la moitié des mesures intervenues dans le domaine de la loi ayant la forme d'ordonnances[121]. La quantité s'accompagne de la qualité des questions déléguées, les

115. L'art. 38 avait également pour objet de servir de soupape aux imperfections de l'article 34 : R. JANOT, « L'origine des articles 34 et 37 », *in Le domaine de la loi et du règlement*, préc., p. 61, sp. p. 69.

116. Le Conseil constitutionnel exige la justification et la finalité de l'habilitation, Décision 86-207 DC du 26 juin 1986, *Privatisations*, *GDCC*, n° 19.

117. Ex., art. 24 loi n° 2005-842 du 26 juill. 2005 pour la confiance et la modernisation de l'économie.

118. Le Conseil des ministres étant présidé par le président de la République, les périodes de cohabitation ont abouti à des blocages. Ex. v. M. TROPER, « La signature des ordonnances – Fonctions d'une controverse », *Pouvoirs*, n° 41, 1987, p. 75.

119. Ex. Ordonnance n° 2006-346 du 23 mars 2006 relative aux sûretés.

120. Ex. loi n° 2007-212 du 20 février 2007 portant diverses dispositions intéressant la Banque de France. L'art. 10 (« L'ordonnance n° 2006-346 du 23 mars 2006 relative aux sûretés est ratifiée ») suffit pour conférer valeur de loi aux 60 articles portés par l'ordonnance. L'ordonnance est caduque si le projet de loi de ratification n'est pas déposé dans les délais impartis par la loi d'habilitation. La ratification implicite, admise par les juges pour « sauver » les ordonnances (v. Décision 2004-506 du 2 déc. 2004, *Loi de simplification du droit*, qui reprend expressément la position du Conseil d'État du 29 oct. 2004), est désormais expressément interdite par l'article 38, tel que modifié en 2008.

121. Pour le chiffrage précis du recours à l'article 38, v. *Les ordonnances de l'article 38 de la Constitution*, Rapport du service des études juridiques, Sénat, janvier 2005. Cet usage courant est un premier

habilitations ayant été employées pour des réformes importantes politiquement[122] (ex. la sécurité sociale[123] ou la filiation[124]). Tout en reconnaissant l'efficacité de la méthode, il est important de veiller à ce que l'ordonnance ne signe pas « l'acte de décès » du débat parlementaire[125].

Section 2
Les textes d'origine supranationale

220. Le droit international a toujours fonctionné en utilisant la même catégorie de textes, sans bouleversement majeur. Cette continuité est d'autant plus remarquable que, c'est une banalité de le rappeler, les relations internationales s'intensifiant, les conventions internationales se sont multipliées : d'accords conclus entre deux États, notamment pour mettre un terme à un conflit, elles sont devenues les sources de véritables lois internationales et peuvent instituer des organisations internationales. Ainsi, au sein de la catégorie générale des conventions internationales (§ 1.), certaines ont pris une importance particulière, du fait de leur effet direct (particulièrement le droit européen des droits de l'homme) (§ 2.) ou des compétences attribuées à l'organisation qu'elles ont instituée (le droit de l'Union européenne) (§ 3.).

§ 1. Les conventions internationales

221. Sources. – Si le droit international a longtemps été un droit coutumier, la prédilection contemporaine des États pour les traités ne se dément pas[126]. Les qualités prêtées à l'écrit sur les autres modes de création du droit ne sont pas moins valables entre États qu'à l'intérieur de l'État, la difficulté étant ici que l'édiction implique un accord entre États souverains, souvent cause de compromis et d'engagements très déclaratoires. Malgré cela, les normes d'origine textuelle s'imposent progressivement sur les autres sources du droit. La France est liée, en juin 2013, par 4 966 traités bilatéraux, 1 788 traités multilatéraux et 519

abus : v. Y. GAUDEMET, « Sur l'abus ou sur quelques abus de la législation déléguée », *in La confection de la loi*, préc., p. 157.

122. Dénonçant cette dérive, F. TERRÉ, n° 320.

123. Ordonnance n° 96-344 du 24 avr. 1996 portant mesures relatives à l'organisation de la sécurité sociale.

124. Ordonnance n° 2005-759 du 4 juill. 2005 portant réforme de la filiation.

125. À propos de la transposition de directives par voie d'ordonnances, v. R. LIBCHABER, *RTD civ.* 2001. 695. Également sur ce thème, N. MOLFESSIS, *RTD civ.* 2004. 155.

126. D. CARREAU, V° « Traité international », *Rép. internat. Dalloz.*

traités européens[127]. Selon un observateur attentif, depuis les années 1990, la France négocie environ 200 accords bilatéraux par an[128].

Le régime juridique des conventions internationales est bicéphale. Il existe, d'une part, un droit des traités communément admis dans l'ordre international, posé par... un traité, la *Convention de Vienne sur le droit des traités* du 23 mai 1969. La France n'est pas partie à cette convention mais sa notoriété est telle que les juridictions françaises appliquent régulièrement certaines stipulations en tant que coutume internationale ou principes généraux[129]. Il existe, d'autre part, un droit national des traités, au *Titre VI de la Constitution* (« Des traités et accords internationaux »), qui précise les conditions dans lesquelles un traité est valablement inséré dans l'ordre français. Il est possible de présenter sommairement le régime juridique des conventions internationales (A.), avant de souligner leur importance aujourd'hui (B.).

A Présentation

222. Définitions. – L'ordre international est producteur d'un nombre très important de textes, dont la *terminologie* est, dans la pratique, largement interchangeable[130] : on parle ainsi de « traités » (ex. Traité de Versailles du 28 juin 1919), « conventions » (ex. Convention de New York du 20 novembre 1989 relative aux droits de l'enfant)[131], « accords » (ex. Accord général sur les tarifs douaniers et le commerce du 30 octobre 1940 – plus connu sous sa terminologie anglaise GATT), mais encore « pacte » (ex. Pacte du 16 décembre 1966 relatif aux droits civils et politiques), « charte » (ex. Charte des Nations Unies du 26 juin 1945) ou « protocole »[132] (ex. Protocole de Kyoto à la Convention-cadre des Nations Unies sur les changements climatiques du 11 décembre 1997). Quelle que soit la terminologie, il s'agit « d'un accord international conclu par écrit entre États et régi par le droit international »[133]. Quelle que soit la terminologie, la force juridique est la même. Parce qu'ils naissent d'un consentement, celui d'un État de s'engager envers les autres États, les traités sont l'expression d'un consensualisme et leurs articles sont souvent désignés comme des « stipulations » entre États (comme pour les clauses de contrat) et non des « dispositions » (comme pour les lois et règlements).

127. Source : base de données Traités et accords. La France est dépositaire de 90 traités multilatéraux en vigueur.

128. Comp. aux 14 par an entre 1919 et 1939, Conseil d'État, *Sécurité juridique et complexité du droit*, 2006, p. 246.

129. Ex. Cass. civ. 1re, 11 juill. 2006, *Bull. civ.* I. n° 378.

130. La distinction entre les « accords » et les « traités » faite par le titre VI de la Constitution est en pratique inopérante. Elle correspond, dans l'intention du constituant, à ce qui est couramment présenté en droit international comme la forme solennelle et la forme simplifiée.

131. Le terme est souvent utilisé pour les matières techniques et il est traditionnel pour la matière fiscale, selon la circulaire du Premier ministre du 30 mai 1997 relative à l'élaboration et à la conclusion des accords internationaux, codifiée dans le *Guide de Légistique*, 4.1.1. (accessible sur Legifrance).

132. Souvent utilisé pour les accords modifiant les accords préexistants.

133. Art. 2§ 1 de la Convention de Vienne.

Il existe en revanche des différences entre les traités *bilatéraux* et multilatéraux[134]. Les premiers sont conclus entre deux États (ou un État et une organisation internationale) et se rapprochent alors au plus près de la forme du contrat transposée à l'échelle des États : il s'agit de « traités-contrats ». Les traités sont en revanche *multilatéraux* dès qu'ils engagent plus de deux États : cette généralité, et l'absence conséquente de maîtrise aisée par un seul État du devenir de l'engagement, les rapprochent des règles de droit : il s'agit de « traités-lois ». Apparus tardivement à l'échelle du droit international public[135], ils sont les plus connus des juristes – même si certaines conventions bilatérales, souvent mobilisées en pratique, sont très familières, à l'instar de la convention franco-marocaine du 10 août 1981 relative au statut des personnes et de la famille et à la coopération judiciaire.

223. Élaboration. – Pour devenir une norme de droit positif, les conventions internationales devront franchir plusieurs étapes : après les *négociations* entre représentants des États[136], généralement dans le cadre de conférences internationales, un texte final doit d'abord être signé. Les conventions se présentent en général sous la forme d'un préambule, qui expose les motifs du texte et ses objectifs, puis du dispositif et enfin de clauses finales relatives à l'entrée en vigueur du traité. La *signature* du texte de la convention fixe seulement l'état définitif et authentique de l'accord, qui ne peut plus être modifié unilatéralement. En revanche, pour entrer en vigueur, la convention signée doit encore être *ratifiée*[137], c'est-à-dire que l'État doit exprimer son consentement à être définitivement lié. Ainsi, un État peut signer une convention internationale mais ne jamais être lié par elle. Encore, une convention internationale peut avoir été signée par plusieurs États mais ne jamais être appliquée, faute de ratifications suffisantes, l'entrée en vigueur d'une convention dépendant d'un nombre minimal de ratifications, fixé par le texte lui-même[138].

Le droit français distingue deux formes pour la mise en œuvre de ces différentes étapes. Les conventions peuvent être adoptées en *forme solennelle*[139], c'est-à-dire signées par le président de la République ou en son nom et ratifiées par le président de la République. La ratification doit parfois être autorisée par une loi, notamment pour les traités de paix et de commerce[140]. Elle peut également être précédée d'un référendum : il est facultatif pour les traités touchant au

134. Notamment, la condition de réciprocité posée par l'article 55 de la Constitution ne s'applique pas aux conventions multilatérales, selon une doctrine dominante, v. ex. F. RAYNAUD et P. FOMBEUR, « Conditions de mise en œuvre de la réserve de réciprocité prévue à l'article 55 de la Constitution », *AJDA* 1999. 401.

135. Alors que les traités bilatéraux existent de tout temps, le premier traité multilatéral est l'Acte final du Congrès de Vienne de 1815.

136. Si les chefs d'États se font représenter, ils doivent par mandat déléguer les « pleins pouvoirs » pour instituer un représentant « plénipotentiaire ».

137. Pour la France. D'autres États peuvent connaître des procédures d'acceptation ou d'adhésion. Les modalités dépendent toujours des droits internes, le droit international ne posant aucune prescription.

138. Pouvant aller d'une ratification (Conventions de l'Organisation internationale du travail) à 60 pour la Convention de Montego Bay de 1982 sur le droit de la mer (art. 308 ; la Convention n'est dès lors entrée en vigueur en 1994, après un important accord modificatif).

139. Également appelé « en bonne et due forme ».

140. Art. 53 de la Constitution.

fonctionnement des institutions européennes (ex., ratification du traité de Maastricht ; refus de ratification du traité établissant une Constitution pour l'Europe[141]) et obligatoire pour les traités de cession, échange ou adjonction de territoire[142] et ceux relatifs à l'adhésion d'un État à l'Union européenne[143]. Les conventions peuvent tout aussi valablement, et sans effet sur leur force obligatoire, être adoptées en *forme simplifiée*, c'est à dire, signées au nom du Gouvernement (le ministre des Affaires étrangères, qui peut déléguer sa signature et signe l'approbation)[144].

Les traités peuvent être soumis au *contrôle de constitutionnalité* avant leur ratification. En cas de contradiction, la Constitution prévoit que la ratification ne sera possible qu'après révision de la Constitution pour la mettre en accord avec les stipulations des traités[145]. Cette prévision ne doit pas être comprise comme une marque de supériorité des traités mais comme un témoignage de réalisme : il est dans le pouvoir de l'État de modifier ses normes, pas de modifier une convention internationale. Par exemple, une loi constitutionnelle[146] a dû intégrer un nouvel article 66-1 dans la Constitution (« Nul ne peut être condamné à la peine de mort ») pour que la France puisse ratifier le deuxième protocole du Pacte international relatif aux droits civils et politiques[147].

B Importance

224. Effets entre États. – La faiblesse congénitale des normes internationales pourrait tenir à une certaine fragilité du fondement de leur autorité[148]. Pourtant, une fois régulièrement signés, ratifiés et publiés, les traités deviennent une norme de droit positif : le droit « international » l'est par son origine ; par ses effets, il fait partie du droit de l'État. En droit international, la force des traités est fondée sur une règle équivalente à celle donnant effet au contrat selon laquelle *Pacta sunt servanda*[149]. Elle implique que l'effet obligatoire premier des textes internationaux est de lier les États qui se sont engagés et de les obliger à les exécuter de bonne foi[150]. Pour la France, cet engagement est formellement ancré dans l'alinéa 14 du Préambule de la Constitution de 1946 selon lequel « La République française, fidèle à ses traditions, se conforme aux règles du droit public international ». D'autres États européens ont également inscrit

141. Art. 11 de la Constitution. Avec la révision du 23 juillet 2008 (et dès que la loi organique sera adoptée), un tel référendum pourra être à l'initiative d'1/5e des membres du Parlement soutenu par 1/10e des électeurs.

142. Not. pour la décolonisation, ex. référendum de 1962 pour l'Algérie.

143. Art. 88-5, introduit par la révision du 1er mars 2005, susceptible de dérogation par le Parlement.

144. En droit international public, la véritable forme simplifiée implique qu'un traité puisse produire effet dès sa signature, sans ratification ou approbation.

145. Art. 54 Constitution.

146. Loi constitutionnelle n° 2007-239 du 23 févr. 2007 relative à l'interdiction de la peine de mort (rappelons que, en France, la peine de mort était abolie depuis 1981 mais par une loi ordinaire).

147. Modification exigée par la décision n° 2005-524/525 DC du 13 oct. 2005, *Engagements internationaux relatifs à la peine de mort.*

148. V. *supra*, n° 138.

149. Les conventions doivent être respectées.

150. Convention de Vienne, art. 26.

directement dans la Constitution la reconnaissance des règles internationales, comme la Belgique, les Pays-Bas ou l'Espagne. D'autres États, par exemple le Royaume-Uni, exigent une transposition dans l'ordre interne, par une loi spéciale, de la convention internationale.

L'engagement au respect d'un même traité peut varier d'un État à l'autre. En effet, les États, au moment de la signature ou de la ratification, peuvent émettre des *réserves*, c'est-à-dire déclarer « exclure ou modifier l'effet juridique de certaines dispositions du traité »[151] à leur égard. Il y a là une particularité des conventions internationales : une norme juridique n'est pas en général d'application variable selon la volonté unilatérale de ses destinataires. Théoriquement, l'exception se justifie par la souveraineté des États et le fondement consensuel des traités. Pratiquement, elle favorise la conclusion d'accords, en permettant de dépasser les résistances ponctuelles de certains États. Ainsi, la France a émis des réserves quant à l'article 30 de la Convention de New York relative aux droits de l'enfant consacrant le droit de l'enfant d'une minorité culturelle d'employer la langue de son groupe, droit incompatible avec la reconnaissance constitutionnelle de la seule langue française. Dans un tout autre registre, les États-Unis ont émis des réserves sur le Pacte international relatif aux droits civils et politiques, pour pouvoir maintenir la peine de mort dans leurs législations.

225. Effets envers les particuliers. – Ainsi conçues, les conventions internationales pourraient donc résumer leurs effets aux questions de droit international public. Cependant, les traités peuvent également créer directement des droits subjectifs pour les individus[152], qui pourront exercer un recours devant les juridictions sur leur fondement. C'est le cas lorsque l'objet même des traités n'est pas, par la matière abordée, destiné exclusivement aux États et que les stipulations sont suffisamment précises et inconditionnelles[153]. Cette reconnaissance d'un *effet direct* de certains traités[154] a favorisé leur diffusion dans toutes les matières juridiques, principalement par le canal des conventions internationales relatives aux droits de l'homme.

§ 2. Le droit européen des droits de l'homme

226. Techniquement parlant, le droit européen des droits de l'homme est nourri d'instruments classiques du droit international, conventions internationales comme recommandations. Pourtant, parmi les nombreuses transformations des systèmes juridiques héritées de la Seconde Guerre mondiale, le droit

151. Convention de Vienne, art. 2§ 1, d.

152. En droit international, depuis l'avis consultatif de la CPJI du 3 mars 1928, *Tribunaux de Dantzig*, *Rec. CPJI*, série B, n° 15.

153. V. pour une systématisation de ces critères, R. ABRAHAM, concl. sur CE, Section, 23 avr. 1997, *GISTI*, *RFDA* 1997. 585. Pour leur consécration sous forme de principe par le Conseil d'État, CE, Ass., 11 avr. 2012, *GISTI et FAPIL*, *RFDA* 2010. 547, concl. G. DUMORTIER et 560 note M. GAUTIER ; B. BONNET, *D.* 2012. 1712 ; X. DOMINO et A. BRETONNEAU, *AJDA* 2012. 936 ; *RTD civ.* 2012. 487, note P. DEUMIER.

154. On parle également de traité « auto-exécutoire ».

européen des droits de l'homme tient une place de choix. Nous avons déjà vu comment le Conseil de l'Europe était né de la volonté des États européens de protéger les droits de l'homme et la démocratie[155]. Pour y parvenir, l'organisation produit de nombreux textes (B.), mais il en est un qui, par son ampleur et ses effets, est un peu à part, la Convention européenne des droits de l'homme (A.).

A La Convention européenne des droits de l'homme

227. Présentation. – La Convention de sauvegarde des Droits de l'Homme et des Libertés fondamentales est signée à Rome le 4 novembre 1950 et entrée en vigueur le 3 septembre 1953. On y retrouve les différents droits de l'homme traditionnels, droits de la personne (ex. droit à la vie, interdiction de l'esclavage), droits du citoyen (ex. liberté de pensée, de conscience et de religion) et droits du justiciable (ex. droit à un procès équitable, principe de légalité pénale). Cette liste a été enrichie à mesure de la conclusion de « protocoles additionnels », par exemple, le protocole n° 6 sur l'abolition de la peine de mort. Son importance est aujourd'hui telle, comme socle des standards démocratiques et de la protection des droits et libertés, qu'elle est aujourd'hui conçue comme un « instrument constitutionnel de l'ordre public européen »[156]. Cet ordre public se veut garant de la démocratie, « unique modèle politique envisagé par la Convention et, partant, le seul qui soit compatible avec elle »[157]. De cette exigence démocratique, la Cour EDH va tirer quelques caractéristiques fondamentales[158] : le principe de non-discrimination, qui interdit toute différence de traitement en droit sans justification objective et raisonnable ; le principe du respect de la dignité humaine, duquel découlent l'interdiction de la torture, des traitements inhumains et dégradants, de la peine de mort ; le principe de la prééminence du droit, qui garantit l'État de droit et fait barrage à l'arbitraire[159] ; le principe du pluralisme, qui aboutit notamment à défendre la liberté de la presse, « chien de garde » de la démocratie, ou les partis politiques.

228. Degrés. – L'aura qui entoure les droits de l'homme pourrait laisser penser à un catalogue de droits absolus, ne tolérant aucune atteinte. Le respect de ces droits par les États est en réalité susceptible de degrés. Certains droits sont *intangibles* et ne supportent aucune exception (ex. l'interdiction de la torture). Les autres peuvent être restreints par l'État à une *triple condition* : que l'atteinte soit prévue par la loi, vise un but légitime, soit nécessaire dans une société démocratique. L'appréciation de ce dernier caractère de nécessité va impliquer un contrôle de proportionnalité de la mesure (l'atteinte à un droit

155. V. *supra*, n° 139.

156. CEDH, 23 mars 1995, *Loizidou c /Turquie (exceptions préliminaires)*, § 75.

157. CEDH, Gde Ch., 30 janv. 1998, *Parti communiste unifié de Turquie*, *GACEDH*, n° 6.

158. V. F. Sudre, « Convention européenne des droits de l'homme », *in Dictionnaire des droits de l'homme*.

159. Sur ce principe, qui dépasse l'approche formelle de l'État de droit et l'approche anglo-saxonne de la *Rule of law*, E. CARPANO, *Etat de droit et droits européens*, L'Harmattan, 2005, sp. n° 293 et s. Sur la généalogie croisée de ces notions et de celle de *Rechsstaat*, L. HEUSCHLING, *État de droit, Rechsstaat, Rule of law*, Dalloz, 2002.

garanti doit être proportionnée au but poursuivi), proportionnalité appréciée plus ou moins rigoureusement selon la « marge nationale d'appréciation » laissée aux États. Cette marge est d'autant plus délicate à apprécier qu'elle est relative, se fondant notamment sur le consensus ou l'absence de consensus entre États du Conseil : plus les législations convergent, plus la marge d'appréciation est limitée[160]. Par exemple, il existe un consensus au sein du Conseil de l'Europe sur la non-pénalisation de l'homosexualité : un État ne saurait adopter une telle loi sans enfreindre la Convention[161]. En revanche, il n'existe aucun consensus en matière de refus d'adoption en raison de l'homosexualité : la marge d'appréciation des États reste donc importante[162]. Le cœur de la maîtrise du droit EDH réside dans le maniement des mises en balance qui vont permettre d'apprécier ces différents critères.

229. Effets. – La Conv. EDH aurait pu n'être qu'une convention parmi les autres et, du fait de son objet facilement déclaratoire, un acte symbolique de plus, venant s'ajouter à la Déclaration universelle des droits de l'homme. Cependant, la particularité de la Convention est son caractère contraignant : elle est dotée *d'effet direct* et crée des obligations pour les États à l'égard de leurs citoyens. Tous les juges des États du Conseil de l'Europe sont juges de droit commun de la Convention ; elle est également une norme de référence pour la CJUE. Jusqu'au milieu des années 1990, la référence par les juridictions nationales à la Conv. EDH restait ponctuelle. Aujourd'hui, elle est au contraire un argument contentieux banal : de 2000 à 2004, le Conseil d'État y fit ainsi référence dans plus de 11 000 décisions[163], le plus souvent à l'article 8 (vie privée), le plus souvent dans le contentieux des étrangers. Cependant, le rouage essentiel de son efficacité et de son autorité est l'organe juridictionnel institué par la Convention elle-même pour assurer son respect, la *Cour EDH*, qui peut être saisie d'un recours individuel. La juridiction a rapidement affirmé l'importance de ne pas réduire la Convention à un simple bout de papier prestigieux mais d'en faire une véritable arme de défense des individus : les droits protégés par la Convention sont « non pas théoriques ou illusoires, mais concrets et effectifs »[164]. Le caractère subsidiaire de la Convention ne doit pas être mal compris : il signifie que la protection des droits et libertés incombe en premier lieu aux droits nationaux ; ce n'est qu'en cas de défaillances de ceux-ci que la Convention intervient.

230. Importance. – Tout particulièrement grâce à l'action constructive et obstinée de sa Cour, la Convention européenne a su dissiper les doutes sur sa pertinence et les réticences sur son efficacité. Les doutes sur sa pertinence tenaient essentiellement au choix de l'échelon européen pour garantir les droits

160. V. H. SURREL, « Pluralisme et recours au consensus dans la jurisprudence de la Cour européenne des droits de l'homme », *in Pluralisme et juges européens des droits de l'homme*, M. Levinet (dir.), Bruylant, 2010, p. 61.

161. CEDH, 22 oct. 1981, *Dudgeon c /Royaume-Uni*. Sur le thème, v. A. GOUTTENOIRE, « Orientation sexuelles », *in Dictionnaire des droits de l'homme*.

162. CEDH, 26 févr. 2002, *Fretté c. France*, *JCP* 2002. II. 10074, note A. GOUTTENOIRE et F. SUDRE.

163. Conseil d'État, *La norme internationale en droit français*, 2000, p. 22.

164. CEDH, 9 oct. 1979, *Airey c /Irlande*, *GACEDH*, n° 2.

de l'homme alors que des initiatives au niveau universel étaient encore fraîches[165]. L'expérience confortera pourtant la pertinence du choix, le temps passé ancrant le succès du socle commun européen alors que les débats persistent sur la possibilité de concilier les traditions à l'échelle universelle. Les réticences des États n'ont pas été plus faciles à dissiper. La France elle-même, en n'acceptant le recours individuel qu'en 1981, illustre la difficulté pour un État à accepter de se soumettre à la juridiction de la Cour.

Le succès est important s'il est mesuré à l'aune de l'influence exercée par la Convention sur les droits internes des États. Sous son impulsion, de nombreuses modifications ont été apportées à nos institutions judiciaires (ex., publicité des débats des différentes juridictions d'exception), mais aussi au droit des personnes et de la famille (ex., modification de l'état civil du transsexuel, suppression du statut restrictif de l'enfant adultérin) ou à l'application du droit en général (ex., contrôle de la validation rétroactive par la loi). Il est, aujourd'hui encore, plus mesuré s'il est évalué à l'aune de l'enthousiasme suscité par cette influence. Les États se conforment aux condamnations avec plus ou moins de bonne volonté, non sans insister à l'occasion sur la mauvaise compréhension par la Cour de l'organisation française : il en est notamment ainsi de la transformation, du nom comme du rôle, du « commissaire du Gouvernement », devenu « rapporteur public »[166] pour se conformer à l'impartialité voulue par la CEDH. Quant à la doctrine, bien que désormais acclimatée au droit EDH, elle reste encore souvent critique[167], les contestations se focalisant sur le manque de légitimité de la Cour et son interprétation très (très) dynamique.

B Les autres textes

231. Conventions et accords. – Si la Conv. EDH éclipse par son succès les autres productions du Conseil de l'Europe, elles sont pourtant nombreuses et couvrent les missions du Conseil de l'Europe (droits de l'homme et démocratie), sous toutes leurs déclinaisons : sécurité sociale, équivalence des diplômes, culture, extradition, entraide judiciaire, infractions routières, protection des animaux, corruption, cybercriminalité, biomédecine. 215 traités et protocoles du Conseil de l'Europe sont actuellement ouverts à la signature, le plus récent étant la Convention sur la contrefaçon des produits médicaux et les infractions similaires menaçant la santé publique du 28 octobre 2011. Parmi eux, il est notamment possible de mentionner la *Charte sociale européenne* de 1961,

165. J.-S. BERGÉ et S. ROBIN-OLIVIER, *Droit européen*, PUF, 2e éd., 2011, n° 264 et s.

166. Membre de la juridiction administrative qui expose publiquement et en toute indépendance son opinion sur les requêtes. Son nom comme certaines modalités de sa participation au procès administratif ont valu plusieurs condamnations à la France (ex., CEDH, 7 juin 2001, *Kress c /France* ; sur cette jurisprudence, v. *GACEDH*, p. 345 et s.), qui ont à leur tour entraîné une modification de son statut, v. B. PACTEAU, « Du commissaire au rapporteur, suite... et à suivre ! », *RFDA* 2009. 67.

167. Pour les réactions en droit privé, lire le savoureux article de J.-P. MARGUENAUD, « La convention européenne des droits de l'Homme et le droit français : approches par le droit privé », *in Mélanges J.-C. Gautron*, A. Pedone, 2004, 155 ; pour une confrontation avec l'approche des publicistes, v. J.-P. MARGUENAUD et D. ROMAN, « La doctrine publiciste et privatiste face au droit européen des droits de l'homme », *in De l'intérêt de la* summa divisio *droit public-droit privé ?*, B. BONNET et P. DEUMIER (dir.), Dalloz, 2010, p. 139.

révisée en 1996, en réponse au besoin d'un complément des droits individuels protégés par la Conv. EDH pour les droits économiques et sociaux, par exemple le droit au travail, le droit à l'éducation, le droit syndical ou le droit à la sécurité sociale. D'autres textes ont eu un certain impact, comme la Convention-cadre pour la protection des minorités nationales du 1er février 1995 ou la Charte européenne de l'autonomie locale de 1985, entrée en vigueur en 1988, pour assurer le respect du principe de l'autonomie des collectivités locales. Le Conseil de l'Europe n'est pas producteur que de conventions internationales : le Comité des ministres peut adopter des recommandations aux gouvernements, utilisées notamment pour accompagner la transition démocratique des pays de l'ancien bloc soviétique. Il peut par ailleurs adopter des résolutions, sur les questions internes au Conseil de l'Europe, des déclarations sur les questions d'actualité ou des réponses à l'Assemblée consultative.

232. Mécanismes de contrôle. – Les instruments du Conseil de l'Europe sont toujours assortis de mécanismes de contrôle mais qui ne prennent pas une forme aussi originale que le recours juridictionnel. Le contrôle se fait plus souvent par le biais d'un suivi de l'application[168]. Sur la base de rapports nationaux, l'organe de contrôle peut formuler des recommandations. Cette forme de suivi n'est pas spécifique aux conventions du Conseil de l'Europe. D'autres modalités sont plus originales, comme la possibilité d'une réclamation collective (par des syndicats ou des organisations internationales non gouvernementales) pour le respect de la Charte sociale européenne, dont la recevabilité est examinée par le Comité européen des droits sociaux[169], ou de visites préventives pour celui de la Convention pour la prévention de la torture et des peines ou traitements inhumains ou dégradants de 1987.

§ 3. Le droit de l'Union européenne

233. L'Union européenne[170] s'est construite par le droit et autour du droit : elle est avant tout « une communauté de droit »[171]. Son existence, ses compétences, son fonctionnement, son devenir dépendent intégralement des traités l'ayant instituée et déterminant sa structure. Ces traités, conclus par les États conformément aux règles gouvernant les conventions internationales, ont institué une organisation à laquelle ils ont transféré des compétences normatives. Ils constituent le droit primaire (A.). Les États membres peuvent adopter d'autres accords internationaux, avec des États tiers, pour créer des relations d'association ou de coopération, mais aussi entre États membres, pour unifier des matières dans lesquelles l'Union n'est pas compétente. Cependant, la production normative la plus caractéristique est le droit dérivé : les institutions européennes

168. V. M. AILINCAI, *Le suivi du respect des droits de l'homme au sein du Conseil de l'Europe*, Pedone, 2012.

169. Sur l'utilité de ce comité, v. J.-P. MARGUENAUD et J. MOULY, « Le Comité européen des droits sociaux, un laboratoire d'idées sociales méconnu », *RDP* 2011. 685.

170. Sur l'ordre juridique de l'Union européenne, v. *supra*, n° 140.

171. CJCE, 23 avr. 1986, *Les Verts c /Parlement*, aff. 294/83, § 23.

peuvent adopter directement de nouvelles normes, qui seront mises en œuvre par les États. Elles sont « dérivées » du droit primaire, puisque c'est lui qui les fonde en autorisant les institutions européennes à les édicter (B.).

A Le droit primaire

234. Les Traités fondateurs. – Le 18 avril 1951, une première organisation commune, la CECA (la Communauté européenne du Charbon et de l'Acier) voit le jour. Si elle est aujourd'hui obsolète[172], l'acte ne doit pas être oublié en ce qu'il demeure fondateur des organisations européennes. Il faudra attendre 6 ans de plus pour que cette coopération donne naissance, avec le *Traité de Rome*, à la Communauté économique européenne[173]. Cette organisation devait être doublée, en 1992, de l'institution de l'Union européenne par le *Traité de Maastricht*. Avec le *Traité de Lisbonne*, entré en vigueur le 1er décembre 2009, l'Union européenne se substitue à la Communauté économique européenne.

Ces traités fondateurs souffrent d'une certaine instabilité. Les adhésions successives mais aussi le mouvement de renforcement progressif des institutions européennes aboutissent à une redistribution régulière des pouvoirs et compétences. Celle-ci prend la forme d'un empilement de *traités de révision* des traités fondateurs (ex. de traités de révision : Traité d'Amsterdam, de Nice, de Lisbonne), n'hésitant pas à régulièrement modifier totalement la numérotation mais aussi les formes, structures et terminologies (ex. le passage du « droit communautaire » au « droit de l'Union européenne »)[174]. Le droit primaire, souffrant déjà d'un style rédactionnel très technique et extrêmement lourd, doit donc en outre s'accommoder de cette instabilité chronique, réservant la bonne connaissance du fonctionnement des institutions aux spécialistes de la matière. Après l'échec du Traité établissant une Constitution pour l'Europe[175], qui regroupait et clarifiait ces règles de fonctionnement, le droit primaire de l'Union européenne dans son dernier état est issu de la révision du Traité de Lisbonne du 13 décembre 2007, entré en vigueur le 1er décembre 2009. Celui-ci se décompose en deux traités, le *Traité sur l'Union européenne* (TUE[176]), qui porte les dispositions communes et principes démocratiques, les dispositions relatives aux institutions, aux coopérations renforcées et à l'action extérieure de l'Union, et le *Traité sur le fonctionnement de l'Union européenne* (TFUE[177]), qui « organise le fonctionnement de l'Union et détermine les domaines, la délimitation et les modalités d'exercice de ses compétences » (art. 1§ 1).

172. Arrivé à expiration en 2002.

173. Un second Traité de Rome concomitant instituait Euratom et est également un élément fondateur du droit primaire.

174. V. *supra* n° 140.

175. Sur lequel, pour l'ensemble des discussions suscitées, v., pour une approche européaniste, V. CONSTANTINESCO, Y. GAUTIER et V. MICHEL (dir.), *Le Traité établissant une Constitution pour l'Europe – Analyses et commentaires*, PU Strasbourg, 2006 ; pour une approche plus constitutionnaliste, B. MATHIEU, M. VERPEAUX et F. MÉLIN-SOUCRAMANIEN, *Constitution et construction européenne*, Dalloz, 2006.

176. Anciennement Traité de Maastricht, constitutif de l'Union européenne.

177. Anciennement Traité instituant la Communauté européenne, ou TCE, anciennement Traité de Rome.

235. Le droit primaire, Constitution de l'Union européenne ? – Le terme de « Constitution » retenu pour le traité établissant une Constitution pour l'Europe a été source de nombreux *débats*. Ils se comprennent aisément dans une perspective technique comme symbolique du terme. En effet, le terme de « Constitution » porte en lui deux dimensions : celle d'État, dont elle porte l'architecture fondamentale ; celle de suprématie, dont elle incarne la puissance normative. Or, l'Union européenne n'est pas un État, ni même une fédération d'États, au moins juridiquement ; la suprématie normative reste celle des Constitutions des États membres. Au mieux les traités peuvent-ils être considérés comme supérieurs au sein des actes communautaires, pour lesquels ils constituent la « charte constitutionnelle de base » que doivent respecter États membres comme institutions européennes[178].

Cependant, au-delà de ces dimensions formelles, le droit primaire de l'Union européenne peut être comparé *matériellement* à une Constitution. En effet, il propose le même type de dispositions (et même plus[179]) : d'une part, l'institution, la structure et le fonctionnement des différents pouvoirs ; d'autre part, la garantie des droits et libertés des citoyens. Cette dernière fonction n'était guère présente dans les premiers traités, essentiellement dédiés au fonctionnement et compétences de la Communauté[180]. La CJCE était venue combler cette lacune en recourant à la notion de « principes généraux de droit communautaire »[181]. Leur contenu était façonné par deux sources : les traditions constitutionnelles des États membres[182] et la Convention EDH[183]. Le Traité d'Amsterdam avait consacré cette jurisprudence[184] mais les droits et libertés restaient largement cantonnés à un renvoi à des normes de référence externes. Le Traité de Lisbonne marque à cet égard un pas important en donnant force obligatoire à la *Charte des droits fondamentaux de l'Union européenne*[185], liste moderne de droits et libertés garantis, qui regroupe en un corpus unique les droits individuels liés à la dignité, la liberté, l'égalité et la solidarité, cette dernière intégrant les droits sociaux.

B Le droit dérivé

236. Diversité des catégories et des auteurs. – Il s'agit de l'ensemble des normes adoptées par les institutions européennes. Elles sont *dérivées* des traités de droit primaire qui leur donnent cette compétence. Les deux sources les plus importantes pour le juriste sont les règlements et les directives, d'application générale et contraignante dans toute l'Union européenne. Il existe d'autres catégories de normes en droit de l'Union, notamment les *décisions*, qui ne

178. CJCE, 23 avr. 1986, *Les Verts c /Parlement*, aff. 294/83, § 23.

179. De nombreuses dispositions sont dédiées à la détermination des objectifs de l'Union et des politiques devant être mises en œuvre.

180. Pour l'évolution en la matière, H. LABAYLE, « Droits fondamentaux et droit européen », *AJDA* 1998. 75.

181. CJCE, 17 déc. 1970, *Internationale Handelgesellschaft*, aff. 11/70.

182. Même arrêt.

183. CJCE, 28 oct. 1975, *Rutili*, aff. 36/75 ; synthétisant sa position, v. CJCE, 18 juin 1991, *ERT*, aff. C-260/89, § 41-42.

184. Art. 6 § 2, TUE, désormais 6§ 3.

185. Art. 6§ 1, TUE.

concernent qu'un ou des cas particuliers, ou les *recommandations* et *avis*, qui peuvent être d'application générale mais qui sont dépourvus de force contraignante[186]. Contrairement aux textes d'origine interne, pour lesquels une catégorie est généralement liée à un auteur, les procédures d'adoption des règlements et directives peuvent faire intervenir, sous des formes variables et pour le moins complexes, le Conseil, le Parlement et la Commission.

237. Le règlement. – Le règlement est une norme générale et obligatoire, directement et immédiatement applicable. À cet égard, le Traité établissant une Constitution pour l'Europe rebaptisait la catégorie « loi européenne », donnant une image assez fidèle de cette norme, alors que la dénomination actuelle est trompeuse : le « règlement » européen produit les effets les plus forts du droit de l'Union ; le « règlement » national est au contraire une catégorie inférieure[187]. Concrètement, dès qu'un règlement européen est adopté par les institutions européennes, il s'applique dans toute l'Union européenne, comme une loi. Tous les États appliqueront exactement les mêmes règles, celles qui sont contenues dans le règlement. Les solutions sont donc entièrement uniformisées. La directive est à cet égard moins énergique.

238. La directive. – Le recours à la directive permet la mise en place d'un régime juridique harmonisé entre États membres mais tolère des modalités pouvant varier d'un État à l'autre. Pour cela, la législation va être le produit à la fois des institutions européennes et des États. Les institutions européennes vont adopter une directive qui, dans une matière déterminée, va fixer les résultats à atteindre, parfois très précisément. Ces objectifs, c'est-à-dire la politique juridique à suivre, seront donc les mêmes pour tous les États membres. Cependant, ils vont être mis en œuvre par les États, par des *lois de transposition*, qui choisiront la forme et les moyens adéquats pour les atteindre. En principe, la directive n'est donc pas directement le droit applicable : elle ne crée d'obligations que pour les États, auxquels elle impose un cadre qui oriente des lois nationales. Le Traité établissant Constitution pour l'Europe clarifiait là encore la catégorie en la rebaptisant « loi-cadre européenne ».

En pratique, cette présentation harmonieuse d'une co-élaboration de la norme, entre cadrage européen et mise en œuvre nationale, est souvent malmenée : les directives sont parfois si précises que la marge de manœuvre est illusoire ; la jurisprudence de la CJCE reconnaît des effets directs aux directives, dépassant ainsi les inerties ou défaillances dans la transposition par les États. Le retard dans la transposition des directives est en effet un phénomène persistant[188]. La jurisprudence de la Cour a estimé qu'une fois le délai de transposition expiré, les dispositions claires et précises des directives produisent un effet direct[189].

186. Sur la *soft law*, v. *supra*, n° 30 et s.

187. Pour ajouter à la difficulté, précisons que, parmi les nombreux règlements européens, tous ne sont pas d'application générale : l'immense majorité sont des règlements d'exécution, qui remplissent des fonctions proches des règlements nationaux, et sont généralement produits par la Commission.

188. V. Conseil d'État, *Pour une meilleure insertion des normes communautaires dans le droit national*, La Documentation française, 2007.

189. CJCE, 4 déc. 1974, *Van Duyn*, aff. 41/74. Plus généralement, sur les différentes manifestations de l'effet direct du droit de l'Union et son extension continue, R. MEHDI, *Jurisclasseur* Europe Traité,

239. Importance. – De traité en traité, les institutions européennes ont vu s'étendre les matières dans lesquelles elles étaient autorisées par les États à intervenir[190]. À chaque fois, c'est la part de droit de l'Union d'une matière qui croît et, aujourd'hui, il n'existe plus de spécialité qui ne soit concernée, jusque dans les branches les plus traditionnellement souveraines comme le droit pénal, le droit de la famille et le droit public. Le développement quantitatif est également notable : 2 090 règlement et 1 941 directives étaient en vigueur en octobre 2007[191] ; en y ajoutant les décisions, l'ensemble a été évalué à 17 000 actes de droit dérivé[192]. Ce développement a suscité des réactions variées, généralement approuvé par les spécialistes du droit européen, souvent plus fraîchement accueilli par les autres qui voient dans ce « droit venu d'ailleurs » « l'intrus par excellence »[193]. Si la légitimité des institutions y est moins contestée que pour le droit européen des droits de l'homme (du moins lorsqu'elles interviennent dans les compétences expressément attribuées par les traités[194]), la qualité de la réglementation est souvent déplorée, face à un droit jugé envahissant, bureaucratique et contradictoire.

fasc. 195, « Ordre juridique communautaire – Effet direct ». Pour les actes administratifs individuels, le Conseil d'État a longtemps refusé l'effet direct des directives (CE ass. 22 déc. 1978, *Cohn-Bendit*, *RTD eur.* 1979. 169, concl. B. GENEVOIS et note L. DUBOUIS), avant de l'accepter dans son arrêt Perreux, CE, ass., 30 oct. 2009, *RFDA* 2009. 1125, concl. M. GUYOMAR.

190. Ainsi grossièrement présentée, cette question pourrait sembler simple. Loin de là, les compétences ont longtemps été articulées autour de différents « piliers ». Depuis le Traité de Lisbonne, elles sont plus clairement exposées (art. 2 à 6, TFUE) en compétences exclusives de l'UE, compétences partagées, etc. Ces compétences expressément attribuées sont complétées par les plus extensibles principes de subsidiarité et de proportionnalité.

191. J.-S. BERGÉ et S. ROBIN-OLIVIER, n° 454 ; comp. l'évaluation à 5 191 règlements et 1 244 directives au 1er sept. 2005 par J. MAÏA, « La contrainte européenne sur la loi », *Pouvoirs*, n° 114, 2005, p. 53.

192. J. MAÏA, préc.

193. J. CARBONNIER, *Droit et passion du droit sous la Ve République*, préc., p. 48.

194. Pour une critique de l'extension des compétences au droit international privé, v. Y. LEQUETTE, « De Bruxelles à La Haye (Acte II) – Réflexions critiques sur la compétence communautaire en matière de droit international privé », *in Mélanges H. Gaudemet-Tallon*, Dalloz, 2008, p. 503 ; pour l'extension des compétences à la matière pénale par la CJCE, V. MICHEL, « Droit pénal communautaire : le dragon aux pieds d'argile terrassé ? », *LPA*, 20 avr. 2006, n° 79, p. 4.

Chapitre 2
L'identification du texte en vigueur

240. L'ensemble des textes que nous venons de présenter est impressionnant : la crise de la loi s'ajoute à une production quasi incontrôlable de textes d'origines variées, « si bien qu'aujourd'hui le droit positif français ne tient plus sur les étagères d'une bibliothèque »[1]. Personne ne semble apte à dire, à un instant T, quel est l'état complet des textes applicables. Dans ces circonstances, l'amas textuel peut paraître anxiogène pour le juriste. Il ne l'est plus – il l'est moins – s'il accepte humblement qu'être juriste, c'est être capable, face à une question, d'identifier le texte en vigueur en se frayant un chemin dans l'enchevêtrement du droit. Identifier le texte suppose deux opérations. La première consiste à prendre connaissance des textes, ce qui implique d'y accéder. Longtemps abandonné à l'idée aussi simple que sommaire que « nul n'est censé ignorer la loi », le droit de la connaissance du droit s'est récemment perfectionné pour répondre à l'inflation des textes (Section 1). La seconde opération consiste à savoir, parmi tous les textes ainsi repérés, lesquels sont en vigueur, c'est-à-dire « actuellement obligatoire »[2] : en effet, un texte dont vous avez connaissance, bien qu'adopté et publié, parfois, ne sera pas encore en vigueur et, parfois, ne le sera déjà plus (Section 2).

Section 1
La connaissance des textes

241. Bibliographie thématique. – G. DEREUX, « Etude critique de l'adage "Nul n'est censé ignorer la loi" », *RTD civ.* 1907. 513 ; Conseil d'État, *Publication et entrée en vigueur des lois et de certains actes administratifs*, La Documentation française, 2001 ; G. NICOLAU, « Inaccessible droit ! », *RRJ* 1998-1. 15 ; F. TERRÉ, « Le rôle actuel de la maxime "Nul n'est censé ignorer la loi" », *in Études de droit contemporain,* tome XXX, 1966, p. 91 ; P. DEUMIER, « La publication de la loi et le mythe de sa connaissance », *LPA,* 6 mars 2000, n° 46, p. 6.

---

1. Ch. JAMIN, « La doctrine : explication de texte », *in Mélanges Ph. Jestaz*, Dalloz, 2006, p. 225.
2. *Vocabulaire juridique*, V° « Vigueur – (en) ».

§ 1. L'accès au texte

242. La publication officielle, vecteur de la connaissance. – Pour être applicable, il ne suffit pas à un texte, si noble soit-il, d'être régulièrement débattu et adopté par les institutions compétentes : encore faut-il qu'il soit connu des destinataires, selon une logique élémentaire qui veut qu'on ne peut vous sanctionner pour la violation d'un texte secret – sauf à basculer dans un régime arbitraire[3]. Selon le Président Wilson, la multiplicité des traités secrets a ainsi été l'une des causes de la première guerre mondiale[4]. Malgré son caractère existentiel pour la *démocratie*, la règle n'est pas à l'abri d'entorses. La plus commune admet que la connaissance personnelle des textes nouveaux puisse pallier l'absence d'insertion au *JO* en cas de circonstances exceptionnelles, notamment en cas de guerre[5].

Hors circonstances exceptionnelles, pour rendre le texte public, certains systèmes se sont un temps contentés de la présomption que chacun sait ce qui se fait au Parlement[6]. Un autre temps (court), en France, l'annonce des nouvelles lois se faisait « à son de trompe ou de tambour »[7]. Aujourd'hui, le texte doit être formellement porté à la connaissance des citoyens. Le Code civil de 1804 retenait comme seule forme de publicité des lois leur promulgation par le Premier Consul, qui était « réputée connue ». Il faut attendre le décret du 5 novembre 1870 pour que cette promulgation[8] se double de leur publication au Journal Officiel. Depuis, chaque texte bénéficie d'une publication officielle. Elle, et elle seule, porte la version authentique de la loi nouvelle, sous réserve d'errata.

Le *Journal officiel de la République française* (*JORF*, souvent mentionné *JO)* publie les textes généraux d'origine interne. La rubrique des lois précède celle des règlements. En outre, certains décrets portent la publication des conventions internationales, une fois entrées en vigueur[9]. Le *JORF* assure

3. « Le danger d'arbitraire apparaît avec une netteté singulière là où un pouvoir de l'exécutif s'exerce en secret », CEDH, 2 août 1984, *Malone c /Royaume-Uni*, § 67.

4. V. D. CARREAU, V° « Traités internationaux », *Rep. Internat. Dalloz*, n° 77.

5. CE, 18 nov. 1949, *Plat*, *Rec.* 488 ; CE, 30 mai 1947, *Le Marhadour*, *Rec.* 224 ; CE, 4 févr. 1948, *Gauthier*, *Rec.* 56 ; CE, 5 avr. 1945, *Rony*, *S.* 1947. 3. 44, note P. H. ; CE, 16 avr. 1948, *Société française d'entreprises et de travaux publics*, *Rec.* 165.

6. Pour cette conception dans un ancien jugement anglais, v. C. HUBERLANT, « La présomption de connaissance de la loi dans le raisonnement juridique », *in Les présomptions et les fictions en droit*, Ch. PERELMAN et P. FORIERS (dir.), Bruylant, 1974, p. 186, sp. 194. Dans la conception révolutionnaire française, la notoriété de la loi était assurée par les débats publics, la publication ayant pour but de fixer la version authentique et d'avertir de son exécution imminente. Pour les très grandes difficultés à assurer une connaissance de la loi en droit romain ou au Moyen Âge, v. J. GAUDEMET, *Les naissances du droit*, p. 98, 140, 159.

7. Système mis en place sous la Convention et cité par Portalis dans son *Discours préliminaire*.

8. Le texte maintenait le terme « promulgation » à cet endroit, entretenant une confusion sur l'éventuelle distinction de cette notion et de celle de publication. La réforme de 2004, en assignant des fonctions plus nettes à la promulgation (ex., déclarer l'urgence) éclaircit la question (anter., v. G. GUGLIELMI, « Distinguer la promulgation de la publication », *in Le titre préliminaire du Code civil*, G. FAURÉ et G. KOUBI (dir.), Economica, 2003, p. 59).

9. La publication ne doit en principe pas se faire avant l'entrée en vigueur de la convention, pour ne pas introduire dans l'ordre interne des dispositions sans effet juridique ; elle doit se faire le plus rapidement possible après cette entrée en vigueur, ce qui implique une certaine vigilance du pouvoir exécutif, qui malheureusement manque parfois.

donc l'accès aux textes internes et internationaux[10]. Parmi les règlements, sont publiés décrets, arrêtés et certaines circulaires[11]. Ils sont subdivisés en trois rubriques, chacune étant déclinée par Ministère : textes généraux, mesures nominatives, conventions collectives. Sont ensuite publiés des délibérations ou avis d'autorités et de collectivités territoriales. Certaines décisions de juridictions sont insérées, particulièrement celles du Conseil constitutionnel[12]. Enfin, le *JO* clôt avec des avis et communications (ex. avis d'ouverture de concours, avis aux importateurs ou exportateurs) et, récompense des lecteurs les plus assidus, les incontournables résultats du Loto.

Les textes de l'Union européenne sont pour leur part publiés au non moins austère *Journal officiel de l'Union européenne* (*JOUE*). Il est divisé en deux grandes rubriques, série L (législation) et série C (informations et communications)[13]. Chaque série est à nouveau subdivisée en sous-rubriques, assez savantes pour la série L, selon le fondement de l'acte (ex. L I pour les règlements et directives).

Ces supports de publication ont valeur officielle mais reconnaissons qu'ils ne rendent pas l'accès au texte très aisé et ce manque d'accessibilité croît à proportion de la masse des textes. Face à cette accumulation, le législateur tente, faute de réduire la masse, de la rendre maîtrisable en perfectionnant la possibilité d'accès aux textes : versions électroniques, codification à l'échelle industrielle, mise en ligne d'un droit consolidé, de dossiers législatifs et d'échéanciers de décrets d'application, le tout optimisé par un moteur de recherche efficace.

243. Stockage : le secours de la version électronique. – Le premier problème, bassement matériel, mais devant néanmoins trouver une solution, est celui du stockage : en effet, les administrations sont dans l'obligation de conserver les *JO* ; nombre d'institutions (à l'instar des bibliothèques) ou de professions juridiques sont confrontées, sans obligations légales, au même souci. Or, obligation ou non, les collections de *JO* sont envahissantes. La solution moderne consiste à proposer une version électronique de la publication officielle. Attention : s'il est toujours possible de consulter les différents *JO* en ligne (sur Legifrance ou Eur-Lex), la version électronique authentique n'est pas celle-ci mais une version sécurisée.

En droit interne, l'ordonnance n° 2004-164 du 20 février 2004 est venue soulager les archives en inaugurant une version électronique authentifiée du *JO*, dont la valeur est reconnue égale à celle de la version papier, qu'elle vient

10. Pour leur effet dans l'ordre interne ; les conventions internationales doivent également être publiées et enregistrées auprès du secrétariat général des Nations unies. Malgré la perte de force obligatoire encourue, un nombre important de traités ne sont pas enregistrés : v. D. CARREAU, préc., n° 79.

11. Les règlements et circulaires font également l'objet d'une diffusion « interne » *via* les *Bulletins officiels* de chaque ministère.

12. Et de façon moins habituelle, certaines décisions contentieuses du Conseil d'État : réécriture d'un article du Code rural, CE, 25 mars 2002, *Caisse d'assurance-accidents agricole du Bas-Rhin*, *JORF*, n° 130 du 6 juin 2002, p. 10 119 ; report de l'entrée en vigueur du rejet d'une demande d'annulation, CE, Section, 27 oct. 2006, *Sté Techna SA*, *JORF*, 19 nov. 2006, p. 17 398 ; contrôle des lois de pays polynésiennes, CE, 25 nov. 2009, *JORF*, 29 nov. 2009, p. 20630.

13. Et un supplément, la série S (avis de marché).

doubler et non remplacer[14]. Le contenu des deux versions n'est pas strictement identique : le *JO* électronique est plus discret[15] et le *JO* papier allégé[16].

Le *JOUE* connaît également une version électronique. Une section n'existe d'ailleurs qu'en version électronique, le *JO C E* : il s'agit d'une section de la série C, qui porte des procès-verbaux des sessions parlementaires ainsi que les actes préparatoires. Pour résoudre le problème de stockage de l'ensemble, des Cd-roms mensuels sont proposés, regroupant le contenu du *JOUE* et du *JO C E*.

244. Les moteurs de recherche. – La question matérielle du stockage étant ainsi réglée, il reste la question plus fondamentale de l'accès au texte. Si l'on s'en tient aux seuls textes généraux, la masse est considérable : pour une seule année[17], 92 lois, 37 ordonnances et 3 838 décrets viennent non seulement s'ajouter mais aussi, pour part, remplacer les textes existants : comment le juriste recherchant le texte applicable à une question donnée peut-il espérer ne pas passer à côté d'une modification récente ? Heureusement, les moyens permettant d'identifier le texte en vigueur n'ont jamais été aussi performants, du fait des bases de données législatives et de leur moteur de recherche. En droit interne, le site *Legifrance*[18] permet à qui maîtrise le vocabulaire juridique (et lui seul, une interrogation hasardeuse menant rapidement sur de fausses pistes ou des avalanches de résultats), de recenser les textes pertinents mais aussi de vérifier qu'ils ont, ou n'ont pas, été modifiés, le site proposant systématiquement une version consolidée.

Pour le droit de l'Union européenne, la base de données est *EUR-Lex*. Très riche en informations, la possibilité d'y retrouver un texte, notamment par la recherche avancée (réservée aux professionnels du droit), reste encore parfois une gageure.

Pour le droit international, enfin, si toutes les conventions internationales peuvent être retrouvées par leur publication au *JORF*, la Base *des Traités et Accords* du ministère des Affaires étrangères permet une recherche par mots-clés ou par État concerné souvent plus efficace[19].

245. Les codes. – Les codes adoptés au lendemain de la Révolution portaient en eux un mythe, celui d'un droit accessible à tous, contenu tout entier

14. La formule de la substitution, expérimentée en Belgique, avait été censurée par la Cour d'arbitrage (devenue Cour constitutionnelle en 2007), rompant l'égalité entre les citoyens tant que toutes les mairies ne seraient pas équipées pour les usagers d'accès à l'internet (Cour d'arbitrage, arrêt 106/2004 du 16 juin 2004).

15. Certaines mesures nominatives touchant à la vie privée (naturalisation, noms et prénoms, arrêts de la Cour de discipline budgétaire et financière), ne figurent pas sur la version électronique, v. Décret n° 2004-459 du 28 mai 2004 ; solution conforme à la pratique antérieure de Legifrance, elle-même conforme à une recommandation de la CNIL du 29 novembre 2001.

16. De certaines mesures, relatives notamment aux fonctionnaires, Décret n° 2004-617 du 29 juin 2004 ; regrettant cette suppression, D. MAUS, « Vive le *JO* », *AJDA* 2005. 289 et la réponse de J.-M. SAUVÉ, « Honneur, papier et internet », *AJDA* 2005. 513. Le Conseil d'État a refusé d'annuler pour excès de pouvoir ce décret, CE, 9 nov. 2005, *Meyet*, *RFDA* 2006. 535, concl. F. DONNAT.

17. Chiffres pour l'année 2012, site Legifrance.

18. Décret du 7 août 2002 relatif au service public de la diffusion du droit par l'internet.

19. Fusion de la base Choiseul et de la base PACTE, elle permet d'accéder tant aux traités en vigueur qu'aux traités « historiques ».

en un recueil de règles générales formulées dans une langue simple[20]. Évidemment, le mythe a vécu. Pourtant, certaines vertus de la codification demeurent. Pour tous, y compris pour les juristes, le rassemblement des textes existant en une matière constitue un atout précieux pour l'accès à la règle pertinente. Les codes sont, conformément aux vœux de J.-J. Rousseau, un antidote à ces « foules de lois qui souvent se contredisent, dont le nombre rend les procès éternels et dont le conflit rend également les jugements arbitraires »[21]. Ce rassemblement obéit à des logiques différentes selon les cultures : la *consolidation*, dans la tradition anglo-saxonne, collecte les textes sans effort d'articulation autre que chronologique. En revanche, la *codification* à la française cherche à ordonner les différentes règles autour d'un plan systématique et cohérent, les règles ne prenant pas place selon leur date mais selon la question traitée[22].

L'idée séduit tant l'esprit cartésien français que des codes sont parfois adoptés pour procéder à ce seul rassemblement, sans réformer le fond, comme une pure opération de maintenance de la mise en forme du droit : il s'agit alors d'une *codification à droit constant*[23]. Tâche un peu ingrate, qui veut rassembler des textes sans débattre de leur pertinence, le projet de codifier le droit français en son entier a souvent été lancé mais s'est tout aussi souvent heurté au manque d'entrain des parlementaires[24]. L'idée est alors venue de confier le travail herculéen à l'exécutif, en l'habilitant à codifier par ordonnance, ce qu'il fait avec constance depuis 1999. Pour les seules années 2007 et 2008[25], ont été adoptés un nouveau Code du travail, un Code de la défense, la dernière partie des dispositions réglementaires du Code de l'environnement, du Code de l'action sociale et des familles, du Code de commerce, du nouveau Code de justice militaire, du nouveau Code de l'organisation judiciaire, du Code du sport. Il est souvent reproché à ces codes à droit constant de faire preuve d'une certaine inconstance[26] et de profiter de la masse de textes rassemblés pour glisser d'insidieuses modifications[27]. Si des accidents ne sont jamais à exclure[28], il faut compter sur la vigilance des juridictions, qui retiendront en ce cas une interprétation neutralisante, selon laquelle le codificateur n'a pas eu l'intention de

20. V. *supra*, n° 177.

21. Cité par B. OPPETIT, « De la codification », *in La codification*, dir. B. BEIGNIER, Dalloz, 1996, p. 7.

22. Sur les différents types de codification et la démonstration de choix méthodologiques communs, R. CABRILLAC, *Les codifications*, PUF, 2002.

23. Définie par la loi n° 2000-321 du 12 avr. 2000, art. 3 : elle « rassemble et classe dans des codes thématiques l'ensemble des lois en vigueur à la date d'adoption de ces codes. Cette codification se fait à droit constant, sous réserve des modifications nécessaires pour améliorer la cohérence rédactionnelle des textes rassemblés, assurer le respect de la hiérarchie des normes et harmoniser l'état du droit ».

24. M. SUEL, « Les premières codifications à droit constant, 1901-1948 », *Droits*, n° 26, 1998, p. 19.

25. Après cette activité intense, 60 % du corpus législatif français sera bientôt codifié ; le rythme devrait s'apaiser, v. Commission supérieure de codification, *Rapport annuel*, 2011, § 3.1.2.

26. V. F. TERRÉ, n° 437. Mais, sur l'importance des freins psychologiques, M. CABRILLAC, « Recodifier », *RTD civ.* 2001. 833.

27. Rejetant ces accusations pour le Code du travail, Décision n° 2007-561 DC du 17 janv. 2008, *Loi ratifiant l'ordonnance n° 2007-329 du 12 mars 2007 relative au Code du travail (partie législative).*

28. Ex., la saga de la codification de l'article 173 du décret du 27 décembre 1985, déclaré illégal par le Conseil d'État, puis codifié dans la partie législative du Code de commerce, reclassement approuvé par le Conseil d'État, Sect., 27 mai 2002, *Transolver, D.* 2002. 2188, obs. A. LIENHARD.

modifier la norme[29]. Au final, la manie codificatrice française aboutit au nombre record de 71 codes en vigueur : aux célèbres Codes civil, pénal ou des impôts, s'ajoutent les moins médiatiques Codes de l'aviation civile, Code forestier (avec la déclinaison du Code forestier de Mayotte) ou Code du tourisme.

Le droit de l'Union européenne n'est pas non plus insensible au besoin d'ordonner la masse de sa production, sous plusieurs formes[30]. Le site Eur-Lex présente des versions consolidées du droit de l'Union en vigueur, c'est-à-dire un texte unique pour l'acte de base et ses modifications. Ces consolidations n'ont qu'une valeur documentaire afin de simplifier l'accès au droit de l'Union. Elles peuvent cependant servir de base à un nouvel acte législatif, de *codification*, pour donner force juridique à la consolidation, éventuellement avec de menus aménagements, ou de *refonte*, lorsque le rassemblement de la matière implique des modifications profondes. Fin 2008, et dans le cadre plus général du souci européen de « Mieux légiférer », 142 actes avaient été codifiés[31].

Au-delà, il ne faut pas demander aux codes plus que ce qu'ils peuvent promettre, c'est-à-dire une mise en ordre par matières : « ce n'est déjà pas si mal, et ce n'est pas si facile »[32]. Ils ne prétendent pas rassembler l'intégralité du droit applicable en une matière mais les seuls textes (ils laissent donc en dehors la jurisprudence) dont ils sont producteurs (les codes internes laissent donc en dehors les textes d'origine internationale et européenne – et réciproquement). Sur ces derniers points, les éditeurs privés jouent un rôle tout particulier.

246. Les éditions privées. – L'accès au texte doit également beaucoup au rôle des éditions privées[33]. Au regard des textes applicables, leur apport est double. D'une part, les revues juridiques informent des réformes en cours d'adoption ou nouvellement adoptées, soit par de brefs communiqués dans les rubriques « Actualités », soit par des commentaires approfondis pour les réformes les plus importantes. D'autre part, les éditeurs privés publient des codes, les plus célèbres étant les codes rouges (édités par Dalloz) et les codes bleus (édités par Litec). Or, ces publications ne sont pas la simple copie des textes officiels mais une présentation des textes consolidés[34], assortie de références bibliographiques, d'applications jurisprudentielles, de lois non codifiées, de conventions internationales, directives ou règlements, de tables et d'un index.

247. Les relais. – Parallèlement aux différents outils permettant l'accès au texte applicable, plusieurs mécanismes existent pour accéder à l'information,

29. Ex. Cass. civ. 1re, 27 févr. 2001, *D.* 2001. 1025, obs. A. LIENHARD.

30. M. PETITE, A. CAEIROS et L. CIMAGLIA, « L'accessibilité du droit, la méthode communautaire », *AJDA* 2004. 1862.

31. Voir le site dédié de la Commission européenne, « Mieux légiférer ».

32. Ph. RÉMY, « La recodification civile », *Droits*, n° 26, 1998, 3, sp. 4.

33. D.-A. CAMOUS, « Réflexions sur la publicité de l'acte administratif par voie de presse », *RFDA*. 2004, 69 ; J. BÉGUIN, « Peut-on remédier à la complexité croissante du Droit ? », *in Mélanges H. Blaise*, Economica, 1995, p. 1 ; sur les difficultés de la consolidation pour les éditeurs, v. H. MOYSAN, « La codification à droit constant ne résiste pas à l'épreuve de la consolidation », *JCP* 2002. I. 147.

34. Cette consolidation étant une opération doctrinale, elle implique des choix pouvant conduire à des textes différents selon les éditeurs, v. H. MOYSAN, « La consolidation des codes, lois, décrets : positions doctrinales d'éditeurs ou devoir de l'État ? », *JCP* 2006. I. 196.

soit en situation, soit par des intermédiaires. L'information en situation correspond à l'idée que, si chacun ne peut avoir connaissance de l'intégralité du droit (ambition vaine), tous doivent connaître la réglementation susceptible de leur être appliquée[35]. Ce qui est donc recherché, c'est une connaissance de la loi en situation[36]. Ainsi, le législateur recourt parfois au recopiage manuscrit de mentions légales, censées attirer l'attention de la caution sur l'importance de son engagement[37]. Moins formellement, les obligations d'information, notamment sur les implications juridiques d'un engagement, se multiplient, certains professionnels ayant en charge une véritable « technique de rappel »[38] des prescriptions normatives. De nombreuses professions recourent aux bulletins de leurs organisations professionnelles pour diffuser les informations législatives propres à leurs secteurs. Enfin, certaines réglementations sont parfois affichées dans les lieux où elles ont vocation à s'appliquer (entreprises, gares). Malgré tout cela, le profane ne peut s'informer seul, manquant de moyens pour procéder à une interrogation pertinente et pour avoir une compréhension adéquate du résultat. C'est évidemment le rôle des professionnels du droit de servir d'intermédiaires et de conseil : avocats, notaires, juristes d'entreprise, maisons de justice et du droit[39], mais aussi associations dans de nombreux secteurs, tous sont « dispensateurs occasionnels d'informations statutaires »[40].

§2. Le droit de la connaissance du droit

248. La connaissance de la règle de droit, et de la règle de droit pertinente, génère diverses obligations : une obligation de résultat de connaissance sur le citoyen (A.) et une obligation de moyens d'information pour les pouvoirs publics (B.).

A Exigences pour les citoyens : connaître la loi

249. Nul n'est censé ignorer la loi. – L'adage est connu et archiconnu[41]. Il est indispensable au fonctionnement de tout système juridique et agit comme une fiction incontournable. Contrairement à ce que l'on pourrait penser, il ne s'agit pas de prétendre que chacun connaît réellement la loi mais d'interdire au justiciable, dans le cadre d'un litige, de se défendre en invoquant, serait-ce en toute bonne foi, son ignorance de la règle qu'on lui reproche d'avoir transgressée : « en effet, comment rendre la justice si l'assassin pouvait lever les bras au ciel en arguant – sans même mentir sur ce point – qu'il n'a jamais ouvert un

35. V. F. TERRÉ, « Le rôle de la maxime "Nul n'est censé ignorer la loi" », préc., sp. p. 110-111.
36. Dont le rescrit est également une illustration, v. *infra*, n° 250 et 399 et s.
37. Ex., loi n° 89-462, 6 juill. 1989, art. 22-1
38. J. CARBONNIER, *Droit et passion du droit sous la Ve République*, préc., p. 112.
39. Art. R. 131 et s., C. org. jud.
40. R. LIBCHABER, *RTD civ.* 2002, p. 173, sp. p. 176, citant entre autres les syndicats, travailleurs sociaux ou notaires.
41. V. *Adages du droit français*, n° 276.

Code pénal ? »[42]. Pour indispensable qu'elle soit, la présomption n'en risque pas moins de donner des résultats confinant à l'absurde et il est paru nécessaire de l'aménager, de façon stricte et encadrée. Il ne s'agit toujours pas d'excuser l'ignorance en soi mais plus précisément de ne pas sanctionner le comportement de celui qui a fait preuve de diligence pour connaître la loi mais qui, malgré ses démarches, n'ayant pas réussi à identifier la solution juridique pertinente, a enfreint le droit. Dans cette hypothèse, si le droit a été méconnu, ce n'est pas tant faute pour le citoyen de l'avoir cherché, c'est faute pour le droit lui-même d'avoir été accessible à la connaissance, puisque les démarches les plus sérieuses n'ont pas permis sa découverte. Il s'agit donc simplement de tempérer la rigueur de « Nul n'est censé ignorer la loi » par l'admission que « À l'impossible, nul n'est tenu ». Plusieurs mécanismes consacrent des correctifs.

250. Aménagement pour les matières les plus complexes : le rescrit. – Une première technique consiste à solliciter de l'Administration une prise de position formelle sur l'application des textes à une situation de fait déterminée, par exemple, pour s'assurer de la possibilité d'une déduction fiscale. La procédure de rescrit permet au justiciable de se fonder en confiance sur la réponse délivrée par l'administration : si celle-ci devait se révéler par la suite illégale, le justiciable pourra s'en prévaloir[43]. Connue depuis le droit romain, la technique est réapparue récemment, symptôme de la bureaucratisation de la société[44], dans les systèmes de *Common law*, sous la forme du « *ruling* »[45], comme en droit français. Face à son succès en termes de sécurité juridique, des propositions sont récurrentes pour généraliser la méthode comme l'un des remèdes à la complexité du droit[46].

251. Aménagement pour les matières les plus graves : l'erreur de droit en droit pénal. – S'il est une matière où l'ignorance légitime de la loi peut avoir des conséquences graves, c'est bien le droit pénal, qui expose à des sanctions attentatoires aux libertés individuelles. À l'inverse, il est possible d'estimer que, si une loi ne peut autoriser aucune violation, pas même celle due à son ignorance, c'est bien la loi pénale. Longtemps, cette seconde position a dominé et il était inenvisageable de se prévaloir d'une erreur de droit en droit pénal, du moins en droit français[47]. Sensible à certaines situations extrêmes, celle « d'une information erronée fournie par l'autorité administrative interrogée préalablement à l'acte » et celle « du défaut de publication du texte normatif »[48], le législateur a toutefois consacré l'erreur de droit dans le Code pénal (art. 122-3). Cette cause d'irresponsabilité, bien que soumise à des conditions et notamment

42. Ph. JESTAZ, *Le droit*, Dalloz, Connaissance du droit, 7e éd., 2012, p. 95.

43. V. *infra*, n° 399 et s.

44. B. OPPETIT, « La résurgence du rescrit », *D.* 1991. chron. 105.

45. Conseil d'État, *Sécurité juridique et complexité du droit*, 2006, p. 334-335.

46. Avis du Conseil économique et social 23 mai 2005 ; Rapport du Conseil d'État, préc. Pour une tentative de généralisation restée ineffective, v. Décret du 28 nov. 1983 ; v. P. AMSELEK, « L'opposition à l'administration de sa propre doctrine », *Dr. fisc.* 1984/4. 149 ; J.-M. OLIVIER, « Les sources administratives du droit des obligations », *in Le renouvellement des sources du droit des obligations*, Association H. Capitant, LGDJ, 1997, p. 107.

47. Elle était reconnue par plusieurs législations voisines, S. PLAWSKI, « L'erreur de droit », *Annales de l'Université des Sciences sociales de Toulouse*, tome XXX, 1982, p. 131.

48. Circulaire du 14 mai 1993.

à celle d'une erreur *invincible*, avait suscité des craintes. C'était sans compter sur la jurisprudence de la Chambre criminelle, bien peu portée à accepter qu'une erreur de droit soit caractérisée. Les premières années d'application, à force de sévérité, ont réussi à cantonner l'exception : ainsi, l'erreur n'est pas invincible alors même qu'elle procède d'un renseignement erroné délivré par un ministère[49] ou de l'avis d'un professionnel du droit[50]. Dans les 15 premières années d'application, seule l'intervention d'un médiateur désigné par l'administration pour la négociation d'un accord[51] et une attestation remise par un officier de police judiciaire suivant les instructions du vice-procureur de la République[52] ont justifié une erreur invincible.

252. Exigences pour les professionnels du droit : le devoir de conseil. – La difficulté de connaître le droit applicable justifie, pour les actes juridiques les plus graves, l'intervention d'un notaire ou d'un avocat et, pour les actions en justice, la représentation par un avocat. Ces professionnels du droit sont soumis, lors de leurs interventions, à une obligation d'information et de conseil. Si ces conseils sont fondés sur une méconnaissance de la loi, exposant leur client à un comportement illégal, le client pourra rechercher leur *responsabilité*. À cet égard, ce n'est pas tant la connaissance du texte applicable qui soulève les plus grandes difficultés, pour des professionnels rompus à ces techniques, mais la maîtrise d'une jurisprudence mouvante[53].

B Exigences pour les pouvoirs publics : de l'accès matériel à l'accès intellectuel

253. Sources. – Longtemps, la connaissance du droit n'a été une obligation que pour les destinataires de la règle. Les pouvoirs publics, pour leur part, n'avaient d'autre obligation que de procéder à la publication officielle du texte, libre à chacun ensuite de se démener pour en prendre connaissance. Cette vision d'un droit unilatéral et transcendant ne pouvait évidemment rester indemne dans une société où les droits subjectifs et la sécurité juridique interdisent une application aveugle de l'Ordre. Le droit de la connaissance du droit, dans les contraintes qu'il génère sur les pouvoirs publics, a été instillé par les ordres européens. Le droit interne a reçu ces exigences, par la reconnaissance par la loi du 12 avril 2000 d'un droit subjectif à l'information sur les règles de droit[54] et, surtout, par leur réception par la jurisprudence constitutionnelle.

254. Exigences européennes. – Soumettre la loi à des contraintes n'est pas un réflexe naturellement ancré dans la tradition française. Il est revenu au droit européen de pousser à une lente acclimatation du système français aux exigences de *sécurité juridique*. Cette sécurité dans les rapports de droit implique,

49. Cass. crim., 19 mars 1997, *JCP* 1998. II. 10 095, note O. FARDOUX.
50. Cass. crim., 7 janv. 2004, *Bull. crim.* n° 5 ; *JCP* 2004. II. 10 060, note C. POMART.
51. Cass. crim., 24 nov. 1998, *JCP* 1999. II. 10 208, note M.-A. HOUTMANN.
52. Cass. crim., 11 mai 2006, *JCP* 2006. II. 10 207, note O. FARDOUX ; *Dr. pén.* 2006. comm. 109, obs. M. VERON.
53. V. *infra*, n° 375.
54. N. MOLFESSIS, *RTD civ.* 2000. 662.

notamment, « une « loi » d'une « qualité » suffisante (...) pour prévenir les atteintes arbitraires de la puissance publique aux droits garantis par la Convention »[55]. Cette « qualité » est acquise à deux conditions : la loi doit être accessible et prévisible. Si ces exigences peuvent sembler hors d'atteinte, elles sont appréciées dans une logique concrète et réaliste par la Cour, qui les évalue au cas par cas, en fonction « du contenu du texte en cause, du domaine qu'il couvre ainsi que du nombre et de la qualité de ses destinataires »[56].

L'accessibilité implique que le citoyen puisse obtenir des renseignements sur les règles applicables[57]. De tout temps, la CEDH a considéré que la seule publication officielle des textes suffisait à ce titre[58]. Au-delà, elle a considéré accessible un règlement international non publié au Recueil officiel, dont les dispositions techniques s'adressaient à des spécialistes, puisque le requérant aurait pu en chercher le contenu à l'aide de conseils et en prendre connaissance « soit en le consultant à Berne au siège de la direction générale des PTT, soit en l'obtenant à Genève auprès de l'Union internationale des télécommunications »[59]. Il en faudrait donc beaucoup pour qu'un texte ne soit pas considéré comme accessible.

La *prévisibilité* renvoie essentiellement à la précision, là encore envisagée de façon souple et concrète : les normes « n'ont pas besoin d'être prévisibles avec une certitude absolue : l'expérience la révèle hors d'atteinte »[60]. Malgré cette relativité affichée, la prévisibilité est sujette à de plus amples discussions que l'accessibilité, notamment selon le domaine du texte et la qualité des destinataires[61], et plus encore lorsque sont en cause des sources non textuelles qui, pour la Conv. EDH, doivent présenter les mêmes garanties.

255. Exigences constitutionnelles : variantes. – Le Conseil constitutionnel, poussé par la doctrine[62], devait faire ses premiers pas en terre de sécurité juridique à l'occasion d'une codification à droit constant par ordonnance. Une loi habilitant le Gouvernement à réaliser 9 codes était critiquée, en ce qu'elle délivrerait une habilitation bien trop générale. Le Conseil a estimé au contraire que la codification est conforme à l'« objectif à valeur constitutionnelle d'accessibilité et d'intelligibilité du droit »[63]. Dégagé non pour censurer une loi mais pour la conforter, cet objectif devait rapidement essaimer et se décliner en diverses exigences dans la manufacture de la loi, les années 2004 et 2005 ayant été celles

55. CEDH, *Amuur c /France*, 25 juin 1996, § 53.
56. CEDH, 28 mars 1990, *Groppera Radio AG c /Suisse*, § 68.
57. CEDH, 26 avr. 1979, *Sunday Times c /Royaume-Uni*, § 49.
58. CEDH, 24 nov. 1986, *Gillow c /Royaume-Uni*, § 50 : « la loi de 1975 a été approuvée par la Couronne, conformément à la procédure législative normale, puis consignée dans les archives officielles de l'île de Guernesey et publiée. On ne saurait donc douter de sa validité constitutionnelle ni de son accessibilité ».
59. CEDH, 28 mars 1990, *Groppera Radio AG*, § 68.
60. CEDH, 26 avr. 1979, *Sunday Times*, § 49.
61. V. *GACEDH*, n° 5.
62. B. MATHIEU, *LPA*, 13 mars 1996, n° 32, p. 4.
63. Décision n° 99-421 DC du 16 déc. 1999, *Loi portant habilitation du gouvernement à procéder, par ordonnances, à l'adoption de la partie législative de certains codes, RTD civ.* 2000. 186, obs. N. MOLFESSIS ; M.-A. FRISON-ROCHE et W. BARANÈS, « Le principe constitutionnel de l'accessibilité et de l'intelligibilité de la loi », *D.* 2000. chron. 361.

d'une démarche volontariste de *qualité de la loi*[64]. Le principe de clarté de la loi, connu en matière pénale pour exiger une certaine précision des prescriptions, a été un temps étendu hors la matière criminelle[65], avant d'être absorbé dans le fondement plus maniable et plus général de l'incompétence négative[66]. En revanche, les symptômes les plus visibles de la « crise de la loi » devaient donner lieu à une batterie de décisions. Ce sont d'abord les dispositions intervenant pour de grandes déclarations de principe mais vides de prescriptions (ex. « Les universités doivent s'attacher à porter au plus au niveau et au meilleur rythme de progrès les formes supérieures de la culture »[67]), qui ont succombé au nouveau *principe de normativité* de la loi[68]. Plus exactement, une victime symbolique, l'article qui énonçait, entre autres évidences, que « l'objectif de l'école est la réussite de tous les élèves », en fit les frais[69], avant que le principe ne retombe en sommeil[70]. La réintroduction en 2008 des « résolutions parlementaires »[71], pour permettre au Parlement d'exprimer des souhaits ou préoccupations par un autre canal que la loi, sera peut-être un remède plus efficace[72]. Les lois empiétant dans le domaine réglementaire, et encombrant donc la loi d'autant de détails contraires à sa noblesse[73], furent quant à elle *déclassées* préventivement[74], le Conseil détournant un outil de séparation des pouvoirs en instrument

64. P. MAZEAUD, président du Conseil, lors de ses vœux au Président de la République le 3 janvier 2005 reprit le discours sur la crise de la loi et annonça son intention de lutter contre plusieurs dérives : l'année fut effectivement marquée par la réalisation des « vœux » mais, comme toutes les bonnes résolutions, ils ne perdurèrent guère.

65. Décision n° 98-401 DC, 10 juin 1998, *Rec.*, p. 258.

66. Implicitement par la décision n° 2006-544 DC du 27 juill. 2006, *DADVSI*, cons. 9. L'incompétence négative interdit au législateur de ne pas complètement exercer ses compétences. V. F. GALLETTI, « Existe-t-il une obligation de bien légiférer ? Propos sur l'incompétence négative du législateur dans la jurisprudence du Conseil constitutionnel », *RFDC* 2004. 387.

67. Art. 1er de la loi n° 68-978 du 12 novembre 1968 d'orientation de l'enseignement supérieur.

68. La décision ayant réellement instillé ce nouveau principe étant restée relativement discrète : Décision n° 2004-500 DC du 29 juill. 2004, *Loi organique relative à l'autonomie financière des collectivités locales*, cons. 12, *LPA*, 13 août 2004, n° 162, p. 12, note J.-E. SCHOETTL ; D. CHAMUSSY, *RDP* 2004. 1739 ; *RTD civ.* 2005. 93, obs. P. DEUMIER.

69. Décision n° 2005-512 DC du 21 avr. 2005, *Loi d'orientation et de programme pour l'avenir de l'école*, cons. 16 et 17, *GDCC*, n° 32.

70. V. néanmoins la décision selon laquelle une loi ayant pour objet de reconnaître un génocide est dépourvue de portée normative, qualification qui n'est pas le motif de la censure en l'espèce, Décision n° 2012-647 du 28 févr. 2012, *Loi visant à réprimer la contestation de l'existence des génocides reconnus par la loi*, *D.* 2012. 987, note J. ROUX ; *RTD civ.* 2012. 78, obs. P. PUIG ; W. MASTOR ET J.-G. SORBARA, « Réflexions sur le rôle du Parlement à la lumière de la décision du Conseil constitutionnel sur la contestation des génocides reconnus par la loi », *RFDA* 2012. 507.

71. Art. 34-1 de la Constitution (révision du 23 juill. 2008), loi organique n° 2009-403 du 15 avr. 2009.

72. Rapidement recommandées pour remplacer les « lois mémorielles » (B. ACCOYER, *Rapport d'information sur les questions mémorielles*, 18 nov. 2008, AN n° 1262 ; sur ces lois, v. *RTD civ.* 1999. 245, obs. R. LIBCHABER), la première résolution fut adoptée dans le contexte très polémique du port du voile intégral (Résolution sur l'attachement au respect des valeurs républicaines face au développement de pratiques radicales qui y portent atteinte, 11 mai 2010). Déjà expérimentées par les Républiques précédentes, elles avaient été cantonnées en raison des excès dans leur utilisation.

73. V. R. SAVATIER, « L'inflation législative et l'indigestion du corps social », *D.* 1977. chron. 44, sp. n° 5.

74. Décision *Avenir de l'École*, préc. Les dispositions, bien que contenues dans une loi, pourront ainsi être ensuite modifiées par un simple décret sans avoir à recourir à la procédure déclassement, v. *supra*, n° 217.

de qualité normative. Enfin, la censure de la *complexité* de la loi, lorsque cette complexité est excessive au regard des capacités de compréhension des destinataires et de l'intérêt général poursuivi, a permis l'éradication d'un article de loi de finances, qui se distinguait par l'accumulation caricaturale de tous les travers de mauvaise légistique : longueur indue d'un article qui, à lui seul, dépassait les quatre pages de petite loi, tiroirs et sous-tiroirs, abus de conjonctions, renvois divers et variés, le tout enrichi de la touche d'exotisme qu'apporte inévitablement toute référence à la numérotation du Code général des impôts, ses *undecies* et autres *octodecies*[75]. Le Conseil d'État, pour sa part, a finalement[76] transposé aux règlements les exigences d'accessibilité et d'intelligibilité[77], rappelant à l'occasion qu'une simple difficulté de mise en œuvre du texte ne suffisait pas à entacher sa validité[78].

La jurisprudence constitutionnelle qualitative a pris une orientation sensiblement différente de celle née de Strasbourg : là où la Cour européenne se place du point de vue du justiciable et des capacités d'accès et de prévisibilité du droit dans sa situation, le Conseil lutte pour redorer le blason de la Loi. Pour autant, si nombre de lois nouvelles ne répondent pas exactement à ce portrait d'une loi accessible, intelligible, normative, précise mais pas trop complexe, les censures sont rares[79], incarnant un rappel à l'ordre qualitatif mais non l'ouverture d'une chasse aux dispositions de mauvaise facture. En définitive, via la qualité de la loi, c'est une exigence de cohérence du droit qui est garantie, le Conseil constitutionnel s'éloignant ainsi d'un combat de pure forme pour le teinter de qualités de fond.

75. La décision mérite d'être lue, de ses considérants 69 à 89, pour avoir une idée de la « complexité ». Extrait de l'article condamné, limitant le plafonnement à « *c ») L'avantage en impôt procuré par le montant du déficit net foncier défini à l'article 28, obtenu en application du deuxième alinéa du 3° du I de l'article 156, diminué de 10 700 € et d'une fraction des dépenses effectuées pour la restauration des logements, égale aux trois-quarts pour les immeubles situés dans une zone urbaine sensible définie au 3 de l'article 42 de la loi n° 95-115 du 4 février 1995 d'orientation pour l'aménagement et le développement du territoire, aux deux-tiers pour les immeubles situés dans un secteur sauvegardé (...) d) Les réductions et crédits d'impôt sur le revenu, à l'exception de ceux mentionnés aux articles 199 *ter*, 199 *quater* B, 199 *quater* C, 199 *quater* F, 199 *septies*, 199 *undecies* A, 199 *undecies* B, 199 *terdecies*-0 B, 199 *quindecies*, 199 *octodecies*, 200, 200 *quater* A, 200 *sexies*, 200 *octies*, 200 *decies*, 238 *bis*, 238 *bis*-0 AB, aux 2 à 4 du I de l'article 197, des crédits d'impôt mentionnés à la section II du chapitre IV du présent titre ; (...) ».

76. Pour un premier refus, CE, référés, 26 janv. 2006, *KPMG*, *JCP* A 2006. act 114.

77. CE ass., 24 mars 2006, *KPMG*, *GAJA*, n° 113.

78. CE, 21 janv. 2008, *Chambre de commerce et d'industrie de Bordeaux*, *RFDA* 2008. 603, obs. A. Roblot-Troizier.

79. Ex., censure d'une disposition pour les élections sénatoriales devant figurer dans un corpus inapplicable aux élections sénatoriales, Décision n° 2003-475 DC du 24 juill. 2003, *Rec.* 397.

Section 2
La vigueur des textes

256. Sources. – La vigueur d'un texte désigne « la période pendant laquelle le texte a vocation à être effectivement appliqué »[80]. Régulièrement adopté, promulgué et porté à la connaissance de tous par sa publication officielle, le texte va entrer en vigueur, c'est-à-dire qu'il va devenir le droit positif. Tous les textes publiés au *JO* ne sont pas nécessairement des textes en vigueur : certains ne sont pas encore en vigueur ; d'autres ne le sont plus. Il est donc primordial de savoir identifier ces événements. Commencement de toute application du droit, la détermination de la date d'entrée en vigueur de la loi ouvre le Code civil, en son article 1er, entièrement reformaté par l'ordonnance du 20 février 2004 relative aux modalités et effets de la publication des lois et de certains actes administratifs[81]. Pour le droit de l'Union européenne, l'article 297 TFUE détermine la date d'entrée en vigueur de la législation européenne (§ 1.). En revanche, nul texte ne vient indiquer le moment précis auquel une règle sort du droit positif : peut-être la question semblait-elle par trop évidente ? Peut-être au contraire était-elle trop difficile à régler (§ 2.).

§ 1. Entrée en vigueur

257. Entrée en vigueur d'un texte et publication officielle. – L'entrée en vigueur d'un texte dépend de plusieurs données. Il doit avoir été publié : il est inimaginable qu'un texte non publié soit appliqué à des citoyens qui, par hypothèse, n'auraient pas été en mesure de connaître la règle nouvelle. À cet égard, seule la publication officielle est retenue, les autres publications ou relais que nous avons rencontrés étant sans incidence sur l'entrée en vigueur du texte. La publication permet, bien plus que la connaissance du contenu, d'avertir de l'entrée en vigueur de nouvelles règles. Mais le texte n'entre pas en vigueur à l'instant de sa publication, du moins en principe. Il faut un certain temps pour digérer cette annonce de nouvelles règles de droit positif.

258. Détermination de la date d'entrée en vigueur d'un texte par le texte lui-même. – Les réformes, lorsqu'elles sont d'ampleur, prennent le soin de laisser aux destinataires plusieurs mois pour s'acclimater aux nouvelles règles et, le cas échéant, organiser les services chargés de leur application. Elles fixent dès lors leur entrée en vigueur par des dispositions finales. Longtemps, cette possibilité était utilisée en pratique sans être prévue par les textes ; depuis 2004, elle est consacrée comme principe par l'article 1er du Code civil, selon lequel un texte entre en vigueur à la date qu'il fixe. Ce délai d'acclimatation peut

80. *Vocabulaire juridique,* v. « Vigueur, 2 ». Sur la difficile distinction entre vigueur du texte et application, v. J. HÉRON, *Principes du droit transitoire*, Dalloz, 1996, p. 24 ; H. PÉROZ, « L'articulation des articles 1 et 2 du Code civil », *in Mélanges J. Héron*, LGDJ, 2008, p. 411.

81. C. BLÉRY, « Les nouvelles règles d'entrée en vigueur des lois et de certains actes administratifs », *RLDC* 2004/5, n° 204 ; *RTD civ.* 2004. 585, obs. P. DEUMIER.

d'ailleurs être imposé par les juges : ainsi, le Conseil d'État a annulé un décret qui apportait d'importantes perturbations dans les relations contractuelles en cours sans avoir adopté de dispositions transitoires[82].

La réforme du nom de famille a donné un exemple caricatural du report de l'entrée en vigueur : souhaitant laisser le temps aux services d'état civil de s'organiser, la loi du 4 mars 2002 déclarait entrer en vigueur au 1er septembre 2003. Pourtant, moins de trois mois avant, le 18 juin 2003, une nouvelle loi venait corriger diverses imperfections de la réforme et, constatant que les services n'étaient toujours pas prêts, reportait à nouveau son entrée en vigueur au 1er janvier 2005, soit près de trois ans après la publication de la réforme.

Le droit de l'Union européenne pratique également cette détermination de la date d'entrée en vigueur par le texte lui-même. Quant aux conventions internationales, elles sont soumises à un système dual : elles entrent en vigueur dans l'ordre international à la date que fixent les stipulations du traité[83] ; elles entrent en vigueur dans l'ordre interne après leur publication au *JORF*[84].

259. Date d'entrée en vigueur à défaut. – Si le texte reste muet sur sa date d'entrée en vigueur, un certain laps de temps reste nécessaire. Longtemps, ce laps de temps a été considéré, en France, comme permettant au citoyen vigilant et consciencieux de prendre connaissance du contenu du nouveau *JO*. Ce délai était d'*un jour franc*, c'est-à-dire un jour entier, de 0h00 à minuit, sans tenir compte du jour de la publication. Le point de départ du délai variait entre Paris et la province, pour laisser le temps aux diligences d'acheminer le *Journal officiel* jusqu'aux contrées les plus reculées : ainsi, le jour franc partait de la publication du *JO* pour Paris et de son arrivée au chef-lieu d'arrondissement pour la Province[85]. Il est évident que ce mode de publication, qui avait ses raisons, n'était guère réaliste (peu de citoyens consciencieux allant guetter l'arrivée du *JO* au chef-lieu pour en prendre connaissance dans les 24 heures) et en décalage avec les moyens modernes de communication sur le territoire car « la technique des moyens de diffusion a fait quelques progrès depuis le temps du télégraphe Chappe et des pigeons voyageurs »[86].

L'ordonnance du 20 février 2004 devait donc moderniser l'ensemble[87]. Tout d'abord, exit le point de départ différencié entre Paris et Province : la version électronique étant diffusée partout en France au même moment, inutile de tenir compte du moment d'arrivée de la version papier. Ensuite, le délai d'un jour franc accordé pour en prendre connaissance n'avait guère de sens. En effet,

---

82. CE ass., 24 mars 2006, *KPMG*, *GAJA*, n° 113.

83. Sur des formules du type « douze mois après le dépôt du soixantième instrument de ratification ou d'adhésion » (Convention sur le droit de la mer de Montego Bay de 1982, art. 308). À défaut de telles prévisions, dès le consentement de tous les États (art. 24 § 2 Convention de Vienne sur le droit des traités).

84. J.-F. MARCHI, « La date pertinente pour l'entrée en vigueur, en France, d'une convention internationale », *RFDC* 2003. 401.

85. Passant outre l'absence de mention de l'arrivée du *JO* contenant la réforme du divorce de 1975 sur le registre d'une préfecture, Cass. civ. 1re, 6 janv. 1994, *JCP* 1994. II. 22 216, note Y. GAUDEMET.

86. M. BRAIBANT, concl. sur CE, 19 juin 1959, *Cazes*, *D.* 1959. 370, sp. p. 372.

87. Ces règles d'entrée en vigueur ne concernent toutefois que les textes postérieurs au 1er juin 2004. La date d'entrée en vigueur des très nombreux textes antérieurs doit encore être recherchée en application de l'ancien système.

deux conceptions sont envisageables : soit l'on estime qu'il faut effectivement laisser du temps aux destinataires pour prendre connaissance du *JO*, et il faut en ce cas laisser un temps réaliste, par exemple[88] les 20 jours laissés après publication[89] au *JOUE* des textes européens ; soit l'on estime en tout état de cause totalement fictive l'hypothèse d'une connaissance acquise par la lecture du *JO*, et ces délais sont inutiles : c'est cette dernière option qu'a retenue l'ordonnance de 2004, ramenant la date d'entrée en vigueur au *lendemain* de la publication[90] et réconciliant, deux siècles plus tard, le système législatif avec les vues de Portalis[91].

260. Report de l'entrée en vigueur d'un texte à l'entrée en vigueur de ses mesures d'application. – Il est possible qu'un texte, bien qu'ayant atteint sa date d'entrée en vigueur, ne soit toujours pas en mesure d'être appliqué, dans l'attente des décrets d'application. Son entrée en vigueur est alors paralysée, solution jurisprudentielle constante désormais inscrite à l'article 1er du Code civil. Nous avons déjà vu que ce phénomène, relativement fréquent, trouble la répartition normale des pouvoirs législatif et exécutif[92]. L'insécurité juridique qui en découle est partiellement levée par la mise en ligne sur Legifrance *d'échéanciers* des décrets d'application permettant plus rapidement d'identifier les dispositions applicables et, pour celles en attente, la date prévue pour l'adoption de ces mesures d'application. Parfois, bien que la loi soit silencieuse sur ce point, c'est la jurisprudence qui estime qu'elle ne peut être appliquée faute de mesure réglementaire[93]. Là encore, l'insécurité juridique est importante car, dans l'attente de ces décisions, il sera parfois difficile de prédire si un texte nouveau sera considéré comme auto applicable ou jugé inapplicable faute de mesures d'exécution.

261. Entrée en vigueur d'urgence. – Certains textes ne peuvent souffrir la moindre attente pour produire leurs effets : il leur faut entrer en vigueur d'urgence. Une telle possibilité a longtemps été assurée par voie d'affichage « partout où besoin sera »[94]. Aujourd'hui, c'est de façon moins spectaculaire que l'urgence peut être déclarée au moment de la promulgation. En ce cas, le texte est applicable non au lendemain de sa publication au *Journal officiel* mais *le jour même* de sa publication, et donc instantanément. Le droit de l'Union

88. Ou les 10 jours en droit belge, 15 en droit italien.

89. La date de publication est la date à laquelle le *JOUE* contenant le nouveau texte est disponible dans toutes les langues à l'Office des publications.

90. Sur des difficultés soulevées par la nouvelle formule, H. MOYSAN, « Entrée en vigueur de la loi. Le jour même ou le lendemain de la publication ? », *JCP G* 2013, supplt au n° 4, Étude 108.

91. *Discours préliminaire* : « Les lois ne pouvant obliger sans être connues, nous nous sommes occupés de la forme de leur promulgation. Elles ne peuvent être notifiées à chaque individu. On est forcé de se contenter d'une publicité relative, qui, si elle ne peut produire à temps, dans chaque citoyen, la connaissance de la loi à laquelle il doit se conformer, suffit au moins pour prévenir tout arbitraire sur le moment où la loi doit être exécutée ». L'absence de délai était ainsi le système initial du Code civil, qui reprenait le décret-loi du 12 vendémiaire an IV.

92. V. *supra*, n° 218.

93. Ex. Cass. soc., 15 déc. 2009, *D*. 2010. 156.

94. Ordonnances du 27 novembre 1816 et du 18 janvier 1817 : le gouvernement envoyait la loi aux préfets qui « prendront incontinent un arrêté par lequel ils ordonneront que lesdites lois et ordonnances seront imprimées et affichées partout où il sera besoin ».

européenne connaît également des entrées en vigueur d'urgence mais en deux strates : le délai normal étant de 20 jours, il peut être, en cas d'urgence, ramené à 3 jours et, en cas de nécessité impérieuse, porté au jour même de la publication. L'urgence est décidée par un considérant de l'acte lui-même, justifiant de sa réalité[95].

La technique est utile, pour des raisons très variables. Ainsi, elle est utilisée pour face à des crises sanitaires graves, lorsque la rage est déclarée dans un département[96] ou lorsque le Gouvernement prend des mesures contre la fièvre catarrhale du mouton[97]. Surtout, elle est utilisée pour la loi et les règlements européens en matière fiscale (par ex. les règlements fixant les droits à l'importation) : une course permanente entre législateur et juristes fiscalistes oblige le premier à empêcher les seconds de profiter de la journée séparant la publication de la loi de son entrée en vigueur pour tirer un maximum d'utilité des anciennes mesures.

La détermination de la date d'entrée en vigueur d'un texte (ou plus précisément d'une disposition, un même texte portant fréquemment des articles entrant en vigueur successivement) peut donc s'avérer délicate. Là encore, et bien qu'elle ne dispense pas d'une bonne maîtrise des règles applicables, l'accès sur Legifrance aux versions consolidées des textes, qui précisent leurs dates d'entrée en vigueur, peut fournir une aide précieuse.

§ 2. Sortie de vigueur

262. L'expression « sortie de vigueur », bien que faisant le pendant de l'« entrée en vigueur », n'est pas consacrée par le vocabulaire juridique[98]. Il est plus souvent parlé d'« abrogation », qui désigne la suppression de la règle, son « abolition »[99] ou sa « mort »[100]. Or, si l'abrogation désigne effectivement un mode d'extinction (A.), il n'englobe pas toutes les zones incertaines dans lesquelles sont plongées certaines lois, non abrogées mais... non appliquées (B.).

A Les lois abrogées

263. Les textes à durée déterminée. – L'abrogation ne concerne que les lois ayant, comme il est de principe, vocation à être perpétuelles, ce qui n'implique pas qu'elles sont immuables mais qu'elles entrent en vigueur pour une durée indéterminée, et que l'on espère longue et heureuse. Ce principe n'est pas remis en cause par l'instabilité législative actuelle, qui n'est autre que l'emploi par le législateur, certes à échelle rapprochée, de sa faculté de modifier la loi. Il

95. V. Guide pratique commun du Parlement, du Conseil et de la Commission à l'intention des personnes qui contribuent à la rédaction des textes législatifs au sein des institutions communautaires.
96. Ex. décret nº 2004-930 du 3 sept. 2004 relatif à l'entrée en vigueur de décrets.
97. Ex. décret 2008-777 du 12 août 2008 relatif à l'entrée en vigueur d'un arrêté.
98. V. cep. R. CHAPUS, nº 1338.
99. F. TERRÉ, nº 484.
100. Ph. MALAURIE et P. MORVAN, nº 242.

existe en revanche une dérogation lorsqu'une loi est adoptée pour une durée déterminée. Il s'agit des lois *expérimentales* qui consistent à tester une réglementation avant de décider de son éventuelle adoption définitive[101]. Déjà connue par la pratique[102], la méthode a été inscrite dans la Constitution (art. 37-1) par la loi constitutionnelle du 28 mars 2003[103]. Ainsi, la loi du 17 janvier 1975 relative à l'IVG avait suspendu pour cinq ans les dispositions du Code pénal incriminant l'IVG, permettant au Parlement, au terme de ces cinq années, de se prononcer à nouveau, en considération de l'évolution démographique et du progrès médical. Le Conseil constitutionnel avait précisément encadré la procédure permettant l'adoption d'une telle expérimentation : un terme prévu, par le texte même, une évaluation des effets, une pérennisation par l'adoption d'une nouvelle loi[104]. La pratique est occasionnelle dans un système attaché à l'adoption de lois pour une durée indéterminée mais l'insertion plus régulière, particulièrement en matière administrative, de *clauses de caducité automatique*, pourrait être une solution à la crise de la réglementation[105].

264. L'abrogation de la loi par la loi. – Abroger une loi signifie supprimer une loi, qui cessera de s'appliquer à l'avenir – mais qui ne disparaît pas pour le passé[106]. Le texte peut être abrogé parce qu'il est remplacé par un texte nouveau ou parce qu'il disparaît simplement, pour ne plus correspondre à aucun besoin (par ex., abrogation du délit d'adultère en 1975). La règle est ici celle du parallélisme des formes : un texte ne peut être abrogé que par un texte de même force (une loi par une loi, un décret pris en Conseil d'État par un décret pris en Conseil d'État) ou par un texte de force supérieure (un décret par une loi[107], une loi par une règle constitutionnelle[108]). Précisons que les conventions internationales, du fait, toujours, de leur nature pour part consensuelle, connaissent des modalités plus variées : leur sortie de vigueur pourra se faire par

101. C.-A. MORAND, *Évaluation législative et lois expérimentales*, PUAM, 1993.

102. V. PERROCHEAU, « L'expérimentation, un nouveau mode de création législative », *RFAS* 2000. 11.

103. Sur l'expérimentation locale, v. *supra*, nº 146.

104. Décision nº 93-322 DC du 28 juill. 1993, *Établissements publics à caractère scientifique* ; Décision nº 93-333 DC du 21 janv. 1994, *Loi modifiant la loi du 30 septembre 1986 relative à la liberté de communication*.

105. Solution préconisée à la France par l'OCDE, *La capacité du gouvernement à produire des réglementations de grande qualité (France)*, oct. 2004, p. 57.

106. Contrairement à l'annulation de la loi, à laquelle il n'est recouru que dans des circonstances exceptionnelles, v. ord. 9 août 1944 portant rétablissement de la légalité républicaine sur le territoire continental.

107. Décision nº 2007-561 DC du 17 janv. 2008, *Loi ratifiant l'ordonnance nº 2007-329 du 12 mars 2007 relative au Code du travail*.

108. CE ass., 16 déc. 2005, *Ministère des Affaires sociales, du Travail et de la Solidarité et Syndicat national des huissiers de justice*, *RFDA* 2006. 41, concl. J.-H. STAHL ; *RTD civ.* 2006, 75, obs. P. DEUMIER et 601, obs. Ph. THÉRY ; certains auteurs défendent pour ce type de situation la qualification de « caducité », J. TRÉMEAU, « La caducité des lois incompatibles avec la Constitution », *AIJC*, VI, 1990, p. 219.

expiration[109], dissolution,[110] dénonciation[111] ou nullité[112].

Dans les cas les plus simples, le législateur a l'heureuse idée, lorsqu'il adopte une loi nouvelle, de dresser la liste de toutes les dispositions anciennes qui sont supprimées. On parle alors d'abrogation *expresse*. Le travail est parfois fastidieux car il ne s'agit pas seulement d'abroger en bloc l'ancienne loi sur une matière mais plus souvent de traquer toutes les dispositions anciennes qui n'ont plus lieu d'être. Dès lors, le législateur est parfois oublieux de cette exigence pourtant naturelle. Pour éviter de voir coexister les anciennes dispositions et les nouvelles, il faut donc considérer, en cas d'incompatibilité, que les premières ont été tacitement abrogées : le nouveau texte ne dit mot d'une abrogation mais, en portant une solution différente de l'ancien texte, il signe tacitement sa disparition. Cette abrogation, dite *tacite* ou implicite, n'est inscrite nulle part, « c'est un principe éternel, qu'une loi nouvelle fait cesser toute loi précédente, ou toute disposition de loi précédente contraire à son texte »[113]. Là encore, on s'en doute, il flotte une certaine insécurité juridique sur les textes ainsi disparus, du moins tant que la jurisprudence n'a pas pris position.

265. L'abrogation de la loi par le juge. – Depuis que le juge constitutionnel peut exercer son contrôle sur des lois en vigueur, c'est-à-dire depuis le 1er mars 2010, il peut, s'il constate une inconstitutionnalité, décider de l'abrogation de l'article concerné. Cette possibilité d'abrogation a été inscrite dans la Constitution (art. 62). Elle est également le principal argument pratique dans la comparaison des avantages respectifs du contrôle de constitutionnalité et du contrôle de conventionnalité : seul le premier permet l'abrogation, et donc la disparition de l'ordre juridique de la loi portant atteinte aux droits fondamentaux du citoyen[114]. La Constitution a également prévu la possibilité pour le juge constitutionnel de *moduler* cette abrogation dans le temps, afin d'éviter que la disparition soudaine d'une loi, parfois appliquée depuis des années, ne crée un trop grand désordre. Les premiers mois d'application ont permis de baliser l'utilisation de ce pouvoir par le juge : un report est notamment accordé lorsqu'il faut laisser du temps au Parlement pour adopter une nouvelle loi sans laisser de vide juridique[115]. Nous verrons lors de l'étude des conflits de normes que d'autres juges ont le pouvoir de faire disparaître de l'ordre juridique un texte contraire à des normes supérieures, cette fois par son annulation,

109. De nombreux traités sont conclus pour une durée déterminée. Sur ces différents modes, v. D. CARREAU, V° « Traités internationaux », *Rép. internat. Dalloz*.

110. À l'instar du contrat, la convention internationale peut prendre fin par l'accord de toutes les parties contractantes, modalité cependant rare.

111. La convention reste en vigueur mais ne lie plus l'État l'ayant dénoncée.

112. V. les cas énumérés par les art. 46 et s. de la Convention de Vienne : compétence pour conclure des traités, pouvoir de représenter un Etat, erreur, dol, corruption, contrainte, contradiction avec une norme impérative.

113. CE, Avis, 4 nivôse an VIII, *D.* 1999. 705, note P. (de la Gironde).

114. Pour les effets du contrôle de conventionnalité, v. *infra*, n° 268.

115. Par ex., pour la garde à vue, l'inconstitutionnalité déclarée le 30 juillet 2010 ne prendra effet que le 1er juillet 2011, v. Décision n° 2010-14/22 QPC du 30 juill. 2010, *M. Daniel W. (Garde à vue), RTD civ.* 2010. 513, obs. P. PUIG. Le Conseil peut également décider de l'application de l'abrogation aux instances en cours, v. le considérant de principe des décisions 2010-108 QPC et 2010-110 QPC du 25 mars 2011. Sur la question, X. MAGNON « Premières réflexions sur les effets des décisions de censure du Conseil constitutionnel », *RFDA* 2011. 761.

c'est-à-dire sa disparition pour l'avenir (comme l'abrogation) mais aussi pour le passé, ce qui soulève également des difficultés de modulation dans le temps[116].

B Les lois inappliquées

266. Obsolescence et désuétude : difficultés. – La masse de textes n'engendre pas que des contradictions entre deux textes, le plus récent abrogeant tacitement le plus ancien. Elle noie certaines dispositions, peu appliquées, plus appliquées, dans l'oubli. Le législateur ayant oublié de les abroger, les requérants de les invoquer, les juges de les soulever, elles sont officiellement toujours en vigueur mais comme le serait une branche morte. Certains textes ne sont plus appliqués : ils sont frappés de désuétude ; certains textes ne sont pas oubliés mais ils ne sont plus adaptés, ayant été dépassés par des évolutions techniques, sociales, économiques ou juridiques : ils sont obsolètes. Les premiers sont plus dangereux que les seconds, car ils exposent à une surprise. Parce qu'ils sont officiellement toujours en vigueur, ils peuvent à tout moment être appliqués par le juge ; parce qu'ils sont oubliés de tous, il y aurait une injustice fondamentale à soudainement réveiller le texte pour l'appliquer à celui qui, en toute bonne foi, l'ignorait. Ainsi, un arrêté municipal marseillais avait décidé, en 1858, d'interdire aux voitures de frôler les trottoirs. En 1916, l'arrêté est toujours en vigueur mais, entre-temps, la ville de Marseille s'est équipée d'un tramway, bouleversant l'espace circulable : il devint dès lors nécessaire de frôler les trottoirs pour croiser les tramways. Pourtant, un charretier ayant roulé près du trottoir (et renversé un passant de ce fait) fut condamné sur le fondement de l'arrêté de 1858, au motif que la loi n'est pas abrogée par désuétude – tramway ou non[117]. Cette position officielle est simple, claire et en stricte orthodoxie avec le système juridique : un texte est en vigueur, ou il ne l'est pas. La solution est constante devant les juridictions : faute d'abrogation par désuétude, le texte doit être appliqué[118]. Cependant, incontestable du point de vue juridique, la solution est intenable du point de vue moral et politique.

La doctrine fait preuve d'un certain *embarras* face à cette situation insoluble. Ainsi, Gény, qui a réhabilité et défendu le droit des faits, en luttant contre une loi vieillissant mal, devrait en toute logique défendre l'abrogation de la loi du fait de sa désuétude[119]. Pourtant, il ne parvient pas à s'y résoudre, car « tout bien considéré, cependant, et puisqu'il faut prendre parti, d'après les exigences de l'heure actuelle, j'estime, qu'en principe, et dans notre état de civilisation, il

116. Pour le juge administratif et l'annulation d'un acte administratif, v. *infra,* n° 302 ; pour la CJUE et l'annulation d'un acte de l'Union européenne, v. *infra,* n° 314.

117. Cass. crim., 4 janv. 1917, *S.* 1921. 1. 331.

118. Après quelques hésitations, position constante depuis Cass. civ., 7 mai 1839, *S.* 1839. 1. 353. Pourtant très pragmatique, la CEDH estime que « Même non utilisée pendant longtemps dans une catégorie donnée de cas, une loi non abrogée peut s'y appliquer à nouveau à tout moment, par exemple à l'occasion d'un changement de politique », 26 oct. 1988, *Norris c. Irlande*, n° 10581/83, § 33.

119. La désuétude est le plus souvent assimilée à une coutume *contra legem* (sur lesquelles v. *infra,* n° 432) mais l'analyse est réductrice : il est des lois oubliées sans avoir été remplacées par une règle contraire dans la pratique.

convient de repousser toute coutume formellement opposée à la loi écrite[120] ». À l'inverse, Kelsen, chantre souvent caricaturé de la validité formelle, pourrait être présumé avoir une conclusion sans appel : la loi désuète n'ayant toujours pas été officiellement rapportée, elle est valide. Or, là encore, il n'en est rien, Kelsen étant au contraire l'un des seuls auteurs à défendre qu'« effectivement, une norme juridique peut perdre sa validité par le fait qu'elle demeure d'une façon permanente inappliquée et non obéie : c'est ce qu'on appelle la désuétude, *desuetudo* »[121].

Il est difficile de défendre à tous crins qu'une loi est loi tant qu'elle est loi et que son absence d'effectivité pratique est indifférente à son autorité. Mais il est tout aussi difficile de défendre la position inverse, refusant toute autorité à la loi du fait de pratiques contraires, sauf à fragiliser très profondément l'ordre juridique en son entier. Il existe à cet égard une forme de schizophrénie ou d'hypocrisie, consistant à ne pas pouvoir officiellement prôner la désuétude de la loi tout en souhaitant ardemment que de telles lois ne soient plus appliquées. Cruet disait : « la désuétude, c'est la mort des lois, mais il est préférable de ne pas le dire »[122]. Cette attitude est parfois partagée par les juges qui, sans le dire, vont tenter d'éviter l'application des lois oubliées ou dépassées.

267. Obsolescence et désuétude : remèdes. – Il n'est guère possible, hors du droit international public et de son absence de hiérarchie entre sources[123], de consacrer l'abrogation par désuétude ou par obsolescence : on imagine les débats sans fin des uns des autres pour savoir si telle loi, peu appliquée mais un peu appliquée, devenue inadaptée mais encore utile, est ou non abrogée. Au début du XIXe siècle, Merlin conseillait de faire une revue des lois tous les siècles, ou au moins tous les demi-siècles, pour en éliminer les éléments désuets ; à la fin du même siècle, deux propositions de lois voulaient imposer que chaque nouvelle loi soit accompagnée de la publication des lois antérieures ayant le même objet et demeurées en vigueur[124]. De telles suggestions ont un temps suscité les railleries ; elles prophétisaient pourtant le vaste chantier contemporain de *simplification* du droit, qui traque et éradique par fournées les règles obsolètes[125].

Mais obsolescence et désuétude frappent plus vite que le législateur et ce sont principalement les juges, premiers aux prises avec une disposition qu'un juriste curieux aura su dénicher, qui tentent d'éviter l'application trop brutale

120. *Méthode d'interprétation et sources du droit privé positif*, LGDJ, 2e éd., 1919 (l'ouvrage original est de 1899), p. 408 et s.

121. *Théorie pure du droit*, Dalloz, 2e éd., 1962 (traduction de la 2e éd. ; l'ouvrage original est de 1934), p. 288.

122. J. CRUET, *La vie du Droit ou l'impuissance des Lois*, Flammarion, 1908, p. 254. En plus lyrique, PORTALIS : « Si nous n'avons pas formellement autorisé le mode d'abrogation par désuétude ou le non-usage, c'est qu'il eût été peut-être dangereux de le faire. Mais peut-on se dissimuler l'influence et l'utilité de ce concert indélibéré, de cette puissance invisible, par laquelle, sans secousse et sans commotion, les peuples se font justice des mauvaises lois, et qui semblent protéger la société contre les surprises faites au législateur et contre le législateur lui-même ».

123. Ex., Rennes, 26 mars 1979, *JDI* 1980. 854, note L. LUCCHINI.

124. Sur ces propositions, M. SUEL, « Les premières codifications à droit constant, 1901-1948 », *Droits* 1998, n° 26, p. 19.

125. Ex., la loi de simplification du droit du 20 décembre 2007 a ainsi abrogé 126 lois obsolètes.

des textes oubliés. Ils peuvent solliciter officiellement leur abrogation, par le biais de leurs Rapports annuels. Mais, dans l'attente, comment éviter, ou aménager, les effets les plus nuisibles de l'application d'un texte oublié ou inadapté ? Face à un texte à texture ouverte[126], ils peuvent, usant de toutes les vertus de *l'interprétation* anesthésiante, parvenir à ne pas appliquer la loi sans nier sa validité, en lui attribuant un sens nouveau et adapté ou en forçant un cas d'abrogation implicite. Face à un texte plus rigide, ou auquel l'interprétation la plus constructrice ne peut remédier, le Conseil d'État a tôt inauguré l'illégalité des règlements pour *changement des circonstances*, de fait ou de droit : le règlement, parfaitement valable au moment de son adoption, a par la suite perdu sa validité en raison d'évolutions[127]. Il est ainsi possible de contester la répartition de la production de rhum entre les sucreries de la Guadeloupe faite par un décret de 1933, toujours en vigueur plus de vingt ans après alors que le secteur d'activité a notablement évolué depuis[128]. Cette saine jurisprudence a depuis été consacrée par la loi n° 2007-1787 du 20 décembre 2007 relative à la simplification du droit[129]. Elle a, enfin, été reprise pour le contrôle de constitutionnalité de la loi *a posteriori*, qui prévoit la possibilité d'apprécier la validité d'une loi en fonction des changements de circonstances de fait, comme ce fut le cas pour la garde à vue[130].

268. Inconventionnalité de la loi : le *no man's land* normatif. – Le contrôle de conformité d'une loi à une norme internationale fait désormais partie de l'alphabet du juriste. Or, ce qui est l'objet de moins d'attention, c'est le sort d'une norme déclarée inconventionnelle[131]. *A priori*, la solution est simple : le juge ne peut l'appliquer et le Gouvernement ne peut adopter les mesures d'application[132]. Mais il n'est pas du pouvoir du juge de l'abroger, ou de l'annuler, pas plus qu'il ne lui est permis d'enjoindre le législateur de procéder à son abrogation. La loi inconventionnelle est donc bien toujours en vigueur, la preuve (bien théorique) étant que, si le traité devait cesser de produire effet, la loi redeviendrait applicable de ce seul fait[133]. Il reste donc à chaque plaideur voulant éviter l'application de cette loi à soulever son inconventionnalité, en espérant que son juge partagera l'analyse de non-conformité précédemment faite. Or, lorsqu'il est question d'une affaire aussi délicate que la mise à l'écart d'une loi, des divergences peuvent apparaître[134] : la loi est donc inapplicable

126. V. *supra* n° 110
127. CE, sect., 10 janv. 1930, *Despujol*, *GAJA*, n° 42.
128. CE, ass., 10 janv. 1964, *Ministre de l'Agriculture c /Simonnet, Rec.* 19.
129. Devenu art. 16-1 loi du 12 avr. 2000, *RTD civ.* 2008. 182, obs. A.-M. LEROYER.
130. V. Décision n° 2010-14/22 QPC du 30 juill. 2010, *M. Daniel W. (Garde à vue), RTD civ.* 2010. 513, obs. P. PUIG. Plus largement sur l'utilisation de cette notion dans le contentieux constitutionnel, P. GERVIER, « Le changement de circonstances dans la jurisprudence du Conseil constitutionnel », *RDP* 2012. 89.
131. K. MICHELET, « La loi inconventionnelle », *RFDA* 2003. 23 ; analysant l'inconventionnalité du contenu d'une loi comme une véritable déclaration d'invalidité de la loi, v. D. BOTTEGHI et A. LALLET, *AJDA* 2010. 2416.
132. CE, 24 févr. 1999, *Association de patients de la médecine d'orientation anthroposophique*, *AJDA* 1999. 823, note R. RICCI ; récemment, CE, 16 juill. 2008, *M. M.*, *AJDA* 2008. 1466.
133. Sur cet effet de la suspension, v. les observations sous la décision *IVG*, *GDCC*, n° 9-4.
134. En matière de lois de validation, ex. Versailles, 6 févr. 2003, *D.* 2003. 720, note P.-Y. GAUTIER.

devant certaines juridictions, applicable devant d'autres, seule une intervention d'une juridiction européenne ou une persistance de la Haute juridiction, au besoin en formation solennelle, parvenant à rétablir une certaine uniformité. Lorsque l'inconventionnalité est ainsi peu douteuse, la question de son effet dans le temps va à nouveau se poser : l'inapplicabilité d'une loi produit dans les faits des difficultés comparables à celle de son abrogation par le juge. Pour y répondre, la tentation est grande de recourir au même remède, en modulant ses effets dans le temps. Les juridictions hésitent pourtant à y succomber, étant difficile de se résoudre à maintenir l'application d'une loi pourtant reconnue contraire à la Conv. EDH. La CEDH, comme la Cour de cassation, semblent ainsi préférer donner un effet immédiat au constat d'inconventionnalité, en cessant sans attendre d'appliquer une telle loi[135]. Ces différentes difficultés illustrent surtout l'ambiguïté du statut des lois inconventionnelles, qui ajoutent à l'incertitude ontologique du droit. Ils nous préparent ainsi à l'étude plus approfondie du droit des conflits de normes.

135. La CEDH avait accepté une modulation dans son arrêt *Marckx c. Belgique* du 13 juin 1979 mais elle semble depuis rechigner à recourir à la méthode (v. CEDH, 17 janv. 2006, *Aoulmi c. France, JCP* 2007. II. 10 152, note K. LUCAS-ALBERNI). En matière de garde à vue, la Chambre criminelle de la Cour de cassation avait reporté la date d'effet de l'inconventionnalité de la loi française, s'alignant ainsi sur la modulation utilisée par le Conseil constitutionnel pour la même loi (19 oct. 2010, D. 2010. 2783, chron. J. PRADEL ; 2809. note E. DREYER ; *JCP* 2010. 1104 note H. MATSOPOULOU) ; cependant, au nom d'une protection effective et concrète des droits garantis par la Conv. EDH, l'Assemblée plénière va revenir sur cette position et considérer que l'inconventionnalité a un effet immédiat (15 avr. 2011, S. PELLÉ, « La réforme de la garde à vue : problèmes de droit transitoire » *AJ Pénal* 2011. 235).

Titre II
Le droit des conflits de normes

269. Les situations de conflit. – Si l'on considère la masse de textes existants, toutes origines confondues, on ne sera guère étonné que, une fois identifiés les textes en vigueur pour résoudre une question juridique, il s'en trouve plusieurs à prétendre s'appliquer : deux lois, une loi et un règlement, une loi et un traité, une directive et un traité européen, etc., toutes les hypothèses sont envisageables[1]. À cet égard, l'accélération des changements législatifs, la plus grande mobilité internationale des personnes et des activités et le développement quantitatif des normes supra nationales (et particulièrement européennes) a multiplié ces situations de concurrence de normes, devenues banales dans le contentieux. Il a aussi multiplié et affiné les normes permettant d'y répondre, offrant aujourd'hui un véritable droit des conflits de normes, qui atteint une assez grande sophistication et technicité. Avant d'entrer dans le détail de ces solutions, il est possible, en introduction de ce titre, de brosser les grands traits de ce très singulier droit des conflits de normes, en commençant par décrire les situations concernées.

Un conflit de normes peut naître de deux types de dispersion. D'une part, la « *dispersion des faits* »[2] d'une même situation, qui s'étale dans le temps ou dans l'espace et, de ce fait, entre potentiellement dans le champ de deux normes. Dans ce cas, le conflit doit nécessairement être dénoué par la désignation de la règle applicable. Plus qu'elles ne sont en « conflit », ces normes sont le plus souvent en concurrence, en ce que, sans être contradictoires, elles prétendent toutes s'appliquer et qu'il faut élire celle qui servira de modèle de référence. Les conventions de langage ont cependant retenu pour désigner la situation le terme de « conflit de lois ». D'autre part, la *dispersion des normes* entre les différentes catégories de textes va multiplier d'autant le risque que plusieurs normes soient applicables à une même situation. Dans ce cas, une première hypothèse, heureuse, voit ces différentes règles offrir la même solution : loi et règlement ne se contredisent pas, loi et Convention européenne assurent la même protection. Le juge peut dès lors les viser cumulativement : par exemple, pour rappeler que le respect de la vie privée est un droit protégé, peuvent être mobilisés en même temps l'article 9 du Code civil et l'article 8 de la

1. Pour l'extension aux conflits entre normes privées et étatiques et leur résolution par une théorie pluraliste des organisations, F. LARONZE, *Les conflits de normes dans les relations de travail. Contribution à l'étude des organisations,* PUAM, 2012.
2. J. HÉRON, « Étude structurale de l'application de la loi dans le temps (à partir du droit civil) », *RTD civ.* 1985. 277, n° 39 et s.

Convention européenne des droits de l'homme[3]. Le juge doit également favoriser cette harmonie en privilégiant l'interprétation de la loi conforme aux normes supérieures[4]. Cependant, dans une seconde hypothèse, plus délicate, ces deux normes sont incompatibles, ce qui aura des effets sur leur application ou sur leur validité au terme de l'exercice d'un « contrôle »[5] (ex. contrôle de constitutionnalité ou de conventionnalité de la loi) : à cet instant, il ne s'agit pas seulement de choisir entre deux normes celle devant s'appliquer mais aussi de faire le procès de l'une d'elles[6].

Dispersion des faits et dispersion des normes sont donc les deux sources de conflit de normes. Raffinement suprême, ces situations peuvent se superposer, dans des combinaisons intellectuellement surprenantes : ainsi de la loi contraire à une Constitution postérieure[7] ou du conflit de lois dans le temps et dans l'espace[8]. Ces situations délicates sont rarement réglées par un principe simple et exclusif : il s'agit plus souvent d'appréciations au cas par cas, ou conflit par conflit. Parce que l'issue du conflit dépendra largement des contours du litige et du juge saisi, le droit des conflits de normes gagne à être envisagé non sous forme de système théorique mais dans un conflit concret soumis à un juge[9].

270. La compétence du juge. – Envisager les conflits du point de vue de leur résolution contentieuse permet de mettre en avant l'importance de la question préalable de la compétence du juge, puisque celle-ci variera selon la question qui lui est soumise : s'agit-il de choisir la loi applicable, de contrôler la validité d'une norme à une autre, de mettre à l'écart les normes de son ordre au profit de celles d'un autre ordre ? L'application de deux lois se succédant dans le temps est le seul conflit à ne soulever aucune question de compétence. En revanche, un conflit entre deux normes hiérarchisées va mettre en cause la validité de la norme inférieure, validité que seuls certains juges peuvent déclarer. Le conflit dans l'espace entre deux lois étatiques pose autrement la question de la compétence du juge : n'étant pas doté d'une compétence universelle, par laquelle le juge

3. Ex. Cass. civ. 1re, 16 oct. 2008, *Bull. civ.* I, n° 230.

4. V. M. LUCIANI, « L'interprétation conforme et le dialogue des juges â€“ Notes préliminaires », *in Mélanges B. Genevois*, Dalloz, 2009, p. 695.

5. Dont l'intensité sera variable selon qu'il s'agit d'un contrôle de « conformité » ou de « compatibilité », v. C. EISENMANN, « Le droit administratif et le principe de légalité », *EDCE* 1957. 25. La distinction ne sera pas suivie dans les développements suivants.

6. Pour reprendre la formule de Laferrière pour le recours en annulation.

7. Conflit qui est un conflit chronologique avant d'être un conflit hiérarchique pour CE, ass., 16 déc. 2005, *Ministère des Affaires sociales, du Travail et de la Solidarité et Syndicat national des huissiers de justice, RFDA* 2006. 41, concl. J.-H. STAHL ; *AJDA* 2006. 357, chr. F. LÉNICA et C. LANGEAIS ; *RTD civ.* 2006. 75, obs. P. DEUMIER et 601. obs. Ph. THÉRY ; mais un conflit hiérarchique pour Cass. crim., 18 nov. 1985, *Bull. crim.*, n° 359. Cependant, la solution pourrait être modifiée par la QPC et la reconnaissance de la compétence du Conseil constitutionnel, v. G. EVEILLARD, « Abrogation implicite ou inconstitutionnalité de la loi ? », *RFDA* 2011. 353.

8. Dit « conflit mobile », dont la résolution relève de l'interprétation de la règle de conflit dans l'espace. V. en dernier lieu, pour la défense de cette analyse, M. SOULEAU-BERTRAND, *Le conflit mobile*, Dalloz, 2005.

9. Sur la saisine d'un juge comme « point de départ obligé du raisonnement en droit international privé », P. MAYER, « Le phénomène de la coordination des ordres juridiques étatiques en droit privé », *RCADI* 2007, t. 327. 13. Sur une approche contextualisée, par le prisme de l'application, J.-S. BERGÉ, *L'application du droit national, international et européen*, Dalloz, 2013.

français pourrait se prononcer sur les litiges du monde entier, il devra vérifier que le lien entre la situation internationale et son ordre juridique lui confère un titre de compétence. Enfin, dans les conflits entre systèmes, le juge peut être amené à écarter sa propre norme, d'origine interne, au profit d'une norme, certes reçue par son système, mais d'origine supranationale. La place du juge est donc délicate. À défaut de compétence, il lui sera parfois possible de surseoir à statuer, le temps de poser la question à la juridiction compétente par un jeu de renvoi.

271. Les règles de conflit de normes. – Ce n'est que dans un second temps, après avoir vérifié sa compétence pour répondre au conflit de normes qui lui est soumis, que le juge peut le dénouer. Il devra pour cela s'en remettre à une catégorie de normes atypiques, les règles de conflit de normes, qui furent longtemps réduites à l'expression de quelques principes[10]. Connues et désormais très sophistiquées pour les articulations dans le temps et dans l'espace, sous le terme de règles de conflit de « lois », elles se présentent, en cas de normes d'auteurs différents, sous la terminologie de règles de conflits de « normes », par exemple pour un conflit interne[11], entre droit métropolitain et outre-mer, ou pour un conflit de systèmes[12], entre loi et traité. Elles se distinguent des autres règles de droit par leur caractère « indirect et préalable »[13], c'est-à-dire qu'elles ne donnent pas elles-mêmes la solution du litige : elles désignent la règle, parmi les règles en concurrence, qui donnera cette solution ; elles ne déterminent pas le contenu du droit mais le titre d'application du droit. Face à un conflit de normes, la recherche du droit se fait donc en *deux temps* : quelle est la règle applicable ? – la réponse est donnée par la règle de conflit de normes ; quelle est la solution du litige ? – la réponse est donnée par la règle désignée par la règle de conflit de normes.

Les textes portant des règles de conflit sont rares et bénéficient d'un certain prestige[14]. Ils se sont vite révélés insuffisants pour répondre à des conflits variés et évolutifs. Le droit des conflits de normes est donc largement construit par les juges et il en porte les stigmates : il se présente sous la forme de quelques principes souvent maladroits, accompagnés d'une grande collection de décisions, parfois marquées de pragmatisme, auxquelles la doctrine tente de donner une forme systémique. Si ces solutions s'appuient souvent sur l'auteur de la norme, son rang hiérarchique ou sa volonté, elles introduisent également une

10. Sur ces principes, leur apparition et leur utilisation historique jusqu'au début de leur déclin au profit d'une approche hiérarchique, J.-L. HALPERIN, « *Lex posterior derogat priori, lex specialis derogat generali* – Jalons pour une histoire des conflits de normes centrée sur ces deux solutions concurrentes », *Revue d'Histoire du Droit* 80 (2012), p. 353

11. Pour les « règles de combinaison de normes » polynésiennes et métropolitaines, CE, ass., 4 nov. 2005, *président de la Polynésie française*, *RFDA* 2005. 1129, concl. C. VÉROT ; *RDC* 2006. 1268, obs. P. DEUMIER.

12. Qualifiant l'article 55 de la Constitution de « règle de conflit de normes », v. CE, 5 janv. 2005, *Deprez*, *RFDA* 2005. 67, note B. BONNET ; *JCP* A 2005. 1199, E. GLASER et F. SÉNERS ; *RTD civ.* 2005. 561, obs. P. DEUMIER.

13. P. LOUIS-LUCAS, « Traits distinctifs des conflits de lois dans le temps et des conflits de lois dans l'espace », *in Mélanges P. Roubier*, tome 1, Dalloz et Sirey, 1961, p. 323.

14. Ainsi de l'article 2 du Code civil pour les conflits de lois dans le temps, de l'article 3 pour les conflits de lois dans l'espace ou encore de l'article 55 de la Constitution pour les conflits entre loi et traité.

forme de prévalence pour les normes considérées, par leur contenu, comme particulièrement impérieuses, qu'elles prennent le nom d'ordre public, ordre public particulièrement impérieux, ordre public international ou disposition inhérente à la tradition française.

Au-delà de ces grandes tendances communes, les conflits de normes sont très différents selon qu'ils se nouent à l'intérieur d'un même système (Chapitre 1) ou entre normes de systèmes différents (Chapitre 2).

Chapitre 1
Les conflits entre normes d'un même ordre juridique

272. Les conflits peuvent naître entre les textes produits par un seul système, aussi organisé soit-il[1]. La figure est plus simple que celle du Chapitre suivant : ici, un seul système étant concerné, c'est lui qui va désigner le juge compétent et donner la règle de conflit. Cependant, la simplicité s'arrête là. Les contours des conflits à l'intérieur d'un système sont très variables selon qu'ils opposent des normes de même valeur (ex. deux lois prétendent s'appliquer à une même situation) ou des normes de valeur inégale (ex. un règlement et une loi prétendent s'appliquer à une même situation). La première hypothèse semble simple puisqu'elle ne soulève ni question de compétence du juge, ni question de validité d'une des deux normes. Cependant, chaque loi prétendant s'appliquer à une même situation, et faisant valoir à ce titre des justifications d'une égale importance, les solutions sont mouvantes autour d'un équilibre difficile à maintenir (Section 1). La hiérarchie qui domine la seconde situation va tout entière dicter la solution. Surtout, elle va doubler la question de l'identification de la norme applicable d'une autre question, plus délicate, celle de la validité de la norme inférieure, rendue douteuse par son éventuelle contrariété à la norme supérieure (Section 2).

Section 1
Les conflits entre normes de même valeur

273. Dans la figure du conflit de lois, le terme « loi » est entendu au sens large (mais non matériel), englobant tous les textes : loi, décret mais aussi textes européens[2] ou internationaux[3]. Lorsque plusieurs textes de même valeur prétendent s'appliquer à un litige, il ne reste qu'à résoudre une question d'application, au cas par cas. Cette question peut être tranchée par tout juge saisi d'un tel conflit. La difficulté est que, puisque les normes sont égales, aucune ne peut *a priori* prétendre devoir s'appliquer de préférence à l'autre. Il s'agit donc plutôt

---

1. Pour une étude approfondie de ces conflits et une méthode d'ensemble, A. JEAMMAUD, *Des oppositions de normes en droit privé interne*, thèse Lyon III, 1975.
2. Ex. pour l'application non rétroactive d'un règlement, fondée sur le principe de sécurité juridique, Cass. com., 22 oct. 2002, *Bull. civ.* IV, n° 150.
3. Pour l'application des dispositions rétroactives d'une convention internationale, CE, ass., 8 avr. 1987, *Procopio*, *AJDA* 1987. 472, concl. O. SCHRAMECK.

ici de distribuer les situations entre ces lois, selon leur date (§ 1), selon leur domaine (§ 2) ou selon leur territoire (§ 3).

§ 1. Les conflits de lois dans le temps

274. Bibliographie thématique. – Un ouvrage est incontournable en la matière : P. ROUBIER, *Le droit transitoire – Conflits des lois dans le temps*, 2e éd. 1960 (l'ouvrage original a été publié en 1929 et 1933), rééd. par Dalloz, 2008 ; pour la question posée par ces conflits, M. POPOVILIEV, « Le droit civil transitoire ou intertemporal (Sa nature juridique, sa règle générale et sa place dans la législation) », *RTD civ.* 1908. 461 ; L. BACH, « Contribution à l'étude du problème de l'application des lois dans le temps », *RTD civ.* 1969. 405 ; pour une présentation complète et claire de la jurisprudence et des analyses doctrinales, v. L. BACH, *Répert. Dalloz Civ.*, V° « Conflits de lois dans le temps ».

275. Enjeux. – Le législateur a une activité permanente : il adopte de nouvelles règles ; il modernise les anciennes. En ce cas, la loi nouvelle a évidemment vocation à remplacer la loi ancienne. Certaines situations de fait, à la charnière entre la loi nouvelle et la loi ancienne, vont créer des hésitations : relèvent-elles de l'une ou de l'autre ? Chaque loi a des atouts à faire valoir : la loi ancienne, présumée connue des intéressés au moment des faits, respecte au mieux leurs prévisions légitimes – il y a donc intérêt à maintenir au maximum son application au moment de la transition ; la loi nouvelle, présumée améliorer une règle devenue inadaptée ou indésirable, réalise un progrès du droit – il y a donc intérêt à faire profiter le plus grand nombre de situations de ses bienfaits. Les solutions recherchant l'équilibre de ces enjeux constituent le « droit transitoire », qui fait l'objet d'études nombreuses et d'un contentieux à la hauteur, justifiant largement le souhait, déjà formulé mais jamais réalisé, d'en faire une discipline à part entière, objet d'un enseignement spécifique[4].

A Sources du droit des conflits de lois dans le temps

276. Les conflits de lois dans le temps : identification des questions. – En principe, la transition entre la loi ancienne et la loi nouvelle se répartira ainsi : la loi ancienne s'appliquera aux situations passées (« non-rétroactivité de la loi nouvelle ») et la loi nouvelle s'appliquera dès à présent et à l'avenir (« effet immédiat de la loi nouvelle »). Pour résumer, « l'effet rétroactif, c'est l'application dans le passé ; l'effet immédiat, l'application dans le présent »[5]. La partition semble plutôt simple. Cependant, cet équilibre plein de bon sens peut être aménagé en deux sens opposés : une application maximale de la loi ancienne, qui couvrira les situations passées comme futures : dans ce cas, on parle de « survie de la loi ancienne » ; une application maximale de la loi nouvelle, qui couvrira, à son tour, les situations passées et futures : dans ce cas, on parlera de « rétroactivité de la loi nouvelle ».

4. Vœu formé par P. ROUBIER, d'un cours placé au terme des études, v. préface de la 1re édition.
5. P. ROUBIER, p. 177.

Pour ne pas se perdre dans ces différentes configurations, il est fondamental de savoir qualifier la question dans le temps soulevée par une situation. En effet, nombre d'erreurs viennent d'une mauvaise *qualification*, qui va à tort mener à s'en remettre aux règles d'application immédiate pour résoudre une question de rétroactivité – ou l'inverse[6]. Un soin tout particulier doit donc être porté à l'analyse de la situation, à sa localisation[7] dans le temps : s'agit-il d'un problème d'application de la loi nouvelle à des faits passés (question de rétroactivité) ou d'un problème d'application de la loi nouvelle à des faits en cours (question d'application immédiate) ?

La distinction est délicate car elle implique une certaine dose d'abstraction temporelle et il faut l'aborder avec distance. Doivent être comparées la date des faits du litige et la date d'entrée en vigueur de la loi[8], en laissant de côté les autres dates, notamment celles liées à la procédure en cours (introduction de la demande, date de la décision). Si les faits sont antérieurs et définitivement réalisés au moment de l'entrée en vigueur de la règle nouvelle, c'est une question de rétroactivité. Si les faits sont en cours, c'est une question d'application immédiate. Par exemple, un contrat de travail est conclu au 2 juillet 2012. Il prévoit que le salaire sera le salaire minimum prévu par la loi, soit 1 425, 67 € mensuel. Ce contrat s'exécute dans le temps : tous les mois, le salaire est versé. Un décret du 19 décembre 2012 relève le montant minimal à 1 430,22 € mensuel. Publié au *JORF* du 21 décembre 2012, il prévoit son application à compter du 1er janvier 2013. La question de savoir si, sur le fondement de ce nouveau décret, le salarié peut obtenir un rappel de salaire pour les salaires versés du 1er juillet au 1er décembre 2012 est une question d'application de la loi nouvelle à des faits passés (les exécutions du contrat déjà réalisées) et donc de rétroactivité. La question de savoir si, sur le fondement de ce nouveau décret, le salarié peut exiger un salaire égal au nouveau montant à compter du 1er janvier 2013, en exécution de son contrat de travail conclu le 1er septembre 2009 mais toujours en cours de réalisation, est une question d'application immédiate de la loi nouvelle à des faits en cours[9].

La distinction peut sembler claire mais l'exemple est volontairement simple. Les situations qui se présentent aux juges sont souvent bien plus difficiles à qualifier. Ainsi, un particulier avait enregistré le nom de domaine « sunshine.fr » le 7 avril 2005, dépôt interdisant à la société « Sunshine » d'utiliser elle-même ce nom. Un décret est venu réglementer ces pratiques le 6 février 2007, en interdisant de choisir comme nom de domaine un nom protégé par

6. Ex. parmi d'autres, cassation d'un arrêt ayant estimé appliquer « immédiatement » une loi alors qu'elle en faisait une application rétroactive, Cass. soc., 4 févr. 2004, *Bull. civ.* V, n° 35 ; à l'inverse, rejet d'un pourvoi reprochant une application rétroactive de la loi alors qu'il n'y avait là qu'une application immédiate : ex. parmi tant d'autres, Cass. civ. 2e, 8 juill. 2004, *Bull. civ.* II, n° 344.

7. Pour la comparaison entre conflits dans le temps et l'espace, v. H. BATIFFOL, « Conflits de lois dans l'espace et conflits de lois dans le temps », *in Choix d'articles,* LGDJ, 1976, p. 179 ; P. LOUIS-LUCAS, préc.

8. Pour une analyse plus poussée sous l'angle de l'applicabilité aux sujets de la règle comme norme de conduite, E. L. BACH, « Contribution à l'étude du problème de l'application des lois dans le temps », *RTD civ.* 1969. 405 ; sous celui de l'analyse structurale de la règle (présupposé – effet juridique) : J. HÉRON, préc.

9. Et encore cette qualification est-elle discutée, v. *infra,* n° 292.

une marque, sauf droit ou intérêt légitime. L'application de ce décret à sunshine. fr est-elle une application immédiate à une situation en cours, puisque l'enregistrement produit encore ses effets en 2007, ou une application rétroactive à une situation passée, puisqu'elle a été constituée en 2005 au moment de l'enregistrement[10] ? Au-delà de cet exemple particulier, il existe de nombreuses situations systématiquement piégeuses. Ainsi, l'application immédiate d'une règle nouvelle à un procès en cours est une question de rétroactivité : si le procès est en cours, les faits source du litige sont, eux, passés[11].

277. Les textes. – Les lois nouvelles portent très souvent, parmi leurs dispositions finales, des *dispositions transitoires* précisant leur application dans le temps, dispositions qui tendent généralement à donner à la réforme la plus large application possible[12]. Cependant, ces dispositions transitoires, si elles donnent de précieuses indications, sont loin de résoudre toutes les questions : outre qu'elles laissent certaines situations sans réponse, leur application doit généralement faire l'objet d'interprétation. Ces interprétations vont s'en remettre aux règles générales des conflits de lois dans le temps qui constituent le pivot de la matière. Parmi ces règles, il existe des textes particuliers à certaines disciplines, par exemple pour la loi pénale. Mais, au-delà, il existe un texte fondamental, qui résume les solutions en une formule, parmi les plus connues du Code civil, en son *article 2*, selon lequel « la loi ne dispose que pour l'avenir ; elle n'a point d'effet rétroactif ». Pour ciselée qu'elle soit, la formule reste sommaire pour répondre à la variété des questions soulevées devant le juge. Sur son fondement, un droit important et complet a donc été développé par les juges, aidés en cela par la doctrine.

278. Les interprétations. – Deux interprétations de l'article 2 du Code civil sont célèbres. Plus qu'elles ne se sont succédé, elles se sont complétées. Il est par ailleurs possible de se demander si le développement contemporain du contrôle de la loi par le juge n'ajoute pas une troisième strate théorique.

La théorie des droits acquis a longtemps interprété l'article 2 comme ne traitant que de l'application non rétroactive de la loi, c'est-à-dire l'interdiction d'appliquer la loi nouvelle à des faits antérieurs à son entrée en vigueur. Elle reposait sur la distinction entre les *droits acquis*, qui ne pouvaient être remis en cause rétroactivement par la loi nouvelle, et les *simples expectatives*, qui pouvaient en revanche être modifiées par la loi nouvelle sans que cela ne constitue une application rétroactive[13]. Un exemple est connu pour illustrer cette partition.

10. La réponse est donnée par Cass. com., 9 juin 2009, *Propr. Ind.* nov. 2009. comm. 60, note E. HAAS : « si la loi nouvelle s'applique immédiatement aux effets à venir des situations juridiques non contractuelles en cours au moment où elle entre en vigueur, elle ne peut remettre en cause la validité d'une situation régulièrement constituée à cette date » : le décret de 2007 ne peut donc s'appliquer à l'enregistrement en 2005 de sunshine. fr ; la Cour d'appel avait au contraire appliqué le décret de 2007.

11. Sur d'autres difficultés de distinction de situations, R. ENCINAS DE MUNAGORRI, *RTD civ.* 2005. 83 ; *RTD civ.* 2006. 527 ; F. MODERNE, « Sécurité juridique et sécurité financière », *RFDA* 2006. 483, sp. p. 491 et s.

12. V. F. DEKEUWER-DÉFOSSEZ, *Les dispositions transitoires dans la législation civile contemporaine*, LGDJ, 1977.

13. Pour un exemple d'application, Cass. Req., 18 avr. 1887 : « par cette disposition, le législateur a voulu qu'il ne pût être porté atteinte par une loi nouvelle aux droits acquis sous l'empire et en vertu

Selon la loi ancienne, pouvaient hériter d'une personne décédée sans testament ses collatéraux jusqu'au 12e degré. Une loi nouvelle du 31 décembre 1917 vint limiter la vocation héréditaire aux collatéraux au 6e degré. Supposons qu'au moment de l'entrée en vigueur de la loi nouvelle, le décès ait déjà eu lieu, et donc la succession ait été ouverte, mais le partage de la succession n'ait pas encore été fait. Les collatéraux du 7e au 12e degré avaient un droit acquis à recueillir cette succession, droit acquis dont la loi nouvelle ne peut les priver : elle ne peut donc s'appliquer à eux. En revanche, si le décès n'était pas encore survenu au moment de l'entrée en vigueur de la loi nouvelle, le fait de perdre la possibilité d'hériter n'est que la privation d'une simple expectative, une attente, une supposition, qui ne peut faire obstacle à l'application de la loi nouvelle.

Si la distinction semble efficace dans l'exemple pris, elle n'était pas toujours praticable et il était parfois difficile de qualifier une situation de droit acquis ou de simple expectative, surtout en matière extrapatrimoniale. Cette théorie classique fut donc peu à peu délaissée, mais sans jamais être abandonnée[14]. La théorie des droits acquis appréhende l'application d'une règle nouvelle en se plaçant du point de vue de l'atteinte portée aux droits subjectifs. C'est justement cette approche subjective qui lui avait été reprochée, au début du XXe siècle, en un temps où la défense de la loi et de sa suprématie sur les sujets était de mise[15]. C'est justement cette approche subjective qui fait son renouveau, au début du XXIe siècle, en ce temps très soucieux de protection des sujets de droit contre les atteintes de la loi, les droits acquis revenant sous une autre forme et sous l'impulsion de la jurisprudence de la CEDH.

La théorie des droits acquis est pourtant désormais doublée d'une autre compréhension des conflits de lois dans le temps, profondément marquée par l'œuvre de *Paul Roubier*[16]. La construction proposée par l'auteur distingue la question de la non-rétroactivité de la loi de celle de son application immédiate. Il identifie par ailleurs plusieurs situations juridiques : les conditions de création ou d'extinction des situations juridiques et leurs effets passés (l'application d'une loi nouvelle est rétroactive) ; les situations juridiques nées avant la loi nouvelle mais dont les effets sont en cours (application immédiate de la loi nouvelle aux situations non contractuelles ; survie de la loi ancienne pour les situations contractuelles). Si, aujourd'hui encore, il existe autant de conceptions de

d'une loi antérieure », *DP* 1887. 1. 154, rapport LEPELLETIER ; Cass. civ., 20 févr. 1917, *GAJ civ.*, n° 4.

14. Elle reste même selon certains auteurs le critère habituellement utilisé par la jurisprudence pour l'appréciation de la rétroactivité, Th. BONNEAU, *La Cour de cassation et l'application de la loi dans le temps*, PUF, 1990. Ex., Cass. soc., 4 juin 1964, *Bull. civ.* V, n° 485 : « le congé n'ayant été délivré que pour le 29 septembre 1962, Borra n'avait un droit acquis à la reprise qu'à cette date, et qu'auparavant, ce congé, même validé par une décision judiciaire devenue définitive, ne pouvait constituer pour lui qu'une simple expectative » ; pour la démonstration du maintien de cette théorie devant le Conseil d'État, S. LASVIGNES, « Droit transitoire et sécurité juridique ou comment un nouveau principe peut raviver d'anciennes questions », *in Mélanges D. Labetoulle*, Dalloz, 2007, p. 559.

15. P. HÉBRAUD, « Observations sur la notion de temps dans le droit civil », *in Mélanges P. Kayser*, PUAM, 1979, tome 2, p. 1, sp. 8. Sur ces mouvements entre droit objectif et droits subjectifs, v. *supra*, n° 56.

16. *Le droit transitoire*, préc. Outre la défense de son analyse, l'auteur expose et critique la théorie dite classique, et retrace l'historique de la matière depuis le droit romain

conflits de lois dans le temps que d'auteurs, et presque autant d'arrêts[17], les lignes directrices proposées par Roubier servent de boussole à tous.

Enfin, les principes de conflits de lois dans le temps sont désormais protégés par un contrôle serré exercé par les juges sur toute tentative de dérogation que le législateur voudrait y apporter[18]. À ce titre, les juges se montrent très réticents à admettre que le législateur utilise son pouvoir sur le temps pour manipuler les grandes règles de conflits de lois dans le temps. Progressivement, ils restreignent les possibilités de dérogations à un même critère, très sévère, celui d'impérieux motif d'intérêt général. La formule est désormais bien ancrée pour l'application rétroactive de la loi mais il est frappant de la voir émerger pour l'application immédiate de la loi aux contrats en cours. Les conflits de lois dans le temps, sous l'influence des droits fondamentaux et des exigences qu'ils font peser sur la liberté du législateur, entrent dans une troisième ère, celle du respect imposé au législateur des principes dégagés par la théorie des droits acquis et la théorie de l'application immédiate.

B Principes de conflits de lois dans le temps

279. Les principes de conflits de lois vont tenter de répartir au mieux les situations entre loi ancienne et loi nouvelle, en cherchant à chaque fois à préserver l'équilibre entre respect des prévisions légitimes et bénéfice de la règle la plus moderne. Cette conciliation aboutit à un jeu permanent de principes et d'exceptions, tant pour la loi applicable aux situations passées (1) que pour celle applicable aux situations en cours (2). Les situations passées sont nées dans le passé et définitivement réalisées au moment de l'entrée en vigueur de la loi nouvelle ; les situations en cours sont nées dans le passé mais produisent encore des effets quand survient la loi nouvelle. Relevons rapidement que les situations qui naîtront après l'entrée en vigueur de la loi nouvelle ne soulèvent aucun conflit de lois : seule la loi nouvelle les intéresse.

1. Les situations passées

280. Le principe est que la loi nouvelle ne sera pas rétroactive, c'est-à-dire qu'elle ne produira pas des effets sur les situations passées (a.). Il existe, par exception, des lois rétroactives (b.).

a) Le principe : non-rétroactivité de la loi nouvelle

281. Un principe essentiel. – *A priori*, ce qui est fait est fait et la nature des choses empêche la volonté humaine de réécrire l'histoire. Toute personne est censée tenir compte des lois existantes au moment de son action et se fier à ce que ces lois lui indiquent : ce qui est permis et ce qui ne l'est pas et quelles sont les conséquences qui découlent de ces faits ou actes juridiques. Si une loi

17. Reconnaissant que les décisions procèdent souvent à des appréciations d'opportunité, L. BACH, préc., not. n° 455, 585 ; constant le refus de la Cour de cassation de se laisser enfermer dans un système rigide, Th. BONNEAU, préc.
18. Cet encadrement est la principale dimension justifiant de *Repenser le droit transitoire*, G. DRAGO, D. LE PRADO, B. SEILLER, PH. THÉRY (dir.), Dalloz, 2010.

postérieure venait à modifier ces données juridiques, par exemple à changer le permis en interdit, et prétendait s'appliquer dans le passé, le plus grand trouble pourrait s'ensuivre puisqu'il serait possible de sanctionner un citoyen pour avoir transgressé un interdit qui n'existait pas alors. Un sentiment inné de justice commande donc le principe de la non-rétroactivité, selon lequel la loi nouvelle ne s'applique pas dans le passé.

Cette solution apparemment évidente fut un temps occultée par l'idéologie de la loi et de la transformation de la société développées au lendemain de la *Révolution*. Le décret du 17-21 nivôse an II voulut ainsi faire bénéficier le plus grand nombre d'un important acquis révolutionnaire, l'égalité en matière de succession. Pour ce faire, il se déclara rétroactivement applicable à toutes les successions ouvertes depuis le 14 juillet 1789, quand bien même elles auraient déjà été liquidées. Il a fallu recommencer les partages, ce qui suscita un désordre tel que diverses mesures ont dû être prises pour combattre cette rétroactivité désastreuse. En réaction à cet épisode de chaos, la Constitution de l'an III disposait qu'« aucune loi, ni criminelle ni civile, ne peut avoir d'effet rétroactif ».

Aujourd'hui, le principe a toujours valeur constitutionnelle[19] et supra nationale[20] mais pour la seule matière *pénale*, puisque les enjeux pour les libertés individuelles y sont les plus forts et les risques pour le citoyen les plus lourds. Les lois qui créent une incrimination, une circonstance aggravante, alourdissent une peine, ne peuvent en aucun cas être appliquées rétroactivement : la loi ne peut frapper sans avoir préalablement averti des comportements qui ne seraient pas tolérés. Ainsi, les dispositions du nouveau Code pénal, entré en vigueur le 1er mars 1994, créant l'incrimination générale de crimes contre l'humanité ne peuvent être appliquées aux tortures commises pendant la guerre d'Algérie, les faits étant antérieurs à la loi pénale plus sévère[21]. La *valeur constitutionnelle* de la non-rétroactivité de la loi pénale a une conséquence fondamentale : le législateur ne peut pas y déroger pour décider qu'une nouvelle loi pénale plus sévère serait rétroactive. Les juridictions sont vigilantes en la matière, même si le Conseil constitutionnel est parfois critiqué pour faire preuve d'une trop grande générosité à l'égard du législateur[22].

Pour la matière civile, en revanche, le principe de non-rétroactivité n'a pas rang constitutionnel : il est posé par l'article 2 du Code civil, selon lequel « la loi n'a point d'effet rétroactif ». Pour la matière administrative, le Conseil d'État a posé en des termes très généraux « le principe en vertu duquel les règlements

19. Art. 8, DDHC : « (...) nul ne peut être puni qu'en vertu d'une Loi établie et promulguée antérieurement au délit, et légalement appliquée » ; Décision n° 79-109 DC du 9 janv. 1980, *D.* 1980. 249, note J.-B. AUBY ;

20. Art. 7§ 1, Conv. EDH ; art. 11, § 2 de la Déclaration universelle des droits de l'homme du 10 décembre 1948 ; article 15-I du Pacte international relatif aux droits civils et politiques du 19 décembre 1966 ; art. 49§ 1, Charte des droits fondamentaux. Pour tous ces instruments, la non-rétroactivité de la loi pénale plus sévère relève du « noyau dur » des droits intangibles : aucune limitation par l'État ne peut être admise.

21. Cass. crim., 17 juin 2003, *Aussaresses*, *D.* 2004. 92, note J. DANIEL et p. 312, obs. M.-H. GOZZI ; J. LELIEUR-FISCHER, « L'impossible poursuite de *tous* les crimes contre l'humanité commis avant l'entrée en vigueur du Code pénal ? », *RSC* 2004. 31.

22. V. Ch. LAZERGES, « Le rôle du Conseil constitutionnel en matière de politique criminelle », *Les Cahiers du Conseil constitutionnel*, n° 26, 2009, p. 34.

ne disposent que pour l'avenir »[23]. En droit de l'Union européenne, la CJUE a fondé sur le principe de sécurité juridique l'interdiction de principe pour les actes communautaires de rétroagir[24]. Enfin, la règle est admise en droit international[25]. Ces différentes sources témoignent de l'universalité de la défiance qu'inspire la rétroactivité de la loi. Mais, hors le droit pénal, et malgré les propositions récurrentes de poser une interdiction constitutionnelle en toutes matières[26], le principe de non-rétroactivité de la loi a une simple *valeur législative* ; par conséquent, il peut y être dérogé par une loi rétroactive[27] (mais pas par un règlement[28]).

b) Les lois rétroactives

282. Appliquer la loi nouvelle aux situations passées est une hypothèse qui peut paraître étonnante. Il faut toute la magie du droit et sa capacité à recourir à des fictions pour doter le législateur d'un super pouvoir : modifier le passé. Les dangers de telles lois sont grands et ils ont de tout temps été dénoncés. Cicéron fut le premier à leur livrer une charge[29]. Portalis, à son tour, dénonça une telle manipulation juridique du temps car « l'homme, qui n'occupe qu'un point dans le temps comme dans l'espace, serait un être bien malheureux, s'il ne pouvait pas se croire en sûreté, même pour sa vie passée ». Pourtant, certains enjeux peuvent justifier ce jeu dangereux, par exemple pour éviter un grand chaos : ainsi de la validation de contrats qui auraient pu massivement être annulés faute d'avoir respecté une exigence légale qui n'a jamais pénétré les mœurs[30] ou de la compétence restituée aux tribunaux de commerce quand fut découverte, 10 ans après, son abrogation par mégarde[31]. C'est également incontestablement le cas du droit pénal, lorsqu'il décide de revenir sur son ancienne sévérité.

23. CE, ass., 25 juin 1948, *Journal L'Aurore*, *GAJA*, n° 60 ; *S.* 1948. 3. 69, concl. LETOURNEUR selon lequel la solution n'est pas une application de l'article 2 du Code civil qui ne concerne que les lois ; cette non-rétroactivité est souvent appréciée en suivant la grille de Roubier, v. par ex. les concl. D. LABETOULLE sur CE, ass., 11 juill. 1984, *Union des groupements de cadres supérieurs de la fonction publique, AJDA* 1984. 627.

24. Jurisprudence constante, ex. CJCE, 25 janv. 1979, *Racke*, 98/78, § 20, Rec. p. 69 ; CJCE, 11 juill. 1991, *Crispoltoni*, C-368/89, Rec. I-3695 ; CJCE, 19 mars 2009, *Mitsui*, C-256/07.

25. Pour la non-rétroactivité des traités, art. 28, Convention de Vienne sur le droit des traités. Il n'est pas rare qu'un traité porte dans ses clauses finales des précisions sur son application dans le temps.

26. L. BACH, préc., n° 169 ; c'est d'un débat autour d'un tel principe constitutionnel, né d'une loi faussement présentée comme rétroactive en matière fiscale en 1925, que naît l'œuvre de Roubier, v. préface de la 1re édition.

27. Ou par une convention internationale, ex. CE, ass., 8 avr. 1987, *Procopio*, *AJDA* 1987. 472, concl. O. SCHRAMECK.

28. Pour le Conseil constitutionnel, une disposition ayant un caractère rétroactif, « par suite, elle échappe à la compétence du pouvoir réglementaire », Décision n° 69-57 L du 24 oct. 1969, *Rec.*, p. 32 ; pour le Conseil d'État, l'application d'une disposition ayant été qualifiée de rétroactive, « il suit de là que (...) seule une disposition législative peut (...) autoriser l'application de la norme nouvelle à de telles situations », CE, 24 mars 2006, *KPMG*, *GAJA*, n° 113. Pour adopter un acte rétroactif, il faut donc que l'autorité administrative y ait été autorisée par la loi : ex. CE, 30 déc. 1998, *Entreprise Chagnaud*, *Rec.* tables. 721.

29. P. ROUBIER, p. 30.

30. Pour la validation de tous les actes notariés passés pendant des décennies sans respecter une formalité, v. *infra*, n° 405.

31. Abrogé en 1991, abrogation découverte par *Le Canard enchaîné* du 1er novembre 2000 ; la compétence fut rétablie par la loi NRE du 15 mai 2001 avec effet rétroactif jusqu'en 1991. Dans

283. Lois pénales plus douces. – Nous avons vu qu'il était absolument impossible d'être condamné sur le fondement d'une loi plus sévère qui n'existait pas au moment des faits. Mais, à l'inverse, est-il possible de ne pas être sanctionné en application d'une loi qui, après les faits, est venue adoucir la règle pénale ? Puisque la société a choisi d'adoucir la sanction, nul besoin de continuer à prononcer une peine reconnue trop rigoureuse. Aussi, la loi pénale plus douce, qui supprime une incrimination, une circonstance aggravante, une peine, est appliquée à tous, y compris à ceux ayant déjà commis les faits antérieurement sévèrement sanctionnés : la règle est connue sous le nom de rétroactivité *in mitius*[32]. Par exemple, le Code pénal sanctionnait depuis 1832 « les gens qui font métier de deviner et pronostiquer, ou d'expliquer les songes » (art. R. 34, 7°). Cette contravention a été supprimée par le nouveau Code pénal (en 1992, tout de même), qui est donc en la matière une loi pénale plus douce. Les faits d'interprétation des rêves commis avant cette date ne pourront plus donner lieu à sanction (hypothèse d'école car l'infraction n'a jamais donné lieu à poursuites).

Trois remarques peuvent être faites sur ce principe. Tout d'abord, il renvoie toute la discussion sur l'appréciation du caractère plus sévère (non-rétroactivité) ou plus doux (rétroactivité) de la loi nouvelle, exercice parfois délicat lorsque la loi joue en même temps sur les deux registres. La jurisprudence a donc développé une grille d'analyse permettant de répartir les dispositions des lois nouvelles pénales entre plus douces et plus sévères[33]. Ensuite, la loi pénale plus douce peut être appliquée jusque devant la Cour de cassation, *ie* il est possible d'en profiter si elle entre en vigueur entre la décision contestée et l'arrêt de la Cour de cassation. Enfin, et à nouveau, ces principes étant protégés tant par le droit constitutionnel[34] que par la Convention EDH[35] et par la Charte des droits fondamentaux[36], le législateur ne peut leur porter aucune dérogation.

284. Lois naturellement rétroactives ? – L'effet rétroactif d'une loi nouvelle serait parfois naturellement lié à son objet. Tel serait le cas pour la loi interprétative, qui vient préciser le sens d'une loi précédente. Sa rétroactivité ne serait pas voulue par le législateur mais inhérente à son objet : la loi interprétative prend corps, s'incorpore, se fond dans la loi interprétée, et les deux règles n'en forment plus qu'une : l'application dans le temps de la loi interprétative se

l'intervalle, les juridictions ont fait preuve de trésors d'imagination pour fonder la validité des jugements de tribunaux de commerce (sur ces techniques en général, N. MOLFESSIS, *RTD civ.* 2002. 592).

32. Pour une proposition d'extension en matière civile, P.-Y. GAUTIER, « Pour la rétroactivité *in mitius* en matière civile », *in Mélanges J. Héron*, LGDJ, 2008, p. 235 ; comp. J. HÉRON, art. préc., n° 35.

33. V. W. JEANDIDIER, *JurisClasseur Pénal Code*, art. 112-1 à 112-4, fasc. 20.

34. Décision n° 80-127 DC du 20 janv. 1980, *Sécurité et Liberté*, cons. 75, *D.* 1982. 441, note A. DEKEUWER.

35. La Cour EDH a mis plus de temps à consacrer le principe de la rétroactivité de la loi pénale plus douce mais, au regard du consensus né entre États du Conseil et de la prochaine entrée en vigueur de la Charte des droits fondamentaux, c'est chose faite depuis le 17 sept. 2009, Gde Ch., *Scoppola c /Italie*, n° 10249/03.

36. Art. 49 § 1.

calque donc sur celle de la loi interprétée[37]. Les juges n'acceptent de reconnaître une loi comme interprétative « qu'autant qu'elle se borne à reconnaître sans rien innover, un droit préexistant qu'une définition imparfaite a rendu susceptible de controverse »[38]. Le caractère naturel de cette rétroactivité emporte des conséquences importantes : elle échappe au contrôle de conventionnalité[39] mais aussi à la règle constitutionnelle de non-rétroactivité de la loi pénale plus sévère[40]. Cette innocence supposée du législateur, qui profiterait d'une forme de rétroactivité naturelle, a toujours suscité des discussions car, pour être interprétative, la loi n'en est pas moins nouvelle : défendue par la doctrine[41], cette nouveauté a été reconnue par l'Assemblée plénière de la Cour de cassation, qui accepte dès lors de contrôler l'effet rétroactif d'une loi interprétative[42].

285. Lois expressément rétroactives. – Hors cette catégorie débattue, les lois sont principalement rétroactives du fait de la volonté du législateur, qui insère dans le texte nouveau une disposition transitoire lui donnant un effet rétroactif, sous réserve des décisions de justice devenues irrévocables. Il peut ainsi décider que la règle nouvelle s'appliquera immédiatement aux instances en cours, comme il le fit à l'occasion de la célèbre loi dite anti-Perruche[43]. Il va aussi fréquemment recourir à la rétroactivité pour valider des actes qui encouraient la nullité sous l'empire de la loi ancienne et, par conséquent, pour éviter des annulations en chaîne : il s'agit des *lois de validation*. Prenons un exemple, parmi l'abondant contentieux en la matière. L'article L. 312-8, 2° du Code de la consommation exige des banques qu'elles assortissent leurs offres de prêt immobilier d'un *tableau d'amortissement*, mentionnant le montant de chaque échéance et, sur ce montant, la part de remboursement du capital et des intérêts. Le document donne au client une vision très précise du coût réel de son emprunt et les banques se contentèrent souvent de présenter une version allégée, profitant de la largesse de certaines interprétations ministérielles. La Cour de cassation estima cette pratique insuffisante et choisit la sanction la plus redoutable pour les banques : la déchéance des intérêts[44]. Le législateur,

37. Cass. req., 3 nov. 1909, *DP* 1910. 1. 366, rapport MICHEL-JAFFARD : « attendu que ces divers textes de la loi nouvelle, dont le caractère interprétatif est certain, font corps avec la loi antérieure et rétroagissent au jour de la promulgation de celle-ci ». La solution est également connue pour les actes administratifs, ex. CE, 24 nov. 1976, *Jason*, *Rec.*, tables, 750 ; et pour les règlements européens, Cass. crim., 31 oct. 2007, *Bull. crim.* n° 264.

38. Cass. soc., 3 oct. 1957, *Bull. civ.* IV, n° 899.

39. Cass. civ. 1re, 18 oct. 2005, *D.* 2006. 705, note O. SMALLWOOD et F. VIALLA.

40. Cass. crim., 12 janv. 2000, *Bull crim.* n° 20.

41. J. GHESTIN, G. GOUBEAUX et M. FABRE-MAGNAN, *Traité de droit civil, Introduction générale*, LGDJ, 4e éd., 1994, n° 378 ; H. ROLAND et L. BOYER, n° 644.

42. Cass. Ass. plén., 23 janv. 2004, *D.* 2004. 1108, note P.-Y. GAUTIER ; *JCP* 2004. II. 10 030, note M. BILLIAU ; *RDC* 2004. 791, note A. MARAIS ; *RFDA* 2004. 224, note B. MATHIEU ; *RTD civ.* 2004. 603, obs. P. DEUMIER ; cependant, la position n'est pas suivie par la première Chambre civile, qui refuse de contrôler la rétroactivité d'une loi qui s'est bornée à interpréter un texte, Cass. civ. 1re, 18 oct. 2005, préc.

43. V. *infra*, n° 364. Le législateur a mis en place un nouveau système d'indemnisation de la naissance d'un enfant handicapé, applicable aux instances en cours. Ainsi, l'indemnisation accordée par le premier juge (150 000 €) dans une affaire fut divisée par 10 (15 000 €) en application de la loi anti-Perruche dans l'affaire en cours, CAA Paris, 13 juin 2002, *D.* 2002. 2156.

44. Cass. civ. 1re, 16 mars 1994, *Bull. civ.* I, n° 100 ; Cass. civ. 1re, 20 juill. 1994, *Bull. civ.* I, n° 262 ; *Defrénois* 1995, art. 36024, obs. D. MAZEAUD.

saisi de la question et fortement incité par les banques à voler à leur secours, adopta une loi du 12 avril 1996[45] qui, pour le passé, validait l'intégralité des prêts conclus après la remise d'une forme allégée du tableau. L'exemple permet de comprendre en quoi une telle intervention du législateur peut étonner, voire irriter, tant chacun est convaincu des méfaits de la rétroactivité en droit. Séparer les validations légitimes des validations dangereuses, tel sera donc l'objet d'un contrôle devenu courant[46].

286. Contrôle des lois rétroactives. – Le Conseil constitutionnel a initié un premier contrôle à partir de 1980[47], en exigeant que cet effet hors du commun soit justifié par un *but d'intérêt général*. Or, le Conseil avait une appréciation souple de ce but, puisqu'il ne censurait que l'erreur manifeste d'appréciation. Ainsi, la validation des prêts conclus sans tableaux d'amortissement avait été jugée conforme à la Constitution[48], au motif que « le législateur a entendu éviter un développement des contentieux d'une ampleur telle qu'il aurait entraîné des risques considérables pour l'équilibre financier du système bancaire dans son ensemble et, partant, pour l'activité économique générale ». Le contrôle s'intensifia réellement avec l'intervention de la CEDH qui, dans son arrêt *Zielinski et Pradal c /France*[49], devait condamner la France pour la rétroactivité d'une loi ne répondant à aucun *impérieux motif d'intérêt général*. Depuis cet arrêt, sous la pression des juridictions européennes, les juridictions nationales sont poussées à plus de sévérité dans le contrôle des lois de validation. Ainsi, le Conseil constitutionnel a introduit une exigence de proportionnalité entre un but d'intérêt général suffisant et l'atteinte aux droits et libertés[50], rapprochant le contrôle de constitutionnalité des canons du contrôle de conventionnalité. Les autres juridictions nationales sont également tenues d'exercer ce contrôle à l'aune de la Conv. EDH (le droit de l'Union européenne étant peu convoqué en la matière, bien qu'il pose des exigences équivalentes[51]). Le Conseil d'État a rallié la vérification d'un impérieux motif d'intérêt général[52]. Les juridictions judiciaires

45. Loi n° 96-314 du 12 avr. 1996 portant diverses dispositions d'ordre économique et financier, art. 87-I, *RTD civ.* 1996. 724, obs. Th. REVET.

46. Sur l'utilisation des différents critères par les différentes juridictions, v. L. MILANO, « Les lois rétroactives, illustration de l'effectivité du dialogue des juges », *RFDA* 2006. 447.

47. Décision n° 80-119 DC du 22 juill. 1980, *Loi portant validation d'actes administratifs*, *ADJA* 1980. 602, note G. CARCASSONNE.

48. Décision n° 96-375 DC du 9 avr. 1996, *AJDA* 1996. 369, note O. SCHRAMECK ; *LPA*, 4 sept. 1996, n° 107, p. 9, note B. MATHIEU ; *RDP* 1996. 1147, note X. PRÉTOT.

49. CEDH, 28 oct. 1999, *Zielinski et Pradal, Gonzalez et al. c /France*, *GACEDH*, n° 29 ; *RTD civ.* 2000. 436, obs. J.-P. MARGUENAUD.

50. Ex., Décision n° 2006-545 DC, 28 déc. 2006, cons. 36, *Loi pour le développement de la participation et de l'actionnariat salarié*, *LPA*, 8 févr. 2007, n° 29, p. 37, note J.-E. SCHOETTL, qui censure une validation venant combattre une jurisprudence du Conseil d'État sans indiquer de motif précis.

51. CJCE, 26 avr. 2005, *Goed Wonen*, C-376/02, *Rec.* I-3445, qui soumet le législateur national aux mêmes critères que le législateur communautaire, § 31 et s. : le principe de non-rétroactivité ne peut être écarté que très exceptionnellement dans un but d'intérêt général et dans le respect du principe de confiance légitime.

52. Et a inauguré un contrôle concret des lois de validation, v. CE, 10 nov. 2010, *Palavas-les-Flots*, *RFDA* 2011. 124, concl N. BOULOUIS, Pour l'ancienne adhésion au « but suffisant », CE, 28 juill. 2000, *M. Tête*, *RFDA* 2001. 121, concl. SAVOIE.

également[53] mais elles sont plus réticentes à reconnaître l'absence d'un tel motif, particulièrement la Cour de cassation[54].

Reprenons l'affaire des tableaux d'amortissement. La Cour de cassation, prudente, avait estimé la rétroactivité justifiée par le souci d'« aménager les effets d'une jurisprudence de nature à compromettre la pérennité des activités bancaires dans le domaine du crédit immobilier »[55]. Un tel motif est effectivement potentiellement capable de justifier une rétroactivité : les difficultés financières des banques, on le sait, se répercutent sur l'économie nationale. Cependant, encore faut-il que les inconvénients économiques évoqués soient réels et quantifiés. Faute d'une telle évaluation par la Cour de cassation, la loi de validation valut à la France une condamnation par la CEDH[56]. Le schéma a connu plusieurs illustrations[57] : ainsi, la rétroactivité voulue par la loi anti-Perruche, déclarée conforme à la Convention EDH par un avis du Conseil d'État en ce qu'elle répondait à « des motifs d'intérêt général, tenant à des raisons d'ordre éthique, à la bonne organisation du système de santé et au traitement équitable de l'ensemble des personnes handicapées »[58] a également entraîné une condamnation par la CEDH[59] et un alignement consécutif des juridictions nationales[60].

Le contentieux étant abondant, il est possible désormais d'identifier certains motifs permettant au législateur de donner, exceptionnellement, une portée rétroactive à son intervention : il en est ainsi d'une simple rectification, d'une intervention prévisible du législateur ou de la volonté d'éviter l'effet d'aubaine[61] ; à l'inverse, se révèle insuffisante l'invocation d'un déséquilibre financier non prouvé (ou non déterminant) ou d'une divergence de jurisprudence. Les considérations financières occupent une place un peu à part car elles nourrissent de fortes suspicions à l'égard d'un législateur qui changerait les règles du

53. Ass. plén., 24 janv. 2003, *BICC* n° 574 du 1er avr. 2003, avis M. BURGELIN et rapport M. MERLIN ; *D.* 2003. 1652, note S. PARICARD-PIOUX ; *RFDA* 2003. 470, note B. MATHIEU ; Ass. plén., 23 janv. 2004, préc.

54. À l'exception de sa chambre sociale, qui se démarque par sa position franchement « pionnière » : v. J. MOULY et J.-P. MARGUENAUD, « La chambre sociale de la Cour de cassation, pionnière de la diffusion de la Convention EDH en France », *JCP* 2008 I. 221 ; surtout, les juges du fond ne cachent pas un certain enthousiasme à parfois venir sanctionner la rétroactivité d'une loi de validation, n'hésitant pas au passage à dénoncer les lobbyings : TGI Lyon, 11 sept. 1997, *RTD civ.* 1999. 236, obs. N. MOLFESSIS ; TGI Saintes, 21 févr. 1997, *D.* 1999. 23, note M.-L. NIBOYET ; pour une autre loi de validation, Versailles, 6 févr. 2003, *D.* 2003. 720, note P.-Y. GAUTIER.

55. Cass. civ. 1re, 29 avr. 2003, *Defrénois* 2003. art. 37810, note E. SAVAUX.

56. 14 févr. 2006, *Le Carpentier c /France*, *JCP* 2006. II. 10 171, note M. THIOYE ; *JCP E* 2006. 2062, note J. RAYNAUD ; *RDC* 2006. 289, obs. Th. REVET et 879, obs. A. DEBET.

57. Pour le contentieux du régime d'équivalence des permanences nocturnes, CEDH, 9 janv. 2007, *Arnolin c /France* et *Aubert c /France*, *JCP* S 2007. 1302, note J. CAVALLINI ; *RDC* 2007. 477, obs. A. DEBET.

58. 6 déc. 2002, *AJDA* 2003. 283, chr. F. DONNAT et D. CASAS ; *RFDA* 2003. 339, note J. PETIT.

59. CEDH, 6 oct. 2005, *Maurice c /France* et *Draon c /France*, *RTD civ.* 2005. 743, obs. J.-P. MARGUENAUD et 798, obs. Th. REVET ; *Dr. fam.* 2005. comm. 258, obs. C. RADÉ ; *JCP* 2006. II. 10 061, note A. ZOLLINGER.

60. Alignement particulièrement enthousiaste de la première chambre civile qui en profite pour étendre encore la non-rétroactivité à tous les enfants nés avant l'entrée en vigueur de la loi, Cass. civ. 1re, 8 juill. 2008, *D.* 2008. 2765, note S. PORCHY-SIMON ; *JCP* 2008. II. 10166, avis Ch. MELLOTTÉE et note P. SARGOS.

61. Sur cet effet, v. J. LAMARQUE, « Validation et Convention européenne des droits de l'homme : la bonne aubaine », *RFDA* 2002. 791.

jeu en cours de partie en sa faveur. Fréquemment invoquées, elles sont prudemment doublées de justifications plus générales : principe de continuité des services publics et juridictionnels, principe d'égalité devant les charges publiques, égalité de traitement entre les collectivités locales, graves perturbations du fonctionnement de l'administration et de la juridiction administrative, préservation du déroulement normal des carrières du personnel, équilibre financier de la sécurité sociale.

2. Les situations en cours

287. Les situations en cours au moment de l'entrée en vigueur de la loi nouvelle sont des situations qui, par hypothèse, s'étalent dans le temps, par exemple, un mariage ou un contrat de bail. Nées sous l'empire de la loi ancienne, elles sont toujours en train de s'écouler lorsqu'entre en vigueur la loi nouvelle : quelle loi va dès lors régir cette dispersion des faits ? C'est à Roubier que l'on doit la distinction qui sert de clivage à la matière. Elle repose sur une réponse différente pour des situations différentes, qui ne présentent pas les mêmes enjeux : les situations non-contractuelles et les situations contractuelles. Évidemment, cette nouvelle distinction crée à son tour certaines hésitations, étant parfois difficile de distinguer les effets des contrats des effets que la loi fait produire aux contrats[62].

a) Situations non-contractuelles : effet immédiat de la loi nouvelle

288. Principe. – Pour les situations créées par la loi, ou situations non-contractuelles, la solution s'impose : seul prime l'intérêt d'appliquer au plus grand nombre de situations la loi nouvelle, facteur de progrès, ce qui permet d'appliquer à tous, au même instant, la même règle[63]. Ces objectifs ne se heurtent à aucun droit subjectif et notamment à aucun « droit au maintien de la réglementation existante »[64]. Pour ces situations, le principe est donc l'*application immédiate*, certains attendus des arrêts en la matière semblant tout droit sortis de l'œuvre de Roubier[65]. Ainsi, la loi du 5 juillet 1974, qui a abaissé

62. Par exemple, pour le contrat de transport : l'action directe du transporteur de la loi du 31 décembre 1975 trouve son fondement dans la loi et non dans le contrat (application immédiate d'une loi nouvelle en la matière : Cass. ch. mixte, 13 mars 1981, *D.* 1981. jurisp. 309, note A. BÉNABENT ; *JCP* 1981. II. 19568, concl. TOUBAS et note G. FLÉCHEUX) ; en revanche, l'action directe du voiturier de la loi du 6 février 1998 n'est pas applicable aux contrats en cours (Cass. com., 10 mai 2005, *Bull. civ.* IV, n° 100).

63. L'argument de l'unité de législation a été surtout développé par P. ROUBIER, p. 345-347.

64. Solution récemment conciliée avec l'obligation parfois faite d'adopter des dispositions transitoires : CE, Sect., 13 déc. 2006, *Mme Lacroix*, *Rec.* 540. Pour la Cour de cassation, ex. « le législateur peut, à tout moment, modifier les effets d'une situation légale, telle que celle de propriétaire, d'expropriant ou d'exproprié, les effets futurs sont seuls soumis à la loi nouvelle », Cass. civ. 3e, 13 mars 1967, *Bull. civ.* III, n° 28.

65. Pour un exemple récent, Cass. civ. 3e, 4 mars 2009, *Bull. civ.* III, n° 58 : « une loi nouvelle s'applique immédiatement aux effets à venir des situations juridiques non contractuelles en cours au moment où elle entre en vigueur » ; pour un exemple d'application par la CJCE pour une directive, 29 juin 1999, *Butterfly Music*, C-60/98, *D.* 2000. 277, note B. EDELMAN ; pour un recensement d'exceptions, *ie* de survie de la loi ancienne pour des situations non-contractuelles, v. L. BACH, préc., n° 537 et s.

l'âge légal de 21 à 18 ans, a immédiatement donné pleine capacité à toutes les personnes ayant atteint cet âge ; la loi du 18 février 1938 ayant supprimé l'incapacité de la femme mariée, s'est immédiatement appliquée à toutes les femmes mariées, quand bien même le mariage aurait été antérieur à la réforme ; les lois sur le divorce sont applicables aux époux mariés sous l'empire de la loi ancienne, etc.

289. Difficultés de qualification. – Si la loi nouvelle s'applique donc immédiatement, elle ne s'applique pas pour autant rétroactivement : elle va régir les effets en cours mais les effets passés de ces situations resteront intacts[66]. La distinction est théoriquement simple mais en pratique la frontière se révèle parfois bien mince. Ainsi, les lois organisant le procès (lois d'organisation judiciaire, de compétence ou de procédure) ont vocation à s'appliquer immédiatement à toutes les procédures en cours[67]. D'une part, elles sont nécessaires à une bonne administration de la justice, d'autre part, elles régissent l'activité du juge : leur objet est le litige, nouvelle situation en cours[68], à laquelle elles s'appliquent immédiatement.

b) Situations contractuelles : survie de la loi ancienne

290. Principe. – L'hypothèse est celle d'un contrat conclu avant la loi nouvelle mais dont les effets se prolongent au moment de son entrée en vigueur. La particularité de cette situation est que les parties, au moment de la conclusion du contrat, se sont conformées au droit applicable à l'époque : leur appliquer une modification ultérieure de ce droit bouleverserait leurs prévisions et serait source de grande insécurité juridique. Pour ne pas trahir les attentes légitimes des parties, le contrat est donc maintenu sous l'empire de la loi de sa formation, et ce même si ses effets continuent à se réaliser après la loi nouvelle[69]. L'intérêt des parties dicte donc la solution du conflit de normes : la survie de la loi ancienne.

291. Exceptions. – Cependant, cet intérêt, si important soit-il, ne saurait l'emporter sur une loi prise dans un intérêt général supérieur. Une exception est donc posée : si la loi nouvelle répond à des *exigences impérieuses d'ordre public*, elle s'appliquera immédiatement à tous les contrats en cours. La jurisprudence étant peu encline à reconnaître des cas d'application immédiate aux contrats en cours, de telles hypothèses procèdent généralement d'un choix express du législateur. Ce choix législatif est tellement fréquent que

66. Sous peine de rétroactivité, v. Cass. civ. 1re, 29 avr. 1960, *GAJ civ.*, n° 6 ; cassation d'un arrêt ayant appliqué à un sinistre de 1966 une loi de 1978, Cass. civ. 3e, 23 janv. 2002, *Bull. civ.* III, n° 14.

67. V. l'avis de la Cour de cassation du 22 mars 1999, au visa des « principes généraux du droit transitoire, selon lesquels, en l'absence de disposition spéciale, les lois relatives à la procédure et aux voies d'exécution sont d'application immédiate », *Bull. civ.* n° 2 ; pour la CEDH, 19 déc. 1997, *Brualla Gomez de la Torre c /Espagne*, § 35, *D.* 1998. somm. 210. obs. N. FRICERO.

68. P. ROUBIER, p. 545 ; V. G. ROUJOU DE BOUBÉE, « La loi nouvelle et le litige », *RTD civ.* 1968. 479.

69. Cass. 27 mai 1861, *S.* 1861. 1. 507 : « les contrats passés sous l'empire d'une loi ne peuvent recevoir aucune atteinte par l'effet d'une loi postérieure » ; Cass. com., 15 juin 1962, *GAJ civ.*, n° 7 : « les effets d'un contrat sont régis, en principe, par la loi en vigueur à l'époque où il a été passé » ; Cass. civ. 3e, 3 juill. 1979, *JCP* 1980. II. 19384, note F. DEKEUWER-DÉFOSSEZ.

l'application immédiate de la loi nouvelle pourrait être dans les faits plus fréquente que la survie de la loi ancienne[70]. Cependant, ces extensions de la loi nouvelle, tout comme la loi rétroactive, suscitent à leur tour une certaine défiance. La jurisprudence est particulièrement exigeante et ne se contente pas du caractère d'ordre public de la loi, au sens de l'article 6 du Code civil[71], mais recherche un « ordre public renforcé »[72], qui peine à trouver une formulation contentieuse stable : la Cour de cassation a ainsi évoqué « des considérations d'ordre public particulièrement impératives »[73] ; le Conseil constitutionnel exige des « motifs d'intérêt général » ne portant pas une atteinte excessive à la liberté contractuelle[74] ; le Conseil d'État cherche un « motif d'intérêt général suffisant lié à un impératif d'ordre public »[75]. Concrètement, la jurisprudence administrative a souvent reconnu ce caractère en matière de réglementation des prix[76]. Il en est de même pour les interventions touchant à la santé publique : ainsi, en cas de suspicion de « vache folle », l'interdiction de la vente de tout animal de l'exploitation s'applique immédiatement[77]. Encore, la détermination du montant du salaire minimum protège des intérêts qui ne sont pas susceptibles de dérogations, même au nom du respect des contrats déjà conclus : dès lors, le décret fixant chaque année ce montant s'applique immédiatement à tous les contrats de travail en cours[78].

292. Difficultés de qualification. – Une chose est acquise : les conditions de validité du contrat restent ancrées dans le passé, à l'instant de sa formation, et ne sauraient se voir concerner par l'application immédiate de la loi nouvelle : la loi voulant s'appliquer à la *formation* d'un contrat serait rétroactive[79].

70. V. F. DEKEUWER-DÉFOSSEZ, *Les dispositions transitoires dans la législation civile contemporaine*, LGDJ, 1977.

71. Très proche des lois « impératives » (v. *supra*, n° 23), il s'agit de lois ne pouvant être écartées par une convention contraire. Reprochant aux juges du fond de ne pas avoir « caractérisé les raisons d'une application immédiate de la loi que sa nature d'ordre public ne pouvait à elle seule justifier », Cass. civ. 1re, 17 mars 1998, *Bull. civ.* I, n° 115 ; *RTD civ.* 1999. 378, obs. J. MESTRE ; la solution est conforme à la théorie de Roubier (p. 415 et s.) ; pour autant, la jurisprudence jette parfois le trouble, v. Th. BONNEAU, préc.

72. VUGHT, concl. sur CE, Sect., 29 janv. 1971, *Emery*, *AJDA* 1971. 409, sp. p. 411.

73. Cass. civ. 1re, 4 déc. 2001, *RTD civ.* 2002. 507, obs. J. Mestre et B. Fages ; pour les nécessités impérieuses d'ordre public exigées par le Conseil d'État, 28 févr. 1947, *Cie Réunionnaise O. Ratineau et fils*, *Rec.*, p. 83.

74. Ex., Décision n° 2009-578 DC, 18 mars 2009, *Loi de mobilisation pour le logement et la lutte contre l'exclusion,* cons. 13. Sur cette jurisprudence, P.-Y. GAHDOUN, *La liberté contractuelle dans la jurisprudence du Conseil constitutionnel*, Dalloz, 2008.

75. CE, ass., 8 avr. 2009, *Commune d'Olivet*, *JCP* A 2009. 2157, note B. BONNET ; *RFDA* 2009. 449, concl. E. GEFFRAY ; *RTD civ.* 2010. 58, obs. P. DEUMIER.

76. P. DELVOLVÉ, « Le principe de non-rétroactivité dans la jurisprudence économique du Conseil d'État » *in Mélanges M. Waline,* LGDJ, 1974, tome 2, p. 355.

77. Arrêté du 3 déc. 1990, *JORF,* 16 déc. 1990, p. 15482.

78. L'application ressort clairement des décrets en la matière. En droit social, v. l'affirmation générale de Cass. soc., 12 juill. 2000, *Bull. civ.* V, n° 278 : « l'ordre public social impose l'application immédiate aux contrats de travail en cours et conclus avant leur entrée en vigueur des lois nouvelles ayant pour objet d'améliorer la condition ou la protection des salariés » ; P. Roubier rattachait cette application immédiate des lois ouvrières à leur qualité de statut légal à l'intérieur d'un contrat en cours, p. 399, p. 429.

79. Cass. civ. 3e, 7 oct. 1980, *Bull. civ.* III, n° 152 : « les conditions de validité d'un contrat et les conséquences de sa nullité sont régies par la loi en vigueur au jour où il a été passé » ; Cass. civ. 3e,

L'analyse est plus disputée pour l'application de la loi nouvelle aux *effets* en cours d'un contrat : s'agit-il, de rétroactivité, puisque le contrat a été conclu antérieurement, ou d'application immédiate, puisque ses effets sont en cours ? La quasi-unanimité de la doctrine[80], conformément à Roubier[81], y voit une question d'application immédiate de la loi : il ne s'agit pas, en régissant les effets en cours, de revenir sur le passé. Cependant, quoi qu'on en dise, ces effets avaient été définis au moment de la conclusion du contrat et cette application vient bien les modifier, bouleversant les prévisions[82]. L'ambiguïté de la situation explique que la jurisprudence judiciaire analyse parfois la question sous l'angle de la rétroactivité[83], analyse partagée par le droit administratif[84], le Conseil d'État ayant très solennellement opté pour une analyse en termes de rétroactivité[85]. Pourtant, si l'application de la loi aux contrats en cours revient sur les prévisions passées, ce retour n'a pas des effets aussi dévastateurs qu'une véritable rétroactivité, qui prétendrait remettre en cause des effets déjà réalisés du contrat[86]. Cette différence justifie pour certains de voir plutôt dans la situation une fausse rétroactivité ou rétrospectivité. Revenant sur les prévisions passées sans remettre en cause les effets passés, l'application de la loi aux contrats en cours serait pour part rétroactive et pour part immédiate[87]. Il faut néanmoins relativiser ce redoutable casse-tête conceptuel du point de vue de ses enjeux pratiques : que la question soit considérée comme un problème de rétroactivité ou d'effet immédiat, dans les deux cas, le principe en la matière est la survie de la loi ancienne ; dans les deux cas, l'application de la loi nouvelle n'est acceptée qu'au nom d'exigences impérieuses. Encore récemment, il aurait pu être avancé

17 févr. 1993, *Bull. civ.* III, n° 19. Selon Roubier (p. 190-191), serait rétroactive l'application d'une loi aux conditions de validité d'un contrat préexistant, vices du consentement, capacité, contrariété à la loi, l'ordre public, les bonnes mœurs, formes requises.

80. La confusion régulière est dénoncée par la doctrine, v. les ouvrages préc de F. DEKEUWER-DÉFOSSEZ, n° 34 ; Th. BONNEAU, n° 94 et 124. La position est partagée par la doctrine administrative : R. CHAPUS, n° 1336, 3°) ; A. WERNER, « Contribution à l'étude de l'application de la loi dans le temps en droit public », *RDP* 1982. 737 ; J. PETIT, *Les conflits de lois dans le temps en droit public interne,* LGDJ, 2002, n° 468 et s.

81. P. 179-180 ; p. 382.

82. Cette interprétation en termes de droits acquis connaît aussi ses défenseurs, Savigny et Aubry et Rau, cités et critiqués par Th. BONNEAU ; maintenant la théorie des droits acquis « principalement pensée pour l'exécution des contrats », G. CORNU, n° 372.

83. Cass. civ. 3e, 17 juill. 1968, *Bull. civ.* III, n° 352 : « si la loi nouvelle est d'application immédiate, elle ne saurait, sans rétroactivité, régir les effets des situations juridiques définitivement réalisés, ni conférer aux contrats passés sous l'empire de la loi ancienne, des effets dont ils étaient dépourvus lors de leur conclusion ».

84. B. GENEVOIS, « Principes généraux du droit », *Rép. Dalloz Contentieux administratif*, n° 731 et s. ; concl. sur CE, 19 déc. 1980, *D.* 1981. 398.

85. v. CE, ass., 24 mars 2006, *KPMG, GAJA*, n° 113 : « Considérant qu'une disposition législative ou réglementaire nouvelle ne peut s'appliquer à des situations contractuelles en cours à sa date d'entrée en vigueur, sans revêtir par là même un caractère rétroactif ».

86. V. les commentaires de *KPMG*, *RTD civ.* 2006. 527, obs. R. ENCINAS DE MUNAGORRI ; *Defrénois* 2006. art. 38493-73, obs. R. LIBCHABER.

87. J. HÉRON, *Principes du droit transitoire*, Dalloz, 1996, n° 139, p. 126 ; la distinction est connue du droit allemand, G. GRASMANN, « La constitutionnalité des règles de droit rétroactives et rétrospectives dans la jurisprudence allemande : règlement du conflit entre la confiance digne de protection des sujets de droit (nationaux et étrangers) et l'intérêt public », *RID comp.* 1989. 1017. V. la critique de P. FLEURY-LE GROS, *Contribution à l'analyse normative des conflits de lois dans le temps en droit privé interne*, Dalloz, 2005.

que le contrôle de l'exception à la non rétroactivité était plus sévère que celui de l'exception à la survie de la loi ancienne[88]. Cependant, les sévérités semblent aujourd'hui converger comme en témoignent les critères imposés par la jurisprudence *Commune d'Olivet*[89]. Les conflits de lois dans le temps se rejoindraient donc dans une nouvelle logique, celle de la confrontation, au cas par cas, de la loi nouvelle et des situations juridiques, des motifs d'intérêt général poursuivis par la première et de la confiance légitime née des secondes[90].

§ 2. Les conflits de lois générales et spéciales

293. Principe *specialia generalibus derogant*. – Toutes les lois n'ont pas le même degré de généralité[91]. Il existe ainsi les lois *générales*, qui visent l'intégralité d'une catégorie et en constituent le droit commun, par exemple, les dispositions sur le bail. Si elles ont le mérite de pouvoir fournir une solution à toutes les figures de bail, ces lois sont obligées de s'en tenir à un certain degré de généralité, pour pouvoir s'appliquer à toutes ses formes (ex. commercial, d'habitation, rural). D'autres lois vont dès lors s'occuper d'élaborer un régime spécifique à certaines sous-catégories, prenant en compte leurs besoins particuliers et y apportant la réponse la plus adaptée : il s'agit des lois *spéciales*, par exemple la réglementation du bail commercial. La question de la loi applicable à une situation est dès lors une question de domaine d'application matériel.

L'articulation de ces deux catégories de lois semble pouvoir s'en tenir à un certain bon sens : puisqu'une règle plus spécifique a été adoptée pour certaines situations, afin d'apporter une réponse plus appropriée, elle doit s'appliquer à ces situations de préférence à la règle générale : la raison d'être de la règle spéciale est de déroger à la règle générale. La solution s'exprime dans un principe, *specialia generalibus derogant.* Ainsi, l'adoption du Code de procédure civile de 1806 n'a, selon un avis du Conseil d'État du 12 mai 1807, « porté aucune atteinte aux formes de procéder (...) en toute autre matière pour laquelle il aura été fait, par une loi spéciale, exception aux lois générales ». Le principe, s'il vise dans son expression la « loi », est un principe d'articulation de toutes normes d'égale valeur. Il est ainsi un principe de résolution fondamental en droit international public, où il est d'autant plus sollicité que les sources sont placées à égalité, sans rapport hiérarchique[92].

294. Insuffisance du principe. – Assez étonnamment, alors que les autres types de conflits de normes font l'objet d'un ensemble de solutions toutes plus complexes et sophistiquées les unes que les autres, le choix entre lois en concurrence en fonction de leur domaine repose intégralement sur cet unique adage,

---

88. Distinction relevée par E. GEFFRAY, préc.
89. CE, ass., 8 avr. 2009, préc.
90. V. également C. PÉRÈS, *RDC* 2006. 1038 et *RDC* 2007. 1091.
91. V. *supra*, n° 12.
92. V. J. COMBACAU et S. SUR, *Droit international public*, Montchrestien, 10e éd., 2012, n° 50 ; N. QUOC DINH, P. DAILLIER, A. PELLET, M. FORTEAU, *Droit international public*, LGDJ, 8e éd., 2009, n° 60.

objet d'études rares au regard de l'importance de son utilisation[93]. Pourtant, la législation contemporaine se forge par une multiplication de lois toujours plus spéciales et leur combinaison soulève des difficultés nouvelles[94]. On ne s'étonnera donc pas que les insuffisances de la règle soient régulièrement dénoncées[95] et que, concrètement, les juges semblent s'en remettre beaucoup à l'équité et à un certain « bricolage »[96]. L'un des exemples les plus connus est l'articulation entre l'article 1382 du Code civil, fondement général de la responsabilité civile, et la loi du 29 juillet 1881, qui prévoit des actions spéciales en cas d'atteinte par voie de presse. La Cour de cassation, après avoir écarté l'article 1382 chaque fois que la situation entrait dans les prévisions de la loi de 1881[97], a élargi l'application de cette loi spéciale à toute la matière de la presse, quand bien même le texte de 1881 serait silencieux[98].

§ 3. Les conflits internes de lois

295. Il existe une dernière figure de conflits à l'intérieur d'un système, celle opposant deux lois d'un même État, d'application territoriale ou personnelle distincte[99]. La figure est courante dans les ordres étatiques dans lesquels le droit n'est pas unifié et qui sont donc « plurilégislatifs »[100]. Au-delà des questions d'organisation étatique, ce pluralisme juridique appelle, là encore, des règles de conflits de normes, proches des règles de conflits internationaux[101]

93. V. cette entrée, *in Adages du droit français*, n° 418. Également *Generalia specialibus non derogant* (n° 152). v. antérieurement, R. GASSIN, « Lois spéciales et droit commun », *D.* 1961. 91. Plus récemment, S. MAUCLAIR, « La force normative de l'adage *specialia generalibus derogant* », *in La force normative*, C. THIBIERGE et *alii*, LGDJ-Bruylant, 2009, p. 223. Pour une théorisation de la méthode de résolution, valable au-delà de sa matière, autour d'un principe, neutre, de subsidiarité, dont l'application peut être corrigée par un principe, matériel, d'intérêt, v. S. MAUCLAIR, *Recherche sur l'articulation entre le droit commun et le droit spécial en droit de la responsabilité civile extracontractuelle*, éd. Fondation Varenne, 2013.

94. Sur l'absence de théorie pour régler les conflits courants entre branches du droit, F. GRUA, « Les divisions du droit », *RTD civ.* 1993. 59.

95. G. LARDEUX, « "Specialia generalibus derogant" ou la simplicité apparente des fausses évidences », *RDC* 2008. 1251.

96. R. LIBCHABER, *RTD civ.* 1997. 792.

97. Ass. plén., 12 juill. 2000, *Bull. civ.* Ass. plén. n° 8.

98. V. Cass. civ. 1re, 27 sept. 2005, *RTD civ.* 2006. 126, obs. P. JOURDAIN ; pour un infléchissement, Cass. civ. 1re, 30 oct. 2008, *RTD civ.* 2009. 331, obs. P. JOURDAIN.

99. Sur ces conflits internes, voir l'étude ample, riche et stimulante de V. PARISOT, *Les conflits internes de lois*, thèse, Paris I, 2009.

100. P. LAMPUÉ, *Droit d'outre-mer et de la coopération*, Précis Dalloz, 4e éd., 1969, n° 3.

101. V. P. GANNAGÉ, « La distinction des conflits internes et des conflits internationaux de lois », *in Mélanges P. Roubier*, t. 1, Dalloz et Sirey, 1961, p. 229 ; P. LAMPUÉ, « Les conflits de lois interrégionaux et interpersonnels dans le système juridique français », *RCDIP* 1954. 249 ; pour le rapprochement avec le droit européen, v. Y. LOUSSOUARN, P. BOUREL et P. DE VAREILLES-SOMMIÈRES, *Droit international privé*, Précis Dalloz, 10e éd., 2013, n° 115 ; pour la comparaison avec les conflits fédéraux américains, M. FALLON, « Les conflits de lois et de juridictions dans un espace intégré. L'expérience de la Communauté européenne », *RCADI*, tome 253, 1995, sp. n° 156.

(et parfois simplement identiques, pour les conflits interterritoriaux[102]). Le fait que ces conflits se nouent au cœur d'un même ordre juridique crée pourtant une différence forte, qui se ressentira sur l'autorité compétente pour poser la règle de conflit et sur le statut privilégié de la loi de droit commun. La vision mythologique du droit français voudrait le passage d'un droit morcelé, embarrassé par les conflits de coutumes, de l'Ancien Régime, au droit unitaire né de la Révolution. Il a pourtant déjà été vu que le pluralisme juridique est reconnu par la Constitution et se manifeste sous des formes très variées[103]. La figure du conflit interne, bien que moins connue que dans certains systèmes étrangers, est dès lors bien présente en France. De tels conflits internes peuvent prendre deux formes selon qu'ils mettent en opposition des lois territoriales, lorsqu'un État admet l'existence de lois différentes selon les portions de territoires, ou des lois personnelles, lorsqu'un État admet l'application de lois différentes selon les catégories de la population.

296. Les conflits interlocaux. – Les conflits interlocaux apparaissent lorsque coexistent au sein d'un même État différents droits applicables sur différentes portions du territoire. Ils se divisent, selon la structure non-unitaire ou unitaire de l'État, entre les conflits *interfédéraux* et les conflits interrégionaux Au rang des premiers, l'exemple le plus courant est celui du droit des États-Unis, des conflits pouvant exister entre les lois de différents États américains. Du fait de l'autonomie législative (chaque État des États-Unis a son droit) et judiciaire (chaque État des États-Unis a ses juges), chaque juge doit appliquer la règle de conflit édictée par son État[104], la Cour Suprême ne contrôlant que l'existence d'un contact minimum avec la cause[105]. En droit français, seule la catégorie des conflits *interrégionaux* se rencontre ; la forme unitaire de l'État permet alors l'édiction d'une règle de conflit centralisée[106]. Le droit d'Alsace-Moselle a suivi l'histoire mouvementée du territoire[107]. Les lois françaises avaient été maintenues en vigueur par les autorités allemandes. Cependant, elles ont progressivement été remplacées par les nouvelles lois allemandes et par des lois territoriales. Le territoire redevenu français, en 1914, il fut provisoirement décidé de maintenir l'application de ce droit local, le provisoire devenant ensuite indéfiniment provisoire[108]. Une telle législation territoriale ne porte pas atteinte à l'indivisibilité de la République, puisqu'elle découle de la volonté

102. C'est largement le cas des systèmes de *Common law*. Ailleurs, l'Espagne pose en principe que les conflits entre « droits foraux » sont réglés par l'application par analogie des règles de droit international privé (art. 14, C. civ.).

103. V. *supra*, n° 147.

104. *Cour Sup. EUA*, *Klaxon v/Stentor Electric* (1941).

105. *Cour Sup. EUA Richards v/United States* (1962), dont des extraits sont cités par V. PARISOT, préc., n° 943.

106. Ex. loi du 24 juillet 1921 pour les conflits en droit d'Alsace-Moselle et droit commun ; ces règles de conflit sont de la compétence d'une loi organique, v. CE, ass., 4 nov. 2005, *Président de la Polynésie française*, *RFDA* 2005. 1129, concl. C. VÉROT ; *RDC* 2006. 1268, obs. P. DEUMIER.

107. J.-M. WOEHRLING, « Perspectives sur le droit local », *Juris-classeur Alsace-Moselle*, fasc. 30 ; ce conflit est-il interterritorial ou entre lois d'application matérielle différente ?, v. P. MAYER et V. HEUZÉ, *Droit international privé*, Montchrestien, 10e éd., 2010, n° 90-91.

108. Le délai de 10 ans fixé en 1924 fut prolongé jusqu'en 1945 : la loi du 24 mai 1951 a finalement supprimé toute référence à une date.

du législateur national[109]. Sa plus grande originalité demeure probablement l'absence de séparation entre l'Église et l'État[110]. Elle a par ailleurs parfois servi de source d'inspiration, la procédure de surendettement ayant été généralisée à partir de l'exemple local de la faillite personnelle, applicable en Alsace sur le fondement d'une loi d'origine allemande du 10 février 1877[111].

297. Les conflits interpersonnels. – La situation est bien différente pour les conflits interpersonnels. Certains systèmes reconnaissent l'application pour chaque individu de son *statut personnel*, c'est-à-dire de la loi propre à son groupe social, sa communauté, son ethnie, sa religion. La situation concerne les États religieux, les statuts applicables selon la confession de leurs citoyens, et les anciennes colonies ou protectorats européens, qui ont dû trouver une conciliation entre l'application de leurs principes et le respect des droits locaux. Le statut personnel couvre de façon certaine le droit des personnes, de la famille, des successions, les débats étant plus nombreux sur les autres sphères du droit civil. Par exemple, au Liban[112], dix-sept communautés sont reconnues et disposent d'une autonomie législative et judiciaire, l'État restant neutre à leur égard, au point qu'il n'existe aucun statut de droit commun. Dans ces systèmes, le mécanisme de résolution des conflits de statut le plus classique est celui de l'option de législation. Par exemple, au moment d'un mariage entre époux de statuts différents, il leur est possible de choisir le statut auquel seront soumis tous les événements de leur vie de couple.

Ces solutions sont souvent perçues comme originales par les juristes français. Pourtant, le droit français connaît constitutionnellement[113] cette forme de pluralisme juridique, puisque des statuts personnels *outre-mer* ont été maintenus, notamment à Mayotte[114] et en Nouvelle-Calédonie. Les règles de conflit sont alors identiques à celles utilisées par les États plurilégislatifs : application du statut personnel en matière civile[115], sauf renonciation ; application du droit commun en cas de conflits de statuts personnels, de lacune du statut personnel ou au nom de

109. J.-F. FLAUSS, « Droit local alsacien-mosellan et Constitution », *RDP* 1992. 1625. Bien au contraire, le maintien de l'application de la législation locale a été qualifié de principe fondamental reconnu par les lois de la République et sa portée strictement limitée par la décision n° 2011-157 QPC du 5 août 2011 (*Interdiction du travail le dimanche en Moselle*), *RFDA* 2012. 131, note J.-F. WOEHRLING.

110. Pour les raisons de la mise à l'écart de la loi de 1905 et ses implications administratives, v. F. MESSNER, P.-H. PRÉLOT, J.-M. WOEHRLING (dir.), *Traité de droit français des religions*, Litec, 2003, n° 309 et s.

111. Loi n° 2003-701 du 1er août 2010.

112. P. GANNAGÉ, *Le pluralisme des statuts personnels dans les États multicommunautaires – Droit libanais et droits proche-orientaux*, Bruylant et PUSJ, 2001 ; « L'articulation des ordres juridiques dans un État multicommunautaire », *in Mélanges B. Oppetit*, Litec, 2009, p. 247.

113. Art. 75 de la Constitution, qui permet de conserver son statut personnel, sauf renonciation.

114. Sur lequel, v. E. RALSER, « Le statut civil de droit local applicable à Mayotte – Un fantôme de statut personnel coutumier », *Rev. crit. DIP* 2012. 733.

115. Pour l'application de la coutume kanake en matière d'assistance éducative, avis Cass., 16 déc. 2005, *BICC* n° 637 du 1er avr. 2006, rapport M. CHAUVIN et avis M. CAVARROC ; *RTD civ.* 2006. 516, obs. P. DEUMIER. Les sanctions coutumières en matière pénale (gifle, bastonnade, exil...) ne sont pas reçues par le droit français mais elles n'ont pas disparu pour autant (J.-J. HYEST, C. COINTAT, S. SUTOUR, Rapport d'information n° 216 du 16 février 2004, Sénat ; P. FREZET, « Chronique d'un jugement qui ne sera jamais rendu », *RRJ* 2005-4. 2023).

l'ordre public[116]. Le droit français n'est donc pas le bloc que l'on présente souvent et peut, par respect de la pluralité juridique et par le jeu des règles de conflits internes, aboutir à des décisions qui peuvent étonner le juriste formé au seul droit métropolitain : la non paternité peut être établie par serment décisoire devant le Grand Cadi[117] ; une demande de divorce est rejetée en raison de l'opposition formelle du clan à toute rupture du lien conjugal[118] ; un enfant né hors mariage peut être privé de ce fait de sa qualité d'héritier[119] ; un clan peut se voir reconnaître la personnalité morale[120].

Section 2
Les conflits entre normes hiérarchisées

298. La hiérarchie des normes kelsénienne. – La figure est apparemment simple : un seul système étant concerné, c'est ce système qui va donner les solutions. La figure est d'autant plus aisée à saisir quand, au sein de ce système, les différentes normes sont agencées dans un rapport hiérarchique. Leurs relations peuvent donc encore largement être analysées par le biais de la figure toujours très vivace de la pyramide de Kelsen. Dans une *Théorie pure du droit*[121], seul le droit peut fonder la validité du droit. Chaque norme puise donc sa validité dans une norme supérieure, plus précisément dans le respect des conditions d'édiction posées par une norme supérieure. Ainsi, la loi est valide parce qu'elle respecte les conditions d'édiction d'une norme supérieure, la Constitution. Cette vision hiérarchisée et formelle de la production du droit permet d'étager les différentes catégories de textes sous forme d'une pyramide : au sommet, la Constitution ; en dessous, la loi ; en dessous, le règlement. Chaque norme doit se conformer à toutes les normes supérieures en vigueur au moment de son adoption. De ce fait, en cas de conflit, la question de la norme applicable au litige se double d'une question de validité. Cette hiérarchisation formelle joue à plein dans les ordres hautement structurés, que sont l'ordre étatique (§ 1.) ou l'ordre de l'Union européenne (§ 2.). Dans ces deux cas, il n'existe aucune difficulté pour déterminer quelle norme prime dans le conflit : il suffit de suivre la hiérarchie. En revanche, les questions vont se déplacer vers la compétence des juges : si tous peuvent se prononcer sur l'application des normes de leur système, tous ne sont pas compétents pour se prononcer sur leur validité. La hiérarchisation des normes n'est pas pour autant le seul mode d'articulation des normes dans un

116. V. article 7 de la loi 99-2096 du 19 mars 1999 relative à la Nouvelle-Calédonie ; ordonnance 2010-590 du 3 juin 2010 portant dispositions relatives au statut civil de droit local applicable à Mayotte. Sur les transformations récentes de ce dernier, v. G. KALFLECHE, « La coutume à Mayotte », *in La coutume dans tous ses états*, F. GARNIER et J. VENDRAND-VOYER (dir.), *La mémoire du droit*, 2013, à paraître.
117. Cass. civ. 1re, 23 mai 2006, *Bull. civ.* I, n° 262.
118. Nouméa, 11 déc. 2003, *JurisData* n° 2003-247723.
119. Cass. civ. 1re, 25 févr. 1997, *JCP* 1997. II. 22 968, note L.-A. BARRIÈRE et Th. GARÉ ; *D.* 1997. 453, note H. FULCHIRON.
120. Nouméa, 9 avr. 1987, *JCP* 1987. II. 20880, obs. J.-L. VIVIER.
121. V. *supra*, n° 152 et 199.

système : l'absence de pouvoir centralisé dans l'ordre international impose une égalité formelle (§ 3.).

§ 1. La hiérarchie des normes du droit étatique

299. Entre normes internes, il y a de « grands conflits ». Connus, courants, objets de toutes les attentions, ils sont l'expression même de la hiérarchie des normes dans le système et leur maîtrise appartient à la culture de base du juriste. Ces grands conflits opposent de grandes catégories : loi et règlement (A.) et loi et Constitution (B.). Et puis, il y a les petits conflits, ceux que l'on n'évoque guère, les renvoyant aux discussions de spécialistes, bien qu'ils ne soient pas moins intéressants : il s'agit des catégories étant dans une hiérarchie indirecte, par exemple entre règlement et Constitution (C.), ou encore de conflits dont la résolution est matériellement orientée, comme en droit social (D.).

A Le conflit entre loi et règlement : le contrôle de légalité

300. Supériorité de la loi. – Le plus ancien des conflits hiérarchiques est désormais doté de réponses assez assurées, qui ne sont pas, pour autant, dénuées de leurs propres subtilités. L'issue de ce conflit ne fait guère de doutes : la loi est supérieure au règlement, c'est donc elle qui doit être appliquée. Le règlement est ainsi soumis au principe de légalité[122]. Toute la question tient donc dans la compétence du juge. La séparation des pouvoirs, fondement de notre organisation judiciaire, semble dicter la solution : c'est justement pour éviter toute immixtion de l'autorité judiciaire dans l'action du pouvoir exécutif qu'une justice propre à l'administration s'est dégagée[123]. Dès lors, le juge administratif est le juge naturel de la légalité des règlements et il peut seul en prononcer la nullité (1). Il ne faut pas en déduire l'incompétence totale du juge judiciaire : s'il ne peut en aucun cas annuler un règlement, il peut, quand certaines libertés fondamentales sont en jeu, vérifier sa légalité et écarter son application (2).

1. Le juge administratif

301. Le juge administratif, juge naturel de la légalité du règlement. – Le juge administratif est le juge par excellence de la légalité des règlements et sa compétence exclusive pour l'annulation des règlements illégaux a été consacrée comme un *principe fondamental reconnu par les lois de la République*, « selon lequel, à l'exception des matières réservées par nature à l'autorité judiciaire, relève en dernier ressort de la compétence de la juridiction administrative l'annulation ou la réformation des décisions prises, dans l'exercice des prérogatives de puissance publique, par les autorités exerçant le pouvoir exécutif, leurs

122. Ch. EISENMANN, « Le droit administratif et le principe de légalité », *EDCE* 1957, n° 11, p. 25.
123. V. *supra*, n° 175.

agents, les collectivités territoriales de la République ou les organismes publics placés sous leur autorité ou leur contrôle »[124].

302. Contrôle par voie d'action et par voie d'exception. – Le contrôle peut être exercé par *voie d'action*, c'est-à-dire en saisissant le juge administratif d'une demande dont l'objet même est l'annulation du règlement. Le délai d'action est de deux mois à compter du règlement. Pour les actes réglementaires les plus importants, les décrets, le Conseil d'État est compétent en premier ressort. Si l'illégalité est constatée, le règlement est annulé. L'annulation est rétroactive, c'est-à-dire que le règlement n'existe plus et qu'il est censé n'avoir jamais existé. On gomme une erreur juridique. La période récente s'est montrée très sensible aux surprises que peuvent créer pour les citoyens ces apparitions et disparitions d'actes réglementaires selon que leur validité est ou non reconnue par le juge administratif. Le Conseil d'État a donc choisi, au nom de la sécurité juridique, d'utiliser son pouvoir *modulateur* pour protéger le citoyen, décidant ici qu'une annulation n'aurait d'effet que pour l'avenir, l'acte étant considéré comme valable pour le passé[125], là que le rejet d'une demande d'annulation ne produirait d'effet que trois mois plus tard[126].

En revanche, une fois le délai de deux mois écoulé, le règlement est définitif, en dépit de son éventuelle illégalité. S'il n'est plus possible d'obtenir son annulation, il reste possible d'éviter son application, par *voie d'exception* : lors d'une action en cours, une partie invoque l'illégalité d'un règlement pour éviter son application. La légalité du règlement n'est pas ici l'objet même de l'action ; elle n'intervient que de façon incidente. Cette action n'est enfermée dans aucun délai, elle est possible dans chaque litige au cours duquel le règlement est invoqué, si vieux soit-il : l'exception est perpétuelle. La voie d'exception est par ailleurs moins énergique que la voie d'action, puisque l'illégalité ici constatée interdit seulement l'application du règlement au litige. Le règlement n'est pas annulé, il ne disparaît pas du système juridique[127] et son illégalité devra être à nouveau soulevée dans chaque litige dans lequel le règlement sera invoqué. Le seul moyen restant d'obtenir son effacement consiste à solliciter l'autorité compétente d'une demande d'abrogation du règlement illégal[128]. En cas de refus, celui-ci pourra être contesté devant le Conseil d'État, qui pourra enjoindre le Gouvernement, sous astreinte, de procéder à son abrogation[129].

124. Décision n° 86-224 DC du 23 janv. 1987, *Loi transférant à la juridiction judiciaire le contentieux des décisions du Conseil de la concurrence, GDCC*, n° 20.

125. CE, 11 mai 2004, *AC !*, *GAJA*, n° 112 ; *RFDA* 2004. 438, note J.-H. STAHL et A. COURRÈGES et 454, concl. Ch. DEVYS.

126. CE, section, 27 oct. 2006, *Sté Techna SA*, C. LANDAIS et F. LENICA, *AJDA* 2006. 2385 ; *JCP* 2006. II. 10208, note S. DAMAREY ; *RTD civ.* 2007. 72, obs. P. DEUMIER.

127. L'effet est différent lorsque l'exception d'illégalité est exercée à l'encontre d'un acte administratif individuel.

128. CE, Ass., 3 févr. 1989, *Cie Alitalia*, *GAJA*, n° 90.

129. Ex. CE, 21 févr. 1997, *Calbo*, *Rec.*, 1018, 1 000 francs par jour si l'État ne procède pas à l'abrogation dans les six mois de la décision.

2. La compétence de l'ordre judiciaire

303. Question préjudicielle au juge administratif. – En application de la séparation des autorités judiciaire et administrative, les juges judiciaires ne devraient pas être compétents pour apprécier la légalité des règlements. Si, au XIXe siècle la Cour de cassation a estimé être compétente[130], la question a été définitivement réglée par le Tribunal des Conflits[131] dans son arrêt *Septfonds*[132]. Si l'illégalité d'un règlement est soulevée devant un juge judiciaire, que cette appréciation est nécessaire à la résolution du litige et qu'il existe un doute sérieux sur cette légalité, il doit recourir à une question préjudicielle[133], c'est-à-dire surseoir à statuer[134] et renvoyer les parties devant la juridiction administrative. Une fois que la juridiction administrative se sera prononcée sur cette légalité, le procès pendant devant la juridiction judiciaire reprendra. Cette procédure étant lourde et, surtout, longue, la Cour de cassation a trouvé le moyen d'éviter le recours à autant de questions préjudicielles qu'il pourrait y avoir de litiges autour de la légalité d'un même règlement, en reconnaissant les effets *erga omnes* d'une déclaration d'illégalité du juge administratif qui, « fût-elle décidée à l'occasion d'une autre instance, s'impose au juge civil qui ne peut plus faire application du texte illégal »[135]. Pour ces mêmes raisons de bonne administration de la justice, et de décision rendue dans un délai raisonnable, les juges judiciaires sont reconnus compétents pour se prononcer directement, sans poser de question préjudicielle, lorsque l'illégalité du règlement est manifeste[136].

304. Le juge judiciaire, gardien des libertés individuelles. – L'incompétence du juge judiciaire connaît une autre exception importante depuis l'arrêt *Barinstein* du Tribunal des conflits[137]. En effet, le juge judiciaire est gardien des libertés individuelles : il doit donc pouvoir protéger le citoyen d'une atteinte par voie de règlement à l'une de ces libertés. Pour assurer cette protection, le Tribunal des conflits a reconnu la compétence du juge judiciaire lorsque l'acte dont la légalité est contestée porte gravement atteinte à la *liberté individuelle* ou au *droit de propriété*. En l'espèce, le juge judiciaire pouvait apprécier la validité d'un décret relatif à la réquisition de logements, l'atteinte grave portée à l'inviolabilité du domicile privé caractérisant une atteinte à la fois à la liberté

---

130. 24 oct. 1917, *D.* 1918. 1. 193, note L. DUGUIT.

131. Juridiction compétente pour les conflits de compétence entre les juridictions de l'ordre judiciaire et les juridictions de l'ordre administratif.

132. 16 juin 1923, *GAJA*, n° 39 ; *DP* 1924.3.41, concl. MATTER ; *S.* 1923. 3. 49, note M. HAURIOU.

133. Sur laquelle, Y. GAUDEMET, « Les questions préjudicielles devant les deux ordres de juridictions », *RFDA* 1990. 764.

134. « Pour le juge, remettre à plus tard le jugement d'une affaire dont il est saisi, décision qui, sans le dessaisir, suspend le cours de l'instance pour le temps, ou jusqu'à la survenance de l'événement qu'elle détermine », *Vocabulaire juridique*, v. « Statuer – (surseoir à) ».

135. Cass. civ. 1re, 19 juin 1985, *D.* 1985. 427, rap. SARGOS ; et ce en dépit du fait que le Conseil d'État ne partage pas cette extension des effets de ses déclarations d'illégalité, CE, 3 juill. 1996, *Min. Équipement, logement, transports et tourisme/Sté ABC Ingineering*, *RFDA* 1996. 1055.

136. TC, 17 oct. 2011, *SCEA du Chéneau*, *RFDA* 2011. 1122, concl. J.-D. SARCELET, note B. SEILLER et note A. ROBLOT-TROIZIER ; *RDP* 2012. 853, G. CLAMOUR et L. COUTRON.

137. 30 oct. 1947, *S.* 1948. 3. 1, note MESTRE ; *RDP* 1948. 86, note M. WALINE ; *JCP* 1947. II. 3966, note FRÉJAVILLE.

individuelle et au droit de propriété. Lorsqu'ils sont ainsi compétents, les juges judiciaires ne peuvent pas annuler le règlement, seulement écarter son application du fait de son illégalité.

305. Plénitude de juridiction en matière pénale. – En matière pénale, l'incompétence du juge saisi pour apprécier la légalité d'un règlement entraînerait des conséquences graves au regard de l'importance des sanctions encourues. Parce que les libertés individuelles sont en jeu, il est important que le juge pénal puisse se prononcer sur toutes les questions qui lui sont posées, sans avoir à faire un détour par la lourde question préjudicielle. Cette aptitude du juge pénal à se prononcer sur l'intégralité des questions dont dépend la résolution du litige constitue la *plénitude de juridiction*[138]. Cette plénitude devait mener le Tribunal des conflits à lui reconnaître également compétence pour se prononcer sur l'exception d'illégalité, dans une décision *Avranches et Desmarets*[139], depuis consacrée par le Code pénal, selon lequel le tribunal statuant en matière répressive a compétence pour apprécier la légalité des règlements « lorsque, de cet examen, dépend la solution du procès pénal qui lui est soumis »[140]. En revanche, il n'a pas la même compétence que son homologue administratif. Il n'est pas compétent par principe pour connaître des actes administratifs ; il se retrouve compétent par une sorte de ricochet de l'affaire principale, une affaire pénale ; la question de l'illégalité ne peut donc être soulevée que par voie d'exception mais pas par voie d'action. Il ne peut pour les mêmes raisons prononcer la nullité de l'acte administratif ; il peut seulement l'écarter dans le litige.

Entre les illégalités manifestes, les libertés individuelles et la matière pénale, les compétences du juge judiciaire en matière de légalité du règlement sont en définitive assez importantes. Pourtant, le contentieux reste réduit, peut-être par manque de réflexe des parties de soulever ce type de moyen devant les juridictions judiciaires.

B Le conflit entre loi et Constitution

306. Supériorité de la Constitution. – Là encore, l'issue d'une concurrence entre règle légale et règle constitutionnelle semble simple. D'une part, parce que la loi est soumise à la Constitution et doit respecter tant les règles qui encadrent son élaboration formelle que les droits fondamentaux qui y sont garantis. D'autre part, parce que la Constitution de 1958 a confié à un organe le soin de veiller à cette hiérarchie : le *Conseil constitutionnel*, seul compétent pour le contrôle de constitutionnalité des lois. Les juridictions ordinaires se sont toujours montrées respectueuses de l'exclusivité de cette compétence en se déclarant elles-mêmes incompétentes[141]. Si elles succombent de temps à autre à un contrôle de

138. M. SEGONDS, « La plénitude de juridiction du tribunal de grande instance », *JCP* 2000. I. 223.

139. 5 juill. 1951, *D.* 1952. 271, note C. BLAEVOET.

140. Art. 111-5, qui a étendu la compétence du juge répressif aux actes administratifs individuels.

141. Ex. CE, Sect., 6 nov. 1936, *Arrighi*, *Rec.* 966 ; particulièrement net et didactique, CE, 5 janv. 2005, *Deprez et Baillard*, *RFDA* 2005. 67, note B. BONNET ; *RTD civ.* 2005. 561, obs. P. DEUMIER ; pour la Cour de cassation, Cass. crim., 16 janv. 1995, *Bull. crim.* n° 19.

constitutionnalité de la loi plus ou moins déguisé[142], il n'y a là que des coups de canifs au principe bien ancré de leur incompétence en la matière. Le contrôle de constitutionnalité instauré en 1958 demeurait cantonné dans des limites très strictes. Il aura fallu cinquante ans pour ouvrir un contrôle plus large.

307. Les modèles de justice constitutionnelle[143]. – Le contrôle de constitutionnalité n'est pas inhérent à la tradition française, loin de là[144]. Portant haut l'adoration de la loi et la défiance envers le juge, cette tradition est hostile à l'idée même que la loi, expression de la volonté générale, puisse être contrôlée par le juge. Nulle trace du moindre contrôle de constitutionnalité par un juge[145] dans l'histoire de France, contrairement à l'histoire américaine qui, tout à l'inverse, fonde une large part du système sur ses juges, autoproclamés compétents pour contrôler la constitutionnalité des lois depuis l'arrêt *Marbury v. Madison* de 1803. Le modèle de justice constitutionnelle américain, également connu sous le nom de *judicial review*, permet à tout juge d'exercer le contrôle de constitutionnalité à l'occasion de cas concrets, permettant à la jurisprudence constitutionnelle de jouer un rôle déterminant dans les débats de société. Adapté à une culture juridique, le modèle a souvent été brandi par les juristes européens, soit pour le louer, soit, plus souvent, pour mettre en garde contre l'importation d'un tel « gouvernement des juges »[146]. Pour que le contrôle émerge en Europe, il fallait parvenir à dégager un modèle plus conforme à la tradition juridique européenne.

L'apparition du contrôle de constitutionnalité en Europe se dessine au milieu de XXe siècle[147]. Profondément influencée par la pensée de Hans Kelsen, la Constitution autrichienne de 1920 va inaugurer le contrôle à l'européenne. Le modèle américain était difficilement transposable, du fait du rôle attribué au juge ordinaire par la conception européenne de la séparation des pouvoirs. Le *modèle européen* va donc se démarquer par la création de juridictions spécifiquement compétentes pour la justice constitutionnelle. Dans un premier temps, les États européens se dotant d'un tel système sont restés rares[148]. Cependant, après la Seconde Guerre mondiale, ils devaient tous se doter de systèmes de contrôle pour assurer le respect des droits et libertés constitutionnellement garantis[149].

142. Pour des contrôles de constitutionnalité « de contrebande », v. M. JEOL, « Les techniques de substitution », *in La Cour de cassation et la Constitution de la République*, PUAM, 1995, p. 69.

143. Pour les deux modèles de justice constitutionnelle, L. FAVOREU et *alii, Droit constitutionnel*, n° 255 et s.

144. Bien qu'elle soit présente dès les travaux des constituants de 1789 et connaisse un certain succès doctrinal sous la IIIe République, v. D. ROUSSEAU, « L'exception d'inconstitutionnalité : un chantier difficile », *RDP* 2009. 631.

145. Avait en revanche été expérimenté le contrôle de constitutionnalité confié au Sénat, le contrôle de la loi restant interne au Parlement, v. L. FAVOREU et *alii*, *Droit constitutionnel,* Précis Dalloz, 15e éd., 2012, n° 371 et s.

146. V. *supra,* n° 105.

147. Sur la naissance du modèle européen dans l'entre-deux-guerres, pour des raisons politiques différentes en Allemagne et en France, R. BAUMERT, *La découverte du juge constitutionnel, entre science et politique*, LGDJ, 2009.

148. Tchécoslovaquie en 1920, Espagne en 1931.

149. Rétablissement de la Cour constitutionnelle autrichienne en 1945 ; Italie en 1974, RFA en 1949, Portugal en 1976, Espagne en 1978, Belgique en 1980.

308. Le contrôle de constitutionnalité *a priori*. – En France, ce contrôle est une innovation de la Ve République. Si l'innovation est de taille, les modalités qui l'encadrent portent encore, plus que tout autre système, la marque de la tradition française. Les juges ordinaires, gardiens du respect de la loi et de son application, ne sauraient être dans le même mouvement les juges de la loi : le contrôle de la constitutionnalité est confié à un organe entièrement dédié au respect de la Constitution, le Conseil constitutionnel, organe d'émanation politique. Malgré les avancées importantes opérées par ce Conseil, qui a transformé son rôle originel de gardien des institutions et de la séparation des pouvoirs en celui plus moderne de gardien des droits fondamentaux[150], l'encadrement des modalités de recours maintenait le contrôle de constitutionnalité dans des limites *strictes*. Pour éviter à la loi d'être en permanence contestée, la saisine ne pouvait être exercée qu'entre l'adoption définitive du texte par le Parlement et sa promulgation par le président de la République[151] (et donc *a priori,* c'est-à-dire avant l'entrée en vigueur de la loi), par des organes politiques[152]. Le contrôle, exercé hors de toute difficulté d'application concrète, est un contrôle purement abstrait. Une fois la loi entrée en vigueur, qu'elle ait été ou non soumise à l'appréciation du Conseil constitutionnel, son inconstitutionnalité ne pouvait plus être invoquée, ni devant les juges ordinaires, incompétents pour le contrôle de constitutionnalité, ni devant le Conseil constitutionnel, qui ne pouvait être saisi *a posteriori*. L'argument selon lequel le Conseil avait de toutes les manières déjà été saisi *a priori* des lois les plus importantes n'y suffisait pas : d'une part, parce qu'une loi peut révéler ses faiblesses avec le temps, soit en devenant obsolète, soit parce que ses dangers se manifestent à l'occasion d'une application inédite ; d'autre part, parce que certaines lois, bien que très controversées, ont échappé au contrôle de constitutionnalité, la saisine politique ayant ses vertus mais aussi ses vices[153].

309. Le contrôle de constitutionnalité *a posteriori*. – Le contrôle à la française fut de tout temps ardemment critiqué et non moins ardemment défendu. Les rapports entre le Parlement et les juges, le statut de la loi ou encore les risques d'encombrement du Conseil constitutionnel, furent souvent invoqués pour refuser d'ouvrir plus largement le contrôle de constitutionnalité. Mais deux évolutions devaient faire succomber la méthode française : d'une part, la protection du citoyen, relativement déclaratoire en 1958, devait devenir centrale dans le système juridique et le risque de voir appliquer une loi inconstitutionnelle devenait du même coup intolérable ; d'autre part, le pouvoir pris par les juridictions ordinaires de contrôler la loi, cette fois au regard des exigences européennes, revenant souvent concrètement à des résultats équivalents à un contrôle de constitutionnalité, rendait purement théoriques les arguments fondés

150. V. *supra,* n° 205.

151. Le Président promulgue la loi dans un délai de 15 jours (art. 10, Constitution).

152. À l'origine, le président, le Premier ministre et les présidents des deux Assemblées. Depuis le 29 octobre 1974, par soixante députés ou soixante sénateurs, la saisine étant le plus souvent le fait des parlementaires de l'opposition. De 1959 à 1974, le Conseil avait été saisi de 9 contrôles de constitutionnalité d'une loi ordinaire.

153. On pense notamment à la loi n° 2204-228 du 15 mars 2004 sur le port de signes religieux à l'école.

sur la place du juge et de la loi. Pire, il faisait naître des doutes sur la réelle suprématie de la Constitution sur les traités, alors qu'une loi était plus souvent écartée au nom des seconds que de la première. Après une première tentative, au clivage des années 80 et 90, c'est finalement la modernisation des institutions opérée par la loi constitutionnelle du 23 juillet 2008 qui devait ouvrir le contrôle *a posteriori* en insérant un article 61-1 dans la Constitution de la Vᵉ République. Baptisée « *question prioritaire de constitutionnalité* », et surnommée « QPC », elle permet, depuis le 1ᵉʳ mars 2010, à tout justiciable, à l'occasion d'une instance en cours, de contester la constitutionnalité d'une loi[154].

Le constituant s'est montré soucieux d'introduire les avantages du contrôle par voie d'exception en prévenant ses inconvénients. Les avantages sont simples : interdire qu'un justiciable se voit appliquer une loi violant les libertés fondamentales que lui garantit la Constitution. Parce que la réforme ne vise que cette protection, le contrôle *a posteriori* n'est ouvert que lorsqu'est en cause une atteinte aux « droits et libertés que la Constitution garantit », à l'exclusion par conséquent de tout retour sur la procédure d'élaboration de la loi. Un autre avantage est la réaffirmation de la suprématie de la Constitution en droit interne. Quant aux inconvénients généralement opposés à cette ouverture, il n'est guère possible de répondre à la défiance parfois avouée envers les juges, si ce n'est pour rappeler que lesdits juges détiennent déjà le pouvoir de contrôler la loi, qui plus est au regard d'une norme externe – rappel qui ne réconfortera pas les détracteurs de l'ouverture du contrôle de constitutionnalité. Enfin, la crainte d'un engorgement du Conseil constitutionnel a été jugulée par l'encadrement de la saisine, filtrée, par les juges du fond, le cas échéant, puis par le Conseil d'État ou la Cour de cassation. Ce mécanisme a donné lieu à quelques tumultes les premiers mois d'application : par hypothèse, les juges chargés d'opérer un filtre sont toujours suspectés de juger le fond au lieu de s'en tenir au filtrage, soupçons qui n'ont pas manqué d'être exprimés pour la QPC[155] – et ce d'autant plus que le filtrage a été le lieu d'un conflit larvé entre les juges[156]. Depuis, le contrôle de constitutionnalité *a posteriori* a été largement assimilé par le système français, quand bien même les rapports et compétences respectives des différentes hautes juridictions demeurent l'objet d'intersections parfois complexes[157].

310. Les effets du contrôle de constitutionnalité. – Le Conseil se prononce rapidement : un mois pour le contrôle *a priori* (huit jours si le Gouvernement déclare l'urgence) ; trois mois pour le contrôle *a posteriori*. Il rend des décisions, siglées « DC » pour le contrôle *a priori* et « QPC » pour le contrôle du même nom. Leur effet est radical : le système ne saurait tolérer en son sein une

154. Parmi une littérature prolixe, X. MAGNON (dir.), *La question prioritaire de constitutionnalité – Pratique et contentieux*, Litec, 2ᵉ éd., 2013 ; « La question prioritaire de constitutionnalité », *Les nouveaux Cahiers du Conseil constitutionnel*, nº 29, 2010 ; « L'exception d'inconstitutionnalité : un chantier difficile », *RDP* 2009, nº 3 ; pour un éclairage comparatiste, « La question préjudicielle de constitutionnalité en droit comparé », M. FATIN-ROUGE Stéfanini (dir.), *AIJC*, 2007, p. 11 et s.

155. Les suspicions se sont surtout portées sur la Cour de cassation, de façon plus ou moins justifiée. Sur ces premières difficultés d'application, v. *RTD civ.* 2010. 499, obs. P. DEUMIER et P. PUIG.

156. V. *infra*, nº 365.

157. Sur certaines interférences, S. PLATON, « Les interférences entre l'office du juge ordinaire et celui du Conseil constitutionnel : "malaise dans le contentieux constitutionnel" ? », *RFDA* 2012. 639.

loi enfreignant les valeurs considérées comme socle de la République. Normalement, l'issue du contrôle est donc très manichéenne. Soit la loi est conforme à la Constitution : elle pourra entrer ou rester en vigueur. Soit la loi (en réalité, un ou certains de ses articles) est contraire à la Constitution : elle sera censurée par le Conseil. En cas de contrôle *a priori*, seules les dispositions non censurées pourront être promulguées et entrer en vigueur. En cas de contrôle *a posteriori*, les dispositions sont abrogées, le Conseil pouvant au nom de la sécurité juridique prévoir un délai pour que la disparition de la norme ne soit pas trop brutale (art. 62, al. 2)[158]. L'affaire Perruche devait ainsi connaître son dénouement (ou presque[159]) : la rétroactivité de la loi anti-Perruche, laissée inappliquée par les juges ordinaires à la suite de son inconventionnalité déclarée par la CEDH, a été renvoyée par le Conseil d'État, pour que le Conseil constitutionnel l'achève en bonne et due forme[160].

Les bornes étant assez radicales, le Conseil a également initié des méthodes plus souples, notamment en préférant à la censure sèche la *réserve d'interprétation*[161] : la loi est validée à condition d'être interprétée dans un sens conforme à la Constitution et indiqué par le Conseil. Contrairement aux autres juridictions, les décisions du Conseil constitutionnel ont une autorité de droit, prévue à l'article 62 de la Constitution : elles ne sont susceptibles d'aucun recours ; elles s'imposent aux pouvoirs exécutif et judiciaire. Cette autorité fonde les réserves d'interprétation mais il ne faut pas mal l'entendre : elle n'est attachée qu'au contrôle de constitutionnalité mais ne préjuge en rien des résultats du contrôle de conventionnalité ou de la constitutionnalité de textes proches[162].

C Le conflit entre règlement et Constitution

311. Compétence. – Si là encore la prévalence de la Constitution ne fait aucun doute, là encore la question de la compétence pouvait être différemment résolue. D'un côté, le Conseil constitutionnel est le gardien de la Constitution, investi de la mission de veiller à sa suprématie, et pourrait prétendre à une exclusivité dans cette protection, à l'instar d'autres juridictions en Europe, qui assurent le contrôle de constitutionnalité des lois et des actes réglementaires[163].

158. V. *supra*, n° 265.

159. L'abrogation prononcée par le Conseil était appuyée sur un considérant ambigu, qui a donné lieu à des interprétations divergentes du Conseil d'État et de la Cour de cassation : CE, Ass., 13 mai 2011, n° 329290, *Mme Lazare*, *RFDA* 2011. 772, concl. J.-PH. THIELLAY et 806 note M. VERPEAUX ; *AJDA* 2011. 1136, chron. X. DOMINO et A. BRETONNEAU ; Cass. civ. 1e, 15 déc. 2011, *D*. 2012. 297, N. MAZIAU et 323, D. VIGNEAU ; *RTD civ*. 2012. 71, obs. P. DEUMIER.

160. Décision n° 2010-2 QPC du 11 juin 2010, *Mme Vivianne L. (Loi dite « anti-Perruche »)*, *RTD civ*. 2010. 517, obs. P. PUIG.

161. A. VIALA, *Les réserves d'interprétation dans la jurisprudence du Conseil constitutionnel*, LGDJ, 1999 ; Th. DI MANNO, *Le juge constitutionnel et la technique des décisions « interprétatives » en France et en Italie*, PUAM, 1997.

162. Sur le statut pénal du président de la République, Cass. Ass. plén., 10 oct. 2001, *RTD civ*. 2002. 169, obs. N. MOLFESSIS.

163. Par ex., Autriche ; en Espagne et Allemagne, ce contrôle est partagé entre les juridictions constitutionnelles et ordinaires. Sur le contrôle de constitutionnalité des règlements, v. M. VERPEAUX, V° « Contrôle de constitutionnalité des actes administratifs », *Rep. Dalloz Contentieux administratif*.

De l'autre, le juge administratif est le juge naturel du règlement (et le juge judiciaire en est le juge en tant que gardien des libertés individuelles) et, à ce titre, peut prétendre examiner sa validité en toutes ses dimensions. C'est cette seconde conception qui l'a emporté : au Conseil constitutionnel, la violation de la Constitution par la loi ; au *juge ordinaire*, la violation de la Constitution par le règlement. Le contrôle de « légalité » du règlement s'entend donc comme un contrôle de conformité à la loi au sens large. Le contentieux reste pourtant disséminé, la validité du règlement étant plus souvent confrontée à la loi ou à des principes généraux garantissant une protection analogue à celle assurée par les dispositions constitutionnelles. L'invocation d'une disposition constitutionnelle risque par ailleurs de se heurter à la théorie de l'écran législatif, selon laquelle le juge administratif ne peut constater l'inconstitutionnalité d'un règlement pris conformément à une loi, constat qui reviendrait à contrôler la constitutionnalité de la loi elle-même[164]. La compétence du juge ordinaire reconnaît donc sa qualité de juge naturel du règlement ; la limite de la théorie de la *loi écran* préserve pour sa part le monopole du Conseil constitutionnel pour la loi.

D Le conflit entre loi et norme sociale

312. Dernier type de conflit pouvant être envisagé entre normes d'origine interne, le droit du travail, et ses normes négociées spécifiques, appelle une règle de conflit qui se joue de la pyramide et sa vision hiérarchisée. Cette règle de conflit porte à elle seule l'essence du droit du travail, son « âme »[165], à savoir la protection du salarié. L'articulation des normes va ainsi privilégier à une hiérarchie des auteurs, qui conduirait à la prévalence des normes des institutions publiques sur celles produites par les organisations professionnelles, une clé de répartition concrète et matérielle[166]. La règle de conflit selon laquelle « en cas de conflit de normes, c'est la plus favorable au salarié qui doit recevoir application »[167] est d'application générale aux conflits de normes en droit du travail et permet de sélectionner la norme applicable entre deux conventions collectives[168], une convention collective et une loi[169], une loi et un usage[170], une convention collective et un engagement unilatéral de l'employeur[171], une convention collective et un contrat[172]. Affirmé à maintes reprises par toutes les juridictions internes, repris par certains textes sur des conflits particuliers[173], les contours précis et la

164. CE, Sect., 6 nov. 1936, *D.* 1938. 3. 1, concl. LATOURNERIE et note EISENMANN. L'écran ne joue ni pour les règlements autonomes ni lorsqu'il est transparent (la loi n'a fait que renvoyer à un décret, v. CE, 17 mai 1992, *Quentin*, *RDP* 1991. 1429, concl. ABRAHAM).

165. Y. CHALARON, « L'application de la disposition la plus favorable », *in Mélanges G. Lyon-Caen*, Dalloz, 1989, p. 243.

166. Sur la combinaison en droit du travail de l'articulation hiérarchique et de l'articulation par le principe de faveur, E. JEANSEN, *L'articulation des sources du droit – Essai en droit du travail*, Economica, 2008.

167. Cass. soc., 17 juill. 1996, *GADT*, 4e éd., n° 180.

168. Cass. Ass. plén., 18 mars 1988, *GADT*, n° 179.

169. Art. L. 2251-1, C. trav.

170. Cass. soc., 19 oct. 1994, *Bull. civ.* V. n° 281.

171. Cass. soc., 19 nov. 1997, *Dr. soc.* 1998. 89, obs. G. COUTURIER.

172. Art. L. 2254-1, C. trav.

173. V. Titre V et VI du Livre II de la partie Législative du Code du travail.

force hiérarchique exacte de ce *principe de faveur* restent imparfaits[174]. Il n'en demeure pas moins la première règle interne d'articulation des normes en fonction de leur résultat matériel et non en fonction de leur origine formelle et, en cela, préfigure peut-être un modèle en devenir pour les nouveaux types de conflits normatifs dans lesquels une protection est en jeu[175].

§ 2. La hiérarchie des normes du droit de l'Union européenne

313. Hiérarchie des normes et droit de l'Union européenne[176]. – Le droit de l'Union connaît une division sur un mode hiérarchique : le droit dérivé tirant sa validité du droit primaire, qui constitue sa base juridique, il y est nécessairement soumis. L'existence d'une autre hiérarchie, entre actes de droit dérivé, a été évoquée par les institutions[177], mais sans que ces tentatives aient été suivies d'une consécration formelle. En dépit de ce désintérêt, la pratique des institutions, entérinée par celle des juridictions européennes, instille des rapports de validité non entre catégories d'actes de droit de l'Union mais entre utilisations de ces actes, par exemple entre règlement de base et règlement d'exécution, le second devant être conforme au premier[178]. Le respect de cette hiérarchie est en principe assuré par la CJUE, juge naturel de la légalité du droit de l'Union européenne.

314. Recours en annulation, exception d'illégalité et renvoi préjudiciel. – La CJUE peut être saisie par la voie d'un recours en annulation, dont l'objet même est de contrôler la légalité des actes des institutions, ce qui inclut le respect du droit primaire par les actes de droit dérivé, dans les deux mois de leur publication au *JOUE*. En cas d'illégalité, la Cour prononcera l'annulation de l'acte européen. Là encore, il lui sera possible de *moduler* les effets dans le temps de la disparition de la norme[179]. Ce recours est réservé aux États et institutions, les personnes physiques ou morales ne pouvant utiliser cette voie que contre les décisions dont elles sont les destinataires ou qui les concernent directement et individuellement. L'illégalité peut toutefois également être soumise au contrôle de la CJUE par deux voies, plus largement ouvertes aux particuliers. Ces deux recours sont réservés à la contestation d'actes ne pouvant être attaqués par la voie du recours en annulation et n'ont pas pour effet de faire disparaître

174. Pour les qualifications contentieuses de « principe fondamental » ou de « principe général », v., N. MERLEY et S. LAULOM, « La fabrication du principe de faveur », *RDT* 2009. 219 ; A. JEAMMAUD, « Le principe de faveur – Enquête sur une règle émergente », *Dr. soc.* 1999. 115 ; sur le principe de faveur et les conflits de normes, *RTD civ.* 1997. 792, obs. R. LIBCHABER.

175. L'idée d'application de la loi la plus favorable a été reçue par le droit international privé, pour déterminer la loi applicable au salarié, mais aussi au consommateur. L'idée d'équivalence de protection est également utilisée pour résoudre les conflits de droits fondamentaux, v. *infra*, n° 335.

176. V. P.-Y. MONJAL, *Recherches sur la hiérarchie des normes communautaires*, LGDJ, 2000.

177. Déclaration n° 16 faisant suite au Traité de Maastricht.

178. Sur ces points, J. RIDEAU, *Droit institutionnel de l'Union et des Communautés européennes*, Manuel, LGDJ, 6e éd., 2010, p. 243-244.

179. Le Traité prévoit la possibilité de moduler dans le temps les effets d'une annulation (art. 264, al. 2, TFUE) ; pour un ex., CJCE, 7 juill. 1992, *Parlement c /Conseil*, aff. C-295/90, *Rec.* I-4193.

l'acte mais de le rendre inapplicable. D'une part, l'exception d'illégalité permet de soulever, par exemple lors d'une action en annulation d'une décision individuelle, l'illégalité de l'acte du droit de l'Union qui constitue la base juridique de cette décision[180]. À l'origine, l'exception d'illégalité n'était envisagée par les traités de Rome que contre les règlements ; la CJUE a cependant étendu le recours à tous les types d'actes. D'autre part, plus fréquemment, l'exécution du droit de l'Union incombant généralement aux États membres[181], lors d'un litige devant une juridiction nationale, la validité d'actes de droit de l'Union européenne dérivé peut donner lieu à une *question préjudicielle*. Dans le cadre de cette dernière, les juges internes, juges de droit commun du droit de l'Union européenne, opèrent un filtrage. En l'absence de difficulté sérieuse, ils sont à même de rejeter le moyen. En revanche, en cas de doute sérieux, ils doivent renvoyer à la CJUE[182]. En aucun cas, ils ne peuvent constater eux-mêmes une invalidité ; ils peuvent simplement suspendre l'exécution de l'acte national d'application dans l'attente de la réponse de la CJUE[183]. Cette impossibilité est entendue tellement largement que l'obligation de renvoi, qui ne pèse en principe que sur les Hautes juridictions, a été étendue par la CJUE à l'ensemble des juridictions des États membres. L'unité de l'ordre juridique de l'Union, la sécurité juridique et la nécessaire cohérence du système de protection juridictionnelle du traité imposent ces renvois[184]. Si les juges nationaux collaborent donc dans la sélection des moyens sérieux, en appréciant la nécessité du renvoi, la CJUE reste le seul juge pouvant déclarer un acte de droit de l'Union invalide.

§ 3. L'ordre international, un ordre sans hiérarchie ?

315. La hiérarchie des normes est difficilement transposable dans l'ordre international. Pourtant, par une sorte de mouvement naturel des choses, revient irrésistiblement l'idée que le respect de certaines normes doit primer sur celui des autres : cette hiérarchie n'est plus une hiérarchie formelle, déduite des auteurs et des procédures, mais une hiérarchie matérielle, déduite d'une gradation des valeurs protégées.

316. Absence de hiérarchie formelle et règles d'application. – L'ordre international présente cette particularité que les différentes sources, et par conséquent les différentes normes produites par ces sources, ne s'articulent pas sous une forme hiérarchique. En effet, la hiérarchie des normes répond à une hiérarchie des auteurs et des procédures qui n'existe pas entre États, souveraineté oblige : toutes les sources procèdent du même auteur, la volonté des

---

180. Ex. CJCE, 6 mars 1979, *Simmenthal IV*, aff. 92/78, *Rec.* 777, § 39.

181. Sur cette explication de la relative rareté de l'usage de l'exception d'illégalité, C. BLUMANN et L. DUBOUIS, *Droit institutionnel de l'Union européenne*, Litec, 5e éd., 2013, n° 902.

182. CJCE, 22 oct. 1987, *Foto-Frost* aff. 314/85.

183. CE, référés, 29 oct. 2003, *Techna*, *AJDA* 2004. 540, note A.-E. COURRIER ; pour les difficultés causées par le rejet de la demande d'annulation par le Conseil d'État après la décision de la CJCE, c'est-à-dire plus de trois ans après l'adoption du décret, CE, Sect., 27 oct. 2006, *Techna*, C. LANDAIS et F. LENICA, *AJDA* 2006. 2385 ; *RTD civ.* 2007. 72, obs. P. DEUMIER.

184. CJCE, 22 oct. 1987, *Foto-Frost*, aff. 314/85, *Rec.*, 4199.

États. Les relations internationales sont ainsi marquées par l'absence de règles constitutionnelles, l'absence de législateur, l'absence d'exécutif et l'inexistence de principe de juridiction obligatoire[185]. Le principe entre les normes est dès lors un principe d'égalité, et ce qu'elles soient de source conventionnelle ou coutumière. Cette absence de hiérarchie implique l'inexistence d'un contrôle de la validité d'une norme internationale à l'aune d'une autre norme internationale. En revanche, leur coexistence impose l'existence de règles d'articulation, dont les principes généraux *lex posterior derogat priori* et, surtout, *specialia generalibus derogant*[186]. Ces principes ancestraux, presque naturels, étaient affirmés dès l'œuvre de Grotius, au soutien d'une raison de bon sens juridique : « les dispositions spécifiques sont généralement plus appropriées que celles qui ne présentent qu'un aspect général »[187]. Ils sont malgré tout parfois bien fragiles aujourd'hui, alors que la multiplication des conventions internationales va de pair avec une multiplication de leurs conflits[188]. Certes, la plupart des conventions nouvelles prendront le soin, par une *clause de compatibilité*, de préciser comment elles doivent s'articuler avec les conventions préexistantes. Mais, à défaut de telles prévisions, les quelques lignes directrices données par les principes généraux laissent, de fait, un grand pouvoir d'appréciation au juge dans la résolution de ces conflits[189].

317. Émergence d'une hiérarchie ? – La multiplication des normes internationales s'accompagne d'un débat de plus en plus tenace sur l'existence malgré tout de figures hiérarchiques, certaines normes étant peut-être dotées d'une sorte de super autorité. L'idée pourrait concerner, d'une part, l'existence de normes impératives, dites de *jus cogens*, qui conditionneraient la validité des autres normes internationales. Ainsi, la Convention de Vienne sur le droit des traités du 23 mai 1969 considère comme nul tout traité « en conflit avec une norme du droit international général », *ie* une norme « à laquelle aucune dérogation n'est permise et qui ne peut être modifiée que par une nouvelle norme du droit international général ayant le même caractère » (art. 53)[190]. Pour autant, le plein effet hiérarchique reste objet de débat, notamment parce qu'il lui manque son corollaire, un juge compétent pour contrôler cette validité et prononcer l'annulation

185. S. Sur, *Relations internationales*, Montchrestien, 6e éd., 2011, p. 224 et s.
186. V. *supra*, n° 293.
187. G. E. DO NASCIMENTO E SILVA, « Le facteur temps et les traités », *RCADI* 1977, vol. 154, p. 215, sp. p. 245.
188. Sur la fragmentation du droit international et les difficultés soulevées en termes de gestion des conflits, v. Rapport du Groupe d'étude de la Commission du droit international, dir. M. KOSKENNIEMI, *Fragmentation du droit international : difficultés découlant de la diversification et de l'expansion du droit international*, 2006 (A/CN.4/L.682).
189. C. BRIÈRE, *Les conflits de conventions internationales en droit privé*, LGDJ, 2001 ; D. BUREAU, « Les conflits de conventions », TCFDIP 1998-2000, p. 201 ; L. GANNAGÉ, *La hiérarchie des normes et les méthodes du droit international privé*, LGDJ, 2001. Tenant compte des droits fondamentaux pour faire primer la Conv. EDH sur la convention bilatérale franco-marocaine du 10 août 1981 et déclarer la répudiation unilatérale contraire à l'égalité hommes femmes, Cass. civ. 1e 17 févr. 2004, *Rev. crit. DIP* 2004. 423, note P. HAMMJE ; *JDI* 2004. 1200, note L. GANNAGÉ ; *D.* 2004. 824, concl. CAVARROC.
190. Pour cette qualification des règles relatives au génocide (la qualification n'ayant pas pour autant pour effet de rendre la Cour compétente), CIJ, 3 févr. 2006, *Congo c. Rwanda*, § 125.

de la convention contraire au *jus cogens*[191]. Le débat se retrouve avec la proposition, d'autre part, d'organiser l'ordre international autour d'une hiérarchie portée par l'article 103 de la Charte des Nations Unies, qui déclare sa prévalence sur tout autre accord. Cependant, là aussi, les interprétations se disputent pour savoir s'il y a dans cette disposition une règle de conflit, qui détermine la seule application des conventions, ou une règle hiérarchique, qui peut commander la nullité de certains actes[192].

318. Une hiérarchie des droits fondamentaux ? – Dans l'ordre européen des droits de l'homme, plusieurs hiérarchies se dessinent. Tout d'abord, il existe une hiérarchie structurelle entre le Traité de Londres, qui institue le Conseil de l'Europe et fixe son statut, et les normes produites par le Conseil de l'Europe. Cependant, l'hypothèse d'une annulation d'un acte du Conseil de l'Europe pour violation des statuts reste pour l'heure hypothèse d'école[193]. Ensuite, au sein des normes produites par le Conseil de l'Europe, il existe une hiérarchie entre les instruments protégeant des droits fondamentaux, Convention EDH en tête, et les autres instruments, qui recherchent un simple rapprochement des législations étatiques, par ex. en matière civile[194]. Enfin, si les droits fondamentaux sont en théorie sur un pied d'égalité, la tentation est là encore grande de reconnaître, en fonction des valeurs protégées, une hiérarchie latente[195]. Une telle hiérarchie existe dans certains ordres étatiques, notamment en Allemagne[196] : elle conditionne les possibilités de révision en plaçant certains droits hors de portée du pouvoir de révision du constituant[197]. La transposition de cette hiérarchie dans l'ordre européen est débattue, dans des termes proches du débat sur l'existence d'un *jus cogens*, dont les droits de l'homme sont la manifestation par excellence[198]. En effet, certains droits constituent un *noyau dur* des droits de l'homme et se caractérisent par leur caractère inconditionnel et intangible (ex. droit à la vie, interdiction de la torture[199], interdiction de l'esclavage) ; par

191. J. COMBACAU, « Le droit international : bric-à-brac ou système ? », *APD*, tome 31, 1986, p. 88, sp. p. 102-104. Pour le refus du Conseil d'État d'exercer un tel contrôle de validité entre conventions et d'établir une hiérarchie entre elles (ici au profit de la Conv. EDH), CE, Ass., 23 déc. 2011, *Kandyrine*, *RFDA* 2010. 1, concl. J. BOUCHER, avis G. GUILLAUME et note D. ALLAND.

192. A. TOUBLANC, « L'article 103 et la valeur juridique de la Charte des Nations unies », *RGD int. publ.* 2004. 439.

193. V. J.-S. BERGÉ et S. ROBIN-OLIVIER, n° 430.

194. *Ibid.*, n° 431.

195. F. SUDRE, « Droits intangibles et/ou droits fondamentaux : y a-t-il des droits prééminents dans la Convention européenne des droits de l'homme ? », *in Mélanges M.-A. Eissen*, Bruylant, 1995, p. 381 ; M. DELMAS-MARTY, *Pour un droit commun*, Le Seuil, 1994, p. 176 ; sur l'existence de cette hiérarchie dans la jurisprudence de la CEDH en dépit des critiques théoriques, P. DUCOULOMBIER, *Les conflits de droits fondamentaux devant la Cour européenne des droits de l'Homme*, Bruylant, 2011.

196. Art. 79-3 de la Loi fondamentale de 1949.

197. V. sur cette technique du noyau dur et la proposition d'une hiérarchie plaçant à son sommet le droit à la vie et à la dignité, D. BREILLAT, « La hiérarchie des droits de l'homme », *in Mélanges Ph. Ardant*, LGDJ, 1999, p. 353.

198. En cela, ils ont pour conséquence une hiérarchisation de l'ordre international, v. L.-A. SICILIANOS, « L'influence des droits de l'homme sur la structure du droit international », *RGDIP* 2012. 5 et 241.

199. La CEDH a souvent rappelé le caractère intangible de ce droit, allant jusqu'à reconnaître que l'interdiction « est devenue une règle impérative du droit international », 21 nov. 2001, *Al-Adsani*

opposition, les autres droits sont conditionnels, c'est-à-dire susceptibles, sous conditions, de limitations par les États[200].

Pour le reste, les droits fondamentaux sont difficilement accessibles à la hiérarchie puisqu'une telle présentation avouerait réaliser un classement entre des valeurs toutes égales en dignité, par exemple à décréter que la liberté d'expression est plus importante que le respect à la vie privée. Aussi les conflits de droits fondamentaux ont-ils préféré à une règle de conflit une méthode de solution : elle consiste, au cas par cas, à mettre en balance les intérêts en conflit en recherchant la solution la plus équilibrée et la mieux proportionnée qui soit.

c /Royaume-Uni, § 61, *JCP* 2002. I. 105, n° 28, obs. F. SUDRE ; le TPI pour l'ex-Yougoslavie a également reconnu l'interdiction comme norme de *jus cogens*, 10 déc. 1998, *Furundzija*, § 144.

200. V. *supra*, n° 228.

Chapitre 2
Les conflits entre normes d'ordres juridiques différents

319. Approche concrète. – Les situations de conflit entre normes d'ordres juridiques différents sont concrètement fréquentes, techniquement complexes, théoriquement paradoxales et politiquement sensibles. Le développement des relations internationales et, surtout, celui du droit européen, ont obligé à repenser les règles classiques d'articulation des normes. Plus encore que pour les autres conflits, celui-ci gagne à ne pas être envisagé abstraitement, au risque de se perdre à tenter de comprendre pourquoi la Constitution reste suprême quand le droit de l'Union prime ou à s'échiner à faire rentrer dans une même pyramide Constitution et conventions internationales, dont l'étagement change selon le juge compétent[1]. Les solutions sont plutôt des solutions données en situation, selon la configuration du conflit et selon le juge saisi[2]. Là encore, tout juge doit commencer par interroger son système juridique pour y trouver sa compétence. La question prend toutefois ici une importance particulière, puisque le conflit peut aboutir à la mise à l'écart de la règle de son propre ordre juridique. Ce n'est que dans un second temps que le juge peut dénouer le conflit, par le truchement de règles de conflits de normes. Or, la difficulté est accrue en cas de confrontation entre plusieurs systèmes car chaque système peut avoir sa propre solution et désigner l'application d'une norme différente : aux conflits de normes peut alors s'ajouter un conflit de règles de conflit. Le droit des conflits entre lois de différents États sait les résoudre, par une technique certes lourde[3]. L'issue est plus difficile en présence de conflits entre ordre interne et ordre supra national, en raison de l'atteinte plus forte portée à la souveraineté. En pareil cas, le conflit de règles de conflit peut aboutir à une impasse, dont l'exemple topique est la confrontation sur une même question d'une norme constitutionnelle et d'une norme internationale. La période contemporaine est cependant marquée par les efforts faits pour éviter les

---

1. Les contestations de la hiérarchie des normes pour les rapports entre normes internes et européennes sont très nombreuses. V. not. pour une hiérarchie assouplie par la marge nationale et sa traduction graduée en obligation de compatibilité, M. DELMAS-MARTY et M.-L. IZORCHE, « Marge nationale d'appréciation et internationalisation du droit, réflexions sur la validité formelle d'un droit commun en gestation », *RID comp.* 2000. 753 ; pour la nécessité de « sortir du carcan étriqué d'une hiérarchie des normes hermétique aux influences extérieures », P. PUIG, « Hiérarchie des normes : du système au principe », *RTD civ.* 2001, 749 ; pour la substition aux rapports hiérarchiques d'ordres juridiques des rapports de système, B. BONNET, *Repenser les rapports entre ordres juridiques*, Forum, Lextenso éd., 2013.
2. Sur l'approche contextualisée de ces questions délicates, J.-S. BERGÉ, *L'application du droit national, international et européen*, Dalloz, 2013.
3. Il s'agit de la technique du renvoi, sur laquelle Y. LEQUETTE, V° « Renvoi », *Rép. Dalloz internat.*

situations de blocage. Cette harmonisation des solutions est plus ou moins facilement obtenue selon le type de normes confrontées. Entre lois étatiques, la concurrence est une concurrence pour l'application de la norme et les solutions parviennent à leur coordination dans l'espace (Section 1). En revanche, entre loi étatique et norme supra nationale, le conflit prend une coloration hiérarchique qui éveille les susceptibilités : l'articulation couvrira toute la palette allant de la primauté à l'ignorance mutuelle en passant, pour les situations les plus sensibles, par la gestion de l'équivalence (Section 2)[4].

Section 1
Les conflits internationaux de lois

320. Bibligraphie thématique. – Parmi les manuels de la matière, v. M.-L. NIBOYET et G. de GEOUFFRE DE LA PRADELLE, *Droit international privé*, Manuel, LGDJ, 3ᵉ éd., 2011 ; Y. LOUSSOUARN, P. BOUREL, P. de VAREILLES-SOMMIÈRES, *Droit international privé,* Précis Dalloz, 10ᵉ, 2013 ; P. MAYER et V. HEUZÉ, *Droit international privé*, Montchrestien, 10ᵉ, 2010 ; B. AUDIT et L. d'AVOUT, *Droit international privé*, Economica, 6ᵉ éd 2010 ; D. BUREAU et H. MUIR-WATT, *Droit international privé*, tome 1, PUF, 2ᵉ éd., 2010 ; hors manuels B. ANCEL et Y. LEQUETTE, *Les grands arrêts de la jurisprudence française de droit international privé*, Dalloz, 5ᵉ éd., 2006.

321. Situations de conflit. – Il est courant aujourd'hui de rencontrer des situations qui, parce qu'elles sont à cheval entre plusieurs États, vont mettre en concurrence les « lois » de ces États. La « loi » est entendue dans ce contexte dans une nouvelle acception : si elle désignait tous les textes pour les conflits de lois dans le temps et la seule loi au sens strict pour les conflits hiérarchiques, elle doit être entendue ici dans son sens le plus large, celle de système juridique, pouvant englober des sources textuelles, jurisprudentielles ou coutumières selon la physionomie de l'ordre juridique désigné. Le droit international privé a ainsi pour objet essentiel d'assurer la coordination des ordres juridiques[5]. Concrètement, les conflits rencontrés par le juge français, du point de vue duquel nous nous placerons par hypothèse, opposent généralement la loi française, qui constitue pour lui la *loi du for*, à une *loi étrangère*. Par exemple, un Français épouse une Italienne ; ils s'installent en Espagne et y résident encore lorsqu'ils saisissent le juge français d'une demande de divorce : le juge français est-il compétent pour se prononcer sur ce divorce ? Quelle loi sera applicable à cette

4. Ne sera pas abordée ici la question du conflit entre droit de l'Union européenne et droit international général. Sommairement, ce dernier prend rang entre le droit primaire et le droit dérivé. V. J.-S. BERGÉ et S. ROBIN-OLIVIER, n° 476. Pour une illustration de la difficulté de cette articulation, v. CJCE, 3 sept. 2008, aff. C-402/05 P et C-415/05 P, *Kadi*, P. CASSIA et F. DONNAT, « Terrorisme international et droits fondamentaux : les leçons du droit communautaire », *RFDA* 2008. 1204 ; J.-P. JACQUÉ, « Primauté du droit international *versus* protection des droits fondamentaux », *RTDE* 2009. 161 ; pour les rebondissements, v. D. SIMON, *Europe,* nov. 2010, comm. 354. Pour de nombreuses autres hypothèses où droit national, européen et international ont vocation à s'appliquer ensemble dans une situation, J.-S. BERGÉ, préc.

5. P. MAYER, « Le phénomène de la coordination des ordres juridiques étatiques en droit privé », *RCADI* 2007, t. 327. 13.

demande de divorce ? L'hypothèse peut se décliner en toutes matières, notamment pour les contrats, qui sont devenus courants dans leur dimension internationale : un acheteur français contracte avec un vendeur américain ; celui-ci livre la marchandise mais l'acheteur français refuse de payer le prix ; le vendeur américain saisit le juge français : est-il compétent ? Quelle loi doit-il appliquer ? Pour répondre à ces questions, contrairement aux conflits de lois dans le temps, qui relèvent d'un seul système juridique, le conflit de lois dans l'espace doit composer avec la coexistence d'États souverains et la recherche de la meilleure répartition des lois dans l'espace international[6]. Cette recherche doit beaucoup aux savantes constructions élaborées, qui se sont constituées en discipline à part entière (§ 1.), dont l'objet d'étude est la résolution des conflits internationaux de lois (§ 2.), résolution qui doit désormais intégrer les logiques du droit de l'Union européenne (§ 3.).

§ 1. La construction d'une discipline : le droit international privé

322. Un droit historique et savant. – La science du droit international privé est ancienne : les théories y ont été fortes et le sont encore aujourd'hui. Ce droit mérite largement sa réputation de droit savant[7], tant pour sa construction que pour sa maîtrise. Si, aujourd'hui, l'application par le juge français d'une loi étrangère à un litige international est d'une grande banalité, il ne faut pas croire que cette coordination a été facile à atteindre. Elle bénéficie d'une longue expérience et d'une lente théorisation qui s'est nourrie, dès avant la naissance de l'État, des conflits entre statuts des cités italiennes ou entre coutumes de France. Plusieurs questions ont été et demeurent centrales pour résoudre un conflit entre lois d'États différents. La solution à ce type de conflits relève-t-elle des États, seuls compétents pour décider de la loi devant être appliquée par leurs juges, ou d'une réponse internationale, seule dimension permettant une véritable solution du conflit ? L'application par le juge français d'une loi étrangère signifie-t-elle que le juge français obéit à l'ordre d'un législateur étranger ou à son ordre juridique ? Pour quelle raison un État devrait-il accepter d'appliquer la loi d'un autre État ? Par « courtoisie » internationale ? Pour obtenir, réciproquement, l'application de sa propre loi par l'État étranger ?

Les solutions aux litiges internationaux oscillent donc en permanence entre ouverture aux autres ordres et protection de la souveraineté étatique. S'y ajoute une réflexion plus technique sur la méthode permettant de résoudre les conflits de lois et sur leur structure. Le clivage traditionnel distingue les lois *d'application territoriale* (la loi française s'applique sur tout le territoire français, à tous ceux qui s'y trouvent, français ou étrangers) et les lois *d'application personnelle* (la loi française s'applique à tous les français, où qu'ils se trouvent, en

6. En dernier lieu, v. M. SOULEAU-BERTRAND, *Le conflit mobile*, Dalloz, 2005.

7. B. OPPETIT, « Le droit international privé, droit savant », *RCADI*, 1992-III, tome 234, p. 331 ; C. KESSEDJIAN, « Les effets pervers du caractère savant du droit international privé », *in Mélanges B. Oppetit*, Litec, 2009, p. 379.

France ou à l'étranger). Cette partition devait nécessairement être perfectionnée. Certains tentèrent de résoudre les conflits en partant de la loi pour déduire de la réalisation de ses objectifs politiques l'application dans l'espace pertinente. D'autres partaient des situations pour rechercher la loi apparaissant la plus appropriée dans l'espace. La matière fut systématisée sous sa forme moderne par Savigny. L'application de loi étrangère n'est plus pour lui source de difficultés politiques : les racines communes des différents États européens aboutissent à des systèmes finalement relativement proches dont il est possible d'accepter l'application. Pour aborder les conflits de lois dans l'espace, l'essentiel consiste dans la localisation d'un rapport de droit donné dans l'espace, au moyen d'une règle de conflit, qui classe les situations en catégories, pour lesquelles le *rattachement* le plus judicieux devait être découvert (ex., pour la catégorie « forme d'un acte », le rattachement au « lieu de conclusion » de cet acte).

Cette lente construction, ce mélange d'influences et de logiques, de tendances universelles et de replis souverains, vont aboutir à un raisonnement complexe, qui demande rigueur et vigilance. Reposant sur une logique, un vocabulaire, des qualifications et des outils propres, le droit des conflits de lois dans l'espace s'est développé comme une matière autonome, faisant l'objet d'un enseignement spécifique, réservé aux étudiants avancés : le droit international privé[8]. Avant d'être une collecte de solutions, le droit international privé est un jeu de raisonnement, de méthodes et de sources[9].

§ 2. Les outils des conflits internationaux de lois

323. Des sources appropriées à la recherche de coordination. – A la manière des conflits de lois dans le temps, les conflits de lois dans l'espace ont longtemps dû se contenter d'un texte relativement sommaire, *l'article 3 du Code civil*[10]. Les textes d'origine interne sont à peine plus nombreux désormais[11] et c'est essentiellement la *jurisprudence* qui a construit la matière[12]. Cependant, parce que l'objectif est ici une bonne coordination des lois dans l'espace, les règles de conflit d'origine interne se heurtent régulièrement au risque de divergence d'un État à l'autre, exposant les particuliers à des surprises conséquentes, la loi appliquée restant sous la dépendance du juge saisi. Par exemple, pour liquider la succession d'un italien possédant des immeubles en France, la règle de conflit française désigne la loi du lieu de situation des

8. Le cours est traditionnellement enseigné en première année de Master.

9. Le découpage traditionnel de l'enseignement de la matière est symptomatique : le cours de droit international privé est consacré à l'enseignement de ces méthodes ; le cours de « droit international privé spécial », consacré à l'enseignement des solutions, est parfois seulement optionnel.

10. « Les lois de police et de sûreté obligent tous ceux qui habitent le territoire. Les immeubles, même ceux possédés par des étrangers, sont régis par la loi française. Les lois concernant l'état et la capacité des personnes régissent les Français, même résidant en pays étranger ».

11. Ils sont surtout présents en droit de la famille, art. 309, 311-14, 311-17 et 311-18 du Code civil.

12. V. L'avant-propos des *GAJDIP* et la préface de H. BATIFFOL.

immeubles, quand la règle de conflit italienne désigne la loi nationale du défunt[13].

L'objectif de coordination va dès lors aboutir à un développement important des sources *internationales*, seules à mêmes d'uniformiser les solutions adoptées par les différents États. Cette uniformisation pourra être recherchée à deux niveaux de règles. Elle pourra unifier les règles matérielles, tous les États s'accordant pour des solutions identiques. Plus besoin, dès lors, de passer par une règle de conflit, cette solution unique et partagée s'appliquant directement aux situations internationales. Par exemple, la Convention de Vienne du 11 avril 1980 est le corps de règles applicables aux ventes internationales de marchandises pour 79 États dans le monde, dont la France. Ambitieuse, cette forme d'uniformisation est souvent difficile à atteindre hors des matières où les États sont conscients qu'elle est incontournable[14]. Il est alors recouru à l'uniformisation à un autre niveau, celle des règles de conflits de lois[15] : ainsi, peu importe le juge saisi, puisque tous les États s'accordent pour désigner la même loi. Par exemple, tous les États ont leurs règles en matière de licenciement mais tous s'accordent à appliquer à un contrat de travail international, à défaut de choix des parties, la loi du lieu où le travail a été habituellement accompli[16].

Cependant, si les conventions internationales constituent un progrès pour une résolution uniforme des conflits de lois, elles présentent également de nombreux défauts : souvent lentes et difficiles à élaborer, elles tardent à être ratifiées par les États et, une fois en vigueur, elles font l'objet d'interprétations divergentes par les juridictions nationales. Les règles de conflits vont dès lors de plus en plus souvent puiser à une autre source, qui ajoute aux avantages d'uniformité déjà mentionnés ceux d'efficacité et d'interprétation uniforme : le droit de *l'Union européenne*[17].

Les règles de détermination de la compétence judiciaire comme les règles de conflits de lois puisent donc très souvent à des sources internationales ou européennes. Cet ensemble de sources va parfois se conjuguer à l'occasion d'un seul litige. En effet, la résolution d'un litige international implique un raisonnement en plusieurs étapes. La règle de conflit y est l'outil de base ; les autres mécanismes n'en sont qu'autant de dérogations ou de correctifs, qui peuvent venir de deux tendances radicalement opposées, l'existence de solutions uniformes ou, à l'inverse, d'une protection étatique.

324. Un raisonnement spécifique. – N'étant pas naturellement compétent pour toutes les situations dépassant son ordre juridique, le juge saisi d'une

13. V. pour cet exemple, Cass. civ. 1re, 21 mars 2000, *Ballestrero*, *RCDIP* 2000. 399, note B. ANCEL ; sur le renvoi, Y. LEQUETTE, préc.

14. Outre la vente internationale, déjà évoquée, le transport international et les instruments de paiement : la disparité des solutions dans ces domaines sont des freins trop importants aux échanges internationaux.

15. La conférence de La Haye de droit international privé, notamment, joue, depuis 1883, le rôle d'instance de négociation et de conclusion de conventions.

16. Art. 8 du Règlement Rome I du 17 juin 2008 (le mécanisme est bien plus complexe).

17. Ex., Règlement (CE) n° 44/2001 du Conseil du 22 décembre 2000 concernant la compétence judiciaire, la reconnaissance et l'exécution des décisions en matière civile et commerciale (Bruxelles I) ; Règlement (CE) n° 593/2008 du Parlement européen et du Conseil du 17 juin 2008 sur la loi applicable aux obligations contractuelles (Rome I).

situation internationale devra commencer par vérifier qu'il peut se prononcer sur un tel litige, en interrogeant les règles de compétence internationale de son système[18]. S'il est compétent, il devra ensuite désigner la loi applicable, parmi toutes les lois en concurrence, c'est-à-dire toutes les lois en contact avec le litige. Certaines règles vont directement s'appliquer à la situation. C'est le cas, d'une part, lorsque la situation litigieuse entre dans le champ d'une convention de *droit matériel uniforme* : leur objectif même est de rendre inutile le recours à la règle de conflit en posant directement une solution de fond. C'est le cas, d'autre part, lorsque la loi du juge (la loi du for) exige son application immédiate à la solution. Il en est ainsi des lois dont l'observation est nécessaire pour la sauvegarde des intérêts cruciaux pour l'organisation économique, politique et sociale d'un État[19], dites *lois de police*. Par exemple, les articles 212 et suivants du Code civil sur les devoirs et droits respectifs des époux s'appliquent à tous les époux résidant sur le territoire français, quand bien même la loi normalement applicable à leur régime matrimonial serait une loi étrangère[20].

Faute de telles règles directement applicables à la situation, le juge va interroger la *règle de conflit*. Après avoir qualifié sa situation (ex., c'est un problème de condition de forme du mariage), il interrogera la règle de conflit correspondante, qui lui indiquera le rattachement retenu (ex., la loi du lieu de célébration du mariage). La règle de conflit est neutre, puisqu'elle permet une désignation de la loi applicable en fonction de sa proximité avec la situation et non en fonction d'un jugement de valeur sur son contenu. Cette neutralité est un atout pour parvenir à la coordination des lois, mais elle est aussi un inconvénient, puisque, désignée en aveugle, la loi étrangère pourra révéler des surprises au juge français. Un mécanisme correcteur a ainsi tôt été mis en place, connu sous les noms d'« ordre public international » ou « *exception d'ordre public* » : si l'application de la loi étrangère désignée par la règle de conflit devait donner un résultat choquant au regard des valeurs essentielles de la société française, le juge français pourra évincer cette application et lui substituer la loi française. Par exemple, au début du XXIe siècle, les discussions ont été vives autour de la répudiation : reconnaître en France les effets d'un jugement étranger ayant prononcé une répudiation, reconnaissance prévue par les règles de conflit, devait-il être refusé au nom de l'ordre public international français[21] ?

18. Principalement, le juge trouvera ses règles dans les Règlements « Bruxelles » ; hors de leur domaine d'application, il s'en remettra aux règles de compétence territoriale interne, applicables par extension (jurisprudence *Pelassa*, Cass. civ., 19 oct. 1959, *D.* 1960. 37, note G. HOLLEAUX ; *RCDIP* 1960. 215, note Y. LEQUETTE) ; enfin, le Code civil donne compétence aux juridictions françaises en présence d'un demandeur français (art. 14) ou d'un défendeur français (art. 15). Les juges de *common law* suivent une logique différente, marquée par le *forum non conveniens*, v. A. NUYTS, *L'exception de* forum non conveniens *(Étude de droit international privé comparé)*, Bruylant-LGDJ, 2003.

19. La définition est de Phocion Francescakis et a été reprise par le Règlement Rome I, art. 9.

20. Par ex. la loi libanaise : Cass. civ. 1re, 20 oct. 1987, *RCDIP* 1988. 540, note Y. LEQUETTE ; *JDI* 1988. 446, note A. HUET.

21. La réponse n'est pas d'un bloc : les conséquences sont appréciées au cas par cas. Après de longues hésitations, la Cour de cassation se fonde sur l'égalité entre époux pour refuser de reconnaître en France les répudiations prononcées dans certains circonstances (ex. sans respect du contradictoire, sans possibilité pour l'épouse de s'opposer ou sans contrôle par l'autorité judiciaire) quand la situation présente un lien de proximité avec la France. Ex. Cass. civ. 1re, 17 févr. 2004, *D.* 2004. 824, concl. F. CAVARROC et 815, chr. P. COURBE ; *JDI* 2004. 1200, note L. GANNAGÉ.

§ 3. La spécificité des conflits de lois entre États membres de l'Union européenne

325. L'impact de la libre circulation. – La matière, on l'aura compris, est déjà complexe. Elle va gagner un cran en difficulté avec le développement du droit de l'Union européenne. La difficulté vient du fait que le droit de l'Union va s'intéresser au même type de situations, c'est-à-dire à des situations entre deux États (ici deux États membres), mais va apporter ses propres réponses, en s'appuyant sur un autre vocabulaire, une autre logique et un autre raisonnement[22]. Il ne s'agit donc pas de nouvelles règles de conflit[23], spécifiques aux relations entre États membres, mais d'une nouvelle approche de ces relations, entièrement pensée autour du respect des *libertés de circulation*[24]. Ainsi, lorsqu'une marchandise ou un service est licite dans son pays d'origine, il doit pouvoir circuler librement dans tous les États membres : tout obstacle mis, par exemple, par la France à la circulation sur son territoire d'un produit allemand, conforme à la législation allemande, pourrait être constitutif d'une *entrave* et donc prohibé. Si cet obstacle vient de l'application, dans cette situation, de la loi française dûment désignée par le droit international privé, la logique de libre circulation va s'opposer au jeu habituel des solutions de conflits de lois. Entre États membres, il faut donc ajouter une étape au raisonnement déjà suivi pour s'assurer que son résultat n'est pas constitutif d'une entrave. Si une telle entrave est constatée, la loi désignée par le droit international privé pourra néanmoins être appliquée, mais à la condition de passer avec succès le triple test : cette loi répond à des raisons impérieuses d'intérêt général, elle est proportionnée aux objectifs à atteindre et cet intérêt n'est pas déjà assuré par les règles de l'État d'origine[25]. La superposition de ces deux logiques aboutit à des subtilités qui portent les conflits de lois dans l'espace à leur point limite de prévisibilité des solutions, en mêlant la dimension horizontale des conflits interétatiques à la dimension verticale du droit de l'Union européenne pour susciter des « conflits diagonaux » appelant d'autres logiques[26]. Il reste possible que cette affolante complexité ne soit qu'une étape intermédiaire, dans l'attente de l'émergence de deux droits des conflits dans l'espace, le premier réservé aux relations entre États membres, avec ses propres règles imposées par les institutions

22. L. IDOT, « L'incidence de l'ordre communautaire sur le droit international privé », *LPA*, 12 déc. 2002, n° 248, p. 27.

23. L'affirmation est objet de débats : pour une « règle de conflit cachée », désignant l'application de la loi du pays d'origine. V. V. HEUZÉ, « De la compétence de la loi du pays d'origine en matière contractuelle ou de l'anti-droit européen », *in Mélanges P. Lagarde*, Dalloz, 2005, p. 393.

24. Socles de l'espace européen économique, elles se déclinent en libre circulation des personnes, des marchandises, des services et des capitaux. V. sur leur importance mais aussi le souci de les cantonner, J.-S. BERGÉ et S. ROBIN-OLIVIER, *Droit européen*, PUF, 2e éd., 2011, n° 114 et s.

25. Ex. subordonnant l'application d'une loi de police entre États membres à ces critères, v. CJCE, 23 nov. 1999, *Arblade*, *RCDIP* 2000. 710, note M. FALLON.

26. J. HEYMANN, *Le droit international privé à l'épreuve du fédéralisme européen*, Economica, 2010, n° 161 et s.

européennes, sur un modèle fédéral[27], le second relégué aux relations entre un État membre et un État tiers, sur le modèle du droit international privé.

Section 2
Les conflits entre droit étatique et droit supranational

326. Situations de conflit. – Les normes en concurrence peuvent être d'auteurs différents, qui ne sont pas égaux (comme dans les rapports entre États) sans être hiérarchisés (comme dans les rapports internes à un système). L'objet même des ordres supranationaux étant la recherche d'uniformisation des solutions entre États, ils revendiquent généralement une supériorité sur les solutions internes, faute de pouvoir, à défaut, réaliser leurs objectifs. Cependant, les États sont les seuls à être dotés de souveraineté et les ordres supranationaux n'ont d'autres pouvoirs que ceux que les États veulent bien leur reconnaître. La rencontre de ces logiques, qui toutes deux revendiquent la priorité de leurs normes, va mener à des conflits de résolution délicate. La validité des normes n'est que rarement en cause. En revanche, les juges sont régulièrement confrontés à des demandes de mise à l'écart d'une norme nationale pour défaut de compatibilité avec une norme supra nationale. Le régime de ces contrôles de compatibilité a encore une fois été confié aux juges, qui vont largement construire les systèmes de solution de la matière, en répondant toujours aux deux questions soulevées, celle de la norme devant être appliquée et celle de leur compétence pour cette application.

Heureusement, le conflit le plus fréquent, celui opposant une loi à une règle supranationale, est désormais clairement résolu et son maniement est devenu habituel chez les juges. La matière est singulièrement facilitée par la reconnaissance par tous les ordres d'une même règle de conflit, qui donne priorité à l'application de la norme supranationale sur la loi étatique (§ 1.). Les choses se compliquent lorsque la norme supranationale est opposée à la norme la plus haute de l'ordre étatique : la Constitution. Chaque ordre faisant prévaloir sa norme fondamentale[28], et refusant de négocier cette supériorité, les juges des différents systèmes règlent une même concurrence en des sens opposés (§ 2.). Or, une telle dissension devait rapidement se cristalliser autour de conflits plus sensibles : les conflits de « fondamentalité »[29]. En effet, les droits fondamentaux sont protégés à la fois par le droit constitutionnel interne, le droit européen des droits de l'homme et le droit de l'Union européenne : lorsque ces trois normes,

27. Le droit de l'Union européenne est à cet égard déjà plus intégrationniste que celui, fédéral, des États-Unis, v. Y.-E. LE BOS, *Renouvellement de la théorie du conflit de lois dans un contexte fédéral*, Dalloz, 2010.
28. Sur le maniement des différentes hiérarchies des normes, J.-S. BERGÉ, « De la hiérarchie des normes au droit hiérarchisé : figures pratiques de l'application du droit à différents niveaux », *JDI* 2013. 3.
29. Sur l'intérêt de trouver une méthode commune, v. J. ANDRIANTSIMBAZOVINA, « L'enrichissement mutuel de la protection des droits fondamentaux au niveau européen et au niveau national. Vers un contrôle de « fondamentalité » ? », *RFDA* 2002. 124.

qui représentent chacune la norme fondamentale d'un système, entrent en concurrence, l'issue pourrait sembler introuvable. Le dialogue de sourds va heureusement céder la place à un véritable dialogue des juges qui, à force de volonté d'harmonie, va progressivement construire des voies de résolution (§ 3.).

§ 1. Les conflits entre loi et droit supra national

327. Constance de la solution pour les juridictions internationales. – L'ordre international, qu'il soit général ou régional, ne pourrait pas réaliser ses objectifs et verrait son existence même remise en cause si chacun de ses sujets, les États, pouvait continuer à poser des règles discordantes. La supériorité de la règle internationale ou européenne sur la loi étatique est donc un élément constitutif pour ces ordres. Sans surprise, tous les juges supra nationaux ont admis cette solution sans restriction, que ce soit la CIJ[30], la CJUE[31] ou la CEDH[32].

328. *Nicolo* et *Jacques Vabre*. – Lorsque le juge français se trouve confronté à une loi et un traité en contradiction, il doit chercher son pouvoir dans son ordre juridique et plus particulièrement dans sa Constitution. Sous la Ve République, celle-ci pose clairement, à l'article 55 de la Constitution du 4 octobre 1958 que « les traités ou accords régulièrement ratifiés ou approuvés ont, dès leur publication, une autorité supérieure à celle des lois, sous réserve, pour chaque accord ou traité, de son application par l'autre partie ». La priorité est donc claire. Ce qui ne l'est pas, en revanche, c'est la compétence du juge français pour, sur ce fondement, écarter l'application de la loi dont on lui a confié la garde. Les juges marquèrent d'abord une franche hostilité à l'égard de cette compétence. Passe encore pour les lois antérieures aux conventions internationales, que l'on pouvait estimer implicitement écartées par le choix postérieur du législateur français de se lier à une solution contraire[33] ; en revanche, le conflit entre une loi postérieure et une convention internationale soulève en arrière-plan la question de la constitutionnalité de la loi (puisque c'est la Constitution qui impose au législateur la supériorité du traité), question pour laquelle le juge ordinaire est incompétent : il ne pouvait dès lors qu'appliquer la loi. Cette époque est particulièrement illustrée par la position du Conseil d'État dans sa décision *Semoules de France*[34].

La compétence pour le contrôle de conventionnalité des lois était ainsi renvoyée au Conseil constitutionnel, mais celui-ci la refusa, dans sa décision *IVG*[35],

30. En tant que « principe fondamental en droit international de la prééminence de ce droit sur le droit interne », Avis, 26 avr. 1988, *Accord de siège EUA-ONU*.
31. CJCE, 15 juill. 1964, *Costa*, aff. 6/64, *Rec.*, 1141.
32. 29 oct. 1992, *Open Door et Dublin Well Woman/Irlande, RUDH* 1992. 469.
33. CE, 15 mars 1972, *Dame veuve Sadok Ali, Rec.* 213.
34. CE, Sect., 1er mars 1968, *Semoules de France, AJDA* 1968. 235, concl. QUESTIAUX ; *D.* 1968. jurisp. 285, note M. L.
35. Décision n° 74-54 DC, 15 janv. 1975, *IVG, GDCC*, n° 9.

estimant qu'« une loi contraire à un traité ne serait pas, pour autant, contraire à la Constitution ». Le juge constitutionnel refusant de s'intéresser au conflit entre loi et traité, il appartenait donc aux juges ordinaires de se saisir de ces situations, pour ne pas laisser en la matière un « vide juridictionnel »[36].

La Cour de cassation fut la première à accepter cette nouvelle compétence et le fit avec un certain entrain, en proclamant haut et fort la possibilité d'écarter la loi au profit de la convention internationale. Dans son arrêt *Jacques Vabre*[37], elle reconnaissait l'autorité supérieure des traités sur toutes les lois, de façon d'autant plus éclatante que cette première affirmation devait profiter au *Traité de Rome* du 25 mars 1957 – ici pour mettre fin à l'application d'un article du Code des douanes, sur le fondement duquel étaient perçues des sommes lors de l'importation par Jacques Vabre de café soluble hollandais dédouané.

Le Conseil d'État ne dissimula guère, en revanche, son manque d'enthousiasme à l'égard de cette compétence contrainte. Il lui fallut du temps pour accepter d'écarter la loi française au motif d'une convention internationale contraire et le pas ne fut franchi que du bout des lèvres dans son arrêt *Nicolo*[38]. En 1989, des élections au Parlement européen, organisées conformément à la loi du 30 juin 1977, eurent lieu. Nicolo, en sa qualité d'électeur, contestait la participation au scrutin des Français d'outre-mer, au motif que seul le territoire européen de la France serait concerné par le Traité de Rome. La demande va donner l'occasion au Conseil d'État de recevoir les compétences suggérées par le Conseil constitutionnel[39] en n'acceptant l'application de la loi de 1977 qu'après avoir constaté sa conformité au Traité de Rome. Du temps a passé depuis le contrôle discrètement reconnu par l'arrêt *Nicolo* et, aujourd'hui, le Conseil d'État n'hésite plus à affirmer franchement que « pour la mise en œuvre du principe de supériorité des traités sur la loi énoncé à l'article 55 de la Constitution, il incombe au juge, pour la détermination du texte dont il doit faire application, de se conformer à la règle de conflit de normes édictée par cet article »[40].

Honnis ou encensés, ces arrêts sont parmi les plus célèbres du droit français et cette célébrité n'est pas usurpée. La modification qu'ils ont impliquée pour tous les juristes est telle qu'ils sont en général rappelés dans chaque enseignement. Ils marquent la fin de la suprématie de la loi, un nouveau rapport entre la loi et le juge, une nouvelle place pour les conventions internationales et le droit européen, et, concrètement, l'émergence d'un nouveau contentieux qui allait progressivement monter en puissance jusqu'à banaliser l'exercice du contrôle de conventionnalité de la loi.

329. Domaine de la solution. – La supériorité ainsi affirmée est celle d'une norme internationale sur une norme interne. La norme internationale pouvant

36. FRYDMAN, concl. sur *Nicolo*.
37. Ch. mixte, 24 mai 1975, *Société des cafés Jacques Vabre*, *GAJ civ.*, n° 3.
38. CE, 20 oct. 1989, *Rec.* 190, concl. FRYDMAN ; *GAJA*, n° 90.
39. Avec insistance, Décision n° 86-216 DC du 3 sept. 1986, *Loi relative aux conditions d'entrée et de séjour des étrangers en France*, *RFDA* 1987. 120, note B. GENEVOIS, sp. cons. 6 : « qu'il appartient aux divers organes de l'État de veiller à l'application de ces conventions internationales dans le cadre de leurs compétences respectives ».
40. CE, 5 janv. 2005, *Deprez*, *RFDA* 2005. 67, note B. BONNET ; *JCP* A 2005. 1199, E. GLASER et F. SÉNERS ; *RTD civ.* 2005. 561, obs. P. DEUMIER.

ainsi primer peut être tant de droit international général que de droit de l'Union, primaire[41] ou dérivé[42]. Mais cette concession faite au texte de l'article 55 de la Constitution sera la seule pour le Conseil d'État. Lent à reconnaître l'application prioritaire des traités, il va persister dans une certaine hostilité au droit international, en cantonnant strictement sa supériorité aux *conventions internationales*, refusant de reconnaître la même autorité à la coutume internationale[43] et aux principes généraux du droit international[44] et introduisant ainsi une distinction entre les sources qui malmène l'égalité proclamée par cet ordre. Généralement critiquée, la solution pourrait ne pas être suivie par la Cour de cassation : si elle ne s'est jamais directement prononcée, certaines de ses applications de la coutume internationale ont été interprétées comme une reconnaissance de sa supériorité sur la loi[45]. Quant à la norme interne pouvant ainsi être écartée, elle peut être d'origine tant législative que réglementaire. Pour cette dernière hypothèse, la compétence de la Cour de cassation a été objet de débats[46], débat tranché par le Tribunal des conflits en faveur de sa compétence en cas de conflit avec une norme du droit de l'Union européenne[47].

§ 2. Les conflits entre Constitution et droit international

330. La position des juges français : application de la Constitution. – Le conflit a réussi à échapper longtemps au contentieux. Il va pourtant se présenter devant le Conseil d'État puis devant la Cour de cassation à l'occasion d'une même hypothèse : la détermination du corps électoral néo-calédonien appelé à

41. Pour la Cour de cassation, dès l'arrêt *Jacques Vabre* ; pour le Conseil d'État, 5 mai 1995, *Ministre de l'Equipement, des Transports et du Tourisme c /SARL Der, RDP* 1995. 1102, concl. SCANVIC.
42. Pour les règlements européens, CE, 24 sept. 1990, *Boisdet*, *Rec.* 250, concl. M. LAROQUE ; pour les directives ; CE, 28 févr. 1992, *S. A. Rothmans International France, Rec.* 80, concl. LAROQUE ; Cass. crim., 14 juill. 1988, *Bull. crim.* n° 270.
43. Ass., 6 juin 1997, *Aquarone*, *RFDA* 1997. 1068, concl. G. BACHELIER ; *JCP* 1997. II. 22 945, note G. TEBOUL ; *LPA*, 6 févr. 1998, n° 16, p. 18, note P. M. MARTIN. En revanche, le Conseil d'État a admis la responsabilité de l'État du fait de la mise en œuvre de la coutume internationale, 14 oct. 2011, *Mme Saleh*, *RGDIP* 2012. 203, note M. GRANGE.
44. CE, 28 juill. 2000, *Paulin*, *D.* 2001. 411, note TIXIER ; *RGD int. publ.* 2001. 239, note F. POIRAT.
45. Cass. crim., 13 mars 2001, *Gaz. Pal.*, 29 mai 2001, n° 149, p. 27, concl. J.-Y. LAUNAY ; *JDI* 2002. 803, note C. SANTULLI ; *RGD int. publ.* 2001. 473, chr. F. POIRAT.
46. Soit le contrôle de conformité d'un acte réglementaire à une règle internationale est avant tout un contrôle de conventionnalité et la Cour de cassation peut l'exercer : c'est la position retenue par la Cour de cassation (not. Cass. com., 6 mai 1996, *RFDA* 1996. 1161, note B. SEILLER ; Cass. soc., j 18 déc. 2007, *JCP* 2008. II. 10 023, note D. JACOTOT). Soit le contrôle de conformité d'un acte réglementaire à une règle internationale est avant tout un contrôle de validité de l'acte réglementaire, auquel cas la Cour de cassation n'est pas compétente (v. *supra* n° 303 et s.). C'est la position de la doctrine administrative (X. DUPRÉ DE BOULOIS, « Exception d'inconventionnalité des règlements administratifs : la Cour de cassation persiste et signe », *RFDA* 2008. 499 ; B. SEILLER, note préc.).
47. TC, 17 oct. 2011, *SCEA du Chéneau*, *RFDA* 2011. 1122, concl. J.-D. SARCELET, note B. SEILLER et note A. ROBLOT-TROIZIER ; *RDP* 2012. 853, G. CLAMOUR et L. COUTRON. Le Tribunal fonde sa décision sur le principe d'effectivité du droit de l'Union européenne mais précise expressément qu'elle n'est pas autorisée par l'article 55 de la Constitution : la compétence de la Cour de cassation est donc limitée aux normes européennes, sans être étendue aux autres normes internationales.

se prononcer sur l'Accord de Nouméa, conformément à la loi constitutionnelle du 20 juillet 1998, était suspectée de méconnaître le Pacte de New York sur les droits civils et politiques et la Convention EDH[48]. Le Conseil d'État, dans son arrêt *Sarran*, va poser que la suprématie conférée par l'article 55 de la Constitution aux engagements internationaux ne s'applique pas, dans l'ordre interne, aux dispositions de nature constitutionnelle[49]. La Cour de cassation devait suivre fidèlement cette position en reprenant la même formulation dans son arrêt *Fraisse*[50]. Par ailleurs, si le Conseil d'État a concédé des aménagements de sa solution pour le droit de l'Union par la suite, c'est en rappelant expressément le maintien de la jurisprudence *Sarran* pour le droit international général, sur le fondement de l'article 55 de la Constitution[51]. En outre, l'introduction de la question prioritaire de constitutionnalité a doublé cette supériorité hiérarchique d'une *priorité procédurale* : ainsi, le juge français, saisi dans le même temps d'une question de constitutionnalité et d'une question de conventionnalité a l'obligation d'examiner prioritairement la question de constitutionnalité[52]. Ces solutions sont compréhensibles du point de vue interne, elles sont même inévitables pour certains auteurs : comment le juge pourrait-il écarter la norme même qui l'a institué[53] ? Pourtant, cette logique interne crée une scission avec la logique internationale.

331. La position des juges internationaux : application de la norme internationale. – En effet, le même conflit, vu cette fois par les juges internationaux, aboutit à la solution strictement inverse. Que ce soit la Cour Internationale de Justice[54], la CJUE[55] ou la CEDH[56], toutes font primer la norme internationale sur la norme interne, serait-elle constitutionnelle. En définitive, dans cette rencontre des normes les plus hautes, chaque juge fait primer sa norme ultime. La solution se résout donc sur le plan de la responsabilité internationale de l'État, qui prend le risque d'une condamnation par les juridictions internationales[57].

48. Le contentieux électoral est un contentieux complexe qui, selon les questions, peut relever de la compétence tant du juge constitutionnel que du juge administratif ou judiciaire.

49. CE, 30 oct. 1998, *GAJA*, n° 100.

50. Cass. Ass. plén., 2 juin 2000, *Fraisse*, *D.* 2000. 865, note B. MATHIEU et M. VERPEAUX ; *RTD civ.* 2000. 672, obs. R. LIBCHABER ; *RDP* 2000. 1037, note X. PRÉTOT ; *LPA*, 9 oct. 2000, note B. DE LAMY et P. DEUMIER.

51. *Arcelor,* cité *infra,* n° 335.

52. Art. 23-2, 3° et 23-5, al. 2, ordonnance du 7 novembre 1958.

53. D. ALLAND, « Consécration d'un paradoxe : la primauté du droit interne sur le droit international », *RFDA* 1998. 1094.

54. « Un État ne saurait invoquer vis-à-vis d'un autre État sa propre Constitution pour se soustraire aux obligations que lui imposent le droit international ou les traités en vigueur » : CPJI, avis du 4 févr. 1932, *Traitement des prisonniers de guerre polonais à Dantzig*, *Rec.*, série A/B, n° 44.

55. CJCE, 17 déc. 1970, *Internationale Handelgesesllschaft*, aff. 11/70, *Rec.* 1125.

56. CEDH, 29 oct. 1992, *Open Door et Dublin Well Woman/Irlande, RUDH* 1992. 469 ; CEDH, 30 janv. 1998, *Parti communiste unifié de Turquie c /Turquie*, *RTDH* 1999. 301, note B. DUARTÉ.

57. C. MAUGÜÉ, concl. sous l'arrêt *Sarran*, *RFDA* 1998. 1081, sp. p. 1086 ; « L'arrêt Sarran entre apparence et réalité », *Les Cahiers du Conseil Constitutionnel,* n° 7, 1999, p. 87.

§ 3. Les conflits entre normes fondamentales

332. Situations de conflit. – Le plus souvent, les normes structurelles, qui organisent les institutions, n'entrent pas en conflit, faute de se rencontrer. Cependant, au rang le plus haut de chaque système, se trouve également la protection des droits fondamentaux, garantis par la Constitution, la Conv. EDH et le droit de l'Union européenne. Si les protections accordées à ces différents endroits sont dans l'ensemble comparables, certains litiges les mettent en situation de concurrence, invoquant par exemple l'absence de compatibilité entre une norme ordinaire et deux normes fondamentales de sources différentes. La question sera souvent réglée par une simple répartition des compétences. Ainsi, dans l'ordre interne, le Conseil constitutionnel peut seul juger de la constitutionnalité de la loi, quand le juge ordinaire peut seul se prononcer sur la conventionnalité de la loi. Lorsque, devant le juge ordinaire, les deux conformités sont discutées en même temps, il doit *prioritairement* demander au Conseil de se prononcer sur la constitutionnalité et, dans un second temps, se prononcer sur la conventionnalité[58]. Cependant, cette répartition n'englobe pas la totalité des situations. Un conflit se présentera également devant le juge national à l'occasion d'un contrôle d'un acte national (loi ou décret) transposant des *dispositions claires et inconditionnelles* d'une directive : en réalité, derrière l'apparence d'un contrôle d'une loi ou d'un décret, c'est un contrôle de la directive elle-même qui est exercé. Or, ne serait-ce que pour juger de sa compétence, le juge doit dans ce cas préciser quel contrôle il exercera : par exemple, lorsqu'un demandeur invoque l'absence de conformité d'une directive au droit constitutionnel et au droit primaire de l'Union, le juge va-t-il procéder à un contrôle de constitutionnalité de la directive ou un contrôle de conformité de la directive au droit de l'Union ? Il faut donc choisir entre les différentes normes fondamentales celle que le juge utilisera comme norme de référence. En matière de protection des droits fondamentaux, au lieu de poursuivre l'entêtement témoigné pour l'ordre international, les juges français vont façonner une voie d'harmonisation[59], fruit d'un dialogue avec les juges européens et les Cours suprêmes des autres États membres, particulièrement allemande et italienne. Cette résolution repose sur quelques grandes tendances : poser une méthode à suivre et des objectifs au lieu d'une hiérarchie entre les normes fondamentales ; admettre l'équivalence de protection entre les différents niveaux[60] ; au nom de cette équivalence,

58. Pour la conformité de cette priorité au droit de l'Union européenne, sous réserve que le juge national puisse, à tout instant, en cas d'urgence, appliquer le droit de l'Union ou saisir la CJUE, Cass., QPC, 16 avr. 2010, n° 10-40002, *Melki* et *Abdeli* ; CC, Décision n° 2010-605 QPC du 12 mai 2010, *Jeux d'argent et de hasard en ligne* ; CE, 14 mai 2010, n° 312305, *Rujovic* ; CJUE, 22 juin 2010, C-88/10, *Melki*. Sur l'ensemble, dans une littérature abondante, v. D. SIMON, « Les juges et la priorité de la question prioritaire de constitutionnalité : discordance provisoire ou cacophonie durable ? », *RCDIP* 2011. 1 ; X. MAGNON, « La QPC face au droit de l'Union : les bons, la brute et le truand », *RFDC* 2010. 761.

59. Souhaitant que les autorités politiques définissent ces rapports en quelques règles simples, v. J.-P. JACQUÉ, « Droit constitutionnel, Droit communautaire, CEDH, Charte des Nations unies – L'instabilité des rapports de systèmes entre ordres juridiques », *RFDC* 2007. 3.

60. Sur les difficultés de s'accorder sur cette équivalence et la persistance de l'approche sous l'angle des conflits entre ordres juridiques, F.-X. MILLET, « Réflexions sur la notion de protection équivalente des droits fondamentaux », *RFDA* 2012. 307.

accepter de faire des transferts de contrôle d'une règle de référence à une autre. Le juge n'est plus là pour faire primer une norme sur une autre mais pour jouer un « rôle d'aiguilleur »[61] en orientant la norme objet de contrôle vers la norme de référence adéquate. Garantissant la même protection substantielle, la question de la référence formelle à la norme constitutionnelle ou européenne devient indifférente. Il existe une dernière constante de la gestion des conflits de fondamentalité : ces transferts se font le plus souvent au profit d'une application première du droit de l'Union européenne, La solution pourrait surprendre car l'ordre de l'Union européenne est le moins complet et le moins expérimenté en matière de fondamentalité ; pourtant, son caractère intégré et la puissance de ses structures d'application lui donnent une place de choix pour garantir l'uniformité de protection des droits fondamentaux en Europe.

A Entre Constitution et droit de l'Union européenne

333. Absolutisme du droit de l'Union européenne. – Du point de vue de l'Union européenne, « le droit né du traité ne pourrait, en raison de sa nature spécifique originale, se voir judiciairement opposer un texte interne *quel qu'il soit*, sans perdre son caractère communautaire et sans que soit mise en cause la base juridique de la Communauté elle-même ». Par cet arrêt fondateur, l'arrêt *Costa c /ENEL*[62], la CJCE posait la primauté absolue du droit de l'Union européenne, fondée directement sur la nature de la Communauté et s'imposant aux droits internes quelle que soit la valeur de leurs dispositions. Ce principe de primauté était repris à l'article I-6 du traité établissant une Constitution pour l'Europe, tout en étant atténué par l'affirmation à l'article I-5 que l'Union respecte l'identité nationale des États membres « inhérente à leurs structures fondamentales politiques et constitutionnelles »[63]. Objet parmi d'autres de crispations, notamment du Royaume-Uni, la référence à la primauté devait disparaître du Traité de Lisbonne pour être reléguée au rang de déclaration n° 17, complétée d'un avis du service juridique du 22 juin 2007 qui reprend le principe de primauté tel que posé par l'arrêt *Costa*[64].

334. Création du statut particulier par le Conseil constitutionnel : le contrôle des lois de transposition. – Dans un premier temps, les juridictions, et particulièrement le Conseil d'État dans son arrêt *SNIP*[65], ne réservèrent pas de statut particulier au droit de l'Union européenne : comme les autres normes supra nationales, il ne pouvait justifier la mise à l'écart de la norme

61. Pour le « rôle d'aiguilleur » du Conseil d'État, v. M. GUYOMAR, *RFDA* 2007. 384, sp. p. 398 ; pour celui du Conseil constitutionnel, B. GENEVOIS, « Le Conseil constitutionnel et le droit communautaire dérivé », *RFDA* 2004. 651.

62. 15 juill. 1964, aff. 6/64, *Rec.*, 1141.

63. Devenu art. 4 § 2, TUE.

64. F. MICHÉA, « La primauté du droit de l'Union à la lumière du Traité de Lisbonne », *RMCUE* 2008. 446.

65. CE, 3 déc. 2001, *SNIP*, *Europe*, avr. 2002. 6, note A. RIGAUX et D. SIMON. La plus grande faveur traditionnelle de la Cour de cassation pour le droit européen pourrait justifier une prise de position plus audacieuse. Sur cette faveur, J. RIDEAU, « La Cour de cassation et l'article 55 de la Constitution », *in La Cour de cassation et la Constitution de la République*, PUAM, 1995, p. 227.

constitutionnelle. La position entrait frontalement en conflit avec celle de la CJCE. Les juridictions françaises vont toutefois faire le choix de sortir de ce dos à dos pour tenter de trouver un moyen terme. À compter de 2004[66], le Conseil constitutionnel va forger les contours de ce statut constitutionnel du droit dérivé, à coup de précisions et de réajustements terminologiques. Le Conseil va dans un premier temps trouver un fondement autonome : alors que le droit international général relève de l'article 55 de la Constitution, le droit de l'Union européenne va en être extirpé pour être rangé sous *l'article 88-1*, non sans une certaine audace puisque cet article avait jusque-là été interprété comme dépourvu de toute portée normative[67]. L'article 88-1 va désormais poser l'obligation constitutionnelle de transposer les directives[68]. Ce nouveau fondement va modifier le régime du contrôle des lois de transposition. Lorsqu'il transpose des dispositions précises et inconditionnelles d'une directive, le législateur ne fait finalement que recopier le droit de l'Union : contrôler ce qui a l'apparence d'une loi revient alors en réalité à contrôler la substance d'une directive. Le juge constitutionnel ne va dès lors accepter de contrôler ces lois de transposition que dans des conditions très précisément délimitées : en cas de contrariété avec une « règle ou principe inhérent à l'identité constitutionnelle de la France »[69] ; en cas de disposition « manifestement incompatible avec la directive qu'elle a pour objet de transposer »[70]. La solution penche, en pratique, vers l'application plus fréquente du droit de l'Union car les dispositions constitutionnelles spécifiques sont rares[71]. En cas de doute sur la conformité au droit de l'Union, le contrôle de la loi de transposition incombe au seul juge européen. Dans un premier temps, le Conseil constitutionnel a estimé ne pouvoir saisir lui-même la CJUE, puisqu'il est tenu de statuer dans un délai d'un mois dans le cadre d'un contrôle *a priori*. Dans un second temps, il a accepté, pour la première fois,

66. Le Conseil a inauguré sa nouvelle construction par la décision n° 2004-496 DC du 10 juin 2004, *Loi pour la confiance dans l'économie numérique* (*AJDA* 2004. 1385, note J. ARRIGHI DE CASANOVA ; *RFDA* 2004. 651, note B. GENEVOIS ; *RTD civ.* 2004. 605, obs. R. ENCINAS DE MUNAGORRI) mais il est probable que cette ouverture ait été poussée par la perspective proche d'un contrôle du Traité Constitution pour l'Europe : sa position de juin 2004 lui permit, en novembre 2004 (décision n° 2004-505 DC du 19 nov. 2004, *Traité établissant une Constitution pour l'Europe*, *GDCC*, n° 31), de ne voir aucune incompatibilité entre sa toute nouvelle jurisprudence et la combinaison de normes portée par ce Traité ; v. A. LEVADE, « Le Conseil constitutionnel aux prises avec la Constitution européenne », *RDP* 2005. 19.

67. J. ARRIGHI DE CASANOVA, *AJDA* 2004. 1534 ; D. BAILLEUL, « Quand le juge ressemble au constituant », *D.* 2004. 3089.

68. Le statut constitutionnel du droit de l'Union est principalement invoqué à l'occasion de ces transpositions, mais il a une portée plus large, v. le contrôle du Traité Constitution pour l'Europe, évoqué *supra* note 63.

69. La formule adoptée en 2004 réservait les dispositions constitutionnelles « expresses », entendues généralement comme les dispositions « spécifiques ». Très critiquée, elle est abandonnée par la Décision n° 2006-540 DC du 27 juill. 2006, *Loi société de l'information, Rec.*, 88. Sur cette notion, L. BURGORGUE-LARSEN (dir.), *L'identité constitutionnelle saisie par les juges en Europe*, éd. Pedone, Cahiers Européens, n° 1, 2011.

70. Pour une illustration d'incompatibilité manifeste entre la loi pérennisant les tarifs réglementés de l'électricité et du gaz et la directive poursuivant l'objectif d'ouverture à la concurrence, Décision n° 2006-543 DC du 30 nov. 2006, *GDCC*, n° 33.

71. V. concl. M. GUYOMAR sur *Arcelor* : le principe de laïcité, la définition du corps électoral politique ou le droit des propriétés publiques. La doctrine a ajouté le principe d'égal accès aux emplois publics P. CASSIA, *JCP* 2007. II. 10 049.

dans le cadre d'une QPC, de saisir la Cour de Justice d'un renvoi préjudiciel sur l'interprétation d'une décision-cadre européenne afin de juger de la constitutionnalité de sa transposition[72], inaugurant un nouveau dialogue entre juges.

335. Perfectionnement de la méthode par le Conseil d'État : l'équivalence de protection. – Le Conseil d'État, troquant son hostilité traditionnelle pour le droit européen contre une nouvelle approche résolument conciliatrice[73], devait s'inscrire dans les pas du Conseil constitutionnel, reprendre le statut constitutionnel privilégié du droit de l'Union européenne, l'idée d'une application prioritaire du droit de l'Union en cas d'équivalence de protection et, mieux, perfectionner la solution du conflit en formulant une méthode à suivre pour les juges administratifs. Dans son arrêt *Arcelor*[74], il était saisi d'une demande d'annulation d'un décret transposant une directive relative au système d'échange de quotas d'émission de gaz à effet de serre, en ce que ce décret aurait méconnu plusieurs principes à valeur constitutionnelle. Le Conseil d'État va transférer cette demande de contrôle de constitutionnalité d'un décret de transposition vers un contrôle de validité de la directive transposée au regard du droit de l'Union, au terme d'un considérant monumental, qui pose la méthode pour l'heure la plus achevée dans son expression. Cette méthode reprend les analyses du Conseil constitutionnel sur le fondement du contrôle d'un acte de transposition (l'article 88-1 de la Constitution, tel que régénéré par le Conseil constitutionnel) et sur l'objet réel d'un tel contrôle (le contrôle d'un acte réglementaire transposant des dispositions précises et inconditionnelles est en réalité un contrôle de la directive). Or, la directive, objet réel du contrôle, est soumise à deux normes fondamentales : elle puise sa validité dans sa conformité au droit primaire mais, devant le juge national, doit respecter la suprématie de la Constitution. La méthode adoptée par le Conseil d'État va revenir à distribuer les situations entre celles qui seront contrôlées au regard du droit primaire de l'Union européenne et celles qui resteront soumises au seul droit constitutionnel, le clivage se faisant autour de l'*équivalence de protection*. Concrètement, le juge doit comparer la protection accordée par le principe constitutionnel prétendument atteint par la directive et la protection accordée par le principe européen équivalent. À protection égale, et du fait de cette équivalence de protection, le juge va accepter de transférer le contrôle de constitutionnalité demandé vers le droit de l'Union, selon des modalités connues[75]. En revanche, en l'absence de protection équivalente entre le niveau constitutionnel et le niveau primaire du droit de l'Union, le contrôle de la directive sera maintenu sous l'empire des dispositions constitutionnelles.

72. Décision nº 2013-314P QPC, *Absence de recours en cas d'extension des effets du mandat d'arrêt européen*, *RFDA* 2013. 461, note H. LABAYLE et R. MEHDI ; D. SIMON, *Europe*, mai 2013, étude 5 ; B. BONNET, *RDP* 2013, nº 5, à paraître.

73. V. les conclusions de M. GUYOMAR : « Vous l'avez compris, près de vingt ans après que Bruno Genevois a prôné, depuis ce pupitre, le « dialogue des juges », nous récusons toute solution qui risquerait d'être regardée comme engageant, à l'échelon de la Communauté européenne, « la guerre des juges » », sp. p. 391.

74. CE, ass., 8 févr. 2007, *RFDA* 2007. 384, concl. M. GUYOMAR ; *GAJA*, nº 114.

75. V. *supra*, nº 314.

336. Primauté du droit de l'Union ou suprématie de la Constitution ? – Les interprètes de ces importantes décisions se divisent entre ceux qui y voient la primauté du droit de l'Union et ceux qui y lisent la suprématie du droit constitutionnel. La position partage les deux car elle n'est ni l'un ni l'autre, pour ne pas aborder ce conflit sur un mode hiérarchique[76]. Tour à tour, à différentes étapes du raisonnement, norme constitutionnelle et norme européenne vont être appliquées de préférence. Le respect de la Constitution est sauf, puisque c'est en elle et en elle seule que le juge trouve son pouvoir : en appliquant le droit de l'Union, il se soumet aux seules prévisions de son constituant, qui le lui ordonne à l'article 88-1 ; qui plus est, les droits fondamentaux dont la protection est spécifique à la Constitution française seront préservés. Le respect du droit de l'Union l'est également : lorsque deux normes de référence sont en concurrence mais équivalentes, le droit de l'Union bénéficie d'une priorité d'application[77]. L'équilibre se noue donc progressivement, juridictions constitutionnelles comme européenne s'accordant autour d'une primauté européenne respectueuse des identités constitutionnelles nationales[78].

B Entre droit de l'Union européenne et droit européen des droits de l'homme

337. Les droits garantis par la Conv. EDH, principes généraux du droit communautaire. – Il n'était pas forcément de la vocation des deux ordres européens de se rencontrer : l'un était tout entier tourné vers les droits fondamentaux quand l'autre s'intéressait exclusivement à son objectif économique[79]. Or, cette absence de garantie de protection des droits fondamentaux dans l'ordre de l'Union européenne avait rapidement suscité la réserve des juridictions nationales : la jurisprudence allemande *Solange* est née de cette prudence, refusant la primauté « tant que » cette garantie de protection ne serait pas assurée par le droit de l'Union[80]. La CJCE entreprit donc de pallier le silence des textes institutionnels et affirma que « le respect de droits fondamentaux fait partie intégrante des principes généraux dont la Cour de Justice assure le respect »[81]. La CJCE dut également préciser les sources des droits fondamentaux dont son ordre garantissait la protection et puisa à cet égard à deux sources : les ordres nationaux, d'une part, par la consécration des « traditions constitutionnelles »[82], la Convention EDH, d'autre part, et de plus en plus couramment[83]. Ce sont donc

76. V. B. BONNET, ouvrage préc.
77. Priorité d'application également retenue par les Cours des autres États membres, v. *Cahiers du Conseil constitutionnel*, n° 4, second semestre 1997.
78. Sur la notion d'identité constitutionnelle comme réponse au conflit entre ordres juridiques, F.-X. MILLET, *L'Union européenne et l'identité constitutionnelle de l'État membre*, LGDJ, à paraître.
79. Pour l'évolution, mais aussi pour l'étude de la complémentarité des contrôles par les juges européens et nationaux, H. LABAYLE, « Droits fondamentaux et droit européen », *AJDA* 1998. 75.
80. Pour les différentes jurisprudences *Solange*, v. M. GUYOMAR, concl. sur *Arcelor*, préc.
81. CJCE, 17 déc. 1970, *Internationale Handelgesellschaft*, aff. 11/70, *Rec.* 1125.
82. Même arrêt.
83. CJCE, 28 oct. 1975, *Rutili*, aff. 36/75, *Rec.* 1219 ; CJCE, 18 juin 1991, *ERT*, aff. C-260/89, *Rec.* 2951, § 41-42.

les « principes généraux du droit communautaire » qui servent de « passage »[84] des droits de la CEDH vers l'ordre de l'Union européenne. Ces différentes constructions furent intégrées aux textes par le Traité d'Amsterdam et figurent depuis à l'article 6 § 2 du Traité UE[85].

La jurisprudence de l'Union européenne en matière de droits fondamentaux est depuis de plus en plus importante et la CJUE la développe en considération de la jurisprudence de la CEDH[86] évitant, pour l'heure, des conflits de solutions entre les deux jurisprudences. La Cour EDH a constaté cette volonté de la CJCE d'intégrer sa jurisprudence et a donc posé une présomption d'équivalence de protection au profit du droit de l'Union, justifiant son application sauf « insuffisance manifeste »[87]. Le Traité de Lisbonne recompose cette cohabitation harmonieuse mais fragile entre les deux Europe des droits fondamentaux, en ouvrant la possibilité de l'adhésion de l'Union à la Convention EDH et en reconnaissant la force juridique de la Charte des droits fondamentaux[88].

338. Application par les juges nationaux. – La qualification des droits de la Conv. EDH en « principes généraux du droit communautaire » a été reprise par les juges nationaux. Le plus souvent, la référence ne sert pas à démêler un conflit entre les deux systèmes mais plutôt à les condenser[89]. Le Conseil constitutionnel a, dans l'exercice de son nouveau contrôle des directives, fait référence à la Convention européenne « en tant que principe général du droit communautaire », référence discrète et demeurée isolée malgré son potentiel immense[90]. La Cour de cassation a elle aussi su exploiter la qualification pour soumettre à la CJCE le seul cas flagrant de divergence entre les deux juridictions européennes, en lui demandant de préciser sa position « eu égard aux droits fondamentaux reconnus par l'ordre juridique communautaire et à l'art. 8 de la Convention européenne de sauvegarde des droits de l'homme »[91]. Dans ces deux cas, les juges internes n'ont pas eu à prendre parti pour l'application d'un ordre européen plutôt que de l'autre. Le Conseil d'État s'est en revanche

84. J.-P. JACQUÉ, « Communauté européenne et CEDH », *in La CEDH. Commentaire article par article*, Economica, 1995, p. 83, sp. 87 ; pour une « incorporation » réalisée par le Traité d'Amsterdam, F. SUDRE, « La communauté européenne et les droits fondamentaux après le Traité d'Amsterdam ; Vers un nouveau système européen de protection des droits de l'homme ? », *JCP* 1998. I. 100, n° 13.

85. « L'Union respecte les droits fondamentaux, tels qu'ils sont garantis par (la Conv. EDH) et tels qu'ils résultent des traditions constitutionnelles communes aux États membres, en tant que principes généraux du droit communautaire ».

86. R. TINIÈRE, *L'office du juge communautaire des droits fondamentaux*, Bruylant, 2007.

87. CEDH, 30 juin 2005, *Bosphorus c /Irlande Airways*, *GACEDH*, n° 71. La présomption de conformité ne joue pas lorsque les États ont utilisé la marge d'appréciation laissée par le droit de l'UE, CEDH, 21 janv. 2011, *S.F. c. Belgique*, *Constitutions* 2011. 334, obs. A. LEVADE.

88. Charte qui précise elle-même ne pas pouvoir être interprétée comme limitant la protection reconnue par la CEDH, art. 53. Pour la relativisation des avancées du Traité de Lisbonne sur ces deux points, v. D. SIMON, « Les droits fondamentaux dans le traité de Lisbonne », *Europe*, févr. 2008, repère 2. Sur la question de l'adhésion, v. le dossier publié à la *RTD eur.* 2011. 7.

89. Ex., confusion des moyens invoquant le droit communautaire et le droit EDH, CE, 2 juin 1999, *Meyet*, *LPA*, 8 juin 1999, concl. J.-C. BONICHOT.

90. La liberté d'opinion « est également protégée en tant que principe général du droit communautaire sur le fondement de l'article 10 de la Conv. EDH » : Décision n° 2004-498 DC du 29 juill. 2004, *Loi relative à la bioéthique*, cons. 6.

91. Sur les visites domiciliaires, Cass. com., 7 mars 2000, *D.* 2000, 491, note L. BORÉ.

retrouvé dans cette position, saisi d'une demande contestant la conformité à la Convention EDH d'une loi de transposition d'une directive européenne sur la lutte anti-blanchiment, qui obligeait les avocats à faire part de leurs soupçons à la Tracfin[92]. La position du juge national est ici singulière[93] : juge de droit commun des deux ordres européens, il est tenu de veiller au respect du droit de l'Union européenne comme du droit EDH, sans qu'aucun ne soit dans une position privilégiée. Constatant que les droits fondamentaux garantis par la Conv. EDH sont protégés « en tant que principes généraux du droit communautaire », le Conseil d'État va transformer astucieusement un conflit entre deux ordres européens en un conflit interne à l'ordre de l'Union européenne. Le contrôle directive/Conv. EDH devenant un contrôle directive/droit primaire de l'UE, il ne restait plus au juge interne qu'à suivre les modalités connues en la matière[94].

92. CE, Sect., 10 avr. 2008, *Conseil national des barreaux et autres*, *RFDA* 2008. 575, concl. M. GUYOMAR ; *ibid.*, 603, obs. A. ROBLOT-TROIZIER ; ibid., 711, note H. LABAYLE et R. MEHDI ; *AJDA* 2008. 1085, J. BOUCHER et B. BOURGEOIS-MACHUREAU ; *JCP* 2008. II. 10125, note R. TINIÈRE ; *Dr. adm.* juin 2008, comm. 83, note M. GAUTIER ; *RTD civ.* 2008. 444, obs. P. DEUMIER.

93. Déjà, D. SIMON, « Des influences réciproques entre CJCE et CEDH : « je t'aime, moi non plus » ? », *Pouvoirs*, n° 96, 2001, 31.

94. V. *supra*, n° 314.

Titre III
Le droit des normes vivantes

339. La vie des textes. – Face à une question, le juriste aura donc recherché les textes en vigueur, dans les différentes catégories, puis déterminé, parmi les différents textes intéressés par la question, celui applicable à sa situation. Ces étapes, parfois simples, parfois subtiles, une fois franchies, il ne faut pas trop rapidement penser avoir trouvé la norme qu'il ne resterait plus qu'à appliquer. En effet, le texte ne porte pas à lui seul la norme toute entière. Il y a le droit des textes, tel qu'on le trouve dans les recueils, au jour de leur édiction. Et il y a le droit vivant, tel qu'il façonne les textes à mesure de leur application. Le texte a vocation à être appliqué aux faits et cette rencontre va donner à la norme ses contours réels, en venant compléter, préciser, enrichir et parfois contredire l'énoncé nu du texte. Il existe ainsi un mouvement permanent entre la norme portée par les textes et les situations qu'elle vient régir, entre le droit et le fait, entre la création et l'application. Les précédents jurisprudentiels, les propositions de la doctrine, les directives de l'administration, les usages établis, et tant d'autres éléments, vont ainsi donner vie au texte. Une double poussée s'exerce donc au moment de l'application du texte : celle de l'interprétation qui va lui être donnée ; celle de la pratique qui va en être faite. Les normes vivantes sont donc celles-ci, le droit tel qu'il est interprété[1] et le droit tel qu'il est vécu[2].

340. Des normes ? – Mais peut-on parler de « normes » (ici entendues au sens de normes générales) pour autant ? Si cette qualité n'est évidemment jamais contestée pour les textes, elle l'est systématiquement pour l'intégralité des autres sources du droit. Et pour cause : les normes vivantes sont souvent comparées à la loi et déclassées de ce fait car elles ne présentent pas les mêmes caractères, notamment la même force obligatoire[3]. Elles opèrent différemment que par l'édiction d'un commandement, pour laquelle elles sont en tout état de cause totalement incompétentes. Malgré cela, elles incarnent le droit effectif, celui qui est appliqué par les tribunaux et suivi dans les faits.

---

1. Pour la doctrine du droit vivant, théorie née en droit constitutionnel italien, v. G. ZAGREBELSKY, « La doctrine du droit vivant et la question de constitutionnalité », *Constitutions*, 2010/1, p. 9 ; C. SEVERINO, *La doctrine du droit vivant*, Economica et PUAM, 2003. Pour sa réception en droit constitutionnel français, v. *infra*, n° 365. Pour le droit de la Conv. EDH, « instrument vivant » qui doit s'interpréter à la lumière des conditions de vie actuelles, CEDH, 25 avr. 1978, *Tyrer c. Royaume-Uni*, § 31.
2. Pour le droit spontané, vivant ou libre, opposé au droit fixé d'avance par l'État ou par toute autre organisation, v. G. GURVITCH, « Droit naturel ou droit positif intuitif ? », *APD* 1933. 55.
3. V. pour la conception française des sources du droit, v. *supra*, n° 62.

Les hésitations perpétuelles sur leur valeur normative sont dès lors intimement liées aux conceptions théoriques adoptées : pour qui est plus sensible à l'édiction officielle et à la force contraignante, le droit vivant peine à être un véritable droit ; pour qui est plus sensible au droit réellement appliqué, peu important finalement que cette application n'ait pas de fondement officiel, le droit vivant est un véritable droit, autre que celui des textes, mais droit quand même. Ces discussions sur le fondement des normes vivantes ont souvent occulté l'étude des conditions concrètes de leur application. C'est pourtant à cet instant que se révèlent leurs effets normatifs, d'où la nécessité, ici comme ailleurs, d'un droit des normes venant les encadrer.

341. Sources. – Certains systèmes ont clairement doté les normes vivantes d'un statut, reconnaissant officiellement la possibilité pour le juge, en cas de défaillance de la loi, de recourir à la jurisprudence et à l'usage ou de s'aider de la doctrine[4]. Tel n'est pas le cas du droit français – hors ses sources d'origine internationale[5]. Le Titre préliminaire du projet de Code civil, qui développait amplement de tels statuts, a été volontairement laissé hors du droit positif[6]. Ne restent dans l'actuel Titre préliminaire que deux articles, les articles 4 et 5, consacrés aux pouvoirs du juge, sans plus en dire sur le statut de leur interprétation. La moisson est très mince. Mais nous avons vu que des pans entiers du droit des normes avaient déjà été vaillamment construits par la jurisprudence sur la base d'un unique article, comme l'article 2 ou l'article 3 du Code civil. Il ne faut pourtant pas trop espérer cette fois-ci : la jurisprudence donne de nombreuses précisions, particulièrement sur les effets qui peuvent être produits pour telle ou telle norme vivante, mais l'ensemble se garde bien de formuler des définitions ou des grandes positions de principe, faute probablement pour la jurisprudence de s'estimer compétente pour le faire. Si le statut positif des normes vivantes n'est ni affaire de loi, ni affaire de jurisprudence, comment alors l'identifier ? Pour une large part, sa reconnaissance reste une reconnaissance implicite, par les juristes du système[7], sur fond d'amples débats doctrinaux. Elle ne peut être clairement exprimée faute, sur la plupart des questions, de rallier un consensus sur ses contours exacts. Il faudra donc se contenter de ce droit des normes, qui est à la hauteur de son objet, le droit vivant : un droit dont la définition et le fondement restent insaisissables théoriquement, refusant de se laisser enfermer dans des catégories et critères ; un droit qui parvient malgré cette absence de cadre conceptuel acquis à encadrer les effets juridiques des

4. Ex., art. 1er, C. civ. suisse, cité *supra* n° 184, note 64.

5. Art. 38 du Statut de la Cour internationale de justice : « 1. La Cour, dont la mission est de régler conformément au droit international les différends qui lui sont soumis, applique : a. les conventions internationales, soit générales, soit spéciales, établissant des règles expressément reconnues par les États en litige ; b. la coutume internationale comme preuve d'une pratique générale acceptée comme étant le droit ; c. les principes généraux de droit reconnus par les nations civilisées ; d. sous réserve de la disposition de l'article 59, les décisions judiciaires et la doctrine des publicistes les plus qualifiés des différentes nations, comme moyen auxiliaire de détermination des règles de droit ».

6. V. *supra*, n° 194.

7. Ce qui est une forme de la norme de reconnaissance, telle qu'entendue par Hart, v. Ph. GÉRARD, « L'idée de règle de reconnaissance : valeur, limites et incertitudes », *RIEJ*, vol. 65, 2010, p. 65. Pour une règle de reconnaissance implicite de la jurisprudence, M. VAN DE KERCHOVE, « La jurisprudence revisitée : un retour aux sources », *in Les sources du droit revisitées*, vol. 2, p. 667.

normes vivantes. Ces effets normatifs vont jouer différemment selon l'origine de leur force. Certains s'appuient doublement sur le statut de leur auteur et leur effectivité : c'est le cas pour le droit tel qu'il est interprété (Chapitre 1). D'autres ont pour seule force celle des faits ; c'est le cas pour le droit tel qu'il est pratiqué (Chapitre 2).

Chapitre 1
Le droit né de l'interprétation

342. Interprétation et droit positif de l'interprétation. – Nous l'avons vu : le besoin d'interprétation des textes est aussi naturel que le besoin de droit lui-même. L'idéal d'un corps de texte parfait, dont la lecture suffirait à imposer la solution, n'est plus qu'une lointaine chimère et chacun sait que la confrontation du texte à certains cas révèle les insuffisances de l'énoncé brut, à charge pour l'interprète de dégager son sens. Mais il ne suffit pas de dire que l'interprétation est une activité inhérente au droit lui-même[1] ; il nous reste à savoir quel *statut positif* va être donné à cette interprétation : une fois énoncée, comment va-t-elle s'insérer dans le droit positif ? Quelle valeur va lui être reconnue ? Comment s'articulera-t-elle avec les autres normes ? Pour qui se souvient des fortes oppositions doctrinales que nous avons rencontrées autour de l'interprétation, il est prévisible qu'elles rejailliront sur le produit de cette activité d'interprétation. Les débats sont pourtant d'intensité variable selon l'auteur de l'interprétation et, partant, sa propension à constituer un véritable pouvoir.

343. L'auteur de l'interprétation. – *A priori*, tout le monde interprète le droit : l'avocat, l'enseignant, l'étudiant, le juge, l'administration, bref, l'activité même de juriste implique nécessairement de dégager le sens du texte et donc d'interpréter[2]. Mais toutes ces interprétations n'ont pas le même statut en droit. Seules certaines auront vocation à rallier toutes les autres, à les unifier, à en donner une version *authentique*[3]. Une autorité semble toute désignée pour remplir ce rôle de régulateur, l'auteur du texte lui-même, présumé être le mieux à même de donner le sens de son œuvre dans une situation précise. La figure existe : des lois sont ainsi parfois simplement interprétatives[4]. Plus largement, un temps, seul le législateur était reconnu compétent pour l'interprétation, par la voie du *référé-législatif*[5]. La procédure se révélant trop lourde à mettre en œuvre, le pouvoir d'interprétation fut donc rendu aux juges en 1828, le pouvoir du dernier mot étant d'abord donné aux juges du fond, avant d'être remis à la Cour de cassation en 1837. Cette interprétation par les juges est la plus importante : un texte

---

1. V. *supra*, n° 106 et s.
2. V. J. CHEVALLIER, « Les interprètes du droit », *in Interprétation et Droit*, P. Amselek (dir.), Bruylant PUAM, 1995, p. 115.
3. Pour reprendre le vocabulaire kelsénien, désignant ainsi l'interprétation des organes habilités par le droit, par opposition à l'interprétation scientifique, v. *Théorie pure du droit*, p. 461.
4. V. *supra*, n° 284.
5. D'abord supprimé par la loi du 27 ventôse an VIII, il fut rapidement rétabli par une loi du 16 septembre 1807. Sur cette évolution, v. F. ZÉNATI, *La jurisprudence*, Dalloz, 1991, p. 69 et s.

flambant neuf ne tardera pas à être accompagné d'une nuée de précisions qui toutes vont éclairer son sens, guider son application et constituer la jurisprudence (Section 1). Pour ce faire, cette interprétation authentique va se nourrir (entre autres) d'une autre activité d'interprétation, qui n'a pas de position authentique, puisqu'elle livre ses propositions à l'occasion de l'étude du droit, et constitue la doctrine (Section 2).

Section 1
La jurisprudence

344. Bibliographie thématique. – *La jurisprudence*, APD, Tome 30, 1985 ; *La création du droit par le juge*, APD, Tome 50, 2007 ; « La jurisprudence aujourd'hui. Libres propos sur une institution controversée », *RTD civ.* 1992. 337 et 1993. 87 ; L. BACH, « Jurisprudence », *Rép. Dalloz civ.* ; Y. GAUDEMET, *Les méthodes du juge administratif*, LGDJ, 1972 ; N. MOLFESSIS (dir.), *Le revirement de jurisprudence*, Litec, 2005 ; F. ZÉNATI, *La Jurisprudence*, Dalloz, 1991.

345. La jurisprudence, source première du droit ? – À de nombreux égards, la jurisprudence pourrait prétendre à la qualification de source « première » du droit[6]. Première, en ce que l'apparition d'un tiers pour trancher les litiges pourrait marquer historiquement l'origine du droit. Première, en ce qu'elle révèle les infinies possibilités du droit qui prend tout son sens (et des nouveaux) au contact de la réalité. Première, en ce que le vrai droit pourrait être celui-là, et celui-là seul, comme le suggèrent les théories réalistes. En tout état de cause, la jurisprudence est une alliée quotidienne du juriste : elle illustre les questions théoriques et les énoncés formels en multipliant les exemples concrets d'application. On pourrait attendre d'une source si précieuse qu'elle soit globalement bien admise et relativement cernée dans le système juridique. Or, il n'en est rien. Victime de débats éternels[7], la réalité de la jurisprudence peine à être pleinement reconnue dans le droit des normes.

346. Les sources du droit de la jurisprudence. – Le droit de la jurisprudence, en droit français, n'aide pas réellement à éclaircir le statut de ces normes. Si, ailleurs, la jurisprudence bénéficie parfois d'un fondement textuel[8], le droit français s'en tient à fixer les deux bornes entre lesquelles l'interprétation du juge va devoir se mouvoir[9]. D'un côté, il lui est fait défense, par *l'article 4 du Code civil*, de « refuser de juger, sous prétexte du silence, de l'obscurité ou de

6. Sur ces différents points, v. Partie 1, Titre 2.

7. Déjà, soulignant un débat vieux de deux siècles, O. DUPEYROUX, « La jurisprudence, source abusive du droit », *in Mélanges J. Maury*, tome 2, Dalloz et Sirey, 1960, p. 349, sp. 353.

8. C'est le cas des Codes civil espagnol et suisse ou encore de la loi d'organisation juridictionnelle allemande. Plus original, v. le Code judiciaire arménien et sa reconnaissance d'un précédent « light », art. 15, al. 4 : pour des circonstances similaires, les interprétations de la Cour de cassation ou de la CEDH sont opposables, sauf si, exceptionnellement, le juge le justifie avec des arguments très sérieux.

9. V. R. LIBCHABER, « Les articles 4 et 5 du Code civil ou les devoirs contradictoires du juge civil », *in Le Titre préliminaire du Code civil*, G. FAURÉ et G. KOUBI (dir.), Economica, 2003, p. 143.

l'insuffisance de la loi ». Dans ce cas, il devra donc interpréter[10]. De l'autre côté, par un voisin tout proche, *l'article 5*, « il est défendu aux juges de prononcer par voie de disposition générale et réglementaire sur les causes qui leur sont soumises ». La formule est à mettre en perspective[11] avec le fantôme de l'arrêt de règlement des anciens Parlements[12], qui rôde derrière toute tentative du juge de s'écarter du texte. Le juge ne saurait donc se prendre pour le législateur ou l'exécutif et profiter du cas dont il est saisi pour édicter des règlements généraux. Il se retrouve donc coincé entre l'obligation de pallier les défaillances du texte et l'interdiction de créer sur son modèle une règle générale et obligatoire. Très précieuses, il faut bien reconnaître que ces deux indications ont surtout nourri, sans lui donner de solution, le débat sur le statut exact de la jurisprudence, tout en fournissant peu d'indications sur les conditions de son utilisation[13]. Pour l'ensemble, le droit de la jurisprudence est donc un droit d'origine... jurisprudentielle, qui s'appréhende pour beaucoup non dans les livres mais à mesure de l'expérience juridique. C'est ainsi qu'il est possible de s'acclimater à la notion très débattue de jurisprudence (§ 1.) et à son utilisation quotidienne (§ 2.).

§ 1. La notion de jurisprudence

347. « Jurisprudence ». – Le terme de « jurisprudence » est déjà source d'un nombre non négligeable d'hésitations[14]. *Étymologiquement*, il désigne la « science du droit » et peut ainsi englober une part considérable du phénomène juridique tout en orientant insidieusement le profane du côté de la doctrine. La « jurisprudence » a pourtant un sens plus précis dans notre système : elle pourrait être sommairement définie comme l'ensemble des règles de droit nées de l'activité judiciaire. Cette première ébauche multiplie les chausse-trappes. D'une part, elle risque d'assimiler toute activité du juge avec la jurisprudence. Or, la formation de la jurisprudence est plus spécifique (A.). D'autre part, elle postule que de cette activité peuvent naître de véritables normes, postulat qui fait l'objet de vifs débats (B.).

A La formation de la jurisprudence

348. Quels juges créent la jurisprudence ? – Chaque année, les juges sont saisis de plusieurs millions d'affaires. Pour la seule année 2011 et pour les

10. V. CEDH, 15 nov. 1996, *Cantoni c / France*, § 31 et 32, *JCP* 1997. II. 22836, note E. FOUASSIER et D. VION.
11. Pour l'importance des racines historiques dans la figure contemporaine de la jurisprudence, v. F. ZÉNATI, *La jurisprudence*, Dalloz, 1991.
12. V. *supra*, n° 170.
13. Qualifiant la question de savoir si la jurisprudence est ou non une source de droit de « combat d'arrière-garde » et lui préférant le débat sur « la qualité de la norme jurisprudentielle et son contrôle par le juge interne ou international », v. Ph. MALAURIE et P. MORVAN, n° 370.
14. Sur la conception spécifiquement française, Ch. GRZEGORCZYK, « Jurisprudence : phénomène judiciaire, science ou méthode ? », *APD*, tome 30, 1985, p. 35.

seules juridictions nationales, la justice civile en a traité plus de 2,6 millions, la justice pénale plus d'1,2 million et la justice administrative plus de 200 000[15]. Est-ce à dire que le droit d'origine interne s'est enrichi de plusieurs millions de nouvelles règles, toutes d'origine jurisprudentielle[16] ? Assurément, non. Certes, du droit a été produit en toutes ces occasions, chaque décision de justice étant une norme individuelle[17] mais l'essentiel de ces décisions n'auront d'autre portée que dans le litige. Cet ensemble de décisions produites par l'activité judiciaire constitue le *contentieux*[18].

Autre chose est de savoir si ces décisions, ou certaines d'entre elles, vont produire un effet normatif au-delà du litige. Il est possible que de la masse du contentieux se dégage une forme de règle, de façon diffuse, lente, et difficile à repérer[19]. Il est surtout possible qu'une interprétation adoptée par un arrêt de fond soit le berceau d'une nouvelle jurisprudence, qu'il l'initie sur une question nouvelle ou qu'il la provoque par une résistance[20]. Un mécanisme entier, le pourvoi dans l'intérêt de la loi, est ainsi dédié à éviter de laisser une mauvaise interprétation des juges du fond installer une jurisprudence erronée[21]. Malgré cette capacité d'impulsion des juges du fond, l'interprétation pourra toujours être modifiée par le juge du droit. Aussi, lorsque la « jurisprudence » est évoquée dans un discours, ce n'est généralement pas à l'activité contentieuse dans son ensemble qu'il est fait référence mais à celle, beaucoup plus spécifique, des juges du droit, le Conseil constitutionnel ayant d'ailleurs reconnu que seules leurs décisions étaient à même de constituer une jurisprudence constante[22].

Les juges du droit ont en effet des titres supplémentaires pour la formation de la jurisprudence : uniques et hiérarchiquement supérieurs, leur fonction est de veiller à l'exacte application de la loi mais aussi à son interprétation

15. V. Les chiffres clés de la justice 2012. Une présentation plus détaillée est donnée dans l'Annuaire statistique de la Justice 2009. Chaque année, cet Annuaire publie le nombre d'affaires traitées, mis en perspective avec les années précédentes, mais aussi réparti selon l'objet des demandes et selon l'implantation géographique des juridictions.

16. V. *Vocabulaire juridique*, V° « Jurisprudence » : « Ensemble des décisions de justice rendues pendant une certaine période (...) ».

17. V. *supra,* n° 17, 18 et 95.

18. Sur la distinction jurisprudence/contentieux, v. C. BÉROUJON, « Contentieux au singulier et jurisprudence au pluriel », *RTD civ.* 1995. 549 ; Ph. JESTAZ, « La jurisprudence, ombre portée du contentieux », *D.* 1989. chron. 149.

19. v. C. LARHER-LOYER, « La jurisprudence d'appel », *JCP* 1989. I. 3407 ; pour sa diffusion, par le Mégacode, X. HENRY, « La jurisprudence accessible – Mégacode civil : théorie d'une pratique », *RRJ* 1999. 631 et 979 ; par Jurica, E. SERVERIN, « Plaidoyer pour l'exhaustivité des bases de données des décisions du fond », *D.* 2009. 2282.

20. La résistance n'instille pas toujours une nouvelle jurisprudence : qualifiant de « jurisprudence virale » les décisions du fond ranimant une controverse ou retenant une interprétation contraire à la loi, avant d'être condamnées par la Cour de cassation, P. MORVAN, « La jurisprudence virable », *JCP G* 2013, Libres propos 2.

21. Il a une vocation « au fond anti-jurisprudentielle, destinée à empêcher des solutions trop hâtivement illégales de devenir jurisprudence », J. CARBONNIER, n° 143. Ex. Cass. crim., 9 déc. 1880, *Bull. crim.* n° 228 ; CE, 10 avr. 1908, *DP* 1909. 3. 129, concl. A. TARDIEU. L'effet est adapté à son objet : la cassation d'un tel arrêt est « platonique », c'est-à-dire sans effet sur la situation des parties. Pour son intérêt, en dépit de sa rareté, B. APOLLIS, « La persistance du recours dans l'intérêt de la loi en matière administrative », *RDP* 2010. 1209.

22. Décision n° 2011-120 QPC du 8 avr. 2011, *M. Ismaël A.* (*Recours devant la Cour nationale du droit d'asile*), cons. 9.

uniforme, en indiquant l'interprétation à retenir. Les interprétations qu'ils dégagent sont donc destinées à servir de modèle sur lequel les autres juges pourront s'aligner. Cette fonction privilégiée est particulièrement visible dans certains mécanismes procéduraux permettant aux autres juges, face à un doute sur l'interprétation à retenir, de solliciter les juges du droit en leur demandant leur avis (Cour de cassation et Conseil d'État[23]) ou en leur posant une question (CJUE).

349. Comment une jurisprudence se forme-t-elle ? L'énoncé. – La formation de la jurisprudence dépend de deux facteurs : son énoncé et sa réception. Son énoncé, par les juges, prend parfois un mode prudent. Sans fracas ni tonitruance, une interprétation est appliquée, sans être expressément formulée, à l'occasion d'un premier litige, puis éprouvée au gré des espèces, éventuellement rectifiée à la marge, répétée et expérimentée avant d'être solennisée sous une formulation générale, qui vient consolider l'ensemble[24]. Proche du mode coutumier, une telle formation est souvent imagée comme une jurisprudence *à petits pas*. La Cour de cassation a ainsi retracé dans un arrêt la formation d'une de ses jurisprudences, « apparue dès un arrêt de la Cour de cassation du 7 décembre 1983 » avant d'être « fixé par l'arrêt du 27 mars 1985 »[25]. Habituées de l'interprétation évolutive, les juridictions européennes reprennent plus souvent dans leurs arrêts les différentes étapes ayant forgé progressivement l'interprétation[26]. Se constituent ainsi de véritables « blocs de jurisprudence », qui ne sont pas toujours dénués de contradictions apparentes et dont chaque décision doit être appréhendée dans le contexte plus général de la série[27]. Prudente et prête aux ajustements, la méthode présente néanmoins l'inconvénient de laisser planer, entre le premier pas et la consolidation de l'interprétation finale, une « période d'incertitude »[28] durant laquelle il est difficile de savoir dans quel sens trancheront les juridictions.

Loin de cette image de prudence et d'acclimatation progressive, il est patent que la jurisprudence des Hautes juridictions se forme au moins aussi souvent par grands bonds que par petits pas. Les juges posent alors leur nouvelle proposition de droit par un *arrêt de principe*[29]. Dans cette figure, l'arrêt énonce une interprétation qui prend une formulation très générale. Par exemple, pour répondre à la question de l'exploitation de l'image d'un bien, en posant que « le propriétaire a

23. H.-M. DARNANVILLE, « La saisine pour avis du Conseil d'Etat et de la Cour de cassation », *AJDA* 2001. 416 ; F. ZÉNATI, « La saisine pour avis de la Cour de cassation », *D.* 1992. 247 ; *RTD civ.* 2003. 157, obs. R. LIBCHABER.

24. R. LINDON, « La motivation des arrêts de la Cour de cassation », *JCP* 1975. I. 2681.

25. Cass. civ. 1re, 7 mars 2006, *Defrénois* 2006. art. 38397, n° 14, note B. GELOT ; *JCP* N 2006. 1217, note F. BUY ; *D.* 2006. 2894, note F. MARMOZ ; *RTD civ.* 2006. 521, obs. P. DEUMIER.

26. Ex., pour la notion de consommateur, CJCE, 20 janv. 2005, *Gruber*, C-464/01, *Europe* 2005. comm. 104, note L. IDOT ; *Procédures* 2005. comm. 209, note C. NOURISSAT.

27. B. BERTRAND, « Les blocs de jurisprudence », *RTDE* 2013. 741.

28. P. HÉBRAUD, « Le juge et la jurisprudence », *in Mélanges P. Couzinet*, 1974, p. 329, sp. p. 367 ; pour l'insécurité juridique inhérente à la jurisprudence, X. LAGARDE, « Jurisprudence et insécurité juridique », *D.* 2006. 678 ; sur la « précarité naturelle » de la jurisprudence, J.-L. AUBERT et E. SAVAUX, n° 170. V. sa reconnaissance par CEDH, 24 août 1998, *Soumare c /France*, § 41.

29. C. ATIAS, « L'ambiguïté des arrêts dits de principe en droit privé », *JCP* 1984. I. 3145.

seul le droit d'exploiter son bien, sous quelque forme que ce soit »[30]. Claire, marquée et proclamée, l'interprétation consacrée par l'arrêt de principe surgit parfois immédiatement, sans avoir été précédée des traditionnels petits pas. La méthode a l'avantage de couper court à toute période d'incertitude, une jurisprudence étant immédiatement clairement énoncée. Elle présente néanmoins autant d'inconvénients. D'une part, elle est parfois un peu précipitée et la formule demande des réajustements permanents. Les petits pas succèdent alors à l'affirmation du principe alors qu'ils devraient précéder son érection. L'image des biens citée plus haut, pour avoir été posée un peu rapidement de la façon la plus générale qui soit, a donné lieu à de nombreuses contestations et précisions, avant de se clore sur un rapide revirement[31]. D'autre part, pour formuler la nouvelle jurisprudence sans y avoir préparé le système juridique, elle expose à de mauvaises surprises les plaideurs qui s'étaient fiés à l'ancienne solution.

350. Comment une jurisprudence se forme-t-elle ? Sa réception. – Contrairement aux textes, la jurisprudence ne naît pas de sa seule édiction. C'est également sa réception qui permettra de savoir si un arrêt « fait jurisprudence ». Cette réception est un processus informel et difficile à décrire, bien que les juristes le vivent tous les jours[32]. Elle tient aux réactions de la doctrine[33], des juridictions du fond[34] et des praticiens. Elle tient également à sa constance, à sa réaffirmation stable par son auteur. Une jurisprudence bien établie est ainsi une jurisprudence reçue et constante[35]. Cependant, cette réception pourra être plus ou moins simplement identifiable. Un arrêt présentant tous les atours de l'arrêt de principe, médiatisé, largement approuvé, sera presque immédiatement perçu comme faisant jurisprudence : ainsi, un seul arrêt de la Cour de cassation en matière d'adoption homosexuelle a été qualifié de *jurisprudence constante* par le Conseil constitutionnel[36]. Mais il est aussi possible qu'un arrêt de principe entraîne critique de la doctrine, résistance des juges du fond et difficultés d'application par les praticiens, tous éléments fragilisant sa prétention à la qualité de jurisprudence constante. En sens inverse, les aveux des magistrats ne manquent pas pour témoigner que les interprétations par la doctrine « font parfois découvrir aux chambres de la Cour des innovations ou des revirements que celles-ci

30. Cass. civ. 1re, 10 mars 1999, *Gondrée*, *GAJ civ.*, n° 68-69.

31. Cass. Ass. plén., 7 mai 2004, *GAJ civ.*, n° 68-69.

32. Sur ce processus, v. E. SERVERIN, *De la jurisprudence en droit privé, Théorie d'une pratique*, PUL, 1985 ; Ph. JESTAZ, préc. ; sur le rôle de la doctrine dans la formation de la norme jurisprudentielle administrative, M. DEGUERGUE, *Jurisprudence et doctrine dans l'élaboration du droit de la responsabilité administrative*, LGDJ, 1994.

33. Sur le rôle existentiel de la doctrine pour la jurisprudence, v. Ph. MALAURIE, « Rapport français », Trav. assoc. Capitant, XXXI, 1982, p. 89.

34. Et par les autres formations de la juridiction, v. P. ANCEL et M.-C. RIVIER (dir.), *Les divergences de la jurisprudence*, PUSE, 2003.

35. Sur cette notion, PH. JESTAZ, « La jurisprudence constante de la Cour de cassation », *in Autour du droit civil*, Dalloz, 2005, p. 113. Sur la jurisprudence « bien établie » de la CEDH, J.-P. MARGUÉNAUD, *RTD civ.* 2011. 725.

36. Décision n° 2010-39 QPC du 6 oct. 2010, *Mmes Isabelle D. et Isabelle B. (adoption par une personne seule)*, *D.* 2010. 2744, note F. CHÉNEDÉ ; *JCP* 2010. 1145, note A. GOUTTENOIRE et Ch. RADÉ ; *RTD civ.* 2011. 90, obs. P. DEUMIER.

n'avaient ni envisagés ni effectués »[37]. L'incertitude entourant l'identification de la jurisprudence est certaine et elle joue pour part dans les réticences parfois rencontrées pour lui reconnaître une place dans le système juridique.

B La place de la jurisprudence

351. La place de la jurisprudence parmi les normes semble assez bien admise : à bien y regarder, il y a peu de désaccords sur l'autorité qui peut lui être reconnue (1). Et pourtant, tout dégénère dès qu'il est question de savoir si cette autorité peut, ou non, être traduite en reconnaissance au rang de source du droit (2).

1. L'autorité de la jurisprudence

352. Autorité des arrêts et autorité de l'interprétation. – Rappelons rapidement que tous les arrêts sont dotés d'une force obligatoire, celle de *l'autorité de chose jugée*[38]. Seulement, cet effet obligatoire est relatif, c'est-à-dire limité aux parties au litige[39]. L'interprétation portée par la décision pourrait dès lors elle aussi voir son autorité limitée au seul litige[40]. Il serait ainsi possible d'imaginer un système dans lequel chaque juge, confronté à un cas, construirait sa propre interprétation aux fins de trouver une solution : il y aurait alors plus création d'usages locaux que d'une véritable règle jurisprudentielle. Et pourtant, l'interprétation va irradier au-delà de l'espèce, afin de garantir une interprétation uniforme du droit, c'est-à-dire l'application par toutes les juridictions du système de la même interprétation, corollaire fondamental du principe d'égalité des justiciables devant la loi. Pour parvenir à cette uniformité, un modèle d'interprétation va être proposé par un juge, le juge du droit, aux autres juges du système. Encore faut-il que ce modèle soit doté d'une autorité, à même d'assurer que les autres juridictions le suivront, faute de quoi point d'uniformité. À cet égard, les systèmes juridiques se divisent entre ceux qui recourent à une autorité de droit et ceux, plus nombreux, qui s'en tiennent à une autorité de fait[41].

353. L'autorité de droit des précédents dans les systèmes de *Common law*. – Il est possible de reconnaître une autorité de droit aux décisions des Hautes juridictions : elles s'imposeront à l'avenir, dans les cas semblables, à toutes

---

37. J.-F. WEBER, « Comprendre un arrêt de la Cour de cassation rendu en matière civile », site de la Cour de cassation ; également, G. CANIVET, « Questions et évolutions majeures de la jurisprudence : une politique jurisprudentielle de la sécurisation du droit », *RLDC* 2005/13, supplément, p. 5.

38. V. *supra*, n° 85.

39. Ce caractère est souvent invoqué pour étayer l'absence d'autorité de la jurisprudence. Critiquant à juste titre une confusion entre les deux fonctions du juge, « résoudre un litige et dire le droit », Ph. MALAURIE et P. MORVAN, n° 362.

40. Faute pour l'interprétation de s'être vu reconnaître un effet plus général par une norme d'habilitation, dans une vision kelsénienne ; v. M. TROPER, « Hans Kelsen et la jurisprudence », *APD*, tome 30, 1985, p. 83.

41. M. DISANT, *L'autorité de la chose interprétée par le Conseil constitutionnel*, LGDJ, 2010, pour l'autorité de l'interprétation sous tous ses aspects et la proposition d'une autorité « directive » pour qualifier l'autorité plus que persuasive mais moindre qu'un précédent obligatoire.

les juridictions inférieures. Une telle autorité est reconnue dans la famille juridique de *Common law*[42]. Il s'agit de la règle du précédent obligatoire ou règle du *stare decisis*. Fruit tout à la fois d'une construction historique, d'une certaine conception du droit, d'une place particulière du juge, cette règle est intimement liée au système dans lequel elle s'insère. Elle a pu être suspectée de n'engendrer qu'imprévisibilité et sclérose. Les critiques sont excessives et chaque système a les défauts de ses qualités. Le pragmatisme des systèmes de *Common law* ne peut composer avec le goût des formules générales du droit français. L'apparente rigidité de la règle du précédent connaît de nombreuses atténuations[43]. Par exemple, le précédent n'est obligatoire que dans des situations analogues ; dès lors, en démontrant qu'une situation est distincte de celle ayant donné lieu au précédent, le juge se libère de l'obligation de suivre le précédent. La Cour Suprême du Royaume-Uni accepte par ailleurs, de façon exceptionnelle, de revenir sur ses précédents[44]. Le système américain, du fait de sa structure notamment, est plus perméable et la Cour suprême accepte plus facilement de faire évoluer ses positions pour suivre les transformations de la société.

354. L'autorité de fait des arrêts de la Cour de cassation et du Conseil d'État : l'adhésion raisonnée. – En droit français, les décisions des juges du droit ne bénéficient pas d'une autorité de droit – à l'exception des décisions du Conseil constitutionnel[45], du fait de la nature toute particulière du contrôle de constitutionnalité. L'Ancien droit a laissé des souvenirs pénibles, qui justifient que l'on se méfie du pouvoir des juges[46]. En droit, par conséquent, les juges sont toujours libres de préférer une autre interprétation à celle retenue par la Cour de cassation ou le Conseil d'État[47]. À l'inverse, ils ne peuvent fonder leur décision sur la simple référence à un de leurs arrêts, ce qui reviendrait à le reconnaître comme une règle de droit obligatoire[48]. Les juges du droit ont pourtant pour mission d'assurer l'uniformité de la jurisprudence en France. Ces deux énoncés pourraient, non sans exagération, être estimés contradictoires : Cour de cassation et Conseil d'État doivent assurer l'application uniforme du droit par tous les juges ; les juges ne sont pas tenus de suivre l'interprétation de la Cour de cassation et du Conseil d'État. Il faudra donc que l'uniformité s'exerce autrement, en s'appuyant sur une simple autorité de fait, par laquelle les juges du fond, bien que n'étant pas obligés de suivre leur juge du droit, vont, dans les faits, se ranger à leurs positions. Il est toujours possible de rappeler que les juges du fond y ont tout intérêt s'ils ne veulent pas encourir la cassation.

42. Pour une comparaison approfondie, M. DEVINAT, *La règle prétorienne en droit civil français et dans la* common law *canadienne*, PUAM, 2005.

43. V. H. MUIR-WATT, « La gestion de la rétroactivité des revirements de jurisprudence : systèmes de *common law* », *in Les revirements de jurisprudence*, N. MOLFESSIS (dir.), Litec, 2005, p. 53.

44. *Practice Statement* de 1966, au motif « qu'une adhésion trop rigoureuse à la règle du précédent peut conduire à de l'injustice dans un cas déterminé et aussi entraver exagérément l'évolution du droit ».

45. Art. 62 Constitution, v. M. DISANT, *L'autorité de la chose interprétée par le Conseil constitutionnel*, LGDJ, 2010.

46. V. *supra*, n° 170.

47. Hormis certains contextes procéduraux, sur renvoi d'un arrêt d'assemblée plénière ou d'assemblée.

48. Ex. Cass. soc., 27 févr. 1991, *Bull. civ.* V, n° 102.

Cependant, la menace de sanction n'est guère suffisante pour établir l'uniformité d'un système. Elle se doublera d'un souci de cohérence partagé par les juges, de la force de conviction du juge du droit et de l'« adhésion raisonnée »[49] des juges du fond à l'interprétation proposée. Selon la Cour de cassation elle-même, la juridiction qui s'aligne sur un précédent doit « (faire) sienne la doctrine énoncée dans un arrêt de la Cour de cassation dont les parties avaient fait état et qu'elles avaient discuté devant lui »[50].

355. L'autorité de fait des arrêts des Cours européennes : le dialogue des juges. – Le même paradoxe se retrouve en droit européen : censés assurer une unité d'interprétation entre les juridictions des différents États, les arrêts de la CJUE et la CEDH ne bénéficient pas d'une autorité de droit[51]. Ici encore, par conséquent, les juridictions nationales sont libres de ne pas retenir la même interprétation du droit européen. Or, ici encore, il est apparu que la cohérence du système n'était pas compatible avec de telles discordances et ne pouvait être raisonnablement tenue. Progressivement, les juridictions nationales ont donc renoncé aux rébellions et accepté de se rallier aux interprétations européennes. Cette harmonisation spontanée est le plus souvent présentée sous les auspices d'un *dialogue des juges* qui se nouerait aux plus hauts niveaux, formulation plus commode que la reconnaissance d'une autorité, serait-elle de fait, ou d'une adhésion, serait-elle raisonnée.

L'adhésion s'est faite assez facilement à l'autorité des arrêts de la CJUE, renforcée par le statut intégré de l'ordre de l'Union. Il n'est d'ailleurs pas extravagant de trouver au détour des motifs d'un arrêt des juges nationaux une référence à un arrêt de la Cour de Luxembourg. Cette autorité est patente dans le mécanisme du renvoi préjudiciel, l'arrêt rendu par la CJUE s'imposant alors à la juridiction nationale l'ayant sollicité. À leur égard, le concept d'*autorité de chose interprétée* a été dégagé : la proposition de son extension plus générale à tous les arrêts des juridictions européennes est régulière, sa réfutation tout autant[52]. L'adhésion a longtemps été moins franchement affichée pour les arrêts de la CEDH, même si elle était dans les faits toute aussi réelle[53]. Les références expresses à ces arrêts dans les décisions nationales restent rares mais sont dépourvues de la moindre ambiguïté sur la reconnaissance, de principe, de leur autorité[54].

---

49. J. MAURY, « Observations sur la jurisprudence en tant que source de droit », *in Mélanges Ripert*, t. 1, LGDJ, 1950, p. 28 ; C. ATIAS, *in L'Image doctrinale de la Cour de cassation,* La Documentation française, 1994, p. 73.

50. Cass. soc., 29 avr. 1980, *Bull. civ.* V, n° 371 ; v. N. MOLFESSIS, *RTD civ.* 2003. 567.

51. Là encore, hormis certains contextes procéduraux, notamment celui du renvoi préjudiciel.

52. Généralement en ce que ces théories confèrent à cette autorité une force obligatoire, v. J. ANDRIANTSIMBAZOVINA, *L'autorité des décisions de justice constitutionnelles et européennes sur le juge administratif français*, LGDJ, 1998.

53. F. SUDRE, « À propos du « dialogue des juges » et du contrôle de conventionnalité », *in Mélanges J.-C. Gautron*, A. Pedone, 2004, 207.

54. Pour l'évolution de ces références, J.-P. MARGUENAUD, « Le juge judiciaire et l'interprétation européenne », *in L'interprétation de la Convention européenne des droits de l'homme*, F. SUDRE (dir.), Bruylant, 1998, p. 231. Pour un arrêt CEDH au visa d'une cassation, v. Cass. soc., 21 juin 2007, *JCP* 2008. I. 221, J. MOULY et J.-P. MARGUENAUD ; *RTD civ.* 2007. 536, obs. P. DEUMIER. Pour une reconnaissance de principe, en Assemblée plénière, de l'autorité interprétative des arrêts de la CEDH, Cass. Ass. plén., 15 avr. 2011, *RTD civ.* 2011. 725, obs. J.-P. MARGUENAUD.

L'essentiel ne doit pas être perdu de vue : il existe un accord général sur l'autorité de la jurisprudence en droit français, qui peut se résumer en quelques affirmations communément admises : l'activité d'application du droit comporte une part incompressible d'interprétation ; cette interprétation ne présente pour les cas suivants aucune autorité de droit ; elle bénéficie en revanche d'une autorité de fait, par laquelle elle sera généralement suivie. Personne ne conteste cet état. La discordance naît en revanche de son analyse : faut-il déduire du constat ainsi dressé que la jurisprudence est source de droit ?

2. La jurisprudence, source de droit ?

356. La discussion, parfois vive, est régulièrement relancée sur la possibilité de reconnaître un tel statut. La manière dont elle est ici présentée n'est à cet égard rien d'autre qu'une compréhension particulière de la jurisprudence.

a) Le débat

357. Contre. – D'un côté, la contestation de la jurisprudence comme source de droit a tout le confort de l'existence de nombreuses armes fournies par le système juridique lui-même. La séparation des pouvoirs est ainsi souvent interprétée comme cantonnant le juge à la place d'une simple autorité[55]. Surtout, l'article 5 du Code civil rappelle que les arrêts, seraient-ils d'Assemblée et des plus hautes juridictions, n'emportent aucun effet obligatoire pour l'avenir. La disposition porte en elle une certaine perception du pouvoir du juge, toute d'hostilité, fondée sur un mauvais souvenir historique et une volonté révolutionnaire claire : le « mot jurisprudence des tribunaux doit être effacé de notre langue » (Robespierre). Enfin, la jurisprudence ne saurait être reconnue source du droit car l'interprétation n'est que déclarative : le juge ne crée pas une nouvelle norme, il la découvre dans le droit préexistant. L'interprétation est ainsi incorporée à la loi interprétée : lorsqu'elle est appliquée, c'est en réalité la loi qui est appliquée. Séparation des pouvoirs, monopole du législateur, caractère déclaratif, incorporation à la loi, le tout sur fond d'absence de légitimité démocratique du juge, sont ainsi régulièrement convoqués pour refuser une source « abusive »[56].

358. Pour. – De l'autre, sans reconnaître de force de droit à la jurisprudence, une position d'ordre *réaliste* demande la reconnaissance franche et décomplexée de ce que tout juriste pratiquant le droit sait, c'est-à-dire le pouvoir normatif de la jurisprudence[57]. La position s'appuie souvent sur une démonstration par l'exemple : la recension de quelques-unes des innombrables créations jurisprudentielles, qui ont parfois fondé des branches entières du droit[58], suffit à établir ce pouvoir. Il n'a pas été usurpé par le juge, puisqu'il a

55. V. Th. REVET, « La Légisprudence », *in Mélanges Ph. Malaurie*, Defrénois, 2005, p. 377.

56. O. DUPEYROUX, préc.

57. V. S. BELAÏD, *Essai sur le pouvoir créateur et normatif du juge*, LGDJ, 1974 ; N. MOLFESSIS (dir.), *Le revirement de jurisprudence*, Litec, 2005.

58. Sur ce constat, comparant le droit administratif français à un droit de *common law* et relevant le caractère jurisprudentiel du droit international privé, v. le Rapport du Conseil d'État, *L'influence internationale du droit français*, La Documentation française, 2001, p. 27.

l'obligation de combler les défaillances de la loi, en forgeant lui-même la règle lui servant à apprécier le cas soumis : ainsi, le pouvoir normatif est « une extension naturelle » du pouvoir de juger[59]. L'argument historique est également remis en cause. D'abord, parce que le mot de Robespierre n'est pas nécessairement l'esprit du Code civil ; la parole de Portalis est bien plus authentique à cet égard, pour qui, à défaut de loi « une suite non interrompue de décisions semblables, une opinion ou une maxime reçue tiennent lieu de loi ». Ensuite, parce que reconnaître la jurisprudence comme source de droit n'est pas nécessairement admettre l'arrêt de règlement[60] : la jurisprudence ne procède pas par disposition générale et réglementaire mais par une proposition de droit, donnée pour un litige et librement suivie dans les cas suivants. Parce qu'elle ne prétend pas ainsi édicter des lois, mais opère selon ses propres modalités, elle ne heurte pas la séparation des pouvoirs. Qui plus est, cette interprétation n'est pas découverte dans la loi : elle est décidée par le juge. La jurisprudence n'est donc pas déclarative mais bien constitutive.

359. Relativité du débat. – Évidemment, le débat semble inextricable. Comme souvent, il faut sûrement chercher un équilibre entre les deux positions, le risque étant toutefois d'aboutir à la position longtemps dominante en droit français, selon laquelle la jurisprudence est « une source de droit, tout en ne l'étant pas, bien qu'elle le soit »[61]. Le droit positif, faute d'avoir doté la jurisprudence d'un statut, ne l'interdit pas plus qu'il ne la consacre. Le pouvoir du juge peut difficilement être nié : il ne découvre pas une interprétation mais fait un choix entre plusieurs sens possibles[62]. Pour autant, cette interprétation choisie est celle d'un texte et reste donc ancrée dans ce texte : si le texte interprété est modifié, la jurisprudence tombe et une nouvelle jurisprudence devra se constituer. Surtout, ce qui semble être la cause de tous les malheurs de la jurisprudence est la difficulté à faire entrer son autorité de fait dans une distinction binaire *obligatoire/non obligatoire*, puisque l'autorité est « moins qu'un ordre et plus qu'un conseil »[63]. Lorsqu'un arrêt est suivi par les juges du fond sans que ceux-ci soient tenus de le faire, peut-on considérer que cette jurisprudence est une source de droit ? Tout se réduit largement à la *conception* que l'on se fait du droit : si sa force obligatoire et sa validité formelle l'incarnent, la jurisprudence est difficile à admettre au rang de norme ; si le véritable droit, c'est le droit tel qu'il est suivi et appliqué par les juridictions, la jurisprudence est incontestable. Plus que la jurisprudence, c'est peut-être l'*a priori* selon lequel n'est source de droit que le pouvoir apte à poser des règles contraignantes qui pourrait être remis en cause.

59. F. MODERNE, « Légimité des principes généraux et théorie du droit », *RFDA* 1999. 722.

60. V. Y. GAUDEMET, « La prohibition de l'arrêt de règlement s'adresse-t-elle au juge administratif ? Les leçons de l'histoire », *RDP* 2010. 1617.

61. Ph. MALAURIE, « La jurisprudence parmi les sources du droit », *Defrénois* 2006. art. 38352, sp. p. 479.

62. v. D. DE BÉCHILLON, « De la rétroactivité de la règle jurisprudentielle en matière de responsabilité », *in Mélanges F. Moderne*, Dalloz, 2004, p. 5, sp. p. 11.

63. À propos de la distinction *auctoritas* et *potestas* pour le Sénat, Th. MOMMSEN, *Le droit public romain*, tome 7, Livre 3, La compétence du Sénat, III-1034.

360. Déclin du débat. – Le refus de reconnaissance de la jurisprudence comme source de droit a aussi été nourri par l'attitude des juges nationaux eux-mêmes, premiers à afficher une pudeur proche de la pudibonderie sur leur pouvoir créateur. Mais les temps changent. La prise de conscience de l'existence de nombreux degrés d'obligatoire, la faveur au réalisme, le rapprochement des systèmes, l'influence européenne, et enfin, le changement d'attitude des juges nationaux rendent toujours plus fragile la dénégation de la jurisprudence. L'acceptation du pouvoir normatif des juges est désormais largement acquise, non que le débat ait tourné résolument en faveur des « pour », qui auraient à cet égard fait preuve d'arguments plus décisifs que les autres, mais parce que les juges, au XXIe siècle, ont fait le choix d'assumer l'effet normatif de leur jurisprudence. Parce qu'elle est venue des juges, cette reconnaissance n'a pas pris la forme d'une affirmation générale et de principe : elle s'est plutôt faite au détour de certaines questions pratiques, qui ne pouvaient plus s'accommoder du refus théorique de la jurisprudence. Cette nécessité s'est particulièrement manifestée pour la gestion de la rétroactivité de la jurisprudence ou pour l'étendue de la responsabilité des professionnels du droit, que nous retrouverons bientôt. Elle a aussi été rendue nécessaire pour régler les rapports entre la jurisprudence et les autres sources du droit, et particulièrement l'une d'entre elles, la Constitution.

b) La jurisprudence et les autres sources du droit

361. La jurisprudence, une doctrine ? – Du fait de son statut ambigu, la jurisprudence a souvent cherché à emprunter l'autorité des autres sources informelles. Une première relation de ce type s'est nouée entre la jurisprudence et la doctrine[64], toutes deux se disputant la place d'autorité la plus autorisée pour l'interprétation du droit. Leur commune nature d'autorité de fait et leur fonction partagée d'interprétation du droit entretiennent l'ambiguïté autour de la nature purement doctrinale de l'œuvre de la Cour de cassation[65]. La juridiction nourrit d'ailleurs le rapprochement puisque certains de ses arrêts évoquent la « *doctrine de la Cour de cassation* ». Ces références à la « doctrine » ont fait l'objet d'interprétations diverses[66], la plus courante y voyant une discrète allusion par la Cour à ses propres précédents. Techniquement, la formule est réservée à un contexte procédural précis, prétendant remettre en cause une interprétation déjà donnée dans une affaire par un second pourvoi, contestation inutile puisque « la Cour de cassation ne peut être appelée à revenir sur la doctrine affirmée en son premier arrêt lorsque la juridiction de renvoi s'y est conformée »[67]. Plus fondamentalement, la formule souligne la nature de proposition de droit de l'interprétation du juge qui, à l'instar de la doctrine (mais avec d'autres atouts pour être suivie), énonce sa compréhension du droit. Pour autant, ces points communs ne permettent pas d'assimiler ces deux interprètes, tant l'écart ne peut

64. Pour la question de l'influence de la doctrine sur la jurisprudence, v. *infra*, n° 388.
65. F. ZÉNATI, « La Nature juridique de la Cour de cassation », *BICC* n° 575 du 15 avr. 2003.
66. R. LIBCHABER, *RTD civ.* 2000. 197 ; N. MOLFESSIS, *RTD civ.* 2003. 567 ; P. DEUMIER, *RTD civ.* 2006. 73.
67. Cass. ch. mixte, 30 avr. 1971, *JCP* 1971. II. 16 800, concl. LINDON.

être négligé entre les effets de l'interprétation proposée par le savant et ceux de celle appliquée par juge.

362. La jurisprudence, une coutume ? – Les relations entre jurisprudence et coutume sont plus improbables. Elles ont pourtant été un temps très discutées. Certaines théories ont voulu fonder la force obligatoire de la coutume sur sa réception jurisprudentielle[68], d'autres ont à l'inverse tenté d'expliquer la jurisprudence par le fondement coutumier[69]. Une telle tentative peut s'expliquer de deux manières. D'une part, il existe une incontestable proximité dans leurs processus de création : coutume et jurisprudence, toutes deux sources non légales, s'appuieraient sur une répétition constante et sur la réception intellectuelle. Or, les ressemblances ainsi identifiées sont souvent démenties, puisqu'il a été vu que la jurisprudence pouvait se créer par un arrêt de principe autant que par des petits pas coutumiers. D'autre part, cette étonnante proposition de renforcement d'une source importante (la jurisprudence) par une source beaucoup plus fragile (la coutume) pourrait s'expliquer par la représentation des sources dans la culture juridique française : en un temps où la jurisprudence était refusée, la coutume, plus facilement tolérée, pouvait apparaître comme le seul moyen de reconnaissance disponible.

363. Jurisprudence et loi : collaboration. – Les relations entre jurisprudence et loi sont aussi existentielles et intimes que celles déjà rencontrées entre interprétation et texte[70]. Il est dès lors heureux que leurs relations les plus fréquentes soient des relations de complémentarité. En faisant évoluer la loi, en l'adaptant, en comblant ses éventuelles lacunes, la jurisprudence empêche son dépérissement. Des pans entiers de lois nouvelles sont de simples *consécrations* dans le texte de solutions déjà appliquées par la jurisprudence. Plus souvent encore, le législateur laisse la jurisprudence préciser et adapter le droit, sans chercher à intervenir. Parfois, la jurisprudence choisit de ne pas innover mais d'en appeler au législateur. La voie officielle est celle de la formulation de souhaits à l'occasion des rapports annuels. Cette intervention est traditionnelle pour le Conseil d'État, conseil originel du pouvoir légiférant, qui outre les avis sollicités publie spontanément des études et rapports spécialement destinés à attirer l'attention sur les défaillances rencontrées. La Cour de cassation, si elle ne partage pas la fonction de conseiller des pouvoirs, recourt elle aussi à son *Rapport annuel* pour faire des propositions, fruits de l'expérience du droit au contact des faits. Dans l'attente de ces réformes, les juridictions pourront accompagner l'incitation par un arrêt de provocation[71] ou par un appel au

68. V. la théorie de la coutume jurisprudentielle d'Édouard LAMBERT (*Études de droit commun législatif*, tome 1, La fonction du droit civil comparé, 1903) ; également, F. ZENATI, ouvrage préc.

69. A. LEBRUN, *La coutume – Ses sources – Son autorité en droit privé – Contribution à l'étude des sources du droit positif à l'époque moderne*, LGDJ, 1932.

70. V. *supra*, n° 112 et s.

71. Cass. civ. 2e, 21 juill. 1982, *Desmares*, J.-L. AUBERT, « L'arrêt *Desmares* : une provocation... à quelques réformes », *D.* 1983. chron. 1.

législateur plus[72] ou moins[73] avoué. La méthode est également connue des juridictions de *Common law* : la règle du précédent obligatoire n'est pas incompatible avec une saine conscience que certaines questions nécessitent l'intervention législative[74].

364. Loi et jurisprudence : conflits. – Évidemment, les relations sont parfois plus conflictuelles. Il est difficile de cerner les cas dans lesquels la jurisprudence entre en conflit avec la loi. Ainsi, lorsque la Cour de cassation ouvre une action en contestation de paternité, action pourtant non prévue par les textes et vraisemblablement contraire à l'intention du législateur[75], cette jurisprudence doit-elle être considérée comme conflictuelle, alors pourtant que le législateur la laissera se développer, avant de la consacrer partiellement vingt ans plus tard ? En définitive, le cas de conflit le plus certain est celui dans lequel le législateur, mécontent de l'interprétation jurisprudentielle retenue, vient la briser par une intervention législative[76]. L'épisode le plus retentissant a sans conteste été celui de l'*affaire Perruche*. La Cour de cassation, par un arrêt du 17 novembre 2000, reconnaissait à un enfant né handicapé le droit d'obtenir réparation du préjudice résultant de ce handicap. Critiquée avec vigueur par la doctrine[77], la Cour de cassation avait pourtant fait le choix de persister dans son interprétation[78]. C'est dès lors la loi qui est venue briser la solution : la loi du 4 mars 2002[79], bien que porteuse d'une refonte entière des droits des malades et combattant dans le même mouvement une jurisprudence du Conseil d'État[80], est ainsi plus connue pour un seul article, qui lui a donné son surnom de « loi anti-Perruche ». Dans l'ordre normal des sources, la jurisprudence trouvant son fondement, et donc ses limites, dans le besoin d'interprétation de la loi, elle ne peut résister au rappel à l'ordre du législateur. Le pouvoir du dernier

72. Ex. CE, 2 juin 1999, *Meyet*, *RFDA* 1999. 873, note J. ANDRIANTSIMBAZOVINA : « un changement dans la situation de fait -qu'invoque en réalité le requérant-, s'il peut conduire le législateur, dans l'exercice de son pouvoir d'appréciation, à reconsidérer certaines modalités de la loi du 19 juillet 1977 ou même son principe, ne saurait avoir d'incidence sur la portée de la loi et sur l'obligation qu'a l'autorité administrative d'en assurer l'application ». La loi a été réformée par la loi n° 2002-214 du 19 février 2002.

73. Cass. civ. 1re, 13 mars 2007, préc., refusant la validité du mariage homosexuel au motif lapidaire que « selon la loi française, le mariage est l'union d'un homme et d'une femme ». Selon le communiqué, « Seule l'adoption d'une loi nouvelle par la représentation nationale pourrait faire évoluer cet état de droit ».

74. B. MARKENISIS, « Constructions de systèmes et résolution de problèmes concrets », *RTD civ.* 2005, 47.

75. Sur le fondement de l'article 322 al. 2 *a contrario*, v. Cass. civ. 1re, 27 févr. 1985, *D.* 1985. 268, note G. CORNU et chron. 123, D. HUET-WEILLER.

76. Ph. MALAURIE, « La jurisprudence combattue par la loi », *in Mélanges J. Savatier*, Dalloz, 1964, p. 603.

77. Par ex., pour une expression inhabituelle, collective et par voie de presse généraliste, v. C. LABRUSSE-RIOU et B. MATHIEU et a., « La vie humaine comme préjudice », *Le Monde*, 24 nov. 2000.

78. Cass. Ass. plén., 13 juill. 2001, *D.* 2001. 2325, note P. JOURDAIN ; *JCP* 2001. II. 10 601, concl. J. SAINTE-ROSE et note F. CHABAS.

79. Loi n° 2002-303 du 4 mars 2002 relative aux droits des malades et à la qualité du système de santé.

80. CE, 14 févr. 1997, *Quarez, JCP* 1997.II.22828, note J. MOREAU, qui reconnaissait l'indemnisation du préjudice moral et matériel des parents.

mot reconnu au législateur est pourtant désormais remis en cause par un autre pouvoir, celui du contrôle de la loi. En effet, pour mettre un terme immédiat aux jurisprudences combattues, la loi anti-Perruche avait souhaité son application rétroactive : comme nous l'avons vu, cette rétroactivité a été sanctionnée par la CEDH, avant d'être éradiquée par le Conseil constitutionnel[81]. La jurisprudence combattue survit donc pour le passé et le législateur retrouve la maîtrise de la matière à compter de son intervention.

365. Jurisprudence et Constitution. – Pendant longtemps, les rapports entre jurisprudence et Constitution se réduisaient à l'application de la seconde par la première. Conseil d'État et Cour de cassation faisaient une application plus ou moins fréquente de la Constitution ; le Conseil constitutionnel, gardien de son interprétation, garantissait l'absence d'atteinte portée par la loi. Finalement, longtemps, la principale question a été de savoir si cette interprétation du Conseil constituait, ou non, le droit constitutionnel vivant. Cette sereine répartition devait radicalement changer avec l'introduction de la *QPC*. En effet, avec ce nouveau contrôle de constitutionnalité, la loi soumise au contrôle du Conseil n'est plus une loi nue, à peine votée, mais une loi appliquée et interprétée par les juges depuis des années. Parfois, donc, une jurisprudence s'est développée sur cette loi. Dès lors, une nouvelle question se posait : le contrôle de constitutionnalité porte-t-il sur le texte seul ou sur le texte avec sa jurisprudence ? Pour résumer, avec le contrôle de la loi *a posteriori*, a-t-on introduit un contrôle de la jurisprudence ? La question a irrité. La Cour de cassation a dans un premier temps refusé de transmettre au Conseil constitutionnel les QPC mettant en cause sa jurisprudence, en proposant de distinguer la disposition législative (le texte, dont la constitutionnalité peut être contestée) de son interprétation (la jurisprudence, dont la constitutionnalité ne peut pas être contestée). Une telle distinction était assez acrobatique[82], texte et interprétation ne faisant qu'un. Elle révélait toutefois une vraie difficulté sur le statut de l'interprétation dans notre système : le pouvoir d'interprétation de la loi appartient-il encore à la Cour de cassation et au Conseil d'État si le Conseil constitutionnel peut décider d'une autre interprétation, au nom de sa conformité aux exigences constitutionnelles[83] ? Toutefois, refuser sur ce motif de transmettre l'interprétation de la loi au Conseil aboutissait à faire échapper la jurisprudence à tout contrôle de constitutionnalité. Le Conseil constitutionnel devait dès lors s'opposer à cette compréhension pour décider que « tout justiciable a le droit de contester la constitutionnalité de la portée effective qu'une interprétation jurisprudentielle

81. V. *supra*, n° 285, 286 et 310.

82. Sans pour autant être dénuée d'arguments : le texte de la loi organique ne vise que les « dispositions législatives » ; les travaux parlementaires avaient exclu son extension à la jurisprudence, V. LAMANDA, *Rapport d'information de la Commission des lois de l'Assemblée nationale*, J.-L. WARSMANN, 5 oct. 2010, n° 2838, p. 79.

83. Sur le débat, v. N. MOLFESSIS, « La jurisprudence supra-constitutionem », *JCP* 2010.1039 ; P. DEUMIER, *RTD civ.* 2010. 508. En toile de fond, une question institutionnelle, celle de savoir si le Conseil constitutionnel est devenu par cette voie une Cour suprême chapeautant le Conseil d'État et la Cour de cassation. Sur cette qualification, v. M. GUILLAUME, « Avec la QPC, le Conseil constitutionnel est-il devenu une Cour suprême ? », *JCP G* 2012 doctr. 722. Pour une analyse historique et comparative, Ch. TUKOV, « La 5ᵉ mue du Conseil constitutionnel ? » *JCP G* 2013, étude 220.

constante confère à cette disposition »[84]. Désormais, par conséquent, le Conseil constitutionnel contrôle la constitutionnalité du texte tel qu'interprété, consacrant ainsi la « doctrine du droit vivant »[85]. Si, le cas échéant, la violation des droits et libertés garantis n'est pas dans le texte mais dans l'interprétation qui en est faite, il peut condamner cette jurisprudence, par une réserve d'interprétation[86] – entorse au pouvoir d'interprétation de la loi des juges ordinaires, qui devrait inciter le Conseil à n'y recourir que dans les circonstances les plus exceptionnelles.

§ 2. L'application de la jurisprudence

366. La question de l'intégration de la jurisprudence parmi les sources du droit pourrait sembler toute théorique et être abandonnée aux amateurs de telles arguties. Elle est néanmoins pour part responsable de certaines conséquences très concrètes, à commencer par les conséquences des évolutions de la jurisprudence. C'est donc l'application de la jurisprudence qui révèle le mieux ses effets normatifs. Or, sa présentation est souvent occultée par la fascination qu'exerce la question de son statut. Pourtant, l'apprenti juriste aura besoin de quelques repères car le maniement de la jurisprudence est autrement plus délicat que celui des textes : le juriste devra maîtriser certains codes pour identifier, parmi tous les arrêts à disposition, ceux porteurs d'une nouvelle jurisprudence, ce qui ne sera pas facile (A.). Il lui faudra aussi rester attentif au moindre signe pouvant laisser présager d'une évolution[87], ce qui relèvera souvent du pronostic divinatoire (B.).

A Connaissance de la jurisprudence

367. Publication. – La jurisprudence exerçant une autorité de fait sur l'état du droit positif, il est nécessaire que les justiciables (ou, plus raisonnablement, leurs conseils) puissent avoir accès à sa connaissance. La publication des décisions a tôt été organisée par l'édition d'un *Bulletin* des arrêts pour la Cour de cassation (qui n'existe plus désormais que sous un format électronique) et d'un *Recueil* des décisions pour le Conseil d'État (appelé *Recueil Lebon*, l'un de ses fondateurs), pour le Conseil constitutionnel, pour la CJUE et pour la CEDH. Les décisions du Conseil constitutionnel bénéficient par ailleurs d'une

84. Décision n° 2010-39 QPC du 6 oct. 2010, *Mmes Isabelle D. et Isabelle B. (adoption par une personne seule)*, *D.* 2010. 2744, note F. CHÉNEDÉ ; *JCP* 2010. 1145, note A. GOUTTENOIRE et Ch. RADÉ ; *RTD civ.* 2011. 90, obs. P. DEUMIER ; décision n° 2010-52 du 14 oct. 2010, *Compagnie agricole de la Crau*, *Gaz. Pal.* 21 oct. 2010, n° 294, p. 12, note D. ROUSSEAU ; B. MATHIEU, « La question de l'interprétation de la loi au cœur de la QPC », *JCP* 2010. 1071 ; A. VIALA, « De la puissance à l'acte : la QPC et les nouveaux horizons de l'interprétation conforme », *RDP* 2011. 965.

85. V. les commentaires aux Cahiers sur ces décisions. Sur cette doctrine, v. *supra*, n° 339.

86. Ex. Décision 2010-101 QPC du 11 févr. 2011, *Mme Monique P. et autre (professionnels libéraux soumis à une procédure collective)*.

87. Pour les signes avant-coureurs d'un revirement, A. LACABARATS, « La genèse d'un revirement de jurisprudence », *Justice & cassation*, 2012, p. 57.

publication au *Journal Officiel*. La consultation de ces recueils austères n'est pas une lecture privilégiée. Ils permettent d'avoir accès à une décision précisément recherchée mais n'assurent pas une mise à jour régulière des connaissances.

La diffusion de la jurisprudence a été radicalement bouleversée par le développement d'Internet. Le décret 2002 1064 du 7 août 2002 relatif au service public de la diffusion du droit par l'Internet n'a pas seulement prévu la mise en ligne des textes mais aussi celle de la jurisprudence. Le site *Legifrance* a modifié l'accès à la jurisprudence de deux manières : en diffusant l'intégralité des décisions, inclus les décisions non publiées au Bulletin ; en permettant l'accès aux décisions par mots clés. Le travail du juriste s'en est trouvé considérablement modifié[88], l'espoir d'accéder à un précédent s'étant accru d'autant. Mais cet espoir est accompagné du risque afférent : la surdose d'informations.

368. Identification des arrêts porteurs de jurisprudence. – L'identification des arrêts les plus importants a longtemps été le rôle quasi exclusif de la doctrine[89]. Elle est d'autant plus délicate que la portée normative d'une décision ne se constate pas : elle se pèse. Dans cette pesée, la doctrine va essentiellement tenir compte du contenu de la décision. Mais elle sera également aiguillée par différents indices délivrés par la juridiction sur son intention de donner une plus ou moins grande portée à sa décision. Le premier indice tient à la *formation* à l'origine de la décision, les formations solennelles étant réunies pour trancher les questions de principe : Assemblée plénière ou Chambre mixte, anciennement Chambres réunies, pour la Cour de cassation ; Assemblée ou Section du contentieux pour le Conseil d'État ; Grande Chambre pour la CEDH ; Assemblée plénière ou Grande Chambre pour la CJUE. Un deuxième indice se trouve dans la *formulation* retenue pour exprimer l'interprétation : plus la formulation sera générale et impersonnelle, plus elle s'éloignera des circonstances de l'espèce, plus elle portera haut et fort l'interprétation consacrée. Si tous les arrêts frappés de formulation générale sont *a priori* porteurs de jurisprudence, l'inverse n'est pas vrai : un arrêt présentant tous les atours d'une solution d'espèce pourra, par l'innovation portée, introduire une modification fondamentale de l'état du droit positif. Enfin, contrairement à une idée assez répandue, la décision de rejet ou de cassation n'est pas un indice très fiable[90].

Un dernier indice est celui de la diffusion donnée à l'arrêt. Le Conseil constitutionnel, la CJUE et la CEDH ne hiérarchisent pas la diffusion de leurs décisions : toutes sont mises en ligne immédiatement sur leurs sites internet ou leurs bases de données. La Cour de cassation et le Conseil d'État ne sont pas dans la même situation, loin s'en faut. Chaque année 20 000 arrêts sont rendus

88. Au-delà de la connaissance des décisions rendues par son propre système, les bases de données ont également rendu plus accessibles les solutions des autres systèmes. De ce point de vue, la base JURICAF donne un accès d'une richesse inouïe aux décisions des Cours suprêmes de 43 pays francophones.

89. Par la sélection et la diffusion qu'elle maîtrisait, v. E. SERVERIN, préc.

90. V. la fiche méthodologique en matière civile de la Cour de cassation, « *Interprétation et portée des arrêts de la Cour de cassation en matière civile* », *BICC* n° 661 du 15 mai 2007. Pour de plus amples développements, v. A. PERDRIAU, *La pratique des arrêts civils de la Cour de cassation*, Litec, 1993.

par la Cour de cassation et 12 000 par le Conseil d'État, désormais tous accessibles sur Legifrance. Or, tous ne sont pas porteurs de jurisprudence[91] : leur proportion devant la Cour de cassation fut évaluée en un temps à 1,5 % des arrêts[92]. Il faut donc les sélectionner. Pour cela, il existe une « hiérarchisation » de leur diffusion[93]. Pour la Cour de cassation, elle prend la forme de *sigles*, portés sur la première page de l'arrêt. Un arrêt pourra ainsi rester non diffusé (*ND*), ce qui ne permettra pas d'y avoir accès. Il pourra être inédit mais accessible (*D*), notamment sur le site Legifrance. Les arrêts plus intéressants seront publiés au Bulletin mensuel (*P*)[94]. La publication intervenant souvent quatre mois après le prononcé de l'arrêt, les interprétations qu'il révèle sont parfois déjà périmées et toujours déjà connues. La publication au Bulletin d'information de la Cour de cassation (le BICC, anciennement « Flash ») est bien plus rapide, le délai étant d'environ deux mois (mention P+B). Les arrêts les plus importants seront frappés en sus du *R* mentionnant leur publication au Rapport annuel. Or, comme son nom l'indique, le Rapport n'est publié qu'une fois par an : l'information ainsi délivrée est donc un peu tardive. Aussi, les arrêts les plus importants seront mis en ligne sur le site de la Cour de cassation (sigle *I*), parfois accompagnés d'un communiqué explicatif.

Le Conseil d'État décline les mêmes modalités de hiérarchisation[95] (sigles mis à part), en graduant l'importance de ses arrêts entre les arrêts *inédits*, les arrêts mentionnés aux *Tables* du Recueil Lebon, les arrêts *publiés* au Recueil Lebon, parfois accompagnés des conclusions du rapporteur public, et les arrêts diffusés sur le site Internet de la juridiction. Ces arrêts pourront également être accompagnés de communiqués et, parfois, présentés lors de conférences de presse[96]. Les juristes sont ainsi assez bien équipés pour accéder aux décisions portant une jurisprudence. Encore faut-il ensuite la comprendre.

369. Compréhension des arrêts. – Le style de rédaction des décisions de justice est sensiblement distinct d'une juridiction à l'autre[97]. La compréhension des arrêts est plus aisée devant les juridictions européennes, qui ont adopté un style de rédaction discursif et délivrent les tenants et aboutissants de leurs

91. V. la classification d'A. PERDRIAU entre arrêts dépourvus de portée doctrinale, arrêts à portée doctrinale réduite, arrêts à portée doctrinale relative et arrêts chargés de portée doctrinale : « La Portée doctrinale des arrêts civils de la Cour de cassation », *JCP* 1990. I. 3468.

92. A. TUNC, « La Cour de cassation en crise », *APD*, tome 30, 1985, p. 157, sp. p. 162, sur la base du rapport de la Cour de cassation pour l'année 1970-1971.

93. V. sur le site de la Cour de cassation, la fiche « La hiérarchisation des arrêts de la Cour de cassation (P+B+I+R) ». Add. A. LACABARATS, « Les outils pour apprécier l'intérêt d'un arrêt de la Cour de cassation », *D.* 2007. 889 ; pour une comparaison de la hiérarchisation pratiquée par le CE et la CCass et l'importance du siglage, O. SABARD, « La hiérarchisation de la jurisprudence », *RLDC* 2009/65. 61.

94. Assortis d'un titrage et d'un chaînage des précédents, sur lequel v. X. HENRY, « Le Chaînage des arrêts de la Cour de cassation dans le Bulletin civil », *BICC* 599 du 1er juin 2004.

95. B. GENEVOIS, « Sur la hiérarchie des décisions du Conseil d'État statuant au contentieux », *in Mélanges R. Chapus*, Montchrestien, 1992, p. 245.

96. La pratique est pour l'heure rare mais a notamment été employée pour les arrêts *Arcelor* (v. *supra*, n° 335) et *Tropic* (v. *infra*, n° 378).

97. En dernier lieu, sur le thème très débattu de la motivation des décisions, v. F. HOURQUEBIE et M.-C. PONTHOREAU, *La motivation des décisions des cours suprêmes et cours constitutionnelles*, Bruylant, 2012.

interprétations, ce qui est le cas pour la CEDH, surtout, et pour la CJUE, dans une mesure légèrement moindre. Mais il faut se méfier de l'excès inverse : parfois, un trop grand nombre d'informations brouille la compréhension de la solution. Ainsi, les décisions de *Common law* font état de toutes les raisons ayant présidé à l'adoption de la solution et des opinions des différents juges[98]. Or, parmi ces raisons, beaucoup n'ont qu'une autorité persuasive et viennent renforcer la raison déterminante, qui seule devra être suivie pour les litiges suivants.

En revanche, à l'instar de la loi, la formulation de l'interprétation par les juridictions françaises prend une tournure générale et impersonnelle, susceptible de sens variés, et formulée de façon concise et laconique[99]. Le Conseil d'État, un temps partisan de l'*imperatoria brevitas*, c'est-à-dire d'une motivation très concise, a progressivement fait évoluer ses décisions de principe vers une forme plus explicative[100]. Qui veut mesurer le chemin pédagogique parcouru pourra tenter d'expliquer le contrôle de conventionnalité de la loi par l'arrêt *Nicolo*[101] ou par l'arrêt *Mlle Deprez*[102]. En revanche, devant la Cour de cassation, la compréhension du sens d'un arrêt demande toujours la maîtrise parfaite d'un art du décodage et la délimitation de sa portée relève du pronostic. Cette rédaction très spécifique, qui livre l'interprétation comme l'« expression d'une vérité juridique »[103], est généralement justifiée par la doctrine par la fonction de la Cour de cassation[104] et parfois par son absence de pouvoir créateur[105]. À force de s'entendre répéter qu'elle n'était que la bouche de la loi, il semble que la Cour de cassation y ait cru et ne sache plus s'exprimer autrement que sur un mode législateur[106]. Le décryptage des décisions de justice constitue dès lors une part importante de l'activité du juriste, et particulièrement de la doctrine (mais aussi des étudiants en droit, qui y consacreront une part non négligeable de leurs travaux dirigés de droit privé, pendant quelques années). Le contenu des revues

98. Pour une comparaison mesurée avec le modèle français, v. H. MUIR-WATT, « La motivation des arrêts de la Cour de cassation et l'élaboration de la norme », *in La Cour de cassation et l'élaboration du droit*, N. MOLFESSIS (dir.), Economica, 2004, p. 53.

99. Le Conseil constitutionnel partage cette tradition, pour les mêmes raisons que les Cours suprêmes, auxquelles s'ajoutent des raisons spécifiques à l'office du juge constitutionnel, tels les délais de décision et l'appréciation *in abstracto*, v. M. GUILLAUME, « Le style du Conseil constitutionnel », *Justice & cassation* 2013, p. 262.

100. V. Ph. RAIMBAULT (dir.), *La pédagogie au service du droit*, Presses de l'université des sciences sociales de Toulouse et LGDJ, 2011, sp. les contributions de D. BOTTEGHI, p. 153 et Ch. ALONSO, p. 161.

101. 20 oct. 1989, *GAJA*, n° 91.

102. CE, 5 janv. 2005, *Mlle Deprez*, *RFDA* 2005. 67, note B. BONNET ; *RTD civ.* 2005. 561, obs. P. DEUMIER.

103. Y. CHARTIER, « De l'an II à l'an 2000 ; remarques sur la rédaction des arrêts civils de la Cour de cassation », *in Mélanges P. Drai*, Dalloz, 2000, p. 269, sp. p. 283.

104. Pour le style comme indice de souveraineté, F. ZÉNATI, « La Nature juridique de la Cour de cassation », *BICC* n° 575 du 15 avr. 2003.

105. H. CROZE, « Pour une motivation pas trop explicite des décisions de la Cour de cassation », *in Mélanges Ph. Malaurie*, Defrénois, 2005, p. 181 ; J. GHESTIN, « L'Interprétation d'un arrêt de la Cour de cassation », *D.* 2004. 2239.

106. Pour la critique la plus célèbre de ce style de motivation, A. TOUFFAIT et A. TUNC, « Pour une motivation plus explicite des décisions de justice notamment de celles de la Cour de cassation », *RTD civ.* 1974. 487 ; pour des propositions très concrètes, X. HENRY, « La motivation des arrêts et la technique du moyen – Propositions de réforme », *JCP* 2010. 1130.

juridiques est ainsi très largement consacré à ces explications de texte judiciaire. Cette tradition de rédaction a pourtant récemment marqué des infléchissements, qui peuvent s'expliquer par plusieurs considérations : le mouvement plus général de reconnaissance du pouvoir créateur du juge, reconnaissance qui appelle des motivations à hauteur de l'importance d'un tel pouvoir[107] ; la faveur contemporaine pour la sécurité juridique, qui implique une meilleure accessibilité et clarté des décisions pour le justiciable ; la jurisprudence de la CEDH, qui resserrre ses exigences sur le contenu de la motivation des décisions de justice. Sous ces multiples influences, la Cour de cassation, sans réellement modifier sa tradition de rédaction, délivre depuis peu des explications sommaires en cas de revirement de jurisprudence[108]. Le Conseil d'État a pour sa part mené une réflexion approfondie sur la rédaction des décisions à la recherche d'un style qui, tout en restant fidèle à la tradition française de rigueur et de concision, renoncerait à la structure de la phrase unique et délivrerait des explications plus nourries sur l'interprétation suivie par le juge[109]. Dans l'attente de ces éventuelles métamorphoses, de telles explications peuvent être trouvées dans les travaux préparatoires des arrêts.

370. Recours aux travaux préparatoires et à la doctrine organique. – La compréhension d'un arrêt, faute d'avoir participé au délibéré[110], pourra être facilitée par la consultation de ses *travaux préparatoires*. La tradition la plus ancienne est celle du Conseil d'État qui a tôt accompagné la publication de ses décisions les plus importantes des conclusions du rapporteur public, lues attentivement par la doctrine. La Cour de cassation reste plus discrète sur le rapport du conseiller-rapporteur ou l'avis de l'avocat général[111] et les travaux, lorsqu'ils sont accessibles, restent malheureusement souvent peu exploités par la doctrine. Enfin, devant la CJUE, la publication de l'avis de l'avocat général[112] se fait très largement, sur la même base de données que les arrêts. La prise en considération de ces conclusions est admise au point que, tradition

107. A. TUNC, « La Cour de cassation en crise », *APD*, tome 30, 1985, p. 157 ; *Le revirement de jurisprudence*, préc., p. 49-50 ; P. DEUMIER, « Pouvoir créateur du juge et rédaction des décisions de justice », *APD*, tome 50, 2007, p. 49 ; F. MALHIÈRE, *La brièveté des décisions de justice*, Dalloz, 2013.

108. Cass. com. 8 févr. 2011, *D.* 2011. 515, obs. A. LIENHARD ; 1314, note N. MOLFESSIS et J. KLEIN ; 1321, note F. MARMOZ ; *Rev. Sociétés* 2011. 288, note P. LE CANNU ; Cass. soc., 31 janv. 2012, *D.* 2012. 1765, obs. L. PÉCAUT-RIVOLIER ; *RDT* 2012. 168, note T. GRUMBACH.

109. Entre autres propositions du Rapport du Groupe de travail sur la rédaction des décisions de la juridiction administrative, avri. 2012, actuellement en cours d'expérimentation.

110. V. l'anecdote célèbre contée par A. TUNC, préc., sp. p. 165 : « Un jour, [M. Touffait] lit une décision et ne la comprend pas. C'est déjà quelque chose d'assez frappant de penser qu'un des deux plus hauts magistrats de la nation peut ne pas comprendre un arrêt de la Cour de cassation. M. Touffait téléphone donc à l'avocat général qui avait présenté des conclusions dans cette affaire pour lui avouer son embarras. Il s'entend réponde : "Naturellement, M. le Procureur général, vous ne pouvez pas comprendre cette décision puisque vous ne participiez pas au délibéré" ».

111. Certains travaux préparatoires sont pourtant célébrissimes : par ex. A. TOUFFAIT sur *Jacques Vabre*, Ch. mixte, 24 mai 1975, *JCP* 1975. II. 18 180 bis ; *Matter* sur *Pélissier du Besset* (dit « jurisprudence *Matter* », Cass. civ., 17 mai 1927, *DP* 1928. 1. 25). Seuls les travaux préparatoires des arrêts rendus par les formations solennelles sont systématiquement publiés, au BICC et sur le site de la Cour de cassation.

112. Sur le rôle fondamental de l'avocat général dans la construction de la jurisprudence européenne, L. CLÉMENT-WILZ, *La fonction générale de l'avocat général près la Cour de justice*, Bruylant, 2011.

rédactionnelle oblige, l'arrêt y fait parfois expressément référence[113]. Ces différentes sources d'informations, pour être précieuses, sont élaborées en amont de la délibération et il peut être difficile de mesurer leur impact réel sur la prise de décision. D'autres publications vont se multiplier, en aval de la décision, par lesquelles la juridiction ou des membres de la juridiction viennent commenter les décisions rendues, donnant là encore des indications utiles à la compréhension de la décision. Ce point de vue interne, mais s'exprimant hors de la décision, occupe une position un peu trouble, souvent qualifiée de « doctrine autorisée ». Comme les travaux préparatoires, leur réception par la doctrine est assez variable selon les juridictions. Ainsi, pour l'heure, les chroniques et communiqués de la Cour de cassation sont encore peu pris en compte par la doctrine ; la chronique du Conseil d'État à l'*AJDA* est en revanche bien installée dans la littérature de droit administratif ; les commentaires aux *Cahiers du Conseil* occupent une place plus importante encore, l'étude d'une décision et de son commentaire étant généralement inextricablement mêlées[114].

371. Argumentation et précédent. – Une fois une jurisprudence identifiée, le juriste ne pourra pas l'utiliser comme une règle obligatoire qu'il demanderait au juge de sanctionner : il devra l'utiliser comme une autorité (forte) au soutien de son argumentation. La jurisprudence pèsera d'autant plus dans l'argumentation qu'elle sera constante et peu critiquée. Dans certains systèmes, où la justice est fortement personnalisée, les arrêts sont accompagnés de la révélation de la majorité à laquelle ils ont été adoptés ou de la publication des *opinions dissidentes* des juges mis en minorité, autant d'éléments permettant de mieux mesurer la solidité ou la fragilité de la position (not. la Cour suprême des États-Unis[115] ou la Cour internationale de justice[116]).

Le poids du précédent dans l'argumentation dépendra également de la plus ou moins grande analogie entre les situations, qu'il faudra démontrer : plus les litiges sont proches, plus la transposition est justifiée. Par exemple, lorsque la Cour de cassation, en Assemblée plénière, pose le 25 février 2000 la formule très générale selon laquelle « n'engage pas sa responsabilité à l'égard des tiers le préposé qui agit sans excéder les limites de la mission qui lui a été impartie par son commettant »[117], cette solution vaut-elle immunité pour le commettant dont la responsabilité pénale est mise en cause[118] ? pour les commettants indépendants professionnellement, par exemple les médecins salariés de

113. Critiquant ce travers, F. PICOD, « La Transparence dans les procédures juridictionnelles », *in La Transparence dans l'Union européenne – Mythe ou principe juridique*, J. RIDEAU (dir.), LGDJ, 1998, p. 147.

114. Sur le risque de manque de prise de distance critique de la doctrine à l'égard de ces commentaires, X. MAGNON, « La doctrine, la QPC et le Conseil constitutionnel : quelle distance ? Quelle expertiste ? », *RDP* 2013. 135.

115. V. W. MASTOR, *Les opinions séparées des juges constitutionnels*, Economica, 2005 ; pour une transposition en France, A. TOUFFAIT et A. TUNC, préc.

116. V. M. BEDJAOUI, « La "fabrication" des arrêts de la Cour internationale de Justice », *in Mélanges M. Virally*, Pedone, 1991, p. 87.

117. V. Rapport F. DESPORTES et avis R. KESSOUS, *Rapport annuel* 2000, p. 257.

118. Cass. Ass. plén., 14 déc. 2001, *D.* 2002. 1230, note J. JULIEN.

clinique[119] ? Cette discussion sur l'analogie ou la différence des situations est au cœur du jeu de la règle du précédent en *Common law*. Plus discrète en droit français, elle est pourtant souvent essentielle pour emporter la conviction, que ce soit celle de suivre le précédent ou, au contraire, de marquer une évolution.

B Évolution de la jurisprudence

372. Nécessité de l'évolution jurisprudentielle. – Pas plus que la loi, l'interprétation jurisprudentielle n'est à l'abri d'une évolution. Par souci de sécurité juridique, les Hautes juridictions privilégient le maintien de leur jurisprudence et donc la *stabilité* : « il est plus difficile de changer une jurisprudence établie que de modifier une loi »[120]. Cependant, parfois, les raisons d'un changement sont plus fortes que ce souci de permanence[121]. Elles peuvent procéder d'un changement de contexte juridique (réforme du texte, évolution des jurisprudences européennes ou nationales), économique (la révolution industrielle a suscité la jurisprudence en matière de responsabilité civile) ou des mœurs (la moindre réprobation de l'adultère justifie les libéralités faites dans le but de maintenir une relation adultère)[122]. De telles *évolutions* sont inévitables : il est impossible de prétendre figer la jurisprudence qui, plus encore que les sources textuelles, est tenue de s'adapter aux réalités des cas. Toute la difficulté va alors être de limiter autant que possible l'effet de surprise de l'adoption d'une nouvelle solution. Plusieurs techniques peuvent être utilisées pour introduire en douceur une évolution, notamment en livrant des indications « soi dit en passant », au détour d'une décision rendue sur une question différente, sous la forme d'un *obiter dictum*[123]. Mais, le plus souvent, les évolutions jurisprudentielles vont créer des zones de turbulence. La première est liée à la difficulté d'identifier clairement une évolution jurisprudentielle, difficulté lourde en conséquence pour les professionnels du droit (1). La seconde est liée à l'application de ces évolutions aux situations passées, application aux conséquences parfois injustes pour les plaideurs (2).

1. Identification d'une évolution jurisprudentielle

373. Évolution et revirement : difficulté d'appréciation. – Il est parfois difficile, parmi les évolutions, de distinguer les revirements (qui abandonnent l'ancienne interprétation pour lui préférer une nouvelle), des évolutions ou précisions (qui maintiennent la première interprétation mais aménagent des solutions particulières pour certaines situations). Si le Conseil d'État et la CEDH, chacun dans leur style, ont désormais fait le choix de la pédagogie, devant la Cour de cassation, toute la difficulté vient de la généralité du court énoncé

119. Cass. civ. 1re, 13 nov. 2002, *D.* 2003. 580, note S. DEIS-BEAUQUESNE ; *JCP* 2003. II. 10096, note BILLIAU ; Cass. civ. 1re, 9 nov. 2004, *D.* 2005. 253, note F. CHABAS.

120. G. RIPERT, *Les forces créatrices du droit*, LGDJ, 1955, p. 14.

121. Sur cet équilibre entre stabilité et évolution, v. CEDH, *Scoppola c /Italie*, 17 sept. 2009, § 104.

122. Sur la ressemblance des motifs de revirement entre traditions juridiques, v. I. RORIVE, *Le revirement de jurisprudence – Etude de droit anglais et de droit belge*, Bruylant, 2003.

123. Sur cette fonction de l'*obiter dictum* et sur sa fonction pédagogique, S. TOURNAUX, « L'*obiter dictum* de la Cour de cassation », *RTD civ.* 2011. 45.

formulé, qui ouvre un champ libre à l'interprétation ; à l'inverse, les juridictions de l'Union européenne, en ancrant fortement leurs décisions dans les contextes, rendent parfois tout aussi difficile l'identification d'une évolution potentiellement plus générale[124]. Un mouvement se dessine toutefois pour reconnaître que le principe de stabilité de la jurisprudence impose de ne pas abandonner une interprétation « sans motif valable », motifs que les juridictions doivent exposer[125].

374. Moment de la connaissance de l'évolution. – À partir de quel moment une nouvelle jurisprudence peut-elle être présumée connue ? La question n'est pas clarifiée en droit interne, la jurisprudence évoluant encore dans le statut occulte de sa supposée absence de pouvoir. La Cour EDH a une conception plus pragmatique et tient compte du temps nécessaire à la réception de la jurisprudence nouvelle : « la durée de ce délai varie en fonction des circonstances, en particulier de la publicité dont ladite décision a fait l'objet ». Faisant application de cette conception, elle a daté l'entrée en vigueur d'une jurisprudence du Conseil d'État en relevant soigneusement la diffusion de l'arrêt sur Internet puis ses différentes publications dans les revues, pour conclure qu'« il avait acquis un degré de certitude juridique suffisant (...) environ six mois après sa lecture »[126].

375. Conséquences : la responsabilité des professionnels du droit. – La question est lourde de conséquences sur la responsabilité des professionnels du droit, dont le *devoir de conseil* couvre l'état du droit positif existant au moment de leur intervention, ce qui inclut la jurisprudence. En cas de controverse, il doit informer son client de l'incertitude juridique qu'elle suscite[127]. En revanche, il ne saurait être tenu de deviner un revirement ultérieur imprévisible[128]. L'étendue de sa responsabilité va donc entièrement dépendre de la démonstration du caractère plus ou moins prévisible de l'évolution, particulièrement entre les arrêts amorçant une évolution et ceux la consacrant par un arrêt de principe[129]. Par exemple, la Cour de cassation a retenu la responsabilité d'un avocat n'ayant

124. V. *Le revirement de jurisprudence en droit européen et comparé*, E. CARPANO (dir.), Bruylant, 2012. Les revirements francs sont en revanche souvent clairement énoncés : ex. CJCE, 17 oct. 1990, *Hag II*, aff. C-10/89, § 10.

125. CEDH, *Atanasovski c. ex-République Yougoslave de Macédoine*, 14 janv. 2010, 36815/03, § 36 et s. ; pour son application à la jurisprudence de la Cour de cassation française, sans violation de la Conv. faute d'existence d'une jurisprudence établie, CEDH, 30 août 2011, *Boumaraf c/France*, 32820/08 ; Tribunal UE, Chambre des pourvois, 17 mars 2010, Parlement européen c. Laurent Collée, aff. T 78/09 P, § 45. Pour le premier revirement de la Cour de cassation précisant ses raisons, Cass. com. 8 févr. 2011, D. 2011. 515, obs. A. Lienhard ; 1314, note N. Molfessis et J. Klein ; 1321, note F. Marmoz ; Rev. Sociétés 2011. 288, note P. Le Cannu ; Cass. soc., 31 janv. 2012, *D.* 2012. 1765, obs. L. PÉCAUT-RIVOLIER ; *RDT* 2012. 168, note T. GRUMBACH.

126. CEDH, 21 oct. 2003, *Broca et Texier-Micault c /France*, § 20, *LPA*, 15 sept. 2005, n° 184, p. 15, note E. MAULÉON.

127. Cass. civ. 1re, 25 nov. 1997, *RTD civ.* 1998. 210, obs. N. MOLFESSIS ; *Defrénois* 1998. art. 36753, n° 28, obs. J.-L. AUBERT ; Cass. civ. 1re, 18 févr. 2003, *Defrénois* 2003. art. 37810, n° 94, obs. J.-L. AUBERT.

128. Cass. civ. 1re, 25 nov. 1997, préc. ; Cass. civ. 1re, 15 déc. 2011, *RTD civ.* 2012. 318, obs. P. JOURDAIN ; *JCP G* 2012. 169, note H. SLIM.

129. Cass. civ. 1re, 7 mars 2006, préc. ; Cass. civ. 1re, 5 févr. 2009, *RTD civ.* 2009. 493, obs. P. DEUMIER ; Cass. com., 15 janv. 2013, *D.* 2013. 342, note A. COURET.

pas invoqué devant les juges correctionnels la jurisprudence *Costedoat*, vieille d'un an au moment de la plaidoirie, et qualifiée de « jurisprudence acquise »[130], alors pourtant que la portée de ladite jurisprudence en matière pénale était alors débattue.

2. Application dans le temps du changement de jurisprudence

376. Principe : rétroactivité du revirement de jurisprudence. – Par hypothèse, le juge donne son interprétation pour des faits, ceux du litige, passés. La jurisprudence est donc naturellement rétroactive, du fait des conditions dans lesquelles elle se forme[131]. Cette rétroactivité s'explique également par l'incorporation de la jurisprudence dans le texte qu'elle interprète. Cette incorporation produit un effet dans le temps redoutable : l'interprétation s'appliquera aussi loin qu'existait le texte. Enfin, l'interprétation du droit devant être uniforme devant toutes les juridictions, au lendemain de l'arrêt de revirement, tous les juges suivront la nouvelle interprétation, sans distinguer selon la date des faits. La rétroactivité de la jurisprudence est donc le principe, devant toutes les juridictions, indépendamment du caractère obligatoire ou non de leurs précédents[132]. Cependant, son application à certains revirements va entraîner des conséquences difficilement supportables.

377. Conséquences parfois excessives de la rétroactivité. – La rétroactivité, comme cela a été vu pour la loi, est en soi un méfait[133]. Elle l'est tout autant pour la jurisprudence et la doctrine s'en était émue, mais sans succès[134]. Il aura fallu une affaire topique pour que le débat gagne réellement le droit français. En 1974, M. X., médecin qui suit la grossesse d'une patiente, constate que l'enfant se présente par le siège et préconise un accouchement par voie basse et non par césarienne. À l'époque, la jurisprudence n'exige pas qu'il délivre une information sur les risques exceptionnels encourus. Or, l'un de ces risques se réalise et l'enfant naît avec des séquelles au niveau du bras droit. À sa majorité, l'enfant engage une action contre le médecin, lui reprochant notamment d'avoir manqué à son obligation d'information. L'action se fonde sur la nouvelle jurisprudence de la Cour de cassation qui, depuis 1998, exige des médecins qu'ils informent également des risques exceptionnels encourus. La Cour d'appel de Lyon refuse de déclarer le médecin responsable puisque, au moment des faits, il n'était pas tenu d'une telle obligation. C'était méconnaître l'effet rétroactif de la jurisprudence et la Cour de cassation va casser cet arrêt aux motifs que « l'interprétation jurisprudentielle d'une même norme à un moment donné ne peut être différente selon l'époque des faits considérés et nul ne peut

130. Cass. civ. 1re, 14 mai 2009, *JCP* 2009. 94, note H. SLIM ; *RTD civ.* 2009. 493, obs. P. DEUMIER.

131. J. RIVERO, « Sur la rétroactivité de la règle jurisprudentielle », *AJDA* 1968. 15.

132. Et elle y est source de débats semblables. Ainsi, Bentham critiquait sévèrement la *common law* anglaise, « Dog Law », le juge attendant que quelque chose de mal soit fait pour décider de le punir, v. R. H. GRAVESON, « Les méthodes de réforme du droit », *RIDC* 1967. 353.

133. V. *supra*, n° 281 et 282.

134. F. ZÉNATI, ouvrage préc. ; C. MOULY, « Comment rendre les revirements de jurisprudence d'avantage prévisibles ? », *LPA*, 18 mars 1994, n° 33.

se prévaloir d'un droit acquis à une jurisprudence figée »[135]. En 2001, un médecin est donc reconnu responsable pour ne pas avoir respecté, lors d'une opération en 1974, une jurisprudence de 1998. Telle est la rétroactivité de la jurisprudence. La solution est parfaitement conforme à la théorie. Son résultat en l'espèce a cependant suscité un émoi important, en ce que, s'il ne heurtait aucune règle de droit, il offensait un sentiment naturel de justice. Dans son prolongement, un débat important devait naître sur la possibilité de moduler les effets dans le temps des revirements.

378. Modulation exceptionnelle des effets des revirements dans le temps. – Si, devant toutes les juridictions, le principe demeure la rétroactivité du revirement, des circonstances exceptionnelles comme nous venons d'en présenter imposaient de pouvoir *moduler* à l'occasion les effets dans le temps de la jurisprudence[136]. Cette possibilité a été initiée[137] par la CJCE[138], puis la CEDH[139]. Son importation en droit français, du fait de ses implications importantes en termes de reconnaissance de l'effet normatif de la jurisprudence, a été plus délicate. Il aura fallu la conjonction de plusieurs forces, doctrine, modèle étranger, modèle européen et audace judiciaire, pour briser la pudeur nationale entourant le pouvoir des juges[140]. La Cour de cassation fut la première à accepter un tel pouvoir, par un premier arrêt rendu par la deuxième Chambre civile[141], puis solennellement par l'Assemblée plénière le 21 décembre 2006[142], malgré les critiques doctrinales parfois féroces. Le Conseil d'État devait suivre rapidement, également en Assemblée, dans l'arrêt *Tropic* du 16 juillet 2007[143], cette fois avec les encouragements de la doctrine de droit public. À chaque fois, les juges acceptent que leur nouvelle interprétation ne s'applique qu'aux situations

135. Cass. civ. 1re, 9 oct. 2001, *RTD civ.* 2002. 176, obs. R. LIBCHABER ; *D.* 2001. 3470, note SARGOS, note D. THOUVENIN ; déjà, sur ce principe, Cass. civ. 1re, 21 mars 2000, *D.* 2000, 593, note C. ATIAS ; *RTD civ.* 2000. 666, obs. N. MOLFESSIS ; admis par CEDH, 18 déc. 2008, *UNEDIC c /France*, § 74.

136. Le débat s'inscrit dans une réflexion plus large actuellement intense sur les rapports entre le temps et l'office du juge, v. ainsi, D. CONNIL, *L'office du juge administratif et le temps*, Dalloz, 2012 ; C. MALPEL-BOUYJOU, *L'office du juge judiciaire et la rétroactivité*, Dalloz, à paraître, 2014.

137. Pour nos systèmes : le modèle était connu du droit américain, au moins depuis l'arrêt *Sunburst* de 1952, la Chambre des Lords étant beaucoup plus discrète et hostile à un tel pouvoir, v. H. MUIR-WATT, *in Le revirement de jurisprudence*, n° 19 et s.

138. 8 avr. 1976, *Defrenne*, aff. C-43/75, § 69 à 75 ; 17 mai 1990, C-2620/88, *Barber*, § 41.

139. CEDH, 13 juin 1979, *Marckx c /Belgique, GACEDH*, n° 51. Mais la juridiction prise peu la méthode, v. CEDH, 17 janv. 2006, *Aoulmi c /France*, 50278/99, *JCP* 2007. II 10 152, note K. LUCAS-ALBERNI.

140. Le tout porté par le rapport sur *Le revirement de jurisprudence*, demandé par le Premier Président de la Cour de cassation, Guy Canivet, à un groupe de travail dirigé par le professeur N. Molfessis (Litec, 2005). Sur les réactions, v. not. « À propos de la rétroactivité de la jurisprudence », *RTD civ.* 2005. 293 ; V. HEUZÉ, « À propos du rapport sur les revirements de jurisprudence, Une réaction entre indignation et incrédulité », *JCP* 2005. I. 130 ; C. RADÉ, « De la rétroactivité du revirement de jurisprudence », *D.* 2005. 988 ; *RTD civ.* 2005. 83, obs. R. ENCINAS DE MUNAGORRI et P. DEUMIER.

141. Cass. civ. 2e, 8 juill. 2004, *RTD civ.* 2005. 176, obs. Ph. THÉRY ; P. MORVAN, « Le revirement de jurisprudence pour l'avenir : humble adresse aux magistrats ayant franchi le Rubicon », *D.* 2005. 247.

142. *D.* 2007. 835, note P. MORVAN ; *JCP* 2007. II. 10 040, note E. DREYER et 10 111, note X. LAGARDE ; *RTD civ.* 2007. 72, obs. P. DEUMIER et 168, obs. Ph. THÉRY.

143. CE, ass., 16 juill. 2007, *Tropic, AJDA* 2007. 1577, chr. F. LENICA et J. BOUCHER ; *RFDA* 2007. 696, concl. D. CASAS.

postérieures à la date de l'arrêt, restant la très délicate question de son application au litige en cours[144].

Un tel pouvoir heurte le mécanisme naturel de la jurisprudence. Il est donc réservé aux circonstances exceptionnelles, dont les plus grands types commencent à se dégager[145] : privation du droit d'accès au juge, lorsque le revirement modifie les règles du jeu du procès en cours de procédure[146] ; atteinte aux attentes légitimes des parties, lorsque le revirement vient bouleverser les règles du contrat en cours[147] ou renforcer les obligations des professionnels[148], comme ce fut le cas pour notre malheureux médecin condamné en 2001.

Section 2
La doctrine

379. Bibliographie thématique. – AFDA (dir.), *La doctrine en droit administratif*, Litec, 2010 ; Ph. JESTAZ et Ch. JAMIN, *La doctrine*, Dalloz, 2004 ; *Doctrine et recherche en droit, Droits*, 1994, n° 20 ; F. PICOD (dir.), *Doctrine et droit de l'Union européenne*, Bruylant, 2009.

380. La « doctrine » : une proposition de droit. – Si l'on aborde la doctrine non par ses auteurs mais par son autorité, elle peut se définir comme une *proposition de droit* dénuée de force juridique. Or, à cet égard, les juges, l'administration, les notaires font-ils autre chose que livrer des propositions de droit ? Dans une compréhension très généreuse, la doctrine parvient donc à englober l'intégralité des interprétations[149] et on ne sera guère étonné de rencontrer des références à la « doctrine de la Cour de cassation » ou la « doctrine administrative ». Le recours à la formule trahit une intention : souligner le caractère inoffensif de ce qui n'est qu'une lecture de la loi, neutraliser tout effet normatif qui lui serait attribué. Les doctrines instituées tentent ainsi de se présenter comme une « thèse de droit » de la Cour de cassation[150], des « opinions » portées par les instructions administratives[151], « l'expression d'une pensée individuelle » par l'interprétation ministérielle[152]. La formule est amusante : alors que la doctrine académique recherche parfois la reconnaissance d'une véritable force, à rebours, la doctrine institutionnelle tente de camoufler son pouvoir réel

144. Les juridictions européennes et administratives appliquent le revirement dans le procès en cours, la Cour de cassation non.
145. Et pourraient gagner encore en précision par un encadrement, v. F. ZÉNATI-CASTAING, « Pour un droit des revirements de jurisprudence », *in Mélanges J.-L. Bergel*, Bruylant, 2013, p. 501.
146. Cass. Ass. plén., 21 déc. 2006, préc.
147. CE, ass., 16 juill. 2007, *Tropic*, préc.
148. Ex., Chambre des Lords, *Royal Bank of Scotland v. Etridge*, 2002, cité par H. MUIR-WATT, préc., p. 62.
149. Pour le droit dans une conception du droit fondée sur *l'auctoritas*, « savoir socialement reconnu », réunissant sous l'étendard de la doctrine, législateur, peuple, juges, etc., v. A. SÉRIAUX, « La notion de doctrine juridique », *Droits*, n° 20, 1994, p. 65.
150. Ch. réunies, 26 juin 1962, *Bull.* n° 3.
151. CE, avis, 19 janv. 1814, *Siébert-Pleyel*, *S.* chron. II. 375.
152. Ch. réunies, 19 mai 1874, *S.* 1874. 1. 390, concl. BLANCHE.

en se présentant comme une simple proposition de droit. Leur pouvoir est cependant tout autre, ce qui justifie que la « doctrine de la Cour de cassation » comme la « doctrine administrative » seront traitées à d'autres titres[153].

381. La doctrine : une proposition de droit dans un contexte d'étude du droit. – L'interprétation est parfois le pur produit d'une activité d'étude du droit. Cette origine savante la distingue des interprétations imposées à l'occasion d'une fonction instituée d'application du droit. Il ne faut y voir aucune appréciation sur la valeur de cette interprétation ou, *a contrario*, une dévalorisation de la science du droit déployée par les juges. Il ne faut y voir que le contexte dans lequel la proposition est formulée : ce n'est pas une proposition qui va directement trancher un litige ou fonder un redressement fiscal ; la proposition n'est ici que le produit d'une activité de connaissance du droit. L'ancrage de cette interprétation dans une activité d'étude du droit permet de restreindre l'étude de la doctrine à son acception la plus courante. Mais il faut se garder de penser qu'elle devient de ce fait plus facile à appréhender. Il existe des débats, parfois vifs, dès qu'il s'agit de savoir qui est la doctrine ou si elle exerce encore une influence. La doctrine ne semble jamais plus susceptible que lorsqu'elle parle d'elle-même – sauf peut-être lorsque quelqu'un d'autre parle d'elle.

§1. La définition de la doctrine

382. Diversité des critères de définition. – Il existe de nombreuses incertitudes sur la définition de la doctrine mais la somme de ces hésitations donne une vue assez générale de ce qu'elle est : la doctrine est-elle un ensemble d'auteurs, un ensemble d'écrits[154] ou un ensemble de réflexions[155] ? La doctrine est-elle celle des universitaires[156], l'« expression d'une communauté scientifique »[157] ou celle des juristes, quelle que soit leur fonction ? La doctrine est-elle une somme d'individualités ou une entité collective[158] ? En définissant ici la doctrine comme une proposition de droit faite dans un contexte d'étude du droit, le critère du contexte (qui n'est pas plus valable que les autres) répond à ces différentes questions dans une acception large : peu important le support utilisé ou la qualité professionnelle de celui qui exprime la proposition de droit, dès lors qu'il le fait dans le cadre d'une étude du droit.

153. V. *supra,* n° 361 et *infra,* n° 394 et s.

154. Sur l'élargissement à l'écrit doctrinal, v. P. MORVAN, « La notion de doctrine (à propos du livre de MM. JESTAZ et JAMIN) », *D.* 2005. chr. 2421.

155. F. TERRÉ, « La doctrine de la doctrine », *in Mélanges Ph. Simler,* Litec et Dalloz, 2006, 59, sp. p. 72.

156. Elle le serait à 90 % selon Ph. JESTAZ et C. JAMIN, « L'entité doctrinale française », *D.* 1997. chron. 167.

157. F. TERRÉ, n° 200.

158. Sur l'existence d'un corps, Ph. JESTAZ et C. JAMIN, « L'entité doctrinale française », préc. La proposition a suscité une vive réaction, insistant sur l'individualité des positions des auteurs, L. AYNÈS, P.-Y. GAUTIER et F. TERRÉ, « Antithèse de « l'entité » », *D.* 1997. chr. 229.

383. Diversité des compositions. – Cette compréhension large n'est pas incompatible, loin s'en faut, avec le constat que la doctrine est à *dominante universitaire*. Si tout juriste peut se consacrer à l'étude d'une question de droit, seuls les universitaires y consacrent l'essentiel[159] de leur activité. Cependant, ce constat est surtout facile dans les systèmes de droit civil, France et, plus encore, Allemagne, parfois qualifiée de « droit des professeurs » par opposition au « droit des juristes » que serait le droit français[160]. Deux explications, parmi d'autres, peuvent être avancées. D'une part, cette place porte l'héritage historique de cette famille : le droit romain était un droit de *jurisconsultes*, forme modifiée de doctrine ; les universités et les légistes ont ensuite œuvré à la redécouverte du droit romain mais aussi à la mise en ordre des coutumes et à la préparation des Codes civils. D'autre part, elle correspond à une certaine conception du droit, sous forme d'ensemble rationnel et cohérent, qui nécessite de se consacrer à cette mise en système et à cette science du droit.

Le poids comme la composition de la doctrine sont différents dans les systèmes qui conçoivent le droit dans une vision plus judiciaire. C'est le cas des systèmes de *Common law* : l'exposé et l'articulation des précédents y ayant plus d'intérêt que l'opinion d'un universitaire[161], la doctrine y est plus composite, mêlant universitaires, avocats et juges[162]. Mais c'est également le cas des pans les plus jurisprudentiels du droit français. On pense tout particulièrement au droit administratif, dont la doctrine est pour une large part composée des conclusions des rapporteurs publics, ce qui n'est pas sans susciter des tensions[163].

384. Diversité de fonctions. – Dans un droit perçu comme un système rationnel, la doctrine doit assurer de nombreuses fonctions, qui se déclinent à volonté : didactique, elle tente de donner une présentation de l'état du droit permettant sa compréhension et sa transmission ; pédagogue, elle forme les juristes, construit et expose leurs clés de lecture et de compréhension du droit ; informative, elle suit, sélectionne, commente l'actualité juridique et l'insère dans l'état du droit préexistant ; critique, elle dénonce le manque de cohérence de certaines

159. Les universitaires ont aussi l'importante mission d'enseigner le droit, mettant au service des étudiants leur activité doctrinale. La diversité des autres tâches dévolues aux universitaires, et particulièrement l'ampleur prise par les responsabilités administratives, a malheureusement conduit à réduire « Le temps de penser de la doctrine » (expression de M. GOBERT, *Droits*, n° 20, 1994, p. 97). Les universitaires ont également parfois des activités de pratique du droit, en tant que consultant, avocat ou arbitre. Cette activité, et à condition qu'elle s'exerce dans la transparence (v. en dernier lieu, P.-Y. GAUTIER, « Exercices de doctrine engagée : au sujet des limites de l'intervention normative anti-tabac », *D.* 2009. 1105), participe d'un mouvement général de retour à la conception consultative du droit (F. ZÉNATI, « L'évolution des sources du droit dans les pays de droit civil », *D.* 2002. 15).

160. P. KOSCHAKER, cité par R. DAVID et C. JAUFFRET-SPINOSI, n° 95.

161. Constat relativisé dans la période contemporaine, particulièrement aux États-Unis, A. TUNC, « L'importance de la doctrine dans le droit des États-Unis », *Droits*, 1994, n° 20, p. 75.

162. En droit anglais, certains ouvrages, rédigés par des juges, ont été qualifiés de « *books of authority* », R. DAVID et C. JAUFFRET-SPINOSI, n° 314.

163. Dans les deux sens : les rapporteurs se méfieraient de la doctrine (« surtout pas de doctrine, vous auriez l'esprit faussé ») et, à l'inverse, ils sont généralement exclus de la doctrine : ces deux *a priori* sont soigneusement exposés et combattus par M. DEGUERGUE, « Les commissaires du gouvernement et la doctrine », *Droits*, n° 20, 1994, p. 125. Sur le recours à cette doctrine autorisée pour une meilleure compréhension des décisions, v. *supra* n° 370.

solutions ou leur manque de pertinence en termes de portée juridique, économique ou sociale[164] ; constructrice, elle propose des solutions, s'avance à des prédictions[165] ; systémique[166], elle tente, par l'analyse et la synthèse de maintenir une cohérence d'ensemble aux diverses solutions ponctuelles ; empirique, elle travaille sur la pratique des acteurs sociaux, souvent de façon collective[167] ; engagée, elle combat pour des causes[168] et, dans la contestation, peut même se faire pétitionnaire[169]. La doctrine remplit-elle de façon satisfaisante ces différentes fonctions ? La question est objet de disputes récurrentes, la doctrine n'échappant pas plus que les autres sources au discours de la crise, tour à tour évoquée et réfutée[170].

385. Absence de pouvoir : une « autorité ». – Ce qui caractérise la doctrine, c'est son absence de force directe. La véritable richesse de la doctrine est dans cette capacité à formuler une proposition de droit dépourvue d'autorité juridique : elle est gage de son entière liberté, la dispense de rechercher l'uniformité (la division doctrinale étant au contraire son moteur[171]), l'autorise à tous les changements et variations sans craindre pour la sécurité juridique ou pour sa responsabilité. La doctrine s'est autoproclamée[172] *autorité* et perpétue ce rang depuis Gény[173]. Le terme aurait pu être mieux choisi car le lecteur non averti pourrait y voir l'aveu d'une force juridique. Or, ce n'est pas au sens de

164. Sur la construction de l'identité de la doctrine française à la fin du XIXe siècle, autour d'une science du droit dogmatique autonome par rapport aux sciences sociales, contrairement à la doctrine américaine, v. Ph. JESTAZ et Ch. JAMIN, *La doctrine*, Dalloz, 2004, p. 139 et s.

165. N. MOLFESSIS, « Les prédictions doctrinales », *in Mélanges F. Terré*, 1999, p. 141.

166. Pour la démonstration d'un système, pure construction doctrinale, qu'est la théorie générale du contrat, v. E. SAVAUX, *La théorie générale du contrat, mythe ou réalité ?*, LGDJ, 1997. Pour ses effets réducteurs sur le droit, S. PIMONT, « Peut-on réduire le droit en théories générales ? », *RTD civ.* 2009. 417

167. Sur l'utilité de cette recherche, complémentaire de la recherche « dogmatique », V. P. ANCEL, « Le droit *in vivo* ou plaidoyer d'un membre de la « doctrine » pour la recherche juridique empirique », *in Mélanges Ph. Jestaz*, Dalloz, 2006, p. 1.

168. E. DOCKÈS (dir.), *Au cœur des combats juridiques – Pensées et témoignages de juristes engagés*, Dalloz, 2007.

169. Sur la réaction collective à l'arrêt *Perruche* dans *le Monde*, v. M. GOBERT, « La Cour de cassation méritait-elle le pilori ? », *LPA*, 8 déc. 2000, n° 245, p. 4 ; sur la réaction collective à une proposition de loi en matière successorale, A. BÉNABENT, « Une « doctrine de masse » ? », *D.* 2002. chron. 651 ; plus favorable à ce nouveau mode de communication, R. LIBCHABER, *RTD civ.* 2002. 608.

170. V. par ex. pour la crise, J.-D. BREDIN, « Remarques sur la doctrine », *in Mélanges Hébraud*, p. 111 ; A. BERNARD et Y. POIRMEUR (dir.), *La doctrine juridique*, PUF, 1993 et la réponse de D. MAZEAUD, *RTD civ.* 1993, 926 ; concluant, après un bilan des hausses et des baisses, à un « progrès d'ensemble », Ph. JESTAZ, « Déclin de la doctrine ? », *Droits*, 1994, n° 20, p. 85.

171. C. ATIAS, « La controverse doctrinale dans le mouvement du droit privé », *RRJ* 1983-3, 427 ; s'interrogeant sur la disparition de « grandes controverses », Ph. JESTAZ, « Déclin de la doctrine ? », *Droits*, n° 20, 1994. 85 ; analysant certaines controverses récentes, et parfois vives, N. MOLFESSIS, « La controverse doctrinale et l'exigence de transparence de la doctrine », *RTD civ.* 2003. 161 ; disséquant de telles disputes et proposant des limites, Y. GUENZOUI, « Les querelles doctrinales », *RTD civ.* 2013. 47. Sur l'autorité collective née des controverses, v. N. HAKIM, *L'autorité de la doctrine civiliste française au XIXe siècle*, LGDJ, 2002, p. 389 et s.

172. Ph. JESTAZ et Ch. JAMIN, ouvrage préc.

173. F. GÉNY, *Méthode d'interprétation et sources en droit privé positif*, 1899, n° 138 ; J. CARBONNIER, n° 151 ; Ph. MALINVAUD, n° 209.

« pouvoir » que cette autorité doit être comprise mais au sens de « faire autorité »[174]. Non dépositaire de la moindre parcelle de pouvoir, ne pouvant se prévaloir de la force de l'effectivité coutumière, autoneutralisée par sa diversité, la doctrine ne peut prétendre à une autre fonction que celle de proposition et à une autre puissance que celle de la persuasion[175].

§ 2. L'utilisation de la doctrine

386. Accès à la doctrine. – Le support de la doctrine est surtout celui des publications, assurées par des éditeurs privés. Aux différentes fonctions répondent différents supports. La pédagogie mais aussi la mise en système se concrétisent par la publication de *manuels* ou, plus complets, de traités, par spécialité. La présentation structurée des solutions du droit positif se trouvent sous leur forme la plus complète dans les *encyclopédies*[176]. Composées de plusieurs volumes pour chaque spécialité, divisées en rubriques, mises à jour régulièrement, elles renferment la présentation du droit applicable la plus riche.

La réflexion analytique et critique s'exerce à tous endroits mais est particulièrement approfondie lorsqu'elle prend la forme d'ouvrages *monographiques*, notamment de la publication d'un travail de doctorat[177]. Les ouvrages sont aussi fréquemment la publication de contributions d'auteurs différents autour d'un même thème, qui avait donné lieu ou non à un colloque. Il existe un ouvrage un peu à part, mais en fort développement, qui, traditionnellement, donne aux auteurs la plus grande liberté de choix du thème et de son traitement : il s'agit des *Mélanges*, réunion de contributions d'auteurs voulant rendre hommage à un grand juriste.

Enfin, la fonction informative est principalement supportée par les revues juridiques[178]. Les revues, et avec elles la doctrine, prolifèrent[179] et il est attendu d'elles qu'elles réagissent toujours plus vite à une actualité déferlante. Elles répondent à des rythmes de publication différents[180], hebdomadaire[181],

174. Ph. JESTAZ et Ch. JAMIN, « L'entité doctrinale française », *D.* 1997, 167 ; au sens d'« autorité de fait », J.-L. AUBERT et E. SAVAUX, n° 182.

175. Ph. MALINVAUD, préc.

176. Les *Répertoires Dalloz*, *Encyclopédies Jurisclasseur* et *Lamy*.

177. Il existe à cet effet des collections dédiées à la publication des thèses : notamment, les Bibliothèques (de droit privé, public, international et communautaire, social, sciences criminelles) chez LGDJ, Recherches juridiques chez Economica, Nouvelle Bibliothèque de thèses chez Dalloz, Doctorat et notariat chez Defrénois. Les thèses sont généralement précédées de préfaces, elles-mêmes porteuses de doctrine : v. D. BUREAU, « Les préfaces », *in Mélanges M. Gobert*, Economica, 2004, p. 61.

178. Les revues mentionnées ci-dessous le sont à titre indicatif : il existe de nombreuses autres revues.

179. V. D. BUREAU et N. MOLFESSIS, « L'asphyxie doctrinale », *in Mélanges B. Oppetit*, Litec, 2009, p. 45.

180. Certaines revues échappent aux rythmes évoqués ici : par exemple, *Les Petites Affiches*, qui paraissent plusieurs fois par semaine, ou la *RFDA*, revue de référence en droit administratif, qui paraît tous les deux mois.

181. *Recueil Dalloz*, *AJDA* (droit administratif), les différentes *Semaines Juridiques* (Générale, Entreprise, Social, Administration).

mensuel[182] ou trimestriel[183]. Elles sont généralistes[184] ou spécialisées[185]. Elles mêlent le plus souvent deux types de publications. D'une part, des commentaires d'actualité, que cette actualité soit législative ou jurisprudentielle. Ces commentaires ne sont pas de l'information à l'état pur. Ils reviennent généralement sur les origines de la nouvelle solution, son sens précis par rapport à l'ancien état du droit, la portée qui pourra lui être donnée, le tout accompagné le plus souvent d'appréciations, approbatives ou critiques. D'autre part, des études de fond ou chroniques, qui développent une argumentation plus approfondie autour d'un thème[186].

Le développement des *bases de données* a modifié le rapport à la doctrine comme il a modifié le rapport aux autres sources du droit. Les principaux éditeurs juridiques (Dalloz, Lamy, Lexisnexis, Lextenso) proposent des bases de données regroupant la plupart de leurs publications. Exceptionnellement, les archives de certaines revues sont gratuitement accessibles[187]. La recherche peut ainsi se faire par mots-clés ou par la date d'un arrêt. Comme pour la loi et la jurisprudence, les bases de données ont des vertus incontestables – et il est probable que les juristes ne pourraient plus désapprendre à s'en servir – mais recèlent quelques vices. Le premier, commun à toutes les sources, est celui de la surinformation, qui risque de noyer tel argument nouveau dans la masse de la lecture. La doctrine pâtit cependant moins que les autres sources de cette multiplication puisque nul besoin de trouver la doctrine applicable ou en vigueur : toutes peuvent être invoquées. Le second, à l'inverse amplifié pour la doctrine, est celui de la modification du rapport au temps. Les recherches documentaires s'en remettent à la magie des moteurs de recherche et les écrits fondateurs risquent d'être oubliés dans les limbes des rangées poussiéreuses des bibliothèques. Pourtant, il est parfois plus utile de lire un Gény que dix manuels, chroniques et commentaires.

387. Connaissance et argumentation. – Dépourvue d'effet juridique, la doctrine n'est pas à proprement parler « appliquée ». Elle n'en est pas moins « utilisée » par le juriste. En effet, la recherche de la norme applicable puis de son interprétation est, on l'aura compris, difficile. Elle impose de tenter de découvrir l'intention de son auteur, de cerner les contradictions des textes et de tenter de les résorber, de trouver une solution adaptée aux besoins

182. V. les mensuels *Jurisclasseurs*, qui offrent la déclinaison la plus variée de spécialités (ex. *Droit de la famille, Procédure, Europe, Commerce électronique*) ; les *Revues Lamy* (ex. droit civil, droit des affaires).

183. Voir les différentes *Revues trimestrielles* éditées par Dalloz, références dans leur matière. Elles se déclinent, sous des intitulés variés mais dans un format uniforme, en droit civil, droit commercial, droit pénal, droit européen, droit international privé, droit sanitaire et social, droit des sociétés, histoire du droit, Constitution. Egalement, chez Lextenso, des trimestrielles spécialisées en droit de l'assurance ou finances publiques.

184. *Recueil Dalloz, Semaine Juridique Édition Générale.*

185. Par ex. *Revue des Contrats, Revue de droit public et science politique, Revue générale de droit international public, Journal de droit international, Bulletin Joly Sociétés.*

186. Certaines revues, à parution relativement espacée, sont entièrement consacrées à des articles de réflexion approfondie : ex. *Droits, Pouvoirs, Archives de Philosophie du Droit, RIEJ.*

187. *Revue Internationale de Droit Comparé*, accessible sur le site Persée ; *Revue française de droit constitutionnel*, sur cairn. info ; *Pouvoirs* sur revue-pouvoirs.fr.

économiques et pratiques, de respecter les normes supérieures, de trouver la jurisprudence pertinente, de réussir à la comprendre derrière ses formules parfois mystérieuses, d'évaluer son analogie au cas, et, surtout, de faire confluer ces différentes données pour convaincre. Un tel travail nécessite souvent une étude approfondie et le juriste trouvera dans la doctrine un guide précieux. Pour autant, le juriste ne trouvera pas directement dans la doctrine la solution à son cas : il devra avoir formulé la bonne question[188] et devra toujours ajouter sa part d'argumentation autour des faits, toujours changeants et moins mis en valeur par la doctrine[189].

388. Doctrine et jurisprudence. – La doctrine consacre son activité à l'interprétation du droit et la jurisprudence est l'interprète institué du droit. Dans une vision idéale, la doctrine, par ses commentaires et propositions, orienterait la jurisprudence. Ce dialogue privilégié entre interprètes du droit aide à une construction prudente des interprétations. Nous avons vu que les solutions aux conflits de lois dans le temps, devant les juridictions judiciaires comme administratives, doivent beaucoup à l'œuvre de Roubier – les exemples pourraient se multiplier. La jurisprudence, par ses interprétations, nourrit à son tour la réflexion doctrinale, qui consacre une part extrêmement importante de son activité à son commentaire[190]. La critique ou l'approbation doctrinale est également l'un des marqueurs de la réception d'une jurisprudence constante.

Quelques grincements peuvent toutefois être relevés dans cette belle harmonie et des voix s'élèvent régulièrement pour contester l'influence de la doctrine sur l'office du juge[191]. L'étude des travaux préparatoires des arrêts permet toutefois de constater la prise en compte de la doctrine, exposée de façon synthétique, généralement sans appréciation des magistrats sur les opinions des auteurs[192]. Il est difficile de mesurer l'influence exacte de la doctrine sur la construction d'une nouvelle jurisprudence, et pour cause : une nouvelle jurisprudence est nécessairement la consécration d'une doctrine et le désaveu des autres ; qui plus est, le choix de cette interprétation ne dépendra pas seulement de la capacité d'argumentation savante.

---

188. Sur l'importance de la formulation des questions face à une situation, C. ATIAS, *Questions et réponses en droit*, PUF, 2009.

189. Pour la sélection des faits par la doctrine pour soutenir ses théories, v. C. ATIAS, *Epistémologie juridique*, PUF, 1985.

190. Appelant à étudier la jurisprudence, A. ESMEIN, « La jurisprudence et la doctrine », *RTD civ.* 1902. 5 ; doutant de l'utilité de cette étude, JULLIOT DE LA MORANDIÈRE, *RTD civ.* 1952. 6 ; pour un bilan, Ph. JESTAZ et C. JAMIN, « Doctrine et jurisprudence : cent ans après », *RTD civ.* 2002. 5.

191. V. P.-Y. GAUTIER, « L'influence de la doctrine sur la jurisprudence », *D.* 2003. 2839 ; doutant de cette influence, J.-D. BREDIN, « Remarques sur la doctrine », *in Mélanges Hébraud*, p. 111. Critiquant les réactions de la doctrine à l'arrêt *Perruche*, G. CANIVET, « La Cour de cassation et la doctrine, effets d'optique », *in Mélanges J.-L. Aubert,* Dalloz, 2005, p. 373 ; v. la réponse de Ph. BRUN, « Sources sulfureuses : remarques cursives sur l'office de la doctrine », *in Mélanges Ph. Jestaz,* Dalloz, 2006, p. 67. Selon A. ESMEIN, préc., les gens du Palais voient ceux de l'École « comme formant une classe spéciale de juristes, un peu rêveurs, un peu pédants et ignorants de la pratique ».

192. Sur l'utilisation de la doctrine dans les travaux préparatoires des arrêts, v. I. MARIA, « La doctrine universitaire », *in Le raisonnement juridique. Recherche sur les travaux préparatoires des arrêts*, P. DEUMIER (dir.), Dalloz, Méthodes du droit, 2013, p. 85.

389. Réception de la doctrine par le législateur. – Consécration suprême[193], la proposition doctrinale pourra prendre corps dans une nouvelle législation : le Code civil n'est-il pas l'exemple de cette œuvre savante[194] (étant entendu qu'il aura tout autant illustré l'influence de la coutume germanique ou celle du droit romain) ? Cette réception affichera plus ou moins franchement son lien de filiation avec la doctrine. Celui-ci sera surtout visible quand les universitaires seront directement associés à la préparation d'une nouvelle loi, selon des formes variables : audition lors des travaux préparatoires, participation à des commissions ou élaboration de rapports, préparation de projets de lois[195] et autres formes de désignation comme « expert institutionnel »[196]. L'élaboration du droit de l'Union européenne est particulièrement friande de telles contributions d'experts[197].

390. Doctrine collective législatrice. – Pour mieux inciter le législateur, la doctrine va parfois lui faire une offre de loi[198]. La particularité de cette expression doctrinale est qu'elle quitte sa forme habituelle d'argumentation pour s'énoncer par affirmations générales, regroupées sous forme de législation voire de code[199]. Sa réception par le législateur reste aléatoire, et toujours soumise à de nombreuses moulinettes gouvernementales et parlementaires, réduisant la consécration à une influence[200]. La démarche a pris une dimension nouvelle à la fin du XXe siècle et au début du XXIe siècle en cherchant une harmonisation internationale du droit des contrats autour de codes savants, fruits d'un travail collectif et comparé : Principes Unidroit relatifs aux contrats du commerce international[201], Principes du droit européen du contrat[202], Code

193. Sur les mécanismes de l'influence, v. G. DECOCQ, « Réflexions sur l'influence doctrinale », *Mélanges Ph. Jestaz*, Dalloz, 2006, 111 ; les réceptions ne doivent pas cacher le fait que la plupart des propositions doctrinales resteront pure spéculation : v. Ph. MALAURIE et P. MORVAN, n° 383.

194. A.-J. ARNAUD, *Les origines doctrinales du Code civil français*, LGDJ, 1969.

195. Revenant sur son expérience de législateur, J. CARBONNIER, *Essai sur les lois*, Defrénois, 2e éd., 1995 ; pour d'autres réformes préparées par des universitaires, v. Ph. MALAURIE et P. MORVAN, n° 386.

196. V. Ph. JESTAZ et C. JAMIN, ouvrage préc., p. 236 et s.

197. Sur la mobilisation de la doctrine française pour y répondre, v. C. AUBERT DE VINCELLES, L. GRYNBAUM et J. ROCHFELD, « Où sont les Français ? ou l'urgence de la mobilisation européenne », *D.* 2009. 737 ; A. BERNARD, « Trans Europe Experts, tensions entre éthique (scientifique) et efficacité (politique) ? », *D.* 2010. 1091.

198. J. CARBONNIER, P. CATALA, J. DE SAINT AFFRIQUE et G. MORIN, *Des libéralités, une offre de loi*, Defrénois, 2003.

199. Sur cette forme de doctrine, v. *RTD civ.* 2006. 63, obs. P. DEUMIER.

200. V. l'« Avant-projet de réforme du droit des obligations et du droit de la prescription », également connu sous le nom de « Rapport Catala », remis au garde des Sceaux le 22 septembre 2005. La partie consacrée à la prescription a débouché sur la réforme du 17 juin 2008 La réforme du droit des obligations, plus laborieuse, a abouti à d'autres projets du ministère, qui reprennent par endroits le Rapport Catala.

201. V. B. FAUVARQUE-COSSON, « Les contrats du commerce international, une approche nouvelle : les Principes d'Unidroit relatifs aux contrats du commerce international », *RID comp.* 1998. 463 ; C. KESSEDJIAN, « Un exercice de rénovation des sources du droit des contrats du commerce international : les Principes proposés par l'Unidroit », *RCDIP* 1995. 641.

202. Pour une comparaison, D. MAZEAUD, « À propos du droit virtuel des contrats : réflexions sur les Principes d'UNIDROIT et de la Commission Lando », *in Mélanges M. Cabrillac*, p. 205.

européen des contrats[203], Projet de Cadre de référence commun et Principes contractuels communs[204]. Une fois publiés, ces codes se proposent en modèles de législation : modèles offerts aux législateurs nationaux ou supra nationaux, qui peuvent s'en inspirer lors de leurs réformes ; modèles pour les juges, qui peuvent vérifier que leur solution rejoint celle préconisée ; modèles pour les parties, qui peuvent décider de les appliquer à leur contrat. Ces codes présentent des airs familiers avec un exemple de réussite d'œuvre privée, les *Restatements* américains[205]. Afin de permettre un rapprochement harmonieux des solutions retenues par les divers États des États-Unis, une puissante association de juristes, l'*American Law Institute*[206], publie ce « ré-exposé » du droit sous forme de codes commentés regroupant les solutions retenues dans les différents États[207].

203. Dit « Code Gandolfi », v. G. GANDOLFI, « Pour un Code européen des contrats », *RTD civ.* 1992. 707.

204. Ces deux projets s'inscrivent dans le cadre plus général d'une démarche de la Commission européenne. Pour leur présentation, v. B. FAUVARQUE-COSSON, « L'élaboration du cadre commun de référence : regards comparatifs sur les travaux académiques », *RDC* 2008. 527.

205. Pour le rapprochement, v. les contributions de Ph. CONTE, D. TALLON, H. BEALE, *in Les concepts contractuels français à l'heure des PEDC*, P. RÉMY-CORLAY et D. FENOUILLET (dir.), Dalloz, 2003.

206. Créé en 1923 pour promouvoir la clarification, la simplification et la meilleure adaptation du droit, l'ALI est composé de 4000 juristes, juges et professeurs de droit.

207. A. et S. TUNC, *Le droit des États-Unis d'Amérique – Sources et techniques*, Dalloz, 1955, n° 102.

Chapitre 2
Le droit né de la pratique

391. La « pratique ». – Désignant dans l'Ancien droit la procédure, le terme de « pratique » réapparaît dans le vocabulaire juridique en 1860 pour désigner plus largement ce qui s'oppose à « théorie »[1] et va progressivement servir à désigner l'ensemble des activités d'application et de réalisation du droit. À en croire les définitions du *Vocabulaire juridique*[2], elle est à même d'englober l'intégralité du droit hors les textes nus, au jour de leur publication au *JO*, ce qui fait beaucoup. La pratique ici entendue sera restreinte à « *ce qui se fait* », une manière habituelle d'agir dans l'activité d'application du droit. Elle donne sa physionomie réelle au droit de tous les jours, physionomie pouvant être très éloignée de celle que présente le droit rencontré dans les textes et leur interprétation. Elle ne procède pas d'une raison juridique mais d'une infinité de comportements adoptés et répétés pour mener une action juridique. Cette pratique-là vient d'en bas, des destinataires du droit, de chacun et de tous : c'est le droit vécu. Il ne s'agit pas ici de la pratique déjà évoquée tout au long du droit positif, celle des méthodes d'application et d'interprétation du droit, celle qui descend des textes pour l'adapter à l'immense variété des faits, en utilisant notamment tous les trésors permettant le passage du droit aux faits. Il s'agit de celle qui va générer des normes : par la répétition et l'effectivité, les faits vont développer une véritable règle, ou au moins une régularité, et non un simple acte. Il ne sera donc pas question ici de la « pratique » désignant un comportement unique, acception pourtant en développement dans le discours du droit : ainsi voit-on fleurir les notions de « pratique anticoncurrentielle », « concertée », « abusive » ou « déloyale ». La pratique qui nous intéresse sera ce qui se fait, ce qui implique une certaine consistance, et non ce qui a été fait dans un cas. Pour cela, la pratique va s'appuyer sur une force qui n'appartient qu'à elle, que le droit peut encadrer sans jamais réellement la contrôler.

392. La force de la pratique. – Le point de passage entre la pratique et la création de normes est connu depuis longtemps, avec l'une des sources du droit, la coutume, par laquelle le droit est directement créé par les *faits*. Des efforts importants sont déployés pour tenter de colmater cette brèche entre le monde des faits et celui du droit, en ramenant ces normes à la volonté du législateur (qui les autoriserait implicitement en s'abstenant de les condamner) ou à la

---

1. V. J. HILAIRE, « Pratique », *in Dictionnaire de la culture juridique*.
2. Not. « façon d'appliquer le droit, usages établis par l'application du droit au sein d'une profession (notariale), application du droit par les tribunaux, jurisprudence, façon d'agir dans une branche d'activité, façon habituelle d'agir, qui, par la répétition, peut donner corps à un usage ou une coutume ».

volonté des sujets (qui accepteraient tacitement leur application en s'abstenant de les écarter). Pourtant, rien n'y fait : la force essentielle de la pratique, celle qui la rend incontournable et oblige le droit à l'intégrer dans son mécanisme, c'est qu'elle est.

A priori, le rapport est simple : la règle de droit a justement pour fonction d'orienter, de modeler les faits, qui n'ont plus qu'à s'insérer dans les prescriptions édictées. Nous avons déjà vu que cette application était source de nombreuses adaptations, interprétations, évaluations et pesées[3]. Mais ce n'est pas tout. Le fait n'est pas si sage et le comportement est guidé par le respect des règles, certes, mais aussi par d'autres considérations : profit, envie, passion, imitation, habitude et tant d'autres ressorts. Le fait n'est donc pas un simple objet du droit. Nous avons déjà vu que, parfois, il s'éloigne de la règle édictée, la rend désuète ou obsolète et parvient à attenter à sa vigueur[4]. Mais la force du fait n'est pas que négative. La pratique quotidienne du droit parvient aussi à spontanément générer des modèles, qui deviennent des régularités, qui deviennent des normes. Elles produiront des effets juridiques et seront à leur tour susceptibles d'être appliquées en complément des textes et de leurs interprétations, par un mouvement perpétuel entre les faits et le droit.

L'attention est rarement portée à la dimension du droit dans son application quotidienne. La difficulté d'observer et, plus encore, de réduire en catégories ou en principes cette dispersion de faits explique probablement sa discrétion. Sans bénéficier d'un statut, ou même d'une théorie générale, la pratique se révèle à l'occasion, au détour d'un texte se reposant sur sa sagesse, d'un arrêt confronté à sa réalité tenace, de la publication par des professionnels de formules courantes. Parce que la pratique est générée spontanément par l'application du droit, ses manifestations ne répondent à aucun critère formel, permettant à coup sûr de les identifier : le droit des normes est à cet égard pauvre en indications et, lorsqu'il s'aventure à en donner, elles se révèlent peu maniables. Ainsi, quand la CIJ donne une définition de la coutume internationale, dans un exposé « qui semble s'être égaré là après s'être échappé d'un manuel de droit international », passée la déclaration théorique, les juges adoptent une démarche très concrète[5]. En revanche, la pratique se révèle par les effets qu'elle produit : il faut alors en tenir compte et le droit des normes sait poser des opposabilités, illégalités, conditions d'application.

La pratique est d'abord celle des professionnels qui, du fait de leur position, ont pour activité première la mise en œuvre du droit. Leur pratique quotidienne va constituer des normes puissantes et assez visibles, qui s'appuieront à la fois sur la force des faits et sur la place de leur auteur dans le système (Section 1). Mais la pratique est aussi celle des sujets de droit, des destinataires de la règle qui, en l'appliquant quotidiennement, vont lui donner sa véritable physionomie (Section 2).

3. V. *supra*, n° 97 et s.
4. V. *supra*, n° 266 et s.
5. v. P. HAGGENMACHER, « La doctrine des deux éléments du droit coutumier dans la pratique de la Cour internationale », *RGD int. publ.* 1986. 5.

Section 1
La pratique des professionnels du droit

393. Administration, notaire, avocat. – Sans être institués interprètes authentiques, comme le juge, mais sans être non plus de simples destinataires du droit, certains agents sont des professionnels de l'application du droit : c'est le cas de *l'administration*, dont l'intervention est parfois substantielle pour certaines disciplines, comme le droit fiscal ou celui de la sécurité sociale ; c'est également le cas des professions juridiques, et particulièrement celle des *notaires*, qui interviennent hors de tout litige pour tenter de forger, dans le cadre de l'application de la loi, la solution nécessaire à la bonne réalisation des activités juridiques. C'est également le cas des *avocats*, si ce n'est que leur pratique d'interprétation du droit, parce qu'elle est la plus active et la plus judiciaire, va devenir la plus invisible : contrairement aux pratiques administratives et notariales, celle des avocats va directement se fondre dans l'interprétation des juges. En effet, la jurisprudence, présentée par la voix qui la porte, celle du juge, est aussi l'interprétation de ceux qui la proposent, la défendent, la suggèrent, celle des avocats : « l'œuvre est commune »[6]. L'activité des avocats n'étant pas uniquement contentieuse, leur pratique va également forger pour une large part la pratique contractuelle et, au-delà, les usages professionnels qui s'en dégageront. C'est ainsi derrière l'étude de la jurisprudence et celle de la pratique que se devine en creux la force créatrice de la profession d'avocats.

Ces pratiques sont intermédiaires, entre droit produit d'une activité d'interprétation et droit produit d'une pratique ; elles évoluent dès lors dans une zone grise particulièrement embarrassante. Comme le juge, ces professionnels se trouveront confrontés à des besoins concrets d'interprétation et vont en retenir une. Leur activité est dès lors parfois assimilée à celle des juges[7]. Pour autant, n'étant pas un interprète habilité et reconnu authentique, leur lecture du droit n'a aucune valeur – du moins en principe, car leur position d'agent d'application quotidienne du droit donne à leur interprétation une force redoutable, celle des faits. Leur activité est donc parfois rapprochée de la pratique[8]. Il est possible de s'intéresser d'un peu plus près à deux formes de ce droit vécu[9] : celle de l'administration, agent s'il en est d'application du droit, dont la force agissante est progressivement reconnue et encadrée (§ 1.) ; celle du notariat, dont l'importance pratique est reconnue mais la capacité créative laissée dans l'ombre (§ 2.).

---

6. J. CARBONNIER, *Droit et passion du droit sous la Ve République*, p. 89.

7. Pour le rapprochement à cet égard entre Administration et juge, J. GHESTIN, « Rapport de synthèse », *in Le rôle de la pratique dans la formation du droit,* Trav. assoc. H. Capitant, Economica, tome 34, 1985, p. 3, sp. p. 12 ; R. LIBCHABER, *RTD civ.* 1998, 216 ; pour la pratique administrative et notariale, fonction d'interprétation, J.-L. AUBERT et E. SAVAUX, n° 173.

8. Pour le rapprochement entre Administration et pratique, J.-L. AUBERT et E. SAVAUX, n° 174 ; pour la pratique notariale comme « une espèce de coutume », J. CARBONNIER, n° 138.

9. Comparant ces deux formes de production, J.-M. OLIVIER, *Les sources administratives du droit privé*, thèse Paris II, 1981.

§ 1. La doctrine de l'Administration

394. Des règlements de fait. – Une fois la foultitude de textes, lois et règlements, adoptés, il va falloir les mettre en œuvre, et les services administratifs seront souvent chargés de cette application. Or, la qualité législative et réglementaire étant ce qu'elle est, cette application, pour être uniforme, nécessitera souvent des explications et éclaircissements. Ce droit produit par l'administration, si officieux soit-il, est le droit réellement appliqué par l'administration. Aussi, il est important de connaître cette « doctrine de l'administration » (A.), afin de pouvoir en utiliser les trésors (B.).

A Notion

395. Définition. – La terminologie de « doctrine de l'administration » a été ici retenue en intitulé, au lieu et place de l'expression de « doctrine administrative », expression consacrée mais ambiguë : un non-initié pourrait très légitimement croire qu'il s'agit ici de la production littéraire des auteurs spécialisés en droit administratif. Or, traditionnellement[10], l'expression désigne l'interprétation du droit retenue et suivie par l'administration. Sa position est ambiguë dans le système juridique : officiellement, l'administration n'est en charge d'aucun pouvoir de création juridique ou même d'interprétation : elle n'est qu'agent d'exécution. Officieusement, cette place de relais entre le droit édicté et le droit appliqué la propulse au rang des interprètes institutionnels[11]. L'existence de la doctrine administrative est donc, comme les autres normes vivantes, une nécessité, un effet inévitable de l'application des textes. Inhérente à l'existence même de l'administration, il n'est pas concevable d'envisager sa disparition[12].

Ses *racines* sont aussi lointaines que l'administration elle-même[13]. Connue du droit romain sous la forme procédurale du rescrit, par lequel l'empereur répondait à une question de droit que lui adressait un simple citoyen[14], elle a été éclipsée avant de réapparaître comme un avatar de la bureaucratisation de la société[15]. Certaines *branches* du droit sont pétries de doctrine administrative, puisque l'application du droit y est prioritairement celle de l'administration : il en est ainsi de la sécurité sociale, des douanes mais aussi, et surtout, du droit

10. Il est difficile de dater l'apparition de l'expression de « doctrine » à cet endroit mais, déjà, M. BORDUGE, *JO débats*, Ch. des députés, séance du 11 déc. 1927, p. 3826. La formule est couramment employée par le Conseil d'État et la Cour de cassation ; elle est utilisée par la loi du 9 du déc. 2004 de simplification du droit, art. 24, 6°.

11. Sur la qualification d'interprète « authentique », v. P. COMBEAU, « Réflexions sur les fonctions juridiques de l'interprétation administrative », *RFDA* 2004. 1069 ; pour la fonction institutionnelle de l'administration, v. Y. GAUDEMET, « Remarques à propos des circulaires administratives », *in Mélanges Stassinopoulos*, LGDJ, 1974, 561.

12. Pour l'apparition d'un ordre juridique secondaire, G. RIPERT, *Les forces créatrices du droit*, LGDJ, 1955, sp. n° 152-156 ; pour le pluralisme juridique, A. J. HOEKEMA, « La production des normes juridiques par les administrations », *Droit et société* 1994, n° 27, p. 303.

13. J.-J. BIENVENU, « Naissance de la doctrine administrative », *RF fin. publ.*, sept. 2001. 11.

14. L'autorité de l'empereur devait rapidement leur conférer valeur de précédent et en faire une source importante de droit, v. J. GAUDEMET, *Les naissances du droit*, p. 95.

15. B. OPPETIT, « La résurgence du rescrit », *D.* 1991. 105.

fiscal. Dans ces matières, les praticiens du droit suivent donc avec la plus grande attention les circulaires et instructions présageant de l'application de la réglementation par l'administration. La vogue pour la sécurité juridique et la simplification du droit a renouvelé l'attention qui lui est portée[16] : symptôme d'un droit inflationniste, fabriqué dans le secret de l'administration, mal connu, aux effets pervers pour le citoyen soumis à des normes officieuses, la doctrine administrative est progressivement sortie de l'ombre pour être mieux encadrée. La doctrine administrative n'est d'ailleurs pas un mal en soi : elle est une nécessité et porte les bienfaits d'uniformité de l'interprétation.

396. Manifestations. – Peu importe le support : la doctrine est une interprétation de l'administration. Ainsi, tous les étages de la hiérarchie, du ministre au chef de service, vont produire des textes à l'attention de leurs administrations pour leur indiquer comment interpréter telle loi ou tel règlement. La forme la plus générale est celle des circulaires et instructions mais elle peut également être portée par une directive ou une simple note de services. Ainsi, les *circulaires* peuvent être[17] des « directives adressées par le ministre aux services chargés de leur application, sous réserve, le cas échéant, de l'examen particulier des situations individuelles » (ex. circulaire du 20 mai 2008 relative à l'exécution des condamnations pécuniaires prononcées contre l'État), des « mesures d'organisation des services retenues par le ministre pour la mise en œuvre des dispositions dont il s'agit » (ex. modification de la circulaire du 10 septembre 2003 relative aux archives des juridictions de l'ordre judiciaire) ou des « interprétations à retenir, sous réserve de l'appréciation souveraine du juge, lorsque l'analyse de la portée juridique des textes législatifs ou réglementaires soulève une difficulté particulière » (ex. circulaire concernant les décrets modifiant le décret du 6 juin 1984, le décret relatif au Conseil National des Universités et le décret fixant les conditions de classement à l'entrée dans le corps des maîtres de conférences et des professeurs des universités).

Ces interprétations sont d'une grande importance. Pour éclairer un texte, comme toute interprétation, elles expliquent souvent, innovent parfois, contredisent éventuellement et ajoutent toujours une législation aussi officieuse qu'effective (et donc redoutablement dangereuse) à la législation officielle. En effet, l'autorité est ainsi faite que, dans la pratique, elle fonctionne sous la forme d'une pyramide inversée : la source privilégiée n'est pas la plus élevée (et donc la plus lointaine) mais la plus proche, celle qui exprime directement la position hiérarchique à laquelle l'agent est soumis.

B Application

397. La doctrine administrative, un droit faussement à usage interne. – En pure théorie, la doctrine administrative n'a d'autre fonction que de faire

16. Souvent pour dénoncer leur inflation et demander une plus grande transparence, Conseil d'État, *Rapport public 2006* ; Rapport Fouquet (« Améliorer la sécurité juridique des relations entre l'administration fiscale et les contribuables : une nouvelle approche », juin 2008, p. 19-20) ; Rapport Warsmann sur la qualité et la simplification du droit (déc. 2008, p. 112 et s.).
17. La classification est celle utilisée par le site circulaires.gouv.fr

fonctionner les rouages de l'administration : elle n'est qu'à usage interne, la hiérarchie donnant ses consignes. Elle n'est donc dotée d'aucune valeur. Pourtant, son application va déborder le rapport entre agents de l'administration, puisque c'est à l'administré que cette interprétation administrative sera, au bout de la chaîne, appliquée. L'essentiel est alors de s'assurer que cette application ne porte pas atteinte aux droits des citoyens. À cet égard, trois situations sont potentiellement dangereuses et encadrées à proportion : le risque pour un citoyen de se voir appliquer une norme qu'il ne connaissait pas ; le risque pour le citoyen qui a respecté la doctrine administrative de se voir ensuite sanctionné au nom d'une nouvelle interprétation ; le risque pour le citoyen de se voir appliquer une doctrine administrative illégale.

398. Connaissance générale de la doctrine administrative. – Longtemps, la connaissance de la doctrine administrative s'est calquée sur des succédanés de la réglementation officielle, en s'appuyant sur sa publication dans les *Bulletins officiels* des ministères, dès lors qu'elle portait « une interprétation du droit positif ou une description des procédures administratives »[18]. Or, l'obligation de publication n'était que diversement respectée[19] et l'absence de consolidation de cette accumulation de documentation rendait la recherche de doctrine périlleuse. Seules les bases de données privées venaient alors relayer la déficience d'un fonds officiel. Cette difficulté de connaître la doctrine administrative a été particulièrement stigmatisée comme générant « un droit souterrain, clandestin, inaccessible, asymétrique »[20]. Les critiques vont aboutir à l'ouverture d'un site Internet permettant l'accès à toutes les circulaires et instructions applicables, le site *circulaires.gouv.fr*[21]. Les circulaires non mises en ligne ne peuvent plus être appliquées[22], quand elles ne sont pas purement et simplement abrogées[23].

399. Connaissance particulière de la doctrine administrative. – Tous les trésors de la publication ne garantissent pas à l'usager qu'il parviendra, dans les méandres de cette réglementation grise, à anticiper l'interprétation qui sera faite par l'administration de sa situation. Aussi, un mécanisme particulièrement ingénieux et efficace a été mis en place pour protéger le citoyen diligent, le *rescrit*. Le rescrit est la procédure permettant à un particulier ou un professionnel de demander par avance à l'administration de prendre formellement position sur sa situation particulière au regard du droit. Par exemple, vous souhaitez savoir si certaines catégories de frais sont déductibles : le rescrit permet de demander à l'administration de prendre position sur votre situation. Le ministère des impôts

18. Art. 7, loi n° 78-753 17 juillet 1978 (ord. N° 2005-650 du 6 juin 2005) ; les modalités et périodicité de ces publications ont été fixées par le décret n° 2005-1755 du 3 décembre 2005.
19. Conseil d'État, préc., p. 331.
20. Conseil d'État, préc., p. 276.
21. Ouvert depuis le 1er mai 2009 en application du décret n° 2008-1281 du 8 décembre 2008, P. COMBAU et S. FORMERY, « Le décret du 8 décembre 2008 : un nouvel éclairage sur le « droit souterrain » ? », *AJDA* 2009. 809 ; F. PERROTIN, « Publication de la doctrine administrative sur internet », *LPA*, 22 mai 2009, n° 102, p. 3 ; *RTD civ.* 2009. 487, obs. P. DEUMIER.
22. Le décret n° 2009-471 du 28 avril 2009 a fait échapper à l'abrogation générale les circulaires et instructions « dont la loi permet à l'administré de se prévaloir ».
23. CE, 16 avr. 2010, M. *Azelvandre*, *JCP* 2010. 915, obs. H. MOYSAN ; CE, 23 févr. 2011, *CIMADE*, *AJDA* 2011, 529, obs. G. KOUBI.

a simplifié la procédure en lui dédiant une partie de son site Internet et en permettant de consulter les rescrits les plus courants[24].

400. Protection contre le changement de doctrine administrative connue. – Il y aurait une injustice profonde à ce que le citoyen, s'étant diligemment conformé à la doctrine administrative dont il a eu connaissance par voie de publication ou de rescrit, se voit ensuite sanctionné sur le fondement d'une autre interprétation. Concrètement, l'administration a répondu à votre demande de rescrit que lesdits frais étaient déductibles ; vous les déduisez donc ; vous faites ensuite l'objet d'une procédure de redressement, l'administration vous ayant renseigné à tort, ces frais n'étant pas, selon la loi, déductibles. En pure théorie, la doctrine administrative n'ayant aucune valeur juridique, vous ne pouvez pas vous prévaloir de son respect. Cependant, dans certaines matières, la doctrine administrative est *opposable* à l'administration, le citoyen étant ainsi protégé contre un changement d'interprétation. Consacrée dans un premier temps pour sa terre d'élection, le droit fiscal[25], cette technique a été étendue au domaine financier[26], à la sécurité sociale[27] et aux douanes[28].

401. Annulation des circulaires illégales. – Si le citoyen est protégé contre un changement d'interprétation, il n'en reste pas moins qu'une norme officieuse contraire à la loi[29] reste dans le système juridique, offensant par sa seule existence la hiérarchie des normes toute entière[30]. Afin d'expurger le système de cette illégalité, il faut s'en remettre au *recours pour excès de pouvoir*[31]. Le Conseil d'État accepte en effet de contrôler certaines circulaires : bien qu'elles ne soient pas formellement des actes réglementaires, elles y sont parfois matériellement assimilables. Dans un premier temps, le juge administratif distinguait les circulaires *interprétatives* qui, faute de modifier réellement l'état du droit positif, ne pouvaient être soumises à son contrôle, des circulaires *réglementaires*, qui créaient une nouvelle exigence et pouvaient être contestées[32]. La distinction était appuyée sur un équilibre très fragile, tant l'interprétation peut justement porter une création. Cette jurisprudence fut par la suite abandonnée au profit d'une nouvelle partition, réservant les possibilités de contrôle aux

24. Entre 2005, date d'ouverture du portail, et 2009, 338 rescrits avaient été mis à disposition.

25. Dès 1959, v. article L. 80 A Livre des procédures fiscales ; art. L. 80 B du même Code ; sur la question, v. *RF fin. publ.*, *La doctrine administrative en droit fiscal*, n° 75, sept. 2001.

26. Procédure devant la COB (C. D'HOIR-LAUPRÊTRE, « Le rescrit financier », *D.* 1991. 37) puis l'AMF.

27. Art. 243-6-2 et 243-6-3, Code sécurité sociale et 725-23 et 725-24, Code rural. Sur cette extension, P. COMBEAU, « Doctrine fiscale, doctrine sociale... et après ? », *AJDA* 2005. 1809 ; *RTD civ.* 2006. 69, obs. P. DEUMIER.

28. Art. 345 *bis*, Code des douanes.

29. Ou au droit de l'Union européenne, CE, 2 juin 2006, *Chauderlot*, *AJDA* 2006. 1139.

30. L'opposabilité des circulaires illégales est parfois accusée d'être inconstitutionnelle, v., en défense, V. HAÏM, « L'article L. 80 A du Livre des procédures fiscales est-il inconstitutionnel ? », *Dr. fiscal* 1995/12, p. 549.

31. La question de l'annulation est une question différente de celle de l'opposabilité, v. X. PRÉTOT, « Le régime des circulaires et instructions est-il réductible à la recevabilité du recours pour excès de pouvoir ? », *in Mélanges F. Moderne*, Dalloz, 2004, p. 357.

32. CE, 29 janv. 1954, *Institution Notre-Dame du Kreisker*, *RDP* 1955. 175, note M. WALINE.

« dispositions *impératives* à caractère général » des circulaires[33]. Ce caractère impératif pourra se manifester par les termes employés par le texte, le ton général, le contexte, la volonté de l'auteur, la perception par les destinataires, la marge d'appréciation laissée au destinataire[34], l'intention prescriptive, qui pose une injonction ou interdiction[35], ou encore les pouvoirs laissés aux destinataires[36].

§ 2. La pratique notariale

402. Les notaires occupent par hypothèse une fonction ambiguë dans le système juridique : ils sont « ces conseils désintéressés, ces rédacteurs impartiaux, cette espèce de juges volontaires qui obligent irrévocablement les parties contractantes, sont les notaires »[37]. Interprètes institués, comme le juge, hybrides de fonctionnaires et de praticiens libéraux, ils exercent une manière de magistrature sous forme de conseil et non de décision[38]. Cette ambiguïté rejaillit sur les effets de leur pratique. Pourtant, contrairement à la doctrine administrative, celle-ci ne bénéficie d'aucun encadrement légal et n'est pas reconnue comme pouvant produire des effets particuliers.

A Notion

403. Une interprétation fortement unifiée. – Le mécanisme est absolument identique aux précédents : le notaire, comme le juge, comme l'administration, est confronté à la nécessité d'appliquer la loi à des situations particulières. Son activité va donc impliquer une interprétation de la loi et, de cette interprétation, va découler une part de création, « comme si le législateur l'avait chargé de rédiger un court décret pour l'application de la loi »[39]. Là encore, cette activité va avoir une tendance naturelle à la standardisation des solutions : l'interprétation retenue pour un acte sera également retenue pour les actes analogues suivants. Cette standardisation se fera à l'échelle d'un notaire, d'une étude et, au-delà, de la profession. En effet, comme pour les autres activités d'application du droit, l'uniformité de l'interprétation sur le territoire est essentielle. Pour le

33. CE, sect., 18 déc. 2002, *Mme Duvignères*, *GAJA*, n° 110 ; *RFDA* 2003. 280, concl. P. FOMBEUR et 510, note J. PETIT ; G. KOUBI, « Distinguer « l'impératif » du « réglementaire » au sein des circulaires administratives », *RDP* 2004. 499 ; pour une application à la circulaire du Premier ministre prescrivant à l'Administration de ne plus employer « Mademoiselle », CE, 26 déc. 2012, *Association Libérez les Mademoiselles !*, *RFDA* 2013. 233, concl. B. BOURGEOIS-MACHUREAU.

34. A. ILIOPOULOU, « Quatre ans d'application de la jurisprudence *Duvignères* », *RFDA* 2007. 477.

35. Ou permission, v. C. GROULIER, « L'impératif dans la jurisprudence *Duvignères* : réflexion sur un "sésame contentieux" », *RFDA* 2008. 941.

36. CE, 26 mai 2009, *Syndicat national des personnels techniques*, *AJDA* 2009. 1076.

37. RÉAL, rapporteur devant le Conseil d'État de la loi du 25 ventôse an XI, qui organise la profession du notariat.

38. E.-S. DE LA MARNIERRE, « Quelques observations sur la pratique contractuelle comme source de droit positif », *JCP* 1957. I. 1376.

39. Ph. JESTAZ, « Les rapports privés, source de droit privé », *in Autour du droit civil*, Dalloz, 2005, p. 187, sp. p. 192.

notariat, elle est assurée par la forte structuration de la profession et par de puissants vecteurs de diffusion des pratiques. Ainsi, outre le rôle structurant du Conseil supérieur du notariat, le *Congrès des notaires* qui, tous les ans, réunit la profession, est une occasion de faire connaître à la profession les innovations notariales[40] ou d'appeler de ses vœux une réforme dont la pratique a révélé le besoin, comme celle du mandat de protection future[41]. Surtout, dans l'activité quotidienne, les notaires utilisent des *formules* standardisées. Rassemblées, largement publiées, commentées, les formules du notariat, « condensé de son expérience », constituent « un trésor (...) que les professeurs auraient intérêt à utiliser d'avantage »[42].

B Application

404. Absence d'effet juridique reconnu. – La pratique notariale est une force agissante au quotidien, en ce qu'elle rythme l'activité juridique unifiée pour certains types de contrats (ex. vente ou régime matrimonial) et, seule, leur donne leurs contours juridiques précis. Cependant, ses effets sont difficiles à cerner[43]. La question préalable de la connaissance de la pratique notariale se résout d'elle-même ici : propre à une profession structurée, la pratique, qui n'a pas à être suivie hors de ce cercle, est connue. Pas plus qu'elle n'est appliquée dans le silence des parties, la pratique notariale n'est reconnue comme une interprétation normative, dont les destinataires seraient protégés en cas d'erreur, comme la doctrine administrative. Dès lors, les effets d'une pratique notariale malheureuse seront à chercher sur le terrain du *devoir de conseil* du notaire, qui ne pourra s'exonérer de sa responsabilité en invoquant le respect d'une formule notariale[44]. Face à ce risque, en amont, la profession cherchera à s'assurer de la légalité de sa pratique, dans une réponse ministérielle[45], une appréciation doctrinale[46] ou, en interne, une consultation du CRIDON[47]. En aval, lorsque la responsabilité est mise en jeu, la profession a mis en place des Caisses de garantie collective.

40. J.-F. PILLEBOUT, « L'histoire du congrès des notaires de France », *JCP* N 2005. 1233.

41. Loi n° 2007-308 du 5 mars 2007 portant réforme de la protection juridique des majeurs, *RTD civ.* 2007. 394, obs. A.-M. LEROYER ; pour un commentaire à la lumière des discussions du 102e Congrès, J. KLEIN, « Le mandat de protection future ou la protection juridique conventionnelle », *Dr. fam.*, mai 2007, étude 21.

42. J. BRETHE DE LA GRESSAYE, « De la connaissance pratique du Droit et de ses difficultés », *D.* 1952. chron. 89.

43. Ph. MALAURIE, « Le rôle du notariat dans le développement du droit français », *Defrénois* 2004. art. 37 933 ; sur sa force d'usage, J.-L. SOURIOUX, *Recherches sur le rôle de la formule notariale dans le droit positif*, 1967, n° 11 et 12.

44. Cass. civ. 1re, 3 avr. 2007, *RTD civ.* 2007. 499, obs. P. DEUMIER.

45. v. J.-L. SOURIOUX, « Rapport français », Trav. assoc. H. Capitant, *Le rôle de la pratique dans la formation du droit*, Economica, 1985, p. 103, n° 22.

46. M. GRIMALDI, « Quelles revues pour le XXIe siècle ? Les attentes du notariat », *RTD civ.* 2002. 711.

47. Émanation spontanée du notariat dans les années 60, ils regroupent des consultants qui peuvent être sollicités par les notaires pour répondre à leurs doutes sur une interprétation.

405. Pratiques illégales : sanctions. – Toute cette prudence sera parfois insuffisante et l'histoire est jonchée de quelques cadavres de pratiques notariales condamnées par la jurisprudence. Le notaire est le premier aux prises avec l'application de la loi, bien avant les premiers litiges, les premières décisions judiciaires et les premières interprétations de la Cour de cassation. Or, il est possible que, après plusieurs années d'application par le notariat, la Cour de cassation retienne une autre interprétation. Le danger de ce changement d'interprétation est grand : justement parce que la pratique notariale est fortement uniformisée, elle aura dicté la confection de séries importantes d'actes[48]. Protégés contre une loi rétroactive ou contraire à une norme supérieure, protégés contre un changement de jurisprudence, protégés contre un changement d'interprétation administrative, les citoyens sont laissés sans la moindre garantie face à un changement d'interprétation notariale[49]. Le seul rempart à cette remise en cause générale est dès lors l'intervention du législateur, qui peut venir mettre ces actes à l'abri de contestation en les validant rétroactivement. Ainsi, bien que la loi du 25 ventôse an XI soit venue exiger la présence de deux notaires pour la rédaction d'actes authentiques, la pratique antérieure de passer l'acte devant un seul notaire s'était maintenue. La Cour de cassation, après avoir un premier temps validé la pratique[50], choisit la sévérité que lui imposait son rôle de gardienne de la loi[51], exposant à l'annulation tous les actes passés pendant quarante ans. La loi du 24 juin 1843 fut adoptée pour éviter ces conséquences désastreuses.

406. Consécration légale. – Des nombreux risques précédemment exposés, il a parfois été déduit que la pratique notariale se marquait par sa prudence, si ce n'est son conservatisme[52]. Pourtant, l'histoire s'est chargée de démontrer que la sécurité n'empêchait pas les innovations ingénieuses. C'est probablement la plus grande richesse reconnue de l'activité notariale pour la production du droit : elle a été le berceau de plusieurs institutions aujourd'hui légales, et ce depuis que le notariat existe[53]. Les exemples sont nombreux : parmi les plus emblématiques, il est possible de citer les clauses de non-garantie, clauses commerciales, calcul des récompenses, créances entre époux, ventes en l'état futur d'achèvement et les actes de notoriété.

48. Outre l'exemple exposé, v. loi du 13 juillet 1965 validant les clauses de réversibilité d'usufruit et de rente viagère entre époux.

49. J. CARBONNIER, *Droit civil*, tome IV, 22e éd., 2000, n° 103 : « La sécurité des affaires aurait voulu que les juges eussent pour ces formulaires du notariat la même considération qu'ils réclament pour la jurisprudence ».

50. Cass. civ., 6 août 1833, *S.* 1833. 1. 625.

51. « Il est constant que la Cour de cassation dont le devoir est de veiller à l'exacte application de la loi et de la maintenir, ne peut annuler un arrêt qui s'est conformé littéralement à son texte, pour faire prévaloir sur ce texte clair et précis un usage et une jurisprudence qui n'y seraient pas conformes » : Cass. civ., 7 mai 1839, *S.* 1839. 1. 353.

52. J. AUDINET, « Réflexions sur la pratique notariale », *JCP* 1957. I. 1361, et la réponse de E.-S. DE LA MARNIERRE, préc.

53. J. HILAIRE, *La science des notaires : une longue histoire*, PUF, 2000.

Section 2
La pratique des destinataires

407. Bibliographie thématique. – *La coutume, Droits*, n° 3, 1986 ; Trav. Association H. Capitant, *Le rôle de la pratique dans la formation du droit*, Journées suisses, Economica, 1985, tome XXXIV, 1983 ; N. MOLFESSIS (dir.), *Les pratiques juridiques, source du droit des affaires, LPA*, n° spécial 27 novembre 2003, n° 237 ; J. DEPREZ, « Pratique juridique et pratique sociale dans la genèse et le fonctionnement de la norme juridique », *RRJ* 1997-3. 799 ; P. DEUMIER, *Le droit spontané*, Economica, 2002 ; Ph. JESTAZ, « Les rapports privés, source de droit privé », *in Autour du droit civil*, Dalloz, 2005, p. 187 ; H. DE VRIES, « Le caractère normatif des pratiques commerciales internationales », *in Mélanges C. Eisenmann*, 1978, p. 115.

408. Les destinataires de la règle, auteurs de la norme. – Les professionnels du droit ne sont pas les seuls à appliquer la norme : tous les destinataires du droit, par hypothèse, sont amenés à en faire une application régulière. Cette activité diffuse et quotidienne est difficile à observer, du fait même de sa fusion dans les faits, qui ne peuvent se concentrer en catégories et généralités. La force ici à l'œuvre est celle du fait, à l'état pur. Elle rappelle que le droit n'est pas qu'un système formel mais aussi un comportement social. Pour dégager une telle puissance, le fait va s'appuyer sur sa répétition. Par cette répétition, la pratique enfle, se propage, élimine de manière irrésistible les comportements contraires en les ralliant à la norme. Ce n'est pas autre chose que figure la célèbre image du sentier, attribuée à Cobbet. À l'origine, rien d'autre qu'une végétation touffue. Il faut pourtant bien se frayer un chemin et le premier à ouvrir la voie couche les herbes sur son passage. Après lui, chacun, mettant ses pas dans les empreintes laissées, contribue à marquer un peu plus le passage, créant une déclivité, puis un chemin plus ou moins sauvage, pour devenir enfin le sentier consacré. Personne n'envisagerait plus alors de prendre une autre voie.

Dans cette création du droit par les faits, le débat s'est généralement concentré sur la seule forme de pratique parvenue au rang de source du droit : la coutume. Cette focalisation est étonnante : elle profite à une source largement asséchée et perpétue des débats relativement théoriques, au détriment de l'immense richesse des autres pratiques quotidiennes, qu'elles se cristallisent en usage ou qu'elles ne soient pratiquées qu'un temps, avant d'être remplacées par une nouvelle pratique. Le parti pris ici sera donc celui d'une approche plus large et concrète de la pratique. Elle guidera l'étude de la définition de la pratique, objet de discussions d'autant plus infinies que ces masses de faits ne sont encadrées par quasiment aucune procédure juridique : ni sa création, ni son identification, ni son autorité ne sont précisées par le système juridique[54] (§ 1.). Il pourrait être espéré que ces hésitations soient cantonnées à la définition du phénomène mais que l'application concrète de la pratique, du fait de son importance, soit mieux maîtrisée ; il n'en est rien (§ 2.).

54. À l'exception de l'art. 38 CIJ, cité *supra*, n° 341.

§ 1. La définition de la pratique

409. « Pratique », « coutume », « usages ». – La « pratique » peut être considérée comme le terme générique désignant « ce qui se fait » : elle dépasse donc le seul comportement isolé pour désigner une habitude déjà installée et connue comme telle. Au sein de la pratique, il existe clairement deux catégories : les pratiques banales, de tous les jours, qui donnent simplement au droit son contour réel ; les super pratiques, celles qui auront réussi à émerger du lot pour se hisser au rang de sources de droit. Elles sont qualifiées de « coutumes » et parfois « d'usages » et ont focalisé l'attention de toutes les réflexions (A.). Pourtant, les manifestations contemporaines de la pratique pourraient témoigner que la pratique la plus vivace est finalement celle qui rythme le quotidien juridique (B.).

A Notions

410. Focalisation traditionnelle sur la seule coutume. – La pratique est omniprésente mais dans des proportions variables selon les matières. Les terrains propices au développement de pratiques sont ceux dans lesquels l'ordre public est le moins envahissant (ex. le droit international public), la réglementation encore jeune (ex. le droit du commerce électronique), les besoins en règles techniques forts (ex. le droit des instruments financiers) et les milieux homogènes (ex. le droit des affaires). Par essence, elle ne se découvre pas : elle se vit. Certaines pratiques, à force de répétition et de constance, vont s'ancrer dans les faits au point de produire des effets juridiques spécifiques, qui pourront être qualifiés de normes. Cette source de droit, la *coutume*, monopolise l'attention. Ainsi, lorsqu'un ouvrage est consacré au « rôle de la pratique dans la formation du droit »[55], il y est essentiellement question des seuls usages et coutumes. Certes, la coutume mérite largement sa célébrité, tant elle a historiquement et théoriquement occupé le droit français. Cependant, cet intérêt n'impose pas d'occulter les autres formes de pratiques, quand bien même elles n'auraient pas atteint le stade glorieux de source de droit[56].

411. La coutume, source historique. – Partout, la coutume domine les premières formes de droit : droit romain, hébraïque, mésopotamien, musulman, phénicien, tous les systèmes se sont développés sous forme coutumière avant de se diviser entre ceux qui passeront au droit écrit et ceux qui resteront sous une forme traditionnelle[57]. En droit français, la coutume connut son heure de gloire sous *l'Ancien droit*, particulièrement au Nord de la France[58]. Rien d'étonnant en cela car la coutume est souvent considérée comme s'épanouissant à défaut d'autre mode de production du droit plus centralisé, plus rationalisé,

55. Préc.
56. Également, F. TERRÉ, n° 369 et s.
57. G. KADIGE, « De la place et du rôle de la coutume en droit antique », *in La coutume dans tous ses états*, F. GARNIER et J. VENDRAND-VOYER (dir.), *La mémoire du droit*, 2013, à paraître. En droit romain, v. P. HAGGENMARCHER, « Coutume », *APD*, tome 35, 1990, p. 27.
58. V. *supra*, n° 167.

qu'il soit judiciaire ou législatif. Ces anciennes coutumes peuvent faire l'objet de plusieurs précisions. Tout d'abord, elles ne constituaient pas un ensemble complet et cohérent de droit, comme autant de petits codes territoriaux et non écrits, mais se contentaient essentiellement de régir les questions de biens, régimes matrimoniaux et successions[59]. Le *Code civil* porte aujourd'hui encore leur trace en ces matières. Ensuite, le caractère populaire et spontané de ces coutumes est aujourd'hui parfois contesté pour y voir essentiellement des coutumes savantes, produit des seigneurs locaux et des praticiens du droit[60]. Enfin, le droit ainsi disséminé sur le territoire était souvent dénoncé. En édictant un droit unique pour tous les Français, le Code Napoléon posait le contre-modèle du droit coutumier et, sans surprise, sa promulgation s'accompagna de l'abrogation de toutes les coutumes existantes sur les matières codifiées[61].

412. La résurrection de la coutume : la théorie classique de la coutume. – Après son abrogation massive, la renaissance de la coutume devait être entravée par la doctrine du XIXe siècle, surtout intéressée par les vertus de la loi et parfois franchement suspicieuse à l'égard de la coutume[62], quitte à exprimer sa « répugnance » car, avec la coutume, « on court le risque d'être obligé de s'incliner devant une certaine laideur correspondant à un développement prématuré, ou à une époque de dégénérescence d'une collectivité »[63]. Il fallut attendre la fin du XIXe siècle et *François Gény* pour remettre à l'honneur la coutume[64]. La coutume ainsi réhabilitée est fondée sur une théorie échafaudée du temps de l'ancien droit coutumier, dite « théorie romano-canonique », et sur la conception de la coutume alors défendue en Allemagne par l'École historique du droit[65]. Ces théories reposent essentiellement sur deux propositions fortes, l'une relative à sa définition et l'autre à son autorité. La définition de la coutume est constituée de deux éléments : un *élément matériel* (une pratique ancienne, constante et répétée) et un *élément psychologique* (ou *opinio juris*, sentiment de l'obligation). Ainsi, est coutume la pratique répétée depuis si longtemps que chacun est convaincu de son caractère obligatoire. L'autorité attribuée à la coutume ainsi formée est celle de règle de droit.

---

59. V. J. HILAIRE, *La vie du droit – Coutumes et droit écrit*, PUF, 1994.

60. Ex. J. KRYNEN, « *Voluntes domini regis in suo regno facit jus* - Le Roi de France et la coutume », *in Actes du colloque El dret comu i Catalunya*, éd. Fundacio Noguera, Barcelone 1998, p. 59. Pour l'action des savants sur la construction des coutumes au moment de leur rédaction, J. HILAIRE, préc. ; J.-L. HALPERIN, « La détermination du champ juridique à la lumière de travaux récents d'histoire du droit », *Droit et société*, n° 81, 2012/2, p. 403. Le terme de « *consuetudo* » va ensuite désigner un droit d'origine publique, celui des seigneurs et des redevances qu'ils exigeaient : v. J.-M. CARBASSE, « Coutume, temps, interprétation », *Droits*, n° 30, p. 15.

61. Pour le Code civil, loi du 30 ventôse an XII, art. 7 ; v. F. ZÉNATI-CASTAING, « Le Code civil et la coutume », *in Mélanges Ph. Jestaz*, Dalloz, 2006, p. 607 ; pour le Code de commerce, loi du 15 sept. 1807, art. 2 ; pour le Code de procédure civile, art. 1041 de l'ancien code.

62. Ex., A. ESMEIN, « La coutume doit-elle être reconnue comme source de droit civil français ? », *Bulletin de la Société d'Études Législatives* 1905. 533.

63. M. S. PINTOR, « Réflexions au sujet de la coutume en droit interne », *in Mélanges É. Lambert*, tome 1, LGDJ, 1938, p. 372, sp. n° 6.

64. *Méthode d'interprétation et sources du droit privé positif*, LGDJ, 2e éd., 1919 (la 1re éd. date de 1899).

65. La coutume y est source première du droit, mais il s'agit d'une coutume historique et culturelle, expression de l'Esprit du peuple.

Ces deux propositions emportent encore aujourd'hui une assez large adhésion doctrinale, même si elles sont parfois nuancées. Pures théoriquement (encore qu'elles n'expliquent guère pourquoi, à force de répétition, telle pratique générera un élément psychologique et telle autre non), elles ne correspondent pourtant pas à sa réalité contentieuse : les tribunaux ne se préoccupent généralement guère de rechercher un très hypothétique élément psychologique et s'en tiennent à la vérification de l'existence d'une pratique constante. Peu utile en pratique, l'élément psychologique aboutit en outre à une double déformation. D'un côté, il est utilisé pour proposer d'élargir la notion de coutume à des manifestations juridiques diverses et variées, qui cherchent un fondement à leur force obligatoire. Ainsi, ont tour à tour été qualifiés de « coutume », la jurisprudence et les adages[66], les principes généraux du droit[67], les conventions collectives[68] les résolutions internationales[69] ou les accords informels[70]. De l'autre côté, l'élément psychologique réduit la richesse de la coutume, en occultant ce qui aujourd'hui fait la vivacité et la richesse du droit né des faits : la pratique, informelle au point d'être généralement ignorée ; les usages, connus mais souvent dégradés au rang de convenance sociale ou de convention tacite, du fait d'une absence supposée plus que vérifiée d'élément psychologique.

413. « Coutume » et « usage ». – Il existe d'importants débats sur la distinction entre la « coutume » et les « usages ». La théorie traditionnelle, dans la lignée de Gény, distingue souvent l'« usage », qui n'aurait pas encore atteint la qualité de règle de droit, et la « coutume », dont l'élément psychologique autorise la reconnaissance normative. La distinction repose donc essentiellement sur un élément dont nous venons de voir qu'il n'est guère opérationnel. Dès lors, en pratique, juges et législateur, et même doctrine, lorsqu'ils évoquent un usage particulier en telle matière, privilégient sans y voir d'effet particulier le terme générique d'« usage » à celui de « coutume » et se lancent rarement dans la vérification plus ou moins hasardeuse d'un élément psychologique. Aussi, la distinction est progressivement abandonnée[71] ou remplacée par une distinction plus modeste, coutume et usage partageant une même nature de règle spontanée, avec comme seule différence l'étendue générale de la première et l'application restreinte à une localité ou une profession de la seconde[72].

66. A. LEBRUN, *La coutume, ses sources, son autorité en droit privé*, LGDJ, 1932 ; M. PÉDAMON, « Y a-t-il lieu de distinguer les usages et les coutumes en droit commercial ? », *RTD com.* 1959. 335.

67. En droit interne, J. CARBONNIER, n° 139 ; en droit international public, G. SCELLE, « Essai sur les sources formelles du droit international », *in Mélanges Gény*, tome III, Sirey, 1934, p. 400 ; en droit du commerce international, E. LOQUIN, « La réalité des usages du commerce international », *RID éco.* 1989. 163.

68. D. ACQUARONE, *La coutume : réflexions sur les aspects classiques et les manifestations contemporaines d'une source du droit*, thèse, Nice, 1987.

69. R.-J. DUPUY, « Coutume sage et coutume sauvage », *in Mélanges C. Rousseau*, 1974, p. 75.

70. B. STARCK, « À propos des accords de Grenelle ; Réflexions sur une source informelle du droit », *JCP* 1970. I. 2363.

71. La distinction n'est pas abordée dans certaines matières, par ex. en droit pénal ou en droit international public ; elle est progressivement abandonnée en droit du commerce international : F. OSMAN, *Les principes généraux de la* lex mercatoria, LGDJ, 1992 ; Ph. FOUCHARD, « L'État face aux usages du commerce international », *Trav. comité fr. DIP* 1973. 75.

72. G. CORNU, n° 420 et s. ; Ph. MALAURIE et P. MORVAN, n° 325. En ce sens, Cass. civ., 28 juill. 1908, *S.* 1909. 1. 381.

414. Conventions de langage. – Les débats en la matière sont assurément très troublés par les conventions de langage admises dans les différentes branches. Ainsi, le terme de « coutume » est consacré dans les discours sur les sources du droit, ainsi qu'en droit international public. En revanche, le terme d'« usages » est utilisé pour les « usages professionnels » (ex., les « usages bancaircs »[73]), lcs « usagcs locaux » (cx. fairc sécher son linge au balcon, « un usage constant en Corse où les familles sont nombreuses »[74]), les usages du commerce international – et ce bien que leur qualité de règle de droit soit reconnue haut et fort[75], le droit du travail (exception faite de la « coutume » du pourboire[76]) et, enfin, la quasi-exclusivité des textes et des décisions de justice[77]. Nulle différence d'autorité ne semble se cacher derrière ces variations terminologiques, qui semblent se réduire à des conventions de langage bien ancrées.

B Diversité des manifestations

415. Les pratiques restent actives en droit positif, malgré leur image de sources désuètes : coutumes remontant à l'Ancien droit, coutumes internationales et plus particulièrement coutumes de guerre, statut personnel, coutumes agricoles, coutumes étrangères et une cohorte d'usages professionnels et locaux jalonnent aujourd'hui encore textes et jurisprudence. Dans cette masse, les pratiques se présentent et agissent très différemment selon leur auteur, par hypothèse également destinataire, au point qu'il est loin d'être certain que ces variations désignent bien une notion uniforme[78]. Les pratiques étatiques ont des caractéristiques inhérentes à la qualité de sujet souverain[79] (1). La pratique suivie par la société, qui répond pourtant à l'image première de la coutume, tend à se raréfier : de telles solidarités ne se retrouvent plus aujourd'hui qu'à l'échelle locale (2). Finalement, c'est largement dans le domaine professionnel que la pratique s'épanouit : parce qu'elle accompagne nécessairement l'activité quotidienne des affaires, parce qu'elle est la plus prompte à inventer de nouvelles solutions contractuelles, parce que le législateur permet cette capacité d'innovation, qu'il consacrera souvent après cette expérimentation, elle rythme la vie professionnelle (3.).

73. Cass. com., 4 mai 1999, *D.* 2000. 191, note J. DJOUDI ; *JCP* E 2000. 895, note Ph. NEAU-LEDUC.

74. Cass. civ. 1re, 3 janv. 1958, *Bull. civ.* I, n° 5.

75. V. 1511 C. pr. civ. ; Cass. civ. 1re, 22 oct. 1991, *Valenciana*, *RCDIP* 1992. 113, note B. OPPETIT ; *Rev. Arb.* 1992. 457, note P. LAGARDE.

76. Du fait de l'emploi de ce terme par le Code du travail, art. L. 3244-1.

77. Le terme de « coutume » apparaît très souvent dans un sens totalement différent : il désigne les « certificats de coutume », mode de preuve employé en droit international privé pour attester le contenu de la loi étrangère applicable.

78. Pour une étude plus exhaustive de cet emploi, P. DEUMIER, « Coutume ou coutumes : existe-t-il une notion uniforme de la coutume en droit français ? », *in La coutume dans tous ses états*, préc. A l'inverse, pour la possibilité de transposer le processus à l'œuvre pour la coutume du Vuanatu aux coutumes et pratiques internationales, L. CHASSOT, « Quelle place pour la coutume dans un monde globalisé ? », *Les cahiers de la justice* 2011/1, p. 89.

79. Et leur faible spontanéité, v. H. BATIFFOL, *Problèmes de base de philosophie du droit*, LGDJ, 1979, sp. p. 77.

1. Les pratiques étatiques, expression d'un pouvoir

416. Pratiques et coutumes constitutionnelles. – « Une constitution, c'est un esprit, des institutions, une pratique », déclarait le général de Gaulle lors d'une conférence de presse du 31 janvier 1964. Il ne faut pas à cet égard mésestimer l'importance de la « pratique constitutionnelle »[80] pour les institutions. Il s'agit de la compréhension et de l'utilisation par les autorités des mécaniques constitutionnelles, d'une forme d'exercice du pouvoir évoluant à mesure des changements de gouvernants. Son importance est réelle et chacun s'accorde à reconnaître que l'on ne trouve pas le régime politique d'un État dans sa seule Constitution écrite mais aussi dans l'existence concurrente d'une Constitution *réelle*[81]. La remarque peut sembler se réduire à la pratique politique d'un texte, comme en France. Elle prend tout son sens en contemplation d'autres régimes, exercés comme des dictatures implacables sous l'habillage formel de Constitutions on ne peut plus classiques[82].

La possibilité de l'émergence, au-delà de cette pratique diffuse, de véritables *règles coutumières* est plus débattue. Certes, elles ont historiquement posé les règles d'organisation politique de l'État, notamment pour fixer les modalités de dévolution. Qui plus est, elles restent dans certains États une source importante de régulation des pouvoirs publics[83]. Cependant, en France, elles sont cantonnées à un rôle résiduel. Si les Constitutions les plus concises laissaient une place pour l'émergence de règles spontanées[84], elles sont devenues rarissimes sous la Ve République[85].

417. Coutume internationale. – À l'inverse, la coutume la plus reconnue et la plus étudiée est sans conteste la coutume internationale, c'est-à-dire la pratiquc suivic par lcs États pour lcurs rclations dans l'ordrc intcrnational. Ellc bénéficie, d'une part, des lacunes inévitables des conventions internationales pour réguler cet ordre, d'autre part, de la reconnaissance dépourvue d'ambiguïté, devant toutes les juridictions internationales, de sa fonction d'interprétation du droit international[86], et, devant la Cour Internationale de Justice,

80. V. J.-C. MAESTRE, « À propos des coutumes et des politiques constitutionnelles : l'utilité des Constitutions », *RDP* 1973. 1275.

81. L'hypothèse était déjà envisagée par R. CARRÉ DE MALBERG, pour être mieux rejetée : *La loi, expression de la volonté générale*, Sirey, 1931, n° 4, p. 107. Une conception résolument favorable se retrouve dès 1956, G. BURDEAU, « Une survivance : la notion de Constitution », *in Mélanges Mestre*, Sirey, 1956, p. 53.

82. Sur ce point et, plus généralement, sur une présentation du droit constitutionnel donnant une large part à la pratique constitutionnelle, v. Ph. ARDANT et B. MATHIEU, *Institutions politiques et droit constitutionnel*, Manuel LGDJ, 24e éd., 2012, n° 83.

83. En Grande-Bretagne, notamment, à défaut de Constitution écrite, v. O. BEAUD, « Les conventions de la Constitution », *Droits*, n° 3, 1986, p. 125 ; P. AVRIL, « Les conventions de la Constitution », *RFDC* 1993. 330.

84. Ainsi des pouvoirs du président du Conseil sous la IIIe République.

85. Pour le débat sur une coutume permettant de réviser la Constitution par référendum, v. *supra*, n° 202, note 9.

86. Par ex. devant l'ORD de l'OMC ou les arbitrages CIRDI, v. J.-M. THOUVENIN, « La coutume et le droit international économique », *in La coutume dans tous ses états*, préc.

de son *statut* de source applicable[87]. Elle y est définie, conformément à la théorie traditionnelle, « comme preuve d'une pratique générale acceptée comme étant le droit ». La CIJ a, à plusieurs reprises, insisté sur l'importance de la constance de la pratique. En revanche, la durée importe peu et un bref laps de temps peut être suffisant[88]. De même, le nombre d'États est neutre : la coutume peut être restreinte à des relations bilatérales[89], propre à une région ou être générale. La CIJ a par ailleurs solennellement rappelé son attachement à l'élément psychologique de la coutume[90].

Si la définition de la coutume internationale est relativement clarifiée, un débat a longtemps divisé la doctrine sur son fondement. Certains défendent un fondement *subjectif*, la volonté implicite des États[91]. Respectueuse de leur souveraineté, la théorie ne permet cependant pas d'expliquer l'opposabilité de la coutume internationale à tous les États, y compris à ceux n'ayant pas participé à sa formation[92]. Un autre courant défend donc une conception *objectiviste* de la coutume, directement fondée sur sa nécessité sociale[93]. Connue et reconnue comme un mode privilégié de formation du droit international, son importance pratique reste pourtant difficile à cerner, au-delà de la fascination intellectuelle qu'elle a exercée sur la doctrine : selon certains auteurs, les praticiens du droit international et les fonctionnaires internationaux la jugeraient un peu dépassée[94].

2. Les pratiques sociétales, expression d'une culture

418. Raréfaction. – Lorsque la coutume est évoquée parmi les sources du droit, elle renvoie à une image d'Épinal de la société suivant spontanément depuis la nuit des temps un même comportement. Cette coutume, produit de la société dans son ensemble, si elle est auréolée d'une reconnaissance unanime de son statut de source du droit, n'en est pas moins devenue rare dans nos sociétés complexes, rapidement évolutives et aux solidarités multiples. « Il n'est qu'à voir les civilistes contemporains citant des exemples de coutume ! Ils font penser aux ramasseurs de coquillages sur une plage après le passage de plusieurs colonies de vacances : ils exhibent d'autant plus leurs trouvailles qu'elles sont rares ! »[95]. Les trouvailles récurrentes sont à cet égard le nom de la femme mariée[96] et l'acte de notoriété pour prouver la qualité d'héritier[97]. À l'observation, la manifestation coutumière de ces exemples n'est pas éclatante :

87. Art. 38 du statut de la Cour, qui est considéré comme fournissant la liste des sources du droit international public.
88. CIJ, 20 févr. 1969, *Affaire du plateau continental de la Mer du Nord*, *Rec.* 1969, n° 74.
89. CIJ, 12 avr. 1960, *Affaire du droit de passage sur le territoire indien*, *Rec.* 60, p. 39.
90. 20 févr. 1969, préc., sp. n° 77.
91. Conception consacrée un premier temps par la CPJI dans son arrêt *Lotus*, *Rec.* 1927, série A, n° 10, sp. p. 18.
92. J. A. BARBERIS, « La coutume est-elle une source de droit international ? », *in Mélanges M. Virally*, éd. A. Pedone, 1991, p. 43.
93. Not. G. SCELLE, *Manuel élémentaire de droit international public*, Montchrestien, 1943, p. 397.
94. S. SUR, « La coutume internationale, sa vie, son œuvre », *Droits*, n° 3, 1986, p. 111.
95. J.-L. SOURIOUX, « "Sources du droit" en droit privé », *APD*, tome XXVII, 1982, p. 33, sp. p. 35.
96. Ex. *Vocabulaire juridique*, « Coutume » ; J. CARBONNIER, n° 136 ; G. CORNU, n° 79.
97. H. ROLAND et L. BOYER, n° 1032 ; J. CARBONNIER, n° 136.

l'« usage » du nom de son époux renvoie au moins autant à l'« utilisation » qu'une femme est autorisée à en faire qu'à une source coutumière ; l'acte de notoriété doit plus à la pratique notariale, entérinée par la jurisprudence avant d'être consacrée par la loi. Seules subsistent des coutumes dissoutes dans le fait social, dont la juridicité n'est pas très palpable et qui créent plus une tolérance sociale qu'une obligation juridique, comme la coutume des pétards le 14 juillet[98] ou celle de dépôt par les voyageurs dans les hôtels[99].

419. La coutume personnelle : un ordre juridique. – Le lien entre la cohésion du groupe et la possibilité d'une coutume se retrouve dans les systèmes étrangers dits de droit coutumier ou traditionnels. Si la coutume y est une source principale[100], elle ne renvoie pas à une coutume générale mais à l'inverse à la garantie pour chacun de l'application de son statut personnel. De tels systèmes coutumiers existent également en droit français, pour certains territoires outre-mer[101]. Le *droit coutumier* n'est pas ici une collecte de règles spontanées mais un ordre juridique particulier et conforme à une certaine vision du monde, du rapport à la terre et au clan[102], un « code de vie », une « identité culturelle, (...) une bonne harmonie de la communauté »[103]. Son respect est assuré par des juridictions étatiques composées d'assesseurs coutumiers, seuls à même de connaître le contenu de la coutume mais aussi de la faire évoluer.

420. La tradition locale. – La coutume comme expression d'une culture se rencontre également en territoire métropolitain et est, ponctuellement, reconnue par le droit français qui respecte les traditions[104], par exemple celle de la vente sur la voie publique de muguet le 1er mai[105], de la chasse du gibier d'eau la nuit à partir de postes fixes[106] ou des processions religieuses[107]. Surtout, le législateur, en sanctionnant comme délit les actes de cruauté envers les animaux domestiques[108], devait faire le choix de préserver les mœurs locales en autorisant le maintien, au Nord des combats de coq, au Sud des courses de taureaux, dans chaque place où se trouverait une « tradition locale ininterrompue ». Jouant de façon contestable et inhabituelle sur la théorie des deux éléments de la

98. CAA Marseille, 1re juill. 1999, 96MA01991, 5 arrêts.
99. Cass. civ. 1re, 26 janv. 1966, *Bull. civ.* I, n° 63.
100. V. *supra,* n° 191 et s.
101. V. *supra,* n° 147 et n° 297
102. R. LAFARGUE, *La coutume judiciaire en Nouvelle-Calédonie*, PUAM, 2003, préf. G. NICOLAU.
103. Pour les témoignages de représentants coutumiers, J.-P. MARTRES et J. LARRIEU, *Coutumes et droit en Guyane*, Economica, 1993.
104. Pour l'analyse de cette « tradition » comme plus proche des mœurs que d'une pratique juridique, H. PEROZ, note sous Cass. crim., 16 sept. 1997, *LPA,* 19 oct. 1998, p. 9.
105. TA Orléans, 22 juin 1982, *Courault*, *Rec. CE*.541 ; la tradition se maintient malgré les condamnations pénales, la tradition ne pouvant aller à l'encontre de la règle pénale : Cass. civ. 2e, 16 févr. 1994, n° 92-15537.
106. Art. L. 424-5, C. env.
107. CE, 3 déc. 1954, *Sieur Rastouil*, *Rec.* 639.
108. Art. L. 521-1, C. pén. ; pour l'évolution détaillée de la législation en la matière, v. D. MAINGUY, J.-B. SEUBE et F. VIALLA, « Droit et tauromachie », *in Mélanges M. Cabrillac*, Litec, 1999, p. 757.

coutume, la Cour de cassation peine à adopter une conception claire de l'appréciation de cette tradition[109].

3. Les pratiques professionnelles, régulateur de la vie professionnelle

421. Les pratiques contractuelles. – La vie des juristes, particulièrement des juristes d'entreprise, est plus rythmée par les formules types que par celles des législations ou des arrêts de la Cour de cassation. Le contrat est d'usage quotidien et la réglementation, bien qu'en expansion, laisse encore une large part à l'imagination des contractants. Nous avons déjà vu que, en lui-même, il peut être considéré comme une norme, mais dont la sphère est seulement individuelle[110]. Or, lorsque l'activité juridique est quotidienne, comme c'est le cas notamment pour les professionnels, s'interroger à chaque nouveau contrat pour, clause après clause, trouver la formulation la plus adéquate est une perte de temps et une prise de risque renouvelée. La *standardisation* des opérations contractuelles est donc un élément incontournable de la vie juridique, en décalage immense avec l'intérêt qu'elle suscite[111]. Elle va pousser chaque entreprise à élaborer des stipulations contractuelles types. Celles-ci pourront prendre des formes très variées : celle d'un clausier[112], le rédacteur du contrat n'ayant plus ensuite qu'à piocher les clauses l'intéressant ; celle d'un contrat-type, élaboré par une partie ou par un tiers au contrat[113], le rédacteur n'ayant plus qu'à remplir les blancs ; celle de conditions générales, le rédacteur n'ayant plus qu'à dresser les conditions particulières et à y joindre les conditions générales.

422. Les pratiques relationnelles. – Ces pratiques vont parfois s'instaurer au cœur d'une relation déterminée. Pour des raisons de cohérence et de respect des attentes créées chez le partenaire, le comportement adopté dans le passé va constituer un indice permettant de présumer la volonté actuelle. Plus le comportement se répète, plus la présomption de volonté gagne en consistance. C'est le cas, d'une part, pour les *usages d'entreprise*, qui portent mal leur nom puisqu'ils désignent surtout une pratique suivie par l'employeur à l'égard de ses salariés, par exemple, l'octroi d'une prime de dimanche[114]. La répétition de cette pratique traduit un engagement unilatéral tacite de l'employeur de

109. Oscillant entre une acception très sociologique, comme celle de l'« ensemble démographique » local (Cass. crim. 27 mai 1972, *D.* 1972. 564, rapport Combaldieu) et celle de l'existence de la tradition comme « organisation régulière de corridas » (Cass. civ. 2e, 10 juin 2004, *JCP* 2004. II. 10162, note E. DE MONREDON), et une conception très sentimentale de la tradition maintenue par le seul « intérêt que lui portait un nombre suffisant de personnes » (Cass. civ. 1re, 7 févr. 2006, *JCP* 2006. II. 10073, note E. DE MONREDON ; *RTD civ.* 2007. 57, obs. P. DEUMIER). Estimant malgré tout la notion de tradition locale ininterrompue dépourvue de caractère équivoque, décision n° 2012-271 QPC du 21 sept. 2012, *Gaz. Pal.*, 8 nov. 2012, n° 313, p. 6, note J. LASSERRE CAPDEVILLE.

110. V. *supra*, n° 19.

111. À l'exception notable de « Les pratiques juridiques, source du droit des affaires », dir. N. MOLFESSIS, n° spécial, 27 nov. 2003, n° 237 ; Ph. JESTAZ, « Les rapports privés, source de droit privé », *in Autour du droit civil*, Dalloz, 2005, p. 187.

112. W. DROSS, *Clausier – Dictionnaire des clauses ordinaires et extraordinaires des contrats de droit privé interne*, Litec, 2e éd., 2011.

113. Sur les contrats-types élaborés par un tiers au contrat, G. CHANTEPIE, « De la nature contractuelle des contrats-types », *RDC* 2009. 1233.

114. Cass. soc., 20 sept. 2006, *Bull. civ.* V, n° 279.

maintenir cet avantage[115]. Pour autant, cet engagement ne dure que tant que dure la volonté de l'employeur, étant seulement exigé que, avant de mettre un terme à la pratique, il en informe en temps utile les intéressés[116]. C'est le cas, d'autre part, pour les *relations d'affaires*, qui unissent deux contractants qui sont en courant d'affaires et ont créé un rapport de confiance[117], une véritable « relation » contractuelle[118]. Habitués à certaines stipulations contractuelles, ces prévisions vaudront là encore volonté tacite en cas de silence gardé pour une nouvelle opération. Ainsi, si en principe le silence ne vaut pas acceptation, il en est autrement dès lors que les parties se trouvent en relations d'affaires. En droit interne, cette exception est consacrée par une « jurisprudence déjà ancienne », nous précise un arrêt de 1867[119]. En droit du commerce international, elle est souvent prévue par les conventions internationales[120]. Là encore, les partenaires sont libres de se défaire de ces relations d'affaires, sous réserve d'une information en temps utile, faute de quoi la rupture serait brutale[121].

423. Pratiques et usages professionnels. – Les pratiques contractuelles les plus intéressantes vont se diffuser au sein de la profession[122]. Cette *diffusion* peut être spontanée, par la reproduction de la clause entre partenaires contractuels, l'échange d'informations au cours de rencontres professionnelles, ou accélérée, par des publications dans des revues professionnelles ou l'intermédiation des organisations professionnelles[123]. Rapidement, les contrats les plus efficaces ou les clauses les plus pertinentes vont être répétés, devenir une habitude, se formaliser dans des contrats-types ou conditions générales de vente, d'une entreprise, d'un réseau d'entreprise, puis de la profession toute entière. Ce darwinisme juridique[124], par la sélection dans les faits des normes considérées comme les plus efficaces, aboutit à un droit présumé adapté. Les pouvoirs publics interviennent donc régulièrement, pour inciter les professionnels à harmoniser telle pratique contractuelle ou pour valider par voie réglementaire le produit ainsi obtenu[125]. La Commission européenne se joint à ce mouvement

115. V. E. DOCKÈS, « L'engagement unilatéral de l'employeur », *Dr. soc.* 1994. 227.

116. Préavis suffisant pour permettre les négociations, notification aux représentants du personnel, notification individuelle aux salariés. V. *GADT*, p. 178.

117. F. POLLAUD-DULIAN, « L'habitude en droit des affaires », *in Mélanges A. Sayag*, Litec, 1997, p. 349.

118. J. ROCHFELD, « Au croisement du droit de la concurrence et du droit civil : l'avènement de la « relation » contractuelle ? », *RDC* 2006. 1033.

119. Bordeaux, 3 juin 1867, *S.* 1868, 2, 183. Pour une application très claire, Cass. civ. 1re, 30 mars 1999, *CCC* 1999, comm. 110, note L. LEVENEUR.

120. Ex. art. 9-1 de la Convention de Vienne du 11 avril 1980 ; art. 9 de la Convention de La Haye du 1er juillet 1964 ; art. 8§ 3 de la Convention de La Haye du 22 décembre 1986.

121. La jurisprudence exigeait déjà le respect d'un préavis, désormais prévu à l'article L. 442-6, I, 5° du Code de commerce. Pour les dangers pesant depuis sur le droit de rompre, K. LE COUVIOUR, « Regards critiques sur la rupture brutale des relations commerciales établies », *RTD com.* 2008. 1. Sur la construction théorique de cette forme d'abus de droit, S. PETIT, « La rupture abusive des relations commerciales », *LPA*, 18 sept. 2008, n° 188, p. 33.

122. Ph. STOFFEL-MUNCK, « La diffusion des pratiques juridiques en droit des affaires », *in Les pratiques juridiques, source du droit des affaires*, préc., sp. p. 36.

123. Sur l'importance de leur action, F. LEYMARIE, *Les usages commerciaux*, thèse, Bordeaux, 1970.

124. E. LOQUIN, « Les sources du droit mondialisé », *Droit et patrimoine*, juill. 2001, p. 70, sp. 76.

125. Par exemple, les contrats-types en matière de transport.

d'encouragement, souhaitant le développement de clauses et conditions contractuelles types à échelle européenne[126].

Certaines d'entre elles vont simplement devenir des pratiques courantes, avant d'être rapidement remplacées ou concurrencées par d'autres formules contractuelles. D'autres, en revanche, vont s'appliquer de façon générale et constante : elles deviendront l'usage du secteur professionnel. En dépérissement dans d'autres domaines, les usages demeurent une source de régulation importante de l'entreprise[127]. Il est impossible de marquer précisément le moment où une pratique devient usage : processus informel et échappant à tout critère fixe, la pratique se meut dans une zone marécageuse, qui mêle différentes normes, codifications d'usages[128] et nouveautés conventionnelles, souvent au sein d'un même document, qui doit donc être analysé clause par clause. L'ambiguïté est parfois exploitée par les organisations professionnelles, qui tentent de présenter des formules nouvelles comme des usages[129]. Dès lors, le nom donné au document proposé par une association professionnelle, qu'il soit baptisé « code »[130], « contrat-type »[131] ou « conditions générales »[132], ne donne aucune indication fiable.

424. Les codes d'entreprise. – Le droit au quotidien va prendre également la forme de politiques menées par l'entreprise dans la gestion de son activité, politiques qui pourront être formalisées dans des « codes de conduite » ou « chartes éthiques »[133]. Ces instruments de *responsabilité sociale des entreprises*[134], très en vogue aujourd'hui, sont là encore mixtes : ils n'ont pas une valeur en eux-mêmes et leur nom de baptême ne porte aucun indice : chaque clause doit être analysée comme susceptible d'un effet juridique spécifique. Certaines clauses sont de simples déclarations de politique d'entreprise (ex. « Nous ne tolérons ni discrimination, ni intimidation, ni harcèlement sur le lieu de travail.

126. V. décision de la Commission 2001/497/CE du 15 juin 2001, *JOCE*, L 181, 4 juill. 2001, p. 19. Surtout, ce type de clause est envisagé en droit des contrats depuis la communication « Un droit européen des contrats plus cohérent – Un plan d'action », COM/2003/68.

127. P. MOUSSERON (dir.), *Les usages en droit de l'entreprise*, LexisNexis, 2010.

128. Pour une conception essentiellement codificatrice d'usages, P. MALINVERNI, *Les conditions générales de vente et les contrats-types des chambres syndicales*, LGDJ, 1978.

129. M. FAVERO, « La standardisation contractuelle, enjeu de pouvoir entre les parties et de compétition entre les systèmes juridiques – L'exemple du contrat du Loan Market Association », *RTD com.* 2003. 429.

130. Par ex. le Code des usages de la charcuterie, de la salaison et des conserves de viande, dont la version de 1997 a été approuvée par la DGCCRF.

131. Ex. Ph. DELEBECQUE, « Le nouveau contrat type applicable aux transports publics routiers de marchandises », *D.* 2000. 135.

132. Par ex., en matière de construction, les Conditions de Contrat FIDIC.

133. Parmi une importante littérature, v. B. OPPETIT, « Éthique et vie des affaires », *in Mélanges A. Colomer*, Litec, 1993, p. 319 ; G. FARJAT, « Réflexions sur les codes de conduite privés », *in Mélanges B. Goldman*, Litec, 1982, p. 47 ; « Nouvelles réflexions sur les codes de conduite privée », *in Les transformations de la régulation juridique*, J. CLAM et G. MARTIN (dir.), LGDJ, 1998, p. 151 ; J.-B. RACINE, « La valeur juridique des codes de conduite privés dans le domaine de l'environnement », *RJE* 1996. 409 ; F.-G. TREBULLE ET O. UZAN, *Responsabilité sociale des entreprises. Regards croisés Droit et Gestion*, Economica, 2011. Pour leur régime juridique, v. F. G. TRÉBULLE, *Rép. Dalloz Sociétés*, V° « Responsabilité sociale des entreprises (Entreprise et éthique environnementale) ».

134. V. *supra*, n° 41.

Nous n'avons recours ni au travail des enfants ni au travail forcé. Nous encourageons la libre expression des collaborateurs de l'entreprise »[135]). Souvent moquées pour leur allure d'engagement creux et de gadget marketing, elles orientent toutefois les actions des entreprises, qui sont de plus en plus soumises au suivi des réalisations de ces engagements. D'autres clauses portent de véritables engagements, énoncés par l'entreprise mais liant les salariés et les partenaires contractuels. Ils sont sommés, le plus souvent, de respecter les législations applicables : les salariés sont formés à la réglementation en matière de sécurité ou de prohibition du harcèlement ; les partenaires contractuels étrangers doivent respecter les normes sociales fondamentales (ex. interdiction du travail avant 15 ans), l'entreprise se chargeant des contrôles sur site. Là encore apparemment sans utilité, pour doubler à l'échelle de l'entreprise des exigences déjà posées à l'échelle législative, les codes de conduite permettent une meilleure effectivité grâce au relais que constitue l'entreprise.

§ 2. L'application de la pratique

425. Restriction aux pratiques contractuelles. – Il peut sembler saugrenu d'évoquer l'application de la pratique : par hypothèse, la pratique est appliquée – faute de quoi, elle n'est tout simplement pas. Pourtant, confronté dans son activité quotidienne à ce qui se fait, le juriste doit être vigilant et savoir notamment à quelles conditions les règles habituelles sont susceptibles de lui être appliquées en cas de litige. Tout concourt à rendre l'application de la pratique obscure : la très grande variété de ses manifestations, qui répondent à des logiques et des ressorts très différents ; l'absence de catégories réellement définies, d'une terminologie fiable, d'une procédure prédéterminée, d'une publication officielle[136] ; les divergences jurisprudentielles vertigineuses sur les conditions de leur application ; le désintérêt doctrinal pour les manifestations non coutumières. Il faut pourtant, au regard de son importance pour un juriste, tenter de donner quelques repères. Les pratiques contractuelles seront privilégiées, pour poser les questions les plus fréquentes. D'autres pratiques, comme la coutume internationale ou la coutume personnelle, répondent à leur propre système d'application, déjà évoqué dans le droit des conflits de normes[137] : en effet, dans ces deux types de conflits, les solutions ne distinguent pas selon l'origine, textuelle ou coutumière, de la norme. Pour les autres pratiques, il faudra dépasser l'obstacle de leur connaissance (A.) ; leur application dépendra ensuite de différentes conditions, qui doivent toutes à la combinaison de la pratique avec les autres normes (B.).

135. Ex. tiré de la Circulaire DGT 2008/22 du 19 novembre 2008 relative aux chartes éthiques, dispositifs d'alerte professionnelle et au règlement intérieur, *RTD civ.* 2009. 77, obs. P. DEUMIER.
136. Malgré cela, il est possible de les analyser sur un modèle normativiste, G. TEBOUL, *Usages et coutume dans la jurisprudence administrative*, LGDJ, 1989.
137. V. *supra*, n° 316 et n° 297.

A La connaissance de la pratique

426. Difficulté de connaissance de la pratique. – La pratique se distingue des autres sources du droit par son absence d'existence officielle et visible. La pratique n'est pas soumise à publication. Certaines pratiques seront formalisées, par exemple, par l'élaboration d'un contrat-type, ce qui ne signifie pas qu'elles seront rendues publiques, les entreprises étant souvent réticentes à diffuser leurs pratiques. D'autres resteront purement orales ou comportementales. D'autres enfin deviendront des outils de communication, à l'instar des codes de conduite. Cette absence de publicité peut faire douter de leur capacité à produire des effets juridiques, le droit ne pouvant, sous peine de trahir sa fonction, opérer dans la clandestinité[138]. Cependant, il ne faut pas se tromper de clandestinité : la difficulté de connaître les pratiques depuis l'extérieur du groupe est peu signifiante pour le droit tel qu'il est vécu : ce qui compte, c'est la connaissance qu'en ont les membres du groupe. À cet égard, par hypothèse, parce qu'elle est ce qui se fait généralement dans le groupe, la pratique est connue[139]. Ce lien intime entre *l'appartenance au groupe* et la connaissance des pratiques va avoir une influence considérable sur leur application : elles ne pourront produire des effets juridiques directs que sur les membres du groupe, seuls supposés les connaître. En revanche, elles ne peuvent être appliquées hors du groupe sans acceptation. L'absence de publicité va avoir une autre conséquence non négligeable qui, là encore, irrite du point de vue de la sécurité juridique : il est impossible de déterminer la date à laquelle un usage est constitué. Au sein même du groupe, il est difficile de savoir comment les professionnels peuvent départir la pratique bien développée du nouvel usage, l'usage en voie d'abandon de la pratique récente en cours d'élargissement.

427. Appréciation judiciaire. – La connaissance par les membres du groupe rend délicate la question de l'application judiciaire de la pratique : si le juge n'est pas en mesure de connaître les pratiques suivies, comment pourrait-il en tenir compte ? Face à des doutes sur ce contenu, plusieurs techniques existent pour faire émerger les pratiques. Elles font toutes appel au groupe lui-même, seul à même de témoigner de ce qui se fait dans sa sphère. Les tentatives de rédaction massive[140] ne sont plus guère envisagées, pour s'être généralement soldées par un échec ou avoir figé des pratiques qui continuèrent à évoluer, rendant obsolète le lourd travail de leur mise par écrit. Le mode de preuve le plus courant consiste à demander aux organisations professionnelles intéressées d'attester du contenu de la pratique du secteur ou *preuve par parère*[141]. Plus

138. C. AUBRY et C. RAU, *Cours de droit civil français*, tome 1, LGDJ, 4e éd., 1869, p. 44.

139. CJCE, 16 mars 1999, *Transporti Castelletti*, *RCDIP* 1999. 559, note H. GAUDEMET-TALLON : « la connaissance de l'usage (...) est établie, indépendamment de toute forme spécifique de publicité, lorsque, dans la branche commerciale dans laquelle opèrent les parties, un certain comportement est généralement suivi lors de la conclusion d'un certain type de contrats, de sorte qu'il peut être considéré comme une pratique consolidée ».

140. Ex., les tentatives de la loi du 13 juin 1866 (*DP* 1866. 4. 67), qui codifie les poids et mesures en vigueur sur les diverses places ou la loi du 3 janvier 1924 (*DP* 1924. 4. 346), qui donne mission aux Chambres d'agriculture de codifier les coutumes et usages locaux à caractère agricole.

141. Ex. attestations de la Chambre des métiers de la Gironde et du Groupement des lamineurs et fileurs d'aluminium, Cass. com., 9 janv. 2001, *JCP* E 2001. 1337, note L. LEVENEUR.

généralement, le recours à l'arbitrage, très important en matière commerciale, permet de désigner un juge qui connaît personnellement les pratiques du secteur[142]. Enfin, les contrats-types édictés par les organisations professionnelles sont des signes de l'existence d'une pratique. Les juges vont parfois être amenés à établir eux-mêmes cette existence, en retraçant soigneusement l'évolution d'une pratique[143], pour savoir si elle s'est transformée en usage[144], travail délicat qui donne lieu à des décisions exemplaires[145]. Dans cette recherche, plus que l'ancienneté, la constance du comportement est soigneusement vérifiée[146] ; la généralité est exigée, pour distinguer l'usage de la simple habitude individuelle[147]. Cette qualification est fondamentale : elle va déterminer les conditions auxquelles il pourra être fait application judiciaire de la pratique.

B L'articulation de la pratique et des autres normes

428. Pratiques et volonté. – La qualification de simple pratique ou d'usage va avoir un effet, et un seul, essentiel : elle va déterminer le rapport entre la volonté et l'application de la pratique. Plus précisément, elle va dicter si, *dans le silence des parties*, la pratique s'appliquera. Soit il s'agit d'innovation contractuelle, d'une clause pratiquée, parmi d'autres, d'une simple pratique en développement, déjà un peu consistante mais pas encore très constante : en ce cas, ces pratiques ne pourront être appliquées que sur le fondement de leur acceptation[148]. La solution est valable pour l'application de conditions générales des parties[149] ou de conditions générales élaborées par l'organisation professionnelle[150]. Soit il s'agit de la consécration d'usages ancrés dans le secteur et suivis généralement : en ce cas, ils seront applicables sur ce seul fondement,

142. Et peut utiliser cette connaissance, CA Paris, 24 oct. 1980, *Rev. Arb.* 1982. 54, note Ph. FOUCHARD.

143. Ex. Cass. req., 7 mai 1930, *S.* 1931. 1. 176, qui retrace l'usage de la dénomination de « Vermouth de Chambéry ».

144. V. la longue dispute judiciaire autour du délai-congé dans la profession de la métallurgie à Paris, passé d'une semaine à une heure : Cass. civ., 31 juill. 1930, *DH* 1930. 457 ; *S.* 1931. 1. 281, note F. GÉNY ; Cass. civ., 2 mai 1933, *DH* 1933. 316.

145. Voir Cass. com., 5 nov. 1968, *JCP* 1969. II. 15 938, obs. J.-M. LELOUP ; Sentence Cour d'arbitrage de la CCI 8873/1997, *JDI* 1998. 1017, obs. D. HASCHER ; CE, 6 juill. 1994, *soc. Profat Investissements*, *JCP* E 1995. 651, note F. BLANCPAIN.

146. Cass. com., 9 janv. 2001, *JCP* E 2001. 1337, note L. LEVENEUR ; Cass. com., 10 janv. 1995, *D.* 1995. 229, note Ch. GAVALDA.

147. Cass. civ., 6 juin 1931, *S.* 1931. 1. 283 : « les usages (...) ne peuvent résulter de faits individuels même répétés (...) ; qu'ils doivent présenter un certain caractère de généralité, constituer une pratique non pas seulement individuelle, mais reçue et suivie par la collectivité locale ».

148. Pour les critères d'opposabilité selon la nature du document, F. LABARTHE, *La notion de document contractuel*, LGDJ, 1998 ; pour la mise en cohérence des solutions, F. LIMBACH, *Le consentement contractuel à l'épreuve des conditions générales – De l'utilité du concept de déclaration de volonté*, LGDJ, 2004.

149. Serait-ce par la signature d'un bon de commande ou de conditions particulières mentionnant les CGV, Cass. civ. 1re, 17 nov. 1998, *CCC* 1999. 18, note L. LEVENEUR ; pour les différentes formes que peut prendre l'acceptation de ces formules, D. MAINGUY, « Conditions générales de vente et contrats-types », *J.-Cl. Contrats et distribution*, fasc. 60.

150. Pour celles de la Fédération nationale des commissionnaires de transport, Cass. com., 20 févr. 1996, *Bull. civ.* IV, n° 60.

et, entre professionnels du secteur[151], dans le silence des parties[152]. C'est alors la dérogation à la pratique qui devra être acceptée[153], le fait de stipuler une modalité différente de l'usage suffisant à manifester la volonté de l'écarter. Peu importe, du point de vue de cette application, la justification de la solution : le débat théorique sur le fondement de convention tacite[154] ou de règle droit[155] aboutit en pratique à cette même solution de modèle applicable à défaut d'exclusion.

429. Pratique et juge. – Dans le cas où la pratique serait invoquée devant le juge, il a déjà été vu que celui-ci pouvait constater l'existence d'une pratique et la qualifier d'usage, le cas échéant. Les juges du fond sont souverains dans l'appréciation de cette existence[156]. Une fois la pratique établie, le juge la sanctionnera en tenant compte de ses conditions d'application : absence de volonté contraire dans le contrat, absence de loi impérative contraire. La Cour de cassation s'assure que les usages constatés par les juges du fond ont été appliqués[157]. En revanche, elle ne veille pas à leur interprétation : la non-application d'un usage peut emporter cassation mais pas sa mauvaise interprétation[158]. Plus largement, l'existence de pratiques pourra servir de *standard de comportement* aux juges : suivre ce qui se fait est ainsi un signe fort de normalité du comportement[159] ; à l'inverse, transgresser les pratiques est un indice tout aussi fort de comportement fautif[160]. À cet égard, le juge n'est pas prêt à admettre toute pratique comme signe de normalité et il pourra y adjoindre une exigence de bonne

151. Pour appliquer un usage en dehors du secteur, il faut une acceptation. La solution est conforme au mode de connaissance de la pratique que nous avons vu. V. Cass. com., 8 oct. 1956, *GAJ com.*, tome 1, n° 3 ; Cass. com., 4 mai 1999, *Defrénois* 1999. art. 37041, n° 73, obs. Ph. DELEBECQUE ; *JCP E* 2000. 895, note Ph. NEAU-LEDUC.

152. Pour la valeur supplétive du Code des usages en matière d'illustration photographique, applicable dans le silence des parties, Cass. com., 19 févr. 2002, *CCC* 2002. n° 91, note L. LEVENEUR.

153. Cass. com., 5 janv. 1999, *JCP* E 1999. 252 ; Cass. civ. 1re, 15 mai 2002, *Bull. civ.* I, n° 130.

154. En doctrine, A. KASSIS, *Théorie générale des usages du commerce,* LGDJ, 1984 ; en jurisprudence, Cass. com., 12 oct. 1983, *Bull. civ.* IV, n° 265.

155. En doctrine, P. DEUMIER, *Le droit spontané*, préc. ; en jurisprudence, Cass. Civ. 1re, 22 oct. 1991, *Valenciana*, préc. ; Cass. soc., 3 juill. 1952, *Bull. civ.* IV, n° 569.

156. Cass. civ. 1re, 4 juill. 1995, *Resp. civ. et assur.* 1995. comm. 329. Cependant, pour le contrôle de la dénaturation, Cass. civ. 1re, 27 nov. 1963, *D.* 1964. 102.

157. Cass. civ. 3e, 15 juin 1994, *RJDA* 1994. 1265 ; Cass. com., 4 mars 1968, *JCP* 1969. II. 15 777, obs. C. GAVALDA ; *contra,* Cass. civ. 1re, 3 janv. 1958, *Bull. civ.* I, n° 5.

158. Cass. civ., 14 mai 1929, *S.* 1929. 1. 337, note G. BOURCART ; Cass. com., 1er févr. 1980, *Bull. civ.* IV, n° 71 ; à l'exception des règles et usances uniformes relatives au crédit documentaires, régulièrement visées depuis Cass. com., 14 oct. 1981, *D.* 1982. 301, note M. VASSEUR ; *JCP* 1982. II. 19815, note C. GAVALDA et J. STOUFFLET.

159. Sur la normalité, v. S. CHASSAGNARD-PINET, « Normalité et norme juridique : d'une force normative à l'autre », *in La force normative – Naissance d'un concept,* C. THIBIERGE (dir.), LGDJ-Bruylant, 2009, p. 153.

160. Ex. Cass. soc., 28 oct. 1970, *Bull. civ.* V, n° 559 ; CE, 12 janv. 2005, *AJDA* 2005. 1008, note J.-P. MARKUS.

morale, de « loyauté »[161] ou de « prudence »[162] ou d'« honnêteté »[163]. Enfin, lors de l'élaboration d'une nouvelle interprétation, il sera éventuellement tenu compte des pratiques existantes, pas forcément pour les consacrer mais pour s'assurer que l'interprétation retenue pourra être absorbée par la pratique. La question de droit est ainsi souvent resituée dans son contexte pratique[164].

430. Le conflit de pratiques. – Contrairement aux autres sources du droit, la pratique échappe aux douloureuses questions de changement dans le temps et d'éventuel effet rétroactif : la pratique change en même temps que les comportements et nul ne peut être surpris, l'ancienne pratique étant abandonnée dans les faits à mesure que la nouvelle prend de l'ampleur[165]. En revanche, il est possible de se trouver confronté à un conflit entre deux pratiques de domaines différents, par exemple entre un usage local et un usage professionnel, la jurisprudence ayant tendance à faire prévaloir le premier sur le second[166]. Il est encore possible de rencontrer des conflits entre différents niveaux de pratique, par exemple entre le contrat-type de la profession et l'usage des parties ou relations d'affaires : en ce cas, le conflit se dénoue de la règle la plus particulière, la plus proche de l'opération et donc la plus adaptée, à la règle la plus générale[167]. Enfin, les pratiques contractuelles des contractants peuvent créer des *conflits de conditions générales*, le vendeur voulant imposer ses conditions générales et l'acheteur refusant de s'éloigner des siennes. Si le droit allemand connaît de longue date ces conflits de conditions générales[168], le droit français est longtemps resté assez insensible à la question. La jurisprudence estime qu'en cas de conditions contradictoires, cette contradiction prive de toute efficacité les deux stipulations, faute de rencontre des volontés[169]. Le contexte de rapports de force dans le domaine de la distribution aura toutefois abouti à introduire

161. En matière de concurrence déloyale, ex. Paris, 17 avr. 1996, *D.* 1997. somm. 99, obs. Y. SERRA ; en matière de fraude et tromperies, ex. Cass. crim., 4 mars 1971, *Bull. crim.* n° 76.

162. En matière de responsabilité médicale, Paris, 25 avr. 1945, *D.* 1946. 190, note A. TUNC ; Montpellier, 14 déc. 1954, *D.* 1955. 745, note J. CARBONNIER.

163. CJCE, 17 mars 2005, *Gillette*, aff. C/228-03, *D.* 2005, 1153, obs. J. DALEAU ; G. BONET, « Les conditions strictes de l'usage autorisé de la marque d'autrui selon la CJCE », *Propriétés Intellectuelles*, juill. 2005, n° 16, p. 277.

164. Ex. avis de R. DE GOUTTES sur Cass. Ass. plén., 6 déc. 2004, *BICC* n° 614 du 1er mars 2005 : « la conséquence pratique de votre décision sera que les cautions garantissant le paiement de loyers immobiliers devront désormais inclure dans leurs contrats une clause expresse d'incessibilité de leur cautionnement ».

165. Voir P. ROUBIER, *Le droit transitoire*, préc., sp. n° 7.

166. Ex. pour une vente de fruits et légumes à Rouen, les usages de Rouen l'emportent sur les usages du commerce de fruits et légumes, Cass. com., 27 févr. 1973, *Bull. civ.* IV, n° 106, p. 90 ; application des usages du port d'Anvers de préférence aux Incoterms : Versailles, 14 mars 2002, *RTD com.* 2002. 772, obs. Ph. DELEBECQUE.

167. En matière de distance de plantation, l'usage de l'arrondissement de Pont-L'Evêque « s'est trouvé écarté, de façon implicite mais nécessaire, par la constatation d'un usage contraire spécial à Deauville », Cass. civ. 1re, 27 nov. 1963, *Bull. civ.* I, n° 521.

168. J. BAUERREIS, « Le nouveau droit des conditions générales d'affaires », *RID comp.* 2002. 1013.

169. Cass. com., 3 déc. 1996, *D.* 1997. 31 ; il faut dès lors revenir au droit commun : Cass. civ. 1re, 28 mars 1995, *RTD civ.* 1997. 118, obs. J. MESTRE.

dans le Code de commerce[170] des règles de conflit, selon lesquelles les conditions générales de vente du fournisseur servent de socle de négociation[171].

431. Pratiques et loi. – Les relations entre pratique et loi sont finalement plutôt sereines. Le Titre préliminaire du projet de Code civil reconnaissait que les « coutumes ou usages » « sont le supplément des lois »[172]. La loi orchestrera souvent elle-même cette relation de complémentarité, en renvoyant à l'application de la pratique pour la compléter ou fixer ses contours précis (application *secundum legem*). Le renvoi peut être ponctuel[173] ou plus général et autoriser en bloc l'application de la pratique : c'est le cas de l'application des usages contractuels[174] et des usages du commerce international[175]. Sans renvoyer expressément à la pratique, la loi va souvent permettre son application : c'est le cas quand elle ne dispose qu'à titre supplétif : pouvant être écartée par le contrat particulier, elle pourra tout autant l'être par l'usage né de ces contrats particuliers[176]. Enfin, bien que l'hypothèse soit devenue rare dans un contexte d'hypertrophie législative, la pratique peut s'appliquer dans tous les espaces laissés vacants par la loi (application *praeter legem*). À ces divers titres, la partition des intérêts est bien assurée : le législateur traduit l'intérêt commun et propose le modèle applicable à tous, faute de mieux ; par ailleurs, il prend en charge la protection de certains intérêts par des législations impératives, que tous devront respecter ; pour le reste, les intérêts particuliers peuvent être délégués à la pratique pour l'élaboration de solutions au plus près des besoins ressentis. Cette adaptation pourra être jugée digne de devenir le modèle de droit commun et le législateur consacrera parfois la pratique en institution légale[177]. Souvent, le pouvoir exécutif reprendra également un contrat-type professionnel par un règlement. Dans ces différentes figures, l'autorité de la pratique perd toute incertitude, puisqu'elle bénéficie de celle du texte.

432. Le cas des pratiques illégales. – En définitive, il existe un seul cas trouble, celui dans lequel la pratique est contraire à une loi impérative[178] (application *contra legem*). Certes, en théorie, la réponse est simple : la loi l'emporte.

170. Art. L. 441-6, C. com., v. M. BÉHAR-TOUCHAIS, *RDC* 2006. 435.

171. Pour les doutes de praticiens sur l'efficacité de la mesure, J.-Ch. GRALL, J.-M. MEFFRE, C. GUET, « La loi *Dutreil* du 2 août 2005 en faveur des PME : analyse critique des dispositions relatives au droit des relations industrie-commerce », *D.* 2005. 2149.

172. Art. 4. L'article 5 poursuivait en consacrant la théorie traditionnelle de la coutume : pour ce fondement de la coutume, v. F. ZÉNATI-CASTAING, « Le Code civil et la coutume », préc.

173. Ex. pour la détermination du montant d'une indemnité en matière de bail commercial, art. L. 145-14 C. com. ; pour des délais de préavis, art. L. 1234-1, C. trav. ; des distances, art. 674, C. civ.

174. Art. 1135, C. civ. : « Les conventions obligent non seulement à ce qui y est exprimé, mais encore à toutes les suites que l'équité, l'usage ou la loi donnent à l'obligation d'après sa nature ».

175. Art. 1511, C. pr. civ. : « Le tribunal arbitral tranche le litige conformément aux règles de droit que les parties ont choisies ou, à défaut, conformément à celles qu'il estime appropriées. Il tient compte, dans tous les cas, des usages du commerce ».

176. Cass. com., 3 mai 1965, *Bull. civ.* IV, n° 280.

177. Voir les ex. cités par J. CARBONNIER, n° 6 : le régime légal de communauté réduite aux acquêts de l'art. 1400 du Code civil, l'art. 745 qui appelle les enfants en première ligne à la succession de leur père.

178. L'usage, comme la volonté des parties, peut écarter la loi supplétive, Cass. com., 3 mai 1965, *Bull. civ.* IV, n° 280.

L'illégalité d'une pratique peut ainsi être contrôlée par diverses autorités[179] et le juge, qu'il soit judiciaire[180], répressif[181] ou administratif[182], leur refuse toute application. Cependant, la pratique n'étant pas un droit édicté, elle ne répond pas à des choix d'insertion ou non dans le système officiel : elle est. Souvent, la condamnation d'une pratique par les juges suffira, pour éviter de nouvelles condamnations, à entraîner la modification de la pratique. Seuls resteront les effets néfastes de cette condamnation car, par hypothèse, la pratique a été suivie et son illicéité est susceptible de contaminer des séries entières d'actes. Là où le conflit de pratiques ne génère guère de questions de rétroactivité, l'illicéité déclarée de la pratique crée des risques juridiques. Pour éviter de fragiliser à outrance de telles situations, une loi peut venir valider rétroactivement la pratique, comme nous l'avons vu avec la pratique bancaire des tableaux d'amortissement[183]. Il est également possible que la pratique demeure, malgré son refus d'application judiciaire. Il est même possible que sa persistance témoigne de l'inadaptation de la loi et nous avons vu que sa vigueur pouvait en souffrir[184]. Tant que la règle est en vigueur, le juge trouvera souvent les moyens de gommer le conflit, par exemple en recourant à l'erreur commune[185]. Ainsi va le droit : pour concilier pratique et loi, le juge usera de toute la richesse que lui offre le raisonnement juridique, adaptation, interprétation, modération, éventuellement pour façonner une nouvelle norme, qui sera reçue en pratique et, qui sait, consacrée par la loi, avant d'être interprétée par le juge... et cætera et cætera.

179. Par ex., enquête de la DGCCRF, Cass. crim., 15 déc. 1992, *Bull. crim.* n° 420 ; H. NARAYAN-FOURMENT, « La Commission d'examen des pratiques commerciales et les conditions "générales" d'achat : "Quand on ne voyage qu'en passant, on prend les abus pour les lois du pays" », *D.* 2004. 3207.

180. Cass. com., 2 mars 1993, *JCP* 1993. II. 22176, note M. BÉHAR-TOUCHAIS.

181. Cass. crim., 12 mai 1960, *JCP* 1960. II. 11765.

182. CE, 23 janv. 1974, *Sieurs Viot, Garaud et Roche*, *Rec.* 52.

183. V. *supra*, n° 285 et 286.

184. V. *supra*, n° 266 et s.

185. H. MAZEAUD, « La maxime « *Error communis facit jus* » », *RTD civ.* 1924. 929 ; CE, avis interprétatif du 2 juill. 1807, v. A. WAHL, *RTD civ.* 1908. 125.

Index

Table des matières

Deuxième partie
LE DROIT DES NORMES

MANUELS

Collection dirigée par Bernard AUDIT et Yves GAUDEMET

D. AMSON : *Histoire constitutionnelle française, De la prise de la Bastille à Waterloo*, 2010.
Ph. ARDANT et B. MATHIEU : *Institutions politiques et droit constitutionnel*, 25e éd., 2013.
B. BASDEVANT-GAUDEMET et J. GAUDEMET : *Introduction historique au droit,* XIIIe-XXe siècle, 3e éd., 2010.
A. BATTEUR : *Droit des personnes, des familles et des majeurs protégés,* 7e éd., 2013.
N. BINCTIN : *Droit de la propriété intellectuelle*, 2e éd., 2012.
J.-B. BLAISE : *Droit des affaires,* 7e éd., 2013.
R. BONHOMME : *Instruments de crédit et de paiement*, 10e éd., 2013.
M. BOUVIER, M.-Ch. ESCLASSAN et J.-P. LASSALE : *Finances publiques,* 12e éd., 2013.
B. BRACHET : *Le système fiscal français,* 7e éd., 1997.
Ph. BRAUD : *Sociologie politique*, 10e éd., 2011.
C. BROYELLE : *Contentieux administratif*, 2e éd., 2012.
O. CACHARD : *Droit du commerce international*, 2e éd., 2011.
D. CARREAU et P. JUILLARD : *Droit international économique*, 4e éd., 1998.
M. CHAGNY et L. PERDRIX : *Droit des assurances*, 2e éd., 2013.
J.-P. CHAUCHARD : *Droit de la Sécurité sociale,* 5e éd., 2010.
J.-Ph. COLSON et P. IDOUX : *Droit public économique,* 6e éd., 2012.
G. CUNIBERTI : *Grands systèmes de droit contemporains*, 2e éd., 2011.
I. DAURIAC : *Les régimes matrimoniaux et le PACS*, 3e éd., 2012.
A. DECOCQ et G. DECOCQ : *Droit de la concurrence, Droit interne et droit de l'Union européenne,* 5e éd., 2012.
A. DECOCQ et G. DECOCQ : *Droit européen des affaires,* 2e éd., 2010.
E. DERIEUX : *Droit de la communication,* 4e éd., 2003.
E. DERIEUX et A. GRANCHET : *Droit des médias (Droit français, européen et international),* 6e éd., 2010.
P. DEUMIER : *Introduction générale au droit,* 2e éd., 2013.
J.-Y. FABERON et J. ZILLER : *Droit des collectivités d'Outre-Mer,* 3e éd., 2007.
B. FAGES : *Droit des obligations*, 4e éd., 2013.
F. FAVENNEC-HÉRY et P.-Y. VERKINDT : *Droit du travail*, 3e éd., 2011.
M. FROMONT et H. MAURER : *Droit administratif allemand,* 1995.
Y. GAUDEMET : *Droit administratif,* 20e éd., 2012.
O. GOHIN et J.-G. SORBARA : *Institutions administratives*, 6e éd., 2012.
G. GOUBEAUX et P. VOIRIN : *Droit civil,* 2 vol., t. 1, 34e éd., 2013, t. 2, 27e éd., 2012.
F. HAMON et M. TROPER : *Droit constitutionnel*, 34e éd., 2013.
J. HUET et E. DREYER : *Droit de la communication numérique*, 2011.
J.-J. ISRAEL : *Droit des libertés fondamentales,* 1998.
J.-C. JAVILLIER, M. MOREAU et J.-M. OLIVIER : *Droit du travail,* 7e éd., 1999.
P. JULIEN et N. FRICERO : *Procédure civile*, 4e éd., 2011.
P. JULIEN et G. TAORMINA : *Voies d'exécution et procédures de distribution,* 2e éd., 2010.
P. KINDER-GEST : *Droit Anglais*, vol. 1 : *Institutions politiques et judiciaires,* 3e éd., 1997.
J. LAROCHE : *Politique internationale,* 2e éd., 2000.
F. LECLERC : *Le droit des contrats spéciaux*, 2e éd., 2012.
D. LEGEAIS : *Sûretés et garanties du crédit*, 9e éd., 2013.
J. LEROY : *Droit pénal général,* 4e éd., 2012.
J. LEROY : *Procédure pénale*, 3e éd., 2013.
G. LYON-CAEN et J. TILLHET-PRETNAR : *Droit social,* 5e éd., 1995.
B. MATHIEU et M. VERPEAUX : *Contentieux constitutionnel des droits fondamentaux,* 2002.

J. MESTRE, M.-È. PANCRAZI, I. ARNAUD-GROSSI, L. MERLAND et N. TAGLIARINO-VIGNAL : *Droit commercial,* 29e éd., 2012.

M.-L. MOQUET-ANGER : *Droit hospitalier*, 2e éd., 2012.

M.-L. NIBOYET et G. DE GEOUFFRE DE LA PRADELLE : *Droit international privé*, 4e éd., 2013.

H. OBERDORFF : *Droits de l'homme et libertés fondamentales*, 4e éd., 2013.

F. PÉROCHON : *Entreprises en difficulté,* 9e éd., 2012.

D. PORACCHIA, F. RIZZO, J.-M. MARMAYOU et F. BUY : *Droit du sport*, 3e éd., 2012.

J.-F. RENUCCI : *Droit européen des droits de l'homme,* 5e éd., 2013.

L. RICHER : *Droit des contrats administratifs,* 8e éd., 2012.

J. RIDEAU : *Droit institutionnel de l'Union européenne,* 6e éd., 2010.

J.-J. ROCHE : *Relations internationales*, 6e éd., 2012.

J.-C. SOYER : *Droit pénal et procédure pénale*, 21e éd., 2012.

F. STASIAK : *Droit pénal des affaires,* 2e éd., 2009.

L. TROTABAS et P. ISOART : *Droit public (droit constitutionnel, droit administratif, finances publiques, droit administratif spécial)*, 24e éd., 1998.

D. VIDAL : *Droit des sociétés*, 7e éd., 2010.

Cet ouvrage a été achevé d'imprimer en août 2013
sur les presses de Normandie Roto Impression s.a.s.
61250 Lonrai
N° d'imprimeur : 132957
dépôt légal : août 2013

Imprimé en France